Obra Completa de C.G. Jung
Volume 13

Estudos alquímicos

Comissão responsável pela organização do lançamento da
Obra Completa de C.G. Jung em português:
Dr. Léon Bonaventure
Dr. Leonardo Boff
Dora Mariana Ribeiro Ferreira da Silva
Dra. Jette Bonaventure

A comissão responsável pela tradução da Obra Completa de C.G. Jung sente-se honrada em expressar seu agradecimento à Fundação Pro Helvetia, de Zurique, pelo apoio recebido.

Dados Internacionais de Catalogação na Publicação (CIP)
(Câmara Brasileira do Livro, SP, Brasil)

Jung, C.G., 1875-1961.
    Estudos alquímicos / C.G. Jung; tradução de Dora Mariana R. Ferreira da Silva, Maria Luiza Appy. – 4. ed. – Petrópolis, RJ: Vozes, 2013.

18ª reimpressão, 2024.

ISBN 978-85-326-2746-9
Título original: Studien Über Alchemistiche Vorstellunge.
1. Alquimia 2. Psicologia junguiana I. Título.

02-2918   CDD-150.1954

Índices para catálogo sistemático:
1. Estudos alquímicos: Psicologia junguiana 150.1954

C.G. Jung

Estudos alquímicos

13

Petrópolis

© 1978, Walter-Verlag, AG, Olten

Tradução do original em alemão intitulado
Studien über alchemistische Vorstellungen (Band 13)

Editores da edição suíça:
Marianne Niehus-Jung
Dra. Lena Hurwitz-Eisner
Dr. Med. Franz Riklin
Lilly Jung-Merker
Dra. Fil. Elisabeth Rüf

CONSELHO EDITORIAL

Diretor
Volney J. Berkenbrock

Editores
Aline dos Santos Carneiro
Edrian Josué Pasini
Marilac Loraine Oleniki
Welder Lancieri Marchini

Conselheiros
Elói Dionísio Piva
Francisco Morás
Gilberto Gonçalves Garcia
Ludovico Garmus
Teobaldo Heidemann

Secretário executivo
Leonardo A.R.T. dos Santos

Direitos exclusivos de publicação em língua portuguesa:
1986, Editora Vozes Ltda.
Rua Frei Luís, 100
25689-900 Petrópolis, RJ
www.vozes.com.br
Brasil

Todos os direitos reservados. Nenhuma parte desta obra poderá ser reproduzida ou transmitida por qualquer forma e/ou quaisquer meios (eletrônico ou mecânico, incluindo fotocópia e gravação) ou arquivada em qualquer sistema ou banco de dados sem permissão escrita da editora.

PRODUÇÃO EDITORIAL

Aline L.R. de Barros
Marcelo Telles
Mirela de Oliveira
Otaviano M. Cunha
Rafael de Oliveira
Samuel Rezende
Vanessa Luz
Verônica M. Guedes

Conselho de projetos editoriais
Isabelle Theodora R.S. Martins
Luísa Ramos M. Lorenzi
Natália França
Priscilla A.F. Alves

Tradução: Dora Mariana Ribeiro Ferreira da Silva e Maria Luiza Appy
Revisão técnica: Dra. Jette Bonaventure

Diagramação: AG.SR Desenv. Gráfico
Capa: 2 estúdio gráfico

ISBN 978-85-326-2424-6 (Obra Completa de C.G. Jung)

ISBN 978-85-326-2746-9 (Brasil)
ISBN 3-530-40713-5 (Suíça)

Este livro foi composto e impresso pela Editora Vozes Ltda.

Sumário

Prefácio dos editores, 9

I. Comentário a "O segredo da flor de ouro", 11
Prefácio à segunda edição, 11
1. Introdução, 14
A. Por que é difícil para o ocidental compreender o Oriente, 14
B. A psicologia moderna abre uma possibilidade de compreensão, 18
2. Os conceitos fundamentais, 26
A. Tao, 26
B. O movimento circular e o centro, 28
3. Os fenômenos do caminho, 35
A. A dissolução da consciência, 35
B. Animus e anima, 45
4. A consciência desprende-se do objeto, 50
5. A realização (plenificação), 55
6. Conclusão, 61

II. As visões de Zósimo, 63
1. Os textos, 63
2. Comentário, 69
A. Generalidades sobre a interpretação, 69
B. Ato sacrifical, 73
C. As personificações, 97

D. O simbolismo da pedra, 101

E. O simbolismo da água, 110

F. A origem da visão, 113

III. Paracelso, um fenômeno espiritual, 118

Prefácio à "paracelsica", 118

1. As duas fontes do saber: a luz da natureza e a luz da revelação, 119

A. Magia, 125

B. Alquimia, 131

C. Doutrina secreta, 133

D. O homem primordial, 138

2. De vita longa: uma exposição do ensinamento secreto, 142

A. O iliastro, 143

B. O aquastro, 147

C. Ares, 152

D. Melusina, 155

E. O filius regius como substância arcana (Michael Maier), 157

F. O estabelecimento do uno ou centro por destilação, 161

G. A conjunção na primavera, 165

3. O mistério da transformação natural, 170

A. A luz da escuridão, 174

B. A união das duas naturezas do ser humano, 177

C. A quaternidade do homo maximus, 181

D. A aproximação do inconsciente, 185

4. Comentário de Gerardo Dorneo, 187

A. A melusina e o processo de individuação, 190

B. O hierosgamos do homem eterno, 195

C. Espírito e natureza, 198

D. O sacramento da igreja e a opus alquímica, 201

Epílogo, 204

IV. O espírito Mercurius, 205

Parte I

A. O conto do espírito na garrafa, 205

B. Esclarecimentos sobre a floresta e a árvore, 206

C. O espírito na garrafa, 208

D. A relação entre o espírito e a árvore, 212

E. O problema da libertação de Mercurius, 214

Parte II

A. Observações preliminares, 216

B. O Mercurius como mercúrio, ou seja, água, 219

C. Mercurius como fogo, 221

D. Mercurius como espírito e alma, 223

a. Mercurius como espírito do ar, 224

b. Mercurius como alma, 226

c. Mercurius como espírito em sentido incorpóreo, metafísico, 227

E. Mercurius como natureza dupla, 229

F. Mercurius como unidade e trindade, 233

G. As relações de Mercurius com a astrologia e com a doutrina dos arcontes, 238

H. Mercurius e o deus Hermes, 243

I. O espírito mercurius como substância arcana, 247

J. Sumário, 249

V. A árvore filosófica, 266

1. Representações individuais do símbolo da árvore, 266

2. Contribuições à história e interpretação do símbolo da árvore, 286

A. A árvore como imagem arquetípica, 286

B. A árvore no tratado de iodocus greverus, 289

C. A tetrassomia, 293
D. Sobre a imagem da totalidade na alquimia, 299
E. Sobre a natureza e a origem da árvore filosófica, 301
F. A interpretação da árvore em Gerardo Dorneo, 305
G. O sangue rosa e a rosa, 308
H. O estado de espírito do alquimista, 314
I. Diversos aspectos da árvore, 319
J. Localização e origem da árvore, 326
K. A árvore invertida, 330
L. Pássaro e serpente, 334
M. O nume feminino da árvore, 337
N. A árvore como pedra, 339
O. A periculosidade da arte, 342
P. Compreensão como meio de defesa, 348
Q. O tema do suplício, 350
R. A relação do suplício com o problema da conjunção, 355
S. A árvore como ser humano, 361
T. Interpretação e integração do inconsciente, 366

Apêndices, 375

Ilustrações, 377

Referências, 379

Índice onomástico, 405

Índice analítico, 413

Prefácio dos editores

Ao compararmos os ensaios do presente volume com *Mysterium Coniunctionis*, *Psicologia e alquimia* e, de certa forma, com *Aion* de Jung, percebemos sua particular importância como introdução às suas investigações sobre a alquimia. Os três volumes de maior porte que já foram publicados no quadro da Obra Completa têm um peso que pode parecer excessivo ao leitor despreparado. Depois deles, o leitor pode recorrer aos trabalhos mais concisos do presente volume, que fornecem uma visão de conjunto e de fato constituem um estudo preparatório às obras acima mencionadas.

Em publicações anteriores já figuram referências a grande parte do material simbólico: "As visões de Zósimo", no "Símbolo da transformação na missa", Mercurius em todos os escritos acima mencionados, mas principalmente em "A Psicologia da transferência". Na "Árvore filosófica", o tema do símbolo da árvore, já tratado frequentemente em *Psicologia e alquimia*, bem como em *Símbolos da transformação*, é amplamente desenvolvido. O "Comentário europeu" a *O segredo da flor de ouro* é de considerável interesse histórico. Jung comenta em *Memórias, sonhos e reflexões*" (publicado por Aniela Jaffé) no capítulo "Gênese da obra": "Só através do texto de *O segredo da flor de ouro*, que faz parte da alquimia chinesa e que Richard Wilhelm me enviou em 1928, pude aproximar-me da essência da alquimia. Nasceu em mim o desejo de conhecer os alquimistas". Em "Paracelso, um fenômeno espiritual", originariamente parte do pequeno volume de *Paracelsica*, Jung argumenta com os escritos alquímicos dessa personalidade dinâmica e explosiva, interpretando-o intuitivamente. ("Paracelso como médico" aparece no volume 15.)

O índice onomástico e o índice analítico foram elaborados com o maior cuidado pela senhora Magda Kerényi (membro da Society of Indexers de Londres).

Dezembro, 1977

Os editores

I

Comentário a "O segredo da flor de ouro"[*]

Prefácio à segunda edição

Meu falecido amigo Richard Wilhelm, coautor deste livro, enviou-me o texto de *O segredo da flor de ouro* num momento problemático para meu próprio trabalho. Foi no ano de 1928. Desde 1913 eu me ocupava com os problemas do inconsciente coletivo, e chegara a re-

---

[*]Em fins de 1929 C.G. Jung e o sinólogo Richard Wilhelm publicavam *O segredo da flor de ouro. Um livro de vida chinês* (Dornverlag, München). O livro continha a tradução de um antigo texto chinês, *Tai I Gin Hua Dsung Dschi* (*O segredo da flor de ouro*), com o seu próprio comentário e um comentário "europeu" de Jung. Anteriormente, no mesmo ano, os dois autores haviam editado na *Europäischen Revue* V: 2/8, novembro, p. 530-542, Berlim. Um resumo intitulado *"Dschang Scheng Schu*: A arte de prolongar a vida humana" (designação alternativa da *flor de ouro*).

Em 1930, Jung proferiu uma conferência em Munique, no dia 10 de maio, por ocasião da cerimônia em memória de Richard Wilhelm, falecido em primeiro de março, publicado pela primeira vez sob o título "Necrológio de Richard Wilhelm", na *Neue Zürcher Zeitung* CLI/I (6 de março de 1930), em seguida no *Chinesisch-Deutscher Almanach* (Frankfurt no M., 1931); finalmente na segunda edição revista de *O segredo da flor de ouro*. Zurique: Racher, 1938. Seguiram-se outras edições sem modificações essenciais, em 1939, 1944, 1948. Em 1957 apareceu uma quinta edição inteiramente refundida (Zurique: Rascher), que abarcava complementarmente um texto afim, ou seja, *Liu Hua Yang Hui Ming Ging. O livro da consciência e da vida*, com um prefácio de Salomé Wilhelm, viúva do sinólogo. Novas edições em 1965 (Zurique: Rascher) e 1974 (Walter, Olten). – "Necrológio de Richard Wilhelm", de Jung [OC, 15, 1971].

sultados que me pareciam questionáveis sob vários aspectos. Tais resultados não só exorbitavam tudo o que era conhecido no campo da psicologia "acadêmica", como também ultrapassavam os limites da psicologia médica personalista. Tratava-se de uma vasta fenomenologia, à qual não se podia aplicar as categorias e métodos até então conhecidos. Os resultados a que chegara, baseados em quinze anos de esforços, pareciam flutuar, sem qualquer possibilidade de confronto. Nenhum campo da experiência humana poderia proporcionar algum apoio ou segurança aos resultados obtidos. As únicas analogias, muito remotas, que pude estabelecer, encontrei-as dispersas nos relatos dos heresiólogos. Essa relação não facilitou de forma alguma minha tarefa; pelo contrário, dificultou-a, pois os sistemas gnósticos tratam das experiências imediatas da alma de um modo muito restrito, sendo em sua maior parte elaborações especulativas de cunho sistemático. Como possuímos pouquíssimos textos detalhados, a maioria dos quais deriva das exposições feitas por adversários cristãos, o conhecimento de que dispomos é insuficiente, tanto no que se refere à história como ao conteúdo dessa literatura estranha e confusa, difícil de ser abarcada. Parecia-me arriscado buscar apoio nesse domínio, principalmente porque cerca de 1700 ou 1800 anos nos separam dessa época. Além disso, as relações que eu encontrara eram em parte de caráter secundário, deixando lacunas no tocante aos pontos principais, e assim achei impossível utilizar o material gnóstico.

O texto enviado por Wilhelm ajudou-me a sair dessa dificuldade, pois continha justamente os aspectos que eu buscara em vão nos gnósticos. Desse modo proporcionou-me a oportunidade feliz de poder publicar, ainda que de forma provisória, alguns dos resultados essenciais de minhas pesquisas.

No primeiro momento não dei importância ao fato de *O segredo da flor de ouro* constituir um tratado alquímico, além de ser um texto taoísta da ioga chinesa. Um estudo posterior e aprofundado dos tratados latinos me esclareceu e demonstrou que o caráter alquímico do texto tinha um significado essencial. Não é este, porém, o lugar adequado para estender-me acerca de tal ponto. Quero apenas sublinhar o fato de ter sido o texto da *flor de ouro* que me ajudou a encontrar a

Estudos alquímicos

via correta. A alquimia medieval representa o traço de união entre a gnose e os processos do inconsciente coletivo que podem ser observados no homem de hoje[1].

Não posso deixar de mencionar de passagem certos mal-entendidos, até mesmo por parte de alguns leitores cultos deste livro. Afirmou-se várias vezes que a meta desta publicação era pôr nas mãos do público um método de alcançar a bem-aventurança. Numa total incompreensão do que digo em meu comentário, tais leitores tentaram imitar o "método" descrito no texto chinês. Esperemos que não sejam muitos os representantes deste baixo nível espiritual.

Outro mal-entendido deu origem à opinião de que o comentário descrevia de certo modo o meu próprio método terapêutico, visando insuflar concepções orientais em meus pacientes, no intuito de curá-los. Não creio que haja em meu comentário algo que possa motivar tal suposição. Seja como for, essa opinião é errônea e se baseia na ideia amplamente difundida de que a psicologia foi inventada para um certo fim, não constituindo uma ciência empírica. Pertence a esta categoria a opinião superficial e pouco lúcida de que o inconsciente coletivo é uma ideia "metafísica". Trata-se, isto sim, de um conceito *empírico* que deve ser equiparado ao conceito de instinto, o que se tornará claro para todo leitor atento.

Na segunda edição acrescentei o discurso sobre Richard Wilhelm, pronunciado na comemoração realizada em Munique, no dia 10 de maio de 1930. Ele fora publicado anteriormente na primeira edição inglesa de 1931[2].

C.G. Jung

---

1. O leitor poderá encontrar mais detalhes sobre o assunto em dois ensaios que publiquei no *Eranos-Jahrbuch* 1936 e 1937 [Este material encontra-se agora no livro de JUNG, C.G. *Psicologia e alquimia* (OC, 12)].

2. *The Secret of the Golden Flower*: A Chinese Book of Life.

1. Introdução

A. *Por que é difícil para o ocidental compreender o Oriente*

Como ocidental, e sentindo à sua maneira específica, experimentei a mais profunda estranheza diante do texto chinês do qual se trata. É verdade que um certo conhecimento das religiões e filosofias orientais auxiliava de certo modo meu intelecto e minha intuição, a compreender essas coisas, bem como a entender os paradoxos das concepções religiosas primitivas em termos de "etnologia" ou de "religião comparada". Este é o modo ocidental de ocultar o próprio coração sob o manto da chamada compreensão científica. E o fazemos em parte devido à *misérable vanité des savants*, que receia e rejeita com terror qualquer sinal de simpatia viva, e em parte porque uma compreensão simpatizante pode transformar o contato com o espírito estrangeiro numa experiência que deve ser levada a sério. Nossa objetividade científica reservaria este texto para a perspicácia filológica dos sinólogos, preservando-o cuidadosamente de qualquer outra interpretação. Mas Richard Wilhelm penetrou demais no segredo e na misteriosa vivência da sabedoria chinesa, para permitir que essa pérola intuitiva desaparecesse nas gavetas dos especialistas. É grande a minha honra e alegria de ter sido designado para fazer o comentário psicológico deste texto chinês.

No entanto, este fragmento precioso que ultrapassa o conhecimento dos especialistas talvez corra o risco de ser tragado por outra gaveta científica. Menosprezar os méritos da ciência ocidental, porém, equivaleria a renegar as próprias bases do espírito europeu. De fato, a ciência não é um instrumento perfeito, mas nem por isso deixa de ser um utensílio excelente e inestimável, que só causa dano quando é tomado como um fim em si mesmo. A ciência deve servir; ela erra somente quando pretende usurpar o trono. Deve inclusive servir às ciências adjuntas, pois devido à sua insuficiência, e por isso mesmo, necessita do apoio das demais. A ciência é um instrumento do espírito ocidental e com ela se abre mais portas do que com as mãos vazias. É a modalidade da nossa compreensão e só obscurece a vista quando reivindica para si o privilégio de constituir a única maneira adequada de apreender as coisas. O Oriente nos ensina outra forma de compreensão, mais ampla, mais alta e profunda – a compreensão

Estudos alquímicos 15

mediante a vida. Conhecemos esta última a modo de um sentimento fantasmagórico, que se exprime através de uma vaga religiosidade, motivo pelo qual preferimos colocar entre aspas a "sabedoria" oriental, remetendo-a para o domínio obscuro da crença e da superstição. Desta forma, ignoramos totalmente o "realismo" do Oriente. Não se trata porém de intuições sentimentais, de um misticismo excessivo que tocasse as raias patológicas de um ascetismo primitivo e intratável, mas de intuições práticas nascidas da flor da inteligência chinesa e que não temos motivo algum para subestimar.

Esta afirmação talvez pareça temerária, provocando a desconfiança de alguns, o que não é de estranhar, uma vez que é extremo o desconhecimento da matéria em questão. Além disso, a singularidade do pensamento chinês salta à vista, sendo compreensível nosso embaraço no tocante ao modo pelo qual ele poderia associar-se à nossa forma de pensar. O erro habitual (o teosófico, por exemplo) do homem do Ocidente lembra o do estudante que, no *Fausto*, de Goethe, recebe um mau conselho do diabo e volta as costas, com desprezo, à ciência; o erro ao qual me refiro é o de interpretar erroneamente o êxtase oriental, tomando ao pé da letra as práticas da ioga, numa imitação deplorável. Abandonar-se-ia desse modo o único chão seguro do espírito ocidental, para perder-se nos vapores de palavras e conceitos que nunca se originariam em cérebros ocidentais e nunca neles se enxertarão com proveito.

Disse um antigo adepto: "Se o homem errado usar o meio correto, o meio correto atuará de modo errado"[1]. Este provérbio chinês, infelizmente muito verdadeiro, se contrapõe drasticamente à nossa crença no meio "correto", independentemente do homem que o emprega. No tocante a isso, tudo depende do homem e pouco ou nada do método. Este último representa apenas o caminho que exprime verdadeiramente o seu ser. Se assim não fosse, o método não passaria de uma afetação, de algo construído artificialmente, sem raiz e sem seiva, servindo apenas à meta ilegítima do autoengano. Além disso, poderia representar um meio de o indivíduo iludir-se consigo mesmo, fugindo talvez à lei implacável do próprio ser. Tudo isto está

3

4

---

1. *O segredo da flor de ouro*. 12. ed. Petrópolis: Vozes, 2010, p. 132.

muito longe da consistência e da fidelidade a si mesmo do pensamento chinês. À diferença deste, tratar-se-ia, na hipótese acima formulada, de uma renúncia ao próprio ser, de uma traição a si mesmo e de uma entrega a deuses estranhos e impuros, artimanha pusilânime no sentido de usurpar uma superioridade anímica e tudo aquilo que é justamente o contrário do "método" chinês. Essas intuições surgiram da vida mais plena, autêntica e verdadeira, da vida arcaica da cultura chinesa, que cresceu lógica e organicamente a partir dos instintos mais profundos. Tudo isso é para nós inacessível e inimitável.

5   A imitação ocidental é trágica, por ser um mal-entendido que ignora a psicologia do Oriente. É tão estéril como as escapulidas modernas para o Novo México, para as ilhas beatíficas dos Mares do Sul, ou para a África Central onde o homem culto pode brincar de ser "primitivo", a fim de fugir disfarçadamente de suas tarefas imediatas, de seu *Hic Rhodus hic salta*. Não se trata de macaquear o que é visceralmente estranho a nós, ou de bancar o missionário, mas de edificar a cultura ocidental que sofre de mil males; isto deve ser feito, no entanto, no lugar adequado, em busca do autêntico europeu, em sua trivialidade ocidental, com seus problemas matrimoniais, suas neuroses, suas ilusões político-sociais e enfim com sua total desorientação diante do mundo.

6   Seria melhor confessar que não compreendemos este texto esotérico, ou então que não queremos compreendê-lo. Acaso não pressentimos que uma tal colocação anímica, que permite olhar fundo e para dentro, desprendendo-se do mundo, só é possível porque esses homens satisfizeram de tal modo as exigências instintivas de sua natureza, que pouco ou nada mais os impede de ver a essência invisível do mundo? E acaso a condição de possibilidade de libertação desses apetites, dessas ambições e paixões que nos detêm no visível, não reside justamente na satisfação plena de sentido das exigências instintivas, em lugar de uma repressão prematura determinada pela angústia? E não se liberta o olhar para o espiritual quando a lei da terra tiver sido obedecida? Quem conhecer a história dos costumes chineses ou então o *I Ching* através de um estudo minucioso saberá que esse livro sapiencial impregnou o pensamento chinês há milhares de anos. Alguém assim preparado não deixará de lado tais questões. E compreenderá também que as ideias do nosso texto não representam algo

de extraordinário para a mentalidade chinesa, mas são conclusões psicológicas inevitáveis.

Nos primeiros tempos da cultura cristã a que pertencemos, o espírito e a paixão do espírito eram pura e simplesmente os valores positivos pelos quais valia a pena lutar. Só no ocaso do medievalismo, isto é, no decorrer do século XIX, quando o espírito começou a degenerar em intelecto, surgiu uma reação contra o predomínio insuportável do intelectualismo; cometeu-se então – o que é perdoável – o erro de confundir intelecto e espírito. Este último foi então acusado pelos delitos do primeiro (Klages). Na realidade, o intelecto apenas prejudica a alma quando pretende usurpar a herança do espírito, para o que não está capacitado de forma alguma. O espírito representa algo de mais elevado do que o intelecto, abarcando não só este último, mas também os estados afetivos. Ele é uma direção e um princípio de vida que aspira às alturas luminosas e sobre-humanas. A ele se opõe o feminino, obscuro, telúrico (yin), com sua emocionalidade e instintividade que mergulha nas profundezas do tempo e nas raízes do *continuum* corporal. Tais conceitos representam, sem dúvida alguma, concepções puramente intuitivas, mas indispensáveis se quisermos compreender a essência da alma. A China não pôde prescindir dessas concepções, pois tal como demonstra a história de sua filosofia, nunca se afastou dos fatos centrais da alma a ponto de perder-se no engano de uma supervalorização e desenvolvimento unilaterais de uma função psíquica isolada. Por isso mesmo nunca deixou de reconhecer o paradoxo e a polaridade de tudo o que vive. Os opostos sempre se equilibram na mesma balança – sinal de alta cultura. Ainda que represente uma força propulsora, a unilateralidade é um sinal de barbárie. A reação que se iniciou no Ocidente contra o intelecto e a favor do eros ou da intuição constitui, na minha opinião, um sintoma de progresso cultural e um alargamento da consciência além dos estreitos limites de um intelecto tirânico.

Longe de mim a intenção de menosprezar a enorme diferenciação do intelecto ocidental. Comparado a ele, pode-se dizer que o intelecto oriental é infantil (sem que isto tenha algo a ver com inteligência!). Se conseguíssemos elevar outra função, isto é, uma terceira função anímica à dignidade que, entre nós, se atribui ao intelecto, o Ocidente poderia ter a esperança de ultrapassar consideravelmente o

Oriente. É lamentável, portanto, que o europeu se renegue a si mesmo para imitar o oriental, afetando aquilo que não é. Suas possibilidades seriam muito maiores se permanecesse fiel a si mesmo e desenvolvesse a partir de sua essência tudo o que o Oriente deu à luz no decurso de milênios.

9   Em geral, sob o ponto de vista irremediavelmente exterior do intelecto, é como se ignorássemos o valor daquilo que o Oriente tanto aprecia. O puro intelecto não apreende a importância prática que as ideias orientais têm para nós, motivo pelo qual pretende classificá-las como curiosidades filosóficas e etnológicas. Tal incompreensão vai tão longe que os próprios sinólogos ignoram o uso prático do *I Ching*, considerando este livro uma simples coletânea de fórmulas mágicas e abstrusas.

B. A psicologia moderna abre uma possibilidade de compreensão

10   Através da experiência prática abriu-se para mim um acesso totalmente novo e inesperado à sabedoria oriental. É bom ressaltar que eu não partira de um conhecimento, mesmo que insuficiente, da filosofia chinesa; pelo contrário, ao iniciar minha carreira de psiquiatra e psicoterapeuta, desconhecia por completo tal filosofia e só a experiência médica posterior revelou-me que, através da técnica desenvolvida nesse trabalho, eu ia seguindo inconscientemente o caminho secreto que há milênios preocupara os melhores espíritos do Oriente. Poder-se-ia tomar isto como uma fantasia subjetiva – motivo pelo qual eu hesitara até então em publicar algo relativo ao assunto – mas Wilhelm, o grande conhecedor da alma da China, confirmou abertamente tal coincidência, encorajando-me a escrever algo sobre um texto chinês, cujo teor faz parte da obscuridade misteriosa do espírito oriental. Seu conteúdo porém – e isto é extraordinariamente importante – representa um paralelo vivo com o que ocorre no processo de desenvolvimento psíquico de meus pacientes que, obviamente, não são chineses.

11   Para tornar este fato insólito mais compreensível ao leitor, convém lembrar que assim como a anatomia do corpo humano é a mesma, apesar das diferenças raciais, assim também a psique possui um substrato comum, que ultrapassa todas as diferenças de cultura e de

consciência. A este substrato dei o nome de *inconsciente coletivo*. A psique inconsciente, que é comum a toda a humanidade, não consiste apenas de conteúdos aptos a se tornarem conscientes, mas de predisposições latentes a reações idênticas. O inconsciente coletivo é a mera expressão psíquica da identidade da estrutura cerebral, independentemente das diferenças raciais. Este fato explica a analogia e às vezes a identidade dos temas mitológicos e dos símbolos, sem falar na possibilidade da compreensão humana em geral. As diversas linhas do desenvolvimento anímico partem de uma base comum, cujas raízes mergulham num passado mais distante. Encontramos aqui também o paralelismo anímico com os animais.

Sob um ponto de vista puramente psicológico, trata-se de *instintos gerais de representação (imaginação) e de ação*. Todas as representações e ações conscientes desenvolveram-se a partir destes protótipos inconscientes, e continuam ligadas a eles. É isto que ocorre quando o consciente não atingiu ainda um maior grau de clareza, isto é, quando depende – em todas as suas funções – mais do instinto do que da vontade consciente, e mais do afeto do que do juízo racional. Tal circunstância garante uma saúde anímica primitiva, mas pode transformar-se em desadaptação, se ocorrerem situações que exijam um esforço moral mais alto. Os instintos bastam apenas para um tipo de natureza que permanece mais ou menos invariável. O indivíduo que depende de um modo preponderante do inconsciente, e é menos propenso à escolha consciente, tem a tendência para um acentuado conservadorismo psíquico. Este é o motivo pelo qual os primitivos não mudam no decurso de milênios, sentindo medo diante de tudo o que é estranho e incomum. Tal característica poderia levá-los à desadaptação e, portanto, aos maiores perigos anímicos, isto é, a uma espécie de neurose. Uma consciência mais elevada e mais ampla, que só surgirá mediante a assimilação do desconhecido, tende para a autonomia, para a revolta contra os velhos deuses, os quais não são mais do que as poderosas imagens primordiais a que a consciência se achava subordinada.

Quanto mais poderosa e independente se torna a consciência e, com ela, a vontade consciente, tanto mais o inconsciente é empurrado para o fundo, surgindo facilmente a possibilidade de a consciência em formação emancipar-se da imagem primordial inconsciente. Alcançando então a liberdade, poderá romper as cadeias da pura instintividade e chegar a uma situação de atrofia do instinto, ou mesmo de oposição a ele. Esta consciência desenraizada, que não pode mais apelar para a autoridade das imagens primordiais, acede às vezes a uma liberdade prometeica, a uma hybris sem deus. Ela plana sobre as coisas e sobre os homens, mas o perigo da mudança de atitude aí está, não para cada indivíduo isoladamente, mas para os mais fracos da sociedade, no plano coletivo, que serão agrilhoados de modo também prometeico ao Cáucaso do inconsciente. O sábio chinês diria, nas palavras do *I Ching*, que quando yang alcança sua força máxima nasce em seu interior a força obscura do yin, pois ao meio-dia começa a noite, e yang se fragmenta, tornando-se yin.

14   O médico acha-se na situação de ver uma tal peripécia traduzir-se, literalmente, em termos de vida. Vê, por exemplo, um homem de negócios bem-sucedido, que alcançou tudo o que almejava, retirar-se de suas atividades no ápice da sorte, sucumbindo a uma súbita neurose que o transforma numa velha choramingas, o retém no leito e por fim o destrói. Nada falta à história, nem mesmo a mudança do masculino em feminino. Encontramos um paralelo exato na lenda de Nabucodonosor, que se acha no *Livro de Daniel* e, de um modo geral, na megalomania. Casos deste tipo, de exagero unilateral do ponto de vista consciente e a reação correlativa do yin do inconsciente, constituem uma boa parte da clientela atual dos psiquiatras; tudo por causa da supervalorização da vontade consciente. ("Onde há uma vontade, há um caminho!") Obviamente, não pretendo de forma alguma negar os altos valores da vontade consciente. A consciência e a vontade podem ser consideradas como as conquistas supremas da cultura humana. Mas de que serve uma moralidade que destrói o homem? Melhor do que a moralidade é a harmonização do querer e do poder. Moral *à tout prix* – sinal de barbárie? Frequentemente, acho preferível a sabedoria. Talvez esta opinião seja devida às lentes dos meus óculos de médico, que veem as coisas de um modo diferente. Tenho a obrigação de constatar os males que causam a si próprios aqueles que seguem a esteira das realizações culturais excessivas.

15   Quer se queira ou não, o fato é que um colapso é o efeito de uma consciência intelectual exaltada e unilateral, que se afastou demasiado das imagens primordiais. Mas bem antes da catástrofe manifes-

Estudos alquímicos   21

tam-se os sinais do extravio, tais como uma atrofia do instinto, ner-
vosismo, desorientação e emaranhados de situações e problemas insolúveis etc. A investigação médica descobre, em primeiro lugar, um
inconsciente em completa revolta contra os valores conscientes e que
a consciência não pode assimilar, sendo que o reverso também é impossível. Defrontamo-nos assim com um conflito aparentemente insolúvel, ao qual a razão humana só pode oferecer soluções aparentes,
ou falsos compromissos. Quem rejeitar esses dois caminhos, con-
frontar-se-á com a exigência da indispensável unidade da personalidade, e com a necessidade de buscá-la. Aqui se inicia o caminho seguido pelo Oriente desde as eras mais remotas, uma vez que os chineses, por exemplo, nunca forçaram os opostos da natureza humana,
fazendo com que ambos se perdessem de vista, até a inconsciência.
Esta sua consciência onicompreensiva deve-se ao fato de que o *sic et
non*, em sua proximidade originária, correspondia à situação da
mentalidade primitiva. Mesmo assim, era impossível não sentir o
choque dos opostos e isto determinava a busca daquele caminho que
os hindus chamam de *nirdvandva*, isto é, livre de opostos.

Nosso texto trata deste caminho e, no que concerne a meus pa-   16
cientes, é também deste caminho que se trata. Seria no entanto um
grande erro estimular o homem ocidental a praticar diretamente
exercícios da ioga chinesa. Isto daria ensejo a que sua vontade e consciência se fortificassem contra o inconsciente, conduzindo-o a um resultado que se deveria evitar: a intensificação de sua neurose. Nunca
é demais sublinhar o fato de que não somos orientais e de que no tocante a esses assuntos partimos de bases bem diversas. E ainda mais:
cometeríamos um engano se supuséssemos que tal caminho serve
para todo e qualquer neurótico, ou melhor, para qualquer problema
neurótico. Ele é adequado, em primeiro lugar, para os casos em que a
consciência atinge um grau anormal, afastando-se do inconsciente de
um modo desastroso. Uma consciência excessiva é a *conditio sine qua
non* deste processo. Nada mais errado do que abrir tal caminho para
neuróticos, cujo mal é o predomínio abusivo do inconsciente. Pelo
mesmo motivo, esta via de desenvolvimento não é aconselhável antes
da metade da vida (que varia, normalmente, dos 35 aos 40 anos), podendo mesmo ser prejudicial nesse caso.

17   Como já dei a entender, o motivo que me levou a buscar um novo caminho foi o fato de parecer-me insolúvel o problema fundamental do paciente, a não ser violentando um dos lados de sua natureza. No meu trabalho, sempre mantive a convicção, talvez por causa do meu temperamento, de que no fundo não há problemas insolúveis. Até agora, a experiência confirmou esta expectativa. Vi muitas vezes pacientes superarem problemas aos quais outros sucumbiram por completo. Tal "superação" ou "ampliação", como denominara anteriormente esse fenômeno, revelou-se depois de experiências posteriores como uma elevação do nível da consciência. Algum interesse mais alto e mais amplo apareceu no horizonte, fazendo com que o problema insolúvel perdesse a urgência. Sem que este encontrasse uma solução lógica, empalideceu em confronto com um novo e forte rumo de vida. Não foi reprimido, nem submergiu no inconsciente, mas simplesmente apareceu sob outra luz, tornando-se outro. Aquilo que num primeiro degrau levara aos conflitos mais selvagens e a aterradoras tempestades de afetos, parecia agora, considerado de um nível mais alto da personalidade, uma tempestade no vale, vista do cume de uma elevada montanha. Com isto, a tempestade não é privada de sua realidade, mas, em lugar de se estar nela, se está acima dela. Mas como de um ponto de vista anímico somos ao mesmo tempo vale e montanha, parece uma presunção nada convincente sentir-se o indivíduo além do humano. Certamente, sentimos o afeto (a emoção) que nos sacode e atormenta. Mas ao mesmo tempo é-nos dada uma consciência mais alta, que impede nossa identificação com o afeto; somos capazes de considerá-lo como um objeto, e assim podemos dizer: "Eu sei que estou sofrendo". A afirmação de nosso texto, a saber: "A preguiça da qual não somos conscientes e a preguiça da qual somos conscientes, estão a milhares de milhas uma da outra"[2], é plenamente válida no que se refere ao afeto.

18   O que sucedia aqui e ali sob este aspecto, era que alguém se ampliava por si mesmo, a partir de obscuras possibilidades, e isso foi para mim uma experiência valiosíssima. Mas eu já aprendera, nesse ínterim, que os maiores e mais importantes problemas da vida são,

---

2. Op. cit., p. 115.

no fundo, insolúveis; e deve ser assim, uma vez que exprimem a polaridade necessária e imanente a todo sistema autorregulador. Embora nunca possam ser resolvidos, é possível superá-los mediante uma ampliação da personalidade. A questão que proponho a mim mesmo é a de saber se essa possibilidade de ampliação, esse desenvolvimento anímico, não representa o caso normal, e a fixação num conflito, a doença. Todo ser humano deveria possuir, pelo menos em germe, esse nível mais alto, e tal possibilidade poder-se-ia desenvolver sob condições favoráveis. Ao observar a via de desenvolvimento daqueles que silenciosamente e como que inconscientemente se superavam a si mesmos, constatei que seus destinos tinham algo em comum: o novo vinha a eles do campo obscuro das possibilidades de fora ou de dentro, e eles o acolhiam e com isso cresciam. Parecia-me típico que uns o recebessem de fora e outros, de dentro, ou melhor, que em alguns o novo crescesse a partir de fora e em outros, a partir de dentro. Mas de qualquer forma, nunca o novo era algo somente exterior ou somente interior. Ao vir de fora, tornava-se a vivência mais íntima. Vindo de dentro, tornava-se acontecimento externo. Jamais era intencionalmente provocado ou conscientemente desejado, mas como que fluía na torrente do tempo.

É tão grande a tentação que sinto de fazer de tudo uma meta e um método que, deliberadamente, me exprimo em termos bem abstratos a fim de evitar preconceitos, isto é, a fim de impedir que o leitor tome o novo por isto ou aquilo, transformando-o numa receita a ser usada "mecanicamente". Se tal acontecesse, dar-se-ia o caso já citado de que o "meio correto" pudesse cair nas mãos "do homem errado". Sempre me impressionou profundamente o fato de que o novo, preparado pelo destino, nunca ou raramente corresponde à expectativa consciente ou aos instintos enraizados, tais como os conhecemos. Pelo contrário, o novo constitui uma expressão apropriada da personalidade total e uma expressão que jamais se poderia imaginar de uma forma tão completa.

O que fizeram tais pessoas para levar a cabo esse processo libertador? Na medida em que pude percebê-lo, elas nada fizeram (wu wei)[3], mas deixaram que as coisas acontecessem, de acordo com o en-

---

3. A ideia taoísta da ação através da não ação.

sinamento do Mestre Lü Dsu. Assim, permitiram que a luz circulasse de acordo com sua própria lei, sem abandonarem sua ocupação habitual. O deixar-acontecer (Sich-lassen), na expressão de mestre Eckhart, a ação da não ação foi, para mim, uma chave que abriu a porta para entrar no caminho: *Devemos deixar as coisas acontecerem psiquicamente*. Eis uma arte que muita gente desconhece. É que muitas pessoas sempre parecem estar querendo ajudar, corrigindo e negando, sem permitir que o processo psíquico se cumpra calmamente. Seria muito simples se a simplicidade não fosse verdadeiramente a mais difícil das coisas! Tratar-se-ia, em primeiro lugar, da observação de qualquer fragmento da fantasia em seu desenvolvimento. Nada mais fácil, se não começassem aqui as dificuldades. Pelo que parece, ninguém tem fragmentos de fantasias, ou melhor, elas são por demais estúpidas, e por mil razões. É difícil concentrar-se nelas, é tão cansativo! E afinal de contas, o que resultaria de tudo isso? "Nada mais do que" etc. A consciência levanta inúmeras objeções e de fato parece frequentemente ansiosa por apagar a imaginação espontânea, apesar do firme propósito e da intenção de permitir que o processo psíquico se desenrole sem interferência. Às vezes ocorre um verdadeiro espasmo da consciência.

21   Quando se é capaz de superar as dificuldades do início, eis que comparece o espírito crítico, tentando interpretar o fragmento da fantasia, classificá-lo, formalizá-lo esteticamente, ou então desvalorizá-lo. A tentação destas manipulações é quase irresistível. Depois de realizar-se cuidadosamente a observação, devemos soltar as rédeas da consciência impaciente, sem o que aparecerão resistências obstrutivas. Mas depois de cada observação da fantasia espontânea é preciso descartar-se novamente da atividade da consciência.

22   Frequentemente, o resultado imediato de tais esforços não é alentador. Em geral, deparamos com os tênues fios da fantasia, os quais não nos permitem reconhecer com clareza de onde vêm e para onde vão. As maneiras de obter-se as fantasias também variam de indivíduo para indivíduo. Muitos preferem escrevê-las, outros acham mais fácil visualizá-las, desenhá-las, pintá-las, visualizando ou não. Se o espasmo da consciência for excessivo, somente as mãos conseguem fantasiar, modelando ou desenhando formas que às vezes são totalmente estranhas à consciência.

Estudos alquímicos

Esses exercícios devem prosseguir até que o espasmo da consciência desapareça, isto é, até que se consiga deixar as coisas acontecerem por si mesmas, o que representa a meta seguinte do exercício. Deste modo, cria-se uma nova atitude, a qual aceita o irracional e incompreensível, simplesmente porque é aquilo que ocorre. Tal atitude seria um veneno para quem estivesse sobrecarregado pelos acontecimentos da vida, mas é da maior importância para quem costuma escolher entre as coisas que lhe ocorrem só aquilo que se adapta à sua consciência, mediante um julgamento consciente, desviando-se assim, aos poucos, da torrente da vida, para remansos de água estagnada.

Aqui, os caminhos parecem separar-se de acordo com os dois tipos acima mencionados. Ambos aprenderam a aceitar o que lhes ocorre. (Como ensina mestre Lü Dsu: "Quando as ocupações se nos propõem, devemos aceitá-las; quando as coisas acontecem em nossa vida, devemos compreendê-las até o fundo"[4].) Um receberá principalmente o que lhe vem de fora, e o outro, o que lhe vem de dentro. E segundo o que a lei da vida determinar, um receberá de fora o que antes nunca recebia, e o outro receberá de dentro a possibilidade antes excluída. Esta conversão do próprio ser significa uma ampliação, elevação e enriquecimento da personalidade, uma vez que os valores iniciais sejam mantidos ao lado da conversão, caso não sejam meras ilusões. Se não forem mantidos com firmeza, o indivíduo sucumbirá à unilateralidade oposta, caindo da aptidão na inaptidão, da adaptabilidade na inadaptabilidade, da sensatez na insensatez, e mesmo da racionalidade na loucura. O caminho não é isento de perigo. Tudo o que é bom é difícil, e o desenvolvimento da personalidade é uma das tarefas mais árduas. Trata-se de dizer sim a si mesmo, de se tomar como a mais séria das tarefas, tornando-se consciente daquilo que se faz e especialmente não fechando os olhos à própria dubiedade, tarefa que de fato faz tremer.

O chinês pode invocar a autoridade de sua cultura. Ao ingressar no longo Caminho, está fazendo o que é reconhecidamente o melhor, no contexto em que vive. Mas o ocidental que quiser trilhar esse caminho tem tudo contra si: a autoridade intelectual, moral e religiosa

4. Ibid, p. 123.

vigentes. Por isso é muito mais fácil para ele imitar o caminho chinês, apartando-se do caminho europeu, tão precário, ou então, buscar o caminho de volta à Igreja cristã medieval; e deverá erguer novamente a muralha europeia que separa os verdadeiros cristãos dos pobres pagãos e outras curiosidades etnográficas, acampados do lado de fora. O namoro estético e intelectual com a vida e com o destino termina abruptamente aqui. O passo que conduz a uma consciência mais alta deixa-nos sem qualquer segurança, com a retaguarda desguarnecida. O indivíduo deve entregar-se ao caminho com toda a sua energia, pois só mediante sua integridade poderá prosseguir e só ela será uma garantia de que tal caminho não se torne uma aventura absurda.

Quer receba seu destino de fora ou de dentro, as vivências e os acontecimentos do caminho são os mesmos. Por isso, nada preciso dizer acerca dos múltiplos acontecimentos externos ou internos, cuja variedade infinita não pode ser abarcada. Em relação ao texto comentado, isso não teria também qualquer importância. Mas, muito pelo contrário, há o que dizer a respeito dos estados anímicos que acompanham, em seu decurso, o processo de desenvolvimento. Tais estados se exprimem *simbolicamente* em nosso texto, e esses símbolos são os mesmos que se me tornaram tão familiares através de minha prática analítica.

2. Os conceitos fundamentais

A. Tao

A imensa dificuldade da tradução deste texto e de outros análogos[5], para o europeu, reside no fato de que o autor chinês sempre começa a partir do centro, isto é, do que poderíamos chamar de ápice, meta, ou mesmo do conhecimento mais profundo e último a ser obtido. Mas o nosso autor parte de ideias de tal modo exigentes, que um homem de inteligência crítica sentir-se-ia ridículo e arrogante, para não dizer insensato, se ousasse abordar intelectualmente a mais sutil das experiências anímicas dos maiores espíritos do Oriente. Nosso

---

5. Cf. LIU HUA YANG. *Hui Ming Ging.* [*O segredo da flor de ouro.* 12. ed. Petrópolis: Vozes, 2010, p. 134s.].

Estudos alquímicos

texto começa deste modo: "O que existe por si mesmo se chama Tao". E o *Hui Ming Ging* começa pelas seguintes palavras: "O segredo mais sutil do Tao é a essência e a vida".

É uma característica do espírito ocidental o fato de não possuir conceito algum para traduzir a palavra Tao. Em chinês, este é representado por dois sinais: "cabeça" e "caminhar". Wilhelm traduz Tao por "sentido"[6]. Outros autores traduzem-no por "caminho", "providência" e os jesuítas, por "Deus". Isto já mostra a dificuldade a que aludimos. "Cabeça" pode ser entendido como algo relativo à consciência[7], e "caminhar" como "ir, deixando caminho para trás", o que corresponde à ideia de "ir conscientemente", ou seguir o "caminho consciente". Assim, emprega-se como sinônimo de Tao a "luz do céu" que, como "coração celeste", "habita entre os olhos". Essência e vida estão contidas na "luz do céu" e constituem, para Liu Hua Yang, os segredos mais importantes do Tao. "Luz" é o equivalente simbólico da consciência, e a essência desta última pode ser expressa por analogias referentes à luz. O *Hui Ming Ging* começa pelos seguintes versos:

> Se quiseres completar o corpo diamantino sem efluxões
> Deves aquecer diligentemente a raiz da consciência[8] e da vida.
> Deves *iluminar* a terra bem-aventurada e sempre vizinha
> E nela deixar sempre escondido teu verdadeiro eu.

Estes versos contêm uma espécie de indicação alquímica, um método ou caminho para a geração do "corpo diamantino", que é mencionado em nosso texto. Para isso, é necessário um "aquecimento", ou seja, uma elevação da consciência, a fim de que a morada da essência espiritual seja "iluminada". Assim, pois, não é apenas a consciência, mas também a *vida* que deve ser elevada ou exaltada. A união de ambas produz a "vida consciente". Segundo o *Hui Ming Ging*, os antigos sábios conheciam o modo de suprimir a separação entre consciência e vida, pois cultivavam as duas. Deste modo o "schêli (corpo imortal) se funde" e se "completa o grande Tao"[9].

---

6. Como "caminho" igualmente. Cf. Op. cit., p. 91.

7. A cabeça é também o "lugar da luz celeste".

8. "Essência" (*sing*) e "consciência" (*hui*) são permutáveis no *Hui Ming Ging* [texto ressaltado por Jung].

9. Cf. *O segredo da flor de ouro*. 12. ed. Petrópolis: Vozes, 2010, p. 135.

30   Se compreendermos o Tao como método ou caminho consciente, que deve unir o separado, estaremos bem próximos do conteúdo
psicológico do conceito. De qualquer modo, a separação de consciência e vida poderá ser perfeitamente compreendida segundo o que
descrevi acima: como extravio ou desenraizamento da consciência.
Trata-se também, sem dúvida, da questão da conscientização dos
opostos, da "conversão" para uma reunificação com as leis inconscientes da vida. A meta dessa unificação é a obtenção da vida consciente, ou, como dizem os chineses: a realização do Tao.

B. O movimento circular e o centro

31   A união dos opostos[10] num nível mais alto da consciência, como
já mencionamos, não é uma questão racional e muito menos uma
questão de vontade, mas um processo de desenvolvimento psíquico,
que se exprime em *símbolos*. Historicamente, este processo sempre
foi representado através de símbolos e ainda hoje o desenvolvimento
da personalidade individual é figurado mediante imagens simbólicas.
Tais fatos se me apresentaram da seguinte maneira: os produtos das
fantasias espontâneas, de que tratamos acima, se aprofundavam e se
concentravam progressivamente em torno de formações abstratas,
que parecem representar "princípios", no sentido dos "archai" gnósticos. Quando as fantasias tomam a forma de pensamentos, emergem
formulações intuitivas de leis ou princípios obscuramente pressenti-
dos, que logo tendem a ser dramatizados ou personificados. (Voltaremos depois a este ponto.) Se as fantasias forem desenhadas, comparecem
símbolos que pertencem principalmente ao tipo de "mandala"[11].
Mandala significa círculo e particularmente círculo mágico. Os mandalas não se difundiram somente através do Oriente, mas também
são encontrados entre nós. A Idade Média e em especial a Baixa Idade Média é rica de mandalas cristãos. Em geral, o Cristo é figurado
no centro e os quatro evangelistas ou seus símbolos, nos pontos

---

10. Cf. com minhas explanações em *Tipos psicológicos* [OC, 6].

11. Para uma discussão mais ampla do mandala, cf. de Jung: "Estudo empírico do processo de individuação", "O simbolismo do mandala" e "Mandalas", em *Os arquétipos
e o inconsciente coletivo* [OC, 9/1].

Estudos alquímicos

cardeais. Esta concepção deve ser muito antiga, porquanto Hórus e seus quatro filhos foram representados da mesma forma, entre os egípcios[12]. (Como se sabe, Hórus e seus quatro filhos têm uma relação estreita com Cristo e os quatro evangelistas.) Mais tarde, encontramos um inegável e interessante mandala em Jacob Böhme, em seu livro sobre a alma[13]. É evidente que ele representa um sistema psicocósmico, de forte coloração cristã. É o "olho filosófico"[14], ou o "espelho da sabedoria", denominações estas que mostram de modo claro tratar-se de uma *summa* de sabedoria secreta. A maioria dos mandalas tem a forma de uma flor, de uma cruz ou roda, tendendo nitidamente para o quatérnio, o que lembra o número básico: a tetraktys pitagórica. Entre os índios pueblo os mandalas são desenhados na areia, para uso ritual[15]. Entretanto, os mandalas mais belos são os do budismo tibetano. Os símbolos de nosso texto acham-se representados nesses mandalas. Encontrei também desenhos mandálicos entre doentes mentais, entre pessoas que certamente não tinham qualquer ideia das conexões aqui mencionadas[16].

Algumas de minhas pacientes de sexo feminino não desenhavam, mas dançavam mandalas. Na Índia, isto se chama: mandala nritya, que significa dança mandálica. As figurações da dança têm o mesmo sentido que as do desenho. Os próprios pacientes quase nada podem dizer acerca do sentido simbólico dos mandalas, mas se sentem fascinados por eles. Reconhecem que exprimem algo e que atuam sobre seu estado anímico subjetivo.

Nosso texto promete "revelar o segredo da flor de ouro do grande uno". A flor de ouro é a luz, e a luz do céu é o Tao. A flor de ouro é um símbolo mandálico que já tenho encontrado muitas vezes nos desenhos de meus pacientes. Ela é desenhada a modo de um ornamento

---

12. Cf. BUDGE, Wallis. *The Gods of the Egyptians*.

13. *Vierzig Fragen von der Seele Vrstand*. [O mandala é reproduzido em "Estudo empírico do processo de individuação", p. 292, do volume citado acima.]

14. Cf. com a representação chinesa da "luz celeste" entre os olhos.

15. MATTHEWS. *The Mountain Chant*: A Navajo Ceremony; e STEVENSON. *Ceremonial of Hasjelti Dailjis*.

16. O mandala de uma sonâmbula é reproduzido em "Sobre a psicologia e a patologia dos fenômenos chamados ocultos". *Estudos psiquiátricos* [OC, 1].

geometricamente ordenado, ou então como uma flor crescendo da planta. Esta última, na maioria dos casos, é uma formação que irrompe do fundo da obscuridade, em cores luminosas e incandescentes, desabrochando no alto sua flor de luz num símbolo semelhante ao da árvore de Natal. Tais desenhos exprimem o nascimento da flor de ouro, pois, segundo o *Hui Ming Ging*, a "vesícula germinal" é o "castelo de cor amarela", o "coração celeste", os "terraços da vitalidade", o "campo de uma polegada da casa de um pé", a "sala purpúrea da cidade de jaspe", a "passagem escura", o "espaço do céu primeiro", o "castelo do dragão no fundo do mar"[17]. Ela é também chamada a "região fronteiriça das montanhas de neve", a "passagem primordial", o "reino da suprema alegria", o "país sem fronteiras" e o "altar sobre o qual consciência e vida são criadas". "Se o agonizante não conhecer este lugar germinal", diz o *Hui Ming Ging*, "não encontrará a unidade de consciência e vida nem mesmo em mil nascimentos, ou dez mil éons".

34   O princípio, no qual tudo ainda é um e que portanto parece ser a meta mais alta, jaz no fundo do mar, na escuridão do inconsciente. Na vesícula germinal, consciência e vida (ou "essência" e "vida", isto é, sing-ming) são ainda "uma só unidade", "inseparavelmente misturada como a semente do fogo no forno da purificação". "Dentro da vesícula germinal está o fogo do soberano". "Todos os sábios começaram a sua obra pela vesícula germinal"[18]. Notem-se as analogias com o fogo. Conheço uma série de desenhos de mandalas europeus, onde aparece uma espécie de semente vegetal envolta em membranas, flutuando na água. A partir do fundo, o fogo sobe e penetra a semente, incubando-a de tal modo, que uma grande flor de ouro cresce da vesícula germinal.

35   Este simbolismo refere-se a uma espécie de processo alquímico de purificação e de enobrecimento; a escuridão gera luz e a partir do "chumbo da região da água" cresce o ouro nobre; o inconsciente torna-se consciente, mediante um processo de vida e crescimento (em total analogia com isto, lembremos a *kundalini* da ioga hindu)[19]. Desse modo se processa a unificação de consciência e vida.

---

17. Cf. *O segredo da flor de ouro*. 12. ed. Petrópolis: Vozes, 2010, p. 135 e p. 98 [*Tai I Gin Hua Dsung Dschi*].

18. Ibid., p. 136.

19. Cf. AVALON. *The Serpent Power*.

Estudos alquímicos 31

Quando meus pacientes projetam tais imagens, não o fazem sob sugestão, elas ocorriam muito antes que eu conhecesse seu significado ou suas relações com as práticas do Oriente. Essas imagens brotam espontaneamente de duas fontes. Uma delas é o inconsciente, que produz de modo natural fantasias dessa espécie. A outra fonte é a vida que, quando vivida com plena devoção, proporciona um pressentimento do si-mesmo, da própria essência individual. Ao expressar-se esta última nos desenhos, o inconsciente reforça a atitude de devoção à vida. De acordo com a concepção oriental, o símbolo mandálico não é apenas expressão, mas também atuação. Ele atua sobre seu próprio autor. Oculta-se neste símbolo uma antiquíssima atuação mágica, cuja origem é o "círculo de proteção", ou "círculo encantado", cuja magia foi preservada em numerosos costumes populares[20]. A meta evidente da imagem é traçar um "sulcus primigenius", um sulco mágico em redor do centro, que é o templo ou *temenos* (área sagrada) da personalidade mais íntima, a fim de evitar uma possível "efluxão", ou preservá-la, por meios apotropaicos, de uma eventual distração devido a fatores externos. As práticas mágicas não são mais do que projeções de acontecimentos anímicos, que refluem sobre a alma como uma espécie de encantamento da própria personalidade, isto é, o refluxo da atenção apoiada e mediada por um grafismo. Em outras palavras, é a participação de uma área sagrada interior, que é a origem e a meta da alma. É ela que contém a unidade de vida e consciência, anteriormente possuída, depois perdida, e de novo reencontrada.

A unidade de vida e consciência é o Tao, cujo símbolo, a *luz branca* central, é semelhante à que é mencionada no *Bardo Tödol*[21]. Esta luz habita na "polegada quadrada", no "rosto", isto é, entre os dois olhos. Trata-se da visualização do "ponto criativo", cuja intensidade é desprovida de extensão, e que deve ser pensada juntamente com o espaço da "polegada quadrada", símbolo daquilo que tem extensão. Ambos, reunidos, são o Tao. A essência ou consciência (sing) se exprime mediante o simbolismo da luz e representa a intensidade. A vida (ming) deverá pois coincidir com a extensão. O caráter da pri-

36

37

---

20. Cf. com a excelente coletânea feita por KNUCHEL. *Die Umwandlung in Kult, Magie und Rechtsgebrauch.*

21. EVANS-WENTZ. *O Livro Tibetano dos Mortos.*

meira é yang, enquanto que o da segunda é yin. O mandala já mencionado de uma jovem sonâmbula de quinze anos, que observei há trinta anos, tem no centro uma "fonte de energia da vida" sem extensão, cuja emanação espontânea colide com um princípio espacial oposto, em perfeita analogia com a ideia fundamental do texto chinês.

38 O "aproximar-se circundando", ou "circumambulatio", exprime-se, em nosso texto, através da ideia de "circulação". Esta última não significa apenas o movimento em círculo, mas a delimitação de uma área sagrada por um lado e, por outro, a ideia de fixação e concentração; a roda do sol começa a girar, isto é, o sol é vivificado e inicia seu caminho; em outras palavras, o Tao começa a atuar e assume a direção. A ação converte-se em não ação; tudo o que é periférico é subordinado à ordem que provém do centro. Por isso se diz: "O movimento é outro nome para significar domínio". Psicologicamente, a circulação seria o ato de "mover-se em círculo em torno de si mesmo", de modo que todos os lados da personalidade sejam envolvidos. "Os polos de luz e de sombra entram no movimento circular", isto é, há uma alternância de dia e noite. "A claridade do paraíso se alterna com a mais profunda e terrível das noites"[22].

39 O movimento circular também tem o significado moral da vivificação de todas as forças luminosas e obscuras da natureza humana, arrastando com elas todos os pares de opostos psicológicos, quaisquer que sejam. Isto significa autoconhecimento através da autoincubação (o "tapas" hindu). Uma representação originária e análoga do ser perfeito é o homem redondo de Platão, que reúne os dois sexos.

40 Encontramos um dos paralelos mais impressionantes em relação ao que acabamos de dizer, na descrição que Edward Maitland, colaborador de Anna Kingsford, esboçou acerca de sua experiência central[23]. Na medida do possível usarei suas próprias palavras. Ele descobrira que ao refletir sobre uma ideia, era como se ideias afins ganhassem visibilidade, em longas séries. Aparentemente, remontavam até sua fonte e esta, para ele, era o espírito divino. Concentrando-se nessas séries, ele tentou avançar até sua origem.

---

22. [*Fausto*, Prólogo no céu].

23. Agradeço esta referência à minha prezada colaboradora Dra. Beatrice Hinkle, de Nova York. O título do trabalho é: *Anna Kingsford, her Life, Letters, Diary and Work*. Cf. particularmente p. 129s.

Estudos alquímicos

"Eu não dispunha de qualquer conhecimento, nem tinha qualquer expectativa quando me decidi a fazer esta experiência. Simplesmente, estava cônscio dessa capacidade... sentado à minha escrivaninha, pronto para anotar os acontecimentos, segundo as séries em que se sucediam. Resolvi manter a consciência externa e periférica, sem preocupar-me com o distanciamento de minha consciência interna e central. Não sabia se poderia voltar à primeira, caso a deixasse, nem se poderia lembrar-me dos acontecimentos experimentados. Mas finalmente o consegui, com grande esforço: a tensão provocada pelo esforço de manter os dois extremos da consciência ao mesmo tempo era considerável! No começo senti como se estivesse subindo uma longa escadaria, da periferia para o ponto central de um sistema que, simultaneamente, era o sistema cósmico, o solar e o meu próprio. Os três sistemas eram diversos e, ao mesmo tempo, idênticos... Finalmente, num último esforço... consegui concentrar os raios de minha consciência no foco almejado. Nesse instante, como se uma repentina combustão fundisse todos os raios numa unidade, ergueu-se diante de mim uma prodigiosa, inefável *luz branca* e brilhante, cuja força era tão intensa que quase caí para trás... Sabendo intimamente que não era necessário perscrutar além dela, decidi certificar-me de novo; tentei atravessar esse brilho que quase me cegava, a fim de ver o que continha. Com grande esforço o consegui... Era a dualidade do *Filho*... o oculto tornara-se manifesto, o indefinido, definido, o não individuado, individuado. Deus como Senhor, que prova através de sua dualidade, que é substância e força, amor e vontade, feminino e masculino, mãe e pai".

Assim, ele considerou Deus como dois em um, da mesma forma que o homem. Além disso, observou algo que é sublinhado em nosso texto, isto é, a "suspensão da respiração". Afirma que a respiração comum cessa, dando lugar a uma respiração interna, como se outra pessoa, alheia a seu organismo físico, respirasse por ele. Acrescenta que tal ser poderia consubstanciar a "enteléquia" de Aristóteles, ou o "Cristo interno" do apóstolo Paulo, "a individualidade espiritual e substancial engendrada dentro da personalidade física e fenomênica representando, portanto, o renascimento do homem num plano transcendental".

Esta experiência autêntica[24] contém todos os símbolos essenciais do nosso texto. O próprio fenômeno, isto é, a visão da luz, é uma experiência comum a muitos místicos, e indubitavelmente muito signi-

---

24. Essas experiências são autênticas. No entanto, sua autenticidade não comprova que todas as conclusões e convicções que comportam sejam necessariamente saudáveis. Mesmo em casos de doenças mentais deparamos com experiências psíquicas perfeitamente válidas. [Nota do autor, que se encontra na primeira edição inglesa, 1931.]

ficativa, pois em todas as épocas e lugares compareceu como o incondicionado, reunindo em si a maior força e o sentido mais profundo. Hildegard von Bingen, personalidade significativa (mesmo deixando de lado sua mística), escreve acerca de uma visão central que teve, bem semelhante à experiência acima citada:

"Desde minha infância", diz ela, "vejo constantemente uma luz em minha alma, mas não com o olhar externo ou através dos pensamentos do coração; os cinco sentidos também não tomam parte nesta visão. A luz que percebo não se localiza, mas é muito mais clara do que uma nuvem transpassada pelo sol. Não consigo distinguir nela nem altura, nem largura ou comprimento... O que vejo e aprendo nessa visão perdura por muito tempo em minha memória. Vejo, e sei ao mesmo tempo, e aprendo o que sei num instante... Não reconheço nenhuma forma nesta luz, se bem que de vez em quando nela vejo outra luz que, para mim, se chama a luz viva... Enquanto a contemplo me rejubilo, e toda a dor e tristeza se desvanecem na minha memória..."[25]

43 Por minha parte, conheço poucas pessoas que tiveram tais vivências por experiência direta. Na medida em que posso alcançar um fenômeno deste tipo, acho que se trata de um estado de consciência agudo, intenso e abstrato, de uma consciência "isenta" (cf. abaixo); como Hildegard indica, tal estado permite a conscientização de campos do acontecer anímico, que de outro modo ficariam encobertos pelo obscuro. O fato de que em conexão com tal experiência haja um desaparecimento frequente das sensações gerais do corpo, indica que é retirada destas últimas sua energia específica; provavelmente, mediante sua transformação, a lucidez da consciência é exaltada. De modo geral, o fenômeno é espontâneo, aparecendo ou desaparecendo por impulso próprio. Seu efeito é espantoso e quase sempre soluciona complicações anímicas, liberando a personalidade interna de confusões emocionais e intelectuais, e criando assim uma unidade de ser, experimentada em geral como uma "liberação".

44 A vontade consciente não pode alcançar uma tal unidade simbólica, uma vez que a consciência, nesse caso, é apenas uma das partes. Seu opositor é o inconsciente coletivo, que não compreende a linguagem da consciência. É necessário contar com a magia dos símbolos atuantes, portadores das analogias primitivas que falam ao incons-

---

25. *Carta de Hildegard ao monge Wibert von Gembloux sobre suas visões* (do ano de 1171).

ciente. Só através do símbolo o inconsciente pode ser atingido e expresso; este é o motivo pelo qual a individuação não pode, de forma alguma, prescindir do símbolo. Este, por um lado, representa uma expressão primitiva do inconsciente e, por outro, é uma ideia que corresponde ao mais alto pressentimento da consciência.

O desenho mandálico mais antigo que conheço é a "roda do sol" 45 paleolítica, recentemente descoberta na Rodésia. Ela também se baseia no número quatro. Sinais que remontam a uma tal antiguidade da história humana repousam, naturalmente, nas camadas mais profundas do inconsciente e são captados lá onde a linguagem consciente se revela de uma impotência total. Tais realidades não devem servir de campo para a imaginação, mas sim crescer novamente das profundezas obscuras do esquecimento, a fim de expressar os pressentimentos extremos da consciência e a intuição mais alta do espírito: *assim se funde a unicidade da consciência presente com o passado originário da vida.*

3. Os fenômenos do caminho

A. *A dissolução da consciência*

O encontro da consciência individual, estreitamente delimitada, 46 mas de intensa clareza, com a tremenda extensão do inconsciente coletivo representa um perigo, pois o inconsciente tem um efeito dissolvente sobre a consciência. Segundo os ensinamentos do *Hui Ming Ging*, este efeito pertence aos fenômenos peculiares da ioga chinesa. Nesse livro lê-se: "Cada pensamento parcial ganha uma configuração, tornando-se visível pela forma e pela cor. A força total da alma desdobra seus traços"[26]. A ilustração que aparece no livro representa um sábio mergulhado na contemplação, a cabeça circundada de chamas, e dela saem cinco formas humanas que por sua vez se dividem em vinte e cinco formas menores[27]. Tratar-se-ia de um processo es-

---

26. LIU HUA YANG. *Hui Ming Ging*. [*O segredo da flor de ouro*. 12. ed. Petrópolis: Vozes, 2010, p. 141].

27. Ibid., p. 125. Pertencem a esta etapa de meditação (a quarta) as rememorações de encarnações anteriores.

1º estágio da meditação:
Concentração da luz

2º estágio da meditação:
Começo do renascimento no espaço da força

3º estágio da meditação:
Liberação do corpo-espírito para uma existência autônoma

4º estágio da meditação:
O centro em meio às circunstâncias

quizofrênico se isso fosse uma situação permanente. Daí a advertência do *Hui Ming Ging*: "As formas que se configuram através do fogo do espírito são formas e cores vazias. A luz da essência brilha de volta ao originário, que é o verdadeiro".

47   Podemos então compreender por que se recorre ao "círculo protetor". Este deve impedir a "efluxão", protegendo a unidade da consciência contra a fragmentação provocada pelo inconsciente. A concepção chinesa busca diminuir o efeito dissolvente do inconsciente, descrevendo as "figuras do pensamento", ou "pensamentos parciais" como "cores e formas vazias" e, deste modo, as despotencia. Tal pensamento atravessa todo o budismo (especialmente o mahayana) e se intensifica nas instruções aos mortos do *Bardo Tödol* (O livro tibetano dos mortos), esclarecendo que os deuses benévolos ou malévolos também são ilusões a serem superadas. Estabelecer a verdade ou falsidade metafísica deste pensamento não é, obviamente, da competência do psicólogo. Este deve restringir-se a determinar na medida do possível sua atuação psíquica. Não deve, portanto, preocupar-se em saber se a figura considerada é ou não uma ilusão transcendental. Isto já é um campo de decisão da fé e não da ciência. De qualquer modo, movemo-nos num domínio que, por muito tempo, foi considerado como algo alheio ao campo científico, sendo por isso considerado uma total ilusão. No entanto, não há nada que justifique cientificamente uma tal posição, dado que a substancialidade destas coisas não constitui um problema científico; ela ultrapassa as possibilidades de percepção e do julgamento humanos, não sendo passível de qualquer tipo de prova. Para o psicólogo, não se trata pois da substância destes complexos, mas sim da experiência psíquica. Não há dúvida de que esses conteúdos psíquicos podem ser experimentados, e sua autonomia é indubitável; certos sistemas psíquicos parciais manifestam-se espontaneamente em estado de êxtase, despertando efeitos e impressões muito intensos. No caso de uma perturbação mental, eles podem ser fixados sob a forma de ideias delirantes e alucinações, que destroem a unidade da personalidade.

48   O psiquiatra tem a tendência de acreditar em toxinas ou coisas parecidas, como sendo os motivos determinantes da esquizofrenia (cisão da mente, na psicose), desatendendo aos conteúdos psíquicos. Nas perturbações psicogênicas como a histeria, as neuroses compul-

Estudos alquímicos 41

sivas etc., em relação às quais é impossível invocar os efeitos de toxinas ou a degeneração das células, a cisão espontânea dos complexos é comparada, por exemplo, aos estados de sonambulismo. Para Freud, essa cisão poderia ser explicada pela sexualidade reprimida. Tal explicação não é válida em todos os casos, porquanto a cisão pode desenvolver-se a partir de conteúdos espontâneos do inconsciente, que a consciência não pôde assimilar. Nestes casos, a hipótese de repressão não é adequada. Ainda mais, sua autonomia pode ser estudada na vida cotidiana, nos afetos que, contra a nossa vontade e apesar das enérgicas tentativas de bloqueá-los, dominam o eu, mantendo-o sob o seu domínio. Não é, pois, de admirar-se que o primitivo veja nesses casos um estado de possessão ou de perda da alma. Na linguagem comum dizemos: "Não sei o que hoje tomou conta dele", ou "Ele parece estar possuído pelo demônio", ou ainda: "Ele está fora de si" etc. No âmbito da prática legal, nas situações passionais (de afetos) é atribuída à pessoa envolvida apenas uma responsabilidade parcial. Os conteúdos anímicos autônomos fazem parte, portanto, de nossa experiência habitual, e têm uma ação desintegradora sobre a consciência.

Além dos afetos comuns e bastante conhecidos, há situações afetivas mais sutis e complexas, que não podem ser descritas como as que até aqui foram assinaladas. Trata-se de sistemas anímicos parciais, tanto mais complicados quanto mais seu caráter se aproxima de uma personalidade. Como elementos constituintes que são de uma personalidade psíquica, por isso mesmo devem ter um caráter marcante de personalidade. Tais sistemas parciais são encontrados, em particular, nas doenças mentais, em casos de cisão da personalidade (dupla personalidade), sendo muito comuns nos fenômenos de mediunidade e também nos fenômenos religiosos. Muitos dentre os primeiros deuses passaram de pessoas a ideias personificadas e, finalmente, a ideias abstratas. Os conteúdos do inconsciente ativado aparecem primeiro como projeção sobre o mundo externo e, no decurso do desenvolvimento espiritual, são gradualmente assimilados pela consciência e transformados em ideias conscientes, perdendo seu caráter originário autônomo e pessoal. Como sabemos, alguns dos velhos deuses tornaram-se, mediante a astrologia, meras qualidades (marcial, jovial, saturnino, erótico, lógico, lunático etc.).

50   As instruções do *Bardo Tödol* permitem-nos compreender, particularmente, como é grande o perigo de que a consciência seja dissolvida por essas figuras. Sempre de novo, o morto é advertido para que não as tome por verdade, confundindo sua aparência enganosa com a pura luz branca do Dharmakaya ("o divino corpo da verdade"). Isso significa que não deve projetar a luz *única* da consciência mais alta em figuras concretizadas, de modo a dissolvê-la numa multiplicidade de sistemas parciais autônomos. Se não houvesse um tal perigo e se os sistemas parciais não representassem a ameaça de tendências autônomas e desintegradoras, seriam inúteis essas instruções repetidas. Para a alma politeísta e simples do homem oriental, tais instruções significariam quase que o mesmo que a advertência feita ao cristão, no sentido de não ofuscar-se com a ilusão de um Deus pessoal, para não falar na Trindade e nos inúmeros anjos e santos.

51   As tendências à dissociação caracterizam a psique humana e são inerentes a ela; sem isto, os sistemas psíquicos parciais nunca as teriam cindido, ou melhor, não teriam gerado espíritos ou deuses. A dessacralização de nossa época tão profana é devida ao nosso desconhecimento da psique inconsciente e ao culto exclusivo da consciência. Nossa verdadeira religião é o monoteísmo da consciência, uma possessão da consciência que ocasiona uma negação fanática da existência de sistemas parciais autônomos. Mas diferimos dos ensinamentos da ioga budista pelo fato de negarmos até mesmo a possibilidade de experimentar os mencionados sistemas parciais. Isto representa um grande perigo psíquico, pois os sistemas parciais se comportam como quaisquer outros conteúdos reprimidos: induzem forçosamente a atitudes falsas, uma vez que os elementos reprimidos reaparecem na consciência sob uma forma inadequada. Tal fato, evidente nos casos de neuroses, também o é no campo dos fenômenos psíquicos de caráter coletivo. Nosso tempo incorreu num erro fatal, admitindo que os fatos religiosos podem ser criticados intelectualmente. Pensa-se, por exemplo, com Laplace, que Deus é uma hipótese suscetível de um enfoque intelectual, isto é, que pode ser afirmada ou negada. Esquecemos assim completamente que o motivo pelo qual a humanidade crê no "daimon" nada tem a ver com fatores externos, mas se apoia na percepção ingênua e de poderosa atração interna dos sistemas parciais autônomos. Esse efeito não é eliminado mediante o nome com que

Estudos alquímicos   43

é criticado, ou pelo fato de ser considerado falso. O efeito é coletivo e sempre presente; os sistemas autônomos estão constantemente em ação, pois a estrutura fundamental do inconsciente não é afetada pelas oscilações de uma consciência efêmera.

Se negarmos a existência dos sistemas parciais, julgando ser possível superá-los por uma simples crítica do nome, o efeito dos mesmos nem por isso cessará, embora não possamos mais compreendê-los; a consciência também não conseguirá mais assimilá-los. Eles tornar-se-ão um fator inexplicável da perturbação que atribuímos a algo fora de nós mesmos. A projeção dos sistemas parciais cria uma situação perigosa, uma vez que os efeitos perturbadores são imputados a uma vontade pervertida e externa que, por força, é a de nosso vizinho, de *l'autre côté de la rivière*. Isto desencadeia alucinações coletivas, incidentes de guerra, revoluções; em resumo, psicoses destruidoras de massa.

52

A loucura é uma possessão por um conteúdo inconsciente que, como tal, não é assimilado pela consciência, nem poderia sê-lo, uma vez que se nega tal tipo de conteúdo. A expressão desta situação, em termos religiosos, seria: "O homem perdeu o temor de Deus e pensa que tudo pode ser julgado de acordo com medidas humanas". Esta hybris, que corresponde a uma estreiteza de consciência, é o caminho mais curto para o asilo de loucos[28].

53

O europeu culto deve simpatizar com estas palavras do *Hui Ming Ging*: "As imagens que se configuram pelo fogo do espírito não são mais do que cores e formas vazias". Isto soa muito europeu, e parece adequar-se à nossa razão. Congratulamo-nos por haver atingido um tal grau de clareza, deixando para trás todos esses deuses fantasmagóricos. Abandonamos, no entanto, apenas os espectros verbais, *não os fatos psíquicos responsáveis pelo nascimento dos deuses*. Ainda estamos tão possuídos pelos conteúdos psíquicos autônomos, como se estes fossem deuses. Atualmente eles são chamados: fobias, compulsões, e assim por diante; numa palavra, sintomas neuróticos. Os deuses tornaram-se doenças. Zeus não governa mais o Olimpo, mas o

54

---

28. Recomendo para a elucidação desse problema o excelente livro de H.G. Wells, *Christina Alberta's Father* e as *Denkwürdigkeiten eines Nervenkranken*, de Schreber.

plexo solar e produz espécimes curiosos que visitam o consultório médico; também perturba os miolos dos políticos e jornalistas, que desencadeiam pelo mundo verdadeiras epidemias psíquicas.

55   Por isso, é melhor para o homem ocidental não pensar que compreende, desde o início, tudo ou quase tudo acerca da visão penetrante dos sábios orientais, pois, como já dissemos, poderia tratar-se do "meio correto nas mãos do homem errado". Em vez de convencer-se de que o "daimon" é uma ilusão, ele deveria experimentar novamente a realidade desta ilusão. Deveria aprender a reconhecer essas forças psíquicas e não esperar que seus humores, estados nervosos e ideias obsessivas provem de um modo penoso que ele não é o único senhor em sua própria casa. As tendências dissociativas são verdadeiras personalidades psíquicas, de realidade relativa. São reais quando negadas, passando então a ser projetadas. Relativamente reais quando associadas ao campo da consciência ou, em termos religiosos, quando existe um culto, são no entanto irreais, na medida em que a consciência se destaca de seus conteúdos. Este último estágio só é alcançado quando a vida foi vivida de um modo completo e com tal devoção, que já não resta qualquer obrigação vital imprescindível e também já não há desejo que não possa ser sacrificado para a obtenção do íntimo desapego do mundo. Em relação a isto, é inútil tentar mentir a si mesmo. Somos possuídos por tudo aquilo a que nos apegamos; e quando somos possuídos, algo mais forte do que nós nos possui. ("Em verdade vos digo que daí não saireis até não haverdes pago a última moeda".)[29] Não é de todo indiferente chamar-se a alguma coisa de "mania" ou de "Deus". Submeter-se a uma mania é reprovável e indigno, mas servir a um Deus é extremamente significativo e promissor, por tratar-se de um ato de submissão a um poder mais alto, invisível e espiritual. A personificação permite-nos reconhecer a realidade relativa dos sistemas parciais autônomos, tornando possível sua assimilação e também despotencializando as forças selvagens da vida. Lá onde Deus não é reconhecido aparece a mania egocêntrica, e desta provém a doença.

56   A ioga estabelece o reconhecimento dos deuses como algo óbvio. Seu ensinamento secreto é endereçado apenas àqueles cuja consciên-

---

29. Mt 5,26 – Bíblia luterana.

Estudos alquímicos   45

cia luta por desembaraçar-se das forças selvagens da vida, a fim de
aceder à última e indivisível unidade: o "centro do vazio", onde "habita o deus da vitalidade e do vazio extremos", tal como diz o nosso
texto[30]. "Ouvir tal coisa é difícil de ser alcançado em milhares de
éons". Certamente, o véu de Maya não pode ser erguido mediante
uma simples decisão racional, mas requer uma preparação profunda
e penosa: dever-se-á pagar rigorosamente todas as dívidas que se tiver para com a vida. Enquanto houver qualquer apego ou *cupiditas*,
o véu não pode ser erguido e não atingiremos a altura de uma consciência livre de conteúdos e de ilusões. Nenhuma habilidade ou frau-
de poderá suscitá-la magicamente. Trata-se de um ideal que só se
cumprirá plenamente na morte. Antes disso, sempre haverá figuras
reais ou relativamente reais do inconsciente.

B. *Animus e anima*

Às figuras do nosso texto correspondem não somente os deuses,
mas o animus e a anima. Wilhelm traduz a palavra "hun" por "animus". De fato, o conceito de animus é adequado a "hun", cujo caráter é composto do sinal para "nuvens", associado ao sinal para "demônio". Hun significa portanto "demônio das nuvens", alto sopro
da alma que pertence ao princípio yang e que portanto é masculino.
Após a morte, hun se eleva e se torna "schen", "espírito ou deus que
se expande e manifesta". A anima, denominada "po", se escreve com
os caracteres correspondentes a "branco" e "demônio"; é portanto o
"fantasma branco", pertence ao princípio yin, à alma corporal ctônica e inferior, que é feminina. Após a morte, ela desce, tornando-se
"gui", demônio, frequentemente chamado "aquele que retorna" (à
terra): o fantasma ou espectro. O fato de que animus e anima se sepa-
rem após a morte, seguindo cada qual seu caminho próprio, mostra
que para a consciência chinesa eles representam fatores psíquicos diversos um do outro; embora sejam originalmente "um só ser, único,
verdadeiro e atuante", são dois na "casa do criativo". "O animus está
no coração celeste; de dia, mora nos olhos (isto é, na consciência) e,

---

30. *Tai I Gin Hua Dsung Dschi*. [*O segredo da flor de ouro*. 12. ed. Petrópolis: Vozes,
2010, p. 98, cf. tb. p. 130s.].

de noite, sonha a partir do fígado". Ele é o que "recebemos do grande vazio, idêntico pela forma ao começo primevo". A anima, pelo contrário, é "a força do pesado e turvo", presa ao coração corporal, carnal. Suas atuações (efeitos) são os "desejos carnais e os ímpetos de cólera". "Quem, ao despertar, se sente sombrio e abatido, está encadeado pela anima".

Muitos anos antes que Wilhelm me propiciasse o conhecimento desse texto, eu já usava o conceito de "anima" analogamente ao da definição chinesa[31], excetuando porém qualquer pressuposto metafísico. Para o psicólogo, a anima não é um ser transcendental, mas algo que se pode experimentar, tal como define com clareza o texto em questão: os estados afetivos são experiências imediatas. Por que, então, se fala de anima, e não de simples humores? O motivo é o seguinte: os afetos têm um caráter autônomo e por isso subjugam a maioria das pessoas. No entanto, os afetos também são conteúdos da consciência que podem ser delimitados, isto é, são partes integrantes da personalidade. Assim, pois, têm um caráter pessoal, podendo ser facilmente personificados e o são, ainda hoje, tal como mostrei nos exemplos acima. A personificação não é uma invenção ociosa, porquanto o indivíduo efetivamente excitado não demonstra um caráter indiferente, mas um caráter bem definido e diferente daquele que lhe é habitual. Uma investigação cuidadosa revelou que o caráter afetivo do homem tem traços femininos. Deste fato psicológico deriva a doutrina chinesa da alma-po, e a minha própria concepção de anima. Uma introspecção mais profunda ou uma experiência extática revela a existência de uma figura feminina no inconsciente e daí seu nome feminino: anima, psique, alma. Pode-se também definir a anima como imago ou arquétipo, ou ainda como o depósito de todas as experiências que o homem já teve da mulher. Por isso, a imagem da anima é, em geral, projetada numa mulher. Como sabemos, a arte poética frequentemente descreveu e cantou a anima[32]. A relação que a anima tem com o espectro, na concepção chinesa, é interessante para o

---

31. Remeto o leitor à exposição mais completa deste assunto, que se acha no meu livro *O eu e o inconsciente*, Petrópolis: Vozes, 2011 [OC, 7/2].

32. *Tipos psicológicos* [OC, 6].

Estudos alquímicos

parapsicólogo, pois os "controls" mediúnicos são muitas vezes do sexo oposto.

Por mais correta que seja a tradução de "hun" por animus, feita por Wilhelm, razões de importância fundamental me levaram a não considerá-la bem adequada à clareza e racionalidade do *espírito* do homem. Preferi, portanto, a expressão "logos". O filósofo chinês é poupado de certas dificuldades que se propõem ao psicólogo ocidental, complicando-lhe a tarefa. A filosofia chinesa, assim como todas as demais atividades espirituais dos tempos mais remotos, constituem um elemento do mundo exclusivamente masculino. Seus conceitos nunca são tomados do ponto de vista psicológico e, portanto, nunca são bastante amplos de modo a aplicar-se também à psique feminina. O psicólogo, porém, não pode ignorar a existência da mulher e sua psicologia própria. Por este motivo preferi traduzir "hun", no homem, por "logos". Wilhelm, em sua tradução, usa a palavra "logos" para traduzir o conceito chinês de "sing", que também pode ser traduzido por "essência" ou por "consciência criativa". Depois da morte, "hun" se transforma em "schen", "espírito", que se aproxima filosoficamente de "sing". Como os conceitos chineses são concepções intuitivas, não possuindo nosso sentido lógico, seu significado só pode ser estabelecido segundo o modo pelo qual são usados, e pela constituição dos caracteres escritos ou ainda pelas relações de "hun" e "schen". Hun seria portanto a luz da consciência e a razão do homem provindo originalmente do logos spermatikós de sing e voltando, após a morte, ao Tao, através de schen. A expressão logos é aqui particularmente apropriada, uma vez que abarca a ideia de um ser universal, assim como a clareza da consciência e da racionalidade do homem, as quais são muito mais algo de universal do que algo unicamente individual; o logos também não é pessoal, mas, em seu sentido mais profundo, suprapessoal e assim pois em estreita oposição à "anima", demônio pessoal, cuja manifestação são os personalíssimos humores (daí, a animosidade!).

Considerando estes fatos psicológicos, reservei a expressão animus exclusivamente para as mulheres, uma vez que "mulier non habet animam, sed animum". A psicologia feminina revela um elemento que corresponde à anima do homem; a natureza desse elemento primariamente não afetivo, mas de essência quase intelectual, pode ser caracterizada pela palavra "preconceito". A natureza emocional do homem, e não o "espírito", corresponde ao lado consciente da mulher. O espírito, nela, é a "alma", melhor, o animus. E assim como a anima do homem consiste, em primeiro lugar, de relacionamentos afetivos de caráter inferior, assim o animus da mulher consiste de julgamentos de nível inferior, ou melhor, de opiniões. (Para um aprofundamento desta passagem, remeto o leitor à obra acima citada, porquanto aqui só menciono o delineamento geral.) O animus da mulher consiste de uma multiplicidade de opiniões preconcebidas e assim é menos suscetível de personificar-se numa figura; geralmente ele se manifesta num grupo ou numa multidão (um bom exemplo, na parapsicologia, é o chamado grupo "Imperator" de mrs. Piper[33]). O animus, em seu nível mais baixo, é um logos primitivo, uma caricatura do espírito diferenciado do homem, do mesmo modo que a anima, em seu nível inferior, é uma caricatura do eros feminino. Do mesmo modo que hun corresponde a sing, traduzida por Wilhelm pela palavra "logos", assim o eros da mulher corresponde a ming: destino, "fatum", fatalidade, que Wilhelm traduz e interpreta como "eros". Eros é entrelaçamento e logos, o conhecimento diferenciador, a clara luz. Eros é relacionamento. Logos é discriminação e desapego. Por isso, o logos inferior da mulher manifesta-se como algo que não se relaciona com coisa alguma, como um preconceito inacessível ou como uma opinião irritante, que nada tem a ver com a natureza essencial do objeto.

61 Acusaram-me muitas vezes de personificar a anima e o animus de um modo mitológico. Tal censura só teria razão de ser se fosse provado que eu concretizo esses conceitos para fins psicológicos. Quero esclarecer de uma vez por todas que a personificação não é uma invenção minha, sendo inerente aos fenômenos de que se trata. Seria anticientífico ignorar o fato de que a anima é um sistema psíquico parcial, de caráter pessoal. Ninguém dos que me fizeram tal censura hesitou um segundo ao dizer: "Eu sonhei com o senhor X", uma vez que sabe muito bem ter apenas sonhado com uma representação do

---

33. Cf. HYSLOP. *Science and a Future Life*. [Leonora Piper, médium americana que atuou de 1890 a 1910 na América do Norte e na Inglaterra, foi estudada por William James, Mrs. Henry Sidgwick, Hyslop e outros. Um grupo de cinco de seus "espíritos controladores" recebeu o nome coletivo de "Imperator".]

Estudos alquímicos 49

senhor X. A anima nada mais é do que uma representação da natureza pessoal do sistema parcial autônomo de que falamos. O que esse
sistema parcial é, do ponto de vista transcendental, ultrapassa os limites da experiência, e portanto o ignoramos.

Defini a anima como uma personificação do inconsciente, e também como uma ponte que leva ao inconsciente, isto é, como uma
função de relação com o inconsciente. Há um nexo interessante entre
o que foi dito e a afirmação do nosso texto de que a consciência (isto
é, a consciência pessoal) provém da anima. Como o espírito ocidental se coloca inteiramente do ponto de vista da consciência, deve por
força definir a anima da maneira pela qual eu o fiz. Inversamente, o
oriental vê, do ponto de vista do inconsciente, a consciência como
um efeito da anima! Sem dúvida alguma, a consciência originou-se
do inconsciente. No entanto, quase não pensamos neste fato, e daí a
nossa tendência constante de identificar a psique com a consciência
ou, pelo menos, de considerar o inconsciente como um derivado ou
efeito da consciência (por exemplo, lembramos a teoria freudiana da
repressão). Contudo, é essencial, pelos motivos acima discutidos,
que não se ignore a realidade do inconsciente, e que as figuras a ele
pertencentes sejam compreendidas como fatores atuantes. Quem realmente compreende o que significa a realidade psíquica, não precisa
temer uma recaída na demonologia primitiva. Quando não se reconhece a dignidade de fatores atuantes e espontâneos das figuras do
inconsciente, é possível sucumbir à crença unilateral no poder da
consciência, que conduz finalmente a uma tensão aguda. As catástro-
fes *têm* então que acontecer, porque apesar de toda a consciência foram negligenciados os poderes obscuros da psique. Não somos nós
que os personificamos, mas são eles que desde a origem têm uma natureza pessoal. Só quando reconhecermos fundamentalmente este
fato, poderemos pensar em despersonalizá-los, isto é, em "subjugar"
a anima, tal como se exprime em nosso texto.

Surge aqui, de novo, uma tremenda diferença entre o budismo
e a atitude espiritual do Ocidente, e ao mesmo tempo uma perigosa
aparência de concordância. A doutrina ioga rejeita todos os conteúdos da fantasia. Nós fazemos o mesmo. No entanto, o oriental o faz
por um motivo muito diferente do nosso. No Oriente, imperam

62

63

concepções e doutrinas que permitem a plena expressão da fantasia criadora; lá, é necessário proteger-se contra seu excesso. Nós, pelo contrário, consideramos a fantasia como um pobre devaneio subjetivo. As figuras inconscientes não aparecem, naturalmente, de um modo abstrato, despojadas de todo ornamento. Pelo contrário, elas são engastadas e entrelaçadas num véu de fantasias, de um colorido surpreendente e de uma perturbadora plenitude. O Oriente pode rejeitar essas fantasias, porque há muito que já tirou seu extrato, considerando-as nos ensinamentos profundos de sua sabedoria. Nós, porém, não experimentamos tais fantasias uma só vez, e tampouco extraímos sua quintessência. Ainda temos de recuperar uma larga faixa de vivências experimentais e somente então, quando houvermos encontrado o conteúdo sensato na aparente insensatez, poderemos separar o que é valioso daquilo que não tem valor. Estejamos seguros de que a essência que extrairmos de nossas vivências será diversa da que o Oriente hoje nos oferece. O Oriente chegou ao conhecimento das coisas internas, com um desconhecimento infantil do mundo. Nós, pelo contrário, exploramos a psique e suas profundezas apoiados num enorme e vasto conhecimento da história e da ciência. Atualmente, o saber externo é o maior obstáculo à introspecção, mas a necessidade anímica ultrapassará todas as obstruções. Já estamos construindo uma psicologia, uma ciência que nos dará a chave das coisas que o Oriente só descobriu através de estados anímicos excepcionais!

4. A consciência desprende-se do objeto

64   Pela compreensão livramo-nos do domínio do inconsciente. Esta é a meta fundamental das instruções do nosso texto. O discípulo é ensinado a concentrar-se na luz da região mais profunda, libertando-se de todos os encadeamentos externos e internos. Sua vontade vital dirige-se então para a consciência vazia de conteúdos, sem que com isso seja anulada a existência de todos os conteúdos. Eis o que diz o *Hui Ming Ging* acerca desse desprendimento:

Um clarão de luz circunda o mundo do espírito.
Esquecemo-nos uns dos outros, puros, silenciosos,

Estudos alquímicos

vazios e onipotentes.
O vazio é atravessado pelo brilho do coração celeste
Lisa é a água do mar e a lua se espelha em sua superfície.
Apagam-se as nuvens no espaço azul; lúcidas, cintilam as montanhas.
A consciência se dissolve em contemplação.
Solitário, repousa o disco da lua[34].

Esta característica de plenitude ou "plenificação" descreve um estado anímico que talvez se pudesse caracterizar melhor como um desprendimento da consciência em relação ao mundo e como a retirada da mesma para um posto por assim dizer extramundano. Tal consciência está ao mesmo tempo vazia e não vazia. Ela não se encontra mais *preocupada*, preenchida com as imagens das coisas, mas *apenas as contém*. A abundância anterior do mundo, imediata e premente, nada perdeu de sua riqueza e maravilha, mas não domina mais a consciência. O apelo mágico das coisas cessou, porque se desenredou o entrelaçamento originário da consciência com o mundo. Não sendo o inconsciente mais projetado, desaparece a *participation mystique* originária com as coisas. Por este motivo, a consciência não é mais dominada por intenções compulsivas, passando a contemplar, tal como exprime de um modo tão belo o texto chinês.

Como isto se dá? (Em primeiro lugar presumimos que o autor chinês não seja um mentiroso; em segundo lugar, supomos que tenha uma mente sã; e em terceiro, que seja um homem de inteligência invulgar.) Para compreender e esclarecer o texto, teremos que fazer certos rodeios. Não se pode abordá-lo de um modo meramente externo e superficial, pois seria mais do que infantil estetizar um tal estado anímico. Trata-se de um efeito que conheço bem através de minha prática médica; é um efeito terapêutico *par excellence*. E para obtê-lo me empenho junto a meus discípulos e pacientes: a dissolução da *participation mystique*, termo usado por Lévy-Bruhl, e que designa o sinal característico da mentalidade primitiva[35], foi genial-

65

66

---

34. *O segredo da flor de ouro*. 12. ed. Petrópolis: Vozes, 2010, p. 142.
35. *Les Fonctions mentales dans les sociétés inférieures.*

mente intuído por ele. A "participation mystique" aponta para o grande e indeterminado remanescente da *indiferenciação entre sujeito e objeto*, de tal monta entre os primitivos, que não pode deixar de espantar os homens de consciência europeia. A identidade inconsciente impera quando não há distinção entre sujeito e objeto. O inconsciente, nesse caso, é projetado no objeto, e o objeto introjetado no sujeito, isto é, psicologizado. Animais e plantas comportam-se como seres humanos, os seres humanos também são animais; deuses e fantasmas animam todas as coisas. O homem civilizado considera-se naturalmente bem acima destas coisas. No entanto, não raro, passa a vida inteira identificado com os pais, com seus afetos e preconceitos, culpando impudicamente os outros pelas coisas que não se dispõe a reconhecer em si mesmo. E guarda também um remanescente da inconsciência primitiva da não diferenciação entre sujeito e objeto. Por isso mesmo é influenciado magicamente por inúmeros seres humanos, coisas e circunstâncias, isto é, sente-se assediado de modo irresistível por forças perturbadoras, quase tanto como os primitivos: do mesmo modo que estes últimos, precisa de encantamentos ou feitiços apotropaicos. Ele não manipula mais com amuletos, bolsas medicinais e sacrifícios de animais, porém com soporíferos, neuroses, racionalismo, culto da vontade etc.

67   No entanto, se o indivíduo conseguir reconhecer o inconsciente a modo de fator codeterminante, ao lado do consciente, vivendo do modo mais amplo possível as exigências conscientes e inconscientes (isto é, instintivas), então o centro de gravidade da personalidade total deslocar-se-á. Não persistirá no eu, que é apenas o centro da consciência, mas passará para um ponto por assim dizer virtual, entre o consciente e o inconsciente: o *si-mesmo* (*Selbst*). Se a mudança for bem-sucedida, isto significa o fim da "participation mystique"; surge, então, uma personalidade que só sofrerá nos andares inferiores, uma vez que nos andares superiores estará singularmente desapegada, tanto dos acontecimentos penosos, quanto dos felizes.

68   O advento e nascimento dessa personalidade superior é o que tem em mira nosso texto ao falar do "fruto sagrado", do "corpo diamantino", ou de qualquer outra espécie de corpo incorruptível. Estas expressões simbolizam psicologicamente uma atitude que ultrapassa

Estudos alquímicos 53

o âmbito das complicações emocionais e dos abalos intensos, implicando portanto uma consciência desapegada do mundo. Tenho razões para crer que uma tal atitude se estabelece depois da primeira metade da vida, constituindo uma preparação natural para a morte. A morte é um acontecimento anímico tão importante como o nascimento e, como este, é parte integrante da vida. O que ocorre com a consciência desligada depois do fim definitivo, eis uma questão à qual o psicólogo não pode responder. Qualquer que seja sua posição teórica, ele teria que ultrapassar, sem a esperança de consegui-lo, os limites de sua competência científica. No máximo, pode indicar que as ideias do nosso texto, em relação à intemporalidade da consciência desligada, se harmonizam com o pensamento religioso de todos os tempos e com a maioria esmagadora da humanidade; quem tirar o corpo desta questão, sairá da ordem humana ou estará sofrendo alguma perturbação do equilíbrio psíquico. Na qualidade de médico, esforço-me por fortalecer a crença na imortalidade, especialmente quando se trata de pacientes idosos que se defrontam com esse problema de um modo mais imediato e premente. Segundo uma perspectiva psicológica mais correta, a morte não é um fim, mas uma meta, e a vida se encaminha para a morte, passado o meio-dia.

A filosofia ioga chinesa baseia-se nessa preparação instintiva para a morte como meta, analogamente à meta visada na primeira metade da vida – procriação e propagação da espécie. A segunda meta é a da existência espiritual, mediante a geração e o nascimento de um corpo-alento ("subtle body"), que garante a continuidade da consciência separada. Trata-se do nascimento do homem pneumático, que o homem europeu conhece a partir da antiguidade, e que ele procura alcançar através de outros símbolos e práticas mágicas, pela fé e conduta cristã. Defrontamo-nos de novo com um fundamento bem diverso daquele que é vigente para o homem oriental. O texto em questão não parece tão alheio à moralidade ascética cristã, mas seria um erro completo supor que com ela se identifica. Nosso texto implica uma civilização milenar, edificada organicamente sobre instintos primitivos, a qual nada tem a ver com a moralidade brutal dos germanos bárbaros, recentemente civilizados que somos. Por isso, os chineses não têm tendência à repressão violenta dos instintos, que envenenam nossa espiritualidade, imprimindo-lhe um exagero histérico. O homem que convive com seus instintos também pode destacar-se deles, de um modo natural. A ideia do autodomínio heroico é inteiramente estranha ao espírito do nosso texto, mas nos ocorreria, de modo infalível, se tentássemos seguir literalmente suas instruções.

70   Nunca devemos esquecer nossos pressupostos históricos. Há pouco mais de mil anos caímos de um politeísmo cru numa religião oriental, altamente desenvolvida, que impeliu o espírito imaginativo de semibárbaros a alturas que não correspondem a seu desenvolvimento espiritual. Para manter de um modo ou de outro essa altura, era inevitável que a esfera do instinto tivesse que ser duramente reprimida. Dessa forma, a prática religiosa e a moralidade assumiram um caráter decididamente brutal, para não dizer maligno. Os elementos reprimidos obviamente não se desenvolveram, mas prosseguiram e ainda prosseguem, vegetando no inconsciente, em sua barbárie primitiva. Gostaríamos de escalar as alturas de uma religião filosófica, mas na realidade isto não nos é possível. Crescer nessa direção é o melhor que podemos fazer. A ferida de Amfortas e o dilaceramento fáustico do homem germânico ainda não estão curados. Seu inconsciente ainda permanece carregado de conteúdos que, em primeiro lugar, deverão ser trazidos à tona da consciência, para que a libertação seja possível. Há pouco tempo recebi a carta de uma antiga paciente, descrevendo de um modo simples, mas acertado, a transformação necessária. Diz ela: "Do mal, muito me veio de bem. Conservar a calma, nada reprimir, permanecendo atenta e aceitando a realidade – tomando as coisas como são, e não como eu queria que fossem – tudo isso me trouxe um saber e poder singulares, como nunca havia imaginado. Sempre pensara que, ao aceitar as coisas, elas me dominariam de um modo ou de outro; mas não foi assim, pois só aceitando as coisas poderemos assumir uma atitude perante elas (anulação da *participation mystique*!). Agora jogarei o jogo da vida, aceitando aquilo que me trazem o dia e a vida, o bem e o mal, o sol e a sombra, que mudam constantemente. Dessa forma, estarei aceitando meu próprio ser, com seu lado positivo e seu lado negativo. Tudo se tornará mais vivo. Como fui tola! Eu pretendia forçar todas as coisas segundo minhas ideias!"

Estudos alquímicos   55

Somente uma atitude como essa, que não renuncia a qualquer   71
dos valores adquiridos no curso do desenvolvimento do cristianismo,
mas que pelo contrário, aceita com amor e paciência o aspecto mais
insignificante da própria natureza possibilitará um nível mais alto da
consciência e da cultura. Tal atitude é religiosa em seu sentido mais
verdadeiro e, portanto, terapêutica, uma vez que todas as religiões
são terapias para as tristezas e perturbações da alma. O desenvolvimento do intelecto e da vontade ocidentais propiciou-nos uma aptidão quase diabólica para macaquear essa atitude, com aparente su-
cesso, apesar dos protestos do inconsciente. Mas é só uma questão de
tempo, e a posição contrária impor-se-á de algum modo, com toda
crueza. Macaquear uma atitude produz sempre uma situação de ins-
tabilidade, que o inconsciente pode subverter de uma hora para outra. Só encontramos uma base segura quando respeitamos as bases
instintivas do inconsciente, e também o ponto de vista da consciência. Mas não nos enganemos: a necessidade de levar em consideração
o inconsciente é fortemente contrária ao culto cristão ocidental da
consciência, particularmente no que se refere ao protestantismo. No
entanto, apesar de o *novo* sempre parecer inimigo do antigo, quem
tiver o desejo de uma compreensão mais profunda descobrirá que,
sem uma aplicação mais séria dos valores cristãos já adquiridos, o
novo jamais poderá estabelecer-se.

5. A realização (plenificação)

O conhecimento crescente que se tem do espírito oriental pode   72
ser considerado como a expressão simbólica do relacionamento com
o estranho em nós mesmos. Seria uma tolice completa renegar nossas
bases históricas, sem falar no perigo de que seria este o melhor modo
de provocar um novo desenraizamento. Apenas nos mantendo com
firmeza na própria terra, poderemos assimilar o espírito do Oriente.

Diz Gu De: "As pessoas mundanas perderam as raízes e se atêm   73
às copas das árvores", referindo-se aos que não sabem onde estão as
verdadeiras fontes da força secreta. O espírito do Oriente nasceu da
terra amarela, e assim o nosso espírito pode e deve nascer da nossa
própria terra. É este o motivo pelo qual eu me acerco destes proble-

mas de um modo que me valeu muitas vezes a censura de "psicologismo". Se por isso se entendesse "psicologia", sentir-me-ia lisonjeado, uma vez que é meu intuito afastar decididamente a pretensão metafísica de todos os ensinamentos secretos; o desejo oculto de obter poder através das palavras não suporta a ignorância profunda que deveríamos ter a modéstia de reconhecer. Deliberadamente, faço o possível para trazer à luz da compreensão psicológica certas coisas que soam de um modo metafísico, a fim de evitar que as pessoas acreditem em obscuras palavras de poder. Todo cristão convicto deve *crer*, porque assumiu tal dever. Mas quem não o é, perdeu por sua própria culpa a graça da fé (talvez tenha sido condenado a não crer desde que nasceu, para somente poder saber). E não deve também acreditar em algo diferente. É impossível compreender metafisicamente, mas tão só psicologicamente. Assim pois, dispo as coisas de seu aspecto metafísico, para torná-las objeto da psicologia. Deste modo, pelo menos consigo extrair delas algo de compreensível para integrá-lo, captando também fatos e processos psicológicos anteriormente ocultos em símbolos que ultrapassavam minha compreensão. Dessa forma, posso percorrer um caminho semelhante ao da fé, tendo experiências similares, e se houver no fundo de tudo isso algo de inefavelmente metafísico, é a melhor ocasião para que se revele.

74   Minha admiração pelos grandes filósofos do Oriente é tão indubitável, quanto irreverente minha posição relativamente à sua metafísica[36]. Suspeito de que fazem psicologia simbólica e seria um erro, portanto, tomá-los literalmente. Se se tratasse de metafísica, tal como pretendem, nada seria mais inútil do que tentar compreendê-los. Tratando-se porém de psicologia, não só poderemos compreendê-los, como também tiraremos um grande proveito disso, porquanto essa assim chamada "metafísica" tornar-se-á experimental. Se aceito que Deus é absoluto, ultrapassando qualquer possibilidade da experiência humana, isto me deixa indiferente. Não atuo sobre ele, nem ele sobre mim. Mas se, pelo contrário, sei que é um poderoso impulso da minha alma, posso tratar com ele; tornar-se-á

---

36. Os filósofos chineses, ao contrário dos ocidentais com seu dogmatismo, sentem-se gratos por tal atitude, uma vez que são senhores de seus próprios deuses (R.W.).

importante, talvez de um modo desagradável na prática (por mais banal que isto possa soar), como tudo aquilo que se manifesta na esfera do real.

A palavra depreciativa "psicologismo" atinge apenas os tolos que julgam ter a alma no bolso. É verdade que há uma multidão deles, pois a desvalorização de tudo o que diz respeito às "coisas anímicas" constitui um preconceito tipicamente ocidental, por mais grandiloquentes que sejam as referências à "alma". Quando emprego a expressão "complexo anímico autônomo", meu público já tem um preconceito formado: "nada mais do que um complexo anímico". Mas como se pode estar tão seguro de que a alma "não é nada mais do que"? Tudo se passa como se as mencionadas pessoas não soubessem, ou então se esquecessem de que tudo aquilo que se torna consciente é *imagem* e de que *imagem é alma*. Julgam depreciativo considerar Deus como o movido e o que move no âmbito da alma, como um "complexo autônomo", e no entanto são invadidos por afetos incontroláveis e por estados neuróticos, diante dos quais toda a sua vontade e sabedoria fracassam de um modo lamentável. Será isso uma prova da impotência da alma? Dever-se-á acusar Mestre Eckhart de "psicologismo" por haver dito: "Deus deve nascer sempre de novo em nossa alma"? Na minha opinião, deve-se acusar de "psicologismo" o intelecto que nega a natureza verídica do complexo autônomo, procurando explicá-lo racionalisticamente como a consequência de fatos conhecidos, isto é, como algo de derivado. Este juízo é tão arrogante quanto a posição "metafísica" que confia a uma divindade, que ultrapassa os limites do humano e de toda a experiência, a responsabilidade de nossos estados anímicos. O psicologismo é simplesmente a contrapartida do abuso metafísico, e tão infantil quanto ele. Parece-me, portanto, mais razoável atribuir à alma a mesma validez que ao mundo empírico, admitindo que a primeira possui tanta "realidade" quanto o segundo. Para mim, a alma é um mundo no qual o eu está contido. Talvez haja peixes que acreditem conter o mar. Devemos livrar-nos dessa ilusão comum, se quisermos considerar as afirmações metafísicas de um ponto de vista psicológico.

76   A ideia do "corpo diamantino", do corpo-alento incorruptível
que nasce na flor de ouro ou no espaço da polegada quadrada[37], é
uma das afirmações metafísicas. Esse corpo é, como os demais, um
símbolo de um fato psicológico muito importante, o qual, por ser objetivo, aparece primeiramente projetado em formas dadas através de
experiências da vida biológica: fruto, embrião, criança, corpo vivente etc. Tal fato pode expressar-se melhor pelas palavras: "*Não sou eu
que vivo, mas sou vivido*". A ilusão de preponderância consciente
faz-me acreditar que sou eu quem vive. Mas se esta ilusão for abalada
pelo reconhecimento do fator inconsciente, este último aparece então como algo de objetivo, no qual o eu está incluso; tal atitude é um
pouco semelhante à do homem primitivo, que considera seu filho a
garantia da continuação de sua própria vida, sentimento que pode re-

---

37. Nosso texto deixa em aberto, de certo modo, a questão acerca da "continuação da
vida": trata-se de uma continuação da vida depois da morte, ou de um prolongamento
da existência física? Expressões tais como "elixir da vida" ou coisas parecidas também
são capciosas, obscuras. Em apêndices ao texto, que a ele foram agregados ulteriormente, torna-se claro que as instruções da ioga são compreendidas em um sentido puramente físico. Para o espírito primitivo nada há de estranho na mistura, para nós insó-
lita, de coisas físicas e espirituais; vida e morte não são opostos absolutos, tais como o
são para nós. (Particularmente interessante, a este respeito, ao lado do material etnoló-
gico, são as "comunicações" dos "*rescue circles*" ingleses, com suas representações arcaicas.) A mesma ambiguidade no tocante à sobrevivência *post-mortem* também é no-
tória no cristianismo primitivo; neste, a imortalidade parece ter um pressuposto semelhante ao da representação de um "corpo-alento", que seria o suporte essencial da
vida. (A teoria parapsicológica de Geley poderia ser considerada como uma espécie de
renascimento desta representação arcaica.) Em passagens do nosso texto não faltam
advertências contra seu uso supersticioso, tal como, por exemplo, o desejo de fabricar
ouro. Assim, pois, não há qualquer contradição em insistir calmamente no sentido espiritual das mencionadas instruções. Os estados aos quais as instruções parecem indu-
zir o corpo físico desempenham um papel cada vez mais secundário, porquanto o corpo físico é substituído pelo "corpo-alento" (daí a importância do controle respiratório
nos exercícios da ioga!). O "corpo-alento" não é algo de "espiritual", no sentido que
damos a esta última palavra. É uma característica do homem ocidental haver cindido o
físico e o espiritual, por motivos epistemológicos. Mas este par de opostos coexiste na
psique e a psicologia deve reconhecer tal fato. "Psíquico" significa físico e espiritual.
As representações do nosso texto movem-se no mundo intermediário, que nos parece
obscuro e confuso, devido ao nosso conceito de uma *realidade psíquica*. Esta não é de-
vidamente aceita entre nós, embora exprima uma esfera própria da vida. Sem a alma, o
espírito é tão morto quanto a matéria, pois ambos são abstrações artificiais; na visão
originária, o espírito é considerado como um corpo volátil e não falta alma à matéria.

Estudos alquímicos

vestir-se de aspectos grotescos, como no caso do velho negro que, indignado com a desobediência do filho, exclamou: "Aí está ele, com meu corpo, e nem sequer me obedece!"

Trata-se de uma mudança do sentimento interno, semelhante à que experimenta um pai, cujo filho nasceu; mudança que conhecemos através do testemunho do apóstolo Paulo: "Não sou eu mais quem vive, mas é Cristo que vive em mim"[38]. O símbolo "Cristo", como "filho do Homem", é uma experiência psíquica análoga à de um ser espiritual mais alto que nasce do indivíduo, corpo pneumático que nos servirá de morada futura. Na expressão de Paulo, esse corpo cobre-nos como uma veste ("vós que vos vestistes de Cristo")[39]. Naturalmente, é sempre muito problemático exprimir em termos intelectuais sentimentos sutis que são, no entanto, muito importantes para a vida e o bem-estar do indivíduo. Em certo sentido, trata-se de sentir que somos "substituídos", sem ser "destituídos". É como se o rumo dos assuntos da vida se deslocasse em direção a um lugar central e invisível. A metáfora de Nietzsche: "livre na mais amorosa das prisões", caberia muito bem aqui. A linguagem religiosa é rica de imagens que exprimem esta livre dependência, esta calma aceitação.

Vejo nesta experiência impressionante uma consequência do desprendimento da consciência, graças ao qual o "eu vivo" subjetivo se transforma no objetivo "sou vivido". Esta situação é experimentada como algo de superior em relação à primeira; é realmente como que um libertar-se da compulsão e da responsabilidade absurdas, que são consequências inevitáveis da *participation mystique*. Este sentimento de libertação, tão pleno em Paulo, é a consciência de sua filiação divina, que o liberta do encadeamento do sangue. Este é também o sentimento de reconciliação com tudo o que acontece, pois segundo o *Hui Ming Ging*, o olhar daquele que atinge a realização ou plenificação se volta para o esplendor da natureza.

No símbolo paulino de Cristo, as experiências supremas do Ocidente e do Oriente se tocam: Cristo, o herói carregado de dores e a flor de ouro que floresce na sala púrpura da cidade de jaspe. Que

---

38. Gl 2,20.
39. Gl 3,27; cf. tb. Rm 13,4.

contraste! Que diferença impensável, que abismo da história! Problema digno de coroar a obra de um futuro psicólogo!

80   Ao lado dos grandes problemas religiosos do presente há um, tão pequeno quanto esquecido: o do progresso do espírito religioso. Para discuti-lo, teremos de ressaltar a diferença entre Oriente e Ocidente, quanto ao modo de tratar a "joia", isto é, o símbolo central. O Ocidente enfatiza a encarnação humana, a personalidade e historicidade do Cristo, ao passo que no Oriente se diz: "sem começo, sem fim, sem passado, sem futuro"[40]. O cristão subordina-se à pessoa divina e superior, à espera de sua graça; mas o oriental sabe que a redenção depende de sua própria obra. O Tao em sua totalidade cresce a partir do indivíduo. A *imitatio Christi* tem esta desvantagem: ao longo do caminho cultuamos, como um exemplo divino, um homem que encarnou o sentido mais profundo da vida e, presos a esta imitação, esquecemos de realizar nosso mais alto sentido. Mas não é de todo inconveniente renunciar ao próprio sentido. Se Jesus o tivesse feito, provavelmente ter-se-ia tornado um carpinteiro respeitável e não um religioso rebelde que, provavelmente, sofreria hoje o mesmo que sofreu em sua época.

81   A imitação de Cristo poderia muito bem ser compreendida em seu sentido mais profundo como a obrigação de realizar, com a mesma coragem e o mesmo autossacrifício de Jesus, a convicção mais autêntica e essencial da própria vida. Felizmente, nem todos têm a missão de serem condutores da humanidade, ou grandes rebeldes; dessa forma, cada um poderá realizar-se a seu modo. Tal honestidade poderia mesmo constituir um ideal. Já que as grandes novidades sempre começam nos lugares mais improváveis, o fato de as pessoas não se envergonharem, atualmente, tanto de sua nudez quanto há tempos atrás, pode significar o começo de se assumirem corajosamente, tais como são. Isto será talvez o ponto de partida do reconhecimento crescente de muitas coisas que já foram tabus, pois a realidade da terra não permanecerá velada para sempre, como as "virgines velandae" de Tertuliano. O desmascaramento moral é um passo a mais na mes-

---

40. *Hui Ming Ging*. [Cf. *O segredo da flor de ouro*. 12. ed. Petrópolis: Vozes, 2010, p. 142.]

ma direção e se atinge a realidade ao confessar-se alguém ser quem é. Se o fizer de um modo carente de significado, é um tolo desajeitado. Mas se compreender o sentido do que está fazendo, tornar-se-á um homem superior e apesar do sofrimento realizará o símbolo de Cristo. Já se observou muitas vezes que tabus puramente concretos ou ritos mágicos, numa primeira etapa religiosa, se tornaram na seguinte uma questão anímica, ou então símbolos puramente espirituais. Uma lei externa torna-se no decurso do tempo uma convicção interna. Pode ser que o homem protestante, o qual ainda vive a pessoa de Jesus no âmbito da história, passe a vivê-lo como o homem superior que o habita. Dessa forma, alcançar-se-ia de um modo europeu o estado psicológico que corresponde ao iluminado, na concepção oriental.

Tudo isto representa um degrau no processo de desenvolvimento de uma consciência mais alta da humanidade, que se encontra a caminho de metas desconhecidas, e não metafísicas em seu sentido usual. Antes de tudo, nessa extensão, trata-se apenas de "psicologia", mas também nessa mesma extensão trata-se de algo experimentável, compreensível e – graças a Deus – real, de uma realidade com a qual podemos tratar, viva e rica de pressentimentos. O fato de que eu me contente com o que é psiquicamente experimentável e rejeite o metafísico não implica, como qualquer pessoa inteligente poderá compreender, um gesto de ceticismo ou de agnosticismo dirigido contra a fé e a confiança em poderes mais altos, mas significa aproximadamente o que Kant pretendeu dizer, referindo-se à "coisa em si", ao designá-la como um "conceito limite meramente negativo". Dever-se-ia evitar qualquer afirmação acerca do transcendental, uma vez que isso representa apenas uma presunção ridícula de um espírito humano inconsciente de suas limitações. Portanto, ao designar-se Deus ou o Tao como um impulso ou estado da alma, com isso só se diz algo sobre o cognoscível e nada sobre o incognoscível; acerca deste último, até agora, nada foi descoberto.

6. Conclusão

A finalidade deste comentário é a tentativa de estabelecer a ponte de uma compreensão íntima e anímica entre Ocidente e Oriente. A base de toda a compreensão verdadeira é o homem e por isso tive que falar de coisas humanas. Que me perdoem, portanto, por ter tratado apenas dos aspectos gerais, sem entrar em detalhes técnicos. As instruções técnicas são preciosas para os que sabem o que é uma máquina fotográfica ou um motor a gasolina, mas são totalmente inúteis para quem não os conhece. O homem ocidental – e é para ele que escrevo – se acha nesta situação. Achei, por este motivo, preferível ressaltar, acima de tudo, a concordância entre os estados psíquicos e o simbolismo de Oriente e Ocidente. Tais analogias abrem um caminho que conduz às câmaras interiores do espírito oriental, caminho este que não pede o sacrifício de nossa própria maneira de ser. Isto sim, seria uma ameaça de desenraizamento. Mas essas analogias também não são um telescópio ou microscópio intelectuais, que abrem uma perspectiva indiferente, pelo fato de nada representarem de fundamental. Trata-se do caminho do sofrimento, busca e luta, comum a todos os povos civilizados; trata-se da tremenda experiência da natureza de tornar-se consciente, outorgada à humanidade, e que une as culturas mais distantes numa tarefa comum.

84   A consciência ocidental não é a única forma existente de consciência; ela é condicionada histórica e geograficamente, e só representa uma parcela da humanidade. A ampliação de nossa consciência não deve processar-se à custa de outras formas de consciência, mas deve proceder do desenvolvimento daqueles elementos de nossa psique, análogos aos da psique estrangeira. Do mesmo modo, o Oriente não pode abster-se de nossa técnica, ciência e indústria. A invasão europeia do Oriente foi um ato de violência em grande escala e nos legou – "noblesse oblige" – a obrigação de compreender o espírito do Oriente. Isto é talvez mais importante para nós do que atualmente pressentimos.

II

As visões de Zósimo[*]

1. Os textos

Ao iniciar as seguintes observações, comentando as visões de Zósimo de Panópolis, o importante alquimista e gnóstico do século III, devo esclarecer inicialmente que meus comentários não têm qualquer pretensão de explicar cabalmente esta matéria extraordinariamente difícil. Minhas contribuições psicológicas no sentido de esclarecer tais visões não significam mais do que uma tentativa de responder pelo menos algumas das questões levantadas pelas visões.

A primeira visão encontra-se no início do tratado Ζωσίμου τοῦ θείου περὶ ἀρετᾶς[1] (Tratado do divino Zósimo sobre a Arte). Zósimo começa o tratado com uma observação genérica acerca dos processos naturais, e em especial da ἕσις ὑδάτων (composição das águas) e outras operações, terminando com as palavras: "... e é sobre este sistema simples e multicor que repousa a investigação acerca do todo infinitamente vário". Ele continua e assim enceta o texto[2]:

---

[*] Conferência pronunciada no Congresso Eranos em Ascona, agosto de 1937, e publicada sob o título: "Algumas Observações acerca das visões de Zósimo", em *Anuário Eranos* 1937 (Zurique: Rhein-Verlag, 1938). Revisada e substancialmente ampliada sob o título atual em: *Von den Wurzeln des Bewusstseins, Studien über den Archetypus* (Psychologische Abhandlungen IX), Zurique: Rascher, 1954.

1. Ἀρετή não deve ser traduzido aqui por "virtude" ou "força" ("*vertu*" em Berthelot), mas por "arte", correspondendo à "*ars nostra*", dos latinos. No tratado nem se cogita da virtude.

2. BERTHELOT. *Collection des anciens alchimistes grecs*, p. 108s. e 117s.

III, I, 2. E ao dizê-lo adormeci e vi um sacerdote (ἱερουργᾳν)[3] diante de mim, sobre um altar que tinha a forma de uma taça rasa (βωμὸς φιαλοειδής). O referido altar possuía quinze degraus para serem galgados. Lá estava o sacerdote e eu ouvi uma voz do alto que me dizia: eu completei a descida por sobre os quinze degraus da escuridão e completei a subida por sobre os degraus da luz. Aquele que me renova é o sacerdote (ἱερουργῶν), na medida em que se despojou da densidade do corpo, e necessariamente fui sagrado sacerdote plenificado como espírito (πνεῦμα). Ouvi então a voz daquele que estava sobre o altar em forma de taça e perguntei quem era. Ele respondeu-me com voz fina: Eu sou Íon[4], o sacerdote dos santuários ocultos no mais íntimo e me submeto a um castigo insuportável[5]. Chegou então alguém correndo no início da manhã, que me subjugou, despedaçando-me com a espada com a qual me perfurara em partes segundo a lei da composição da harmonia[6]. Tirou-me o couro cabeludo com a espada que manejava vigorosamente, e depois juntou os ossos com os fragmentos de carne e queimou tudo no fogo da arte até o momento em que percebi meu corpo transformado em espírito. Este é o meu tormento insuportável. Enquanto ele me explicava tais coisas, obriguei-o a falar comigo e seus olhos ficaram da cor de sangue. Ele expeliu toda sua carne. Vi então como se transformava em um homunculus, (ἀνθρωπάριον) mutilado, em oposição a si mesmo[7]. Com seus próprios dentes dilacerou-se e sucumbiu.

---

3. O ἱερουργᾳς é o sacerdote do sacrifício, o qual realiza as cerimônias. O ἱερεύς é mais o ἱεροφάντης, o profeta e detentor dos segredos. No texto não há diferença entre os dois.

4. Encontramos um Ἴων, na tradição dos sabeus como Jûnân ben Merqûlius (filho de Mercúrio). De acordo com Eutícuio, ele deveria ser o ancestral dos jônios (el-Jûnâniûn). Para os sabeus ele é o fundador de sua religião. V. CHWOLSOHN. *Os sabeus e o sabismo*, I, p. 205 e 796; e II, p. 509. Hermes também consta como fundador (Op. cit., p. 521).

5. Κᾳλασις, que aqui é traduzido por "castigo", significa no contexto o mesmo que as "torturas" que a *prima materia* deve suportar a fim de ser transformada. Este processo é definido como *mortificatio*. [Cf. *Psicologia e alquimia*, § 484 (além disso, cap. V, segmento R, deste volume].)

6. διασπάσας κατὶ σύστασιν ἑρμονίας. BERTHELOT. *Alch. grecs*, III, I, 2, 10, p. 118/108. Traduzido: "me démembrant, suivant les règles de la combinaison" (desmembrando-me segundo as regras da combinação). Trata-se do desmembramento em quatro corpos, naturezas ou elementos. Cf. BERTHELOT. Op. cit., II, III, 11, p. 64-68. • BERTHELOT. *La Chimie au moyen age*, III, p. 92. • *Visio* Arislei. In: *Art. aurif.*, I, p. 151. • *Exercitationes in Turbam*. IX. Op. cit., p. 171.

7. Aqui me vi forçado a fazer uma tradução bastante livre. O teor do texto é o seguinte: εἶδον αὐτὸν ὡς τοὐναντίον ανθρωπάριον κολοβᾳν [p. 108-118]. Se não me engano, aparecem aqui pela primeira vez, na literatura alquímica, as ideias e conceitos de um *homunculus*.

Estudos alquímicos 65

III, I, 3. Aterrorizado despertei do sono, e pensei comigo mesmo: não será isto a composição das águas? Achei que tinha entendido tudo muito bem. E adormeci novamente. Vi o mesmo altar em forma de taça, com água fervente na parte superior, dentro da qual havia uma incalculável quantidade de pessoas. Não havia ninguém nas imediações do altar a quem pudesse interrogar; eu subi então até ele, a fim de conseguir vê-lo diretamente. Avistei um homunculus barbeiro grisalho[8], que me disse: o que olhas? Respondi: Estou espantado com a fervura da água e as pessoas que nela se queimam, apesar de estarem vivas. Ele retrucou: O espetáculo que vês é a entrada e a saída e a transformação. Perguntei-lhe de novo: Que transformação? E ele redarguiu: O lugar do exercício (ἀσκήσεως) do conhecido embalsamamento. Pois as pessoas que participam da arte[9] entram lá dentro e tornam-se espíritos ao escaparem do corpo. Então eu lhe disse: És também um espírito? Ele respondeu-me: Eu sou o espírito e um guardião dos espíritos. Enquanto conversávamos e a fervura da água aumentava cada vez mais e as pessoas gritavam, eu vi um homem de bronze que segurava nas mãos uma lousa de chumbo. Este disse em alta voz, olhando para a lousa: ordeno a todos os que estão sob tortura que adormeçam, tomem nas mãos uma lousa de chumbo, escrevam de seu próprio punho e ergam os olhos; abram as bocas até inflamar as úvulas[10]. A palavra seguia-se à ação, e o senhor da casa disse-me: Já olhaste, ergueste a nuca e viste o que aconteceu. Respondi que havia visto e ele prosseguiu: Este homem de bronze que viste é o sacerdote, que sacrifica e é sacrificado, e cospe sua própria carne. Foi-lhe dado o poder sobre esta água e sobre os que nela são punidos. Depois de imaginar claramente tudo isto despertei de novo e disse para mim mesmo: Qual é a origem deste espetáculo? Será a água divina esta água fervente branca e amarela? Considerei que meu conhecimento estava se tornando cada vez mais preciso. E disse: É belo falar e belo ouvir, belo dar e belo receber, belo ser pobre e belo ser rico. Como a natureza ensina a dar e a receber? O homem de bronze dá e a pedra de água

---

8. Leio aqui, em vez do ξηρουργᾶς do texto sem sentido ξυρουργᾶς (barbeiro). Cf. tb. III, V, 1, p. 115, onde o ξυρουργᾶς aparece de fato como o ἀνθρωπάριον. (Ou será que é o adjetivado ξυρουργὸν ἀνθρωπάριον?) O *homunculus* é cinzento porque, como ficou provado mais tarde, é o chumbo.

9. Pode significar "da arte" ou "do aperfeiçoamento ético".

10. Isto poderá significar uma abertura convulsiva da boca, ligada a uma violenta contração da faringe. Esta contração significa provavelmente um movimento de estrangulamento, o qual deverá representar a ação de expelir os conteúdos. Estes últimos deverão ser inscritos em tábuas. São inspirações vindas de cima que, de certa forma, são captadas através dos olhos erguidos para o alto. Presumivelmente trata-se aqui de um modo de proceder que podemos comparar à moderna imaginação ativa.

recebe; o metal dá e a planta recebe, as estrelas dão e as flores recebem; o céu dá e a terra recebe; os trovões dão mediante o fogo relampejante e todas as coisas são entretecidas conjuntamente. E de novo são dissolvidas e novamente misturadas. E todas elas são compostas e de novo separadas. E tudo é umedecido e novamente seco e tudo floresce e tudo murcha sobre o altar em forma de taça. E todas as coisas acontecem com método, em uma determinada medida, numa proporção precisa[11] dos quatro elementos. O entretecer-se de todas as coisas e a dissolução das mesmas e toda a ligação de um modo geral não pode acontecer sem método. O método é natural (φυσική), inspirando e expirando, para conservar a ordem segundo as leis; ele produz a ampliação e a diminuição. Para resumir, todas as coisas coincidem no modo de separar-se e reunir-se, sem que o método seja negligenciado em suas minúcias: assim a natureza vem à luz. Pois quando voltada para si mesma, ela se transforma, uma vez que esta é a estrutura e a conexão artística de todo o cosmos. Para não alongar-me nestas considerações, querido amigo, mãos à obra e erga um templo. Este só pode ser construído a partir de *uma* só pedra, branca como alvaiade, como alabastro um templo proconês[12]. Ele não poderá ter nem começo nem fim em sua construção: dentro dele, deve haver uma fonte de água puríssima, além de que deve emitir uma luz tão clara como o sol. Observa bem de que lado se encontra a entrada do templo, toma uma espada em tuas mãos e procura-a. Pois o lugar em que se acha o acesso à porta do templo é exíguo e estreito. Há um dragão estendido à porta; ele é o guardião. Subjuga-o abatendo-o em primeiro lugar; depois deves escalpelá-lo; toma sua carne com os ossos, retalha seus membros; junta a carne dos membros um a um[13] como os ossos na entrada do templo; faze assim um degrau para ti; sobe-o e entra, lá encontrarás o que procuras: isto é, o sacerdote, o homem de bronze, o qual vês na fonte recompondo a coisa. Ele, tu o vês porém não como o homem de bronze, pois que sua natureza mudou de cor, tornando-o um homem de prata, e se quiseres logo verás o homem de ouro. Esta introdução é a chave que abre para ti a escolha de palavras que se seguem[14]; as investigações das artes, da sabedoria, da mente (φρονήσεως) e do entendimento e métodos eficazes e desvelamentos de discursos ocultos, os quais se esclarecem.

III, V, 1. Com dificuldade desejei ansiosamente subir os sete degraus e olhar os sete tipos de castigos e o que se passa em um só dia; então retrocedi a

---

11. οὐγγιασμῷ.

12. Prokonnesos era a famosa jazida de mármore da Grécia, hoje chamada Marmora.

13. O texto contém aqui μέλος.

14. παρακάτω = abaixo e ao lado, ou talvez se possa traduzir por "abaixo mencionado"?

Estudos alquímicos

fim de galgar os degraus. Depois de passar várias vezes por ele (sem vê-lo), encontrei finalmente o caminho. Quando estava prestes a iniciar a subida errei completamente o caminho, caí num grande desânimo, pois não sabia que direção tomar e adormeci. No sono avistei um homunculus barbeiro que vestia um manto rubro real, ele estava longe dos castigos. Disse-me: O que está fazendo, homem? Eu respondi: Estou aqui porque errei completamente o caminho. Acho-me perdido. Mas ele me disse: Segue-me! Eu saí, seguindo-o. Aproximando-nos do lugar dos castigos, avistei o meu guia, aquele homunculus barbeiro e, veja só, ele caiu no lugar dos castigos e vi como seu corpo inteiro foi consumido pelo fogo.

III, V, 2. Ao ver isto, fiquei fora de mim e tremendo de medo. Acordei e disse para mim mesmo: O que significa isto? E de novo a palavra ficou clara para mim que aquele homem barbeiro era o homem de bronze, só que estava com uma veste vermelha e eu disse: bem que percebi. Este é o homem de bronze. Primeiramente ele deve ser jogado no lugar dos castigos.

III, V, 3. Novamente minha alma ansiava por subir o terceiro degrau, mais uma vez andei sozinho pelo caminho e ao chegar bem perto do lugar dos castigos perdi-me de novo, pois não conhecia o caminho e lá estava eu, desesperado. Como anteriormente, avistei um velho encanecido, que era totalmente branco, tão branco que devido à sua brancura radical tinha os olhos ofuscados. Seu nome era Agathodaimon. E esse velho voltou-se e me encarou longamente. Eu, porém, insisti: Mostra-me o caminho correto. Ele não me deu atenção e continuou o seu caminho. Eu, porém, buscando meu caminho, por aqui, por ali, cheguei finalmente ao altar. Chegando lá em cima ao lado do altar, vi o velho encanecido, que despencou no lugar dos castigos. Oh, vós que criais as naturezas celestiais! Imediatamente ele foi transformado numa coluna de fogo. Oh, vós irmãos, que conto mais horripilante! Pois devido à violência terrível do castigo, seus olhos ficaram injetados de sangue. Eu, porém, dirigi-me a ele e indaguei: Que fazes aí, deitado? Mas ele mal podia abrir a boca e gemia: Eu sou o homem de chumbo e me submeto a uma violência insuportável. Tomado de pânico, despertei, procurando em mim a razão do que acontecera. Julgando-o novamente, eu disse: Bem, eu reconhecera que o chumbo devia ser jogado fora, e na realidade o que vi se refere à composição dos líquidos.

III, V[bis]. De novo conheci o altar em forma de taça, divino e sagrado. E vi um sacerdote venerável que se vestia de uma túnica branca que lhe chegava aos pés, celebrando aqueles mistérios apavorantes. E eu disse: Quem é ele? E a resposta foi: Ele é o sacerdote do santuário de acesso interdito. Quer transformar os corpos em sangue e dar visão aos olhos, permitindo que os mortos ressuscitem. E, logo depois, cai novamente por terra e dorme um sono breve, e quando estamos prestes a subir o quarto degrau do altar, vi vindo do nascente alguém que se aproximava de mim, com uma espada na mão. Outro vinha atrás dele, trazendo alguém vestido de branco, de bela aparência, cercado de imagens; seu nome era o Sol do meio-dia[15]. Ao se aproximarem do lugar dos castigos, ouvi que o portador da espada dizia[16]: Corta-lhe a cabeça e depois coloca em fileira suas partes de carne e também as partes mais moles, a fim de que sua carne seja tecnicamente (ὀργανικῶς)[17] cozida para depois ser entregue ao castigo. Então acordei de novo e disse: Entendi tudo isso muito bem. Trata-se do líquido da arte do metal. O que trazia a espada na mão disse novamente: Vós completastes a descida dos sete degraus. Seu seguidor, porém, disse, enquanto deixava jorrar água de todos os lugares úmidos: o processo completou-se!

III, VI, 1. Vede, lá estava um altar semelhante a uma taça e um espírito ígneo sobre ele. E eles providenciavam o fogo necessário à fervura, cozimento e queima das pessoas que subiam, e eu perguntei a respeito das que lá estavam: Espanto-me com a água que ferve e com seu ruído, e como os que nela são queimados continuam vivos. Ele respondeu-me: Esta fervura que vês é o lugar do exercício, do assim chamado embalsamamento: pois as pessoas que desejam partici-

---

15. O texto diz: Καὶ ἄλλος ὀπίσω αὐτοῦ φέρων περιηκονισμένον τινὶ λευκοφαρον καὶ ὡραῖον τν ψιν, οὔ τὸ νομα ... ἐκαλεῖτο μεσουράνισμα ἡλίου (*Alch. grecs*, III, V[bis], p. 118-126). Berthelot traduz: "Un autre, derrière lui, portait un objet circulaire, d'une blancheur éclatante, et très beau à voir, appelé Méridien du Cinnabre" [Alguém, atrás dele, levava um objeto circular, de uma brancura brilhante e belo de se ver, denominado Méridien du Cinnabre]. Não ficou muito claro porque ἥλιος em relação a μεσουράνισμα (zênite) deveria ser traduzido numa analogia alquímica. Περιηκονισμοένον τινά deve referir-se a uma pessoa e não a um objeto. Devo citar como paralelo APULEIO. *Metamorphoseos*, lib. XI, p. 240, a respeito do qual a Sra. Dra. von Franz chama a minha atenção. Sobre a "*Olympiaca stola*", estola olímpica com a qual o iniciado nos mistérios é revestido, diz ele ser ela uma "*chlamys pretiosa*" (manto grego) "colore vario circum notatis insignibar animalibus, hinc dracones Indici, inde gryphes Hyperborei" etc. "[...] caput decore corona cinxerat, palmae candidae foliis in modum radiorum prosistentibus". Assim, "ad instar Solis exornatus, et in vicem simulacri constitutus", o Misto era apresentado ao povo. O Sol, que agora ele era, ele o tinha visto antes de noite, após sua morte figurada: "nocte media vidi Solem candido coruscantem lumine". Para maiores detalhes, ver abaixo [tradução p. 425s.: "Um manto precioso descia até os calcanhares, sendo que dos dois lados via-se todo tipo de animais de diversas cores; aqui, dragões indianos, ali, grifos hiperbóreos. Entre os iniciados este manto é chamado de estola olímpica" [...] "Eu... estava ornado com uma coroa de folhas de palmeira dispostas de tal maneira que pareciam envolver minha cabeça como raios. Assim, enfeitado como uma imagem do sol, lá estava eu como uma estátua" – "na mais profunda meia noite e vi brilhar o sol em sua maior radiância".]

16. Deve haver aqui uma lacuna no texto.

17. Isto é, "correspondente ao método".

Estudos alquímicos 69

par da arte, entram (na água), livram-se de seus corpos e tornam-se espíritos. Novamente o exercício é explicado pelo exercer-se[18]. O que sai da densidade do corpo torna-se espírito.

Em III, I, 5 encontra-se por assim dizer, fora de ordem (o que corresponde à desordem dos textos de Zósimo), um resumo manifestamente autêntico, isto é, uma amplificação e ao mesmo tempo uma interpretação simbólica da série de visões. O texto diz:

> E para não alongar-me, meu querido, erige um templo a partir de *uma* só pedra (branca) como alvaiade, como alabastro de mármore proconês. Não tem começo nem fim em sua construção (οἰκοδομή), isto é, é redondo. Dentro dele há uma fonte de água puríssima e a luz cintilante do sol. Esforça-te para descobrir onde fica a entrada do templo, toma uma espada nas mãos e procura-a. O lugar em que se encontra a abertura da entrada é uma garganta estreita; e um dragão monta a guarda na entrada. À medida em que prosseguires, sacrifica-o (θῦσον) primeiro. E depois de escalpelá-lo, toma sua carne juntamente com os ossos, retalha-o (διέλης μέλη) e dispõe os membros com os ossos[19] à entrada do templo. Faze diante deste um degrau e sobe para entrar, e lá encontrarás o que procuras[20], isto é, o sacerdote, o homem de cobre (χαλκάνθρωπον), o qual vês sentado na fonte, compondo a coisa (συνάγοντα). Ele, tu o vês, porém logo não mais como homem de cobre, pois se transformou quanto à cor de sua natureza, tornando-se um homem de prata (ἀργυράνθρωπος); e tu o terás em breve se quiseres como homem de ouro (χρυσάνθρωπον).

2. Comentário

A. *Generalidades sobre a interpretação*

Apesar de tratar-se aparentemente de uma série, ou mesmo de uma sequência gradativa de visões, as frequentes repetições ou flagrantes semelhanças apontam para a possibilidade de tratar-se essencialmente de *uma* visão, a qual, apesar de conter o tema da sequência gradativa, só representa variações nas repetidas versões. Não há, psicologicamente pelo menos, razão alguma para supor-se que estamos diante de uma invenção alegorizante. Vários indícios parecem mostrar que Zósimo considera a visão como uma *vivência* significativa

---

18. Ἄσκησις deve significar neste contexto método ou procedimento.

19. Sigo nesta passagem a leitura de Lc (Cod. Par. Gr. 2252).

20. A *res quaesita* ou *quaerenda* é uma expressão usual entre os latinos.

que pretende testemunhar. Embora haja na literatura alquímica uma série de alegorias que sem dúvida são meras fábulas didáticas, não se baseando em qualquer vivência direta[21], a visão de Zósimo pode no entanto, ser uma experiência real. Parece que esta interpretação deriva da maneira pela qual Zósimo explica para si mesmo o sonho, no sentido de sua preocupação: "Não será isto a composição dos líquidos?" Esta interpretação parece, pelo menos para nós, negligenciar as imagens mais impressionantes da visão e reduzir assim a um denominador comum demasiadamente simplificado um fato muito mais abrangente e significativo. Se a visão fosse uma alegoria, as imagens que mais se destacam seriam as mais importantes. No entanto, é uma característica das interpretações subjetivas de sonho que elas se contentam com insinuações de relações superficiais ignorando o essencial. Para decidir esse problema, devemos também levar em consideração a ocorrência de visões e sonhos durante a opus, o que é confirmado pelos alquimistas[22]. A minha tendência é supor que as visões de Zósimo são experiências deste tipo que ocorrem durante o trabalho e revelam a natureza dos processos psíquicos que subjazem a ele[23].

---

21. *Visio Arislei*, p. 146s., e as visões no *Livro de Crates* (BERTHELOT. *Chimie au moyen âge*, III, p. 44s.).

22. Alguns relatos deste tipo encontram-se reunidos em: *Psicologia e alquimia* [OC, 12 § 347s.].

23. A opus alquímica estende-se por um período de tempo indeterminado. Durante esse período o prático de laboratório deverá ocupar-se *"religiose"* do processo de transformação, segundo as regras gerais. O processo é subjetivo e também objetivo; por isso é compreensível que a vida onírica também esteja incluída no processo. G. Battista Nazari descreveu a opus sob a forma de sonhos (alegóricos) *(Della tramutazione metallica sogni tre*, 1599). "Aqua philosophica tibi in somno aliquoties manifestata" [A água filosófica, às vezes se revela a ti através do sonho] assim consta da Parábola de Sendivogius (*Bibliotheca chemica curiosa*, II, p. 475 b). Não é provável que haja aqui algum conhecimento das visões de Zósimo, mas sim uma possível relação com a *Visio Arislei*. Isto é mostrado no seguinte trecho (Op. cit.): "[...] solum fructum arboris Solaris vidi in somnii Saturnum Mercurio nostro imponere" [Eu vi em sonhos Saturno impondo ao nosso Mercúrio o único fruto da árvore do Sol]. Cf. o final da *Visio Arislei*: "[...] vidimus te magistrum in somniis. Petiimus ut nobis subsidium Horfolto discipulo tuo offeras, qui nutrimenti auctor est" [nós te vimos em sonhos como mestre, e pedimos que nos concedas um auxílio através de teu discípulo Horfolto, o qual é o encarregado do alimento] (RUSKA. *Turba philosophorum*, p. 327s.). No princípio da *Visio*, no entanto, trata-se de saber como recolher "ex arbore illa immortali" [daquela árvore imortal] seus frutos.

Estudos alquímicos 71

Nessas visões emergem aqueles conteúdos que são projetados nos processos químicos de modo inconsciente para o alquimista e depois percebidos como se fossem propriedade da matéria. A extensão deste processo de projeção apoiado pela atitude consciente é-nos mostrada pela interpretação, a nosso ver precipitada, que o próprio Zósimo dá a seu sonho.

Embora tal interpretação não nos convença de início, parecen-do-nos mesmo artificial e arbitrária, não podemos esquecer que a ideia das "águas" é estranha para nós, mas poderia ter um significado excepcional para Zósimo e os alquimistas em geral. Seria possível também que a "água" mencionada estabeleça para o alquimista uma conexão que abranja as ideias de desmembramento, matança, tortura e transformação. É que a alquimia, a começar pelos tratados de um Demócrito e um Komarios, do primeiro século até o século XVIII, trata da água milagrosa, da aqua divina ou permanens, que é extraída da lapis, isto é, da prima materia mediante a tortura do fogo. A água é aquele humidum radicale que representa a anima media natura ou anima mundi presa na matéria[24], uma alma de pedra ou metal, uma anima aquina, como também é chamada. Essa anima não só é liberta do "ovo" mediante o "cozimento", mas também pela espada, ou é produzida através da separatio, ou seja, da dissolução nas quatro ra-dices, isto é, os elementos[25]. Por seu lado, a separatio também é não raro representada pelo desmembramento de um corpo humano[26]. Diz-se também da aqua permanens que ela dissolve os corpos nos (quatro) elementos. A água divina possui uma capacidade de trans-mutação em geral. Ela transforma pela ablução miraculosa o nigredo em albedo; vivifica o que está morto, ressuscita os mortos[27], obtendo

89

---

24. Em nosso texto é o Agathodaimon que se submete à metamorfose.

25. Divisão em quatro elementos, após a *mortificatio*, in: *Exercitationes in Turbam*, IX (*Art. aurif.*, I, p. 170). Para a divisão do ovo em quatro partes, cf. livro de El-Habîb, in: BERTHELOT. *Chimie au moyen age*, III, p. 92. A divisão em quatro partes foi de-signada como τετραμερεῖν τν... φιλοσοφίαν [a filosofia dividida em quatro partes] (BERTHELOT. *Alch. grecs*, III, XLIV, 5, p. 219).

26. Por exemplo, em: TRISMOSSIN, Salomon. *Splendor solis* (*Aureum vellus*, figura p. 27). • TRISMOSSIN, Salomon. Reimpressão do manuscrito londrino lâmina X. • Além disso em: LACINIUS. *Pretiosa margarita novella* (1546), "mansiones" VIII a X.

27. "Aqua est quae occidit et vivificat" [é a água que mata e vivifica] (Rosarium philo-sophorum. In: *Art. Aurif.*, II, p. 214).

por isso a virtude da água batismal no rito eclesiástico[28]. Assim como na benedictio fontis, a água é dividida em cruz, em quatro partes, pela mão do sacerdote[29], a serpens mercurialis, que representa a aqua permanens é submetida à fragmentação que, por seu lado, representa um paralelo da divisão do cadáver[30].

90   Não quero continuar tecendo essa rede de entrelaçamento de significados de que a alquimia é tão rica. O que foi dito basta para mostrar que a ideia da "água" e das operações a ela ligadas podem desencadear, na mente do alquimista, conexões arbitrárias nas quais praticamente aparecem quase todos os motivos das visões. Do ponto de vista da consciência de Zósimo, sua interpretação parece menos rebuscada e arbitrária. Um provérbio latino diz: "Canis panem somniat, piscator pisces." (O cão sonha com o pão, o pescador com peixes.) Assim também sonha o alquimista com a linguagem que lhe é própria. Este fato nos obriga à cautela, tanto mais que a sua linguagem é extremamente obscura. A fim de compreendê-la inteiramente deveríamos conhecer o segredo psicológico da alquimia. Os velhos mestres têm, portanto, razão ao dizerem que só os que conhecem o segredo da pedra sabem o que eles estão falando"[31]. Ultimamente

---

28. Assim como, de acordo com o testemunho do Evangelho, o batismo é um costume pré-cristão, a água divina é de origem pagã e pré-cristã. O texto corresponde ao Prefácio na *Benedictio Fontis* [liturgia do Sábado Santo] e diz: "Qui hanc aquam regenerandis hominibus praeparatum, arcana sui numinis admixtione fecundet: ut sanctificatione concepta, ab immaculato divini fontis utero, in novam renata creaturam, progenies caelestis emergat. Et quos aut sexus in corpore aut aetas discernit in tempore, omnes in unam pariat gratia mater infantiam" [Quem quiser fertilizar esta água preparada através da secreta mistura de sua força divina a fim de receber com isto a santificação e, do regaço imaculado da fonte divina, renascer uma nova criatura, causando uma descendência celestial, e com ela dando à luz, como mãe, uma nova infância e toda a graça, a qual varia conforme sexo e idade] [SCHOTT (org.). *Missale Romanum*].

29. "Sacerdos dividit aquam manu in modum crucis" (Op. cit.).

30. As expressões técnicas para isso são *divisio* e *separatio* [divisão e separação]. Cf. *Psicologia e alquimia* [OC, 12, § 334, 475 e 530].

31. "Clara est illa <scientia> intellectum habentibus... facilis videtur iis, qui eam sapiunt". [Ela (a ciência) é clara para aqueles que tenham compreensão... ela parece fácil para aqueles que a conhecem.] *Beati Thomae Aurea hora*, reproduzido em *Harmoniae imperscrutabilis* etc., p. 177 [além disso, em *Aurora consurgens*, editado por Marie-Louise von Franz, p. 136-137.]. "[...] ut dicta sua non intelligerent, nisi qui tali et tanto magisterio digni iudicarentur" [para que não compreendessem as suas palavras,

Estudos alquímicos

tem sido defendida a posição de que o segredo a que se referem é puro disparate, e com isso se esquivam a uma investigação mais profunda. Uma atitude tão superficial não se coaduna com a do psicólogo, pois um "disparate" que fascinou os espíritos durante quase dois mil anos[32] – e entre eles não os menores (menciono por exemplo Goethe e Newton) – deve conter algo cujo conhecimento seria de grande utilidade para o psicólogo. Além disso, o simbolismo alquímico se relaciona muito com a estrutura do inconsciente, conforme expus em meu livro *Psicologia e alquimia*. Tais casos não são de modo algum curiosidades, e quem se propõe conhecer o simbolismo do sonho não pode fechar os olhos para o fato de que os sonhos do homem moderno podem conter imagens e metáforas que encontramos nos tratados eruditos da Idade Média[33]. A compreensão das compensações biológicas nos sonhos é de certa importância para a terapia das neuroses, bem como para o desenvolvimento da consciência em geral; assim sendo, o conhecimento de tais fatos também tem um interesse prático que não pode ser subestimado.

B. Ato sacrifical

A imagem essencial da mencionada visão onírica é um tipo de ato sacrifical com o propósito da transformação alquímica. Neste, é característico o fato de que o sacerdote é ao mesmo tempo o sacrificador e o sacrificado. A importante ideia do autossacrifício chegou a

91

---

exceto aqueles considerados dignos de uma instrução tão significativa] (MAIER. *Symbola aureae mensae*, p. 146). "Solus ille qui scit facere lapidem philosophorum, intelligit verba eorum de lapide" [Somente aquele que pode produzir a pedra filosofal compreende suas palavras a seu respeito] (Hortulanus super Epistolam Hermetis. In: *Ros. phil.*, *Art. aurif.*, II, p. 270).

32. R.D. Gray examinou recentemente a influência da alquimia sobre Goethe (*Goethe the Alchemist. A Study of Alchemical Symbolism in Goethe's Literary and Scientific Works*).

33. Mais de uma vez me objetaram que tais símbolos não são encontrados em sonhos. Naturalmente não se encontram estes símbolos em qualquer tipo de sonho, mas somente em alguns. Entre os sonhos há uma grande diferença, assim como entre os indivíduos. Para produzir tais sonhos é necessária certa constelação do inconsciente. Trata-se de sonhos "arquetípicos", isto é, nos quais se encontram mitologemas claros (Exemplos em: *Psicologia e alquimia*, II). Para reconhecê-los, na verdade, são necessários alguns conhecimentos mitológicos, que, ao que parece, muitos psicólogos não têm.

Zósimo sob a forma do ensinamento dos "hebreus" (isto é, dos cristãos)[34]. Cristo foi um Deus que se sacrificou a si mesmo. Uma parte fundamental do ato sacrifical é o *desmembramento*. Este tema deve ter sido muito conhecido, a partir da tradição dos mistérios dionisíacos. Nele também o próprio deus é o sacrifício desmembrado pelos titãs e afogado no caldeirão[35], e cujo coração é salvo por Hera no último instante. Nosso texto mostra que o altar em forma de taça também é uma espécie de caldeirão, no qual muitas pessoas são fervidas e queimadas. Segundo a lenda e um fragmento de Eurípides[36], pertence ao culto orgiástico dionisíaco a irrupção da avidez animal, bem como a dilaceração com os dentes de animais vivos[37]. Dioniso é até mesmo designado por ὁ ἀμέριστος καὶ μεμερισμένος νοῦς (o espírito indiviso e dividido)[38].

O *tema do escalpelamento* também deve ter sido familiar a Zósimo. Uma figura paralela conhecida do deus Átis moribundo e ressuscitado[39] é Mársias, torturado e enforcado. A lenda atribui também o escalpelamento a Mani (fundador do maniqueísmo), quase contemporâneo de Zósimo[40]. O empalhamento posterior da pele indica as cerimônias de fertilidade e de renascimento do deus Átis. Em Atenas

---

34. Pressupondo-se que naquelas partes não se trate de interpolações de um copista monástico.

35. PRELLER. *Griechische Mythologie*, I, p. 436.

36. Trata-se de um fragmento cretense (472 N²), apud DIETERICH. *Eine Mithrasliturgie* (Uma liturgia de Mitra), p. 105.

37. Em referência ao tema do "desmembramento", cf. *Símbolos da transformação* [bem como O *símbolo da transformação na missa*]. Desmembramento, transformação e integração num caso de esquizofrenia, por SPIELREIN. *Über den psychologischen Inhalt eines Falles von Schizophrenie* (Sobre o conteúdo psicológico de um caso de esquizofrenia), p. 358s. O desmembramento é, por assim dizer, um motivo universal, o qual tem sua origem na primitiva psicologia xamânica. Ele constitui um fator principal na vivência da iniciação do xamã [v. ELIADE. *Schamanismus und archaische Ekstasetechnik* (Xamanismo e técnica arcaica do êxtase), p. 51].

38. FIRMICUS MATERNUS. *Liber de errore profanarum religionum*, cap.7, p. 89.

39. Átis relaciona-se mais de perto com Cristo no sentido de que, de acordo com a tradição, a gruta do nascimento em Belém teria sido um santuário de Átis. Através de novas escavações, esta tradição foi confirmada.

40. Cf. FRAZER. *The Golden Bough* (O ramo de ouro), Part. IV: Adonis, Attis, Osiris, p. 242s.

Estudos alquímicos

um boi era anualmente abatido e despelado e sua pele era empalhada e colocada à frente de um arado, certamente com o propósito de revivificar a fertilidade da terra arada[41]. Semelhantes cerimônias de despelamento são conhecidas pelos astecas, citas, chineses e patagônios[42].

Na visão, o *escalpelamento* restringe-se à cabeça em oposição ao total ἀποδερμάτωσις (despelamento), relatado no "Résumé" (III, I, 5). Essa é uma das especificações originais que distingue o sonho da descrição do processo no "Résumé". Tal como o extrair e devorar o coração ou o cérebro de um inimigo deve produzir a incorporação de suas forças vitais ou virtudes, o escalpelamento deve significar um apropriar-se *pars pro toto* do princípio da vida ou da alma[43]. O despelamento representa um símbolo de transformação, o qual examinei com o maior cuidado em meu ensaio sobre a missa[44], razão pela qual menciono aqui apenas o momento específico da tortura (ou seja, καλασις, castigo), momento este que é particularmente claro na descrição do desmembramento e do escalpelamento. Há um notável paralelo relativo a isto no manuscrito alquímico do *Apocalipse de Elias* publicado por Georg Steindorff[45]. Na visão lê-se acerca do homunculus de chumbo que é submetido à tortura de ter "os olhos injetados de sangue", em consequência de seus sofrimentos. Neste Apocalipse, lê-se acerca daqueles que são lançados ao castigo eterno: "... seus olhos são misturados com sangue". Acerca dos santos, que são perseguidos pelo Antimessias lê-se: "... ele tirará a pele de suas cabeças".

Estes paralelos sugerem que a καλασις não pode ser apenas uma correção ou castigo, mas um tormento do inferno. Enquanto a palavra καλασις deve ser traduzida por *poena*, esta última expressão não aparece em parte alguma na Vulgata, sendo que em todas as passagens referentes ao tormento do inferno é usado *cruciare* (atormentar,

---

41. FRAZER. Op. cit., p. 249.

42. FRAZER. Op. cit., p. 246.

43. Entre os índios Thompson na Colômbia Britânica, o escalpo tem o significado de um *guardian spirit* (espírito guardião) prestativo. Coisa semelhante encontra-se também entre os Shuswap, na Colômbia Britânica (FRAZER. *Totemism and Exogamy*, III, p. 417 e 427).

44. *O símbolo da transformação na missa* [OC, 11/3].

45. *O Apocalipse de Elias* [Primeira parte, 4,20–5,1, p. 43 e quinta parte, 36,8s., p. 95].

torturar), ou *cruciatus* (tormento, tortura) (como por exemplo no *Apocalipse* 14,10: "cruciabitur igne et sulphure", ou 9,5: "ut cruciatus scorpii"). O termo correspondente em grego é βασανίζειν e βασανισμᾳς, que também significa tortura. A palavra grega tem para o alquimista um duplo sentido: βασανίζειν significa também provar na pedra de toque (βάσανος), cujo significado na alquimia não é pequeno. A lapis Lydius (pedra de toque) é utilizada como sinônimo da lapis philosophorum. Através do tormento do fogo não só é provada a autenticidade, a incorruptibilitas, como também ela é alcançada. Tal leitmotiv percorre toda a alquimia.

Em nosso texto, o despelamento refere-se especialmente à cabeça, o que indica de certa forma uma extractio animae – se a equivalência pele = alma ainda for válida aqui. A cabeça desempenha um papel considerável na alquimia, e isso desde os tempos remotos. Assim sendo, Zósimo chama seus filósofos de παῖδες τᾱς χρυσέας κεφαλᾱς (filhos da cabeça de ouro). Como já tratei detalhadamente deste tema[46], não preciso mencioná-lo de novo. Em Zósimo e em alquimistas mais tardios, a cabeça tem o significado do "redondo", do chamado elemento ômega, do στοιχεῖον στρογγύλον (do elemento redondo), o que se refere à substância arcana ou da transformação[47]. A decapitação, (texto III, V^bis) significa portanto a obtenção da substância arcana. Segundo o texto, aquele que caminha atrás do sacrificador, é designado por μεσουράνισμα ἠλίου (zênite do Sol), cuja cabeça deve ser decapitada. Este seccionamento da cabeça de ouro também se encontra nos manuscritos do *"Splendor solis"*, bem como no impresso de Rorschach de 1598. O sacrifício refere-se, na visão, a um iniciado que acaba de alcançar sua plenificação como *Helios*. O Sol é um sinônimo alquímico de ouro. O ouro é, segundo Michael Maier, o "circulatorium opus Solis", o "lutum splendidum... formatumque in substantiam pulcherrimam, in qua radii solares congregantur et elucent"[48]. Mylius diz que a aqua vem "e radijs Solis vel Lu-

---

46. *O símbolo da transformação na missa.*

47. Para estes conceitos, cf. *Psicologia e alquimia* [OC, 12].

48. *De circulo physico quadrato*, p. 15s. [Obra circular do Sol – o barro cintilante e formado numa substância maravilhosa, dentro da qual os raios do sol são reunidos e reluzem].

Estudos alquímicos

nae"[49]. De acordo com a *"Aurelia occulta"* devem reunir-se na aqua argenti os raios do Sol[50]. Dorneo deriva os metais em geral dos "raios invisíveis" do céu[51], cuja rotundidade é um modelo para o vaso hermético. Por isso a suposição de que o iniciado representa a substância arcana dificilmente é falsa. Voltaremos a isto mais adiante.

Vejamos agora outras particularidades da visão. O que chama a atenção antes de mais nada é o altar em forma de taça. Há uma relação evidente entre ele e o *kratér* de Poimandres. Foi o demiurgo que enviou o *kratér* (o vaso) à Terra, cheio de voῦς (espírito), a fim de que aqueles que buscassem uma consciência mais elevada pudessem nele batizar-se. Encontramo-lo naquele lugar significativo, em que Zósimo dá o seguinte conselho a sua amiga e *soror mystica*: καὶ καταδρα–μοῦσα ἔπὶ τὸν Ποιμένανδρα καὶ βᾳπτισϑεῖσᾳ τῷ κρατᾳρι, ἀνάδρα–με ἔπὶ τὸ γένος τὸ σᾳν; poderíamos traduzi-lo do seguinte modo: "Apressa-te a descer até o pastor e mergulha no vaso (κρατήρ = recipiente da mistura), e apressa-te a subir até tua espécie[52] (γένος = estirpe)".

O *kratér* é, pelo visto, um recipiente miraculoso, uma pia batismal ou uma piscina na qual foi realizado o *baptismos*, a imersão batismal. Desta forma ocorreu a transformação em um ser espiritual. É o *vas hermetis* da alquimia posterior. Não há dúvida de que o *kratér* de Zósimo se relaciona estreitamente com o de Poimandres no *Corpus hermeticum*[53]. O *kratér* de Poimandres é o banho batismal no qual as pessoas inconscientes e ignaras, que aspiram à *énnoia* podem alcançar consciência. O *vas hermetis* é um útero de renovação espiritual ou renascimento. A este pensamento corresponde literalmente o texto da *benedictio fontis*, que acima mencionei numa nota de rodapé. Na história de *Ísis* e *Hórus*[54], o anjo que aparece traz um pequeno recipiente cheio de uma água transparente, ou melhor, "brilhante"[55].

---

49. *Philosophia reformata*, p. 313 [água dos raios do Sol ou da Lua].

50. "In qua radii solis coniuncti sunt" (*Theatr. chem.*, 1613, IV, p. 563).

51. *Speculativa philosophia* (*Theatr. chem.*, 1602, I, p. 276).

52. BERTHELOT. *Alch. grecs*, III, LI, 8, p. 245.

53. SCOTT [org.]. *Hermetica*, I, lib. IV. • REITZENSTEIN. *Poimandres*, p. 8s.

54. BERTHELOT. Op. cit., I, XIII, 1s., p. 28s., 31s.

55. Κεράμιον... ὕδατος διαυγοῦς πλᾳρες (Op. cit., 2, p. 29-32).

De acordo com a natureza alquímica do tratado, podemos interpretar essa água como a água divina da arte[56], uma vez que ao lado da prima materia ela é o arcano propriamente dito. A água, isto é, a água do Nilo, tem um significado especial no antigo Egito: é Osíris, o deus despedaçado por excelência[57]. Lê-se em um texto de Edfu: "Eu trago a ti os recipientes com os membros divinos (isto é, o Nilo), a fim de que dele bebas e refresques o teu coração! A fim de que te alegres"[58]. Os membros divinos são as quatorze partes do deus. Numerosos são os indícios nos textos alquímicos da natureza divina secreta da matéria arcana[59]. Segundo esta antiga tradição, a água tem o poder de ressuscitar; pois é Osíris que ressuscitou dos mortos. No λέξικον... τὰς χρυσοποιίας[60] (Dicionário... da arte aurífera) Osíris é o nome do chumbo e enxofre, os quais são sinônimos da matéria arcana. Assim, o chumbo que durante muito tempo foi a designação principal da substância de transformação chama-se: "O esquife fechado de Osíris, que contém todos os membros do Deus..."[61]. De acordo com a lenda, Tifão teria coberto com chumbo o esquife de Osíris. Petásio ensina[62]: "A esfera do fogo é retida e encerrada pelo chumbo". Olimpiodoro cita esta frase e observa que Petásio explicando-se a si mesmo, dizia: "O chumbo é a água que vem do masculino". O masculino porém é, como acrescentava, "a esfera de fogo".

98   Este pensamento indica que o espírito, o qual é uma água, ou a água que é um espírito representa no fundo um paradoxo, ou seja, um par de opostos como, por exemplo, o de fogo e água. Na "aqua

---

56. O arcano é simbolizado aqui pela semeadura do trigo, pela geração do homem, do leão e do cachorro. Na utilização química é a fixação do mercúrio (Op. cit., 6-9). Hg é um dos símbolos mais antigos para a água divina. Esta última tem o seu brilho branco prateado. "*Aqua clarissima*", diz o *Rosarium philosophorum* (*Art. aurif.* II, p. 213).

57. BUDGE. *The Gods of the Egyptians*, II, p. 122s.

58. JACOBSOHN. *Die dogmatische Stellung des Königs in der Theologie der alten Ägypter* (A posição dogmática do rei na teologia do Velho Egito), p. 50.

59. Cf. anteriormente, a identificação do Agathodaimon com a substância de transformação.

60. BERTHELOT. Op. cit., I, II, p. 4.

61. Ὠσιρις ἔστιν ἡ ταφ ἔσφιγμένη, κρύπτουσα παντα τὶ Ὠσίριδος μέλη (Tratado de Olimpiodoro de Alexandria. In: BERTHELOT. Op. cit., II, IV, 42, p. 95-103).

62. BERTHELOT, Op. cit., II, IV, 43, p. 95-103.

Estudos alquímicos

nostra" dos alquimistas, os conceitos de água, fogo e espírito fluem juntos, do mesmo modo que na linguagem religiosa[63].

Além do tema da água, a história que se desenrola no contexto do Tratado de Ísis contém igualmente o tema da violação. O texto[64] é o seguinte:

Ísis, a profetisa, a seu filho Hórus: Tiveste, ó meu filho, que combater Tifão, o infiel em nome da soberania real de teu pai, enquanto eu fui a Hormanuthi, cidade do Egito da arte sacra, onde permaneci por algum tempo. De acordo com o curso do tempo e a necessária decorrência dos movimentos[65] esféricos[66], aconteceu que um dos anjos do primeiro firmamento me contemplou do alto e quis unir-se a mim. Rapidamente tomou a decisão de realizar essa união. Eu não consenti, uma vez que pretendia inquiri-lo no tocante à preparação do ouro e da prata. Ao perguntar-lhe, ele me disse que não tinha a permissão de revelá-lo, por causa da suprema importância dos mistérios; no dia seguinte deveria chegar o anjo Amnael, maior do que ele e este poderia dar-me a solução do problema. Ele também falou acerca do sinal daquele anjo – ele o trazia na cabeça e me mostraria um pequeno recipiente contendo água transparente. Ele me revelaria a verdade. No dia seguinte, quando o sol estava na metade de seu percurso, apareceu Amnael, maior que o primeiro anjo e, tomado pelo mesmo desejo, não hesitou em realizar sua intenção. Eu, porém, não estava menos determinada a perguntar-lhe acerca dos segredos[67].

Ela não se entregou a ele e o anjo revelou o segredo que ela poderia entregar apenas a seu filho Hórus. Segue-se uma série de receitas, desprovidas de interesse alquímico.

O anjo, enquanto ser alado e espiritual, representa, como Mercurius, a substância volátil, o pneuma, o ἀσώματον (incorpóreo). Na alquimia o espírito relaciona-se quase sempre com a água ou com o

---

63. Cf. Hinos de São Romano sobre a teofania: "Quin immo in ambitu aquarum videns eum qui olim tribus pueris medius, ros in igne visus est, ignis nunc in Jordane micans, scaturiens, ipsum lumen inaccessum" [Ele é visível na superfície da água, ele que outrora fora visto no meio de três meninos, como orvalho sobre o fogo, agora, porém, chameja como fogo no Jordão, produzindo ele mesmo, a luz inatingível] (PITRA. *Analecta sacra*, I, 21).

64. BERTHELOT. *Alch. grecs*, I. XIII, 1s., p. 28s.-31s.

65. Em vez de φευρικᾳς (?) do texto.

66. Quer dizer, da revolução dos astros.

67. Ou seja, sobre os segredos da arte.

humidum (radicale), o que deve ser explicado simplesmente pelo empirismo da química mais antiga, ou seja, a arte culinária. A água que se evapora da fervura transmite-nos as primeiras impressões profundas da metassomatose, ou seja, da transformação do corpóreo em incorpóreo, o *spiritus* ou *pneuma*. A relação do espírito com a água consiste no fato de ele estar oculto na água como um peixe. Na "*Allegoriae super librum Turbae*"[68], este peixe é designado como "redondo" e como sendo dotado de "força vivificante". Ele representa, tal como se depreende do texto[69], a substância da transformação. Transmutação alquímica, diz o texto, produz um collyrium (colírio) que facilita a visão dos segredos[70]. O "peixe redondo" parece ser um parente próximo da "lapis albus rotundus", da *Turba*[71]. Diz-se sobre ela, que tem "em si as três cores e as quatro naturezas e é gerada por algo vivo"[72]. O "redondo" é uma ideia alquímica muito apreciada. Assim sendo, encontramos o "rotundum" na *Turba* (Sermo XLI): "Para o bem da posteridade chamo a atenção para o redondo, que transforma o minério em quatro"[73]. O texto seguinte deixa claro que o "redondo" é idêntico à "água" (aqua permanens). Encontramos uma sequência de ideias semelhantes em Zósimo. Ele diz acerca do στοιχεῖον στρογγύλον, "o elemento redondo", simbolizado pelo O (isto é Ômega = Ω): "ele é constituído de duas partes. Pertence à séti-

---

68. *Art. aurif.*, I, p. 141.

69. "Est in mari piscis rotundus, ossibus et corticibus carens, et habet in se pinguedinem, mirificam virtutem, quae si lento igne coquatur, donec eius pinguedo et humor prorsus recedit, et postmodum teratur fortissime, et quousque lucescat, aqua maris imbuatur: deinde per hebdomadam sepeliatur, et postea assando candetur" (No mar há um peixe redondo, o qual não tem ossos nem pele; e, possuindo gordura, uma força milagrosa, o qual quando é cozido em fogo brando até que a gordura e sua umidade sejam eliminadas, é impregnado pela água do mar até que reluza: em seguida deve ser enterrado por uma semana e depois embranquecido ao ser assado). O texto [Op. cit.] descreve o processo da transformação [cf. tb. *Aion* (OC, 9/2, § 195)].

70. "Cuius oculi liniti arcana Philosophorum de facili potuerint intueri" [Op. cit.].

71. O manuscrito 390 [Vadiana] de St. Gallen (século XV, apud RUSKA. *Turba*, p. 93). Para "peixe", minhas "Contribuições para o simbolismo do si-mesmo", em *Aion*, cap. X.

72. "[...] habet in se III colores et IV naturas, et nascitur de viva re" [RUSKA. Op. cit.].

73. "Significo posteri rotundum, quod aes in quatuor vertit" (*Sermo* XLI, p. 148).

Estudos alquímicos

ma zona, a de Crono[74], segundo a linguagem corpórea (κατὶ τν ἔνσωμον φράσιν); segundo a linguagem incorpórea é algo diverso, que não pode ser revelado. O único que a conhece é Nikotheos, o oculto[75]. Na linguagem corpórea porém é chamado de Okeanos, origem e semente – assim o dizem – de todos os deuses"[76]. Entre os *peratas* de Hipólito, Crono é uma força de destruição "clara como a água"[77]; "redondo" é assim externamente água; internamente porém o arcano.

Água e espírito são frequentemente idênticos. Hermolaus Barbarus diz o seguinte[78]: "Há também uma água celeste divina dos alquimistas, conhecida por Demócrito e por Hermes Trismegisto, que a denominaram água divina, ou suco esquítico, ou pneuma, isto é, espírito, da natureza do éter e a quintessência das coisas"[79]. Rulandus chama a água de "poder espiritual", um spiritus "de natureza celeste"[80]. Christhophorus Steebus explica de modo interessante o surgimento dessa ideia: "O Espírito Santo pairava sobre as águas supracelestes (Gn 1,3) produzindo uma força que penetra em todos os interstícios, aquela que unindo-se à luz gera no reino mineral inferior a serpente de Mercurius; no reino vegetal o verde bendito, no reino animal, a força configuradora, de modo que o Espírito supraceleste das águas, unido à luz, pode ser chamado, com razão, alma do mundo"[81].

---

74. Que é o mesmo que Saturno. Ele equivale a um obscuro antissol. Como Mercúrio é filho do Sol e da Lua, também é filho de Saturno.

75. Cf. *Psicologia e alquimia* [OC, 12, § 456 (6)].

76. BERTHELOT, *Alch. grecs*, III, XLIX, p. 228.

77. δύναμις γάρ, φησίν, ὑδαταχρους, ἥντινα δύναμιν, φησί, τουτέστι τὸν κρανον (*Elenchos*, V, 16, 2, p. 111).

78. 1454-1493, Cardeal-arcebispo de Aquileia e grande humanista.

79. "Est et coelestis aqua... sive potius divina Chymistarum quam et Democritus et Mercurius Trismegistus novere, modo divinam aquam, modo Scythicum laticem appellantes, modo pneuma, hoc est, spiritum, ex aetheris natura et essentia rerum quinta" (apud MAIER. *Symbola aureae mensae*, p. 174).

80. *Lexicon alchimiae*, p. 48-49.

81. "Produxit ergo spiritus sancti fotus in aquis supracoelestibus virtutem omnia subtilissime penetrantem et foventem, quae cum luce combinans, in inferiorum regno minerali serpentem Mercurii, in vegetabili benedictam viriditatem in animali plasticam virtutem progenerat, sic ut spiritus supracoelestis aquarum cum luce maritatus, anima mundi merito appellari possit" (*Coelum Sephiroticum*, p. 33).

Steebus acrescenta que as águas celestes, animadas pelo espírito, logo teriam se movido circularmente, donde surgira a forma esférica perfeita da anima mundi. O "redondo" é pois uma parte da alma do mundo e isto poderia ser o segredo guardado por Zósimo. Estas linhas de pensamento referem-se expressamente ao *Timeu* de Platão. Na *Turba*, Parmênides louva a "água" do seguinte modo: "Ó naturezas celestes que multiplicais ao sinal de Deus as 'naturezas da verdade'! Ó natureza forte, que vences as naturezas, permitindo que se alegrem e sejam ditosas[82]! Aquela é a que Deus conferiu uma força que o fogo não possui... Ela mesma é a verdade, ó buscadores da sabedoria, pois com seus corpos liquefeitos ela efetua a mais elevada das obras"[83].

103   Sócrates diz algo semelhante na *Turba*: "Oh! Esta natureza, como transforma o corpo em espírito!... Ela é o vinagre mais forte, cuja ação transforma o ouro no espírito mais puro"[84]. "Vinagre" é sinônimo de água, conforme comprovam os textos e também de "espírito vermelho"[85]. Deste último diz a *Turba*: "Do composto transformado em espírito vermelho surge o principium mundi", o que pode significar de novo a alma do mundo[86]. A *Aurora consurgens* diz:

---

82. Uma alusão ao axioma do (Pseudo)Demócrito: acerca da natureza que se transforma por si mesma.

83. RUSKA, p. 190.

84. Id.., p. 197.

85. Id., p. 200s. – A *aqua nostra* é "pois o fogo, porque queima e tritura tudo, o *argentum vivum* é o vinagre" (*Rosarium* in: *Art. aurif.* II, p. 218). "[...] aqua nostra fortior est igne... Et ignis respectu eius est tanquam aqua respectu ignis vulgaris. Ideo dicunt Philosophi: Comburite aes nostrum igne fortissimo" [nossa água é mais forte do que o fogo... E o fogo é em relação a esta como a água em relação ao fogo comum. Por isso dizem os filósofos: Queimai nosso minério em fogo fortíssimo] (p. 250). A água é, portanto, uma espécie de superfogo, um *ignis coelestis*, escondido sob o pseudônimo de "água".

86. Opondo-me a Ruska, (p. 201³), mantenho o modo de interpretar os manuscritos, porque se trata neste "espírito" simplesmente de um sinônimo da alma úmida da matéria originária, do *humidum radicale*. Neste sentido existe outro sinônimo da "água" *spiritualis sanguis* [sangue espiritual] (p. 129), o qual Ruska coloca [p. 203²] com razão junto ao πυρρòν αîμα (sangue cor de fogo) das nascentes gregas. A equação fogo = espírito, é familiar à alquimia. Assim Mercurius é chamado, tal como Ruska (p. 211) alega (um sinônimo frequentemente usado para *aqua permanens*, cf. RULANDUS. *Lex. alch.*, p. 49) φάρμακον πύρινον (remédio ardente).

Estudos alquímicos   83

"Emitte spiritum tuum, hoc est aquam... et renovabis faciem terrae".
Em outra passagem encontra-se a alternativa: "Imber seu spiritus"
(chuva ou espírito), ou "fluit spiritus [Verbi] et fluent aquae" (flui o
espírito [da Palavra] e as águas fluem)[87]. Arnaldo de Villanova (1235 –
1313) escreve em seu *Flos florum*: "Chamaram a água de espírito e em
verdade ela é espírito"[88]. O *Rosarium philosophorum* diz brevemen-
te: "Aqua est spiritus"[89]. No *Tratado de Komarios* (século I d.C.) a
"água" é descrita como um remédio da vida, o qual desperta os mortos, que dormem no Hades, para uma nova primavera[90]. Na *Turba*,
Apollonius diz: "Então, ó filhos da doutrina, aquela coisa necessita
o fogo, até que o espírito daquele corpo seja transmutado e deixado
durante as noites, como o homem em seu sepulcro, até tornar-se pó.
Depois, Deus devolver-lhe-á sua alma e seu espírito e, finda a fraqueza, tal coisa será fortalecida e melhorada após a destruição, tal como
o homem se fortalece e se torna mais jovem do que fora neste mundo,
depois da Ressurreição"[91]. A "água" atua sobre a matéria do mesmo
modo que Deus atua sobre o corpo dos homens. A água portanto
substitui Deus e por isso é de natureza divina.

　　Como já vimos, a natureza espiritual da "água" provém, de acor-　104
do com uma concepção antiquíssima, da incubação do caos (*Gênesis*,
1,3). Encontra-se uma visão muito semelhante no *Corpus hermeticum*: "A profundidade era escura e a água sem forma e um sopro carregado de espírito movia [penetrava?] as coisas no caos"[92]. A esta
concepção corresponde em primeiro lugar o tema do batismo, no
Novo Testamento, pelo "espírito e água" e também o rito da bene-

---

87. [Cf. tb. FRANZ, Marie-Louise von (org.). Op. cit., p. 70 e 76s.]

88. *Art. aurif.*, II, p. 482.

89. *Art. aurif.*, II, p. 239.

90. BERTHELOT. *Alch. grecs*, IV, XX, 8, p. 292: καὶ πῶς κατέρχονται τῖ ὕδατα εὐ–
λογημένα τοῦ ἕπισκέψασθαι τος νεκρος περικειμένους καὶ πεπεδημένους καὶ τεθ–
λιμμένους ἕν σκατει καὶ γναφῳ ἕντὸς τοῦ ᾽Άδου, καὶ πῶς εἰσέρχεται τὸ φάρμακον
τᾲς ζωᾲς καὶ ἀφυπνίζει αὐτος (E conforme as águas abençoadas descem lá de cima,
para visitar os mortos estendidos, acorrentados, acabrunhados no Hades, e como o remédio da vida chega "até eles" e os desperta de seu sono).

91. RUSKA. Op. cit., p. 217.

92. SCOTT (org.). I, Lib. III, 1b, p. 146-147.

dictio fontis celebrado no sábado santo[93]. A ideia da "água" milagrosa porém vem originariamente da filosofia da natureza helenística e é provável que tenha sido influenciada pelo Egito; de forma alguma ela provém de fonte cristã ou bíblica. Graças a essa força mística ela vivifica, fecunda e também mata. Aliás, ela se fecunda e se mata a si mesma. Este ciclo de vida e morte já fora representado pela antiga alquimia através do símbolo do uróboro, o devorador da cauda, isto é, o dragão[94] que morde a própria cauda. O devorar corresponde à autodestruição[95]. A união da cauda e da goela do dragão também foi interpretada como autofecundação. Por isso lê-se nos textos: "Draco interficit seipsum, maritat seipsum, impraegnat seipsum" (O dragão mata-se a si mesmo, casa-se consigo mesmo e se fecunda[96]).

105   Na água divina, cuja natureza diofisista (τὸ στοιχεῖον τὸ διμερές)[97] é sempre acentuada de novo, dois princípios se equilibram, um ativo, outro passivo, um masculino, outro feminino, constituindo

---

93. Cf. o Prefácio: "Descendat in hanc plenitudinem fontis virtus Spiritus Sancti, totamque huius aquae substantiam regenerandi fecundet effectu" (Que desça na plenitude dessa fonte a força do Espírito Santo e fecunde toda a substância desta água com a força do renascimento), SCHOTT (org.). *Missale Romanum.*

94. A alma da escuridão era representada no Egito como crocodilo (BUDGE. *The Gods of the Egyptians*, I, p. 286).

95. No livro do Ostanes (BERTHELOT. *Chimie au moyen age*, III, p. 120) é um monstro descrito como tendo asas de abutre, cabeça de elefante e cauda de dragão. As partes do animal devoram-se mutuamente.

96. Do argentum vivum (= aqua vitae, perennis) diz-se: "Ipsum est serpens luxurians, se ipsum impraegnans, in die uno parturiens, suo veneno cuncta interficit, ab igne fugit" [Ele é a serpente que satisfaz a si mesma e se autofecunda, produz a si mesma num só dia e tudo mata com seu veneno, fugindo do fogo] (*Tractatulus Avicennae* in: *Art. aurif.*, I, p. 406). "Natus est draco in nigredine, et pascitur Mercurio suo, et interficit seipsum" [O dragão nasceu no nigredo e se alimenta do seu mercúrio, e se mata a si mesmo] (*Art. aurif.*, II, p. 271s.). A frase frequentemente repetida: "Draco non moritur nisi cum fratre et sorore sua" [O dragão não morre a não ser com seu irmão e sua irmã] é explicada por Maier (*Symbola aureae mensae*, p. 466) da seguinte maneira: "[...] quia Sol et Luna coelestis semper cum coniunguntur, id in capite vel cauda draconis fieri necessum sit; In hoc facta est Solis et Lunae coniunctio et unitio accidente Ecclypsi" [pois sempre que o sol celestial e a lua se unem, isto acontece na cabeça ou na cauda do dragão; nela se realiza a conjunção e a reunião do Sol e da Lua durante a ocorrência de um eclipse].

97. Esta qualidade é também própria do *"Mercurius duplex"*.

Estudos alquímicos

a mais alta representação da força criadora, na eterna alternância rítmica de nascimento e morte[98].

Essa ideia alquímica originária aparece dramaticamente na visão de Zósimo, mais ou menos como poderia ocorrer num sonho. Na primeira versão é o sacerdote Íon que se submete voluntariamente à "tortura". O sacrifício é realizado pelo hierourgos (por aquele que desempenha o ofício sagrado), na medida em que ele trespassa Íon com a espada. Assim sendo, Íon substitui de certa forma a figura vestida de branco e adornada na visão (III, V^{bis}) que relacionamos na nota de rodapé com a solificatio (apoteose do Sol) do iniciado nos mistérios de Ísis. A Íon corresponde a figura de um mistagogo ou psicopompo régio, que aparece numa visão onírica alquímica da Alta Idade Média. É a chamada "Declaratio et Explicatio Adolphi" na *Aurelia occulta*[99]. Tudo indica que a visão não tem qualquer relação com o texto de Zósimo. Não tenho certeza quanto ao fato de podermos atribuir-lhe apenas um caráter de parábola. Ela tem certos traços que são originais e não correspondem à tradição, razão pela qual é possível que represente uma autêntica experiência onírica. Em todo caso sei, por minha experiência profissional, que visões oníricas deste tipo também ocorrem em pessoas modernas que não conhecem o simbolismo alquímico. Trata-se de uma figura masculina luminosa, com uma coroa de estrelas. O corpo é transparente como o vidro. Sua veste é de linho branco salpicado de flores coloridas, sendo que a cor verde se destaca por seu brilho. Ele acalma a forte dúvida do adepto, dizendo-lhe: "Adolphe, sequere me, monstrabo tibi ea, quae preparata tibi sunt, ut e tenebris in lucem transmeare possis" (… segue-me, mostrar-te-ei aquilo que foi preparado para ti, a fim de que possas transitar da escuridão para a luz). Esta figura portanto é a de um autêntico Hermes psicopompo e Initiator, o qual introduz o adepto no transitus espiritual. Isto é confirmado no decorrer da aventura pelo fato de o adepto receber um livro, no qual está repre-

---

98. "Nas marés da vida, na tormenta da ação / flutuo para cima e para baixo / teço para lá e para cá! / nascimento e sepultura, / um mar eterno, / um tecer alternante / uma vida ardente…" Assim fala a Fausto o espírito da terra, ou melhor, o spiritus mercurialis [*Fausto*, 1ª parte, Noite].

99. *Theatr. chem.*, 1613, IV, p. 577s. [citação p. 579].

sentada a "figura parabólica" do velho Adam. Isso indica provavelmente que o aparecimento do Adam secundus é portanto uma figura paralela de Cristo. Não se fala do sacrifício, mas este pensamento seria confirmado pelo Adam secundus se nossa conjetura for correta. Em todo caso, o tema da mortificatio está em geral associado ao rex.

107   Assim, o Íon de nosso texto, como personificação do Sol ou do ouro[100], deve ser sacrificado e sua cabeça "de ouro", a qual era anteriormente cingida com a coroa do Sol (representando, portanto, o sol ou o ouro) deve ser cortada, pois contém ou é o segredo[101]. Isto é um indício da natureza psíquica do arcano, porque a cabeça de uma pessoa tem prioritariamente o significado da sede da consciência[102]. Aqui também, na visão de Ísis, o anjo portador do segredo está numa relação com o μεσουράνισμα ἡλίου, a posição do sol no zênite, como se lê no texto: τοῦ ἡλίου μέσον δρᾳμον ποιοῦντος (quando o sol percorria o meio de seu caminho). O anjo traz o elixir misterioso sobre a cabeça, representando, através de sua relação com o zênite, um tipo de gênio do sol ou seu mensageiro, o qual determina "iluminação", isto é, elevação e ampliação da consciência. As suas maneiras que não foram muito corteses, poderiam relacionar-se com o fato de a moral dos anjos sempre ter tido uma reputação duvidosa. Até hoje as mulheres costumam cobrir seus cabelos na igreja. Até meados do século XIX as mulheres usavam em regiões protestantes uma touca especial[103] quando iam à igreja aos domingos. Tal costume não dizia respeito ao público masculino, mas à possível presença de anjos capa-

---

100. Na alquimia mais tardia aparece o motivo da matança (*mortificatio*) do *rei*. Este é, em virtude de sua coroa, uma espécie de sol (cf. *Psicologia e alquimia*, fig. 173). O motivo é, num âmbito ampliado, o do sacrifício de Deus, o qual se desenvolveu não só no Ocidente, mas também no Oriente e particularmente no México antigo. Lá, quem representa o Tezcatlipocã (espelho ardente) é o sacrificado na festa do Toxcatl (SPENCE. *The Gods of Mexico*, p. 97s.). O mesmo acontecia no culto do Uitzilopochtli, do Deus Sol (Op. cit., p. 73s.) cuja figura também aparece no ritual eucarístico do Teoqualo [= comer a Deus; v. *Aion*, § 222] (Cf. *O símbolo da transformação na missa*, § 339s.).

101. A tradição indica a natureza solar do sacrifício, isto é, aquele que fosse indicado para ser decapitado pelos harranitas deveria possuir cabelos loiros e olhos azuis (V. *O símbolo da transformação na missa*, § 365s.).

102. Cf. minhas exposições sobre o mistério harranita da cabeça λίθος ἐγκέφαλος, e a lendária Cabeça do Oráculo do Papa Silvestre II (Op. cit.).

103. O seu modelo ainda persiste no formato da touca usada pelas diaconisas.

Estudos alquímicos 87

zes de serem arrebatados (pela visão dos penteados femininos. A origem dessa concepção deve remontar ao relato de *Gênesis* 6), segundo o qual os "filhos de Deus" (isto é, os anjos) tinham uma afinidade especial com as "filhas dos homens" e não punham freio ao seu entusiasmo, tal como os dois anjos do *Tratado de Ísis*. Este tratado data do século I d.C. Suas concepções correspondem à angeologia judaico-helenística do Egito[104]. Por isso, o egípcio Zósimo pode tê-lo conhecido facilmente.

Tais concepções dos anjos correspondem tanto à psicologia feminina como à masculina. Se os anjos são *algo*, então são transmissores personificados de conteúdos inconscientes que se manifestam. Se, no entanto, o consciente não estiver pronto para acolher conteúdos inconscientes, a energia destes últimos se desvia para a esfera afetiva, isto é, instintiva. Isto provoca explosões emocionais, irritação, mau humor e excitação sexual, que podem desorientar profundamente a consciência. Ao tornar-se crônico um tal estado, disso resulta uma dissociação descrita por Freud como repressão, com todas as suas conhecidas consequências. Por esse motivo é da maior importância terapêutica conhecer os conteúdos que estão à base da dissociação.

108

Tal como o anjo Amnael traz consigo a matéria arcana, assim Íon, que deve ser sacrificado, representa a própria matéria arcana. O processo do trespassamento ou do despedaçamento que o espera pode ser encontrado na literatura sob a forma da divisão do "ovo". Este também é dividido pela espada, isto é, repartido nas quatro naturezas ou elementos. Na qualidade de arcanum, o ovo é obviamente um sinônimo da "água"[105]. É também um sinônimo do dragão (serpens mercurii)[106] e por conseguinte da "água" com o significado es-

109

---

104. Segundo a tradição dos rabinos, os anjos (inclusive Satanás) foram criados no segundo dia da criação (dia da Lua [Mond-Tag] = segunda-feira). Em relação à criação do homem, eles divergiam. Por isso Deus teria criado Adão em segredo, a fim de evitar o desagrado dos anjos.

105. "[...] assimulaverunt eam <aquam> ovo, quia circumdat totum, quod est in eo, habet enim totum in se quo indiget" [eles comparavam a água com o ovo, porque ele abrange tudo o que está nele e contém em si tudo que necessita] (*Consilium coniugii* in: *Ars. chem.*, p. 140). O "totum quo indiget" é um dos atributos "divinos" (cf. à frente).

106. "[...] ovo philosophico... Alias Draco dicitur" (MAIER. *Symbola*, p. 466). Cf. Senior (*De chemia*, p. 108): "Draco autem est aqua divina" (O dragão é a água divina).

pecial do microcosmo ou da mônada. Uma vez que a água é sinônimo de ovo, a divisão pela espada também é efetuada na água. "Accipe vas, percute gladio, animam ejus accipe... Est itaque aqua haec nostra Vas nostrum"[107]. O recipiente também é sinônimo do ovo, por isso a receita: "... rotundo vitreo vasculo, phiolae vel ovo simili, infunde"[108]. O ovo é a imagem do ovo do mundo: a clara corresponde às aquis supracoelestibus (águas supracelestes), ao splendido liquori (líquido resplandecente), e a gema, ao mundo físico[109]. O ovo contém os quatro elementos[110].

110   A espada com a qual se efetua a divisão parece ter um significado especial. O *Consilium coniugii* diz que o par nupcial Sol e Lua deve ser "morto com a própria espada"[111], conforme dissemos acima. Isto ocorre a fim de que o par unido pela coniunctio "absorva em si almas imortais, até que a alma (anterior), oculta no mais profundo, se extinga". Em um poema de 1620, Mercurius queixa-se de ser "atormentado pela espada ígnea"[112]. Segundo a concepção alquímica ele é

---

107. "Toma o vaso, parte-o com a espada, toma a alma dele 'do vaso'... Assim, pois, é esta a nossa água, o nosso vaso" (*Mus. herm.*, p. 785).

108. "Derrama em um vaso redondo de vidro, semelhante a uma redoma ou a um ovo" (Op. cit., p. 90).

109. STEEBUS. *Coelum Sephiroticum*, p. 33.

110. RUSKA. *Turba*, Sermo IV, p. 112. Cf. tb. a "Nomenclatura do ovo". BERTHELOT. *Alch. grecs*, I, IV, p. 20, 21s. e II, IV, 44, p. 96, 104: Olimpiodoro, acerca do ovo, a tetrasomia e a redoma esférica. Em relação à identidade do uróboro e do ovo, assim como a divisão em quatro partes, v. o livro El-Habîb (BERTHELOT. *Chimie au moyen age*, III, p. 92, 104). A divisão do ovo com a espada é representada em sentido figurado no emblema VIII do *Scrutinium chymicum* de Maier [p. 22], com a sentença: "Accipe ovum et igneo percute gladio" (Toma o ovo e corta-o ao meio com a espada). No mesmo lugar a matança do dragão, p. 71, no emblema XXV da mesma obra. A mesma operação realizada com o auxílio da espada na *Secunda Figura* de Lambsprinck (*Mus. herm.*, p. 345) denominada "putrefactio". A matança e a divisão em quatro vão juntos. "Mortificatio 'lapidis'", "separatio elementorum" (*Exercitationes in Turban*, IX, p. 170. In: *Art. aurif.* I). Cf. tb. os dramáticos combates de dragões nas visões de Crates (BERTHELOT. *Chimie au moyen age*, III, p. 73s.).

111. *Ars chem.*, p. 259. Diz o texto: "Haec autem coniunctio Solis et Lunae, non fiet nisi post ipsorum corruptionem. Unde in allegorijs, Oportet enim utrunque occidi gladio proprio, imbibendo sibi animas permanentes, donec anima interius occultissima extinguatur" [Esta conjunção do Sol e da Lua só acontece após a sua deterioração. Eis porque 'se diz deles' nas Alegorias... – cf. o restante da tradução no texto].

112. *Verus Hermes*, p. 16 [cf. tb. § 276 deste volume].

Estudos alquímicos 89

a velha serpente que já possuía a "scientia" no paraíso, na medida em que é um parente próximo do diabo (Mefisto!). É a espada ígnea que o tortura na porta do paraíso[113], e no entanto ele próprio é essa espada[114]. Mercurius matando o rei ou a serpente com a espada – portanto "gladio proprio se ipsum interficiens" – é representado no *Speculum veritatis*[115]. Saturno também é representado como sendo trespassado pela espada[116]. A espada se adapta ao Mercurius como um caso especial do "telum passionis", isto é, da flecha de Cupido, que ele desfecha como Silênio[117]. Dorneo dá uma interpretação tão interessante quanto completa em sua *Speculativa Philosophia*[118]: é o gladius irae (a espada da ira divina) a qual foi suspensa na árvore da vida, como Christo-Logos (Verbum Dei). Desta transformação resulta o "orvalho" segundo Dorneo: que se espalha por sobre o mundo como a "aqua gratiae". Aqui também, como no texto de Zósimo, a criação das "águas" é relacionada com o ato sacrifical. O logos, a "palavra" de Deus é "mais penetrante do que uma espada de dois gumes" (penetrabilior omni gladio ancipiti)[119]. Assim são compreendidas as palavras da consagração na missa como "espada do sacrifício", com a qual a oferenda é imolada[120]. Encontramos pois no simbolismo cristão o mesmo simbolismo gnóstico "circular" como na alquimia. Em ambos os casos, o sacrificador é o sacrificado, e a espada do sacrifício se identifica com aquilo que está sendo sacrificado.

O mesmo círculo aparece em Zósimo na identidade do sacerdote, com sua vítima durante o sacrifício e na estranha ideia de que o

111

---

113. Este motivo é encontrado também na parábola de Adão da *Aurelia occulta* (*Theatr. chem.*, 1613, IV, p. 580). Lá se descreve como a espada do anjo causa múltiplas feridas sangrentas em Adão, porque este não quer retirar-se do paraíso. É a substância do arcano, cuja "extractio ex horto" (retirada do jardim) de Eva finalmente é conseguida, utilizando-se um feitiço de sangue.

114. Cf. JUNG. *O símbolo da transformação na missa*.

115. Cod. Vat. Lat. 7286 (século XVII). Fig. 150. In: *Psicologia e alquimia* [suicidando-se com a própria espada].

116. Cod. Vossianus 29 (Leiden), fol. 73.

117. RIPLEY. *Cantilena*. Estrofe 17 [cf. *Mysterium coniunctionis* II, IV, 4].

118. *Theatr. chem.*, (1602) I, p. 284.

119. Hb 4, 12.

120. Cf. *O símbolo da transformação na missa* [OC, 11/3, § 324].

homunculus no qual Íon se transforma se devora a si mesmo[121]. Este expele sua própria carne como se a tivesse engolido previamente. Isto é provado pelo autodespedaçamento que se segue. O homunculus representa aqui o uróboro que se autodevora e dá à luz a si mesmo (vômito!). Na medida em que o homunculus representa uma forma transmutada de Íon, este é essencialmente o uróboro e também o hierourgos. Trata-se pois do mesmo princípio sob três aspectos diferentes. Esta equação é confirmada pelo simbolismo daquela passagem do texto que designei por Résumé e coloquei no final da série de visões. O sacrificado é efetivamente o dragão uróboro. Sua forma circular é indicada pelo templo, cujo "plano arquitetônico não tem começo nem fim". Seu despedaçamento corresponde à ideia mais tardia da divisão do caos nos quatro elementos (compare-se com a divisão em quatro na benedictio fontis!). Assim é dado o início de uma ordem na massa confusa, tal como já é sugerido em III, 1, 2: κατὶ σύστασιν ἑρμονίας (correspondendo à composição harmônica). O paralelo psicológico é a ordem estabelecida através da conscientização e da reflexão de partes do inconsciente que irrompem na consciência, parecendo inicialmente caóticas. Sem saber das operações da alquimia, construí naquela época minha tipologia psicológica, dividindo-a em quatro tipos, como princípio de ordenamento geral dos processos psíquicos, servindo-me inconscientemente do mesmo arquétipo que levara Schopenhauer a dar uma raiz quádrupla ao seu princípio da razão suficiente.

112   O templo como um monólito[122] é evidentemente uma paráfrase da lapis. A fonte que jorra dentro dele é a fonte da vida, o que sugere que a produção da totalidade redonda da pedra é uma garantia de vivificação. Da mesma forma, a luz que brilha no interior da pedra significa a illuminatio ligada à inteireza[123]. Iluminação é ampliação da consciência.

---

121. Um paralelo disto é a interpretação de que Cristo teria bebido seu próprio sangue.

122. "Lapis noster fit ex una re" (Nossa pedra origina-se de *uma* coisa).

123. O brilho do receptáculo é mencionado diversas vezes, assim: *Allegoriae super librum Turbae* (*Art. aurif.*, I, p. 143): "[...] donec videatis vas candescere, et veluti Iacinthum lucere" [até que vejas o vaso ardendo em brasa e brilhando como um jacinto]. Idem. In: *Consilium coniugii* (*Ars chem.*, p. 221).

Estudos alquímicos   91

Apesar de o monólito de brilho branco representar indubitavel-   113
mente a lapis, ele tem ao mesmo tempo o significado do vaso hermético. Diz o *Rosarium philosophorum* a respeito disso: "Unus est lapis,
una medicina, unum vas, unum regimen, unaque dispositio"[124]. O
mesmo é dito de forma ainda mais clara nas escólias do *Tractatus aureus hermetis*: "Sed omnia sint unum in uno circulo sive vase"[125]. Michael Maier atribui a Maria, a Judia ("Soror Mosis"!) a opinião de
que todo o segredo consiste no conhecimento do vaso hermético.
Este último seria divino e escondido dos homens pela sabedoria do
Senhor[126]. Diz a *Aurora consurgens*[127] que o vas naturale é a aqua permanens, e o "vinagre dos filósofos" significa obviamente a própria
substância arcana. Neste sentido deve ser entendida também a *Practica Mariae*[128], quando ela diz acerca do vaso hermético que ele é
"mensura ignis sui", e que os estoicos o teriam escondido (... hoc stoici occultaverunt)[129]; é o "corpus toxicum" que transforma o mercúrio justamente na "água" dos filósofos[130]. No entanto, ele (o vaso
hermético enquanto substância arcana) não só é "água" mas também
"fogo", conforme mostram as *Allegoriae sapientum*[131]: "Item lapis
noster, hoc est ignis ampulla ex igne creatus est". É compreensível
portanto, que Mylius[132] descreva o vaso como: "A raiz e o princípio
de nossa arte". Laurentius Ventura[133] o chama de "Luna", que é a fo-

---

124. (Una é a pedra, una a medicina, uno o vaso, uno o procedimento, e una a sequência.) [Publicado em 1550, fol. A III].

125. Reproduzido em: *Bibl. chem.*, I, p. 442 b [mas que tudo seja um numa *única* circulação ou vaso].

126. *Symbola aurea mensae*, p. 63.

127. *Art. aurif.*, I, p. 203.

128. Op. cit., p. 323s. (a medida do teu fogo).

129. Os "Stoici" (estoicos) também são mencionados no *Liber quartorum* (*Theatr.
chem.*, 1622, V, p. 143).

130. HOGHELANDE. *De alchemiae difficultatibus* (*Theatr. chem.*, 1602, I, p. 199).

131. *Theatr. chem.*, 1622, V, p. 67. "Igualmente a nossa pedra, isto é, o alambique do
fogo, também é criado a partir do fogo."

132. *Philosophia reformata*, p. 32.

133. "Et istud vas est Luna" (*De lapide philosophico*. In: *Theatr. chem.*, 1622, II,
p. 280).

emina alba da arte e a mãe da lapis. O vaso que "não é dissolvido pela água, nem derretido pelo fogo" é como diz o *Liber quartorum*[134] "como a obra de Deus no vaso do germe divino (germinis divi), porque recebeu o lodo, modelou-o, misturando-o com água e fogo". Isto pode ser uma alusão à criação do homem, por um lado, mas por outro parece tratar-se também da criação das almas, na medida em que o texto fala a seguir do surgimento das almas "a partir dos germes do céu"[135]. Para capturar a alma Deus teria criado o "vas cerebri", ou seja, a caixa craniana. Aqui o simbolismo do vaso se liga ao da cabeça, que eu discuti separadamente em "O símbolo da transformação na missa".

114   A *prima materia*, enquanto *humidum radicale* se relaciona com a anima, pois esta é dotada de uma certa "umidade"[136] (por exemplo, o orvalho[137]). Assim, o símbolo do vaso é transferido para a alma. Um ótimo exemplo é oferecido por Cesário de Heisterbach[138]: a alma seria uma substância espiritual de natureza esférica, como a esfera da Lua ou como um recipiente de vidro "provido de olhos na frente e atrás" que "vê o universo inteiro", portanto como o "draco alquímico" παντφθαλμος (de múltiplos olhos) ou como a serpente de Inácio de Loyola. Neste contexto é especialmente interessante a observação de Mylius[139] de que através do vaso "todo o firmamento gira em seu percurso", pois o céu estrelado e a multiplicidade de olhos coincidem simbolicamente[140]. O "templo" de Zósimo aparece na alquimia posterior como domus thesaurorum e gazophylacium (casa do tesouro)[141].

---

134. *Theatr. chem.*, 1622, V, p. 148.

135. "Cum animae processissent a germinibus coelorum" [Op. cit., p. 148].

136. A *humiditas* (umidade) é "retentiva animarum" [contém a alma]. *Lib. quart.* Op. cit., p. 148.

137. Cf. *descensio animae* (descida da alma). "A psicologia da transferência" [OC,16/2, § 483 e 497].

138. *Dialogus miraculorum*. Distinctio IV, Cap. XX e Dist. I, Cap. XXXII. [Com referência a Inácio, cf. JUNG. "O espírito da psicologia", § 395.]

139. *Phil. ref.*, p. 33.

140. Cf. a hipótese da consciência múltipla: *Theoretische Überlegungen zum Wesen des Psychischen* [Seção F].

141. *Cons. Coniugii*. In: *Ars chem.*, p. 109.

Estudos alquímicos

Poderíamos compreender a partir de tudo o que foi dito a visão [115] de Dorneo de que o vaso deve resultar da quadratura do círculo[142]. Na realidade trata-se de uma operação essencialmente psíquica, ou seja, do estabelecimento de uma prontidão interior para receber o arquétipo do si-mesmo, deixando-o aparecer subjetivamente. Dorneo chama o vaso de "vas pellicanicum", através do qual é extraída a *essentia quinta da prima materia*[143]. Da mesma forma, o anônimo dos escólios diz acerca do *Tractatus aureus*: "Este vaso é o verdadeiro pelicano filosófico e não se deve procurar nenhum outro neste mundo"[144]. É a própria lapis e a contém ao mesmo tempo, isto é, *o si-mesmo que se contém*. Esta formulação corresponde à frequente comparação da pedra com o ovo ou com o dragão que se devora e dá nascimento a si mesmo.

O mundo do pensamento, bem como a linguagem da alquimia se [116] apóiam na linguagem mística: na *Epístola de Barnabé* o corpo de Cristo chama-se τὸ σκεῦος τοῦ πνεύματος (o vaso do espírito). O Cristo é o pelicano que dilacera o próprio peito para alimentar os filhotes[145]. Os heracleonitas permitem que os moribundos falem aos poderes de-

---

142. *De transmutatione metallorum,* in: *Theatr. chem.,* 1602, I, p. 574s.: "[...] vas nostrum... iuxta vere Geometricam proportionem atque mensuram, et ex certa quadam circuli quadratura fabricari debere" [nosso vaso deveria, na verdade, ser fabricado de acordo com a proporção e escala geométrica a partir de uma determinada quadratura do círculo].

143. *Philosophia chemica.* In: *Theatr. chem.,* 1602, I, p. 500.

144. *Theatr. chem.,* 1613, IV, p. 789.

145. HONÓRIO DE AUTUN. *Speculum de mysteriis ecclesiae.* Col. 936. O peito rasgado, a ferida do flanco e o martírio são paralelos à matança, ao desmembramento, à esfoladura etc., e pertencem com tudo isso à irrupção e à manifestação do homem interior. Cf. o relato de Hipólito sobre o sistema frígio: os frígios ensinavam que o pai do todo se chamaria "Amygdalos" [Amendoeira], sendo preexistente (προαντα) e "carregando dentro de si o fruto perfeito, o qual pulsa e se move na profundeza". Ele teria "rasgado o seu peito (διήμυξε) e dado à luz a sua criança invisível, sem nome e indizível". Este é o "Invisível através do qual tudo se fez, e sem o qual nada seria" (refere-se ao Logos, Jo 1,3). Ele é o "Syriktes", o tocador de flauta, isto é, o vento (pneuma). Ele é o "Ser de mil olhos, o Incompreensível", a "Palavra" (ῥάμα) de Deus, a Palavra da Anunciação da grande Força". Ele está "escondido na morada onde está fincada a raiz do todo". Ele é o "Reino dos Céus, o grão de mostarda, o ponto indivisível, que só os pneumáticos (espíritos) conhecem." (*Elenchos*, V, 9, 1-6, p. 97s.) [*Barnabasbrief*. In: HENNECKE. *Neutestamentliche Apokryphen*, p. 143s.].

miúrgicos: "Eu sou um vaso mais precioso do que o do ser feminino que vos gerou. Vossa mãe não conhece a própria raiz enquanto eu sei acerca de mim mesmo e reconheço de onde provenho e evoco a sabedoria imperecível que está no pai[146] e é a mãe de vossa mãe. Ela não tem mãe, mas também não tem parceiro masculino" etc.[147]

117   No simbolismo abstruso da alquimia ressoa, por um lado, o eco distante desse espírito que precisou sucumbir, sem esperança de um maior desenvolvimento, à destruição da censura eclesiástica. Por outro lado, encontramos nesse simbolismo um tatear antecipado e uma premonição de um futuro, o qual fará voltar ao homem a projeção que dele partira. É interessante ver o modo estranhamente desajeitado pelo qual essa tendência vai abrindo seu caminho na fantasmagoria alquímica. Johannes de Rupescissa dá a seguinte instrução: "Fais faire un vaisseau en la manière d'un Cherubin, qui est la figure de Dieu, et aye six aisles, en la façon de six bras, revenans en luy mesmes: et dessus une teste ronde... Et mets dedans iceluy vaisseau ladite eau ardant" etc.[148]. De acordo com isso, o vaso de destilação ideal, ou seja, o vas hermetis seria uma figura divino-monstruosa e no entanto parecida com o homem. Da mesma forma Rupescissa chama a quintessência de "ciel humain". Ela é "comme le ciel et les étoiles" (relação do "firmamento com o inconsciente!"). No livro El-Habib[149] lê-se: "La tête de l'homme, aussi, est semblable a un appareil de condensation". Acerca das quatro chaves que abrem a casa do tesouro, o Consilium coniugii[150] menciona o seguinte processo: "Haec una cla-

---

146. Heraclião ensinava que existe como fundamento do mundo um homem primitivo, chamado Bythos (fundo do mar) que não é masculino, nem feminino. O homem interior (ὁ ἔσω ἄνθρωπος) parece não apenas descender dele, mas também corresponder-lhe, pois diz-se que ele teria descido do pleroma superior (ἐκ τοῦ ἄνωθεν πληρώματος κατεληλυθέναι).

147. EPIFÂNIO. Panarium (Contra octoaginta haereses, XXXVI, III), p. 125.

148. La Vertu et la propriété de la quinte essence, p. 26. [Ordena a fabricação de um vaso segundo o modelo de um querubim, que é uma imagem de Deus, e que parece ter seis asas, com seis braços voltados para si mesmo: e encimado por uma cabeça redonda... E coloca nesse recipiente a mencionada água ígnea. – Cf. Aion, § 379].

149. BERTHELOT. Chimie au moyen age, III, p. 80.

150. In: Ars chem., p. 110: "Esta chave única é a ascensão da água através do gargalo do vaso até a cabeça do recipiente, o qual se assemelha a um homem vivo".

vis est ascensio aquae per vasis collum ad caput eius habens similitudinem animalis hominis...". Encontramos uma ideia semelhante também no *Liber quartorum*[151]: "Vas... oportet esse rotundae figurae: Ut sit artifex huius <aperis> mutator firmamenti et testae capitis, ut cum sit res qua indigemus, res simplex". É claro que tais ideias remontam historicamente ao simbolismo da cabeça dos textos de Zósimo, mas ao mesmo tempo apontam mais adiante, em direção ao conhecimento de que o processo de transformação está "na cabeça", sendo portanto um processo psíquico. Tal conhecimento não foi algo oculto posteriormente, mas representa o esforço laborioso de seu despertar, que prova a obstinação de sua projeção na matéria. O conhecimento psicológico, através da redução das projeções, parece ter sido sempre uma questão extremamente difícil.

O dragão, isto é, a serpente representa a *inconsciência primordial*, pois este animal – como dizem os alquimistas – gosta de permanecer "in cavernis et tenebrosis locis": Esta inconsciência deve ser sacrificada. Só então poder-se-á encontrar a entrada para a cabeça, isto é, para o conhecimento consciente. Aqui ocorre de novo a luta universal do herói contra o dragão, em que a cada vitória o sol nasce, isto é, a consciência se ilumina e constata, como diz Zósimo, que o processo de transformação se dá no interior do templo, ou melhor, na cabeça. Na realidade é ὁ ἔσω ἄνθρωπος, o homem interior apresentado como homunculus, que percorre as etapas da transformação, do cobre passando pela prata até o ouro. Tais etapas correspondem a uma gradual valorização.

118

---

151. *Theatr. chem.*, 1622, V, p. 150s.: "O vaso deve possuir a forma redonda, como o artista desta obra, ser um transformador do firmamento e da calota craniana, como a coisa necessitada e natureza simples." A "res simplex" refere-se neste texto decisivamente a Deus. A "res qua indigemus" (coisa que necessitamos) é "simplex" (simples). A "coisa simples" é insensível. A alma é o simples e a "opus non perficitur nisi vertatur in simplex" [a obra não será terminada enquanto a coisa não se transformar no simplex] (p. 130). A "intelligentia est anima simplex" [a inteligência é a alma simples]; "et intelligentia noscit, et quid superior eâ est, et circundat eam Deus unus, cuius qualitas apprehendi non potest" [e a inteligência também conhece o que é superior a ela, e está rodeada pelo Deus único, ou seja, aquele cuja qualidade não pode ser apreendida] (p. 145); [...] res ex qua sunt res est Deus invisibilis, et immobilis, cuius voluntate intelligentia condita est" [aquilo de que as coisas se originaram é Deus invisível e imóvel, por cuja vontade a inteligência foi criada] (Op. cit.).

119   O fato de o homem interior e seu ser espiritual serem representados por metais causa uma estranha impressão no homem moderno. Não se pode duvidar da realidade histórica, além de não se tratar de uma ideia exclusiva da alquimia. Assim, por exemplo, relata-se acerca de Zaratustra que obteve para beber, de Ahura Mazda, a taça da omnisciência. Em seguida viu, em um sonho, uma árvore com quatro galhos de ouro, prata, aço e uma amálgama de ferro[152]. A árvore corresponde exatamente à árvore de metal da alquimia, à arbor philosophica a qual, no caso de representar alguma coisa, será o crescimento espiritual até a mais alta iluminação. O metal frio, morto, parece ser simplesmente o oposto do espírito – mas o que aconteceria se o espírito fosse tão morto como o chumbo ou o cobre? Neste caso, um sonho poderia dizer, por exemplo: procure-o no chumbo ou no mercúrio! Parece que a natureza está empenhada em impulsionar a consciência para uma maior expansão e lucidez, razão pela qual ela se aproveita da constante avidez do homem pelos metais, em especial pelos preciosos, levando-o a procurá-los e a investigar suas propriedades. Nessa ocupação ele pode constatar que não há apenas veios de minérios nas galerias das minas, mas também homens de metal, e que no chumbo se esconde um perigoso demônio, ou uma pomba do Espírito Santo.

120   Alguns alquimistas percorreram comprovadamente este processo de conhecimento, a ponto que só uma tênue parede os separava da consciência psicológica. Christian Rosencreutz ainda está aquém deste limiar; o *Fausto* de Goethe porém, já o ultrapassou e descreve por conseguinte o problema psicológico que se levanta quando o "homem interior", aquela instância maior que anteriormente se ocultava na figura menor do homunculus, emerge à luz da consciência e se confronta com o ego preexistente (o homo animalis). Mais de uma vez Fausto pressente o frio metálico de Mefistófeles, que de início gira em torno dele sob a forma de um cão (tema do uróboro!); Fausto usou-o como um familiaris (πάρεδρος, espírito serviçal) e dele se livra mediante o tema do diabo enganado, mas reivindicando para si a primavera que Mercurius lhe traz, assim como a fama e o poder da magia. A solução que Goethe deu ao problema ainda era medieval.

---

152. REITZENSTEIN & SCHAEDER. *Studien zum antiken Synkretismus aus Iran und Griechenland*, p. 45.

No entanto, correspondia a uma atitude anímica, que dispensava a proteção da Igreja. Não foi este o caso de Rosencreutz: ele foi suficientemente sábio para manter-se fora do círculo mágico, pois ele, isto é, Andreae, ainda se mantinha dentro da tradição. Goethe era mais moderno e, por isso, mais imprudente. Nunca entendera bem que o dogma cristão protegia da Noite de Walpurgis do espírito, embora sua obra-prima pusesse diante de seus olhos esse submundo em duas versões. No entanto, muitas coisas podem acontecer a um poeta, sem que isso tenha graves consequências! Como é sabido, estas vieram à cena apenas um século mais tarde. A psicologia do inconsciente tem que contar com tais períodos de tempo, pois lida menos com a personalidade efêmera do que com aquele processo secular, no qual o homem individual está implantado como o pé de flor ou fruto, no seu rizoma.

C. *As personificações*

O que nos parece um resumo, isto é, o texto que acabamos de discutir, é designado por Zósimo como προοίμιον (prólogo). Não se trata de uma visão onírica, mas ele usa aqui a linguagem consciente de sua arte e se expressa em conceitos que obviamente são familiares a seu leitor. A serpente, seu sacrifício e desmembramento, o vaso da cabeça e o milagre da χρυσοποιία (fabricação do ouro), a transformação dos ἀνϑρωπάρια dos espíritos metálicos são, de fato, representações alquímicas da época. Por isso este texto se nos afigura uma alegoria consciente, contrastando com as visões propriamente ditas, que tratam do tema da transformação de um modo heterodoxo e original, tal como os sonhos podem fazê-lo. Os espíritos metálicos abstratos são aqui seres humanos que sofrem, e o processo completo se assemelha a uma iniciação mística, isto é, psicologizada de modo considerável. A consciência de Zósimo, porém, está ainda sob o fascínio da projeção, de tal modo que ele apenas pode distinguir, na visão, a "produção dos líquidos". Vemos assim como a consciência daquela época se afasta do processo místico, voltando-se para o material, do mesmo modo que a projeção mística atrai a atenção para o físico. O mundo físico ainda não havia sido descoberto. Se Zósimo tivesse conhecido a projeção, teria recaído nas brumas da especulação mística desse tempo, e o desenvolvimento do espírito científico teria sido postergado por mais tempo. Para nós, as coisas são diferentes. O conteúdo místico de seus sonhos (de Zósimo) é que nos importa de modo especial, pois conhecemos sobejamente aqueles processos químicos, cuja investigação o ocupava. Por isso, estamos em condições de separá-los (os processos) das projeções e reconhecer neles o elemento psíquico. O resumo dá-nos também uma possibilidade de comparação que permite discernir a diferença entre o modo de expressão do prólogo e da visão. Essa diferença favorece nossa suposição de que as visões são sonhos e não alegorias. A reconstrução do sonho autêntico a partir da forma fragmentária do texto transmitido é quase impossível.

122   A representação do processo alquímico-místico através de pessoas exige algumas explicações. As personificações de coisas inanimadas são remanescentes de uma psicologia primitiva e arcaica. Baseiam-se em uma identidade originária inconsciente da "participation mystique"[153]. A identidade inconsciente surge através de uma projeção de conteúdos inconscientes em um objeto, sendo que esta é acessível à consciência como qualidades aparentemente pertencentes ao objeto. Qualquer objeto de certo modo interessante provoca um número maior ou menor de projeções. A diferença entre a psicologia primitiva e a moderna, nesse aspecto, é em primeiro lugar qualitativa e em segundo, gradual. O desenvolvimento da cultura da consciência é essencialmente uma questão de extensão: por um lado, se amplia através da aquisição de conhecimentos e, por outro, através da retirada de projeções. Estas últimas são reconhecidas como conteúdos psíquicos, sendo reintegrados à psique. A alquimia concretizou, ou melhor, personificou por assim dizer todas as suas ideias principais, os elementos, o vaso, a pedra, a prima materia, a tintura etc. A ideia do homem como um microcosmo, representando em todas as suas partes a terra ou o universo (compare-se por exemplo com as melotésias medievais![154]), é um remanescente da identidade psíquica originária, a qual correspondia a uma consciência preponderantemente crepuscular. Um texto alquímico expressa-se da seguinte maneira:

---

153. LÉVY-BRUHL. *Les Fonctions mentales dans les sociétés inférieures*. Cf. *Tipos psicológicos*, Definições, v. verbetes "Identificação" e "Identidade".

154. Cf. JUNG. *Psicologia e religião* [OC, 11/1, § 62 e 113.]

Estudos alquímicos   99

[O homem equivaleria ao microcosmo...] "Seus ossos ocultos sob a pele comparam-se às rochas. O corpo é por eles fortalecido, tal como a terra pelas rochas; a carne é considerada terra e os grandes vasos sanguíneos, grandes rios; os pequenos, contudo, pequenos rios, que desembocam nos maiores. A bexiga é o mar, no qual são reunidos tanto os grandes como os pequenos rios. O cabelo compara-se à erva que cresce, as unhas das mãos e dos pés e tudo o que pode ser concebido na parte interna e externa do homem se equiparam com o mundo..."[155].

As projeções alquímicas constituem um caso especial da forma visual do pensamento, tipificado pela ideia do microcosmo. Eis um bom exemplo de tais personificações:

123

Anota, meu bem-amado / como deves fazer / ir à casa / lá encontras duas portas / que estão fechadas / deves ficar um lapso de tempo diante delas / até que venha alguém / que abrirá as portas / e virá a teu encontro / será um homem amarelo / mas não é belo de se ver / não deves temê-lo porém / pelo fato de ser disforme / mas ele diz palavras suaves / e te perguntará / Meu querido, o que procuras aqui / Verdadeiramente há muito tempo não se vê homem algum nestas paragens / perto destas casas / deverás então responder-lhe / fui enviado aqui à procura do lapidem philosophorum / o homem amarelo responder-te-á dizendo / meu querido amigo já que vieste tão longe / quero indicar-te como seguir o caminho / deves entrar na casa / e andar até chegar a uma fonte de água corrente... e então segue mais um pouco / e virá a teu encontro um homem vermelho / este é da cor do fogo e teus olhos também são vermelhos / não deves temê-lo também devido à sua fealdade / pois ele diz palavras gentis / e também te perguntará / meu querido amigo / o que desejas aqui / Pois para mim és um estranho hóspede / então deverás responder-lhe / eu procuro Lapidem Philosophorum...[156]

---

155. "[...] quod homo in se omneis vires habeat illarum rerum, quemadmodum ejus rei sententia illa testis est, dum homo pro parvo mundo aestumatur, atque etiam omnino cum mundo comparatur, ossa enim illius sub cute latentia saxosis cum montibus comparantur: cum illis namque corpus corroboratum est, non secus ac terra lapidibus, et caro pro terra aestumatur, atque venae magnae pro magnis fluentis, parve vero pro exiguis fluviis, qui in magnos sese exonerant. Vesica mare est, in qua tam magni, quam exigui etiam fluvii, pariter congregantur: Crinis, herbis crescentibus: Ungues in manibus et pedibus, et quod tam in: quam extrinsecus in homine deprehenditur, omnia juxta suam speciem, cum mundo comparantur" (Gloria mundi. In: *Mus. herm.*, p. 270).

156. *Ein Philosophisches Werk und Gespräch, von dem Gelben und Rotten Mann*: "*Reverendissimis Domini Melchioris Cardinalis et Episcopi Brixiensis*". In: TRISMOSIN, Salomon. *Aureum vellus*, p. 179s. Após encontrar o homem vermelho ele encontra o corvo preto, e deste sai a pomba branca.

124   Uma fonte especial para as personificações metálicas são as lendas populares acerca dos anões que eram vistos frequentemente nas
minas[157]. Encontramos várias vezes em Zósimo os "homenzinhos de
metal"[158], e também uma águia de bronze[159], e da mesma forma na alquimia latina: "accipe illum album hominem de vase", o qual é um
produto da coniunctio sponsi et sponsae[160]. Pertencem a este contexto as figuras citadas repetidamente da "mulher branca" e do "escravo
vermelho", que se referem a Beya[161] e Gabricus os quais também foram assumidos por Chaucer:

> The statue of Mars up on a carte stood,
> Armed, and locked grym as he were wood;
> And over his heed ther shynen two figures
> Of sterres, that been cleped in scriptures,
> That oon Puella, that oother Rubeus[162].

125   Foi fácil estabelecer um paralelo entre a história de amor de
Marte e Vênus e a de Gabricus e Beya ("uxor candida" e "servus rubicundus" também personificados como cadela e cão); influências astrológicas são igualmente prováveis do mesmo modo que o ser humano participa, graças à sua identidade, do macrocosmo e este último também participa do ser humano. A partir desta identidade podemos entender a passagem seguinte extremamente importante para a
psicologia da alquimia: "Et ut homo ex 4 elementis est compositus,
ita et lapis, et ita est ex homine, et tu es eius minera, scil. per operationem: et de te extrahitur, scil. per divisionem: et in te inseparabiliter

---

157. Para este fim existe uma documentação interessante em AGRICOLA, Gregório.
De animantibus subterraneis. • Assim como em KIRCHER, Atanásio. *Mundus subterraneus*, lib. VIII, cap. IV.

158. BERTHELOT. *Alch. grecs,* III, XXXV, p. 201-207.

159. Op. cit., II, LX, 18s., p. 197-202.

160. Aenigma IV. In: *Art. aurif.*, I, p. 151 [Toma aquele homem branco do vaso –
união do noivo com a noiva].

161. Visio Arislei. In: *Art. aurif.* I, p. 146s.

162. *The Canterbury Tales:* "The Knightes Tale", 2040-2045, p. 444 [A estátua de
Marte estava sobre um carro de combate / armado e parecia tomado de ira;/ e acima de
sua cabeça apareciam duas constelações / que nas escrituras eram chamadas Puella e
Rubeus].

Estudos alquímicos 101

manet, scil. per scientiam"[163]. Tal como as coisas são personificadas como seres humanos, o macrocosmo se personifica como ser humano. "Adeo ut tota Natura in homine tanquam in centro concurrat et unum de altero participet, et lapidis Philosophici materiam ubique reperiri non injuria fuerit conclusum"[164]. No *Consilium coniugii*[165] lê-se: "Quatuor sunt naturae quae Philosophicum constituunt hominem". – "... quatuor sunt Elementa lapidis optime proportionata Philosophicum constituentia hominem, id est elixir perfectum humanum". – "... lapis dicitur homo, quia nisi ratione, et scientia humana ad eum[166] pervenitur" ("Quatro naturezas compõem o homem filosófico". "Quatro são os elementos da pedra, os quais, relacionados da melhor maneira, compõem o homem filosófico, isto é, o perfeito elixir humano". "A pedra é designada como ser humano, porque só se chega a ela através da razão e do saber humano".) A expressão "tu es minera" encontra seu paralelo no tratado de Komarios[167]: "Em ti [Cleópatra] está oculto todo o segredo maravilhoso e terrível". O mesmo também é dito acerca dos "corpos" (σώματα, isto é, matéria): "Neles está oculto todo o segredo"[168].

D. *O simbolismo da pedra*

Zósimo contrapõe o σῶμα no sentido de σάρξ = carne ao homem espiritual (πνευματικας)[169]. O homem espiritual caracteriza-se

126

---

163. Rosinus ad Sarratantam. In: *Art. aurif.*, I, p. 311: "E sendo o homem composto de quatro elementos, assim também é a pedra; e ela existe a partir do homem e tu és o seu mineral, quer dizer, através da obra: e ele é extraído de ti, ou seja, a partir da divisão; e permanece inseparável em ti, isto é, através da ciência".

164. Orthelii epilogus. In: *Theatr. chem.*, 1661, VI, p. 438: "[...] tanto, que toda a natureza no homem se reúne num centro; cada um participando do outro e daí concluir-se-á com razão que a matéria-prima da pedra filosofal pode ser encontrada em toda parte".

165. *Ars. chem.*, p. 247, 253 e 254.

166. O texto contém "Deum", o que não tem sentido. Afirmações como "corpus nostrum est Lapis noster" [nosso corpo é nossa pedra] (Authoris ignoti opusculum. In: *Art. aurif.*, I, p. 392) são duvidosas porque "nosso corpo" pode, da mesma forma, significar a matéria arcana.

167. "O ensinamento de Cleópatra". In: BERTHELOT. *Alch. grecs,* IV, XX, 8, p. 292.

168. Op. cit., 16, p. 297.

169. BERTHELOT. *Alch. grecs*, III, XLIX, 4, p. 222s.-229s.

pelo fato de procurar o *autoconhecimento* e o *conhecimento de Deus*[170]. O homem terreno carnal (σάρκινος) é denominado Thot ou Adam. Ele traz em si o homem espiritual, chamado φῶς (luz). O primeiro homem Thot-Adam é simbolizado pelos quatro elementos. O homem espiritual e o carnal chamam-se Prometeu e Epimeteu. Juntos porém formam *um* homem "alegoricamente falando". "É alma e corpo". O homem espiritual foi seduzido no sentido de atrair o corpo. O homem espiritual está atado ao corpo através de Pandora ou Eva, a mulher[171]. Trata-se aqui de uma anima que funciona como ligamentum corporis et spiritus, desempenhando portanto o papel da Shakti ou Maya, a qual enreda a consciência no mundo. No *Livro de Crates*, o homem espiritual diz: "Es-tu capable de connaître ton âme d'une manière complète? Si tu la connaissais comme il convient, et si tu savais ce qui peut la rendre meilleure, tu serais apte à reconnaître que les noms que les philosophes lui ont donnés autrefois, ne sont point ses noms véritables"[172]. Esta última sentença é uma frase permanente, empregada para os nomes da lapis ("la pierre plus précieuse que l'eau d'or"). A lapis significa o homem interior, ou seja, o ἄνθρωπος πνευματικᾳς. Esta é a natura abscôndita, que a alquimia se esforça por libertar. Nesse sentido a *Aurora consurgens* diz que através do batismo de fogo "factus est homo, qui prius erat mortuus in animam viventem"[173].

127   Os atributos divinos da lapis – incorruptibilis, permanens, divinus, trinus et unus etc. – são tão insistentes, que não se pode deixar de considerá-la como o deus absconditus in materia, isto é, como o

---

170. Na literatura alquímica há várias provas da importância do autoconhecimento. Cf. *Aion*, § 250s.

171. BERTHELOT. Op. cit., 6-7, p. 22s. Tradução do texto integral, em *Psicologia e alquimia* [OC, 12, § 456].

172. BERTHELOT. *La Chimie au moyen âge*, III, p. 50 [És capaz de entender a tua alma completamente? Se a conhecesses, como seria devido, e soubesses o que fazer para torná-la melhor, estarias então apto a reconhecer que os nomes que os filósofos lhe deram naquela época não são os seus verdadeiros nomes – a pedra, mais preciosa do que a água de ouro].

173. "O homem, que antes estava morto, foi transformado numa alma viva." A *Aurora consurgens* será em breve editada pela Dra. Marie-Louise von Franz [Publicada em 1957, p. 72-73].

Estudos alquímicos

Deus do macrocosmo. Esta é sem dúvida a ponte para o paralelo Cristo-lapis, já encontrado em Zósimo[174] (caso não se trate de uma interpolação mais tardia). Na medida em que "Cristo se revestiu de um corpo humano capaz de sofrimento, isto é, de matéria, há uma analogia com a lapis, cuja corporalidade sempre é ressaltada. Sua ubiquidade corresponde à onipresença do Cristo. Seu "preço baixo" contradiz porém a concepção eclesiológica: a divindade de Cristo não provém do homem, mas a pedra salvífica sim, e todo homem é o portador potencial e até mesmo genitor da mesma. Não é difícil de se ver que a situação da consciência é compensada pela filosofia da lapis: esta – longe de *significar* Cristo – está numa relação de complementaridade com a concepção geral que se tinha na época da figura de Cristo[175]. O que estava por trás daquela natureza inconsciente que gerara a imagem da lapis, é claramente visível na noção de sua origem na matéria, de sua procedência do homem, de sua presença em toda parte, e pelo fato de sua geração estar, pelo menos potencialmente, ao alcance do homem. Estas propriedades revelam as insuficiências que nessa época eram sentidas acerca da imagem de Cristo: um ar demasiado rarefeito para as necessidades humanas, uma distância excessiva e um lugar vazio no coração humano. Faltava o Cristo "interior", pertencente a todos os homens. A espiritualidade de Cristo era demasiadamente elevada em relação à natureza humana. Na imagem do Mercurius e da lapis, a "carne" se glorificava a seu modo, na medida em que era irredutível ao espírito, ficando este como pedra. A carne atribuía a essa pedra todos os atributos das três pessoas sagradas. A lapis pode ser compreendida de certa forma como um *símbolo do Cristo "interior", do Deus in homine*. Utilizo de propósito a expressão "símbolo": a lapis e sua analogia com Cristo não significa de modo algum uma posição complementar oposta, mas pouco a pouco vai aparecendo a tendência de apresentá-lo como a *coroação da obra da redenção*, no decorrer dos séculos alquímicos. Assim se anuncia a tentativa de introduzir a figura de Cristo na filosofia da "Scientia Dei". No século XVI, Khunrath formula pela primeira vez a posição

---

174. BERTHELOT. *Alch. grecs*, III, XLIX, 4, p. 223-230.

175. "O Espírito Mercurius" [OC, 13, § 295s.].

"teológica" da lapis: ela seria o filius macrocosmi em oposição ao "Filho do Homem" designado como filius microcosmi. Esta imagem do "Filho do Grande Mundo" indica claramente de que instância ele procede: não vem do espírito consciente do homem individual, mas sim daquelas *regiões limítrofes que desembocam no mistério da matéria cósmica*. Reconhecendo a unilateralidade da imagem de Cristo, a especulação teológica preocupou-se logo com o corpo de Cristo, isto é, com sua materialidade e resolveu provisoriamente o problema com a hipótese do "corpo ressuscitado". Como tal resposta era provisória e não satisfazia de um modo pleno, o problema levantou-se novamente, com a "Assumptio Beatae Virginis Mariae" e levou num primeiro momento ao dogma da Conceptio Immaculata e em seguida ao da Assumptio. Assim sendo, a verdadeira resposta só foi postergada, mas o caminho estava preparado. Através do acolhimento e da coroação de Maria surge, como mostram as representações imagísticas medievais, um aumento da tríade masculina mediante um quarto elemento de natureza feminina. Resulta disso uma quaternidade, a qual representa realmente e não apenas postula um símbolo de totalidade. A totalidade da Trindade é mero postulado, pois fora dela se coloca o eterno adversário autônomo, com seus anjos decaídos e moradores do inferno. Os símbolos naturais da totalidade, tal como nos ocorrem em sonhos e visões e no Oriente, nos mandalas, são quaternidades, múltiplos de quatro, ou quadraturas de círculos.

128   A ênfase na matéria se evidencia principalmente pela escolha da imagem de Deus, ou seja, pela pedra. A escolha deste símbolo já se encontra na alquimia grega mais antiga. Não seria engano supor que o símbolo da pedra é incomparavelmente mais antigo do que seu emprego na alquimia. A pedra, como lugar ocasional do nascimento dos deuses (por exemplo, o nascimento de Mitra de uma pedra), baseia-se em sagas primitivas de nascimentos a partir da pedra, que por sua vez remontam a ideias mais originárias ainda: por exemplo, a uma concepção australiana, segundo a qual almas e crianças moram na pedra-criança. As primeiras podem migrar a um útero, através da fricção da pedra-criança por um homem com uma churinga. Designa-se por churingas pedras arredondadas ou alongadas, decoradas com ornamentos ou pedaços de madeira alongados, achatados, igualmente decorados, que são instrumentos de culto. Segundo a concep-

Estudos alquímicos   105

ção australiana e melanésia, as churingas descendem do ancestral totêmico, representando relíquias de seu corpo ou de sua atividade e
contêm seu arunquitha ou mana. Estão ligados à sua alma e aos espíritos de todos os que depois as possuíram. Elas são tabu, isto é, secretas, enterradas em esconderijos ou postas em frestas rochosas. Para
seu fortalecimento também são enterradas em cemitérios, a fim de
receber a mana dos mortos. Elas promovem o crescimento dos frutos
do campo, a reprodução do homem e do animal, curam feridas, doenças e males anímicos. Há um costume australiano que consiste em
apertar com força o abdômen de um homem com uma churinga de
pedra, a fim de desfazer os nós das vísceras causados por emoções[176].
As churingas são pintadas ritualmente com ocre avermelhado, besun-
tadas com banha, alinhadas ou embrulhadas em folhas e molhadas
com saliva (saliva = mana!)[177].

Tais representações de pedras mágicas não são encontradas ape-   129
nas na Austrália e na Melanésia, mas também na Índia e Burma e –
last but not least – na própria Europa. A loucura de Orestes é curada
mediante uma pedra da Lacônia[178]. Da mesma forma Zeus é curado
de seu mal de amor na pedra de Leucádia. Na Índia, o rapaz sobe em
uma pedra a fim de obter firmeza de caráter e a noiva também, para
que sua fidelidade seja permanente. Segundo Saxo Grammaticus os
eleitores do rei sobem em pedras a fim de dar durabilidade à sua op-
ção eleitoral[179]. A pedra verde de Arran era de juramento e de cura[180].
Em uma gruta perto da Basileia, em Birseck, foi encontrado um es-
conderijo de "pedras anímicas", e em recentes escavações de habita-
ções lacustres do lago Burgäschi, no cantão de Solothurn, foi descoberto um depósito de pedras redondas envoltas em cascas de bétula.
Esta concepção extremamente primitiva da força mágica da pedra

---

176. SPENCER & GILLEN. *The Northern Tribes of Central Australia*, p. 257s.

177. HASTINGS (org.). *Encyclopaedia of Religion and Ethics*, I, p. 553 b. • FRAZER.
Magic Art, I, p. 160s. Pedras como estas pintadas com ocre são vistas na Índia até hoje,
por exemplo, no Klaghat, em Calcutá [cf. HASTINGS, Op. cit., XI. V. verbete "Stones
(Indian)"].

178. PAUSANIAS. *Descriptio Graeciae*, III, 22, 1 [trad. p. 248].

179. Assim também os arcontes de Atenas durante o seu juramento.

180. FRAZER. Op. cit., p. 161.

conduz, em um nível de cultura mais elevado, ao mesmo significado das pedras preciosas, às quais são atribuídas uma série de propriedades mágicas e medicinais. As pedras preciosas mais famosas da História teriam sido as causadoras de destinos trágicos de seus donos.

130   A fantasia primitiva que envolve a pedra descreve explicitamente um mito navajo do Arizona: No tempo da grande escuridão foi visto pelos ancestrais dos heróis[181] como o Pai Céu descia e a Mãe Terra subia. Eles se uniram e, no cume da montanha onde se haviam unido, esses homens primitivos encontraram uma pequena figura esculpida em turquesa[182]. Esta se transformava em Estsánatlehi, a "mulher que rejuvenesce e se transforma" – ou lhe dá nascimento. Ela é a mãe dos deuses-gêmeos, os quais abateram os monstros do mundo primitivo, a "avó dos yéi, dos deuses". Ela é a figura mais significativa, ou quase, do panteão matriarcal navajo. Ela não é apenas a "changing woman", mas, por assim dizer, uma figura dúplice, na medida em que tem uma irmã gêmea, Yolkaíestsan, com qualidades extremamente parecidas. Estsánatlehi é imortal, pois é jovem como a natureza, amadurece e fenece como anciã, para de novo ressurgir como uma jovem, portanto uma verdadeira Dea Natura. Quatro filhas nasceram de diversas partes de seu corpo, a quinta porém nasceu de seu espírito. A partir de pérolas de turquesa em seu seio direito criou-se o Sol, e de pérolas brancas de ostras, em seu seio esquerdo, nasceu a Lua. De um pedacinho de epiderme sob o seio esquerdo, ela se gera novamente a si mesma. Ela mora no Oeste, numa ilha marítima. Seu amante é o portador do Sol, selvagem e cruel, que tem outra mulher. Com esta última porém ele é obrigado a ficar em casa só nos dias de chuva. A deusa de turquesa é tão sagrada que não se pode fazer a sua imagem; os próprios deuses não podem olhá-la. Quando seus filhos gêmeos lhe perguntam quem é o seu pai, ela os informa erroneamente, com certeza para protegê-los do perigoso destino de heróis que os aguarda[183].

---

181. Eles correspondem aos aborígenes ou autóctones dos tempos primordiais pré-humanos, designados pelos habitantes da Austrália Central como a Era de Alcheringa (equivalente ao mundo dos ancestrais e do sonho).

182. Cf. *O Tratado de Komarios* (BERTHELOT. *Alch. grecs*, IV, XX, 11, p. 294): "Sobe ao cume mais alto da montanha densamente revestida de florestas, em meio às árvores, e vê: lá em cima existe uma pedra! E retira da pedra o masculino [o arsênio]".

183. SCHEVILL. *Beautiful on the Earth*, p. 24s. e 38s.

Estudos alquímicos

Essa deusa matriarcal é uma evidente figura da anima que, além 131
disso, é o símbolo do si-mesmo; daí sua natureza de pedra, sua imortalidade (o "eterno feminino"), suas quatro filhas saídas de seu corpo, além daquela saída do espírito, sua natureza dúplice (natureza do
Sol e da Lua), seu concubinato com um homem casado e sua capacidade de transformação[184]. Ela é o céu azul-turquesa, que se arqueia
sobre as serras ocidentais e cuja filha foi encontrada sob a forma de
turquesa no alto da montanha. O si-mesmo do homem matriarcal
ainda está oculto em seu feminino inconsciente, tal como ainda hoje
também o é em todos os complexos maternos do homem. A mulher
de turquesa também representa o ser da mulher matriarcal, a qual,
enquanto figura materna, captura os complexos maternos de todos
os homens, roubando-lhes assim a autonomia – tal como uma Ônfale
o faz com Héracles, ou uma Circe, que reduz os homens à inconsciência animal ou – last not least – como a Atlantide de Benoît, que
se cerca de uma coleção de amantes mumificados – tudo isso porque
guarda o segredo da pedra valiosa, pois "toda alegria quer eternidade"[185] (Nietzsche). O legendário Ostanes diz à sua discípula Cleópatra, falando acerca do mistério da "filosofia": "Em ti está oculto todo
o segredo maravilhoso e terrível... Dize [nos] como o mais alto desce
até o mais baixo e como o mais baixo sobe até o mais alto e como o
meio se aproxima do mais alto, a fim de formar uma unidade a partir
do meio (ἐνωθῆναι τὸ μέσον)"[186]. Esse meio é a pedra, o mediador
que unifica os opostos. Tais coisas não têm sentido se não forem
compreendidas a partir das raízes mais profundas da alma.

Embora o tema do nascimento da pedra (por exemplo, o mito 132
cosmogônico grego de Deucalião e Pirra) seja muito difundido, o ciclo de lendas americanas parece dar preferência ao tema do cor-
po-pedra, isto é, da pedra vivificada[187]. Encontramo-la no conto iro-
quês dos irmãos. No ventre de uma virgem é gerado de modo mira-

---

184. Cf. "She" de Rider Haggard. In: *She. A History of Adventure*.

185. "Das trunkne Lied". In: *Also sprach Zarathustra*, p. 471.

186. BERTHELOT. *Alch. grecs*, IV, XX, 8, p. 292.

187. À Dra. Marie-Louise Von Franz muito agradeço o apoio cordial através do material sobre os contos de fadas.

culoso um casal de gêmeos, um dos quais vê a luz do dia normalmente; o outro, pelo contrário, procura uma saída antinatural (por exemplo, nasce pela axila), matando sua mãe. Este último tem um corpo de pederneira, é mau e cruel, contrariamente a seu irmão que nasceu de parto normal[188]. Na versão sioux, a mãe é uma tartaruga. Para os wichita, o "salvador" era a grande estrela do sul que cumpria sua obra salvífica na Terra como "homem de pederneira". Seu filho se chama "jovem pederneira". Depois de terminar a obra, ambos ascendem para o céu[189]. Nesse mito, tal como na alquimia medieval, o "salvador" coincide com a pedra, a estrela, o "Filho", elevado "super omnia lumina". Entre os índios natchez há um herói cultural, que desceu do Sol e, como este, brilhava de modo insuportável. Seu olhar era até mortífero. A fim de evitar isso e de proteger seu corpo da putrefação na terra, ele se transformava em uma estátua de pedra, da qual descendem os sacerdotes dos natchez[190]. Entre os taospueblo, uma virgem concebe através de belas pedras[191] e dá à luz um filho herói, o qual por influência espanhola assumiu os traços do Menino Jesus[192]. No ciclo de lendas do México antigo, a pedra também desempenha um papel. Assim, a mãe de Quetzalcoatl é fecundada por uma pedra preciosa verde[193]. Ele próprio tinha o cognome de "sacerdote da pedra preciosa" e usava uma máscara de turquesa[194]. A "pedra preciosa verde" representa um princípio vivificante. Para (revivificar) os mortos ela é colocada em suas bocas[195]. A pátria originária do ser humano é a "taça da pedra preciosa"[196]. O tema da transformação em pedra, ou petrificação, é frequente nas lendas peruanas e colom-

---

188. Ver pormenores – *Bem e Mal* (iroqueses), nas lendas dos índios norte-americanos.

189. VAN DEURSEN. *Der Heilbringer*, p. 227.

190. Ibid., p. 238.

191. Cf. o significado da fertilidade nas churingas.

192. Op. cit., p. 238.

193. *Märchen der Azteken und Inkaperuaner, Maya und Muisca*, p. 36.

194. Ibid., p. 65.

195. Ibid.., p. 330.

196. Ibid., p. 317.

Estudos alquímicos

bianas, provavelmente conectado com um culto megalítico da pedra[197] e também com a pedra anímica paleolítica, isto é, o culto das churingas. Um paralelo na cultura megalítica são os menhirs (homens de pedra) que se estende até o arquipélago do Pacífico. A cultura do vale do Nilo, que surgiu no megalítico, transformou seus deuses-reis em figuras de pedra eterna, com o propósito evidente de conservar para sempre a identidade do Ka real. No xamanismo, os cristais desempenham um grande papel. Nele, eles significam espíritos serviçais[198], provindos do trono de cristal do ser supremo, ou da abóbada celeste. Eles refletem os acontecimentos terrestres, revelam o que ocorre à alma do enfermo, ou conferem ao homem o poder de voar[199].

A relação da lapis com a imortalidade é atestada desde os primórdios. Sua história remonta à pré-história. Ela é a "pedra que tem um espírito"[200], é a panaceia, a medicina catholica (medicina universal), o alexipharmakon (antídoto), a tinctura que transforma o metal vil em ouro e o cascalho sem valor em pedras preciosas. Ela é a portadora da riqueza, poder e saúde; como remédio anímico, vence a melancolia, e em nível mais elevado, como um *vivus lapis philosophicus*, é um símbolo do redentor, do anthropos e da imortalidade. Essa incorruptibilidade da pedra também se mostra na ideia antiga de que o corpo dos santos se torna quase pedra. Assim, lê-se no *Apocalipse de Elias* acerca daqueles que escapam da perseguição do antimessias:

> ... o Senhor receberá em si seu
> espírito e suas almas, sua
> carne na medida em que se torna pedra (πέτρα), nenhum
> animal selvagem a comerá até o último
> dia do grande julgamento...[201]

Em uma lenda basuto, relatada por Frobenius, o herói é capturado na margem de um rio. Ele se transforma porém em uma pedra

---

197. Ibid., p. 382.

198. ELIADE. *Schamanismus und archaische Ekstasetechnik*, p. 62.

199. Op. cit., p. 141s.

200. BERTHELOT. *Alch . grecs*, III, VI, 5, p. 121-129.

201. STEINDORFF. *Die Apokalypse des Elias*, 36, 17-37, 3, p. 97.

e faz com que os inimigos o atirem para o lado oposto (tema do *transitus*: "outro lado" = eternidade)[202].

E. O simbolismo da água

134   O estudo psicológico do simbolismo historicamente comprovável faz-nos constatar que a lapis representa a ideia de uma totalidade transcendente a qual coincide com o si-mesmo da psicologia complexa[203], na medida em que os campos histórico e étnico correspondem aos símbolos produzidos espontaneamente pelo inconsciente. A partir disso, compreende-se facilmente a afirmação aparentemente absurda dos alquimistas de que a pedra é constituída de corpo, alma e espírito, sendo um "animale" (ser vivo), logo um "homunculus" ou "homo". A lapis é uma ideia do ser humano, ou melhor, do *homem interior*, e as qualidades paradoxais que lhe são atribuídas são uma descrição e definição do homem interior. Nesse significado da lapis é que se baseia seu paralelismo com Cristo. Por detrás dos numerosos paralelos das metáforas eclesiásticas e alquímicas reside a linguagem originariamente comum a ambos, do sincretismo helênico. Passagens como a que se segue abaixo, extraídas de Prisciliano, um herético do século IV, influenciado pelos gnósticos-maniqueístas, devem ter sido extremamente sugestivas no mundo dos alquimistas: "Unicornis est Deus, nobis petra Christus, nobis lapis angularis Jesus, nobis hominum homo Christus"[204] – caso não fosse exatamente o contrário, isto é, o fato de algumas metáforas da filosofia natural terem passado para a linguagem eclesiástica através do *Evangelho de João*[205].

135   O princípio personificado no sonho de Zósimo é a água extraordinária, de dupla natureza, que é água e espírito, matando e revivificando. Zósimo ao despertar do sonho, pensa imediatamente na "composição das águas": isto é efetivamente – do ponto de vista alquímico –

---

202. *A Era do Deus Sol*, p. 106.

203. Para maiores detalhes, cf. *Psicologia e alquimia* [OC, 12, § 323s.]: "O simbolismo do si-mesmo".

204. *Priscilliani quae supersunt*, Tractatus I, p. 24 [O unicórnio é Deus, a pedra para nós é Cristo, a pedra angular é para nós Jesus, o homem de todos os homens é para nós Cristo].

205. Cf. o paralelismo com Cristo em *Psicologia e alquimia*, trad. passim.

Estudos alquímicos

a conclusão possível do processo. Uma vez que a água procurada e necessária representa um ciclo de nascimento e morte, todo processo, consistindo em morte e renascimento, significa a água divina.

É possível que estejamos diante de um paralelo com o diálogo de Nicodemos. Na época da redação do *Evangelho de João*, a ideia da água divina era familiar aos alquimistas. Quando Jesus diz: "A não ser que alguém nasça da água e do espírito..."[206] qualquer alquimista da época o compreenderia sem dificuldade. Jesus, surpreso com a ignorância de Nicodemos, observa: "Tu és um mestre em Israel e não sabes disto?" Dizendo isto ele pressupõe evidentemente que um professor (διδάσκαλος) deveria conhecer o segredo da "água e espírito", isto é, da morte e do renascimento. Jesus prossegue com uma frase que se encontra frequentemente nos tratados alquímicos: "Falamos o que sabemos e testemunhamos acerca do que vimos". Os autores antigos não citavam literalmente essa passagem, embora pensassem de modo semelhante. Em qualquer mestre eles veriam, e até mesmo tocariam com as mãos, o modo pelo qual age o arcanum ou o donum Spiritus Sanctis, a água eterna "revelada"[207]. Embora essas profissões de fé datassem de uma época posterior, o espírito da alquimia se manteve aproximadamente o mesmo desde os tempos mais remotos (digamos, a partir do primeiro século) até a Alta Idade Média. 136

O trecho que se segue no diálogo de Nicodemos acerca das "coisas terrestres e celestes" é novamente propriedade comum da alquimia, desde o escrito de Demócrito: "Physica e Mystica", que são a somata e a asomata, as corporalia e espiritualia[208]. Em seguida aparecem os temas da subida ao céu e da descida do céu[209]. Trata-se nova- 137

---

206. Jo 3,1-21 [Bíblia de Lutero].

207. "[...] quae vidi proprijs oculis, et manibus meis palpavi".

208. Sem dúvida, não se pode deixar de ter presente que João se utiliza de um vocabulário com expressões diferentes das utilizadas pela alquimia contemporânea: τὶ ἐπίγεια e τὶ ἔπιουράνια, *terrena* e *coelestia* – na *Vulgata*.

209. A fonte é Hermes Trismegisto: "Ascendit a terra in coelum, iterumque descendit in terram" [Sobe da terra para o céu e, novamente, desce para a terra]... "portavit illud ventus in ventre suo" [o vento o carregou em seu ventre] (RUSKA (org.). *Tabula smaragdina*, p. 2). O texto fora, na verdade, sempre interpretado como a pedra (cf. HORTULANO. Commentariolus in Tabulam smaragdinam. In: *Ars chemica*, p. 33s.). A pedra, porém, provém da "água". A parte seguinte mostra um paralelo alquímico complemente de morte e nascimento, da ascensão da anima, saindo do corpo mortificado e da descida revivificante, do cair do "orvalho", motivo dos mais característicos da alquimia[210]. Jesus, nesse contexto, menciona a serpente suspensa, colocando-a em paralelo com seu autossacrifício; assim sendo, um "mestre" não poderia deixar de pensar no uróboro, que inflige a morte a si mesmo e se revivifica. Em seguida aparece o tema da "vida eterna" e da panaceia (isto é, da fé no Cristo), do φάρμακον ἀθανασίας. A meta da opus é produzir o corpo incorruptível, a "coisa que não morre", a "pedra espiritual", "invisível", a lapis aethereus, a panaceia e o alexipharmacon[211]. O Monogenes é sinônimo do Nous e este é sinônimo da serpente (Soter) ou

---

to com o mistério cristão: "Et si nudus in coelos ascendero, tunc vestitus veniam in terram, et complebo omnes mineras. Et si in fonte auri et argenti baptisati fuerimus, et spiritus corporis nostri cum patre et filio in coelum ascenderit, et descenderit, animae nostrae reviviscent, et corpus meum animale candidum permanebit" [E se eu ascender nu ao céu, voltarei vestido à terra, aperfeiçoando todos os minerais. E quando formos batizados na fonte de ouro e de prata, e o espírito de nosso corpo subir ao céu com o Pai e o Filho e descer novamente, então nossas almas serão revivificadas, e meu corpo animal permanecerá puro] (*Consilium coniugii*. Op. cit., p. 128). De modo bastante semelhante fala o anônimo da *Ars chemica*: "Certum est terram non posse ascendere, nisi prius coelum descenderit: terra autem in coelum sublimari discitur, quando spiritu proprio soluta tandem cum eo una res efficitur. Hac similitudine tibi satisfaciam: Filius Dei delapsus [sic] in virginem, ibique caro figuratus homo nascitur, qui cum nobis propter nostram salutem veritatis viam demonstrasset, pro nobis passus et mortuus, post resurrectionem in coelos remeat. Ubi terra, hoc est humanitas exaltata est, super omnes circulos Mundi, et in coelo intellectuali sanctissimae Trinitatis est collocata. Pariformiter cum ego morior, anima adiuta gratia et meritis Christi ad fontem vitalem remeat, unde descenderit. Corpus in terram revertitur, quod tandem depuratum in extremo Mundi iudicio, anima è coelo labens, secum perducit ad gloriam" [É certo que a terra não poderia subir, se o céu antes não tivesse descido; da terra se diz que ela será elevada ao céu quando, dissolvida em seu próprio espírito, ela se unificar com ele. Com a seguinte parábola quero satisfazer-te: O Filho de Deus desceu (!) ao seio da Virgem e nele se tornou carne, e nasceu como ser humano; ele que, para nossa salvação, mostrou-nos o caminho, sofreu e morreu por nós e voltou para o céu após a ressurreição. Nele, a terra, isto é, a humanidade, foi elevada e transferida sobre todas as esferas do mundo, para o céu espiritual da Santíssima Trindade. Igualmente, quando eu morrer, a alma – apoiada pela graça e pelos méritos do Cristo – voltará para a fonte da vida, da qual ela havia descido. O corpo volta à terra e, purificado no Juízo Final, será introduzido pela alma que desceu do céu na magnificência] (Liber de arte chimica incerti authoris. In: *Art. aurif.*, I, p. 612s.).

210. O movimento de ascensão e de descida pertence ao fenômeno natural da água (nuvens, chuva etc.).

211. Teosebeia deverá descer dentro do Kratér, o local da morte e da ressurreição e, então, subir novamente para o seu "gênero", provavelmente para a comunidade dos duas vezes nascidos, para o "Reino de Deus", na linguagem evangélica.

Estudos alquímicos

Agathodaimon. Em seguida ("pois Deus criou o mundo de tal modo que lhe deu o seu filho unigênito...") Jesus identifica-se com a serpente salvadora de Moisés. A serpente porém fora outrora um sinônimo da água divina. Compare-se com o diálogo da samaritana – "... uma fonte de água... que jorra para a vida eterna"[212]. Significativamente pertence a este diálogo junto ao poço o ensinamento acerca de Deus como espírito[213]. ("Deus é um espírito".)

Apesar da obscuridade nem sempre involuntária da linguagem dos mistérios alquímicos, não é difícil reconhecer que a "água divina", o seu símbolo, o uróboro, outra coisa não é senão o deus absconditus, o Deus oculto na matéria, aquele nous divino que se debruçou sobre a physis e foi por ela envolvido e engolido[214]. Este segredo dos mistérios da divindade que se tornou física está por detrás da alquimia antiga, assim como também de muitos outros fenômenos espirituais do sincretismo helenístico[215].

F. A origem da visão

Uma vez que a alquimia trata de um mistério espiritual e ao mesmo tempo físico, não é surpreendente que Zósimo tenha feito a expe-

138

139

---

212. [*Jo* 3,16; 3,14 e 4,5-30 (Bíblia de Lutero).] Justino Mártir diz: "Este Cristo irrompeu como uma fonte de água viva de Deus" (PREUSCHEN. *Antilegomena*, p. 129). A humanidade de Cristo é comparada à água pelos Padres da Igreja (GAUDÊNCIO. *Sermo XIX*, col. 983). Euquério de Lyon (*Liber formularum spiritalis intelligentiae*, col. 734) diz que Cristo "carnem ex nobis assumptam in coelum duxit" [assumindo de nós a carne, conduziu-a ao céu]. Esta ideia coincide com o arcano da *Tabula smaragdina*, do qual se diz: "Ascendit a terra in coelum, iterumque descendit in terram, et recipit vim superiorum et inferiorum" [Eleva-se da terra ao céu, e desce novamente à terra, e recebe a força do superior e do inferior – RUSKA. Op. cit., p. 2].

213. "Espírito" na alquimia é simplesmente o volátil, isto é, todos os corpos que se evaporam e se volatilizam, todos os óxidos e afins. Ao mesmo tempo, o psíquico projetado no sentido de um *corpus mysticum*, de um "subtle body" (cf. MEAD. *The Doctrine of the Subtle Body in Western Tradition*). Deve-se entender neste sentido a definição da *lapis* como sendo um "spiritus humidus et aqueus" [espírito úmido e aquoso]. Mais além existem também indícios de que o "espírito" e "mens" (ingl. *mind*), a mente e seu exercício e aperfeiçoamento, foram considerados como "sublimatio".

214. Cf. o destino do homem – luz em Zósimo (*Psicologia e alquimia*, § 456).

215. Esta concepção se torna evidente já nas fontes mais antigas da alquimia, manifestando-se, porém, só simbolicamente. A partir do século XIII, no entanto, aumentam os textos que abandonam a parte mística do arcano. Um dos mais claros no gênero é o Tratado *Wasserstein der Weysen, Das ist, Ein Chymisch Tractätlein* etc. (1619).

riência da "composição das águas" através de uma revelação onírica. Seu sono é de incubação, seu sonho um "somnium a Deo missum" (sonho enviado por Deus). A água divina é o Alfa e o Ômega da opus, desejados e desesperadamente procurados pelos "filósofos". O sonho aparece portanto como uma explicação dramática da natureza desta água. A dramatização torna visível em quadros drásticos o processo doloroso e violento da transformação, que é ao mesmo tempo causa e efeito da água e sua natureza mesma. A dramatização mostra como o processo divino se revela ao alcance da compreensão humana e como o homem experiencia a transformação divina como castigo, tormento[216], morte e transmutação. O sonhador descreve como um homem se comportaria e que experiência faria se entrasse no ciclo divino de morte e nascimento; por outro lado, descreve de que modo o deus absconditus afetaria o ser humano se um mortal conseguisse libertar o "guardião dos espíritos" de sua morada escura, através da arte. Alguns indícios na literatura apontam para certos perigos[217].

140   O lado místico da alquimia é, deixando de lado o aspecto histórico, um problema psicológico. Trata-se, ao que parece, do simbolis-

---

216. O elemento da tortura que Zósimo ressalta com vigor também sobressai em outras obras da literatura alquímica: "Matrem mortifica, manus eius et pedes abscindens" [Mata a mãe, decepando-lhe as mãos e os pés] (A enigma VI. In: *Art. aurif.*, I, p. 151). Em relação à "tortura", cf. *Turba.* Sermones XVIII, XLVII e LXIX [RUSKA, Op. cit., p. 127s., 151s. e 167s.]. Ou são as matérias a serem transformadas que serão torturadas, ou é a substância transformadora, o arcano, que sofrerá o suplício. "Accipe hominem, tonde eum, et trahe super lapidem... donec corpus eius moriatur" [Toma um homem, raspa sua cabeça até ficar careca e puxa-o sobre uma pedra... até que seu corpo morra]. "Recipe Gallum... et vivum plumis priva, post pone caput eius in vitreo vase" [Toma um galo... depena-o vivo, em seguida põe sua cabeça num recipiente de vidro] (*Allegoriae super librum Turbae*. In: *Art. aurif.*, I, p. 139s.). As "torturas" da matéria são concebidas na alquimia da Idade Média como a imagem da paixão de Cristo (cf., por exemplo, *Wasserstein der Weysen*, p. 97).

217. "[...] huius artis fundamentum, propter quam multi perierunt" [o fundamento desta arte, pela qual muitos pereceram] (*Turba*, Sermo XV [Op. cit., p. 124]). Zósimo menciona Antimimos, o demônio do engano (BERTHELOT. *Alch. grecs*, III, XLIX, 9, p. 232). Olimpiodoro informa que Petásio teria dito que o chumbo (*prima materia*) seria possuído por um demônio desavergonhado, o qual provocaria a demência dos adeptos (μανία) (BERTHELOT. Op. cit., II, IV, 43, p. 95-104). O diabo provocaria, no decorrer da obra, a impaciência, a dúvida e até o desespero (Thomae Nortoni Angli Tractatus chymicus. In: *Musaeum hermeticum*, p. 461). Hoghelande descreve a maneira pela qual o diabo teria traído a ele e ao seu amigo com ilusões (De alchemiae difficultatibus. In: *Teatr. chem.*, 1602, I, p. 152s.). Aparentemente, são os perigos psíquicos que ameaçam o alquimista. Cf. § 429s. deste volume.

Estudos alquímicos   115

mo concretizado (projetado) do *processo de individuação*. Este produz ainda hoje símbolos que têm a mais íntima relação com a alquimia. Devo remeter o leitor, no tocante a isso, a meus trabalhos anteriores que tratam dessa questão do ponto de vista psicológico, ilus-
trando o processo com exemplos práticos.

As causas que desencadeiam um tal processo poderiam ser esta-   141
dos patológicos (principalmente esquizofrênicos) que produzem símbolos semelhantes. No entanto, os materiais mais claros provêm de
pessoas mentalmente sadias que, por motivos religiosos, filosóficos
ou psicológicos, num momento existencial crítico sofrem uma pressão que as leva a dar uma atenção especial ao inconsciente. Como era
dada uma ênfase natural ao homem interior, da Idade Média recuan-
do até o Império Romano, os dados aprioristicos internos podiam
chegar à consciência sob a forma de projeções, mais facilmente do
que hoje ocorre, na era da ciência e da crítica psicológica. O texto
abaixo pode ilustrar o ponto de vista medieval:

Cristo diz (Lucas, 11): o olho é a luz do corpo / mas como teu olho é
mau / ou virá a sê-lo / então teu corpo também é escuro: ou torna a luz escura
em ti. Além disso, no capítulo 17 ele também diz: O Reino de Deus está dentro de vós / donde se vê claramente / que o conhecimento da luz no homem /
deve sair primeiro de dentro para fora / e não é levado de fora para dentro /
tal como testemunha a escritura sagrada em muitas passagens.

Se o obiectum externo (como se costuma dizer), ou a letra / escrita para aju-
dar-nos em nossa fraqueza / em Mt 24 é apenas um testemunho da luz interna da graça emprestada por Deus e implantada em nós. Como também a palavra falada que ouvimos / deve ser considerada e honrada como um estímu-
lo e auxílio / ou como uma via para alcançá-la. É como quando uma tábua
branca e preta são colocadas diante de ti / te perguntarem / qual é a branca e
qual é a preta. Se o conhecimento das duas cores não estivesse previamente
dentro de ti / tu não poderias responder à pergunta / a partir do mero e mudo
obiectis ou tábuas / uma vez que o conhecimento não provém das tábuas (que
são mudas e mortas) que não podem conhecer-se a si mesmas / mas provém e
flui das suas ciências inatas e diariamente exercitadas. / Os obiecta porém /
(como já dissemos acima) mobilizam os sentidos e os induzem ao conhecimento / mas de modo algum o concedem / porém o conhecimento deve vir
de dentro para fora / daquele que aprende / e o saber de tais cores deve ser
extraído com critério. Então quando se exige de ti um fogo ou luz material e
externo / a partir de uma pederneira (na qual se ocultam o fogo e a luz) / não
deves colocar na pedra essa luz oculta e secreta / mas sim captá-la / através do

aço que necessariamente aí deve estar / este desperta e morre o fogo oculto na pedra / tira-se de dentro da pedra / tornando-o manifesto / tal fogo porém, antes de mais nada deve ser avivado em um bom acendedor preparado para que não se apague ou extinga / para que obtenhas depois um fogo vivo e uma luz radiante / e enquanto ele é preservado / tu poderás criar e transformar como te aprouver / e da mesma forma tal luz celeste é divina / também está oculta no homem / e deve ser extraída de dentro dele / como anunciamos antes... Isto é, não foi em vão / que Deus outorgou ao homem / na parte superior de seu corpo dois olhos e dois ouvidos / a fim de indicar-lhe que dentro dele há dois tipos de ver e ouvir / um interior e outro exterior /, devendo precaver-se com isso / de tal modo que com o interior considere coisas espirituais / e o espiritual com o espiritual / ao exterior porém cabe a sua parte / 1Cor 2[218].

142   A água divina é para Zósimo e seus seguidores um corpus mysticum. Uma psicologia de orientação personalista perguntaria: O que levou Zósimo a procurar um corpus mysticum?[219] A resposta seria um indicador das condições históricas: foi o problema da época! Na medida em que o corpus mysticus é um donum Spiritus Sancti, segundo a concepção alquímica, ele pode ser entendido como um dom da graça visível, isto é, como um ato de redenção. A nostalgia da redenção é, em primeiro lugar, um fenômeno universal, podendo portanto fundamentar-se no elemento pessoal só em casos excepcionais, isto é, naqueles casos em que se trata de abusos anormais e não do fenômeno originário genuíno. Em todos os tempos houve pessoas histéricas ou normais, que se enganavam a si mesmas e abusavam de tudo, a fim de escaparem das necessidades da vida, de deveres inevitáveis e principalmente da responsabilidade em relação a si mesmas. Elas dão-se ares, por exemplo, de buscar a Deus para não precisarem experimentar a verdade de que são egoístas comuns. Em tais casos vale a pena perguntar: Por que procuras a água divina?

143   Não temos razão alguma para supor que todos os alquimistas se iludiam a si mesmos dessa forma, mas conceder-lhes o direito de se denominarem "filósofos", quanto mais profundamente procurarmos compreender os meandros obscuros de seu pensamento. A alquimia

---

218. *Wasserstein der Weysen*, p. 73s.

219. Este conceito é usado na alquimia, por exemplo, "congelare (argentum vivum) cum suo mystico corpore" [Solidificar o mercúrio com seu corpo místico] (Consilium coniugii. In: *Ars chem.*, p. 189).

Estudos alquímicos   117

sempre foi uma grande busca humana do inatingível. Assim pelo menos seria descrita pelo pressuposto racionalista. A experiência religiosa da graça é porém um fenômeno irracional, tão indiscutível como o
"belo" e o "bom". Assim sendo, nenhuma busca séria é sem esperança.
É um dado instintivo, que não é passível de redução a uma etiologia
pessoal, assim como a inteligência, musicalidade ou qualquer disposição inata. Por isso, acho que a análise e a interpretação do sonho de
Zósimo foram corretas ao entendermos suas partes essenciais à luz do
espírito da época e, além disso, reconhecermos o tema e o sentido da
configuração do sonho. Quando Kékulé[220] sonhou com os pares que
dançavam, disso deduzindo a ideia do anel de benzol, conseguiu algo
que Zósimo procurou em vão. A sua "composição das águas" não se
ajustou tão facilmente a um esquema como foi o caso do CH (carbo-
no-hidrogênio) do anel de benzol. A alquimia projetou uma vivência
interior, anímica, em uma substância que parecia oferecer misteriosas
possibilidades, mas que se mostrou refratária à sua intenção.

Na realidade, os sonhos de Zósimo nada tinham que ensinar à   144
química, mas são uma verdadeira mina para a psicologia moderna, que
estaria em graves apuros se não dispusesse dos testemunhos da experiência anímica desse passado longínquo. Suas constatações ficariam
no ar e seriam uma novidade sem termo de comparação, cujo valor e
explicação encontrariam dificuldades quase insuperáveis. Tais documentos porém, dão ao investigador um ponto de Arquimedes fora de
seu território limitado, e assim a possibilidade inestimável de uma orientação objetiva no caos aparente dos acontecimentos individuais.

---

220. Cf. MEIER. *Die Empirie des Unbewussten*, p. 29s.

III

Paracelso, um fenômeno espiritual[*]

Prefácio à "paracelsica"

Este texto contém duas conferências, proferidas neste ano por ocasião da celebração do 400º aniversário da morte do mestre. A primeira conferência, "Paracelso como médico", foi pronunciada durante os festejos da Sociedade Suíça da História da Medicina e das Ciências Naturais, na reunião anual em Basileia, da Associação das Pesquisas da Natureza, no dia 7 de setembro de 1941. A segunda conferência "Paracelso, um fenômeno espiritual" teve lugar durante os festejos suíços de Paracelso em Einsiedeln, no dia 5 de outubro de 1941. Enquanto a primeira conferência chegava inalterada ao prelo, apenas com algumas pequenas modificações, fui obrigado a ampliar a segunda conferência, transformando-a num ensaio, devido à peculiaridade do tema. A forma e a estrutura de uma conferência não se prestam à apresentação do desconhecido e indecifrável Paracelso, o qual fica ao lado ou por detrás da figura que conhecemos através de numerosos escritos médicos, teológicos e de ciências naturais. Somente os dois aspectos mencionados em conjunto correspondem à sua personalidade verídica, contraditória e significativa. Sei que o tí-

---

[*] Conferência pronunciada no dia 5 de outubro de 1941, na cidade de Einsiedeln, por ocasião do 400º aniversário da morte de Paracelso. Adaptada e ampliada com o ensaio "Paracelso como médico" [OC, 15, 1971], em *Paracelsica. Zwei Vorlesungen über den Arzt und Philosophen Theophrastus* (Zurique: Rascher, 1942).

Adotamos a subdivisão e os subtítulos da edição anglo-americana (por motivo de clareza), bem como duas notas dos escritos póstumos de Jung referentes ao conceito de "iliastro" e ao livro *Pandora* (§ 171, nota 82 e § 180, nota 129.)

Estudos alquímicos   119

tulo desta conferência é algo ambicioso. Por isso, que o leitor considere este texto como uma simples contribuição para o conhecimento
da filosofia secreta de Paracelso, e não tenho a pretensão de apresentar algo de definitivo e concludente sobre esse difícil tema, tendo plena consciência de suas lacunas e insuficiências. Minha intenção só
poderia ser a de abrir um caminho, levando às raízes e ao pano de
fundo de sua filosofia. Além do mais, Paracelso representa também
talvez no mais profundo sentido do termo um "filósofo" alquímico,
cuja visão religiosa do mundo se opõe à fé e ao pensamento cristãos
do seu tempo, de forma inconsciente pare ele e, para nós, inextricá-
vel. Esta filosofia porém contém em germe os preâmbulos da problemática filosófica, psicológica e religiosa futuras, as quais começam a
configurar-se mais claramente em nossa época. Por este motivo con-
sidero um dever de justiça histórica acrescentar mais algumas observações em consideração às ideias ricas de pressentimentos que ele nos
legou em seu tratado "*De vita longa*".

Outubro de 1941

C.G. Jung

1. As duas fontes do saber: a luz da natureza e a luz da revelação

O homem cujo 400º aniversário hoje comemoramos exerceu   145
uma influência maior ou menor sobre as gerações subsequentes, através de sua prodigiosa atividade. Seu maior influxo abrangeu principalmente a área da medicina a das ciências naturais. No âmbito da filosofia foi a especulação mística que recebeu os estímulos mais fecun-
dos. A alquimia, ciência extinta, recebeu impulso considerável, co-
nhecendo um novo renascimento. Não é segredo que Goethe , conforme se evidencia na segunda parte do "*Fausto*", recebeu fortíssi-
mos impactos do espírito de Paracelso.

Não é fácil abarcar em sua totalidade esse fenômeno espiritual   146
que é Paracelso e apresentá-lo de forma abrangente. Além disso, ele é
demasiadamente contraditório, caótico e múltiplo apesar de toda
unilateralidade que lhe é própria. Em primeiro lugar, ele é médico,
com todas as forças de sua alma e espírito, baseadas numa poderosa
crença religiosa. Assim, diz ele no *Buch paragranum*: "Isto é,/ tens

que ter em Deus uma crença leal,/ sincera,/ forte,/ verdadeira,/ com toda a tua alma,/ coração,/ mente e pensamento,/ com todo o amor e confiança. Fundado em tal crença e amor,/ Deus não retirará a sua verdade de ti / e tornará sua obra manifesta,/ fidedigna,/ visível,/ confortadora. Mas se / fores contra Deus e não tiveres uma tal crença,/ fracassarás em tuas obras / e nelas terias falhas: em consequência,/ o povo não acreditará em ti"[1]. A arte de curar e suas exigências são o critério supremo de Paracelso. Tudo está a serviço e se inclina diante dessa meta de ajudar e curar. Todas as experiências, todos os conhecimentos e esforços se constelam em torno desse ponto ordenador. Isto acontece apenas quando uma poderosa força emocional impele a modo de uma mola propulsora oculta, ou de uma grande paixão que recobre toda a vida, além da reflexão e da crítica: é a grande compaixão. A "misericórdia", diz Paracelso, "é a mestra dos médicos"[2]. A misericórdia deve ser inata no médico. A compaixão, que já impeliu e deu asas a tantos grandes homens na realização de sua obra, também é a determinante do destino (κατ'ἐξοχήν) de Paracelso.

147   O instrumento que ele pôs a serviço da grande compaixão foi sua ciência e arte, herdadas do pai. No entanto, o dinamismo de sua atuação, isto é, a compaixão, deve ter provindo da fonte originária de toda vida emocional, ou seja, da mãe, da qual ele nunca fala; ela morreu precocemente e deve ter deixado um grande vazio, jamais preenchido, porquanto, na medida em que podemos saber, nunca outra mulher conseguiu aproximar-se da imago da mãe tão distante e por isso tão poderosa. Quando Paracelso diz que a mãe da criança é planeta e estrela, talvez isto seja válido em grande medida para ele mesmo. Quanto mais distante e irreal a mãe pessoal, tanto mais a nostalgia do filho mergulha nas profundezas da alma, despertando a imagem originária e eterna da mãe. Por este motivo, tudo o que abarca, protege, nutre e auxilia, assume a forma materna, desde a alma mater da universidade até a personificação das cidades, países, ciências e ideais. Paracelso manteve-se inquebrantavelmente fiel até o fim de sua vida à mãe em sua forma excelsa da Ecclesia Mater, apesar de

---

1. STRUNZ (org.), p. 97.

2. HUSER (org.). I, *De caducis*, § 1, p. 246.

Estudos alquímicos   121

toda a sua liberdade crítica às deficiências da cristandade da época.
Não sucumbiu à grande tentação do seu tempo, ao cisma protestante,
apesar da provável tendência de aderir a ele. O conflito porém estava
arraigado na natureza de Paracelso; sim, não podia ser de outra maneira, pois sem tensão entre opostos nenhuma energia é gerada, e
onde irrompe um vulcão como ele, não nos enganamos ao supor que
água e fogo colidiram.

Durante toda a sua vida a Igreja foi uma mãe para Paracelso. Mas   148
ele tinha uma segunda mãe: a Mater Natura. Se a primeira era absoluta, a outra também o era, em sua modéstia. No entanto, por um
lado, ele se esforça por tornar o conflito dos dois domínios maternos
o mais tênue possível e, por outro, era suficientemente honesto para
reconhecer a existência do mesmo; ele até mesmo parecia pressentir
algo desse dilema. Assim, diz ele: "[Eu] reconheço que escrevo como
um pagão, mesmo sendo cristão"[3]. Consequentemente ele denomina
pagoya as cinco primeiras partes do seu *Paramirum de quinque entibus morborum*. "Pagoyum" é um de seus neologismos preferidos, um
hibridismo composto de "paganum" e do hebraico "gojin". Em sua
opinião, "pagão" é o conhecimento da natureza das doenças que provêm da "luz da natureza" e não da revelação sagrada. A "mágica" é o
"preceptor e pedagogo" do médico[4], e este recebe seu conhecimento
da lumen naturae[5]. É indubitável que para Paracelso, a "luz da natu-

---

3. "[...] por isso é melhor a sabedoria de Cristo do que a da natureza, portanto é melhor um profeta, um apóstolo do que um astrônomo e um médico... mas, além disso,
devo dizer que os doentes precisam de um médico, não dos apóstolos, como também
os prognósticos requerem um astrônomo e nem todos um profeta" (SUDHOFF (org.).
XII, *Von erkantnus des gestirns*, p. 196s.).

4. "Assim como os Magos do Oriente / por meio do sinal da estrela encontraram Cristo / tal como o fogo é encontrado no beijo delicado: Assim as artes são encontradas na
natureza / a qual é mais fácil de se ver do que o foi a procura de Cristo" (*Labyrinthus
medicorum*, cap. IX [HUSER (org.). I, p. 179]).

5. No Tratado IV do *Paramirum* [HUSER (org.). I, p. 30s.; SUDHOFF (org.). I, p.
215], onde se trata do ens spirituale da doença, ele diz [p. 215]: " Se tivermos que falar
do ens spirituale, começarei por admoestar-vos, no sentido de abandonar o estilo teo-
lógico, pois nem tudo o que se chama teologia é santo, nem é santo tudo o que é tratado por ela. Além disso, não é verdadeiro tudo o que se afirma da teologia sem enten-
dê-la. Da mesma forma, é verdade que os teólogos descrevem o ens do modo mais poderoso, mas não sob o nome e texto do nosso quarto pagoium. Eles negam também o

reza" representa uma segunda fonte de conhecimento independente. Seu discípulo mais próximo, Adam von Bodenstein, formulava: "O spagyrus (o filósofo da natureza) chega às coisas da natureza não mediante a autoridade, mas por sua própria experiência"[6]. O conceito da lumen naturae poderia provir da *Occulta philosophia* de Agripa de Nettesheim (1510): este autor fala da "luminositas sensus naturae", cuja claridade também se estende aos animais, tornando-os capazes de predizer o futuro[7]. Referindo-se a essa passagem em Agripa, diz Paracelso: "Saiba-se pois que os augúrios dos pássaros se originam desses espíritos inatos, como o canto dos galos prediz o sol e a chuva e os pavões, a morte dos seus senhores etc. Tudo isso provém do espírito inato e é a luz da natureza; tal como isto está naturalmente no animal, também está no homem que veio ao mundo com ele. Aquele que é puro é um bom profeta, natural como os pássaros, e os presságios dos pássaros não são contra a natureza, mas dela provêm. Cada um à sua maneira. As coisas que os pássaros anunciam também podem ser pressagiados pelo sono; pois é o espírito do sonho que é o

---

que nós provamos... mas uma coisa deveis compreender: a capacidade de reconhecer o ens não provém da fé cristã, mas é para nós pagoium. No entanto, isto não é contrário à fé com a qual partiremos desta vida. De modo algum deveis entender um ens e os espíritos dos quais falais como demônios: assim fazendo estaríeis dizendo tolices pela boca do demônio".

6. *Teophrasti ex Hohenheim utriusque medicinae doctoris de Vita longa* (1562), p. 56. No "Caput de morbis somnii" [SUDHOFF (org.) IX], Paracelso diz algo mais sobre a lumen naturae: "Olhai para Adão, Moisés e outros que procuraram em si mesmos o que havia no ser humano, e o revelaram, assim como todas as formas cabalísticas; eles nada conheceram que proviesse do demônio ou dos espíritos, mas todo seu conhecimento procedia da luz da natureza; traziam-na em si mesmos... a natureza tem seu próprio modo de atuar. Durante o sono ela atua e por isso devemos usar (esse conhecimento) em estado crepuscular e não desperto. Dormir é cuidar de tais artes, porquanto o espírito está em atividade junto a elas. É verdade que satanás tem uma poderosa sabedoria cabalística. O mesmo ocorre com o espírito inerente ao homem... porque é a luz da natureza que trabalha durante o sono, o homem invisível, nascido porém como o homem visível e natural. A capacidade do saber, no entanto, é superior à da carne pois é do espírito morto que provém o que é visível... é dele também que provém a luz da natureza, é o mestre do homem". Paracelso diz que, apesar de o homem morrer, o mestre continua a ensinar [SUDHOFF (org.). XII, p. 23; v. tb. *De podagricis liber* I (HUSER (org.). I, p. 226)].

7. P. LXVIII. A luz da natureza desempenha enfim um papel importante em mestre Eckhart.

Estudos alquímicos

corpo invisível da natureza[8]. Devemos então saber que quando um homem profetiza, ele não fala inspirado pelo diabo, nem por Satanás, nem pelo Espírito Santo, mas sim pela natureza inata do corpo invisível: ele aprende então a magia, que dá origem ao mago"[9]. A luz da natureza provém do astrum; assim diz ele: "Nada pode existir no homem que não lhe seja dado pela luz da natureza e tudo o que existe na luz da natureza é feito dos astros"[10]. Os pagãos ainda tinham a luz natural, "pois atuar na luz natural e comprazer-se nela é divino, mas também mortal". Antes de Cristo vir ao mundo, este ainda tinha o dom da luz natural. Comparada com Cristo, porém, é uma "luz menor". "Por isso devemos saber que é preciso interpretar a natureza com o espírito da natureza, a palavra de Deus com o espírito de Deus, o diabo, também com o seu espírito". Aquele que nada sabe sobre estas coisas "deve ser um porco que não dá lugar ao ensinamento e à experiência". A luz da natureza é a quintessência extraída pelo próprio Deus dos quatro elementos e habita "em nosso coração"[11]. Ela é acesa pelo Espírito Santo[12]. A luz natural é uma percepção intuitiva das circunstâncias, uma espécie de iluminação[13]. Ela tem realmente duas fontes: uma mortal e uma imortal, denominada "anjo" por Paracelso[14]. O homem, diz ele, "também é um anjo e tem todas as suas qualidades". Ele teria uma luz natural, mas também uma luz além da luz da natureza, com a qual poderia sondar coisas sobrenaturais[15]. A relação entre a luz "sobrenatural" e a luz da revelação sagrada é uma

---

8. No tocante a isso se encontra em *Fragmenta medica* [HUSER (org.). I, 5ª parte, p. 131] a bela expressão: "Grande é aquele / cujos sonhos são corretos / isto é / que vive e paira de acordo com este espírito cabalístico inato".

9. *De morbis somnii*, SUDHOFF (org.). IX, p. 361.

10. SUDHOFF (org.). XII, *Das buch der philosophei des himlischen firmaments*, p. 23 e [a seguinte citação] 26; da mesma forma *Labyrinthus medicorum*, cap. II, e *De pestilitate*, tract. I (HUSER (org.). I, p. 327). O ensinamento dos astros já se difundira na *Occulta philosophia* de Agripa, a qual exerceu grande influência sobre Paracelso.

11. SUDHOFF (org.). XII, Op. cit., p. 36; e SUDHOFF (org.). XII, *Argumentum... da atuação celeste*, p. 304.

12. *Paramirum*, p. 35s.

13. *Labyrinthus medicorum*, cap. VIII [HUSER (org.). I, p. 174].

14. HUSER (org.). I, *De podagricis*, p. 195s.

15. SUDHOFF (org.). XIV, *De nymphis*, Prólogo, p. 115s.

questão que permanece algo obscura. Parece porém que há neste particular uma concepção tricotômica peculiar[16].

A autenticidade de nossa experiência da natureza contraposta à autoridade da tradição é o tema fundamental do pensamento de Paracelso. Baseado neste princípio, ele combate as escolas de medicina, e seus alunos estendem essa atitude antagônica à filosofia de Aristóteles[17]. Com essa atitude, Paracelso abriu caminho à investigação nas ciências naturais e favoreceu uma posição autônoma do conhecimento da natureza frente à autoridade da tradição. Este ato libertador teve as consequências mais fecundas, mas também abriu o conflito entre o saber e o crer, que envenenou peculiarmente a atmosfera espiritual do século XIX. Naturalmente, Paracelso não tomou consciência dessa repercussão posterior, ou da possibilidade da mesma. Como cristão da Idade Média ele vivia ainda num mundo unitário e não sentia as duas fontes do conhecimento, "a divina e a natural", como aquele conflito que nos anos subsequentes veio a eclodir. Na *Philosophia sagax* ele diz: "... Há duas sabedorias neste mundo: uma eterna a uma mortal. A eterna brota diretamente da luz do Espírito Santo; a outra, diretamente da luz da natureza"[18]. Este saber, como ele diz, "não é de carne e sangue, mas do astro na carne e no sangue; este é o tesouro, o summum bonum natural". O homem é ambíguo, "em parte mortal e em parte eterno, e ambas as partes recebem sua luz de Deus, a mortal e a eterna e nada há que não tenha sua origem em Deus; por que a luz do pai deve ser considerada e julgada pagã e eu também como pagão?" Deus pai "criou o homem de baixo para cima. O outro, o filho, de cima para baixo". Por isso Paracelso pergunta: "... se o pai e o filho são um só, como poderei honrar duas luzes? Eu seria condenado como idólatra: mas o número um me ilumina e como eu tenho dois amores e dou a cada um a sua luz tal como Deus ordenou, como posso ser considerado pagão?"[19]

---

16. Cf. o que é dito abaixo acerca do ensinamento arcano sobre o prolongamento da vida.

17. Assim também em Adam von Bodenstein e Gerardo Dorneo.

18. SUDHOFF (org.). XII, p. 8, 9s., 8; HUSER (org.). II, p. 5.

19. Op. cit., p. 10.

Estudos alquímicos   125

A partir do que foi dito podemos deduzir com clareza qual a sua   150
posição em relação às duas fontes do saber. Ambas as luzes derivam
da unidade de Deus. Porém, por que ele denomina positivamente
como "pagoyum" o que ele escreve a partir da luz da natureza? Estaria ele brincando com uma aparência, ou fazia uma confissão involuntária de um obscuro pressentimento de uma cisão entre mundo e
alma? Estava Paracelso imune ao espírito cismático de seu tempo e
seu espírito de luta contra a autoridade se limitava realmente a Galeno, Avicena, Rhazes e Arnaldo?

A. Magia

O ceticismo e a revolta de Paracelso para diante da Igreja, mas   151
também diante da alquimia, da astrologia a da magia, na qual ele
acredita tanto quanto na revelação sagrada, pois na sua visão elas
procedem da lumen naturae. E quando ele fala da função divina do
médico reconhece: "Eu abaixo do Senhor / O Senhor abaixo de mim
/ Eu abaixo dele / fora da minha função / e ele abaixo de mim / fora da
sua função"[20]. Que espírito fala através destas palavras? Elas não
lembram Ângelo Silésio que viveu depois?

> Eu sou tão grande quanto Deus, ele é tão pequeno quanto eu:
> Ele não pode estar acima de mim, eu não posso estar abaixo
> dele[21].

Não se pode negar que o parentesco do eu humano com Deus   152
reivindica aqui claramente ser reconhecido e ouvido. Tal é o espírito
do Renascimento: colocar em evidência o homem com seu poder, capacidade de julgamento e beleza ao lado de Deus. Deus et Homo
num novo sentido, sem precedentes, e que sentido! Cornélio Agripa,
contemporâneo mais velho de Paracelso, e que este julgava uma autoridade na cabala, exclama em seu livro cético e revolucionário *De
incertitudine et vanitate scientiarum*:

> Nullis hic parcit Agrippa.
> Contemnit, scit, nescit, flet, ridet, irascitur,

---

20. *Liber de caducis*, § 1 [HUSER (org.). I, p. 247].
21. *Der cherubinische Wandersmann*, Livro primeiro, n° 10, p. 2.

insectatur, carpit omnia.
Ipse philosophus, daemon, heros, Deus
et omnia[22].

Devemos no entanto dizer que Paracelso não atingiu essas lamentáveis alturas da modernidade; ele sentia-se uno com Deus e consigo mesmo. Seu espírito incansavelmente voltado para a arte prática de curar não dava ensejo à ruminação de problemas, e seu ser irracional e intuitivo nunca se detinha em reflexões lógicas, provocando tomadas de consciência destrutivas.

153   Paracelso tinha *um* pai, que ele venerava e no qual confiava; mas como todo herói que se preza ele tinha *duas* mães: uma celeste e uma terrestre, a Mãe-Igreja e a Mãe-Natureza. Poderá alguém servir a duas mães? Não é algo preocupante uma tal situação, mesmo que, como no caso de Teofrasto, alguém se sinta um médico criado por Deus, colocando Deus por assim dizer a seu serviço no âmbito da função médica? Pode-se objetar facilmente que Paracelso fez uma tal afirmação de passagem, como em muitas outras vezes o fez, e por isso não devemos levá-lo nisso tão a sério. O próprio Paracelso teria ficado surpreso e indignado se alguém o tivesse tomado ao pé da letra. O que saiu de sua pena provinha muito menos de reflexões profundas do que do espírito de seu tempo. Ninguém poderia vangloriar-se de ser imune ao espírito da própria época ou então de conhecê-lo exaustivamente. Independentemente de nossas convicções conscientes, todos nós, sem exceção, na medida em que somos partículas da massa, somos afetados, coloridos ou mesmo minados pelo espírito que atravessa as massas. A liberdade só se estende até onde chegam os limites da nossa consciência. Além desses limites, sucumbimos às influências inconscientes do meio. Mesmo que não fique claro para nós num sentido lógico o significado profundo de nossas palavras e ações, este existe e atua psicologicamente como tal. Quer se saiba ou não, existe uma tremenda oposição entre o homem que *serve* a Deus e o homem que *dá ordens* a Deus.

---

22. Utilizei a edição de 1584 "ex postrema Authoris recognitione" [Versos finais não paginados. Tradução:] "A ninguém poupa Agripa. / Ele despreza branco, não branco, chora, ri, / se irrita, escarnece, arrasa tudo. / Seja filósofo, demônio, herói, Deus / e o que quer que seja".

Estudos alquímicos

Mas quanto maior a oposição, tanto maior o potencial. Uma   154
grande energia só provém de uma tensão correspondente entre opostos. A energia quase demoníaca de Paracelso é devida à constelação
dos opostos principais e não é puramente um dom de Deus, mas se
apresenta ao lado de passionalidade desenfreada, agressividade, pre-
cipitação, impaciência, insatisfação e presunção. Não foi sem motivo
que Paracelso representou o protótipo do Fausto de Goethe – "uma
grande imagem primordial" na alma da nação alemã, como dissera
certa vez Jacob Burckhardt[23]. Uma linha reta vai de Fausto, passando
por Stirner, até Nietzsche, o qual foi um homem fáustico peculiar. O
que faz com que os braços da balança se equilibrem num Paracelso e
num Ângelo Silésio – eu abaixo de Deus e Deus abaixo de mim – de-
sequilibrou-se no século XX, e um peso crescente faz baixar o prato
da balança de um eu que se julga cada vez mais semelhante a Deus.
Com Ângelo Silésio, Paracelso tem em comum, por um lado, uma piedade íntima e, por outro, a tocante e perigosa simplicidade de sua
relação religiosa com Deus. Ao lado disso e de modo contrário, o
espírito ctônico o pressiona de uma forma quase assustadora: não há
uma só forma de mântica e magia que ele não tenha praticado ou
aconselhado. Lidar com tais artes – não importando o grau de lucidez
que o sujeito acredite ter – não é algo inteiramente inofensivo do
ponto de vista anímico. A magia sempre foi e continua a ser um *fascinosum*. Na época de Paracelso o mundo parecia ainda muito estranho: todos tinham consciência da proximidade direta das forças obscuras da natureza. O homem daquele tempo ainda não se separara da
natureza. Astronomia e astrologia continuavam juntas. Um Kepler
ainda fazia horóscopos. Em lugar de química só havia alquimia.
Amuletos, talismãs, consultas a curandeiros para o cuidado de doenças e feridas eram comuns. Uma natureza tão curiosa como a de Paracelso não podia deixar de familiarizar-se a fundo com todas essas
práticas, a fim de descobrir os efeitos estranhos e importantes que delas provinham. Na medida em que eu sei, ele nunca se pronunciou
claramente sobre o perigo psíquico da magia para o adepto[24]. Ele até

---

23. Cartas a Albert Brenner (*Basler Jahrbuch*, 1901, p. 91). – Cf. JUNG. *Símbolos da
transformação* [OC, 5, § 45[46]].

24. No entanto ele observa uma vez que encontrou a pedra que outros procuram "para
seu próprio dano". Tal observação encontra-se, porém, em muitos outros alquimistas.

mesmo criticava os médicos por nada entenderem de magia. Ele não menciona porém que eles se mantinham afastados de tudo isso com temor fundamentado. E no entanto sabemos pelo testemunho do zuriquense Conrado Gessner que os médicos acadêmicos hostilizados por Paracelso evitavam a magia por motivos religiosos, acusando-o de feitiçaria e a seus discípulos. Gessner escreve ao Dr. Crato von Crafftheim sobre o discípulo de Paracelso, Bodenstein: "Eu sei que a maioria das pessoas desse tipo são arianos e negam a divindade de Cristo... Na Basileia, Oporin que fora aluno de Teofrasto e seu assistente particular (familiaris) relatava histórias estranhas da relação de Paracelso com demônios. [Os alunos] praticam a absurda astrologia, geomancia, necromancia e demais artes proibidas. Eu mesmo desconfio que eles sejam descendentes dos druidas, que entre os antigos celtas eram instruídos pelos demônios em lugares subterrâneos durante vários anos. Pelo que sabemos também é certo que tais coisas acontecem na Espanha, em Salamanca, até os dias atuais. Nessa escola também se formaram os escolásticos itinerantes (scholastici vagantes) e entre eles o Fausto que havia morrido há pouco tempo era muito famoso". Em outro trecho dessa mesma carta Gessner continua: "Teofrasto foi com certeza um homem ímpio (impius homo) e um feiticeiro (magus) e se relacionava com demônios"[25].

155   Apesar de um tal julgamento repousar em parte na fonte turva de Oporin, sendo injusto e incorreto, demonstra no entanto como os médicos de renome daquele tempo consideravam descabida a ocupação de Teofrasto no tocante à magia. Em Paracelso não encontramos, como já dissemos, escrúpulos desse tipo. Ele atrai a magia para sua órbita como todas as coisas dignas de serem conhecidas e tenta utilizá-las em sua profissão médica para o bem dos doentes, sem importar-se com o que pudesse lhe advir ou com o que a ocupação com tais artes poderia significar do ponto de vista religioso. Afinal de contas, para ele, a magia e a sapientia da natureza encontravam-se dentro da ordem desejada por Deus, como um mysterium et magnale Dei (mistério da grandiosidade de Deus) e assim não era difícil para ele trans-

---

25. *Epistolarum medicinalium Conradi Gessneri, philosophi et medici Tigurini*, fol. 1º [citações p. 1 e 2].

Estudos alquímicos   129

por o abismo no qual meio mundo se precipitava[26]. Em lugar de auto-
destruir-se, encontrava seu grande inimigo fora, sob a figura das
grandes autoridades médicas, bem como no bando de médicos acadêmicos contra os quais ele desembainhava a espada como um verdadeiro soldado suíço. Ele se irrita demais contra a resistência de seus
opositores e cria uma chusma de inimigos. Escreve com a mesma turbulência com que vive e se move. Seu estilo é fortemente retórico. Ele
sempre parece estar insistindo para convencer alguém que o ouve de
má vontade ou rebate seus melhores argumentos com uma insensibilidade paquidérmica. Assim, poucas vezes descreve um objeto de forma sistemática ou fluente, pois sempre parece interrompido por in-
tervenções sutis ou grosseiras, endereçadas a um ouvinte invisível ou
moralmente surdo. Paracelso acha com frequência que o inimigo está
diante dele e não percebe que um deles está alojado em seu próprio
peito. Na realidade ele sempre consistiu de duas pessoas que nunca se
confrontaram. Nunca suspeitou que pudesse não ser apenas um. Ele
sente-se como uno, unívoco e tudo aquilo que o perturba deve ser algum inimigo externo. Ele deve então vencê-lo, provando-lhe que é o
"monarca", o senhor soberano, fato que secreta e inconscientemente ele não é. Na inconsciência do seu conflito não percebe que há um
segundo mandante oculto em sua casa, que se opõe, trabalhando
contra tudo o que o primeiro quer. Todo conflito inconsciente manifesta-se, obstruindo e minando-se a si mesmo. Paracelso não vê que a
verdade da Igreja e o ponto de vista cristão nunca poderiam concor-
dar com o pensamento básico implícito em toda alquimia, ou seja,
"Deus abaixo de mim". Quando se trabalha inconscientemente contra si mesmo, disso resulta impaciência, irritabilidade e um desejo impotente de dominar o inimigo por todos os meios. Nessas circunstâncias aparecem em geral certos sintomas, entre os quais uma forma peculiar de linguagem: fala-se de uma forma enfática a fim de impres-
sionar o opositor; o estilo é incisivo, com neologismos que podemos

---

26. "Ainda não lutei para tornar-me livre / se eu pudesse afastar a magia do meu caminho, / esquecer por completo as palavras mágicas, / estaria, ó natureza, diante de ti um
homem só, / então valeria a pena ser um homem!" [*Fausto*, II, 5º ato, meia-noite]. Esta
tardia tomada de consciência fáustica nunca ocorreu a Paracelso.

chamar "palavras de poder"[27]. Observam-se tais sintomas não só na clínica psiquiátrica, mas também entre alguns filósofos modernos e sobretudo quando se trata de impor algo pouco fidedigno, que se opõe a uma resistência interna: a linguagem torna-se inflada, excessiva, cunhando palavras raras que se caracterizam por uma complexidade inútil. Sobrecarrega-se a palavra daquilo que não se conseguiu realizar por meios honestos. Trata-se de uma antiga magia das palavras, que pode degenerar numa verdadeira mania. Paracelso foi atingido por essa mania, de tal modo que seus alunos mais próximos eram obrigados a compilar e a publicar uma onomástica, lista de palavras e os respectivos comentários. O leitor despreparado no tocante aos escritos de Paracelso tropeça constantemente em tais neologismos, que o desnorteiam a princípio, porque o autor acha desnecessário dar explicações mais profundas, mesmo quando se trata de ἅπᾳξ λεγᾳμενον (algo que foi dito uma única vez). Somente comparando várias passagens é que se pode obter o sentido aproximado de um termo. Há circunstâncias atenuantes: a linguagem técnica do médico sempre usou palavras magicamente incompreensíveis mesmo para as coisas mais triviais. Afinal, isso faz parte do prestígio médico. É estranho porém que justamente Paracelso, orgulhoso de ensinar e escrever em alemão, misturasse os mais intrincados neologismos tirados do latim, do grego, do italiano, do hebraico e possivelmente até do árabe.

156   A magia é insinuante, e daí sua periculosidade. Num trecho em que Paracelso escreve sobre as práticas das bruxas, sucumbe à linguagem mágica das mesmas sem dar a menor explicação. Assim, por exemplo, em lugar de *Zwirnfaden* (linha de costura) escreve *Swindafnerz*, em lugar de *Nadel* (agulha), *Dallen*, em lugar de *Leiche* (cadáver), *Chely*, em lugar de *Faden* (fio), *Daphne*[28] etc. Nas práticas de bruxaria, a inversão das letras tem a finalidade de transformar a ordem divina em desordem infernal, mediante a deformação mágica da palavra. É interessante como casualmente e de modo natural ele usa

---

27. Tal expressão foi de fato usada por uma paciente doente mental, a fim de designar seus próprios neologismos.

28. Esta prática também é chamada por ele de "pagoyum" (*De pestilitate*, tractatus IV, cap. II. In: HUSER (org.). I, p. 76s.).

Estudos alquímicos

131

essas palavras, deixando o leitor entregue à sua própria imaginação. Isso mostra que ele possuía uma considerável familiaridade com a superstição popular mais baixa. Estranhamos a ausência de um certo pudor diante de tais coisas duvidosas, o que em Paracelso não podia ser explicado por uma insensibilidade, mas muito mais por uma certa inocência e ingenuidade. Assim também ele próprio recomenda o uso de homúnculos de cera em caso de doença[29] e parece ter criado e utilizado amuletos e timbres mágicos[30]. Ele estava convencido que os médicos deviam compreender as artes mágicas e, para o bem dos doentes, não deviam recear o uso de meios mágicos a fim de aliviá-los. Essa magia popular, no entanto, não é cristã, mas comprovadamente pagã: um "pagoyum" em suas palavras.

B. Alquimia

Além de seus múltiplos contatos com a superstição popular, houve outra circunstância digna de nota que influenciou Paracelso através do "pagoyum": o seu conhecimento e ocupação intensa com a alquimia, a qual era usada por ele não só em sua farmacognosia e farmacopeia, mas também para os assim chamados fins "filosóficos". A alquimia no entanto contém, desde os tempos mais remotos, uma doutrina secreta, ou ela mesma o é. Com a vitória do cristianismo no tempo de Constantino, as ideias pagãs não desapareceram de modo algum, mas continuavam vivas na terminologia estranha à filosofia arcana da alquimia. Sua figura principal é Hermes, isto é, Mercurius em seu duplo sentido de mercúrio (metal) e alma do mundo, acompanhado pelo Sol, ou seja, o ouro e pela Lua, ou seja, a prata. A operação alquímica consistia essencialmente numa separação da prima materia do assim chamado caos, no princípio ativo, isto é, a alma, e no princípio passivo, isto é, o corpo, os quais posteriormente se reunificavam sob a forma personificada da "coniunctio", do "matrimonium chymicum"; em outras palavras, a "coniunctio" era vista como

157

---

29. Por exemplo, a cura da Vitistae (a forma colérica da coreia) "acontece através de um homenzinho de cera, no qual são introduzidos os tumores" (*De morbis amentium*, tract. II, cap. III. In: HUSER (org.). I, p. 62s. O mesmo em *Paramirum*, cap. V).

30. *Archidoxis magicae*, libri VII [SUDHOFF (org.). XIV, p. 437s.].

uma alegoria do hierosgamos, a união ritual de Sol e Lua. Dessa união nascia o filius sapientiae, ou philosophorum: o Mercurius transformado, considerado como hermafrodita, devido à forma esférica de sua completitude.

158   A opus alchymicum, a despeito de seu aspecto químico, sempre foi entendida como uma ação cultual, no sentido de uma opus divinum. Por esse motivo Melchior Cibinensis, ainda no iníco do século XVI, pode representá-la como missa[31], se bem que já anteriormente o filius – ou lapis – philosophorum tivesse sido considerado como uma allegoria Christi[32]. Muito da concepção de Paracelso deve ser compreendido a partir dessa tradição, sem o que dificilmente a entenderíamos. Nesse ensinamento secreto encontram-se as origens de quase toda a filosofia paracélsica, na medida em que esta não é cabalística. Deduz-se de seus escritos que ele possuía um conhecimento considerável da literatura hermética[33]. Como todos os alquimistas medievais ele não parece ter tido consciência do verdadeiro caráter da alquimia; no entanto, um impressor da Basileia, Waldkirch, recusou-se a imprimir a primeira metade do tratado *Aurea hora*, atribuída erroneamente a Santo Tomás, devido a seu caráter "blasfematório"[34]. Isto ocorreu no fim do século XVI, demonstrando o fato de que leigos já se davam conta da dubiedade da alquimia. Parece-me porém que Paracelso agia no tocante a isso de modo totalmente ingênuo, só se preocupando com o bem dos doentes, usando a alquimia em primeiro lugar como um método prático, sem importar-se com seu fundo obscuro. Ele tinha consciência da alquimia como conhecimento da matéria médica e como procedimento químico na preparação de medicamentos, sobretudo dos remédios secretos, os apreciados *arcana*.

---

31. Addam et processum sub forma Missae. In: *Theatr. chem.*, 1602, III, p. 853s. "[...] scientiam non esse aliud, nisi donum Dei, et Sacramentum" [que a ciência nada mais é do que um dom de Deus e um sacramento]. – Aurora consurgens quae dicitur Aurea hora. In: *Art. aurif.*, I, p. 185.

32. Cf. meu ensaio "As ideias de salvação na alquimia" [*Psicologia e Alquimia*, 3ª parte, cap. V: "O paralelo lapis-Cristo"].

33. Ele menciona Hermes, Arquelau, Morieno, Raimundo, Arnaldo, Alberto Magno, Hélia Artista, Rupescissa e outros.

34. *Art. Aurif.*, I, p. 183s. (Basileia, 1593, 1. ed., 1572).

Estudos alquímicos   133

Ele também acredita que se pode fabricar ouro e gerar homunculi[35].
Devido a este aspecto preponderante poderíamos quase ignorar que
para ele a alquimia significava muito mais do que isso. Deduzimos
isto de uma curta observação no *Liber Paragranum*. Diz neste livro
que o próprio médico sofre na alquimia um processo de maturação[36].
Isto soa como se houvesse paralelamente à maturação alquímica o
amadurecimento do médico. Se não estivermos enganados, é lícito
concluir que Paracelso conhecia a doutrina secreta e, ainda mais, estava convencido de sua exatidão. Sem uma investigação detalhada é
naturalmente impossível prová-lo; a valorização frequente e genera-
lizada da alquimia feita por ele poderia limitar-se só a seu aspecto
químico. Tal predileção tornou-o um precursor e iniciador da moderna medicina química. Sua fé que muitos partilhavam na transmutação e na lapis philosophorum não evidencia uma afinidade mais
profunda com os cenários místicos da ars aurifera. No entanto, é provável que tal relação existisse, uma vez que seus discípulos mais próximos eram médicos alquimistas[37].

C. *Doutrina secreta*

A exposição que se segue tratará da doutrina secreta extrema-   159
mente importante para a compreensão do aspecto espiritual de Paracelso. De antemão peço que o leitor me desculpe por submeter sua
atenção e paciência a duras provas; o tema é abstruso e obscuro, mas
constitui uma característica essencial do espírito de Paracelso, tendo
exercido uma profunda influência sobre Goethe , a ponto de esta
tê-lo acompanhado desde o período de Leipzig até o fim de seus dias:
dessa influência nasceu o *Fausto*.

---

35. SUDHOFF (org.). XI, *De natura rerum*, p. 313.

36. STRUNZ (org.), p. 14.

37. O efeito propriamente dito manifesta-se não em uma modificação dos métodos alquímicos e sim em uma especulação filosófica e aprofundada, cujo principal representante foi o importante alquimista e médico Gerardo Dorneo – que vivia em Frankfurt.
Dorneo publicou um comentário detalhado sobre um tratado raro em latim de Paracelso acerca da *Vita longa*: DORNEO, G. *Theophrasti Paracelsi libri V de vita longa*
[Cf. adiante § 213s.].

160   Ao lermos Paracelso são principalmente os neologismos técnicos que parecem indicar conteúdos misteriosos. Mas ao procurarmos estabelecer sua etimologia e seu sentido, acabamos em geral num beco sem saída, isto é, podemos intuir por exemplo que o iliastro ou yliastrum é uma palavra etimologicamente composta de ὕλη ἀστήρ (matéria-astro), que corresponde ao spiritus vitae proveniente da antiga alquimia, ou que cagastrum se liga à palavra κᾳκᾲς e ἀστήρ (mauastro), ou que anthos e anthera são adornos das flores alquímicas. Seus conceitos filosóficos como, por exemplo, a doutrina do astrum levam-nos em parte às profundezas da conhecida tradição alquímica e astrológica, onde podemos ver que sua doutrina do corpus astrale não é uma descoberta nova. Já encontramos tal ideia num clássico antigo, a chamada *Carta de Aristóteles*, onde se lê que os planetas exercem no homem uma influência mais considerável do que os corpos celestes. Paracelso diz que o remédio é encontrado no astrum, e na mesma *Carta* lemos: "... in homine, qui ad similitudinem Dei factus est, invenire [potest] causa et medicina..."[38].

161   Outro ponto nodal do ensinamento de Paracelso, sua convicção ou mesmo crença na "luz natural", faz-nos entrever conexões que iluminam a obscuridade de sua religio medica. A luz, que está oculta na natureza e especialmente na natureza do homem, pertence antes de mais nada às antigas ideias alquímicas. Na referida *Carta de Aristóteles* lê-se: "Vide igitur, ne Lumen, quod in te est, tenebrae sint"[39]. A luz da natureza tem de fato um grande significado na alquimia. Como esta, segundo Paracelso, esclarece o homem sobre a constituição da natureza abrindo-o para a compreensão das coisas naturais, "per magiam cagastricam"[40], assim a intenção da alquimia é gerar

---

38. ["no ser humano, criado à imagem e semelhança de Deus, pode ser encontrada a causa e o remédio"]. "Nam Planetae Sphaerae, et elementa in homine per revolutionem sui Zodiaci verius et virtuosius operantur, quam aliena corpora seu signa superiora corporalia" [Pois os planetas, esferas e elementos atuam no homem através da revolução de seu zodíaco mais verdadeira e fortemente do que os corpos estranhos ou os sinais corporais superiores] (*Theatr. chem.*, 1622, V, p. 882 e 884).

39. [Cuida para que a luz que está em ti não seja escuridão. – Op. cit., p. 884].

40. SUDHOFF (org.). XIV, *Liber Azoth*, p. 552. Cagastro: forma inferior e pior do iliastro. O fato de ser justamente a magia cagástrica que abre a compreensão, parece digno de nota.

Estudos alquímicos   135

esta luz na forma do filius philosophorum. Um texto antigo da tradição árabe, atribuído a Hermes[41], o *Tractatus aureus*, assim se expressa acerca disso (o espírito de Mercúrio fala): "Minha luz supera qualquer outra luz e meus bens são superiores a quaisquer outros. Eu gero
a luz. As trevas porém são da minha natureza. Quando estou unido a
meu filho, nada pode acontecer de melhor e de mais digno de louvor"[42]. Em outro texto igualmente antigo: *Dicta Belini* (de um pseudo Apolônio de Tiana) podemos ler acerca do espírito de Mercúrio:
"Eu ilumino tudo o que é meu, e torno a luz manifesta na viagem de
meu pai Saturno"[43]. "Torno eternos os dias do mundo e ilumino todas as luzes com a minha luz"[44]. Outra obra alquímica refere-se da seguinte maneira ao "matrimônio químico do qual nasce o filius":
"Eles se abraçam e geram a nova luz (lux moderna) que não tem igual
em qualquer outra luz do mundo"[45].

A ideia dessa luz, tanto em Paracelso como nos alquimistas, coin-   162
cide com o conceito da sapientia e da scientia. Sem dúvida alguma
podemos definir a luz como o mistério central da alquimia filosófica.
Ela é quase sempre personificada como filius ou pelo menos mencionada como uma das características principais do mesmo. Trata-se
simplesmente de um δαιμάνιον (demônio). Os textos apontam frequentemente para a necessidade de um familiaris, de um espírito que
deve auxiliar (o adepto) em sua obra. Os papyri mágicos não hesitam
em recorrer aos grandes deuses[46]. O filius mágico permanece no po-

---

41. Hermes é uma das autoridades citadas muitas vezes por Paracelso.

42. Citado segundo a versão do *Rosarium philosophorum*, 1550. (*Art. Aurif.*, II, p.
239; e também MANGETUS. *Bibl. Chem. curiosa*, II, p. 94 a).

43. [*Art. aurif.*, II, p. 379.] A luz provém notadamente do escuro Saturno.

44. Citado em *Ros. phil.*, *Art. Aurif.*, II, p. 379 e 381. A edição original do *Rosarium*,
de 1550, baseou-se num texto cuja origem data de cerca de meados do século XV.

45. MYLIUS. *Philosophia reformata*, p. 244. Mylius é o maior compilador da alquimia
e resumiu inúmeros textos antigos, sem mencionar as fontes da maioria deles. – Significativamente o mais velho dos alquimistas chineses, que viveu por volta do ano 140 da
nossa era, Wei Po-Yang, já conhecia esta ideia. Ele dizia: "Aquele que cuida corretamente de sua natureza interior verá aparecer a luz amarela, tal como ela deve ser (de
acordo com as expectativas)". (LU CH'IANG WU & DAVIS, T. L. *An ancient Treatise
on Alchemy*, p. 262).

46. PREISENDANZ. *Papyri Graecae magicae*, I, p. 137 (P. IV, Z. 2081s.: Erlangung
eines Paredros [obtenção de um paredro]).

der do adepto. Podemos ler no *Traktat des Hali, rex Arabiae* (Trata-do do Hali, rei da Arábia): "...et iste filius servabit te in domo tua ab initio in hoc Mundo et in alio"[47]. Muito antes de Paracelso, como já dissemos, tal filius foi posto em paralelo com Cristo. Este paralelo tornou-se evidente nos alquimistas alemães do séc. XVI, influencia-dos por Paracelso. Henricus Khunrath diz: "Este filho do macrocos-mo (isto é, o filius philosophorum), é Deus e criatura... aquele (ou seja, Cristo) filho de Deus, Deus-Homem, isto é, Deus e homem. Um deles concebido no útero virginal do macrocosmo, o outro (ou seja, Cristo), no útero virginal do microcosmo ... Sem blasfemar, digo: A pedra dos filósofos, o Salvador do macrocosmo, é uma imagem do crucificado, do Salvador do gênero humano, ou seja, do microcos-mo. ... Na pedra, naturalmente, deves reconhecer o Cristo e, em Cristo, a pedra"[48].

163 Parece-me certo que Paracelso era tão inconsciente quanto Khun-rath do alcance de tais implicações, se é que as conhecia. Khunrath também acredita falar "absque blasphemia" (sem blasfemar). Apesar da inconsciência, tais ensinamentos pertencem à própria essência da alquimia filosófica[49], e aquele que a pratica pensa, vive e atua em sua atmosfera, talvez sofra sua influência de modo tão mais insinuante, quanto mais ingênua e acriticamente se entregar a ela. A "luz natural do homem" ou o "astrum no homem" parece algo inofensivo, a pon-to dos antigos autores e seus predecessores não terem percebido a possibilidade de conflito subjacente a ela. No entanto, aquela luz ou filius philosophorum eram abertamente chamados de a maior e mais vitoriosa de todas as luzes, como salvator e servator ao lado de Cris-

---

47. [E este filho te servirá desde o início em tua casa, neste mundo e no outro: *Rosari-um, Art. aurif.*, II, p. 248]. De modo semelhante diz Preisendanz (Op. cit., II, p. 47, Z. 49s.): "Eu te conheço, Hermes, e tu a mim. Eu sou o que tu és, tu és o que eu sou. Assim sendo, faze-me tudo e aproxima-te".

48. KHUNRATH. *Amphitheatrum sapientiae aeternae*, p. 197. O texto latino diz o se-guinte: "Hic, filius Mundi maioris, Deus et creatura... ille 'scl. Christus' filius Dei θεάνθρωπος h. e. Deus et homo: Unus in utero Mundi maioris; alter, in utero Mundi mi-noris: uterque Virgineo, conceptus... Absque blasphemia dico:... Christi crucifixi Salvato-ris totius generis humani, id est, Mundi minoris... typus est, Lapis Philosophorum Serva-tor Mundi maioris. Ex lapide, Christum, naturaliter cognoscito et ex Christo, Lapidem".

49. Mylius (*Philosophia reformata*, p. 97) diz a respeito do filius ignis: "[...] hic iacet tota nostra philosophia" [Aqui jaz toda nossa filosofia].

Estudos alquímicos   137

to! Ao mesmo tempo o próprio Deus tornou-se homem em Cristo, ao
passo que o filius philosophorum será extraído da matéria originária
pela intenção e arte humanas, desenvolvendo-se mediante a opus, até
tornar-se um novo portador de luz. No primeiro caso ocorre o milagre da redenção do homem por Deus, no segundo porém ocorre a
salvação e transfiguração do universo pelo espírito do homem – Deo
concedente, como os autores nunca deixam de acrescentar. No primeiro caso, o homem reconhece: eu abaixo de Deus; no segundo porém: Deus abaixo de mim. Isto quer dizer que neste caso, o homem se
coloca no lugar do criador. Na alquimia medieval prepara-se a maior
intervenção na ordem divina do mundo jamais ousada pelo homem:
A alquimia é a aurora da era das ciências naturais, a qual coagiu a natureza e suas forças, pelo daemonium do espírito científico a colo-
car-se a serviço do homem numa medida inaudita. A partir do espírito da alquimia Goethe criou a figura do "super-homem" Fausto e, a
partir deste último, o Zaratustra de Nietzsche declarou que Deus estava morto e anunciou a vontade de dar à luz o super-homem por sua
própria pletora de poder; melhor ainda, tal como Nietzsche diz:
"criai um Deus a partir de seus sete demônios"[50]. Eis aí as verdadeiras raízes, os processos preparatórios seculares e anímicos dos fatores
que hoje operam no mundo. A técnica e a ciência conquistaram o
mundo, mas saber se a alma ganhou com isso é outra questão.

Por sua participação na alquimia, Paracelso expôs-se a uma in-   164
fluência que deixou certos vestígios em seu ser espiritual. O mais profundo e íntimo esforço da alquimia é uma presunção, cuja grandiosidade demoníaca, por um lado, e cuja periculosidade anímica[51], por

---

50. NIETZSCHE. *Also sprach Zarathustra*. "Do caminho do criador": "Solitário segues o caminho que leva a ti mesmo! O teu caminho passa por ti e por teus sete demônios... Deves queimar-te em tuas próprias chamas: como queres renovar-te se antes
não te tornares cinza? Solitário segues o caminho do criador: queres criar um Deus
para ti a partir dos teus sete demônios!" [P. 94] Observe-se a "combustio in igne proprio" [combustão no próprio fogo] ("lapis noster proprio iaculo interficit seipsum"
[nossa pedra se mata com sua própria arma de arremesso] – Consilium coniugii. In: *Ars
chemica*, p. 237), a incineratio e a fênix dos alquimistas! O diabo corresponde à forma
saturnina da anima mundi a ser transfigurada.

51. Os alquimistas conheciam estas circunstâncias desde os tempos mais remotos.
Entre múltiplos testemunhos menciono o de Olimpiodoro: "No chumbo [Saturno!]
mora um demônio descarado [justamente o spiritus mercurii!], que enlouquece os seres humanos" (BERTHELOT. *Alch. grecs*, II, IV, 43, p. 95-104).

outro, não podem ser subestimadas. Não pouco da orgulhosa arrogância e presunção que contrastam estranhamente com a humildade verdadeiramente cristã de Paracelso proviria dessa fonte. O que irrompeu vulcanicamente em Agripa como "ipse... daemon, heros, Deus" permaneceu oculto em Paracelso, sob o limiar de uma consciência cristã, expressando-se apenas indiretamente em certas exigências excessivas de sua irritável necessidade de autoafirmação, que criava continuamente inimizades ao seu redor. Sabe-se pela experiência que um tal sintoma é devido a um sentimento de inferioridade não reconhecido pela pessoa, isto é, a um erro verdadeiro, do qual em geral não se tem consciência. Em cada homem habita um juiz impiedoso, que nos faz sentir culpados, mesmo que não tenhamos consciência de haver cometido alguma falta. Mesmo que não saibamos, é como se em alguma parte tal falta fosse conhecida. O propósito de Paracelso de ajudar o doente de qualquer modo é indubitavelmente puro. Os meios mágicos porém e principalmente as ideias secretas da alquimia o põem em posição diametralmente oposta ao espírito cristão. Assim é, quer Paracelso o saiba ou não. Subjetivamente, ele não tem culpa, mas aquele juiz impiedoso condenou-o a um sentimento de inferioridade de graves consequências.

D. *O homem primordial*

165   Este ponto crucial da doutrina secreta alquímica, do prodigioso filho dos filósofos é o tema da crítica desfavorável, mas perspicaz, de Conrado Gessner. Este escreve a Crato, a propósito dos trabalhos de um discípulo de Paracelso, Alexander à Suchten[52]: "Mas vede quem ele nos revela como Filho de Deus, nada menos do que o espírito do mundo e da natureza, aquele que habita em nosso corpo (é um milagre que ele não acrescente ainda o do asno e do boi!). Tal espírito pode ser separado da matéria ou do corpo dos elementos mediante processos técnicos da escola de Teofrasto. Se alguém o tomasse ao pé da letra diria que ele estava apenas citando um princípio dos filósofos e não sua própria opinião. Mas ele repete a frase, a fim de expressar sua adesão. E eu sei que outros teofrastianos maculam estas coisas

---

52. Nascido no começo do século XVI, em Danzig, estudou na Basileia.

Estudos alquímicos

com seus escritos: a partir disto é fácil concluir que eles negam a divindade de Cristo. Estou plenamente convencido de que o próprio Teofrasto foi um ariano. Ele se esforçou no sentido de persuadir-nos de que Cristo foi um homem comum (omninò nudum hominem fuisse) e que não havia nele um espírito diverso do nosso"[53].

A acusação de Gessner aos alunos de Teofrasto e ao próprio mestre atinge a alquimia de um modo geral. A extração da alma do mundo não é uma peculiaridade da alquimia paracélsica. A acusação de arianismo, no entanto, é injustificada. O que motivou esta ideia foi, obviamente, a predileção pelo paralelo do filius philosophorum com Cristo, que ao que eu saiba não aparece em parte alguma na obra de Paracelso. Por outro lado, encontra-se num escrito que Huser atribui a Paracelso, o Apokalypsis hermetis, uma profissão de fé alquímica completa, a qual dá uma certa razão à acusação de Gessner. Nesse texto, Paracelso diz a respeito do "espírito da quinta essência": "Este é o espírito da verdade, que o mundo não pode compreender, sem a intervenção do Espírito Santo, ou sem o ensinamento daqueles que o conhecem"[54]. "Ele é a alma do mundo", aquele que tudo move e tudo preserva. Em sua forma terrestre inicial (isto é, em sua escuridão saturnina originária) ele é sujo. Mas ele se purifica progressivamente durante a sua ascensão através das formas de água, ar e fogo. Na quinta essência, finalmente, ele aparece no "corpo clarificado"[55]. "Este espírito é o segredo que desde o princípio estava oculto".

Paracelso fala aqui como um verdadeiro alquimista. Tal como seus discípulos ele também atrai para o círculo da especulação alquímica a cabala, tornada acessível ao mundo então por Pico Della Mirandola e Agripa. Paracelso diz : "E todos vós, que por vossa religião sois levados a profetizar para as pessoas acontecimentos futuros, passados e presentes, vós que vedes à distância e ledes cartas escondidas e livros selados, procurais na terra e nos muros aquilo que está enterrado, vós que aprendeis grande sabedoria e arte, lembrai-vos, se quiserdes utilizar todas essas coisas, de aceitar a religião da cabala e nela caminhar, pois ela assenta no seguinte fundamento: pedi e recebereis, batei e sereis ouvidos, a porta abrir-se-á e fluirá o que desejardes: e

---

53. Epistolarum medicinalium Conradi Gesneri lib. I, fol. 2ʳ e s [citação p. 2].

54. Esta é uma fórmula que se repete frequentemente nos tratados alquímicos.

55. O "corpus glorificationis" dos autores.

vereis as profundezas da terra, o fundo dos infernos e o terceiro céu; assim alcançareis mais do que a sabedoria de Salomão e tereis maior comunhão com Deus do que a tiveram Moisés e Aarão"[56].

168 Como a sabedoria cabalística coincidia com a sabedoria da alquimia, assim também a figura de Adão Cadmão foi identificada com a do filius philosophorum, cuja forma mais originária é certamente o ἄνθρωπος φωτεινᾳς, isto é, o homem-luz preso em Adão, segundo o alquimista Zósimo de Panópolis (século III)[57]. Mas o homem-luz é uma manifestação da doutrina pré-cristã do homem primordial. Sob a influência de Marsílio Ficino e Pico Della Mirandola estas e outras ideias neoplatônicas já se haviam difundido no século XV e eram do conhecimento das pessoas cultas. Na alquimia tais ideias coincidiam com os remanescentes da tradição antiga. A isso acrescentava-se ainda o ponto de vista da alta cabala, o qual foi elaborado filosoficamente por Pico de modo especial[58]. Este e em segundo lugar Agripa[59] devem ter sido as fontes das quais jorrou o conhecimento cabalístico algo insuficiente de Paracelso. Para este, o homem primordial era idêntico ao homem-astro: O homem verdadeiro é o astro em nós, diz ele[60]; "o astro deseja impelir o homem para a grande sabedoria"[61]. No *Livro Paragranum* lê-se: "Porquanto o céu é o homem / e o homem é o céu, / e todos os homens (são) um céu / e o céu apenas um homem"[62]. O homem está numa relação filial[63] com o céu interior, que é o Pai, o qual é designado por Paracelso como o "grande

---

56. SUDHOFF (org.). *De religione perpetua*. Secção II, vol. I, p. 100s. [A redação foi modernizada por Jung]. Semelhante presunção encontra-se em *De podagricis*, "De limbo": "Assim, o homem adquire seu modo angelical do céu e é como o céu que conhece os anjos; estes conhecem os astra; ele (o homem) conhece os astra e o horoscopum, que conhece o mundo inteiro e sabe como juntá-los" [SUDHOFF (org.). I, p. 317].

57. O homem-luz também é chamado φῶς. É o homem espiritual que se revestiu do corpo de Adão. Cristo aproximou-se (προσῆν) de Adão e o conduziu ao paraíso. (BERTHELOT. *Alch. grecs*, III, XLIX, 6s., p. 231s.).

58. *De arte cabalistica*.

59. *Occulta philosophia*.

60. SUDHOFF (org.). XII, *Astronomia magna*, p. 55.

61. Op. cit., p. 62.

62. STRUNZ (org.), p. 56; e também HUSER (org.). *Von der Astronomey*, p. 215.

63. STRUNZ. Op. cit., p. 55.

Estudos alquímicos   141

homem"[64], ou pelo nome arcano adech[65] (um neologismo derivado do
nome de Adão). Em outra passagem também é chamado de archeus,
"o que portanto é semelhante ao homem e está nos quatro elementos e
é um archeus, composto de quatro partes; ele é pois o grande cosmos..."[66]. Indubitavelmente este é o homem primordial, como diz Paracelso: "Em todo o *ides* há um único homem, o qual é extraído pelo
iliastro[67], e é o protoplasto" – "Ideus ou ides é a ideia originária a partir da qual todas as criaturas foram feitas"[68]. Outro nome secreto do
homem primordial é idechtrum[69]. Outro nome ainda é o prototoma[70].
A multiplicidade dos nomes para o mesmo conceito mostra o quanto o
espírito de Paracelso se preocupou com esta ideia. A antiga doutrina
do anthropos ou homem primordial diz que a divindade ou o agens
criador do mundo deve ter-se tornado manifesto na forma de um ho-

---

64. Corresponde a MIRANDOLA, Pico. *Heptaplus*, cap. VII, p. 61.

65. DORNEO (org.). *Theophrasti Paracelsi libri V De vita longa*, p. 178. Adech é o "invisibilis homo", provavelmente idêntico ao aniadus e ao edochinum = enocdiano. (A
respeito de Enoc, v. abaixo!). Quanto ao "homo maximus" cf. STRUNZ (org.). *Paragranum*, p. 45 e 59. Dorneo (Op. cit.) explica o adech como "invisibilem hominem
maximum" [homem máximo invisível].

66. *Von den dreyen ersten essentiis*, cap. IX [SUDHOFF (org.). III, p. 11]. A mesma
ideia da quatripartição do homem originário também é encontrada no gnosticismo
(Barbelo = "deus em quatro partes").

67. O iliastro é mais ou menos o mesmo que o spiritus vitae, ou seja, o spiritus mercurialis dos alquimistas. Para estes ele é o agens oculto do argentum vivum, o Mercurius,
o qual extraído sob a forma da aqua permanens, serve novamente (da forma mais contraditória) para separar o agens oculto, a anima, do corpus. A contradição provém do
fato de Mercurius constituir um ser que se transforma a si mesmo, representado por
um dragão, que se devora a si mesmo a partir da cauda (οὐροβᾴρος = devorador da
cauda!), ou como dois dragões que se devoram mutuamente etc. O iliastro funciona
também deste modo paradoxal: ele mesmo é criado, mas impele todas as criaturas da
existência potencial no mundo das ideias (neoplatonismo de Paracelso!), como o ides
deve provavelmente ser interpretado, para o mundo real [SUDHOFF (org.). III, *Anatomiae liber primus*, p. 462 e 464].

68. *Argumentum in primum librum anatomiae idechtri* [SUDHOFF (org.). III, Op.
cit.].

69. "[...] est primus homo et prima arbor et prima creatura, sit cuiuscunque rei" (Ele é
o primeiro homem e a primeira árvore e a primeira criatura entre todas) [SUDHOFF
(org.). III, *Fragmentarishe Ausarbeitungen zu Anatomie und Physiologie*, p. 465].

70. = primeiro Tomé, isto é, o primeiro descrente, que duvida (Autonomia da lumen
naturae!) [Op. cit., p. 465].

mem primogênio (protoplastus), quase sempre de grandeza cósmica. Na Índia eles são prajapati e purusha (que mora no coração de cada homem e cujo tamanho é o de um polegar[71], tal como o iliastro de Paracelso). No Irã é gayomard (gayô-maretan = a vida mortal), o adolescente de brancura resplandecente, que foi ressaltado pelos alquimistas como Mercurius. No *Sohar* cabalístico é o metatron, criado ao mesmo tempo que a luz. Trata-se do homem celestial, com o qual já nos deparamos nos livros de *Daniel*, *Esdras*, *Henoc* e Filo Judeu. Ele também é uma figura importante do gnosticismo e neste, como em toda parte, está ligado por um lado à questão da criação e, por outro, à da redenção[72]. Em Paracelso encontramos esta mesma ligação.

2. De vita longa: Uma exposição do ensinamento secreto

O tratado *De vita longa*[73] que em parte é de difícil compreensão nos informa sobre esse tema que, no entanto, deve ser laboriosamente extraído da terminologia arcana. O tratado é um dos poucos escritos latinos e redigido num estilo frequentemente estranho, mas contém alusões tão significativas, que vale a pena examiná-lo mais de perto. Numa epístola dedicatória de 1562, dirigida a Ludwig Wolfgang von Hapsberg, governador em Badenweiler, diz Adam von Bodenstein, o editor do tratado, que este é "ex ore Paracelsi diligenter exceptus et recognitus" (recebido cuidadosamente da boca de Paracelso e depois revisto)[74]. A conclusão evidente desta observação é que o tratado se baseia em notas de palestras de Paracelso, não havendo nenhum original do mesmo. Como o próprio Bodenstein escreve em latim fluente e compreensível, contrastando de modo sensível com a linguagem do tratado, devemos supor que ele não tenha dedicado atenção suficiente ao mesmo ou não se tenha esforçado por dar-lhe uma forma melhor e mais clara; senão, certamente haveria muito mais de seu próprio estilo nesse trabalho. Provavelmente ele manteve os apontamentos das conferências em sua forma original, o que se

---

71. Cf. JUNG. *Símbolos da transformação* [OC, 5, § 168s.].

72. Cf. BOUSSET. *Hauptprobleme der Gnosis*, p. 160s.

73. Reproduzido em SUDHOFF (org.). III, p. 247-292, resp. 308.

74. Na primeira edição, no fol. d 2[r].

Estudos alquímicos

percebe principalmente no fim do trabalho. É possível que ele, como o suposto tradutor Oporin, não tivessem uma clara compreensão do que estavam tratando, o que não é de estranhar, posto que o próprio mestre não possuía a necessária clareza ao tratar de temas tão complexos. Nessas circunstâncias é difícil distinguir o que deve ser atribuído à incompreensão, por um lado, e à falta de disciplina de pensamento, por outro. Não se pode excluir também a possibilidade de erros propriamente ditos[75]. A interpretação do trabalho move-se desde o início em terreno inseguro, e muita coisa deve permanecer na condição de mera conjetura. Mas como Paracelso, apesar de toda a sua originalidade, foi fortemente influenciado pelo pensamento alquímico, o conhecimento de tratados alquímicos antigos e contemporâneos a ele, bem como dos escritos de seus discípulos mais próximos e mais distantes nos oferece uma ajuda que não se deve subestimar no tocante à interpretação de certos conceitos e no preenchimento de certas lacunas. Uma tentativa de comentar e interpretar tais textos, apesar de todas as dificuldades, não é um empreendimento desesperador.

A. O *iliastro*

O tratado ocupa-se com a apresentação e discussão das condições sob as quais a longa*vitae*, a longa vida será atingida e que – segundo Paracelso – pode estender-se até mil anos. Reproduzo em seguida principalmente as passagens que se referem à doutrina secreta, podendo ser úteis para o seu esclarecimento[76]. No início Paracelso dá a seguinte definição da vida: "Nihil mehercle vita est aliud, nisi

170

---

75. Para darmos apenas um exemplo: em uma passagem lê-se que aos "Scaiolis nulla mortalitas inest" (A mortalidade não é própria dos scaiolae); em outro trecho ele escreve sobre "mors et vita scaiolarum". Por isso, não podemos esperar demais da "recognitio" de Bodenstein ["de sua edição"]. À minha opinião de que *Vita longa* consiste de notas de aula se opõe o fato de existirem fragmentos originais em alemão da *Vita longa*. [SUDHOFF (org.). III, p. 295s.]. Talvez se trate de uma tentativa de Paracelso de fazer uma versão alemã da *Vita longa*. O ano de 1526 pode ser considerado, ao que parece, o de seu surgimento. No entanto, não foram conservados quaisquer manuscritos originais de Paracelso [Cf.. SUDHOFF (org.). Op. cit., p. XXXIIs.].

76. As considerações que seguem não pretendem ser uma apreciação do tratado como um todo; por este motivo, omitem também o importante texto de Marsílio Ficino, *De triplici vita*.

Mummia quaedam Balsamita, conservans mortale corpus a mortalibus vermibus et aestphara, cum impressa liquoris sallium commistura" (A vida, segundo Hércules, nada mais é do que uma múmia embalsamada, que preserva o corpo mortal dos vermes mortais e da putrefação[77], por meio de uma solução salina.) Múmia é um medicamento medieval que consistia de partículas de verdadeiras múmias egípcias, e isto era objeto de um comércio florescente. A incorruptibilidade era atribuída por Paracelso a uma virtus ou agens denominado balsam. O bálsamo é uma espécie de elixir vitae natural, por meio do qual o corpo é conservado vivo ou, quando morto, incorruptível[78]. Tal suposição seguia a mesma lógica segundo a qual o escorpião ou a cobra venenosa deviam conter um alexipharmacon, isto é, um antídoto, sem o qual eles morreriam com o próprio veneno.

171   O tratado continua mencionando um grande número de remédios arcanos, pois as doenças que encurtam a vida devem ser curadas antes de tudo. Entre esses remédios os principais são o ouro e a pérola, sendo que esta última é transformada na quinta essentia. Finalmente no quarto volume é atribuído um efeito muito especial ao remédio arcano cheyri[79], uma vez que ele apoia o corpo microcósmico

---

77. A expressão "aestphara" talvez seja de origem árabe. Dorneo lhe dá o significado de "corruptio". Outra possibilidade seria a derivação da palavra φάρω, tornar visível, e ἀἰστάω, despedaçar, dividir. Na corruptio, ou seja, putrefactio ocorre a decomposição, e com isso o desaparecimento da forma primeira [SUDHOFF (org.). III, p. 249 (usa "eschara"); HUSER (org.). I, 6ª parte, p. 137 (também "eschara"); BODENSTEIN, p. d_4 ("aestphara")].

78. Rulandus (*Lex. alch.*), v. verbete "Balsamum. Balsamus", p. 99: "Est salis interioris liquor suum a corruptione corpus tutissime praeservans naturaliter. Externus est terebenthina nullam vim ignis passa" (É o líquido de um sal interior, o qual preserva seu corpo da decomposição, de um modo seguro e natural. O exterior [B] é terebentina, que não sofreu nenhuma ação do fogo). B. = "bálsamo (em alemão Baldzamen – bald zusammen é um trocadilho da palavra), isto é, celeriter coniunctum" [isto é, rapidamente ligado], portanto um meio de promover a coniunctio; cf. abaixo. "Balsamus elementorum externus est liquor Mercurii externi... rerum firmamentalis essentia, alias quinta" (bálsamo exterior dos elementos é líquido do mercúrio exterior, a essência do firmamento, aliás, a quinta, das coisas) (por isso, "Balsamus internus" é um "liquor mercurii interni!").

79. Cheyri = Keiri (árabe), Levkoie (goivo) amarelo, segundo o livro das ervas do Tabernaemontanus: Viola petraea lutea (em francês: girofle jaune) abortivo e revigorante. A planta tem flores amarelas de quatro pétalas. Galen (*De simplicium medicamen-*

Estudos alquímicos 145

de tal forma que este "possa manter-se conservado através da estrutura dos quatro elementos"[80]. Por isso o médico deve observar – continua Paracelsio – que a estrutura (anatomia) dos quatro elementos "seja concentrada na estrutura do microcosmo, não porém a partir do corporal, mas muito mais a partir daquilo que preserva o corporal". Este último é o bálsamo, que está acima da quintessência, a qual conecta os quatro elementos. Ele (o bálsamo) está acima da natureza ("qui ipsam quoque naturam antecellat"), e isso graças a um procedimento alquímico[81]. A ideia de que pela "arte" algo pode ser criado que esteja acima da natureza é tipicamente alquímica. É que o bálsamo representa o princípio mesmo da vida (o spiritus Mercurii) e coincide portanto com o conceito paracélsico do iliastro[82]. Ele é apresen-

---

torum facultatibus, lib. VII) atribui a ela um efeito purificador de aquecimento. A "Cheizi Paracelsicum" significa segundo Rulandus (*Lex. alch.*, p. 143), em se tratando de minerais, "argentum vivum"; "flos Cheiri" significa "ex argento... album elixir", também essentia auri. "Alii aurum potabile esse volunt" (segundo outros, seria ouro potável), e também um arcanum útil para os fins filosóficos da alquimia. O próprio Paracelso alude à divisão em quatro: "[...] que a natureza atua com quatro elementos e o spagyrus faz um ser temperado dos quatro, como contém a flos cheiri" [SUDHOFF (org.). III, *Fragmenta medica*, p. 301].

80. "Quod per universam quatuor elementorum anatomiam perdurare in sua conservatione debet" [SUDHOFF (org.). III, Lib. IV, cap. I, p. 280]. Nos fragmentos sobre *Vita longa* diz Paracelso: "Então cheiri é mais do que vênus, anthos mais do que marte" [Op. cit., p. 302].

81. "Idque ipsum tamen per corporalem operationem" (Op. cit., p. 280). Poder-se-ia tratar de uma extractio.

82. Este termo aparece em múltiplas variações como iliastes, iliadus, yliastrum, yliadus, yleidus etc. [Entre os manuscritos de Jung foram encontradas post-mortem as seguintes anotações datadas de Einsiedeln, 11/10/1942, com o título "O conceito do Mercurius na filosofia hermética": "Uma apresentação da filosofia de Teofrasto parece-me dificilmente possível sem um conhecimento profundo das fontes de seu tempo. Isto requer uma série de investigações específicas. Eu me propus, portanto, em vez de apresentar uma visão geral de sua filosofia da natureza, ressaltar uma única ideia que perpassa a estrutura de seu pensamento em diversas variações: trata-se da ideia de *iliaster*. Este conceito – se assim quisermos chamá-lo – cintila não só em vários significados como também usufrui de várias denominações igualmente variáveis: é chamado yleides, yleidus, yliadus, ileidos, iliadum, eliaster, ileadus, ilistris, ileias e ilech. E a cada vez – pelo menos assim me parecia como leigo que eu era – acredita-se tratar-se de algo novo ou então de algo totalmente diferente ou bem determinado. Acho que descobri estar enganado. Lembrei-me então de uma regra psicológica segundo a qual, se forem dadas muitas variações ao nome de um mesmo objeto, isto sempre tem um significado para o objeto em questão. Paracelso ultrapassa aqui sua tendência neologística, e isso

tado como prima materia, da qual procedem as três substâncias fundamentais: mercurius, sulphur e sal. Ele está acima dos quatro elementos e determina a duração da vida. É portanto aproximadamente a mesma coisa que o bálsamo ou, em outras palavras, o bálsamo seria o aspecto farmacológico ou químico do iliastro. Este confere longevidade da mesma forma que a "arte". Há três espécies de iliastro: o iliastro sanctitus[83], paratetus[84] e magnus. Eles estão por assim dizer ao alcance do homem (microcosmo subditi sunt), de tal forma

prova que o objeto por ele designado com um nome em suas múltiplas variações possui uma especial importância e uma particularidade característica: o objeto deste conceito é algo que sempre escapa no momento de sua captação; por isso o espírito formulador tem que esforçar-se por criar o maior número possível de palavras ou conceitos significativos, a fim de cativar este servus fugitivus, como é denominado na alquimia, ou o cervus fugitivus, o veado fugitivo. Para Paracelso o iliastro é ora o principium, a prima materia, o caos, a prima compositio constituída de Mercurius, enxofre e sal, ora o aer elementalis ou coelum, in homine vero spiritus, qui transit per omnia membra – que perpassa portanto todos os membros – ora a occulta naturae virtus, ex qua res omnes habent incrementum – portanto: a força oculta da natureza, da qual todas as coisas recebem seu vigor, sua multiplicação – aluntur, multiplicantur et vegetant – isto é, são nutridas, se multiplicam e vivem, conforme define Rulandus, discípulo de Paracelso, ora o spiritus vitae, o qual nada mais é do que a vis Mercurii (a força do Mercúrio). O iliastro é manifestamente idêntico ao spiritus Mercurii, a ideia central de toda a alquimia, desde os tempos mais remotos até seu apogeu no século XVII. Tal como o Mercurius philosophorum, o Mercurius de Paracelso também é um filho de Sol e Luna, nascido com a ajuda de sulphur e sal, portanto <estranho filho do caos> como Goethe intitula seu Mefistófeles. Teofrasto chama-o <omne fumosum et humidum in quovis corpore> (tudo que é fumoso e úmido em cada corpo). Portanto a anima de caráter vaporoso e úmido como convém à ideia originária da e como a anima Mercurii é concebida pela alquimia. O iliastro, que é o spiritus Mercurii, corresponde à insitus terminus vitae, imo ipsa vita (meta implantada da vida, ou seja, a própria vida), e no nível mais elevado ele significa o mentis sive animi lapsum in alterum mundum, isto é, ao enlevamento do espírito em um outro mundo, ou seja, no de Henoc, Elias e outros. Assim, ele não é apenas propriamente o causador da vida, mas também o psicopompo da transformação mística que leva à incorruptibilidade, isto é, à imortalidade. A 'semente da alma do iliastro' como é chamado por Paracelso, é o espírito de Deus e nessa alma está impressa a 'imagem de Deus'. Esta ideia básica da filosofia de Paracelso – não de sua teologia para a qual não posso contribuir com nada de essencial – esta ideia básica é um bem herdado do antigo pensamento alquímico"].

83. [Op. cit., lib. IV, cap. III, p. 281] Sanctitus de sancire – fixar definitivamente; sanctitus = affirmatus, colocado. Em Rulandus (*Lex. alch.*, p. 264): "Iliaster primus vel insitus" = o iliastro "colocado".

84. Paratetus provavelmente do grego παρ̥αιτέομ̥αι = alcançar através de súplica, num clima favorável. O iliastro, que concede vida longa conforme seu desígnio "juxta favorem". Rulandus (Op. cit.): "Iliaster secundus vel praeparatus" ["o outro iliastro ou preparado"].

Estudos alquímicos   147

que podem ser reunidos (pelo homem) "em um gamonymus". Uma
vez que Paracelso atribui ao iliastro uma "coniunctionis vis atque potestas" particular[85], este misterioso "gamonymus" (γάμος = casamento e ὄνομᾷ = nome) pode ser interpretado como "uma espécie de
casamento químico", isto é, uma união indissolúvel ("hermafrodíti-
ca")[86]. O autor enreda-se neste tratado em nomes secretos e neologismos, com os quais pretende, por um lado, nomear de novo as coisas e,
por outro, captar o sentido de intuições dificilmente apreensíveis,
pouco claras para ele mesmo. Neste contexto Paracelso chama as pessoas de grande longevidade desnecessariamente de "enoquianas" e
"eliezanas" (Henoc viveu 365 anos e Elias foi arrebatado aos céus[87]
ainda mais velho). Há tantos iliastros quanto seres humanos; isto é, em
cada homem habita um iliastro individual, o qual reúne as combina-
ções próprias de cada indivíduo[88]. Ele parece por isso ser uma espécie
de princípio (universal) de formação e de individuação[89].

B. *O aquastro*

   Tal iliastro é, pois, o ponto de partida da preparação secreta da   172
longevidade. Para isso, a substância vital impura deve ser purificada

---

85. Op. cit., lib. IV, cap. II, p. 280s.

86. O corpo produzido pela coniunctio de Sol e Lua foi representado como um hermafrodita.

87. (Op. cit., p. 281) Gn 5,24: "Henoc caminhava com Deus, e de repente desapareceu; pois Deus o havia arrebatado". O cronólogo Scaliger (*Animadversiones in chronologia Eusebii*) atribuiu a ele a divisão do ano. Henoc era tido como uma prefiguração
de Cristo no Antigo Testamento, tal como Melquisedec. Cf. Pico Mirandola (*De arte
cabalistica*, I, p. 752): "Denuo Simon ait, pater noster Adam, rursus ex Seth nepotem
suscepit, memor eius Cabalae, quam sibi Raziel tradiderat quod ex sua propagatione
nasceretur homo futurus salvator. Quare vocatus est Enos, id est, homo" [Simão falou
de novo, nosso pai Adão ganhou outro neto, lembrando aquela cabala, que Raziel lhe
havia transmitido, segundo a qual um homem nasceria de sua semente, e que seria um
salvador. Por isso foi chamado Henoc, isto é, homem].

88. O sentido do texto seguinte poderia ser reproduzido mais ou menos assim: "[...]
eius ultra mille sunt species ... potius iuxta hoc, ut quilibet microcosmus peculiarem
suam atque adeo perfectam coniunctionem habeat, quilibet, inquam, utrinque perfectam suam ac propriam virtutem" [Disso há mais de mil espécies... de tal forma que
cada microcosmo tem sua própria conexão especial e até mesmo perfeita, cada qual
tendo sua própria virtude (*De vita longa*, lib. IV, cap. IV, p. 282)].

89. Cf. mais adiante detalhes sobre "ares"!

148   Obra Completa – Vol. 13

pela separação dos elementos, "o que ocorre através de tua meditação". Esta última consiste no fortalecimento de teu espírito que ultrapassa o trabalho corporal e artesanal"[90].

173   Eu traduzi imaginatio por meditação. Na concepção de Paracelso a imaginatio é interpretada como o poder ativo do astrum, ou seja,
do corpus coeleste sive supracoeleste, isto é, do homem superior (interior). Aqui encontramos o *fator psíquico* na alquimia; o artifex
acompanha sua obra química com uma operação espiritual simultânea, realizada por meio da imaginação. A operação tem por meta,
por um lado, a purificação de impurezas e, por outro, o "fortalecimento" ou a "consolidação" do espírito, o "confirmamentum". (Este
neologismo não deixa de ter relação com o "firmamento" e poderia
portanto ser traduzido como "adaptação ao firmamento".) Neste trabalho o homem se eleva em seu espírito, de modo a igualar-se a Henoc[91]. Por isso o homem em sua estrutura interior deve incandescer
até o mais alto grau, pois dessa forma a impureza é consumida e so-
bra o sólido "sem ferrugem"[92]. Enquanto o alquimista incandesce no
forno sua matéria, ele se submete por assim dizer moralmente ao

---

90. "[...] quod maxime necessarium est in hoc processu, erga iliastrum describamus,
principio ut impurum animatum depuretur citra separationem elementorum, quod fit
per tuam ipsius imaginationem, cum ea in animi tui confirmamento consistit, praeter
omnem corporalem ac mechanicum laborem" [Devemos explicar o que neste processo
é o mais necessário em relação ao iliastro. Em primeiro lugar, a substância vital impura
deve ser purificada mediante a separação dos elementos, o que se faz através de sua
própria imaginação acerca deles. – Em seguida, cf. no texto.] (Op. cit., lib. IV, cap. VI,
p. 283). "A imaginatio ipsius" consiste numa meditação sobre o "impurum animatum". Através disso "imprime-se" ao mesmo uma nova "forma".

91. "[...] quo sese homo gradatur in animo, ut aequalis reddatur Enochdianis" (Op.
cit.) A gradatio é uma operação alquímica: "metallorum... exaltatio, qua pondus, color, et constantia potissimum ad gradum excellentem perducuntur" [uma exaltação
dos metais através da qual o peso, a cor e a consistência frequentemente são levados a
um grau de excelência] (RULANDUS. Op. cit., p. 245).

92. "Quare microcosmum in sua interiore anatomia reverberati oportet in supremam
usque reverberationem" (Op. cit., p. 283). O reverberatório é um forno de calcinação.
"Reverberatio est ignitio, corpora igne vivo reverberante, et repercutiente in calcem
subtiliorem reducens" [A reverberação é uma combustão que reduz substâncias a uma
cal mais fina através de um fogo vivo que ricocheteia e reverbera] (RULANDUS. Op.
cit., p. 404s, v. v. reverberatio). Ferrugo é ferrugem.

Estudos alquímicos 149

mesmo tormento pelo fogo e à mesma purificação[93]. Devido à sua projeção na matéria ele se identifica inconscientemente com a mesma e, portanto, sofre o mesmo processo[94]. Paracelso chama a atenção do leitor para o fato de que este fogo não se identifica de forma alguma com o do forno. Pois dentro deste último não se encontra a "essência da salamandra ou de ares melusínico", uma vez que se trata muito mais de uma "retorta distillatio no meio do centro, além de todo fogo de carvão". Como a melusina é um ser aquático, o "ares melusínico"[95] indica o aquastro[96], o qual representa o aspecto "aquoso" do iliastro, isto é, o iliastro ligado aos líquidos do corpo que ele preserva. O iliastro é indubitavelmente um princípio espiritual invisível, apesar de significar também algo como a prima materia, a qual, porém, para os alquimistas, não corresponde sempre àquilo que entendemos por matéria. Frequentemente ela é chamada humidum radicale[97], água[98], também spiritus aquae[99] e vapor terrae[100]; ela é a "alma"do corpo[101], um sperma mundi[102], a árvore do paraíso de Adão, com flores variegadas, a qual cresce no mar[103], o corpus redondo do centro[104], Adão e

---

93. O Tractatus aureus. In: *Ars chem.*, cap. IIII, p. 24 diz: "Comburite corpus aeris, nimio igne, et imbuet vos gratia quam quaeritis" [Queimai o corpo do ar com um fogo poderoso, e sereis embebidos com a graça que buscais].

94. Cf. [Jung] "As ideias de salvação na alquimia".

95. Ares também é ocasionalmente masculino.

96. De aqua e ἀστήρ = "a estrela de água".

97. ALBERTO MAGNO. *De mineralibus et rebus metallicis*, tr. I, cap. 2, p. aiii.

98. Rupescissa em HOGHELANDE. De alchemiae difficultatibus. In: *Theatr. chem.*, 1602, I, p. 193.

99. MYLIUS. *Phil. ref.*, p. 16.

100. Op. cit.

101. Diálogo entre Synesios e Dioskoros: BERTHELOT. *Alch. grecs*, II, III, 7s., p. 61s.-66s.

102. RUSKA (org.). *Turba philosophorum*, p. 122. HOGHELANDE. Op. cit., p. 169; uma citação de Senior.

103. ABU'L QASIM. Kitab al-'ilm al-muktasab. In: HOLMYARD (org.), p. 23.

104. DORNEO. Physica génesis. In: *Theatr. chem.*, 1602, I, p. 383. Dorneo diz ainda: "[...] centri nullus est finis, virtutum eius etiam et arcanorum abyssus infinita" [O centro não tem limites, e o abismo de suas forças e segredos é incomensurável] (Op. cit.).

o homem maldito[105], o monstro hermafrodita[106], o uno e a raiz de si mesmo[107], o todo[108] etc. As designações simbólicas da prima materia indicam a anima mundi, o homem primordial de Platão, o anthropos e Adão místico, descrito como o esférico (totalidade), quadripartido (unificando em si o diverso), hermafrodítico (além da separação dos sexos, isto é, sobre-humano) e úmido (isto é, psíquico). Esta forma descreve o si-mesmo, a indescritível totalidade do homem.

174   Assim pois o aquastro também é um princípio espiritual; ele indica ao adepto, por exemplo, "o caminho" através do qual ele pode penetrar na magia divina. O próprio adepto é um "magus aquástrico". O "aquastro scaiólico"[109] mostra "o grande fundamento com o auxílio dos trarames (aparições fantasmagóricas). Cristo tomou seu corpo do aquastro celeste; da mesma forma o corpo de Maria era "aquástrico e necrocômico"[110]. Maria "proveio... do aquastro iliástrico". Nesta conexão ela estaria de pé sobre a Lua, como observa Paracelso. "A Lua sempre se relaciona com a água!" Cristo nasceu no aquastro celeste. No crânio humano existe uma fissura aquástrica": no homem, na parte frontal, e, na mulher, na parte occipital. Através dessa fissura "occipital" as mulheres estariam submetidas em seu aquastro "cagástrico" à turba diabólica (espíritos). O homem porém gera através de sua fissura (frontal) "a animam vel spiritum vitae microcosmi necrocômica, não cagástrica mas necrocômica, o spiritum vitae iliástrico em seu coração". No "centro do coração porém habita a verdadeira alma, o sopro de Deus"[111].

---

105. Olimpiodoro em BERTHELOT. *Alch. grecs*, II, IV, 32, p. 89/95; o ϑεοκᾀτάρᾳτος e seu mito encontram-se em Op. cit., 52, p. 101-110.

106. HOGHELANDE. Op. cit., p. 178.

107. Ros. phil. In: *Art. Aurif.*, II, p. 369.

108. Liber Platonis quartorum. In: *Theatr. chem.*, 1622, V, p. 132.

109. Scaiolae são algo semelhante a funções espirituais superiores aos quais psicologicamente correspondem os arquétipos. Quanto ao restante, v. abaixo (SUDHOFF (org.). XIV, p. 552, 554s.).

110. "Necrocômico" refere-se à esfera da necrocômica, isto é, dos fenômenos telepáticos, respectivamente dos acontecimentos premonitórios. Rulandus (*Lex. alch.*, p. 345) designa-os também como "signa ex aere in terram decidentia" [sinais que do ar tombam sobre a terra].

111. *Liber Azoth* [SUDHOFF (org.). XIV, p. 553].

Estudos alquímicos   151

Estas citações permitem reconhecer facilmente o que significa o   175
aquastro. Enquanto o iliastro parece ser um princípio espiritual dinâmico, capaz do bem e do mal, o aquastro (devido à sua natureza úmida) é um princípio "psíquico" de caráter expressamente material (corpo de Cristo e de Maria!). Ele funciona psiquicamente de modo "necrocômico", isto é, como agente telepático, como relação com o mundo dos espíritos e como lugar de nascimento do espírito da vida. De todas as concepções de Paracelso, a do aquastro é a que mais se aproxima
do conceito moderno do inconsciente. Por isso é compreensível quando
ele personifica o aquastro como homunculus e designa a *alma* como
aquastro celestial. Tanto o aquastro como o iliastro são concebidos por
Paracelso de um modo ainda puramente alquímico, "de baixo para
cima" e "de cima para baixo", isto é, como um iliastro quase material da
mesma forma que existe também um iliastro "espiritual" ou celeste. Isto
corresponde ao axioma da *Tabula smaragdina*: "O que está embaixo é
igual ao que está em cima. E o que está em cima é igual ao que está embaixo, para que se realizem os milagres da coisa única" (... quod est supe-
rius, est sicut quod est inferius, ad perpetranda miracula rei unius). A coisa una é a lapis, ou seja, o filius philosophorum[112]. Como mostram suficientemente as definições e nomes da prima materia, na alquimia a matéria é material e espiritual, e o espírito, espiritual e material. No primeiro caso, a matéria é materia cruda, confusa, grossa, crassa, densa; no segundo, inversamente, é subtilis. Paracelso também pensa
assim*. Ao domínio do aquastro pertence a melusina, a qual, como se
sabe, é uma fada da água com cauda de peixe ou de serpente. Na lenda arcaico-francesa originária ela é a "mãe Lusina", a mãe da estirpe
dos condes de Lusignan. Como seu esposo a surpreendesse certa vez
com a sua cauda de peixe que ela só devia usar temporariamente aos
sábados, isto é, no dia de Saturno, ela foi obrigada a desaparecer de
novo no reino da água, uma vez que seu segredo fora violado. Ela re-
aparecia só de tempos em tempos, pressagiando desgraças[113].

---

112. Cf. HORTULANO. Commentariolus in Tabulam smaragdinam. In: *De Alchemia*, p. 372 e 373. Também RUSKA. *Tabula smaragdina*, p. 2.

* [O final deste parágrafo foi deslocado para o começo do parágrafo 179 – logo depois da primeira frase – na edição completa anglo-americana. Nós deixamos o texto
original inalterado – o editor].

113. Cf. adiante mais detalhes sobre a melusina!

C. Ares

176   O "ares"[114] é concebido por Adam von Bodenstein de modo bem superficial como sendo a "natura prima rerum", que determina "a

---

114. Ares = Marte. O lobo mencionado na explicação do conceito corrobora esta interpretação. O lobo é o animal de Marte. O que é purificado pelo fogo liga-se no espírito de Paracelso ao ferro, na medida em que o produto é "sine ferrugine" [sem ferrugem] (*De vita longa*, lib. IV, cap. VI, p. 283). Os "characteres Veneris" (Op. cit., lib. V, cap. V, p. 289) são entendidos por Dorneo como "scutum et lorica", atributos de Marte. O "amor" por ele ressaltado é mitologicamente uma personificação do filho de Marte e Vênus, nascido da união de ambos, que equivale à coniunctio alquímica. (A Vênus hermafrodita era considerada como um tipo da coniunctio de sulphur e mercurius: PERNETY. *Fables égyptiennes et grecques*, II, p. 118s.) No Tratado *Lignum vitae* de Johannes Braceschus de Brixen, mais ou menos contemporâneo de Paracelso, lê-se que o princípio da medicina da longevidade é Marte. A citação de Rhazes refere-se a isso (MANGETUS. *Bibl. chem. curiosa*, I, p. 934 b): "Accipe petram post ingressum Solis arietem" [Tome a pedra após o ingresso do Sol em Áries]. Braceschus diz: "Hanc rem 'este Marte' esse... hominis, cujus complexio sit cholerica... Hic homo calidus et biliosus est ferrum... Vocatur homo quia habet animam, corpus, et spiritum... istud metallum, quamvis genitum sit virtute omnium stellarum et planetarum, est tamen specialiter in terra genitum virtute potentissimae et virtuosissimae polaris stellae dictae Septentriones" [Isto pertence ao ser humano de tipo colérico... este homem cálido e bilioso é ferro... é denominado ser humano por ter corpo, alma e espírito... Este metal, mesmo que tenha sido gerado graças a todas as estrelas do planeta, também é chamado setentrião "a ursa maior", particularmente na terra, graças à estrela polar potentíssima, vigorosa]. Marte também é designado por "Daemogorgon", "proavus... omnium gentilium Deorum" [ancestral... de todos os deuses dos pagãos]. "Ab omni parte circundatum tenebris nebulis et caliginibus, deambulare in mediis terrae visceribus, inibique absconditum 'fuisse'... non genitum ab aliquo sed aeternum et omnium rerum patrem [Cercado de todos os lados de espessas nuvens e trevas, ele anda no meio das vísceras da terra e aí se esconde... por ninguém gerado, mas eterno e pai de todas as coisas]. Ele é uma "deformus chimaera" [uma quimera informe]. Daemogorgon é explicado como "Deus terrae, vel Deus terribilis et ferrum... Antiqui attribuerunt aeternitatem et chaos pro sociis: aeternitas et argentum vivum praeparatum quod... est liquor aeternus" [Deus da terra ou Deus terrível e ferro... os antigos lhe atribuíam eternidade e caos como parceiros: eternidade e prata viva preparada, a qual é líquido eterno". Ele é a serpens, a aqua mercurialis. "Primus Daemogorgonis filius fuit Litigius, id est, sulphur illud dictum Mars... Chaos est illud sal terreum dictum Saturnus: est enim materia in eoque res omnis est informis" [O primeiro filho do Daemogorgon foi Litigius, que é o enxofre, denominado Marte... O caos é aquele sal da terra, chamado Saturno: pois é a matéria, e nela tudo é informe] [Op. cit., p. 935 a]. Todas as coisas vivas e mortas

Estudos alquímicos
153

forma e o modo das coisas"[115]. Rulandus põe ares na mesma linha que o iliastro e o archeus. Enquanto que o iliastro é comumente a hipótese do ser em geral (generis generalissimi substantia), é atribuído ao archeus o papel de um "naturae dispensator", de um "iniciador", tal como diz Rulandus. O ares porém é o *configurador individual* – "peculiarem cuique speciei naturam atque formam ab aliis differentem largitur" – aquele que outorga aquilo que é próprio a cada um[116]. Ares pode portanto ser considerado como o principium individuationis sensu strictiori. Ele procede dos corpos celestes, dos corpora supracoelestia, pois "tal é a propriedade e a natureza dos corpos supracelestes que produzem diretamente do nada uma imagem da fantasia corporal (imaginationem corporalem), que podemos considerá-lo um corpo sólido. Ares é de tal natureza que, quando se pensa em um lobo, este aparece. Este mundo assemelha-se às criaturas compostas dos quatro elementos. Destes surgem coisas que de modo algum se assemelham à sua origem; no entanto, nem por isso ares deixa de trazer tudo isso em si"[117].

---

nele estão contidas, isto é, dele procedem. Marte corresponde portanto, ao ares de Paracelso. Pernety (*Dictionnaire mytho-hermétique*, p. 103, v. v. Daimorgon) explica Daimorgon como "Génie de la terre", "du feu qui anime la Nature, et dans le particulier cet esprit inné et vivifiant de la terre des Sages, qui agit dans tout le cours... du grand oeuvre" [Gênio da terra... fogo que anima a natureza e, em especial, aquele espírito inato e vificante da terra dos sábios, que age em todo percurso da grande obra]. Pernety menciona também a grafia Demorgon e um tratado do mesmo nome de Raimundo Lúlio. (Em Ferguson a palavra não é mencionada, mas poderia referir-se ao *Lignum vitae*, que é um diálogo entre Raimundo e um discípulo.) Em Roscher (*Ausführliches Lexikon der griechischen und römischen* Mythologie, I, p. 987) "rätzelhafter Gott". Poderia provir de (demiurgo). – Marte significa astrologicamente a natureza instintiva e a afetividade do ser humano. A domesticação e transformação dessa natureza parece ser o tema da obra alquímica. *Les songes de Poliphile* começa com o lobo como um animal iniciático; ele também se encontra com o mesmo significado na tríade animal do Primeiro Canto do "Inferno" [Dante]. Esta tríade corresponde à trindade superior; por isso a encontramos no Satã tricéfalo no 34º Canto do "Inferno".

115. BODENSTEIN, Adam von. *Onomasticon... Theophrasti Paracelsi*, v. v. Ares, p. 5.

116. *Lex. alch.*, v. v. Ares, p. 54s. [Ele confere a cada espécie uma natureza e forma diferentes das demais.]

117. SUDHOFF (org.). III, *De vita longa*, lib. I, cap. VII, p. 257.

177 Assim sendo, ares apresenta-se como um conceito intuitivo para designar uma força formativa pré-consciente e criativa, capaz de dar vida a uma criatura individual. Ele é por isso um princípio mais específico de individuação do que o iliastro, desempenhando um papel importante na purificação pelo fogo do homem natural e em sua transformação em um enocdiano. O fogo, com o qual se aquece, não é, como observa Paracelso, um fogo comum, uma vez que não contém o ares melusínico, nem a "essência salamandrina". A salamandra simboliza o fogo dos alquimistas. Ela é da própria natureza do fogo, a *essentia ignea*. Segundo Paracelso, os salamandrini e os saldini são homens que têm o espirito ígneo, seres de fogo. Segundo uma antiga tradição, tais seres desfrutam de uma vida especialmente longa, porque provaram sua incorruptibilidade no fogo. A salamandra é pois o *sulphur incombustibile*, o enxofre incombustível: outro nome para a substância arcana da qual surgiu a *lapis* ou o *filius sapientiae*. O fogo que deve aquecer o homem nada mais contém do princípio formativo melusínico, isto é, "aquoso", que subentende forças formativas inconscientes. Da mesma forma, nada contém da natureza da salamandra, que é uma forma de transição imatura do filius philosophorum, isto é, do ser incorruptível, cujos símbolos indicam o *si-mesmo*.

178 Paracelso confere ao ares o atributo *melusinicum*. Dado que a melusina pertence indubitavelmente ao reino da água, à *nymphididica natura* (reino das ninfas), o atributo "melusínico" introduz um caráter de água no conceito em si mesmo espiritual do ares, o que indica que ares pertence neste caso à região inferior mais densa, estando de algum modo intimamente ligado ao corpo. Por isso ares aproxima-se aqui de tal forma do aquastro que deste é quase impossível separá-lo conceitualmente. Portanto, esta ideia é alquímica e paracélsica: não há distinções conceituais rígidas, mas um conceito pode ser empregado no lugar de outro *ad infinitum*. Mas ao mesmo tempo cada conceito comporta-se hipostaticamente, isto é, como se ele fosse uma substância que não pudesse ser simultaneamente uma outra. Trata-se de um fenômeno tipicamente primitivo, que tamhém encontramos na filosofia indiana na qual abundam as hipóstases. Exemplo disso são os mitos dos deuses que (como entre os gregos e egípcios) afirmam os fatos mais contraditórios acerca do mesmo deus. Apesar dessas contradições os mitos coexistem imperturbavelmente.

Estudos alquímicos   155

D. *Melusina*

No decorrer desta interpretação encontraremos várias vezes a   179
melusina, e por isso temos que nos familiarizar com a natureza desse
ser de fábula e principalmente com o seu papel no pensamento de Paracelso.

Ela é da mesma categoria que a sereia e a ninfa. Esses seres nínfi-   180
cos habitam a água[118]. A ninfa especialmente, tal como se lê no tratado
De sanguine[119], é um "Schröttli" (pesadelo). As "melosiniae" porém vivem no sangue humano[120]. No tratado *De pygmaeis*[121] Paracelso nos
revela que a melusina fora originariamente uma ninfa, que fora seduzida por belzebu para a prática da bruxaria. Ela descende da baleia em
cujo ventre o profeta Jonas contemplou os grandes mistérios. Essa ascendência é de grande importância, pois o lugar de origem da melusina é o ventre dos mistérios, obviamente aquilo que hoje denominamos
o inconsciente. As melusinas não têm genitais[122], circunstância que as
caracteriza como seres paradisíacos, pois Adão e Eva no paraíso também ainda não tinham genitais[123]. Além disso, o paraíso encontrava-se
debaixo da água "e ainda lá está"[124]. O diabo "escondeu-se", deslisan-
do na árvore do paraíso, entristecendo-a, e Eva foi seduzida pelo "Ba-
silisco infernali"[125]. Adão e Eva perderam a cabeça por causa da serpente (equivocaram-se), e por isso tornaram-se "monstruosos", isto é,
obtiveram genitais em consequência do engano da serpente[126]. A melusina porém permaneceu no estágio paradisíaco como ser aquático e

---

118. SUDHOFF (org.). XIV, *Practica lineae vitae*, in *Liber Azoth*, p. 575. Segundo *Henoch* 19,2 [Kautzsch II, p. 250], as mulheres dos anjos caídos tornaram-se sereias.

119. SUDHOFF (org.). XIV, *Liber de sanguine ultra mortem* (fragm.), p. 112.

120. SUDHOFF (org.). XIII, *Philosophia ad Athenienses*, p. 395.

121. SUDHOFF (org.). XIV, *Liber de nymphis, sylphis, pygmaeis et salamandris*, lib. I,
Tr.IV, cap. 2, p. 142,

122. SUDHOFF (org.). XIV, *Liber Azoth*, p. 576.

123. Idid., p. 554.

124. Ibid., p. 594.

125. Ibid., p. 587.

126. Ibid., p. 590 e 588.

continuou vivendo no sangue humano. Uma vez que o sangue vivo é um símbolo primitivo da alma[127], a melusina pode ser interpretada como um fantasma, ou seja, como uma manifestação psíquica. Dorneo confirma esta interpretação em seu comentário, ao dizer que a melusina é uma "visio in mente apparens" (uma visão que aparece na mente)[128]. Para um conhecedor do processo de transformação psíquica subliminar, esta figura corresponde provavelmente à da anima. A melusina paracélsica aparece como uma variante da serpens mercurialis, que também foi representada sob a forma da uma virgem-serpente[129] a fim de expressar através dessa monstruosidade a

---

127. CRAWLEY. *The Idea of the Soul*, p. 19 e 237.

128. *De vita longa* [v. a seguir, § 214], p. 178.

129. Assim, em [Reusner] *Pandora*, em um Codex Germanicus Alchemicus Vadiensis [St. Gallen, século XVI] e Codex Rhenovacensis [Aurea hora] (Bibl. Central, Zurique, figs.B 3-5). [A anotação abaixo datilografada, foi encontrada entre os escritos póstumos de Jung, sem data e com o título *Pandora*: "A 'Pandora' é uma das mais antigas, senão a primeira apresentação sinótica da alquimia em língua alemã. Sua primeira edição foi publicada em 1588 por Henricpetri, na Basileia. Atribui-se sua autoria ao doutor em Medicina Hieronymus Reusner, tal como o prólogo sugere. Ele se oculta sob o pseudônimo de Franciscus Epimetheus, que parece ter 'feito' o referido livro. Reusner dedica-o ao Dr. Ruland, o conhecido autor do precioso dicionário de conceitos alquímicos (*Lexicon alchemiae sive Dictionarium alchemisticum*, Frankfurt, 1612). O próprio texto é uma compilação a modo do *Rosarium philosophorum* (1555), que é frequentemente citado. Outras fontes também são utilizadas, tal como o *Tractatus aureus Hermetis*. Reusner é um discípulo de Paracelso. Seu livro redigido em língua alemã participa por isso da germanização da medicina efetuada por Paracelso, bem como da vivificação do movimento espiritual alquímico, tal como o prefácio o testemunha claramente. O texto, porém, move-se no caminho tradicional sem sofrer as influências inovadoras. Não contém nada que já não se encontrasse nos autores mais antigos. Seu mérito especial, no entanto, reside num rico registro de sinônimos com que finaliza o livro. Esse registro contém uma grande quantidade de termos árabes e arabizantes, os quais ao que parece foram multiplicados no século XVI. O valor principal da 'Pandora' consiste contudo na página das dezoito imagens simbólicas, que foram acrescentadas ao texto no final do livro. Como sempre, elas não se explicam pelo texto, a não ser muito indiretamente, mas seu maior interesse reside no conteúdo oculto de ideias alquímicas. Algumas das imagens provêm do século XV, em particular do 'Dryvaltikeitsbuch' (Codex Germanicus 598, 1420, Bibl. estadual de Munique), mas em sua maior parte provêm do século XVI. A fonte principal é certamente o 'Alchemistische Manuskript' da Biblioteca da Universidade da Basileia. No tocante a uma das imagens (o símbolo equidniano do Mercurius), considera-se que ela provém de um manuscrito de St. Gallen, do século XVI".]

Estudos alquímicos   157

dupla natureza do Mercurius. A redenção deste ser foi representada
como Assumptio e Coronatio Mariae[130].

E. O *filius regius* como *substância arcana*
(Michael Maier)

Não é o momento adequado de tratar mais pormenorizada-   181
mente das relações da melusina paracélsica com a serpens mercurialis. Eu desejaria apenas indicar, por um lado, os protótipos alquímicos que podem ter influenciado Paracelso no tocante a este tema e,
por outro, indicar igualmente que o anseio da ninfa no sentido de ser
dotada de uma alma e alcançar a redenção tem seu paralelo naquela
substância dotada de realeza que se esconde no mar e clama por libertação. Michael Maier escreve acerca desses filhos régios presos na
profundeza do mar em seus *Symbola aureae mensae* (1617): "Ele
vive, mas clama das profundezas [do mar][131]: Quem me libertará das
águas e me conduzirá à terra seca? Mesmo que este clamor seja ouvido por muitos, ninguém assume, movido pela piedade, o encargo de
procurar o rei. Quem, dizem eles, ousaria atirar-se à água? Quem, ar-
riscando a própria vida, iria salvar o outro do perigo? Poucos acreditam no seu lamento e preferem pensar que o que ouviram é o estron-
do e o bramido de Cila e Caribdes. Por isso, ficam sentados em casa
preguiçosamente e nem se importam com o tesouro régio, nem com
a salvação"[132].

Sabemos que Maier não poderia ter tido acesso ao *Philosophou-*   182
mena de Hipólito, que se acreditava perdido há muito e no entanto
parece qua lá buscou o modelo para o lamento do rei. Acerca dos
mistérios naassenos diz Hipólito: "Ninguém sabe o que é a forma que
desce do alto para baixo, do inexplicável (ἀχᾱρᾱκτηρίστου). Ela se

---

130. Duas reproduções da *Pandora* e do Codex Germanicus em *Psicologia e alquimia*
[n. 224 e 232].

131. "Ex profundo clamat", em clara referência ao *Salmo* 129,1: "De profundis cla-
mavi ad te Domine" [Bíblia de Zurique 130,1: "Das profundezas clamo a ti, Senhor],
mas em sentido contrário.

132. P. 380.

encontra no lodo terrrestre, mas ninguém a reconhece. Mas é o deus que mora na grande maré[133]. Segundo o Saltério, ele chama e grita a partir das grandes águas[134]. As águas abundantes, diz ele, são a criatura múltipla dos homens mortais, a partir da qual ele chama e grita em alta voz para o homem inexplicável [no sentido do θεᾷς ἄνϑρωπος]: Salva dos leões[135] minha unigênita (τὴν μονογενῆ μου)"[136]. Ouve a resposta: "Et nunc haec dicit Dominus creans te Iacob et formans te Israhel. Noli timere quia redemi te et vocavi nomine tuo: meus es tu. Cum transieris per aquas tecum ero et flumina non operient te: cum ambulaveris in igne non combureris et flamma non ardebit in te..."[137]. O texto diz acerca da ascensão (ἄνοδος), isto é, da regeneração (ἀνᾳγέννησις) de Adão: "Attollite portas principes vestras et elevamini portae aeternales: et introibit rex gloriae. Quis est iste rex gloriae? Dominus fortis et potens: Dominus potens in proelio... Quis est iste rex gloriae? Dominus virtutum ipse est rex gloriae"[138]. Quem é esse rei glorioso? Um verme (σκώληξ = uma minhoca ou lombri-

---

133. Salmo 28,10: "Dominus diluvium inhabitare facit et sedebit Dominus rex in aeternum". Bíblia de Zurique, 29,10: "O Senhor está sentado em seu trono sobre o dilúvio, como rei o Senhor reina pela eternidade".

134. Salmo 28,3: "Vox Domini super aquas, Deus maiestatis intonuit, Dominus super aquas multas". Bíblia de Zurique 29,3: "A voz do Senhor sobre as águas! O Deus da majestade troveja, o Senhor sobre águas poderosas!"

135. Salmo 21,22: "Salva-me ex ore leonis". Bíblia de Zurique 22,22: "Salva-me da goela do leão".

136. A "unigênita" parece referir-se a uma filha, isto é, à alma, conforme indica o Salmo 34,17: "Domine, quando respicies? Restitue animam meam a malignitate eorum, a leonibus unicam, meam". Bíblia de Zurique 35,17: "Senhor, por quanto tempo apenas olharás? Salva minha alma da sua malignidade, dos leões".

137. Bíblia de Zurique, Is 43,1s.: "Assim fala o Senhor, que te criou, Jacó, que te formou, Israel: não temas, pois eu te salvo; eu te chamo por teu nome, tu me pertences! Quando passas pela água – eu estou contigo; quando atravessas correntezas – não te arrastarão. Quando atravessas o fogo não te queimarás, e a chama não te crestará".

138. Vulgata, Salmo 23,7.8.10. Bíblia de Zurique, 24.7.8.10: "Ó pórticos, erguei vossas cabeças, levantai-vos também, ó vós, portais antiquíssimos, para que o Rei da Glória entre! 'Quem é pois o Rei da Glória?' O Senhor, o forte e herói, o Senhor, o herói na luta!... 'Quem é pois o Rei da Glória?' O Senhor dos exércitos, Ele é o Rei da Glória!"

Estudos alquímicos

ga), mas não um homem, uma ignomínia do homem e uma escória do povo (ἐξουδένημᾳ λᾳοῦ)[139].

O pensamento de Michael Maier é claro. O filius regius ou rex é para ele, como prova um texto seu (que não foi citado), o antimônio[140], que só tem o nome em comum com o elemento químico. Na realidade trata-se da substância secreta de transformação que originariamente caiu ou penetrou do lugar mais alto dentro da matéria mais escura e profunda ("infixus in limo profundi"!), onde aguarda sua redenção. Mas ninguém ousa mergulhar nessa profundeza a fim de salvar o seu rei através da própria transformação, na escuridão e no tormento do fogo. Não podendo distinguir a voz do rei, imagina ser o bramido caótico da destruição. O "mare nostrum" dos alquimistas é a própria escuridão, o inconsciente. Epifânio à sua maneira já interpretara corretamente este limo profundo, como sendo "materia... ex mente nascens sordida cogitatio et coenosae ratiocinationes peccati" [matéria... nascida da mente como pensamento sórdido e cogitações turvas do pecado]. Davi, perseguido, teria dito acerca disso: "Infixus sum in materiam profundi"[141]. Para o Padre da Igreja não pode ser outra coisa senão o abismo obscuro que é o próprio mal, e se um rei nele se atola é devido à sua pecaminosidade. Os alquimistas, porém, são de opinião mais otimista: O obscuro abismo da alma contém não só o mal, mas também o rei que necessita e é capaz de redenção. Dele dizem os alquimistas: "No final [da obra] o rei surgirá para

---

139. HIPÓLITO. *Elenchos*, V, 8, 18, p. 92. A extrema baixeza da origem é talvez mais fortemente ressaltada na alquimia: é designada como "in stercore eiectus". A substância preciosa encontra-se "in sterquiliniis". Na assim chamada *Carta de Aristóteles* (*Theatr. chem.*, 1622, V, p. 880) lê-se, sem erro possível: "Lapidem animalem esse, qui tanquam serpens ex corruptione perfectissimae naturae humanae de industria inter duos montes emissus gignitur, scinditur et prolabitur, et in fossa cavernae clauditur" [a pedra seria um ser vivo (animal) produzida a modo de serpente, a partir da corrupção da mais perfeita natureza humana, pelo esforço entre dois montes e depois arrancada, deslizando para frente e encerrada numa caverna vazia]. Σκώληξ poderia interpretar-se como lombriga.

140. De ἀνθεμώνιον = eflorescência de sais minerais coloridos. Cf. VON LIPPMANN. *Entstehung und Ausbreitung der Alchemie*, II, p. 40.

141. *Panarium* [Contra Heracleonitas], lib. I, To. III, cap. XXXVI, p. 126 [Substância produzida a partir do espírito, como pensamentos imundos e reflexões turvas do pecado... "Estou submerso em lodo profundo" (Salmo 69,3, Bíblia de Zurique)].

ti, coroado com seu diadema, resplandecente como o Sol, brilhante como o carbúnculo, ... constante no fogo"[142]. E da matéria-prima sem valor, dizem eles: "Não desprezes a cinza, pois ela é o diadema do teu coração e a matéria das coisas eternas"[143].

184 Não me parece supérfluo conceituar através destas citações a aura mística que cingia o filius regius da alquimia filosófica; além disso é importante apontar para aquele passado remoto em que as ideias centrais da alquimia ainda eram abertamente discutidas pelos gnósticos. Foi Hipólito quem deve ter-nos dado a visão mais bela e perfeita do pensamento gnóstico, analógico e próximo da alquimia. Quem entrasse em contato com a alquimia na primeira metade do século XVI não poderia furtar-se à atração mágica dessas ideias. Ainda que por um lado Maier tivesse refletido e escrito mais de setenta anos depois de Paracelso, por outro lado, não temos motivo algum para supor que este último conhecesse os heresiólogos, seu conhecimento dos tratados alquímicos e particularmente dos de Hermes, tantas vezes citado, bastando para nele cunhar a forma impressionante do *filius regius*, bem como a da mater natura louvada nos hinos – a qual não se harmoniza completamente com a concepção cristã do mundo. Assim por exemplo lemos no *Tractatus aureus Hermetis*: "Ó suprema natureza das naturezas, criadora que contém e separa as naturezas intermédias, que veio e nasceu com a luz, que gerou a névoa obscura, e é a mãe de todos os seres"[144]. Estas invocações evocam o antigo sentimento da natureza, o qual lembra vivamente o estilo dos mais remotos tratados alquímicos, tais como os do Pseudo-Demócrito e também os *Papiros mágicos gregos*. No mesmo tratado encontramos o rex coronatus e filius noster rex genitus. A respeito deste último lemos: "Pois o filho é uma bênção e possui a sabedoria. Vinde, ó filhos dos sábios, alegremo-nos e regozijemo-nos juntos, porque a morte

---

142. Ros. phil. In: *Art. aurif.*, II, p. 329, cit. de Lilius. Cf. Visão do homem que emerge do coração do mar (*IV Esdras*, XIII, 25 e 51 [Kautzsch II, p. 396 e 397]).

143. "Cinerem ne vilipendas, nam ipse est diadema cordis tui, et permanentium cinis" (Ros. phil. In: *De alchimia*, fol. LIIIʳ).

144. Tract. aureus, cap. III. In: *Ars chem.*, p. 21. O tratado é de origem árabe, mas seu conteúdo remonta a fontes muito mais antigas. Presumivelmente foi transmitido pelos harranitas.

Figura I

Representação do filho ou rex sob a forma de hermafrodita. O *Axioma de Maria* é representado através da serpente una e tríplice. O filius como mediador reúne o um ao três. Ele tem caracteristicamente asas de morcego. À direita o pelicano como símbolo da distillatio circulatoria; embaixo a tríade ctônica como serpente tricéfala; à esquerda a arbor philosophica com as flores de ouro.

Rosarium Philosophorum (1550)

Figura II

O livro da santa Trindade... e descrição do segredo da transformação dos metais (Cod. Germ., n. 598 da Biblioteca da cidade de Munique, 1420). Um esboço feito a mão da imagem do hermafrodita do *Rosarium* de 1550.

Figura III

Representação de uma refeição com peixe com uma imagem anexa do hermafrodita (British Museum, Ms. Add. 15268, séc. XIII). A figura é indubitavelmente profana, mas contém ressonâncias de um motivo do cristianismo primitivo. O significado do hermafrodita neste contexto me é desconhecido.

Figura IV

Representação do Spiritus Mercurialis e sua mutação na forma de um monstro (Draco). Trata-se de uma quaternidade, na qual o quarto elemento é ao mesmo tempo a unidade de todos. A unidade é o mistagogo Hermes. Os três (acima) são (da esquerda para a direita): Lua e Sol, em seguida Lua e Sol na conjunção em Touro, o domicílio de Vênus. Eles formam conjuntamente Mercurius.

NAZARI, *Della tramutazione metallica sogni tre* (1599).

Figura V

Representação da melusina enquanto aqua permanens, a qual fere com a lança de Longino o lado do filius (como alegoria do Cristo). A figura do meio é Eva (terra), que com Adão (Cristo) se reúne de novo na coniunctio. Da reunião de ambos nasce então o hermafrodita, o homem primordial encarnado. À direita está o athanar (fogão) com o recipiente no meio, no qual nasce a lapis (hermafrodita). Os recipientes à esquerda e à direita contêm Sol e Lua.

REUSNER, *Pandora* (1588).

Figura VI

Representação da anima como melusina, a qual abraça o homem que emerge do "mar" (o inconsciente), (uma *coniunctio animae cum corpore*). Os gnomos que ladeiam são espíritos dos planetas como paredros (espíritos serviçais).

British Museum, Ms. Sloane 5025 – uma variante do *Ripley Scrowle* (1588).

Figura VII

Eis aqui o filho do rei (*filius regis*) e o mistagogo Hermes, representados sobre a montanha, numa alusão evidente à tentação da montanha. O comentário que acompanha diz: "Alius mons Indiae in vaso jacet. Quem Spiritus et Anima, utpote filius et dux, conscenderunt" [Outra montanha da Índia, que o espírito e a alma, como filho e condutor escalaram juntamente, jaz no recipiente]. Ambos são interpretados como "espírito" e "alma", isto é, como substâncias voláteis, as quais se ergueram sobre a (*prima*) materia durante o aquecimento.

LAMBSPRINCK, De lapide philosophico, in: *Musaeum hermeticum* (1678)

PRIMVS.

Sed si simplicium partes spirituosæ essentiæ crassamentis, & terrenis fæcibus immersæ, ut tenuiores, & puriores evadant, & crassis illis, & impuris exonerentur, & in fecibus relinquant, velut medicis usibus ineptæ, oportet multiplicatis viribus, in se ipsas resolvantur, & reducantur, ut assiduo motu circumgyratæ nobiliorem vim, & magis egregiam sortiantur. Vas excogitatum est, quod Pelicanū vocant, quod ad avis Pelicani figuram adumbratum est, in quo simplicium partes magis tenues per collum eductæ, & per rostrum in apertū pectus infixum quasi in ventum super feces regerantur, iterumque per collum sublatæ indefatigabili motu aquositatem, crassitiem recipientem paulatim exhauriant, & simplicia assidua rotatione non solum depurentur: sed etiam altius virtutes exaltentur. Vas, E, litera insignitur.

Alii verò alio modo effingunt. Duo vasa capiunt, quod alteri alter innectatur & quod unum recipit alteri reddit, utrumque alterius altero alvo rostro infigitur.

H

Figura VIII

Representação do pelicano, isto é, do recipiente no qual se efetuou a destilação circulatória ou giratória. O processo é esclarecido no texto acima.

RHENANUS, *Solis e puteo emergentis sive dissertationis chymotechnicae libri tres* (1613)

Estudos alquímicos

foi superada e nosso filho reina revestido pelo manto vermelho (toga) a pela púrpura (quermes)". Ele vive do "nosso fogo" e a natureza "alimenta o que permanece eternamente" com um "pequeno fogo". Quando o filho é vivificado pela obra, torna-se o "fogo guerreiro" ou um "adversário do fogo"[145].

F. O estabelecimento do uno ou centro por destilação

Após este esclarecimento indispensável dos conceitos básicos da alquimia voltemos ao processo paracélsico da transformação do iliastro! Nosso autor denomina o processo "retorta distillatio". Para os alquimistas, a destilação sempre significava um refinamento e espiritualização através da extração da substância volátil, isto é, do espírito, a partir do corpo incompleto ou impuro. Este processo era simultaneamente uma vivência física e psíquica. A retorta distillatio representaria uma destilação em sentido contrário. Não se trata aqui de nenhum termo conhecido tecnicamente. Poder-se-ia tratar da destilação no chamado pelicanus, em que o escoamento da retorta desemboca novamente no bojo da mesma, e através da qual é realizada uma distillatio circulatoria, tão usada pelos alquimistas. Pela destilação "mil vezes" repetida esperava-se um resultado final particularmente "refinado"[146]. Não é improvável que Paracelso pensasse em algo parecido: ele se esforçava por atingir uma tal depuração do corpo humano, que este finalmente se uniria ao homem superior, isto é, ao homem interior espiritual, participando assim de sua longevidade. Não se trata aqui de uma operação química vulgar, mas de um procedimento psicológico. O fogo utilizado para isso é de natureza simbólica e a destilação assim obtida é *ex medio centri*, a partir do meio do ponto central.

185

Essa grande ênfase em relação ao meio também é uma ideia básica da alquimia. No centro encontra-se, segundo Michael Maier, o *punctum indivisibile*, o qual é simplex e portanto indivisível e eterno. O

186

---

145. Op. cit., p. 22; "bellator ignis" tem um duplo sentido. Quermes = arab. kermes = púrpura, lat. carmesinus = de cor púrpura, lat. ital. também chermisi, donde o francês cramoisi. Cf. DU CANGE. *Glossarium mediae ac infimae Latinitatis*.

146. *La Vertu et propriété de la quinte essence de toutes choses*. Faicte en latin par Joannes de Rupescissa, p. 26.

ouro físico corresponde a ele, razão pela qual ele é um símbolo da eternidade[147]. O centro é comparado por Cristiano ao paraíso e seus quatro rios. Estes simbolizam os líquidos (ὑγρά) dos filósofos, que também são emanações do centro[148]. "No centro da terra se enraizaram os sete planetas e lá deixaram sua força, por isso existe na terra a água germinante", lê-se na *Aurora consurgens*[149]. Benedito Fígulo também diz:

> Visita o centro da terra
> E lá encontrarás o fogo
> Impele-o para fora com ira e amor
> Corrige-o de toda impureza...

O autor denomina tal centro de domus ignis (casa do fogo) ou Henoc[150]. (Obviamente isto é uma imitação de Paracelso.) Dorneo diz que nada é mais semelhante à divindade do que o centro, pois este último não ocupa espaço algum, razão pela qual não pode ser apreendido, visto ou medido. O mesmo valeria para Deus e os espíritos, por isso o centro é um "abismo infinito dos segredos"[151]. O fogo que no

---

147. *De circulo physico quadrato*, p. 27s.

148. BERTHELOT. *Alch. grecs*, VI, I, 2, p. 396.

149. Codex Rhenovacensis (Biblioteca Central de Zurique) [reproduzido em: FRANZ, Marie-Louise von. Op. cit., p. 106s. (lat.)].

150. *Rosarium novum olympicum*, p. 71. Enoc é "filho do Homem" (Henoch, 71,44. In: KAUTZSCH II, p. 277).

151. "Nam ut ipsa 'Divinitas' incomprehensibilis, invisibilis, non mensurabilis, infinita, indeterminata, et si quid ultra dici potest, omnia similiter in centro quadrare convenireque certum est. Hoc enim quia locum nullum occupat ob quantitatis carentiam, comprehendi non potest, videri, nec mensurari. Tum etiam cum ea de causa infinitum sit, et absque terminis, locum non occupat, nec depingi potest, vel imitatione fingi. Nihilominus omnia quae locum etiam non implent ob carentiam corpulentiae, ut sunt spiritus omnes, centro comprehendi possunt, quod utraque sint incomprehensibilia" (Pois como [a Divindade] é incompreensível, invisível, incomensurável, infinita, indeterminada, e o que se possa ainda dizer, é certo que tudo se junta e se reúne do mesmo modo no centro. Aliás isso não ocupa lugar algum, devido à falta de substância e não pode ser descrito, visto ou medido. Como pelo mesmo motivo é infinito e ilimitado, não ocupa lugar algum, não podendo ser descrito, nem imitado. Apesar disso, tudo aquilo que por falta de corporeidade não ocupa espaço, como é o caso dos espíritos, pode ser compreendido a partir de um centro, sem o qual é incompreensível). "Ut igitur centri nullus est finis, virtutum eius etiam et arcanorum abyssus infinita nullo calamo satis describitur" [Como o centro não tem limites, nenhum lápis poderá descrever suficientemente o abismo de suas forças e mistérios] (Physica Genesis. In: *Theatr. chem.*, 1602, I, p. 382 e 383).

Estudos alquímicos 163

centro tem sua origem, faz tudo emergir dele. Devido ao resfriamento, tudo retornaria (ao centro). "Este movimento é chamado circular pelos fisioquímicos que o imitam em suas operações"[152]. No ápice (isto é, antes da queda) os elementos concebiam (devido à aproximação do firmamento) as "sementes masculinas dos astros", que atingiam pela queda a matriz elementar (os elementos não sublimados). Assim sendo, toda coisa criada tem quatro pais e quatro mães. A concepção da semente ocorreria per influxum et impressionem do Sol e da Lua, os quais por assim dizer, figuram deuses da natureza, embora Dorneo não o diga claramente[153].

A criação dos elementos e sua ascensão ao firmamento através do poder do fogo constituem o modelo do processo espagírico. As águas inferiores, libertas de sua escuridão (depuratio!), devem ser separadas das águas celestes pela regulação cuidadosa do fogo. Assim, o feto espagírico, revestido pela natureza celeste através da ascensão, recebe a natureza do centro terrestre no seu descenso, conservando porém "secretamente" a natureza do centro celeste. O feto espagírico não é senão o filius philosophorum, ou seja, o homem interior eterno no invólucro do homem exterior e mortal. Ele não é apenas uma panaceia para todos os males do corpo, mas também um medicamento especial contra a "doença sutil e espiritual da mente humana"[154]. "No uno", continua Dorneo, "está o uno e o não uno; ele é simples e consiste no número quatro; quando este é purificado no Sol

187

---

152. Op. cit., p. 391.

153. Cf. Op. cit. Na Physica Trismegisti (Op. cit., p. 423) lê-se: [Sol] primus post Deum, pater ac parens omnium vocatus est, cum in eo quorumvis seminaria virtus atque formalis delitescit" ([O Sol] é chamado o primeiro pai e genitor de todas as coisas depois de Deus, uma vez que nele está completamente oculta toda a força germinativa e configuradora). P. 424: "Lunam esse matrem et uxorem solis, quae foetum spagiricum a sole conceptum in sua matrice uteroque vento gestat in aere" [A Lua é a mãe e a esposa do Sol, porquanto ela traz em seu útero o feto espagírico concebido do Sol, gestando-o através do vento em seu colo aéreo]. Disso se deduz que o filius descende dos deuses da natureza de modo não cristão.

154. Argumentum in Tabulam smaragdinam Hermetis. In: *Theatr. chem.*, 1602, I, p. 409.

pelo fogo[155], aparece a água pura[156], e (o uno em seu quatérnio), voltando à simplicidade, mostrará ao adepto a realização dos mistérios[157]. Este é o centro da sabedoria natural, cuja circunferência fechada em si mesma representa um círculo: uma ordem incomensurável, alcançando o infinito... Aqui o quatérnio, em cuja medida o ternário se une ao binário no uno, tudo realiza de um modo miraculoso"[158]. Nestas relações entre 4, 3, 2 e 1 reside, como diz Dorneo, "o ponto culminante de todo saber e da arte mística e o infalível centro do meio" (infallibile medii centrum)[159]. O um é o ponto central do círculo, o centro do ternário e o "foetus novenarius", isto é, o número 9 para a ogdôada (correspondente à quinta essência)[160].

188   O ponto do meio é o fogo. Nele repousa a forma mais simples e completa que é a circularidade. O ponto é o que mais se aproxima da

---

155. O lugar de origem do fogo "espiritual", acima mencionado. Símbolos da luz referem-se psicologicamente sempre à consciência e ao que está em vias de conscientização.

156. Khunrath, em sua "Confession" (*Von hylealischen Chaos*, p. 204) diz que o ternarius, purificado através da circumrotação ou do giro circular filosófico dos quaternarii... é trazido de novo à mais alta e pura simplicidade... Monadis Catholicae plusquamperfectae... Do uno grosseiro e impuro / surge um uno extremamente puro e sutil; "per manifestationem occulti, et occultationem Manifesti" [pela manifestação do oculto e ocultação do manifesto] (p. 204).

157. A aqua pura é a aqua permanens dos latinos mais antigos e dos arabizantes e o ὕδωρ θεῖον dos gregos. É o spiritus mercurialis em forma aquosa que por sua vez serve para a extração da anima da matéria. Corresponde ao fogo "espiritual", portanto aqua = ignis. Embora aqua e ignis sejam usados promiscuamente, não são a mesma coisa, porquanto o fogo é mais agens, espiritual, emocional e próximo da consciência, enquanto a água é mais patiens, material, fria e pertence à natureza do inconsciente. Ambos pertencem ao processo, uma vez que se trata de uma coniunctio oppositorum (Cf. o frontispício do *Poliphile* na edição francesa de Béroalde de Verville, *Psicologia e alquimia*, fig. 4).

158. De spagirico artifício. In: *Theatr. chem.*, 1602, I, p. 442.

159. Op. cit.

160. DORNEO. *Duellum animi cum corpore*. Op. cit., p. 546. Este simbolismo dos números refere-se ao *Axioma de Maria* (Maria, a judia ou copta) que vem da antiguidade: Τὸ ἓν γίνεται δύο, καὶ τὰ δύο γ᾽ καὶ τοῦ γτου τὸ ἓν τέταρτον· ἐν δύ ἕν. (o um torna-se dois, o dois torna-se três e do terceiro o um como o quarto; assim a partir de dois se faz um único] (BERTHELOT. *Alch. grecs*, VI, V, 6, p. 404). Este axioma perpassa toda a alquimia. Não deixa de ter uma conexão com a especulação sobre a Trindade cristã. Cf. meus escritos *Símbolos oníricos do processo de individuação, Psicologia e religião* [e *Tentativa de uma interpretação psicológica do dogma da Trindade*].

Estudos alquímicos 165

natureza da luz[161], e a luz é um "simulacrum Dei"[162]. O firmamento foi de certo modo criado no meio da água ("mediam inter supra et infra coelestes aquas naturam habebit")[163]. No homem existe também um lucidum corpus, isto é, o humidum radicale, que provém da esfera das águas supracelestes. Este corpus é o bálsamo sideral, o qual sustenta o calor vital. O "spiritus ille aquarum supra coelestium" tem sua sede no cérebro, onde controla os órgãos dos sentidos. Assim como o Sol habita o macrocosmo, o bálsarno habita o coração no microcosmo[164]. O "corpus lucens" é o corpus astrale, o "firmamento" ou "astro" no homem. Tal como o Sol no céu, o bálsamo é, no coração, um centro ígneo irradiante. Já encontramos este punctum Solis na Turba, onde ele significa o germe do ovo na gema, estimulado e vivificado pelo calor do choco[165]. No antigo tratado Consilium coniugii lê-se que no ovo estão os quatro elementos, e além disso o "ponto vermelho do Sol no meio", e este seria o pintinho[166]. Mylius interpreta este "pintinho" como o "pássaro de Hermes"[167], que nada mais é do que um sinônimo do spiritus mercurialis.

A partir dessas considerações podemos constatar que a retorta distillatio ex medio centri significa o despertar e o desenvolvimento de um centro anímico, que coincide com o conceito psicológico do si-mesmo.

189

G. A conjunção na primavera

No fim do processo, diz Paracelso, mostrar-se-ia um "relâmpago físico" e separar-se-iam o "relâmpago de Saturno" e o do Sol; este re-

190

---

161. STEEBIUS. *Coelum Sephiroticum*, p. 19.

162. Op. cit., p. 38.

163. Op. cit., p. 42.

164. Op. cit., p. 117s. [espírito das águas supracelestes].

165. "Punctum solis id est germen ovi quod est in vitello" [O ponto do sol significa o germe do ovo, que se encontra na gema do ovo] (RUSKA. *Turba philosophorum*, p. 94: Cod. Berol. Lat. 532).

166. O Tratado poderia pertencer facilmente ao século XIII (*Ars chem.*, p. 124).

167. *Phil. ref.*, p. 131.

166   Obra Completa – Vol. 13

lâmpago[168] significaria "longevidade, o iliastro indubitavelmente grande". Tal processo em nada reduziria o peso do corpo, mas apenas a sua "turbulência", e isso "por causa das cores transparentes"[169]. A "tranquillitas mentis" como meta do processo também é ressaltada por outros alquimistas. O corpo não é valorizado por Paracelso. Ele é "malum ac putridum", mau e podre (no sentido de "putrefato"). Quando vive, ele depende necessariamente da "múmia". Seu empenho é apenas apodrecer e transformar-se novamente em lodo ("id quod continuum eius studium est"). Através da múmia o "peregrinus microcosmus" (o homem que emigra como estrangeiro) domina o corpo físico e para isso necessita dos arcanos[170]. Paracelso destaca principalmente (como antes fizera com a cheyri) o tereniabin[171] e o nostoch[172] e as "forças tremendas" da melissa. Esta é assim dignificada

---

168. Trata-se apenas de um relâmpago, que atravessa Saturno (a escuridão) até Júpiter, o claro e válido [SUDHOFF (org.). III, *De vita longa*, p. 283]. Rulandus (*Lex. alch.*, v. v. "fulmen", p. 224) explica: "fulminare metalla idem est ac repurgare" [fulminar os metais equivale a limpá-los]; v. v. "fulminatio": "Fulminatio est gradatio metallica cum excoctione ad purum incineritio, [vaso, em que o ouro ou a prata são incinerados] cuius perfectio veluti effulgente indicatur splendore" [Fulminação é a graduação metálica que, através da decocção até a incineração é levada a uma pureza, cuja perfeição é indicada por um brilho igualmente fulgente] (Op. cit.). O relâmpago corresponde provavelmente ao iliaster magnus, o qual é uma "mentis sive animi lapsus in alterum mundum", um "arrebatamento e desdobramento da alma / de modo que o homem é levado a um outro mundo / tal como Henoc / Elias / e Paulo" (v. v. Iliaster quartus, p. 264). Cf. Ez 1,13 e Lc 10,18.

169. As cores apontam para a "cauda pavonis" [cauda do pavão] que aparece imediatamente antes de completar-se o processo [Op. cit., p. 283].

170. [Op. cit., p. 284] "Ex mortali enim nihil potest elici, quod pariat vitam longam, extra corpus est vita longa" [De fato, nada pode ser produzido pelo mortal que gere uma longa vida; a vida longa está fora do corpo]. ("Outra redação dos dois primeiros capítulos", cap. 2. SUDHOFF (org.). III, op. cit., p. 291).

171. [Op. cit., p. 284] Tereniabin é um arcano muito apreciado de Paracelso. É pinguedo mannae (gordura ou oleosidade do mana), o assim chamado mel silvestre, resina pegajosa que reveste as folhas, cujo sabor dizem ser adocicado. Este mel cairia do ar. Sendo um alimento do céu, ele auxilia a sublimação humana. (Em Paracelso, também designado por "maienthaw", orvalho de maio.)

172. Nostoch não é de modo algum, como pretende Bodenstein, uma "species ignis" [*Onomasticon*, p. 21], mas sim uma alga gelatinosa que aparece depois da chuva prolongada. (Na botânica moderna, algas gelatinosas ainda são chamadas nostocáceas.) Supunha-se antigamente que o nostoch caía do ar, ou melhor, das estrelas. Rulandus

Estudos alquímicos   167

porque na antiga medicina era tida como um meio de causar alegria e
era utilizada contra a melancholia capitis e principalmente para puri-
ficar o corpo do "sangue negro" queimado pela melancholia[173]. Na
força da melissa unifica-se a coniunctio supercoelestis e isto é o
"iloch, que provém do verdadeiro aniadus". Como Paracelso fala um
pouco antes do "nostoch", o iliastro deve ter-se transformado para
ele num fechar de olhos num iloch[174]. O aniadus que aqui aparece
constitui a essência do iloch, isto é, da coniunctio. Mas a que se refere
a coniunctio? Paracelso acaba de falar de uma separação de Saturno e
do Sol. Saturno é o elemento frio, escuro, pesado e impuro. O Sol porém é o oposto. Quando esta separação se completa e o corpo é purificado pela melissa e se liberta da melancolia saturnina, a coniunctio
com o homem interior (astral) longevo pode ocorrer[175], o que dá origem ao "enochdianus", ao homem dotado de eternidade. O iloch ou
aniadus se apresenta como a virtude do mesmo. Esta "magnale" aparece "através das exaltações dos dois mundos", e "no próprio mês de
maio, quando principiam as exaltações dos aniada, eles devem ser
reunidos"[176]. Paracelso aplica-se aqui à mais absoluta falta de clareza;
no entanto, de tudo isso podemos deduzir que o aniadus significa o
estado primaveril, o "rerum efficacitas", como define Dorneo[177].

Já encontramos este tema num dos textos gregos mais antigos, a   191
saber, no *Ensinamento do Arcipreste Komarios a Cleópatra*[178]. Lê-se aí:

[Op. cit., p. 348] o define por isso, como "iaculum alicuius stellae vel eius repurgatio-
ne deiectum quid in terram" [raio de uma certa estrela ou uma secreção da mesma, lan-
çada sobre a terra]. Nostoch é, portanto, como tereniabin, um arcano que ajuda a su-
blimar, porque provém do céu.

173. TABERNAEMONTANUS. *Kräuterbuch* (Livro das ervas), v. v. melissa, p. 738 b.

174. Poderia tratar-se apenas de um erro de impressão da palavra "ilech" [SUDHOFF
(org.). Op. cit., p. 284 escreve "ilech"].

175. Por este motivo a coniunctio é representada nas imagens por um abraço de dois
seres alados: por exemplo, no *Ros. philosophorum*.

176. [SUDHOFF (org.). Op. cit., p. 284s.]

177. [Op. cit., p. 179].

178. O texto é provavelmente do século I (BERTHELOT. *Alch. grecs*, IV, XX, 8.s., p.
292). Ostanes é um alquimista (persa) já legendário, talvez do século IV a.C.

"Ostanes e seus companheiros diziam a Cleópatra: '...dize-nos como o mais alto desce até o mais baixo, e como o mais baixo sobe até o mais alto, como o mediano se aproxima do mais baixo e do mais alto de maneira que eles se tornem um com ele (o mediano)[179]; como as águas abençoadas de cima descem para buscar os mortos que jazem em círculo, algemados e deprimidos na treva dentro do Hades; como o elixir da vida chega até eles e os desperta, tirando-os do seu sono e devolvendo-os aos seus donos'.

192   Cleópatra lhes responde: 'As águas, ao penetrarem, despertam os corpos e os espíritos que estão aprisionados e impotentes... pouco a pouco eles se desdobram, levantam-se e se vestem com cores vivas[180], maravilhosos como as flores na primavera. A primavera porém é alegre e se regozija com a maturidade florescente, que eles assumiram'."

193   Os "aniada"[181] são definidos por Rulandus como "frutos e forças do paraíso e do céu e também os sacramentos dos cristãos". Eles nos acompanham "através da influência, da imaginação, da contemplação ponderada (a aestimatio) e da fantasia em direção a uma longa vida"[182]. Os aniada parecem ser forças de eternidade, φάρμακον ἀϑανασίας num grau mais elevado que os cheyri, tereniabin, nostoch e melissa, já mencionados. Os primeiros correspondem às "águas abençoadas" do *Texto de Komarios* e, ao que parece, às substâncias da sagrada comunhão[183]. Na primavera todas as forças vitais encontram-se em exaltação festiva. Na primavera (aliás, já em Áries, dominado por Marte) deve também começar a *opus alchimicum*. Nesta época devem ser reunidos os aniada como se fossem ervas medicinais. A expressão alemã "gesammelt" significa ao mesmo tempo reunir e colher, tendo duplo sentido: pode também significar que todas as forças anímicas devem ser "reunidas" nesse momento para a grande transformação. O mistério da conjunção de Polifilo também

---

179. Coloco aqui a versão do Cod. Lc – καὶ κᾳτώτατον ὥστε – no texto de Berthelot, o que esclarece mais o sentido [Op. cit., p. 292; nota 17].

180. A "cauda pavonis" dos latinos.

181. O nominativo de "aniadorum" deve ser tomado aqui como aniada e não como aniadi.

182. RULANDUS. Op. cit., v. v. "Aniada", p. 42.

183. ἀνύειν = completar aperfeiçoando poderia ser considerado a melhor proposta para aniadus. Isto se apoia na grafia anyadei = "ver aeternum, novus mundus, paradysus futurus". (RULANDUS. Op. cit., p. 45, v. v. "Anyadei").

Estudos alquímicos   169

acontece em maio[184]: isto é, a união com a alma, em que esta última encarna o mundo dos deuses. Neste "matrimônio" unem-se o humano e o divino; trata-se de "exaltationes utriusque mundi", como diz Paracelso. Significativamente, ele acrescenta: "e as exaltações das urtigas queimam do mesmo modo, e a cor da pequena chama cintila e brilha"[185]. A urtiga era colhida no mês de maio para fins medicinais (para o preparo da água de urtiga), uma vez que a urtiga nova é a mais cáustica. Por isso ela era um símbolo da juventude "ad libidinis flammas pronissima"[186]. A alusão à urtica urens e à flammula[187] significa discretamente que o mês de maio não é regido apenas por Maria, mas também por Vênus. Na sentença seguinte Paracelso observa que essa força "traduci in aliud potest" (pode ser traduzida em algo diverso). Haveria exaltações que poderiam ser bem mais poderosas do que a urtiga, ou seja, os aniada, e estes não estariam nas matrizes, isto é, nos elementos físicos, mas nos celestes. O idaeus[188] nada seria se não tivesse produzido certas coisas maiores. Ele teria feito um outro mês de maio, em que florescessem flores celestes. Nessa época, o anach-

---

184. *Le Songe de Poliphile ou Hypnérotomachie par Frère Francesco Colonna.* Touro, o signo de maio, é a casa de Vênus. No zodíaco greco-egípcio, o touro carrega o disco do Sol no quarto crescente da Lua (in navicula Veneris!), uma imagem da coniunctio (BUDGE. *Amulets and Superstitions*, p. 410). O próprio touro é representado pelo círculo do Sol e os chifres da Lua ☿. Cf. o paralelo alquímico, em DEE. *Monas hieroglyphica* (*Theatr. chem.*, 1602, II, p. 220).

185. SUDHOFF (org.). Op. cit., p. 284.

186. PICINELLUS. *Mundus symbolicus*, p. 640 a, v. v. urtica [extremamente inclinado às chamas da cobiça].

187. Traduzi literalmente acima a frase "nitetque ac splendet flammulae color" [SUDHOFF (org.). Op. cit.]. Uma vez que Paracelso utilizou a *Occulta philosophia* de Agripa, poderia tratar-se aqui de uma lembrança (ou seja, de uma citação) dessa obra. Nela se lê: (Lib. I, cap. CCVII, p. XXXIII): "Quae referunt Martem... quae pungentibus spinis munitae sunt vel contactu suo cutem urunt, pungunt vel ampullant, ut cardo, urtica, flammula") [Os que se referem a Marte... munidos de espinhos pontiagudos ou que queimam a pele ao tocá-los, espetam ou formam bolhas como o cardo, a urtiga ou a flâmula"]. Neste caso, flâmula é o nome de diversas plantas da família do rainúnculo, que eram utilizadas como remédios cauterizadores, vesicantes e cáusticos, já mencionados em Dioscórides (*Medica matéria*, II, 167, p. 204).

188. Idaeus, ideus, ideos, ides é "aquilo de que todas as criaturas são feitas", "a matéria", da qual o homem também é criado (SUDHOFF (org.). III, *Fragmenta anatomiae*, p. 462 e 465).

mus[189] tem que ser extraído e guardado, tal como o musgo repousa no pomambra[190] e a força do ouro no laudanum[191]. Só depois de ter colhido as forças do anachmus é que poderemos rejubilar-nos com a vida longa. Não conheço possibilidade alguma de distinguir o anachmus do aniadus.

3. O mistério da transformação natural

194   O aniadus (ou aniadum), interpretado por Bodenstein e Dorneo como "rerum efficacitas", já era considerado por Rulandus como "homo spiritualis in nobis regeneratus", "o homem espiritual em nós regenerado, o corpo celeste, plantado em nós, cristãos, pelo Espírito Santo através dos santíssimos sacramentos"[192]. Esta interpretação poderia corroborar o papel desempenhado por aniadus no texto de Paracelso. Como vemos, há aqui uma relação com os sacramentos, particularmente com a comunhão. É também visível que não se tratava de forma alguma de um despertar ou de uma implantação do homem interior, no sentido cristão, mas principalmente de uma unificação do "homem" natural com o espiritual, de ordem "científico-natural", apoiada por meios arcanos de natureza médica. Paracelso evita cuidadosamente a terminologia eclesiástica, utilizando em seu lugar

---

189. O anachmus é paralelamente mencionado aos scaiolae. Cf. à frente [§ 207].

190. O prof. Häfliger comunicou-me amavelmente em Basileia que pomambra = pomum ambrae. Ambra = bezoar do cachalote, famoso por seu perfume (âmbar-gris). Este e outros odores eram colocados nos quartos dos enfermos para expulsar o miasma pestilento. Muscus é citado por Dioscórides (Op. cit., p. 25) como substância aromática. Em Agripa (Op. cit., cap. XXVIII, p. XXXIII), são também mencionadas entre as substâncias aromáticas relacionadas com Vênus "ladanum, ambra, muscus". "Muscus in pomambra" é imediatamente seguido no texto da Vita longa (SUDHOFF (org.). Op. cit., p. 285) do medicamento arcano, laudanum. Ladanum é, segundo Dioscórides (Op. cit., CX, p. 79), o sumo de uma planta exótica sobre cujas folhas se diz: "[...] quae verno tempore quiddam contrahunt pingue... Fit ex eo quod ladanum dicitur" [as quais contraem na primavera uma certa gordura... desta se faz o que chamamos de ladanum]. Segundo Tabernaemontanus este sumo é aromático (Op. cit., p. 1476 a]. Será o ladanum a origem do arcano de Paracelso "laudanum"?

191. Laudanum é o medicamento secreto de Paracelso. Nada tem a ver com ópio. Bodenstein menciona duas receitas de laudanum de Paracelso (De vita longa, p. 98s.).

192. Lex. alch., p. 41s.

Estudos alquímicos   171

uma linguagem secreta, de difícil decifração, cuja finalidade evidente
é a de separar o mistério da transformação "natural" do mistério da
transformação na Igreja e de ocultá-lo eficazmente contra a vã curiosidade. A terminologia arcana acumulada neste tratado não poderia
ter outra forma de explicação. Não podemos fugir da impressão de
que este mistério supõe uma certa oposição ao mistério da Igreja,
uma vez que, como mostram a "urtiga cáustica" e a "pequena chama", (esse mistério) vai até a ambiguidade do eros[193]. Por isso refere-
se muito mais à antiguidade pagã, também confirmada pela *Hypnerotomachia*, do que ao mistério cristão. Não há motivo para farejar
segredos maléficos; é muito mais provável que se trate da experiência
do médico com o ser humano tal como ele é e não como se desejaria
que fosse, o que é biologicamente impossível. Muitas perguntas são
feitas ao médico, as quais não poderiam ser respondidas com um "tu
deves", mas apenas a partir do conhecimento e experiência que o médico tem da natureza. Nestes fragmentos de um mistério da natureza
não subjaz nenhuma curiosidade descabida, nenhum interesse perverso, mas apenas a simpatia forçosa de um médico dotado de orientação anímica, o qual procura com esforço e sacrifício respostas adequadas às perguntas geralmente distorcidas pelo casuísta eclesiástico.

O mistério da natureza se opõe de tal modo à Igreja – apesar de   195
toda a analogia entre ambas – que um Nicolau Melchior Szebeny[194],
astrólogo na corte de Ladislau II (1471-1516), ousou representar a
opus alchymicum sob a forma da missa[195]. É difícil provar se e em que
medida estes alquimistas tinham consciência de sua oposição à Igreja.
Em geral não revelavam nenhum conhecimento disso em sua ação.
Este é também o caso de Paracelso, exceto em alguns indícios (pago-

---

193. Constata-se isto no místico alquímico John Pordage (1607-1681); *Ein gründlich
Philosophisch Sendschreiben vom rechten und wahren Steine der Weissheit*, p. 572s.
[Cf. "Psicologia da transferência", (OC,16/2, § 507s.)].

194. Ele foi condenado à morte por Ferdinando I e decapitado em Praga a 2 de maio
de 1531. Agradeço à Sra. Dra. Jolan Jacobi esta informação da literatura húngara acerca de Melchior von Hermannstadt.

195. Uma representação fragmentária desta tentativa grotesca encontra-se em: *Theatr.
chem.*, 1602, III, p. 853s. O texto em questão [de Nicolaus Melchior Cibenensis,
Addam et processum sub forma Missae] está reproduzido em *Psicologia e alquimia* [§
480 e nota].

yum!). Isto é mais compreensível, dado que era impossível qualquer forma de autocrítica correta, uma vez que eles pensavam que sua obra era agradável a Deus, orientando-se pelo princípio "quod natura relinquit imperfectum, ars perficit"[196]. O próprio Paracelso cumpria plenamente o divino de sua profissão médica e nunca se inquietou em sua fé cristã. Sua obra é para ele obviamente um complemento da mão de Deus e uma administração fiel dos talentos a ele confiados. E – objetivamente – tem razão; pois a alma humana não é alheia à natureza. Ela pertence aos fenômenos naturais, e seus problemas são tão importantes quanto as questões e enigmas colocados pelas doenças do corpo. Além disso, não há nenhuma doença corporal que não envolva fatores psíquicos, tal como acontece com várias perturbações psicógenas que implicam fatores corporais. Paracelso tinha plena consciência disso. A seu modo, ele levava em conta os fenômenos anímicos como nenhum outro grande médico o fez antes ou depois dele. Para nós, modernos, seus homunculi, trarames, durdales, ninfas, melusinas etc. representam a mais crassa superstição, mas para aquela época não era o caso de forma alguma. Tais figuras viviam e atuavam naquele tempo. Eram no entanto projeções, mas Paracelso tinha um pressentimento disso, uma vez que em vários lugares de sua obra deixa claro que esses homunculi e outros fantasmas eram produtos da imaginação. Sua concepção mais primitiva atribuía às projeções uma realidade que levava em conta sua atuação psicológica de um modo muito mais justo do que o nosso preconceito racionalista no tocante à absoluta irrealidade dos conteúdos projetados. Não cogitamos de sua verdadeira "realidade"; de qualquer modo, elas se comportam como realidades. Não devemos ofuscar-nos com o medo racionalista moderno da superstição, a ponto de perdermos a visão dos fenômenos psíquicos gerais ainda mal conhecidos e que ultrapassam nossa compreensão científica atual. Apesar de Paracelso desconhecer totalmente a psicologia, ele mantinha uma abertura – justamente em sua mais obscura superstição – para os acontecimentos anímicos, que a psicologia mais recente procura investigar com duros

---

196. (O que a natureza deixou incompleto a arte completa.)

Estudos alquímicos 173

esforços. Se a mitologia já não é "verdadeira", no sentido de uma lei matemática ou de um experimento físico, é no entanto um objeto de séria pesquisa e contém tantas "verdades" quanto uma ciência natural, situando-se porém num nível psíquico. Podemos perfeitamente fazer ciência com a mitologia, pois ela é um produto natural tanto quanto plantas, animais ou elementos químicos.

Mesmo que a psique fosse um produto da vontade, ela não ficaria fora da natureza. Indubitavelmente, teria sido de maior mérito se Paracelso tivesse desenvolvido sua filosofia natural numa época em que o psíquico era desacreditado enquanto objeto de ciência. Tal como foi, ele meramente incluiu no círculo do seu conhecimento da natureza algo que já existia, sem ter que provar de novo sua existência. Mesmo assim, seu merecimento é assaz grande, apesar de ser difícil para o homem contemporâneo avaliar corretamente todo o alcance psicológico de sua concepção. Afinal o que se sabe hoje sobre as causas e motivos que moveram a Idade Média a acreditar por mais de um milênio no "absurdo" da transformação de metais e na mudança anímica simultânea do investigador? Nunca se considerou com seriedade o fato de que para o investigador medieval da natureza a redenção do mundo pelo filho de Deus e a transformação da substância eucarística não eram de modo algum a última palavra, ou seja, a resposta definitiva aos múltiplos enigmas do homem e sua alma. Quando a opus alchymicum exigia igualdade de direitos com a opus divina da missa, não era de forma alguma uma presunção grotesca, mas o fato de que uma natureza universal desconhecida e não reconhecida pela verdade da Igreja clamava imperiosamente por sua aceitação. Paracelso sabia, antecipando os tempos modernos, que essa natureza não era apenas de ordem químico-física, mas também psíquica. Mesmo que os seus *trarames* não possam ser demonstrados num tubo de ensaio, eles têm o seu lugar no mundo. E apesar de que ele, assim como os outros, nunca tenham produzido ouro, Paracelso se encontrava no caminho certo de um processo de transformação anímica a qual é incomparavelmente mais importante para a felicidade do indivíduo do que a posse da tinctura vermelha.

196

A. A luz da escuridão

197   Quando tentamos esclarecer os enigmas da *Vita longa*, seguimos os passos de um processo psicológico que é o segredo vital de todos aqueles que buscam a verdade. Nem todos recebem a graça de uma fé que antecipa as soluções e nem a todos é dado contentar-se, sem outros desejos, com o sol da verdade revelada. Aquela luz que se acende no coração per gratiam Spiritus Sancti, a mesma lumen naturae, por menor que seja, é para eles mais importante ou tão importante quanto a grande luz que brilha na escuridão e não foi compreendida por esta última. Eles achavam que justamente havia uma luz escondida na escuridão da natureza, uma scintilla, sem a qual a própria escuridão não seria negra[197]. Paracelso pertencia a este grupo. Ele era um cristão de boa vontade e humilde. Sua ética e profissão de fé eram cristãs, mas a sua paixão mais profunda e secreta, sua ânsia criativa pertenciam à lumen naturae, à centelha divina enterrada na escuridão, cujo sono letal não podia ser superado nem mesmo pela própria revelação do filho de Deus. A luz de cima escurecia ainda mais a escuridão, mas a lumen naturae é a luz da própria escuridão; ela clareia sua própria obscuridade, e o escuro compreende esta luz; por isso ela transforma o negro em claro, queima "todo supérfluo" e deixa para trás nada mais do que "faecem et scoriam et terram damnatam" (fezes e escória e a terra maldita).

198   Paracelso, como todos os alquimistas filósofos, procurava um gancho que o prendesse à natureza humana escura e ligada ao corpo, à alma entretecida de modo sutil ao mundo e à matéria, que se apresentava a si mesma sob a forma de estranhas figuras demoníacas, aterrorizantes, e que representava a raiz secreta de doenças, as quais abreviam a vida. A Igreja podia exorcizar demônios e bani-los, mas isso apenas alienava o homem de sua própria natureza que, inconsciente de si mesma, se disfarçava em formas espectrais. A meta da alquimia porém não era a separação das naturezas, mas a unificação das mesmas. Seu leitmotiv, desde Demócrito tem sido: "A natureza

---

197. "Pharmaco ignito spolianda densi est corporis umbra" (Quando o medicamento arde, afasta-se a densa sombra do corpo). Símbolo de Demócrito, em MAIER. *Symbola aureae mensae*, p. 91.

Estudos alquímicos   175

alegra-se com a natureza, a natureza triunfa sobre a natureza, e a natureza governa a natureza"[198]. Este princípio é de origem pagã e uma expressão do culto antigo da natureza. A natureza não só contém um processo de transformação – ela é a própria transformação. Ela não tende para o isolamento, mas para a coniunctio, a festa nupcial, seguida de morte e renascimento. A exaltatio em maio, de Paracelso, é este casamento, o "gamonymus" ou hierosgamos da luz e da escuridão sob as formas de Sol e Luna. Aqui se unem os opostos, que a luz de cima havia separado rigorosamente. Não se trata de um retrocesso à antiguidade, mas de uma continuidade do sentimento religioso da natureza, tão estranho à visão cristã contemporânea e que se expressa do modo mais belo na Στήλη ἀπόκρυφος (inscrição secreta) do *Grande papiro mágico de Paris*:

> Ave, edifício inteiro do espírito do ar; ave, espírito, que do céu penetra na terra e da terra, que ocupa o espaço central do universo, penetra os limites do abismo; ave, espírito que em mim penetra e de mim se apodera e de mim se aparta em bondade segundo a vontade de Deus; ave, começo e fim da natureza inabalável; ave, eterno retorno dos elementos que servem incansavelmente; ave, solicitude dos raios do sol, que conferem brilho ao mundo; ave, círculo da radiância lunar que ilumina a noite de um modo desigual; ave, todos os espíritos dos demônios do ar; ave, ó vós todos a quem a saudação é apresentada em louvor, irmãos e irmãs, homens e mulheres devotos! Ó grande, imensa, inacreditável configuração circular do mundo! [Espírito] celeste que se encontra no céu, etérico que se encontra no éter, espíritos em forma de água, de terra, de fogo, de vento, de luz, de escuridão, que brilham como estrela, espírito úmido-ígneo-frio: eu te louvo, ó Deus dos deuses, que configuraste o mundo, que reuniste a profundidade sobre o suporte invisível de seu firme fundamento, que separaste céu e terra e ocultaste o céu com asas douradas e eternas, mas fundaste a terra sobre suportes eternos, suspendendo o éter no alto sobre a terra, que esparziste o ar pelos ventos semoventes, que colocaste a água a toda volta, deste início à irradiação do tempo, trovejando, relampejando, choven-

---

198. Ἡ φύσις τῇ φύσει τέρπεται, κᾀὶ ἡ φύσις τὴν φύσιν νικᾷ, κᾀὶ ἡ φύσις τὴν φύσιν κρᾳτεῖ (BERTHELOT. *Alch. grecs*, II, I, 3, p. 43).

do, estremecendo [a terra] e gerando seres vivos, Deus dos aions, grande és tu, ó Senhor, Deus, soberano do universo[199].

Como esta prece foi-nos transmitida no *Papiro* cercada de receitas mágicas indecentes, a lumen naturae emergia também de um mundo de duendes e de outras criaturas de um mundo obscuro, encoberta por palavras mágicas e obsessão pelo segredo, em cujo joio quase foi asfixiada. No entanto, a natureza é ambígua e não podemos acusar Paracelso nem os alquimistas quando estes se exprimiam parabolicamente por precaução e por uma responsabilidade algo temerosa. Na realidade, tal procedimento é o mais adequado no caso. O que ocorre entre a luz e a escuridão, o que une os opostos tem parte com ambos os lados e pode ser julgado tanto a partir da esquerda como a partir da direita, sem que isto nos esclareça: isto apenas acirra a oposição. Somente o *símbolo* poderá ajudar aqui, porquanto por sua natureza paradoxal representa o *tertium* que, segundo a lógica, não existe, porém é a verdade viva na realidade. Não podemos então ser demasiado severos para com Paracelso e os alquimistas devido à sua linguagem secreta: um conhecimento mais profundo da problemática do processo anímico logo nos ensina a vantagem de reservar o julgamento, em vez de precipitar e anunciar urbi et orbi o que é que é. É compreensível o nosso desejo de clareza inequívoca, porém esqueceríamos então que as coisas anímicas são processos vivenciais, isto é, transformações, as quais nunca devem ser designadas de uma forma unívoca, se não quisermos transformar o que se move, vivo, em algo estático. O mitologema definido-indefinido e o símbolo ofuscante expressam o processo anímico de forma muito mais precisa, perfeita e portanto infinitamente mais clara do que o conceito nítido; pois o símbolo transmite uma visualização do processo, o que por certo é tão importante quanto a vivência imediata ou posterior do processo. Essa penumbra só pode ser compreendida mediante uma empatia inofensiva e nunca mediante o expediente rude da clareza. As insinuações simbólicas de casamento e exaltação no mês de maio, mês da verdadeira primavera, quando desabrocham flores celestiais e se ma-

---

199. PREISENDANZ. *Papyri Graecae magicae*, I, p. 11.

Estudos alquímicos

nifesta o segredo do homem interior, pela simples escolha e pelo som das palavras transmitem a visão e a vivência de um clímax, cujo significado só se poderia amplificar pela mais sutil palavra dos poetas[200]. Mas o conceito claro e sem ambiguidade não encontraria aqui lugar algum e no entanto algo de profundamente significante foi dito, como observa Paracelso corretamente: "Quando enim... supercoelestis coniunctio sese unit, quis virtutem ei quantum vis eximiam abneget?" (Quando se une em conjunção supraceleste – quem poderia negar-lhe seu significado poderoso?[201])

B. A união das duas naturezas do ser humano

Paracelso lida nesta passagem com algo de essencial, e reconhecendo este fato fiz uma apologia do simbolismo, que propõe a união do que está separado. Mas ele sente também a necessidade de algum esclarecimento. Assim diz,no capítulo 2 do livro V, que o homem é dotado de duas forças vitais: a primeira é natural e a outra "aérea na qual nada há de corporal". (Dir-se-ia que a vida tem um aspecto fisiológico e um, anímico.) Por isso, ele conclui seu escrito com a discussão das coisas incorpóreas. "Miseráveis aqueles a quem a natureza negou seu maior e melhor tesouro, o que a monarchia naturae contém, ou seja, a luz da natureza!"[202], exclama, assim mostrando indubitavelmente o que a lumen naturae significa para ele. Ultrapassando a natureza, observa agora o aniadus. Que ninguém se escandalize com o que ele menciona acerca da força e natureza dos guarini, saldini, salamandrini e aquilo que pertence à melusina. Se alguém se espantar com isso é preferível não parar, mas ler até o fim, podendo desse modo compreender os detalhes. A "nymphidida" é o reino das ninfas, isto é, a região dos seres aquáticos originários (paradisíacos);

200

---

200. "Não o digas a ninguém, a não ser aos sábios, / porque a massa escarnece; / quero louvar o vivente / que anseia por uma morte inflamada" (GOETHE. *West-östlicher Divan. Lied des Sängers*).

201. SUDHOFF (org.). III, *Vita longa*, p. 284. • BODENSTEIN. Op. cit., p. 84.

202. "Miseros hoc loco mortales, quibus primum, ac optimum thesaurum (quam naturae monarchia in se claudit) natura recusavit, puta, naturae lumen" [ambas as citações em SUDHOFF (org.). Op. cit., p. 287; e BODENSTEIN. Op. cit., p. 88].

hoje o designaríamos como o inconsciente. Guarini são "pessoas que vivem sob a influência celeste". Saldini são espíritos ígneos como os salamandrini. A melusina é o ser que fica entre o reino da água e o reino humano. Ela corresponde, na minha opinião, à anima. A nymphidida abriga portanto, além da anima, o reino dos espíritos[203], o que completa a imagem do inconsciente.

201 A maior longevidade seria atingida por aqueles que vivem a "vida aérea". Essa vida teria a duração de 600, 1.000 e 1.100 anos, devido ao fato de terem vivido segundo a prescrição das "magnalia, que são facilmente compreensíveis". Por isso seria bom imitar o aniadus, "cuja força é tão grande por causa do ar, isto é, dos meios psíquicos, que a morte nada tem em comum com ele". No entanto, quando falta este ar, "irrompe aquilo que está oculto na cápsula"[204]. Provavelmente Paracelso se refere aqui ao coração. A alma, ou anima iliastri, mora no fogo, no coração. Ela é impassibilis (insensível, incapaz de sofrimento). A alma cagástrica por seu lado "flutua" na água da cápsula[205]. Ela é passibilis (sensível), isto é, capaz de sofrimento. A *imaginação* também está localizada no coração. "O coração é o sol no microcosmo"[206]. A alma, a anima iliastri, pode irromper assim do coração, se faltar o "ar". Isto é, quando os meios psíquicos não são utilizados, ocorre a morte prematura[207]. Paracelso continua:. "Mas se esta [a alma que se encontra no coração] estivesse cheia de ar, o qual se renova, e fosse trazida para o centro, fora daquilo sob o qual jazia oculta, e assim se mantém até agora [isto é, na cápsula do coração] então o ser tranquilo não é ouvido por nada que seja corporal,

---

203. Cf. meu ensaio *Die psycologischen Grundlagen des Geisterglaubens*.

204. [SUDHOFF (org.). Op. cit.; e BODENSTEIN. Op. cit.].

205. [SUDHOFF (org.). XIV, *Liber Azoth*, p. 501].

206. [SUDHOFF (org.). XIV, *De pestilitate*, p. 414].

207. "Nihil enim aliud mors est, nisi dissolutio quaedam, quae ubi accidit, tum demum moritur corpus" [A morte nada mais é do que uma certa dissolução que ocorre quando o corpo morre]. "Huic corpori deus adiunxit aliud quoddam, puta coeleste, id quod in corpore vitae existit. Hoc opus, hic labor est, ne in dissolutione, quae mortalium est et huic soli adiuncta, erumpat" [Deus acrescentou algo a este corpo, por exemplo, algo celeste que existe no corpo enquanto vivo. Esta é a obra, este o esforço, para que não se evada no momento da dissolução, que é o destino dos mortais]. "Outra redação dos dois primeiros capítulos" da *Vita longa* [SUDHOFF (org.). III, p. 292].

Estudos alquímicos   179

mas ressoa apenas como aniadus, adech, e finalmente como edochinum. Assim se dá o nascimento do grande aquastro, que nasce fora da natureza [de forma sobrenatural]"[208].

O sentido deste esclarecimento laborioso evidentemente é que a   202
alma não só é impedida de escapar pelos meios psíquicos, mas também é devolvida ao centro, isto é, à região do coração, mas desta vez não encerrada na capsula cordis, onde estivera presa ou oculta até então, porém fora de sua antiga morada. Através disso parece ser suge-

---

208. "Sequuntur ergo qui vitam aëream vixerunt, quorum alii a 600 annis ad 1000. et 1100. annum pervenerunt, idquod yuxta praescriptum magnalium, quae facile deprehenduntur, ad hunc modum accipe. compara aniadum idque per solum aëra, huius vis tanta est, ut nihil cum illo commune habeat terminus vitae. porro si abest iam dictus aër, erumpit extrinsecus id, quod in capsula delitescit. iam si idem ab illo, quod denuo revertatur, fuerit refertum, ac denuo in medium prolatum, scilicet extra id, sub quo prius delitescebat, imo adhuc delitescit, iam ut res tranquilla prorsus non audiatur a re corporali, et ut solum aniadum, adech, denique et edochinum resones" [SUDHOFF (org.). *Vita longa*, lib. V, cap. III, p. 287s.]. Dorneo ("Expositio" ao lib. V, cap. III, p.168-170) comenta esta passagem:
a) A reprodução do aniadus ocorre "per influentiam imaginationis, aestimationis, vel phantasiae" [p. 169], as quais são equivalentes a "ar" = espírito. Trata-se manifestamente daquela imaginação ativa, própria do exercício da ioga. Os conceitos que Inácio de Loyola utiliza para isso são: consideratio, contemplatio, meditatio, ponderatio e imaginatio per sensus, que têm por objetivo a realização dos conteúdos de representações mentais (*Exercitia spiritualia*, cf. especialmente a "meditatio de Inferno" p. 62s.). A realização do aniadus tem mais ou menos o mesmo objetivo que a contemplação da vida de Jesus nos Exercícios; só que no primeiro caso é "assimilado" o desconhecido homem primitivo da experiência individual e no segundo, a personalidade conhecida, historicamente transmitida do "Filho do Homem". A antinomia psicológica dos pontos de vista é imensa.
b) A falta do ar é explicada por Dorneo como um esgotamento do mesmo pelo esforço da realização ("per influentiam hausto" [p. 169]).
c) O que irrompe do coração é o mal (malum), é o que está oculto no coração. Dorneo prossegue: "[...] imò sub vehiculo, sub quo adhuc delitescit, compescitur" [sim, ele é segurado pelas rédeas, freiado pelo portador no qual ainda está oculto]. A conjetura do mal e da sua sujeição não é sustentada pelo texto de Paracelso. Ao contrário, Dorneo não leva em conta a depuratio que precede e o fato resultante de que a "operação" ocorre em um corpo já purificado (cauterizado). A reverberatio e os arcana afastaram os crassiora elementa, a nigredo e o malum.
d) Devido à sua conjetura, Dorneo deve fazer uma modificação no texto: em vez de tranquilla, ele lê "intranquilla" [p. 169]. Parece-me que a concepção que dei acima corresponde mais fielmente ao texto original.
e) Dorneo esclarece aqui que adech significa "imaginarius internúsve homo" [Op. cit.] e edochinum significa enochdianum.

rida uma certa libertação do corpo, razão pela qual provavelmente a tranquilidade da alma, enquanto habitava o interior do coração, estava demasiadamente exposta à imaginatio, ao ares e seu impulso configurador. O coração é, além de todas as virtudes, uma coisa inquieta e emocional, com uma tendência excessiva de participar efetivamente da turbulência corporal. Nele habita aquela alma "cagástrica" inferior, presa à matéria, a qual deve ser separada do iliastro mais espiritual e superior. Nesta esfera liberta e mais tranquila, a alma, não ouvida pelo corpo, pode "ressoar" aquelas entidades superiores como o aniadus, adech e edochinus.

203 Já vimos que adech representa o grande homem interior. Ele é o homem-astro, a manifestação do macrocosmo no microcosmo. Como ele é mencionado em sequência com aniadus e edochinus, estas são provavelmente designações paralelas a ele. Aniadus tem seguramente este significado, conforme mencionamos antes. Edochinus parece ser uma variante de enochdianus. Enoch é um daqueles protoplasti relacionados com o homem originário, que "não experimentavam a morte", ou pelo menos viviam durante muitos séculos. As três designações provavelmente nada mais representam do que amplificações da mesma concepção, a saber, do homem originário imortal, do qual o homem mortal pode aproximar-se pela obra alquímica. Devido a essa estreita ligação, as forças e propriedades do grande homem fluem, ajudando e curando no interior da natureza terrena do pequeno homem mortal. Esta visão de Paracelso lança uma luz clara sobre as motivações da atuação alquímica em geral, ao esclarecer em que medida o principal produto da obra, o "aurum non vulgi" ou a lapis philosophorum chegou a ter tantas definições e tantos nomes, como, por exemplo: elixir vitae, panaceia, tintura, quintessência, luz, leste, manhã, áries, fonte viva, árvore frutífera, animal, Adão, homem, homo altus, forma do homem, irmão, filho, pai, pater mirabilis, rei, hermaphroditus, deus terrenus, salvator, servator, filius macrocosmi etc.[209]. A modo dos "mille nomina" dos alquimistas, Paracelso chega

---

209. Coleção de nomes em *Lapidis philosophorum nomina*. Ms. 2263-2264, Sainte-Geneviève, Paris, vol.II, fol.129; e em PERNÉTY. *Fables égyptiennes et grecques*, I, p. 136s. ["Des noms que les anciens philosophes ont donné à la matière"].

Estudos alquímicos   181

apenas a dez designações diferentes deste ser, o qual inquietou a fantasia especulativa durante mais de dezesseis séculos.

O comentário de Dorneo dá uma ênfase especial ao significado   204
desta passagem. Os três – aniadus, adech e edochinum – formavam
aquele elemento puro e de boa qualidade[210], contrastando com os
quatro elementos impuros, grosseiros e mundanos, que não conhecem a longevidade. Disso procederia a mentalis visio (visão espiritual) daquele grande aquastro, nascido sobrenaturalmente; isto quer dizer que dessa mãe aniadus provém a grande visão, através do adech por meio da influência da (imaginação) já mencionada, a qual fecundaria seu lugar (de proveniência), isto é, a matrix sobrenatural, de forma a dar nascimento ao filho invisível (foetum) da longa vida, que é criado ou gerado a partir do iliastro invisível ou exterior. A insistência de Dorneo nestes três, em oposição aos quatro, refere-se à sua posição especialmente polêmica em relação ao *Axioma de Maria*, já esclarecido em outra parte[211]. Ele negligencia aqui caracteristicamente o fato de que o quarto, que se junta ao três, é o homem.

A união com o grande homem gera uma nova vida, designada por   205
Paracelso como "vita cosmographica". Nessa vida aparecem tanto "o tempo como o corpo Jesahach" (cum locus tum corpus Jesihach)[212]. Jesahach é um neologismo obscuro. Locus também pode ter o significado de "tempo" e "espaço". Como se trata realmente do tempo, como veremos adiante, isto é, uma espécie de idade de ouro (veja abaixo), eu traduzi locus por tempo. O corpus Jesahach[213] refere-se portanto ao corpus glorificationis, isto é, ao corpo ressuscitado dos alquimistas, coincidindo portanto com o corpus astrale de Paracelso.

C. *A quaternidade do homo maximus*

Neste último capítulo do tratado de Paracelso ele faz alusões aos   206
quatro scaiolae, quase intraduzíveis, ficando obscuro o seu sentido.

---

210. "Elementum purum temperatum" [Op. cit.].
211. "Símbolos oníricos do processo de individuação". In: *Psicologia e alquimia*, II.
212. SUDHOFF (org.). III, *Vita longa*, lib. V, cap. V, p. 289 [no texto aparece a palavra Jesinach].
213. Não é possível comprovar a existência dessa palavra hebraica.

Rulandus, que se declara bom conhecedor da literatura paracélsica de então, define-os como "spirituales mentis vires" (poderes espirituais da mente), qualidades, possibilidades e poderes quádruplos, correspondendo ao número dos quatro elementos. Seriam as quatro rodas do carro de fogo que arrebatou Elias ao céu. Os scaiolae, diz ele, têm sua origem no "espírito" (animus) do homem, "do qual eles provêm e ao qual retornam" (a quo recedunt, et ad quem reflectuntur)[214].

207   Tal como as quatro estações do ano e os quatro pontos cardeais, os quatro elementos também são um sistema quaternário de orientação, expressando sempre uma totalidade. Neste caso, trata-se obviamente da totalidade do animus que, neste contexto, traduziríamos melhor pelo conceito moderno de "consciência" (inclusive seus conteúdos). O sistema de orientação da consciência tem quatro aspectos, que correspondem a quatro funções empíricas, isto é, sensação (percepção pelos sentidos), pensamento, sentimento e intuição (possibilidade do pressentimento)[215]. Esta quaternidade é uma ordenação arquetípica[216]. Enquanto arquétipo, esta ordenação é passível de infinitas interpretações, conforme mostra Rulandus: ele interpreta os quatro aspectos de início psicologicamente como phantasia[217], imaginatio[218], speculatio[219], e agnata fides[220]. Esta interpretação só tem valor pelo fato de aludir claramente a funções psíquicas. Como todo arquétipo é psicologicamente um fascinosum, isto é, exerce uma influência que atrai e excita a fantasia, ele se reveste de bom grado de representações religiosas (que já por si mesmas são de natureza arquetípica). Por isso, Rulandus diz que os quatro scaiolae correspon-

---

214. *Lex. alch.*, p. 427.

215. Cf. *Tipos psicológicos* [OC, 6].

216. Quanto ao aspecto lógico dessa ordenação, v. SCHOPENHAUER. *Über die vierfache Wurzel des Satzes vom zureichenden Grunde*; e KINDT-KIEFER. *Untersuchungen über die Fundamentalstruktur der staatlichen Ganzheit*.

217. Fantasia já significava naquela época invenção lúdica subjetiva sem validade objetiva [*Lex. alch.*, p. 427].

218. Uma atividade criativa de imagens e formas do espírito humano. Em Paracelso é o corpus astrale, ou seja, a capacidade criativa do homem astral.

219. Speculatio corresponde ao pensar "filosófico".

220. Agnata fides = fé inata.

Estudos alquímicos   183

deriam aos quatro preceitos principais da fé cristã[221]: o batismo, a fé
em Jesus Cristo, o sacramento da eucaristia e o amor ao próximo[222].
Em Paracelso os "scaioli" são amantes da sabedoria. Diz ele: "Vós,
piedosos filii Scayolae et Anachmi". O anachmus (= aniadus, cf. acima) está portanto intimamente vinculado aos quatro scaiolae. Não seria demais concluir que os quatro scaiolae correspondem ao *homem*
originário tradicionalmente *quadripartido*, sendo a expressão de sua
totalidade onicompreensiva. A quadripartição do grande homem é
fundamento e causa de todas as quadripartições: quatro elementos, estações do ano, pontos cardeais etc.[223]. Neste último capítulo, Paracelso
diz que os scaiolae lhe causam as maiores dificuldades, "pois neles
nada há de mortal". Ele assegura porém que os que vivem em função
dos scaiolae (pro ratione scaiolarum) são imortais. Isto é provado pelo
exemplo dos enocdianos e seus descendentes[224]. Dorneo explica a dificuldade dos scaiolae pelo fato de que o espírito deverá submeter-se a
sacrifícios extraordinários (mentem exercere miris laboribus) e na
medida em que nada há de mortal nos scaiolae, tal obra excede nosso
esforço mortal (mortales etiam superat labores)[225].

Dorneo enfatiza, tal como Rulandus, a natureza psíquica dos   208
scaiolae ("mentales vires atque virtutes, mentalium artium proprieta-
tes"), sendo que nestes últimos são afetivamente atributos do homen
natural; segue-se que eles devem ser mortais, e o próprio Paracelso
ressalta em outros escritos que a lumen naturae é "mortal". Apesar
disso, aqui é feita a afirmação de que as forças espirituais naturais são
de natureza imortal, pertercendo à archa (o princípio existente antes

---

221. Rulandus era protestante.

222. "Per quae vitam nedum longam, sed etiam aeternam consequimur" [Através da
qual conseguimos não só uma vida longa, mas até mesmo eterna] acrescenta Rulandus
[Op. cit.]. DORNEO (org.). *Theophrasti Paracelsi libri V. De vita longa*, p. 176s., concorda com a interpretação de Rulandus.

223. Por isso diz-se da lapis, isto é, do filius philosophorum que ele contém os quatro
elementos, sendo de certa forma a quinta essentia dos mesmos, que dela se pode extrair, tal como o aniadus. Em relação à quaternidade, cf. meu livro *Psicologia e religião*
[OC, 11/1].

224. "In quo me plurimum offendunt scaiolae" [SUDHOFF (org.). III, lib. V, cap. V,
p. 289].

225. Op. cit., p. 177.

do mundo). Aqui não se fala mais da "mortalidade" da lumen naturae, mas sim de princípios eternos, do "invisibilis homo maximus" (Dorneo) e dos seus quatro scaiolae, que parecem ser interpretados como mentalis vires e como funções psicológicas. Esta contradição encontra sua solução ao considerarmos que tais conceitos não nascem no espírito de Paracelso de uma reflexão intelectual e racional, mas de uma introspecção intuitiva que abrange a estrutura da consciência quaternária, bem como a sua natureza arquetípica. A primeira é mortal, mas a última é imortal.

209   A explicação de Dorneo acerca da dificuldade dos scaiolae poderia estender-se também ao "adech" (o anthropos), o qual é o senhor dos scaiolae, isto é, a sua quintessência. Paracelso denomina-o "difficilis ille Adech". O "maximus ille Adech" também é um obstáculo às nossas intenções"[226]. As difficultates artis desempenham um papel considerável na alquimia. Porém, na maior parte das vezes, elas são explicadas como dificuldades técnicas; frequentemente – nos textos gregos, bem como nos textos latinos mais tardios – encontram-se observações acerca da natureza psíquica dos perigos e obstáculos que dificultam a obra. Trata-se em parte de influências demoníacas, em parte de perturbações psíquicas como, por exemplo, a melancolia. Estas dificuldades também se expressam no nome e na definição da prima materia, a qual, enquanto material da obra, dá ensejo primeiramente a penosas provas de paciência. A prima materia é como acer-

---

226. Para a interpretação cabalística de Adão, acessível a Paracelso, podemos levar em conta a seguinte passagem em Pico della Mirandola (*De arte cabalistica*, lib. I, p. 750): "Dixit nanque Deus: Ecce Adam sicut unus ex nobis, non ex vobis inquit, sed unus ex nobis. Nam in vobis angelis, numerus est et alteritas. In nobis, id est Deo, unitas infinita, aeterna, simplicissima et absolutissima... Hinc sane conijcimus alterum quendam esse Adam coelestem, angelis in coelo demonstratum, unum ex Deo, quem verbo fecerat, et alterum esse Adam terrenum... Iste unus est cum Deo, hic non modo alter est, verumetiam alius et aliud a Deo... Quod Onkelus... sic interpretatur... Ecce Adam fuit unigenitus meus" [Deus assim disse: Veja, Adão é como um de nós, não de vós, disse Ele, mas um de nós. Pois entre vós, anjos, há número e alteridade. Em nós, isto é, em Deus, unidade infinita, eterna, simplicíssima, incondicional... por isso achamos com razão, que há ainda outro Adão celeste, que foi apresentado aos anjos do céu, o primeiro criado através da palavra de Deus e o segundo seria o Adão terreno. Aquele é um só com Deus, e este não é só um segundo, mas também um outro, algo diferente de Deus. O que Onkelus interpreta do seguinte modo: vê, Adão foi meu filho único].

Estudos alquímicos

185

tadamente dizem os ingleses "tantalizing"; ela é de pouco valor e se encontra em toda parte, só que ninguém a conhece. Ela também é esquiva e vaga, tal como a lapis que se produz a partir dela; ela tem "mil nomes". O pior é que sem ela a obra não pode nem iniciar-se. A tarefa dos alquimistas é portanto, ao que parece, cortar com uma flecha o fio pendurado numa nuvem (Spitteler). A prima materia é saturnina, e o maleficus Saturnus é a morada do diabo, ou ainda ela é a coisa mais desprezível e abjeta[227]. Nestas designações reflete-se não só a perplexidade do pesquisador como também o seu fundo anímico que preenche o escuro que está à sua frente. Na projeção ele descobre as qualidades do inconsciente. Com esta constatação, fácil de ser comprovada, também se ilumina o escuro que paira sobre as fadigas espirituais, sobre o labor Sophiae: trata-se do confronto com o inconsciente, que sempre começa quando nos defrontamos com o mesmo. Este confronto ocorre ao alquimista assim que ele se esforça seriamente por encontrar a prima materia.

D. A aproximação do inconsciente

Não sei quantas pessoas atualmente são capazes de imaginar o que significa o "confronto com o inconsciente". Receio que sejam pouquíssimas. Talvez concordem comigo se eu disser que a segunda parte do *Fausto* de Goethe é um problema estético duvidoso, mas humanamente significativo: uma preocupação que acompanhava o poeta até sua idade mais avançada. Tratava-se do confronto alquímico com o inconsciente, do "labor Sophiae" de Paracelso. Por um lado, tal confronto é o esforço de compreender o mundus archetypus da alma; por outro, é a luta contra o perigo da fascinação que ameaça o lado racional, o qual procede das alturas e profundidades incomensuráveis do paradoxo da verdade anímica sem mediação. O espírito mais denso e concreto do mundo diurno atinge aqui o seu limite; para os "cedurini", os [homens] de temperamento mais crasso (Dorneo) não há aqui caminho algum para "regiões inexploradas, inexploráveis... não invocadas, não invocáveis" – "neque hunc locum in-

200

---

227. "[...] in via eiecta, in stercore eiecta, in sterquilinis invenitur" etc. [Cf. *Psicologia e alquimia*, § 159s.].

fringet aquaster"[228] (e neste lugar não irrompe o espírito aquático, a alma úmida aparentada à matéria), diz Paracelso. Aqui o espírito humano se confronta com sua própria origem, seu arquétipo; a consciência finita de sua condição prévia, o eu mortal se confronta com o si-mesmo eterno, o anthropos, purusha, atmã, ou qualquer outro nome que a especulação humana tenha dado àquela pré-consciência coletiva, na qual o eu individual se encontra. Ele conhece e não conhece o irmão desconhecido, familiar e estranho que a ele se mostra de forma intangível e no entanto real. Quanto mais estiver ligado e perdido no tempo e espaço tanto mais ele sentirá o outro como "difficilem illum Adech", que contraria seus projetos, mudando inesperadamente o rumo do seu destino, propondo-lhe como tarefa o mais temido. Neste ponto devemos acompanhar Paracelso, entrando numa questão que nunca fora colocada em alto e bom tom em nosso círculo cultural, em parte por inconsciência, em parte por temor sagrado. O ensinamento secreto do anthropos também não põe em risco os ensinamentos da Igreja, na medida em que do primeiro ponto de vista Cristo é "apenas" uma imagem do anthropos interior. Por isso há centenas de boas razões para a obnubilação dessa figura mediante nomes secretos e indecifráveis.

211   Nestas condições podemos talvez compreender uma ou outra passagem obscura do último capítulo. Diz ele: "Se, por causa dos adeptos [ou do conhecimento secreto] eu me misturasse com os scaiolae [ou com os scaioli = amantes da sabedoria], na minha opinião é isto que deveria ser feito, mas é impedido pelo supremo adech, o qual imprime uma outra dimensão ao nosso propósito, mas não à obra. Deixo esta discussão aos teóricos"[229].

212   Temos aqui a impressão de que a atitude do adech é quase hostil para com o adepto, ou pelo menos frustra seus intentos. Das reflexões acima, baseadas na experiência junto ao homem real, deduz-se

---

228. [DORNEO. Op. cit., p. 176; GOETHE. *Fausto*, 2ª parte, Galeria escura].

229. "Porro si pro ratione necroliorum scaiolis insererer, esset quod excipiendum ducerem, id quod maximus ille adech antevertit, et propositum nostrum, at non modum deducit, quod vobis theoricis discutiendum relinquo" [SUDHOFF (org.). III, Op. cit., p. 289]. Necrolii são adeptos (*Liber Azoth*); necrolia, necrolica = "medicinae vitam conservantes" [medicamentos que conservam a vida] (DORNEO. Op. cit., p. 173).

Estudos alquímicos 187

facilmente a relação problemática com o si-mesmo. Imaginamos que
Paracelso também seja desta opinião. Parece ser este o caso na questão acima. Ele se conta a si mesmo entre os scaioli, os filósofos, ou se
"implanta" no chão dos scaiolae, ou seja, na fraternidade do homem
originário, o que me parece ser uma ideia possível, já que um outro
sinônimo da quaternidade é o paraíso com seus quatro rios, ou a cidade eterna, a metrópole com seus quatro portões[230] (o equivalente
alquímico é a domus sapientiae ou a quadratura do círculo). Dessa
maneira, ele se colocaria na imediata vizinhança do adech e seria um
cidadão da cidade eterna, outro eco das ideias cristãs. O fato de o
adech não dar uma outra direção à obra (modus = maneira, modo,
aqui presumivelmente método, processo, em oposição ao propositum = propósito, ideia diretriz) parece compreensível, uma vez que
se trata da opus alquímica, que sempre permanece a mesma, enquanto procedimento geral, cuja meta porém pode variar: às vezes trata-se
da produção de ouro (chrysopoee), às vezes do elixir vitae, outras
ainda do aurum potabile ou, finalmente, do misterioso filius unicus.
O operator ou artifex também pode ter uma atitude mais egoísta, ou
mais idealista em relação à obra.

4. Comentário de Gerardo Dorneo

Chegamos ao fim do tratado De vita longa. Paracelso resume   213
toda a operação de modo condensado, o que dificulta bastante a interpretação. Tanto aqui como em muitas outras passagens da Vita
longa devemos repetir a questão: será que o autor pretendeu ser obscuro intencionalmente, ou não conseguiu ser claro? Deveríamos acaso atribuir este emaranhado de ideias ao editor Adam von Bodenstein? No tocante à falta de clareza, este último capítulo do livro citado não tem igual entre todos os outros escritos de Paracelso. Sería-
mos tentados a passar por alto esse tratado se ele não contivesse aspectos que parecem avizinhar-se em extremo das descobertas psicológicas mais modernas.

---

230. O monogenes (filius unigenitus) é idêntico à cidade, e seus quatro membros correspondem a seus pórticos (BAYNES. *A Coptic Gnostic Treatise*, p. 58 e 89) [Cf. tb.
Psicologia e alquimia, § 138s.].

188   Estudos alquímicos

214   Reproduzo em seguida o texto original de Paracelso e na coluna
ao lado o comentário de Dorneo, destinados àqueles que quiserem
formar seu próprio julgamento.

PARACELSUS. *De vita longa*, ed.
1562, lib. V, cap. V, p. 94s.

Atque ad hunc modum abijt è
nymphididica natura
intervenientibus Scaiolis in aliam
transmutationem permansura
Melosyne, si difficilis ille Adech
annuisset, qui utrunque existit,
cum mors, tum vita Scaiolarum.
Annuit praeterea prima tempora,
sed ad finem seipsum immutat. Ex
quibus colligo supermonica[231]
figmenta in cyphantis aperire
fenestram. Sed ut ea figantur,
recusant gesta Melosynes, quae
cuiusmodi sunt, missa facimus.
Sedad naturam nymphididicam. Ea
ut in animis nostris concipiatur,
atque ita ad annum aniadin[232]
immortales perveniamus arripimus
characteres Veneris, quos et si vos
unà cum aliis cognoscitis, minimè
tamen usurpatis. Idipsum autem
absolvimus eo quod in prioribus
capitibus indicavimus, ut hanc
vitam securè tandem adsequamur,
in qua aniadus dominatur ac
regnat, et cum eo, cui sine fine
assistimus, permanet. Haec atque
alia arcana, nulla re prorsus

DORNEUS, G. *Theophr. Paracelsi
libri V De vita longa*, 1583, p. 178.

(As inúmeras abreviações são
omitidas; aperfeiçoamentos e
complementações de minha
autoria são indicadas entre
parênteses.)
"(Paracelsus) ait Melosinam, id
est, apparentem in mente
visionem,... è nymphidica natura,
in aliam transmutationem abire, in
qua permansura(m esse), si modò
difficilis ille Adech; interior homo
videlicet annuerit, hoc est, faverit:
qui quidem utrunque efficit,
videlicet morten, et vitam,
Scaiolarum, id est, mentalium
operationum. Harum tempora
prima, id est, initia annuit, id est,
admittit, sed ad finem seipsum
immutat, intellige propter
intervenientes ac impedientes
distractiones, quò minùs
consequantur effectum inchoatae,
scilicet, operationes. Ex quibus
(Paracelsus) colligit supermonica
figmenta, hoc est, speculationes
aenigmaticas, in cyphantis (vas
stillatorium), id est separationum
vel praeparationum operationibus,

---

231. Supermonica, de monere = inspirar, super = sobre ou acima, daí supermonicus
= inspirado do alto.

232. Não há como comprová-lo. Poderia ser interpretado como "tempo da completitude".

Obra Completa — Vol. 13   189

indigent[233]. Et in hunc modum vitam longam conclusam relinquimus.

aperire fenestram, hoc est, intellectum, sed ut figantur, id est ad finem perducantur, recusant gesta Melosines, hoc est, visionum varietates, et observationes, quae cuiusmodi sunt (ait) missa facimus. Ad naturam nymphidicam rediens, ut in animis nostris concipiatur, inquit (Paracelsus) atque hac via ad annum aniadin perveniamus, hoc est, ad vitam longam per imaginationem arripimus characteres Veneris, id est, amoris scutum et loricam, ad viriliter adversis resistendum obstaculis: amor enim omnem difficultatem superat: quos et si vos unà cum alijs cognoscitis, putato characteres, minimè tamen usurpatis. Absolvit itaque iam Paracelsus ea, quae prioribus capitibus indicavit in vitam hanc securè consequendam, in qua dominatur et regnat aniadus, id est, rerum efficacia et cum ea is, cui sine fine assistimus, permanet, aniadus nempe coelestis. Haec atque alia arcana nulla re prorsus indigent[234].

O sentido do texto paracélsico pode ser reproduzido mais ou menos do seguinte modo: "Assim, pela intervenção dos scaiolae, a melusina transformou-se em uma outra figura e nesta permaneceria se o adech inexorável, que tem poder de vida e morte sobre os scaiolae, tivesse concordado. No início ele permite, mas finalmente ele mesmo se transforma – donde concluo que as imagens inspiradas do alto abrem uma janela para que a vasilha receba as gotas. Para que (as

---

233. Uma frase apreciada pelos alquimistas, referente à lapis.

234. [Ambos os textos reproduzidos em alemão pelo autor, em parte segundo o sentido, em parte literalmente.]

imagens) se fixem, opõem-se aos atos da melusina, e nós (quaisquer que sejam esses atos) não devemos interferir. Elas serão desse modo devolvidas à água. A fim de que a melusina seja acolhida em nosso espírito para que cheguemos, imortais, à era da perfeição, assumimos as características de Vênus, as quais não deveis mencionar ou usar (indevidamente), mesmo sabendo que sois um com os outros. Deste modo concluímos o que foi tratado nos capítulos anteriores. Para que alcancemos seguramente aquela vida dominada e regida pelo aniadus, que permanece para sempre com ele (o aniadus) e a ele estaremos unidos sem fim. Tais segredos de nada mais precisam. E assim chegamos ao termo da nossa discussão acerca da vida longa".

A. A melusina e o processo de individuação

215   Este texto requer alguns comentários. Os scaiolae, como as quatro partes, membros ou emanações do anthropos, são os órgãos através dos quais ele atua no mundo dos fenômenos, ou se conecta com o mesmo[235], tal como a quinta essentia, o éter, aparecem neste mundo sob a forma dos quatro elementos perceptíveis ou, inversamente, se compõem de novo com os mesmos. Uma vez que os scaiolae, como vimos acima, também são funções psíquicas, devemos entendê-los a modo de manifestações ou emanações do uno, ou seja, do anthropos invisível. Os scaiolae, enquanto funções da consciência, particularmente como imaginatio, speculatio, phantasia e fides (segundo a interpretação de Rulandus e em parte também de Dorneo), "interferem", isto é, perturbam ou estimulam a melusina – ou a ninfa da água que se transforma em figura humana – justamente para cumprir essa metamorfose, aparecendo como ser humano. Para Dorneo trata-se de uma "visão mental" e não da projeção de um ser feminino concreto. Esta última possibilidade parece não ter sido levada em conta por Paracelso, segundo o que sabemos de sua biografia. Em *Poliphile*, "Madame Polia" atinge porém um alto grau de realidade (maior do que a Beatriz transcendente de Dante, embora não tanto como a Helena no *Fausto*, segunda parte) e, apesar disso, a primeira se desfaz

---

235. Um paralelo a isto é a visão de Deus em *Henoch* 20,2s. Deus tem quatro faces e está cercado por quatro anjos da face [KAUTZSCH II, p. 260].

Estudos alquímicos   191

como um sonho encantador no momento em que o sol do primeiro
dia de maio se ergue.

"En ces entrefaictes, et tout en un instant les larmes luy sortirent des
yeux comme crystal, ou petites perles rondes, si que vous eussiez dict que
c'estoient gouttes de rosee sur les feuilles d'une rose incarnate espannie au le-
ver du Soleil en la saison du mois de May.

Et comme j'estois en ce comble de
liesse, celle digne figure s'esvanouit, montant en l'air ainsi qu'une petite fu-
mee de Beniouyn: et laissa une odeur tant exquise que toutes les senteurs de
1'Arabie heureuse ne s'y scauroient accomparer: le delicieux sommeil se separa de mes yeux. Le bel esprit se resolvant en l'air avec le delicieux dormir,
tout se retira trop vistement, et s'enfuit en haste, disant: Poliphile mon cher
amant Adieu"[236].

Polia dissolve-se antes da união há tanto tempo esperada com o   216
amado. Helena (*Fausto*, 2ª parte), por seu lado, desfaz-se apenas com
a dissolução de seu filho Euforion. Paracelso deixa entrever a atmosfera nupcial nas "exaltationes" do mês de maio na clara insinuação de
urtica e flammula, renunciando por completo à projeção numa personalidade concreta, ou numa imagem concretamente configurada,
optando pela figura legendária da melusina. Esta não é irrealidade
alegórica ou uma simples metáfora, mas possui uma realidade psíquica peculiar, no sentido de seu aparecimento por assim dizer fantasmagórico; a melusina por sua própria natureza é, por um lado, uma
visão psíquica e, por outro, graças à capacidade de tornar real a imaginatio da alma, do ares, é uma entidade distinta, objetiva, como um
sonho que temporariamente se torna realidade. A figura da melusina
é perfeitamente adequada a este fim. A anima pertence àqueles "fenômenos limítrofes" que se manifestam em situações psíquicas especiais. Tais situações sempre se caracterizam por um colapso mais ou
menos súbito de uma forma ou estado de vida, que parecia anterior-

---

236. *Le Songe de Poliphile*, fol. Q q I p. 153ᵛ [Então, repentinamente, seus olhos ficaram marejados de lágrimas como cristal ou pequenas pérolas redondas, de tal modo
que pareciam gotas de orvalho sobre as pétalas de uma rosa escarlate que se abrem
completamente ao nascer do sol no mês de maio. Quando eu estava no auge da alegria
essa forma sublime desapareceu e evolou-se como uma pequena fumaça de benjoim: e
deixou um aroma tão sedutor que todos os perfumes da feliz Arábia não poderiam
comparar-se com ele: o precioso sono abandonou meus olhos. A bela aparição dissol-
veu-se em ar com o meu sono e sumiu demasiado rápido, dizendo: Poliphile, meu
amado, adeus].

mente ser a condição ou base indispensável de todo um transcurso de vida individual. Ao ocorrer tal catástrofe não só se rompem todas as pontes já ultrapassadas, como parece não haver outro caminho à frente. Está-se diante de uma escuridão impenetrável e desesperadora, cujo vazio abissal é preenchido de repente pela visão clara ou pela presença sensível de um ser estranho, mas prestativo. Vivificando sensivelmente o silêncio ou o escuro da vasta e demorada solidão, vem ao nosso encontro o desconhecido que nós mesmos somos sob uma forma desconhecida.

217   Esta condição peculiar do aparecimento da anima também se encontra na lenda da melusina: Emmerich, Conde de Poitiers, adotara Raymond, filho de parentes pobres. A relação entre ambos é harmônica. Certa vez, durante a caça, perseguindo um javali, separam-se da comitiva e se perdem na floresta. A noite cai e eles acendem uma fogueira para aquecer-se. Súbito Emmerich é atacado pelo javali perseguido. Raymond golpeia o animal com sua espada, mas por infortúnio a lâmina ricocheteia e atinge mortalmente Emmerich. Raymond, desesperado, monta o cavalo e foge a esmo. Depois de algum tempo chega a uma fonte no meio do campo. Lá encontra três belas mulheres e uma delas é melusina que o salva da desonra e do desterro, aconselhando-o inteligentemente.

218   Raymond encontra-se, segundo a lenda, na situação catastrófica acima descrita, em que a vida entra em colapso, colocando o indivíduo diante do nada. Neste momento aparece a anima anunciadora do destino, arquétipo da alma objetiva do inconsciente coletivo. Na lenda, melusina ora tem um rabo de peixe, ora de serpente, isto é, meio humana, meio animal. Ocasionalmente ela aparece apenas como serpente. A lenda, ao que parece, remonta a raízes celtas[237]; como tema porém é encontrada na maior parte da terra habitada. A lenda era extremamente popular na Europa medieval, mas seu tema também pode ser encontrado na Índia, tal como na lenda de Urvashi e Pururavas, já mencionada no *Shatapatha-Brâhmana*[238]. Ela aparece também entre os índios norte-americanos[239]. O tema do ser meio-

---

237. GRIMM. *Deutsche Mythologie*, I, p. 361 ["gaulês"].

238. *Sacred Books of the East* XXVI, p. 91.

239. BARING-GOULD. *Curious Myths of the Middle Ages*, II, p. 238.

Estudos alquímicos 193

homem meio-peixe é por assim dizer um tipo universal. Conrad Ne-
cerus merece atenção especial, pois declara que a melusina ("melyssi-
na") provém de uma ilha oceânica, onde moram nove sereias que en-
tendem da arte de transmutar-se em qualquer forma[240]. Isto é de particular interesse, porquanto Paracelso menciona a melusina juntamente com a "Syrena"[241]. Essa tradição remonta provavelmente a
Pompônio Mela, que chama a ilha de "Sena" e os seres que nela moram de "Senae". Estes provocam tempestades, podem transformar-se,
curar moléstias consideradas incuráveis e predizer o futuro[242]. Ora,
não raro a serpens mercurialis dos alquimistas é designada por "virgo" e representada sob a forma da melusina (já antes de Paracelso);
assim sendo, sua capacidade de transmutação e sua arte de curar são
importantes na medida em que essas mesmas propriedades são atribuídas com muita ênfase ao Mercurius. Por outro lado, Mercurius
também é representado pelo ancião Hermes (Trismegisto), donde se
vê que dois arquétipos empiricamente frequentes, ou seja, o da anima
e do velho sábio[243] confluem na fenomenologia simbólica de Mercurius. Ambos são da revelação, representando também a panaceia em
Mercurius. Este último é muitas vezes designado por versatilis, muta-
bilis, como servus ou cervus fugitivus, Proteu etc.

Os alquimistas e, entre eles, Paracelso encontraram-se indubita-   219
velmente muitas vezes diante do abismo escuro do não saber e do não
poder dar prosseguimento à sua obra, razão pela qual, como admi-
tiam, eram dependentes de uma revelação, iluminação ou de um sonho que os auxiliasse. Por isso, necessitavam também de um "espírito
prestativo", de um familiaris ou πάρεδρος, de cuja invocação já toma-
mos conhecimento nos Papiros mágicos gregos. A forma de serpente
do deus da revelação e dos espíritos costuma ser um tipo universal.

Paracelso parece nada saber de pressupostos psicológicos. Ele re-   220
laciona o aparecimento e a transformação da melusina com o efeito
dos scaiolae "que interferem" e das forças espirituais propulsoras

---

240. URSTISIUS. Scriptores Germaniae. In: BARING-GOULD. Op. cit., p. 218.

241. STRUNZ. Paragranum, p. 105.

242. De situ orbis, III, cap. 6. Século I d.C. (In: DINAN. Monumenta historica celtica
I, p. 62).

243. Cf. Os arquétipos e o inconsciente coletivo [OC, 9/1].

oriundas do homo maximus. A opus é subordinada a elas e tem como meta a elevação do homem à esfera do anthropos. A obra dos alquimistas filósofos visa à autorrealização superior, ou ao estabelecimento do homo maior, na linguagem de Paracelso, isto é, aquilo que eu chamo de individuação. Essa meta por si só confronta o homem com a solidão, quando ele tem "apenas" a companhia de si mesmo. O alquimista, por princípio, trabalha sozinho. Ele não cria escolas. Esta solidão rigorosa, juntamente com a preocupação de uma obra infinitamente obscura, basta para ativar o inconsciente, isto é, como diz Dorneo, para pôr em funcionamento a imaginatio e, através de seu poder imagístico, trazer à tona o que antes parecia não existir. Em tais circunstâncias criam-se imagens da fantasia, nas quais o inconsciente se torna objeto de visão e experiência, o que na realidade são "spirituales imaginationes". A melusina emerge do reino da água, assume forma humana às vezes bem concretamente, como mostra com clareza o *Fausto*, 1ª parte, onde o beco sem saída conduz diretamente aos braços de Gretchen. É sob a forma desta última que a melusina gostaria de permanecer, se não resultasse naquela catástrofe, através da qual Fausto se envolve mais profundamente na magia; a melusina torna-se Helena; mas nem nesta última permanece, pois todas as tentativas de concretização acabam se pulverizando, tal como a retorta do homunculus no trono da Galateia. Outro poder intervém, ou seja, "difficilis ille adech", o qual "finalmente se transforma a si mesmo". O homem maior "põe obstáculos ao nosso plano", pois o próprio Fausto tem que se transformar na morte, naquele menino ao qual o verdadeiro mundo ainda deve ser mostrado, depois que o desejo-de-ter-tudo o abandonou. "Miseros... mortales, quibus primum ac optimum thesaurum... natura recusavit, puta naturae lumen!"[244]

221   Adech, o homem interior, é quem conduz o intento do adepto, através de seus scaiolae, fazendo-o ver imagens a partir das quais ele tira falsas conclusões e arma situações, ignorando sua natureza provisória e frágil. Ele também não sabe que está obedecendo à lei do homem interior futuro, ao bater à porta do desconhecido; também não

---

244. [Miseráveis... mortais, os quais a natureza privou do melhor tesouro... isto é, a luz da natureza. – SUDHOFF (org.). III, *Vita longa*, p. 287. Cf. tb. § 208 deste volume. Citação de DORNEO. Op. cit., p. 178.]

Estudos alquímicos 195

sabe que desobedece essa lei ao querer garantir uma vantagem ou posse permanente mediante sua obra. É a totalidade de que ele é uma parte e não o seu eu, fragmento de uma personalidade, que aqui se considera e se deseja atingir, uma consciência que dela (da totalidade) se aproxima ao transformar-se a partir da latência do inconsciente.

Os gesta melosynes são imagens enganosas da fantasia, nas quais se misturam o sentido mais elevado e a tolice mais perniciosa, um verdadeiro véu de Maya que atrai os mortais a todos os extravios da vida. O sábio extrai dessas imagens as "inspirações mais sublimes", isto é, tudo o que é pleno de sentido e valor; ele o extrai mediante um processo de destilação[245] e recolhe as preciosas gotas do liquor sophiae no vaso receptivo de sua alma, onde elas "abrem uma janela" à sua compreensão, ou seja, o iluminam. Com isso Paracelso alude a um processo de separação, isto é, de discriminação, portanto a um processo de julgamento crítico, o qual aparta o joio do trigo – parte inevitável do confronto com o inconsciente! Enlouquecer não é nenhuma arte, mas extrair a sabedoria da loucura, eis a arte. A loucura é a mãe dos sábios, jamais a inteligência. Solidificar-se ("ut ea figantur") refere-se alquimicamente à pedra, mas psicologicamente à consolidação do "estado de alma" (Gemüt). O produto da destilação, isto é, o extrato deve ser "fixado", tornando-se uma convicção "firme", um conteúdo permanente.

B. O hierosgamos do homem eterno

A melusina, a shakti que ilude, deve retornar ao reino da água, se a obra progredir até alcançar sua meta. Ela não poderá mais confrontar o adepto com sua atitude sedutora, mas sim tornar-se aquilo que sempre foi: uma parte da totalidade dele[246]. Seu espírito deve conce-

---

245. "E assim que este spiritus foi extraído e separado do outro spiritus, o spagirus obteve o vinum salutis a partir do vinho dos filósofos" [SUDHOFF (org.). III, *Deutsche Originalfragmente*, p. 305].

246. A contradição aparente entre o repúdio dos gesta melosynes e a assimilação da anima é explicada pelo fato de os gesta serem produzidos a partir de um estado de possessão pela anima, razão pela qual devem ser evitados. Assim, a anima é forçada a voltar-se novamente para a interioridade, assumindo a função intermediária entre o eu e o inconsciente, tal como a persona o faz entre o eu e o meio circundante.

bê-la como tal ("ut in animis nostris concipiatur"). Disso resulta a união do consciente e inconsciente, que sempre existira inconscientemente, mas fora negada pela unilateralidade da consciência. Desta união surge a totalidade, que a filosofia introspectiva ou o conhecimento de todos os tempos e lugares designou por símbolos, nomes e conceitos, cuja multiplicidade é inesgotável. Os "mille nomina" encobrem o fato de que essa coniunctio não é mais algo apreensível conceitualmente, mas sim uma vivência que não pode ser interpretada e cuja natureza traduz o sentimento de uma eternidade ou atemporalidade irrevogáveis.

224 Não quero repetir o que já disse anteriormente, e de qualquer forma não é essencial o que se diz a respeito de tais coisas. Paracelso porém acrescenta algo que não posso deixar de mencionar: trata-se dos "characteres Veneris"[247].

---

247. Lembremos aqui a "planetarum signacula et characteres" de Agripa [De occulta philosophia, lib. I, cap. 66s., p. LXXXVIIs.], que são impressos no homem, assim como em todas as coisas pela natividade. O homem tem, no entanto, inversamente, a capacidade de assimilar-se às estrelas de novo: "Potest enim animus noster per imaginationem vel rationem quadam imitatione, ita alicui stellae conformari, ut subito cuiusdem stellae muneribus impleatur" [Nossa alma pode assimilar-se a uma determinada estrela mediante a imaginação ou imitação racional, de tal forma que súbito ela é preenchida pelas possibilidades dessa estrela]... [Op. cit., p. LXXXVIII] "Debenus igitur in quovis opere et rerum applicatione vehementer affectare, imaginari, sperare firmissiméque credere, id enim plurimum erit adiumento... animum humanum quando per suas passiones et effectus ad opus aliquod attentissimus fuerit, coniungi ipsum cum stellarum animis, etiam cum intelligentiis: et ita quoque coniunctum causam esse ut mirabilis quaedam virtus operibus ac rebus nostris infundatur, cum quia est in eo rerum omnium apprehensio et potestas, tum quia omnes res habent naturalem obedientiam ad ipsum, et de necessitate efficaciam; et movent ad id quod desiderat nimis forti desiderio. Et secundum hoc verificatur artificium characterum, imaginum, incantationum et sermonum" [Nós devemos portanto em todo trabalho e na aplicação das coisas esforçar-nos veementemente para conseguí-lo, imaginar, esperar e crer firmemente, pois isso será da maior utilidade... a alma humana, quando se concentra apaixonadamente e eficazmente em uma obra, poderá unir-se à alma das estrelas e, quando assim estiver unida, poderá ser a causa de que uma certa fúria maravilhosa se infunda em nossos trabalhos e coisas, pois como naquela (alma) reside uma apreensão de tudo e um domínio igual, as coisas lhe obedecem e uma eficácia segura se move em direção àquilo que ela almeja sobre todas as coisas e com forte desejo. Assim, a obra dos sinais das imagens, das evocações e das palavras é confirmada (verificada)]... [Op. cit., p. LXXXIX] "Animus enim noster quando fertur in aliquem magnum excessum alicuius passionis vel virtutis, arripit saepissime ex seipso horam vel opportunitatem fortio-

Estudos alquímicos   197

A melusina, enquanto ninfa da água, liga-se intimamente à Mor-   225
gana, "a nascida do mar". Sua equivalente clássica é Afrodite, a "nascida da espuma". A união com o inconsciente personificado como feminino é, como já dissemos, uma vivência por assim dizer escatológi-
ca, cuja imagem encontramos no γάμος τοῦ ἀρνίου apocalíptico
(nuptiae Agni, núpcias do Cordeiro), a forma cristã do hierosgamos.
A passagem diz: "Eis que chegou o tempo das núpcias do Cordeiro,
sua esposa já está pronta e foi-lhe concedido vestir-se com linho
puro, resplandecente. O linho representa a conduta justa dos santos.
E ele me disse ainda: Escreve: Felizes são aqueles que foram convida-
dos para o banquete das núpcias do Cordeiro. E disse-me ainda:
Estas palavras são verdadeiramente palavras de Deus. Caí então a
seus pés para adorá-lo, mas ele me impediu. Não o faças! Sou servo
como tu e como teus irmãos (σύνδουλος)"[248].

O "ele" do texto corresponde ao anjo que fala com João, e que   226
na linguagem de Paracelso é o maior homo, o adech. Acredito ser
supérfluo ressaltar que Vênus, enquanto deusa do amor, está intimamente relacionada com a parte da Ásia Menor, cujas celebrações
do hierosgamos são conhecidas por todos. A vivência da união que
psicologicamente está na base destas festas nupciais consiste no
abraço e no reencontro de suas almas na exaltatio primaveril, no
"verdadeiro maio": a reunificação obtida de uma dualidade, aparentemente irreconciliável, em uma totalidade coesa. Esta unidade
abrange a multiplicidade de todos os seres. Por isso Paracelso diz:
"Si vos una cum aliis cognoscitis"[249]. O adech não é o *meu* si-
mesmo, mas o de todos os meus irmãos: "Conservus tuus sum et
fratrum tuorum"[250]. Esta é a conotação especial desta vivência da
coniunctio: *o si-mesmo que me inclui, inclui também muitos outros*: isto porque o inconsciente "conceptum in animo nostro" não

---

rem... hic est modus per quem invenitur efficacia [operationum]" (pois quando nossa
alma é arrebatada excessivamente por qualquer paixão ou virtude, ela por si só
apreende a hora ou a melhor oportunidade... este é o modo pelo qual é encontrada
a eficácia dos [empreendimentos]).

248. Ap 19,6-10.
249. (Quando vós vos reconheceis uns nos outros...)
250. Ap 19,10.

me pertence, não é minha peculiaridade, mas está em toda parte. Paradoxalmente, é a quintessência do indivíduo e ao mesmo tempo um coletivo.

227   Os participantes das núpcias do Cordeiro entram na eterna bem-aventurança: são "virgens" noivas[251]. Em Paracelso a meta da salvação é o annus aniadin ou o tempo da perfeição, em que reina o homem uno originário.

C. Espírito e natureza

228   Por que Paracelso não se serviu das imagens cristãs, apesar de conterem o mesmo pensamento, claramente manifesto? Por que, em lugar da melusina, é evocada a antiga deusa do amor e por que não se trata das núpcias do Cordeiro, mas de um hierosgamos de Marte e Vênus, conforme se depreende das insinuações do texto? A razão é provavelmente a mesma pela qual Francesco Colonna, autor da *Hypnérotomachie*, na qual Poliphile procura sua amada Polia, não junto à Mãe de Deus, mas junto à senhora Vênus. Pela mesma razão o menino conduz Christian Rosencreutz, na *Chymischen Hochzeit*[252], às arcadas subterrâneas, em cuja porta se acha uma inscrição secreta em caracteres de cobre[253]. Sob as arcadas descobrem uma sepultura triangular, dentro da qual há um caldeirão de cobre, onde um anjo se encontra de pé, segurando uma árvore que goteja incessantemente dentro do caldeirão. Essa sepultura é sustentada por três animais: águia, boi e leão[254]. O menino explica que nesse túmulo está sepultada a bela senhora Vênus, a qual corrompera muitos homens importantes. Eles continuam a descer e chegam ao aposento de Vênus; esta

---

251. Ap 14,4.

252. [Quinto dia] p. 76s.

253. Cobre = cuprum, atribuído a Vênus de Chipre.

254. Tríade inferior correspondente à trindade superior. São os símbolos teriomórficos de três evangelistas. O quarto é o anjo que ocupa a posição especial que na trindade cristã pertence ao diabo. Inversão dos valores morais: o que em cima é mau, é bom embaixo e vice-versa.

Estudos alquímicos   199

dorme num divã. Indiscretamente, o menino puxa as cobertas, reve-
lando toda a beleza da deusa[255].

A Antiguidade contém uma parte da natureza e uma certa pro-   229
blemática que o cristianismo *precisou* negligenciar, a fim de não com-
prometer definitivamente a segurança e a consolidação de um ponto
de vista espiritual. Nenhum código penal, nenhum código moral,
nem a mais sublime casuística seriam capazes de classificar e decidir
com justiça acerca das confusões, conflitos de deveres e tragédias in-

---

255. Nas *Metamorfoses* de Apuleio se inicia o processo de salvação no instante em que,
devido à sua vida dissoluta, o filósofo, transformado num burro, consegue arrancar o
ramo de rosas da mão do sacerdote de Ísis e comê-lo (as rosas são atribuídas a Vênus).
O filósofo é iniciado nos mistérios de Ísis, a qual, enquanto Deusa-Mãe (mater spiritualis), corresponde à Mater Gloriosa do *Fausto*, 2ª parte. Cf. as analogias da oração à
Mater Gloriosa no final do *Fausto* com a oração a Ísis das *Metamorfoses*:

Erguei os olhos para a salvação,   Tu quidem sancta, et humani generis
                                            sospitatrix...

Todos vós, servos arrependidos,   dulcem matris affectionem miserorum
A vós o destino bem-aventurado,   casibus tribuis... ac ne momentum
                                            quidem tenue, tuis transcurrit beneficiis
                                            otiosum;

Em gratidão transformados!   quin mari terraque protegas homines,
                                            et, depulsis vitae procellis salutarem
                                            porrigas dextram, qua Fatorum etiam
                                            inextricabiliter contorta retractas licia,
                                            Fortunae tempestates mitigas, et
                                            stellarum noxios meatus cohibes.

Que todo sentido mais alto,   Ergo, quod solum potest, religiosus
Seja posto a teu serviço!   quidem, sed pauper alioquin, efficere,
Virgem, Mãe, Rainha,   curabo, divinos tuos vultus, numenque
Deusa, sede propícia!   sanctissimum intra pectores mei secreta
                                            conditum perpetuo custodiens,
                                            imaginabor.

[GOETHE. Op. cit., 5º Ato: Gargantas da montanha, floresta, campo, solidão; *Metamorphoseos*, lib. XI, p. 241s. – Tradução: "Deusa! Santa, eterna conservadora da espécie humana!... tu que dispensas ao miserável a suave doçura de uma mãe!... nenhum pequeno instante escapa vazio de tua benevolência. Na água e na terra tu proteges os homens e os preservas de todos os perigos e lhes estendes tua mão direita, com a qual orde-
nas o emaranhado tecido do destino, silencias as tempestades da desgraça e deténs o curso
nefasto das estrelas... mesmo assim sou demasiado impotente. Então aceita o que do fundo
da minha piedosa pobreza te louva! Eternamente seja honrada tua face divina, teu nome seja
bendito, e que viva bem-louvado no mais íntimo sacrário do meu coração!" (*Die Metamorphosen oder Der goldene Esel*, trad. para o alemão de Rode/Floerke, p. 428s.)].

visíveis do homem natural em sua colisão com as exigências da cultura. O "espírito" é um dos aspectos, a "natureza", outro. "Naturam expellas furca, tamen usque recurret!"[256] A natureza não *deve* ganhar o jogo, mas não *pode* perdê-lo. Sempre que a consciência se fixa em determinados conceitos muito rígidos e se prende a regras e leis que ela mesma escolhe – o que é inevitável e próprio de uma consciência cultural – a natureza se manifesta com suas exigências inelutáveis. A natureza não é apenas matéria, mas também espírito. Se assim não fosse, a única fonte do espírito seria a razão humana. O grande mérito de Paracelso é ter ressaltado a "luz da natureza" como um princípio, de um modo muito mais intenso do que seu predecessor Agripa. A lumen naturae é o espírito natural, cuja atuação estranha e significativa podemos observar nas manifestações do inconsciente; e isto desde que a pesquisa psicológica chegou à constatação de que o inconsciente não representa apenas um apêndice "subconsciente", ou até mesmo um mero depósito de lixo da consciência, mas um sistema psíquico amplamente autônomo capaz de compensar funcionalmente, por um lado, os desvios da consciência e, por outro, corrigi-la de seus desvios e unilateralidades, às vezes violentamente. A consciência pode extraviar-se como é sabido, tanto natural como espiritualmente, o que é consequência lógica da relativa liberdade da mesma. O inconsciente limita-se não apenas aos processos de instintos e reflexos dos centros subcorticais, mas também ultrapassa a consciência, antecipando com seus símbolos futuros processos da consciência. Por isso ele também é uma forma de supraconsciência.

230   Condições e valores morais não teriam sentido se neles não acreditássemos e se não possuíssem validade *exclusiva*. No entanto, eles são explicações e constatações humanas condicionadas pelo tempo, capazes, como é sabido, de modificações de todo tipo, o que já aconteceu no passado e poderá acontecer de novo no futuro. Quanta coisa ocorreu nos últimos dois mil anos! Convicções são garantias e trilhos confiáveis para alguns trechos do caminho. Depois ocorre uma mudança dolorosa, sentida como decadência e imoralidade, até que uma nova convicção tome o seu lugar. Na medida em que a essência

---

256. [Tu podes afastar a natureza com o forcado, ela voltará do mesmo modo com passo apressado. – HORÁCIO. *Epistulae*, I, x, 24].

Estudos alquímicos   201

básica da natureza humana é, por assim dizer, sempre a mesma, alguns valores morais foram de validade permanente. A mais meticulosa observação do decálogo não impede porém uma refinada infâmia, e o princípio mais elevado do amor cristão ao próximo pode levar a confusões e choques de deveres, cujo nó górdio muitas vezes só pode ser cortado mediante uma espada bem pouco cristã.

D. O sacramento da igreja e a opus alquímica

Paracelso, como muitos outros, não pôde servir-se do simbolismo para essa finalidade especial, porque a fórmula nesse âmbito sugeria inevitavelmente a solução cristã, o que teria levado de novo àquilo que devia ser evitado ou contornado. Era a natureza e sua "luz" particular que deveriam ser reconhecidas e aceitas, diante de uma concepção que habitualmente as ignorava. A lumen naturae só poderia ser reconhecida sob a proteção do arcano. Não devemos porém imaginar que Paracelso e outros tenham se sentado para inventar uma terminologia arcana, codificando assim de certo modo sua nova doutrina. Um empreendimento deste tipo poderia pressupor a existência de concepções claras e conceitos elaborados. Não era este porém o caso. Nenhum alquimista teve jamais uma ideia precisa do que tratava sua filosofia. A melhor prova disto é o fato de que toda mente relativamente original cunhava uma nova terminologia e assim os alquimistas não se compreendiam mutuamente por completo. Segundo alguns, Lúlio era um obscurantista e charlatão e Geber, a autoridade; segundo outros, Geber era uma esfinge, ao passo que Lúlio era um foco de luz. O mesmo se dá com Paracelso: não há motivo para supor que seus neologismos escondem conceitos claros, mas conscientemente velados. Pelo contrário, é provável que procurasse aprender algo de inapreensivel, usando seus inúmeros termos secretos, rastreando todas as insinuações simbólicas oferecidas pelo inconsciente. O novo mundo do conhecimento científico encontrava-se ainda no estado onírico nascente, numa bruma prenhe de futuro, na qual figuras desconhecidas procuravam uma expressão adequada. Paracelso não recorre ao passado e ao originário, mas utiliza resíduos remanescentes por falta de algo mais adequado para dar uma nova forma a vivências arquetípicas renovadas. Se os alquimistas tivessem sentido a necessidade de vivificar coisas do passado, sua erudição poderia haurir sem dificuldade na fonte dos heresiólogos. No entanto, eu encontrei entre todos apenas um autor (século XVI) que admite com calafrios ter lido o *Panarium* de Epifânio. Não há também vestígios secretos de que tenham recorrido aos termos gnósticos, apesar de serem abundantes os paralelos inconscientes.

232   Deduz-se claramente do nosso texto que os procedimentos nele indicados devem conduzir a nada menos que à imortalidade ("affirmo eum immortale esse" e "ad annum aniadin immortales perveniamus"[257]). Há porém apenas *um* caminho para essa meta: o dos sacramentos da Igreja. O "sacramento" da opus alchymicum contrapõe-se aqui a este caminho, menos por palavras do que por ação, mas sem que se tivesse chegado ao menor conflito com o ponto de vista cristão.

233   Qual dos caminhos Paracelso considera verdadeiro? Ambos? Provavelmente este último, e o resto "deixa aos teóricos para que discutam".

234   Permanece obscuro o significado dos "characteres Veneris". O saphir[258], apreciado por Paracelso, a viola (petraea lutea), ladanum, ambra e muscus pertencem, segundo Agripa[259] a Vênus. A deusa aparece aqui, sem dúvida, em seu nível mais elevado. De acordo com seus cognomes antigos: docta, sublimis, magistra rerum humanarum divinarumque etc.[260] A seus "characteres" também pertence indubitavelmente o amor, no sentido mais anplo, razão pela qual Dorneo não se engana ao interpretá-la como amor. "Escudo e couraça" são com certeza mais atributos marciais, mas afinal também válidos para

---

257. Cf. § 214 deste tratado.

258. STRUNZ (org.). *Paragranum*, p. 77: "Pois antes que a safira existisse, não havia nenhum arcano". DORNEO. *Theophrasti Paracelsi libri V, De vita longa*, lib. II, p. 72: "[...] ad Cheyri, et ad sapphiricum Anthos referenda sunt, id est, ad binos illos philosophorum preciosos lapides" [eles se referem à cheyri e à flor safírica, isto é, àquelas duas preciosas pedras dos filósofos]. BODENSTEIN. *Onomasticon* [p. 19]: "Materia saphyrea, liquidum illud, in quo non est materia peccans" [a matéria safírica, em cuja liquidez não há matéria prejudicial].

259. *Occulta phil.*, lib. I, cap. 28, p. XXXIV.

260. [Mestra erudita, sublime, de todas as coisas humanas e divinas] CARTER. *Epitheta Deorum*, v. v. Vênus [p. 100s.].

Estudos alquímicos

203

uma Venus armata[261]. Dorneo, apesar de ser paracelsista, tinha uma atitude polêmico-cristã em relação a certos fundamentos da alquimia: a quaternidade frente à trindade, de modo que se adequava a ele um amor cristão ao próximo, verdadeira arma contra o mal. Em Paracelso porém esta interpretação é questionável, pois o termo "Vênus" aponta outra direção e os dons cristãos da graça acham-se incluídos em sua fé católica. Uma Venus magistra, ou Afrodite ourania, ou ainda Sophia parecem mais adequadas ao mistério da lumen naturae. O "minime tamen usurpatis"[262] poderia significar uma advertência à discrição, motivo pelo qual o episódio Vênus da "Chymischen Hochzeit" poderia ter um peso maior para a interpretação desta passagem obscura do que a bem intencionada tentativa de uma circumlocução de Dorneo.

O final do tratado em questão, mencionando a vida "sem fim" sob o domínio do aniadus lembra de novo *Apocalipse* 20,4: "...e eles reviveram e reinaram com Cristo durante mil anos". A vita longa, pelo que se sabe, estende-se por mil anos. O annus aniadin corresponderia assim ao reinado de mil anos do *Apocalipse*.

235

Em resumo, eu gostaria de observar que a sinopse da doutrina secreta de Paracelso, cujo esboço tentei, não torna improvável a conclusão de que ao lado do médico e do cristão também operava em nosso autor um filósofo alquimista que, conduzindo suas analogias às últimas consequências, abriu um caminho aos segredos divinos. O paralelismo com os mysteria fidei christianae, que consideramos um conflito de natureza perigosíssima, não significava para ele, como para todos os alquimistas, uma heresia gnóstica, apesar das mais desconcertantes semelhanças com a mesma, porém uma tarefa confiada ao homem, uma verdadeira obra sacramental de conduzir a vontade de Deus, depositada na natureza, à sua perfeição. Paracelso poderia ter respondido com Lazarelus a essa questão: "Hermeticus es, ut videris" – "Christianus ego sum, o rex, et Hermeticum simul esse non pudet"[263].

236

---

261. Op. cit.

262. Cf. § 214 deste ensaio.

263. Ludovici Lazareli poetae christiani ad Ferdinandum regem dialogus, cui titulus Crater Hermetis. In: REITZENSTEIN. *Poimandres*, p. 320 (Eu sou um cristão, ó rei, e não me envergonho de ser ao mesmo tempo hermético).

Epílogo

237
Há muito tempo eu tinha a consciência de que a alquimia não era apenas mãe da química, mas também precursora da atual psicologia do inconsciente. *Assim sendo, vemos Paracelso como um pioneiro não só da medicina química, mas também da psicologia empírica e da psicologia médica.*

238
Aparentemente falei pouco de Paracelso como médico abnegado e cristão e demais da sombra escura do outro Paracelso, cuja alma é entretecida de uma estranha vida espiritual, que provém das nascentes mais antigas e flui para o futuro. No entanto – ex tenebris lux – foi sua paixão pela magia que abriu a porta para a verdadeira natureza nos séculos subsequentes. O homem pagão primitivo e o homem cristão nele viviam de um modo singular e grandioso, constituindo um todo não isento de conflitos, como em muitas grandes figuras do Renascimento. Apesar de trazer em si o conflito fatal, foi poupado da vivência dolorosa da cisão entre conhecimento e fé que se abateu sobre os séculos que se seguiram. Como homem, ele tinha *um pai*, como espírito, *duas mães*. Seu espírito era heróico, por ser criativo; a culpa prometeica seria, pois, seu destino inevitável. O conflito secular que se iniciou na passagem do século XV para o XVI e cuja imagem viva está diante de nossos olhos na figura de Paracelso é uma condição inevitável da consciência que se amplia. A análise, dissolução, é seguida sempre pela síntese, consolidação, unindo em nível mais elevado aquilo que se separou em nível inferior.

IV

O espírito Mercurius*

Ἑρμῆ κοσμοκράτωρ, ἔνκάρδιε, κύκλε σελήνης,
στρογγύλε καὶ τετράγωνε, λόγων ἀρχηγέτα γλώσσης,
πειθοδικαιόσυνε, χλαμυδηφόρε, πτηνοπέδιλε,
παμφώνου γλώσσης μεδέων, θνητοῖσι προφῆτα...

"Hermes, senhor do mundo, que mora no coração,
círculo da Lua,
redondo e quadrado, inventor das palavras da língua,
obediente à justiça, que veste a clâmide e calça sandálias
aladas,
guardião da língua altissonante, profeta para os
mortais..."
Papiro XVIIb (Estrasburgo) 1179, 1s.
PREISENDANZ, *Papyri Graecae Magicae* II, p. 139

Parte I

A. O conto do espírito na garrafa

A minha contribuição ao simpósio sobre Hermes consiste numa   239
tentativa[1] de provar que o deus mutável e dado a intrigas não morreu
de modo algum com o declínio da Antiguidade; continuou vivo com

---

* Conferência que consta de duas partes, pronunciada nas reuniões de Eranos em
Ascona (1942) e publicada na Rhein-Verlag, Zurique, 1943. Refundida e ampliada em
Symbolik des Geistes. Studien über psychische Phänomenologie (*Psychologische Abhan-
dlungen VI*) [Zurique: Rascher, 1948. Nova edição em 1953.].

1. Dou a seguir apenas uma visão geral acerca do conceito do *Mercurius* da alquimia, e
de modo algum uma representação exaustiva do mesmo. Consequentemente, trata-se
de comprovações apenas de exemplos, que não pretendem esgotar o assunto.

disfarces estranhos através dos séculos, até tempos recentes, mantendo o homem perplexo diante de suas artes enganadoras e de seus dons curativos. Sim, ainda é narrado às crianças aquele conto de Grimm, "O espírito na garrafa", eternamente vivo como todos os contos de fada, e que contém a quintessência e o sentido mais profundo do mistério hermético, tal como chegou a nossos dias.

Era uma vez um pobre camponês. Tinha um filho único e desejava que ele fizesse estudos superiores. Como só pudesse enviá-lo à universidade com uma quantia diminuta, o dinheiro foi consumido muito tempo antes da época dos exames. Então o rapaz voltou para casa e começou a ajudar o pai a trabalhar na floresta. Certo dia, na hora de repouso após o almoço, pôs-se a perambular pela floresta até chegar a um antiquíssimo carvalho de grande porte. Ouviu então uma voz que saía do chão, chamando: "Me solta, me solta!" O menino cavou entre as raízes da árvore e encontrou uma garrafa bem fechada; sem dúvida era dela que saíra a voz. Ele tirou a rolha e um espírito saiu da garrafa, logo atingindo a metade da altura do carvalho. O espírito dirigiu-se ao menino e disse: "Eu fui trancado por castigo. Sou o poderosíssimo Mercurius; e agora devo quebrar o pescoço de quem me soltou". O rapaz ficou apavorado e num instante urdiu um estratagema. "Qualquer pessoa – disse ele a Mercurius – poderia afirmar que estivera preso na garrafa. Mas teria que provar isso". O espírito então entrou de novo na garrafa. O rapaz mais que depressa fechou-a, e o espírito ficou de novo aprisionado. Prometeu então ao rapaz uma recompensa se este o soltasse de novo. O rapaz concordou e soltou-o, ganhando um pedaço de pano. Passou-o em seu machado trincado, e este transformou-se em pura prata. Pôde assim ser vendido por quatrocentos taler (moedas). Desse modo, pai e filho ficaram livres de todas as preocupações. O rapaz continuou seus estudos e graças ao pano acabou por tornar-se um médico famoso[2].

B. *Esclarecimentos sobre a floresta e a árvore*

240   Que intuição nos desperta esta história? É sabido que podemos tratar os contos de fada como produtos da fantasia, tal como os so-

---

2. [N° 167: *O Espírito na Garrafa* (Resumo)].

Estudos alquímicos

nhos, concebendo-os a modo de expressões espontâneas do inconsciente acerca de si próprio.

Tal como no início de muitos sonhos, algo é mencionado no tocante ao lugar da ação onírica; o conto refere-se à floresta, como o lugar do acontecimento misterioso. A floresta escura e impenetrável como a profundeza da água e do mar é o continente do desconhecido e do mistério. É uma metáfora apropriada para o inconsciente. Entre as inúmeras árvores, seres vivos que constituem a floresta, há *uma* árvore que devido a suas proporções se destaca de um modo especial. As árvores são, como os peixes na água, conteúdos vivos do inconsciente. Entre estes, há um conteúdo singularmente significativo que é o "carvalho". As árvores têm individualidade. Por isso são frequentemente um sinônimo da personalidade[3]. Parece que Luís II da Baviera venerava algumas árvores imponentes de seu parque, chegando mesmo a ordenar que elas fossem saudadas. O carvalho velho e poderoso é de certo modo o rei da floresta. Por isso, ele representa uma figura central entre os conteúdos do inconsciente, caracterizando-se por sua personalidade marcante. É o protótipo do *si-mesmo*, um símbolo da origem e da meta do processo de individuação[4]. O carvalho exprime o núcleo ainda desconhecido da personalidade, cujo simbolismo vegetal indica um estado profundamente inconsciente. Disto se poderia concluir que o herói do conto é profundamente inconsciente de si mesmo. Ele pertence aos "adormecidos", aos "cegos", ou então aos "olhos vendados", tal como encontramos nas ilustrações de certos tratados alquímicos[5]. São os que ainda não despertaram, inconscien-

---

3. No tocante à árvore dotada de alma, cf. FRAZER. *The Magic Art*, II, cap. 9. As árvores são também a morada dos espíritos dos mortos, ou idênticas à vida de um recém-nascido (quanto ao último, Op. cit., I, p. 184).

4. Cf. a este respeito "Símbolos oníricos do processo de individuação". In: *Psicologia e alquimia*, II. O tipo mais conhecido é a árvore do paraíso.

5. *Mutus liber* (1677). Frontispício: Um anjo desperta um adormecido com a trombeta. – MICHELSPACHER. *Cabala, speculum artis et naturae* (1616). [*Psicologia e alquimia*, fig. 93]: Diante de uma montanha, com o Templo dos Adeptos há um homem, no primeiro plano, com os olhos vendados, enquanto mais ao fundo outro homem persegue uma raposa que desaparece num buraco da montanha. O "animal prestativo" indica o caminho que leva ao templo. A raposa ou a lebre corresponde ao Mercurius "evasivo" como condutor (ὀδηγός).

tes de si mesmos, isto é, os que ainda não integraram à sua personalidade futura mais ampla, sua "totalidade"; na linguagem dos místicos são os ainda "não iluminados". Para o nosso herói, a árvore abriga um grande segredo[6].

242   O segredo não está oculto na copa, mas nas raízes da árvore[7]. E uma vez que tem, ou melhor, é uma personalidade, possui um de seus sinais mais notáveis: a voz, a linguagem, um propósito consciente, e exige ser libertado pelo herói. Algo está encarcerado, preso contra a sua vontade na terra, entre as raízes da árvore. Estas se estendem ao mundo do inanimado, ao reino mineral. Em linguagem psicológica, isto significa que o si-mesmo é enraizado no corpo (terra), isto é, em seus elementos químicos. Qualquer que seja o significado da importante afirmação do conto, ela não é de modo algum mais estranha do que o milagre da planta viva que tem suas raízes no reino inanimado da terra. A alquimia descreve os elementos (isto é, os quatro elementos) como radices (raízes), de acordo com as ῥιζώματα (raízes) de Empédocles, onde ela vê os componentes do mais significativo e central de seus símbolos, a *lapis philosophorum*, que representa a meta do processo de individuação[8].

C. O espírito na garrafa

243   O segredo escondido nas raízes é um espírito que foi preso numa garrafa. Naturalmente ele não está escondido inicialmente nas raízes, mas foi confinado e escondido por alguém numa garrafa. É possível que tenha sido um mágico, isto é, um alquimista quem o apanhou e encarcerou. Como veremos a seguir, o espírito tem algo a ver com o numen da árvore, é seu *spiritus vegetativus*, o que já o define como Mercurius. Enquanto princípio de vida da árvore, ele é de certa forma a quintessência espiritual abstraída da mesma, ou seu *principium*

---

6. Comprovantes pormenorizados do símbolo da árvore se encontram em: "A árvore filosófica", capítulo V deste volume.

7. Este motivo já se encontra nos gnósticos, com o mesmo significado. V. HIPÓLITO. *Elenchos*, V, 9, 15, p. 101. A "Palavra de Deus" dotada de múltiplos nomes e de mil olhos está "oculta na raiz do Todo".

8. Cf. *Psicologia e alquimia*, segunda parte. [OC, 13].

Estudos alquímicos   209

individuationis. A árvore seria então o sinal externo visível da realização do si-mesmo. Parece que os alquimistas têm uma concepção parecida. Assim diz a *Aurelia occulta*: "Os filósofos investigaram... com maior afinco o centro da árvore que se encontra no centro do paraíso terrestre"[9]. Segundo a mesma fonte, o próprio Cristo é esta árvore[10]. A comparação com a árvore já se encontra aliás em Eulógio de Alexandria (cerca de 600), o qual diz: "Vê no Pai a raiz, no Filho o ramo, no Espírito, o fruto: pois uma só é a οὐσία nos três"[11]. Mercurius é igualmente *trinus et unus* (trino e uno).

Traduzida em linguagem psicológica, a mensagem do conto seria   244
a seguinte: A essência mercurial, isto é, o *principium individuationis* desenvolver-se-ia livremente em condições naturais, mas privada de sua liberdade e deliberadamente presa por uma intervenção externa, ficou confinada de modo artificial como um mau espírito (apenas os maus espíritos são presos! A malignidade do espírito se revela em sua intenção assassina). Supondo que essa malignidade pressuposta pelo conto fosse justificada, deveríamos concluir que o mestre, ao confinar o *principium individuationis*, o fez movido por uma boa intenção. Mas qual é o mestre bem intencionado que tem o poder de proscrever e confinar o princípio de individuação do homem? Só um soberano das almas poderia assumir tal poder no âmbito espiritual. Em Schopenhauer, o *principium individuationis* é a fonte do mal e este também é o ponto de vista do budismo. No cristianismo igualmente, a natureza humana é maculada pelo pecado original e só pelo autossacrifício de Cristo foi redimida. O homem "natural", do modo pelo qual se apresenta, não é bom nem puro; se acaso se desenvolvesse per *vias naturales* redundaria numa excrescência pouco diversa de um animal. A mera instintividade e a inconsciência ingênua do ser natural, não perturbada pelo sentimento de culpa, prevaleceria se o "mestre" não pusesse fim a essa conduta, interrompendo o seu livre desen-

---

9. *Theatr. chem.*, 1613, IV, p. 568.

10. Op. cit., p. 543: "(Christus) qui est arbor vitae et spiritualis ac corporalis" (Cristo, que é a árvore da vida espiritual e corporal).

11. KRÜGER. *Das Dogma von der Dreieinigkeit und Gottmenschheit*, p. 207.

210   Obra Completa — Vol. 13

volvimento, ao introduzir uma distinção entre o "bem" e o "mal" e, além disso, proscrevendo e confinando o "mal". Uma vez que não há consciência moral sem culpa e que sem uma percepção da diferenciação não haveria consciência alguma, devemos reconhecer o acerto da estranha intervenção do mestre das almas, posto que ele promove o desenvolvimento de qualquer tipo de consciência.

De acordo com nossa confissão religiosa, o próprio Deus é esse Mestre – e o alquimista, no sentido restrito, compete com o Criador do mundo, pois se esforça por realizar sua obra de modo análogo à obra da criação e por isso compara constantemente seu trabalho microcósmico com a opus do criador do mundo[12].

245   No conto em questão, o mal natural está banido nas "raízes", isto é, na terra, ou seja, no *corpo*. Esta constatação coincide com o fato histórico do desprezo pelo corpo na concepção cristã, que pouco se importa, como se sabe, com as distinções dogmáticas mais sutis[13]. De acordo com estas últimas, corpo e natureza não são maus em si; como obra de Deus, ou mesmo como modos de sua manifestação, a natureza não pode ser o mal. Portanto, o espírito mau não é atribuído simplesmente à terra, mas apenas está escondido nela, dentro de um recipiente especial e seguro; deste modo, não pode mover-se livremente pela terra, manifestando-se em outro lugar, a não ser sob o carvalho. A garrafa é um artefato humano e significa a intencionalidade intelectual e a artificialidade do processo, o qual obviamente produz um isolamento do espírito em relação ao meio circundante. A garrafa, como um *vas hermeticum* da alquimia, se achava "hermeticamente" fechada (isto é, selada com o sinal de Hermes[14]); devia ser um *vitrum* (de vidro) e, além disso, o mais redonda possível, pois re-

---

12. Nos *Dicta Bellini*, Mercurius declara mesmo que: "Ex me... fit panis ex quo venit totus mundus et fabricator orbis terrae ex misericordia mea, nec deficit, quia donum Dei est" [De mim se faz o pão, do qual é feito o mundo inteiro e o círculo do mundo é produzido por minha misericórdia, e ela não falha porque é um dom de Deus] (Allegoriae sapientum supra librum Turbae, Distinctio XXVIII. In: *Theatr. chem.*, 1622, V, p. 97s.).

13. Cf. com a doutrina do "status iustitiae originalis" (estado da justiça original) e do "status naturae integrae" (estado da natureza íntegra).

14. Cf. com Ap 20,3: "[...] et signavit super illum" [e selou por fora].

Estudos alquímicos   211

presentava o universo onde a terra fora criada[15]. O vidro transparente é como a água sólida ou o ar firme, ambos sinônimos do "espírito": a retorta alquímica corresponde à *anima mundi*, a qual envolve
o universo[16]. Cesário de Heisterbach (século XIII) menciona uma visão da alma, na qual esta aparecia como um recipiente esférico de vidro[17]. Da mesma forma, a pedra filosofal, "espiritual" (*spiritualis*) ou
"etérica" (*aethereus*) é um vitrum precioso, às vezes designado como
vitrum malleabile (vidro maleável), que era relacionado com o vidro
de ouro (*aurum vitreum*) da Jerusalém celeste[18].

É digno de nota que o conto germânico de fadas dê ao espírito   246
confinado na garrafa o nome de um deus pagão, Mercurius, considerado idêntico ao deus nacional germânico Wotan. A menção de Mercurius marca o conto de fadas como timbre de uma lenda popular alquímica estreitamente relacionada com os contos alegóricos adequa-
dos ao ensino da alquimia, por um lado, e por outro, com o conhecido conjunto de contos populares que mais se aproxima do tema do
"espírito aprisionado". Nosso conto de fadas interpreta então o espírito mau como um deus pagão, forçado pela influência do cristianismo a descer ao submundo obscuro, sendo portanto moralmente des-
qualificado. Hermes torna-se o demônio dos mistérios celebrados
por todos os tenebriones (obscurantistas), e Wotan, o demônio da
floresta e da tempestade; Mercurius torna-se a alma dos metais, o homem metálico (*homunculus*), o dragão (*serpens mercurialis*), o leão
ígneo que ruge, o corvo noturno (*nycticorax*) e a águia negra – os
quatro últimos sendo sinônimos do demônio. De fato, o espírito na
garrafa comporta-se como o diabo em muitas outras histórias de fadas: ele dá riqueza, transformando o metal vulgar em ouro; e como o
diabo, também é enganado.

---

15. "The *Fift* is of *Concord* and of *Love*, / Betweene your Warkes and the Spheare above" [A quinta é da concórdia e do amor, / Entre tuas obras e a esfera superior
(NORTON. Ordinall of Alchemy. In: *Theatr. Chem. Britannicum*, cap. VI, p. 92).

16. Esta é a antiga concepção alquímica.

17. *Dialogus miraculorum*, Dist. I, cap. 32.

18. Ap 21,21 "[...] aurum mundum tamquam vitrum perlucidum" [o ouro do mundo
como vidro transparente].

D. A relação entre o espírito e a árvore

247   Antes de prosseguir nossa discussão sobre o espírito Mercurius, gostaria de ressaltar um fato que não pode passar despercebido: o lugar em que ele está confinado não é indiferente, mas um lugar muito importante – isto é, debaixo de um carvalho, o rei da floresta. Em termos psicológicos, isto significa que o espírito mau está aprisionado nas raízes do si-mesmo, como o segredo no *principium individuationis*. Ele não é idêntico à árvore, ou melhor, às suas raízes, mas foi colocado lá artificialmente. O conto não nos leva a pensar de modo algum que o carvalho, representante do si-mesmo, tenha se desenvolvido a partir do espírito na garrafa. Seria muito mais plausível que o carvalho já estivesse lá, como lugar adequado para ocultar um segredo. Um tesouro, por exemplo, é enterrado preferentemente num lugar onde existe um marco indicativo, que também pode ser colocado depois. A árvore do paraíso serve de protótipo para tais representações, mas ela não é identificada com a voz da serpente do paraíso. A voz sai da árvore[19]. Observa-se o fato de que tais motivos míticos têm uma importante relação com certos fenômenos anímicos dos primitivos. Em tais casos há uma analogia flagrante com o animismo primitivo que atribui a certas árvores uma alma viva, com um caráter que poderíamos considerar pessoal, pelo fato de possuírem uma voz que dá ordens aos seres humanos. Amaury Talbot se refere a um caso desse tipo, ocorrido na Nigéria[20], onde uma árvore *oji* chamou um *askari* (soldado nativo), que procurou desesperadamente fugir da caserna em direção à árvore. Num interrogatório, ele alegou que todos aqueles que tinham o nome da árvore ouviam de vez em quando a sua voz. Aqui, a voz se identifica indubitavelmente com a árvore. Considerando tais fenômenos anímicos, podemos presumir que originalmente árvore e demônio pudessem ser a mesma coisa, e que portanto a se-

---

19. Sob a forma de lilith ou melusina, Mercurius aparece na árvore, por exemplo, no *Ripley Scrowle*. A este contexto também pertence a hamadríade na interpretação do "Aenigma bononiense", que eu expus sob o título de *Enigma de Bologna*, na homenagem ao Dr. Alberto Oeri, em 1945.
20. *In the Shadow of the Bush*, p. 31s.

Estudos alquímicos 213

paração dos mesmos representa um fenômeno secundário, correspondente a um nível mais alto de cultura ou de consciência. O fenômeno originário era o de uma divindade natural, simplesmente um *tremendum*, moralmente indiferente; o fenômeno secundário, porém, faz uma *distinção* que cinde o natural, revelando-se como uma consciência mais diferenciada. A isto se acrescenta talvez, à guisa de um fenômeno terciário e como um grau ainda mais elevado de consciência, uma qualificação moral que considera a voz pertencente a um espírito mau e aprisionado. Obviamente este terceiro nível é caracterizado pela fé em um Deus "superior", "bom", o qual não destrói completamente seu adversário, mas o torna inofensivo durante algum tempo através do cativeiro[21].

Como no atual nível de consciência não podemos supor que existam demônios-árvores, somos obrigados a afirmar que o primitivo alucina, isto é, que ele *ouve* seu inconsciente projetado na árvore. Se esta afirmação for verdadeira – e eu não saberia formulá-la de outro modo – o segundo nível acima mencionado teria conseguido chegar à distinção entre o objeto "árvore" indiferente e o conteúdo inconsciente nela projetado. Assim ter-se-ia cumprido um ato de elucidação. O terceiro nível vai mais longe e atribui o "mal" ao conteúdo psíquico separado do objeto. Finalmente um quarto nível, ou seja, o nível de nossa consciência atual, leva a elucidação ainda mais longe ao negar a existência objetiva do "espírito", afirmando que o primitivo, no caso citado, nada ouvira e apenas tivera uma alucinação auditiva. Assim pois o fenômeno total se evapora e a grande vantagem é que o espírito "mau" é considerado como não existente, desaparecendo numa ridícula insignificância. No entanto, um quinto nível do desenvolvimento da consciência que, *nolens volens*, se afigura uma quintessência, se admira com este transcurso cíclico, que vai do prodígio inicial até a autoilusão absurda, a modo de uma serpente mordendo a própria cauda; ela é semelhante à indagação do menino ao pai que o ludibriara com a história dos sessenta veados na floresta: mas, afinal de contas, o que fizera aquele ruído na floresta? Pois o

248

---

21. Ap 20,1-3.

quinto nível acha que algo aconteceu, mesmo que o conteúdo psíquico não seja a árvore, nem o espírito na árvore, e nem mesmo algum espírito. Trata-se de um fenômeno que força a passagem do inconsciente, e cuja existência não pode ser negada, se quisermos conferir alguma realidade à psique. Se não o fizermos, teremos que estender muito mais a *creatio ex nihilo* divina que tanto escandaliza a razão moderna, incluindo as máquinas a vapor, os motores a explosão, o rádio e todas as bibliotecas da terra, que teriam surgido do conglomerado de átomos, de um modo inacreditavelmente casual. Afinal de contas, tratar-se-ia simplesmente de mudar o nome do criador pelo de *"conglomeratio"*.

249   O quinto nível supõe que o inconsciente é um dado e sua realidade se equipara à dos demais existentes. Deste modo, por mais odioso que isso seja, o "espírito" também se torna uma realidade, inclusive o espírito "mau". Mas o que é pior ainda: a diferença entre bom e mau subitamente deixa de ser antiquada e se torna atual e necessária. O cúmulo porém é que enquanto não pudermos provar que o espírito mau se encontra no âmbito da vivência psíquica subjetiva, até as árvores e outros objetos devem ser de novo seriamente questionados.

E. O problema da libertação de Mercurius

250   Não é nosso intento ocupar-nos aqui com o problema da existência paradoxal do inconsciente, mas sim o de retornar ao conto de fadas do espírito na garrafa. Vimos acima que o espírito Mercurius se assemelha ao motivo do "diabo enganado". A analogia porém é apenas superficial, pois à diferença dos dons do demônio, o ouro do Mercurius não se transforma em excremento de cavalo, mas é de fato um bom metal e o trapo mágico não se transforma em cinzas na manhã seguinte, conservando seu poder curativo. Da mesma forma, Mercurius não foi enganado por causa de uma alma que ele desejava roubar. Ele apenas foi "enganado" ou de certa forma harmonizado em sua própria natureza benigna, no momento em que o rapaz consegue prendê-lo de novo na garrafa, a fim de curá-lo de seu mau humor, amansando-o. Mercurius tornou-se polido, deu ao rapaz um resgate útil, para ser posto de novo em liberdade. Ouvimos falar da

Estudos alquímicos   215

boa sorte do estudante, de como se tornou um curandeiro mas, estranhamente, nada soubemos acerca dos feitos ulteriores do espírito libertado; no entanto, isto nos interessaria de algum modo, devido à
rede de significados na qual Mercurius nos introduz, por causa de
suas associações multifacetadas. O que acontece quando este espírito
ou deus pagão Hermes-Mercurius-Wotan é libertado? Sendo um
deus dos mágicos, um *spiritus vegetativus* (espírito da vida) e um demônio da tempestade, provavelmente não retornou ao cativeiro. O
conto não nos dá motivo algum para acreditar que o espírito prisioneiro tenha modificado definitivamente sua natureza, voltando-se
totalmente para o bem. A *avis Hermetis* (a ave de Hermes) fugiu da
prisão de vidro, acontecendo assim algo que o alquimista habilitado
gostaria de evitar a todo custo. Por esse motivo ela selara a rolha da
garrafa com sinais mágicos, colocando-a bastante tempo em fogo
brando, a fim de que "não saísse voando aquele que está lá dentro".
Se isto acontecesse, toda a *opus* trabalhosa fracassaria e teria que ser
recomeçada desde o início. Nosso rapaz era uma criança nascida num
domingo e talvez um pobre de espírito, ao qual coube um pedaço do
reino dos céus, sob a forma da tintura que se renova constantemente
a si mesma. Por causa disto se diz que a opus tem que ser "completada apenas uma vez"[22]. Mas se ele tivesse perdido o trapo, não teria
sido capaz de produzi-lo uma segunda vez. Deste ponto de vista,
pode parecer que um mestre tenha conseguido capturar o *spiritus
mercurialis* (espírito mercurial), escondendo-o num lugar seguro
como um tesouro, guardando-o talvez para uma utilização futura.
Quem sabe também inventou um cativeiro para amansar o "selvagem" Mercurius, de tal forma que este o servisse como um *familiaris*
dócil (espírito serviçal, como Mefisto)? (Tais elucubrações não são
estranhas à alquimia.) Talvez (o Mestre) teve a desagradabilíssima
surpresa de constatar, voltando de novo ao pé do carvalho, que o
pássaro se evolara. Neste caso, teria sido melhor sem dúvida que não
tivesse deixado a garrafa entregue ao acaso.

---

22. "For he that shall end it once for certeyne, / Shall never have neede to begin againe" (Pois quem o concluiu uma vez por todas, jamais precisará começar de novo)
[NORTON. Ordinall, cap. IV. Op. cit., p. 48].

251 De qualquer forma, o comportamento do jovem – por mais bem sucedido que tenha sido – deve ser considerado como *alquimicamente incorreto*. Além de ter lesado talvez as pretensões legítimas de um Mestre desconhecido, libertando o Mercurius, ele também estava totalmente inconsciente das eventuais consequências de soltar no mundo aquele espírito turbulento. A idade de ouro da alquimia foi o século XVI e a primeira metade do século XVII. Nessa época, um pássaro da tempestade escapou de fato de um recipiente espiritual que os demônios sentiam como uma prisão. Como dissemos, os alquimistas não eram a favor da fuga de Mercurius. Queriam mantê-lo na garrafa a fim de transformá-lo interiormente: pois acreditavam que o "chumbo" (como o Mercurius, uma substância arcana) era de tal modo possesso (δαιμονιοπληξία) e atrevido, que todos aqueles que pretendessem investigá-lo enlouqueceriam, por ignorância[23], com o "teria dito Petásio, o filósofo grego". O mesmo era afirmado no tocante a Mercurius fugidio, sempre escapando à mão que o tentava segurar, um verdadeiro Trickster que levava o alquimista ao desespero[24].

Parte II

A. Observações preliminares

252 Nesta altura, o leitor interessado sentirá comigo a necessidade de saber algo mais acerca de Mercurius e particularmente o que nossos antepassados pensavam e diziam acerca desse espírito. Desejo, portanto, respondendo a essa necessidade, esboçar uma imagem desse deus versátil e brilhante, recorrendo à citação de textos, como faziam os mestres da arte régia. Neste sentido, devemos aconselhar-nos junto àquela literatura abstrusa que até hoje não foi adequadamente compreendida pelos pósteros. Como é natural, os primeiros a se interessar pela história da alquimia foram os químicos. O fato de que pudessem encontrar nesta área uma história do conhecimento de mui-

---

23. Em Olimpiodoro (BERTHELOT. *Alch. grecs*, II, IV, 43, p. 95-104).

24. Cf. com o delicioso *Dialogus Mercurii, alchymistae et naturae* (*Theatr. chem.*, 1613, IV, p. 509s.).

Estudos alquímicos 217

tas drogas e elementos químicos não bastou para reconciliá-los com o que achavam uma lamentável indigência de conhecimento. Não se achavam na situação vantajosa de autores mais antigos, como por exemplo Schmieder, para confrontar-se com a possibilidade da arte áurea, em simpatia e com uma atenção cheia de esperança. Limitavam-se a irritar-se com a futilidade das receitas e, de um modo geral, com a fraudulência da especulação alquímica. Assim, a alquimia se lhes afigurava um gigantesco engano que se prolongara através de mais de dois mil anos. Se pelo menos uma vez questionassem se a química poderia pertencer ao campo da alquimia, ou melhor, se os alquimistas poderiam ser uma espécie de químicos ou então apenas se limitavam a um jargão químico, haveria nos textos oportunidade para outro modo de considerar o assunto. Realmente, o repertório científico do químico não basta para outra linha de consideração, pois esta atravessa domínios da história das religiões. É a um filólogo, Reitzenstein, que devemos um trabalho preliminar, extremamente valioso e elucidativo, reconhecendo ideias mitológicas e gnósticas na alquimia. Assim foi dado a esse campo (à alquimia) um novo enfoque, o qual promete ser fecundo. A alquimia configurou originariamente, segundo provam seus textos mais antigos, gregos e chineses, um fragmento da especulação gnóstica da filosofia natural, que também incorporou os conhecimentos práticos específicos dos ourives, falsificadores de pedras preciosas, fundidores de metais, mineradores, comerciantes de drogas e farmacêuticos. Tanto no Oriente como no Ocidente, a alquimia contém em seu âmago *a teoria do anthropos da gnose* que, por sua própria natureza, é uma teoria da redenção. Este fato escapou aos químicos, embora tenha sido expresso muitas vezes com bastante clareza nos textos gregos, latinos e chineses, aproximadamente do mesmo período histórico.

Para nossas mentes imbuídas pelas ciências naturais e pela crítica do conhecimento é quase impossível conceber e vivenciar o estado de espírito primitivo da *participation mystique*, da identidade entre fenômenos subjetivos e objetivos. Os conhecimentos da psicologia moderna no tocante a isto me foram muito oportunos. Nossas experiências práticas com o ser humano mostram reiteradamente que toda preocupação insistente com um objeto desconhecido pro-

253

voca uma atração quase irresistível do inconsciente para *projetar-se* no caráter desconhecido do objeto, considerando objetiva a percepção (preconceituosa) daí resultante e a interpretação que dela decorre. Este fenômeno habitual na psicologia prática e sobretudo na psicoterapia é, sem dúvida, um fragmento da primitividade que não foi completamente superada. É que no nível primitivo, a vida inteira é dominada por "pressupostos" animistas, isto é, por projeções de conteúdos subjetivos em situações objetivas (como, por exemplo, o que Karl von den Steinen nos relata acerca dos bororos: eles consideram-se araras vermelhas, apesar de reconhecerem que não têm plumas)[25]. Neste nível, a afirmação alquímica de que uma determinada substância possui virtudes secretas, ou de que em alguma parte há uma *prima materia* que opera milagres, torna-se óbvia. Na realidade, não se trata de um fato quimicamente palpável ou mesmo compreensível, mas de um fenômeno psicológico. Assim, pois, a psicologia contribui valiosamente para a elucidação da mentalidade alquímica. Todas as fantasias absurdas produzidas pela alquimia – segundo os químicos – são compreendidas sem maiores dificuldades pelo psicólogo, como matéria psíquica contaminada por corpos químicos. Esta matéria provém originariamente do inconsciente, por isso é idêntica àquelas fantasias que ainda hoje podemos encontrar em pessoas sadias ou doentes, que nunca ouviram falar da alquimia. O inconsciente coletivo é a fonte originária que mais precisamente as caracteriza. Por seu caráter de projeção primitiva, a alquimia, que para o químico se afigura tão estéril, para nós é uma fonte de materiais que delineiam uma imagem instrutiva da estrutura do inconsciente.

254   Como naquilo que se segue referir-me-ei frequentemente a textos originais, conviria entremear algumas palavras acerca da literatura utilizada e, em geral, de difícil acesso. Não levarei em conta os raros textos chineses traduzidos, apenas mencionando que o texto publicado por Richard Wilhelm e por mim mesmo, *O segredo da flor de*

---

25. *Unter den Naturvölkern Zentralbrasiliens* (Entre as populações naturais do Brasil Central), p. 352s. e 512.

ouro, é representativo desta espécie de literatura. Não levamos também em consideração "o sistema mercurial" indiano[26]. A literatura ocidental por mim utilizada é dividida em quatro partes:

a) *Os autores antigos.* Trata-se principalmente de textos publicados por Berthelot e portanto de textos que nos foram transmitidos pelos árabes. Berthelot também os publicou. Eles provêm mais ou menos do período que medeia entre os séculos I e VIII.

b) *Os antigos latinos.* Entre estes figuram em primeiro lugar traduções latinas antigas do árabe (ou do hebraico?). Segundo pesquisas mais recentes, a maioria dos textos deste tipo parecem provir da escola dos filósofos de Harran, que floresceu até cerca de 1050 e da qual provavelmente também proveio o *Corpus hermeticum.* A este grupo pertencem ainda os chamados textos arabizantes, isto é, aqueles cuja origem árabe é duvidosa, mas parecem pelo menos influenciados por ela. Assim, por exemplo, o *Summa perfectionis* de Geber ou os tratados de Aristóteles e Avicena. O período que lhes corresponde vai mais ou menos dos séculos IX ao XIII.

c) *Os latinos mais recentes.* Eles representam o contingente principal e se estendem do século XIV ao XVII.

d) *Textos em línguas europeias.* Séculos XVI e XVII. Após o século XVII, a decadência da alquimia torna-se evidente, razão pela qual só utilizo com parcimônia textos do século XVIII.

B. O *Mercurius* como mercúrio, ou seja, água

O *Mercurius* é por assim dizer compreendido de início como *hydrargyrum* (Hg), o *mercury* inglês, mercúrio ou *argentum vivum* (em francês, *vif-argent* ou *argentvive*); como tal, ele é designado por *vulgaris* (vulgar). Em geral, destaca-se expressamente o *mercurius philosophicus*, a substância arcana evidente, concebida ora como

---

26. Cf. DEUSSEN. *Allgemeine Geschichte der Philosophie* I/3, p. 336s. Esta filosofia indubitavelmente alquímica pertence aos upa-purānas relativamente tardios (medievais), em particular ao maheshvarapurāna, doutrina que trata principalmente de Shiva. "Pāra-da" (outra margem) significa o mercúrio (metal).

presente no "mercurius crudus", ora como substância *toto genere* (completamente) diversa. Ela é o próprio objeto do processo e não o Hg vulgar. Devido a seu estado fluido e à sua propriedade de evaporação, o Hg também é designado por água[27]. Uma frase apreciada é: "aqua... tangentem non madefaciens" (água que não molha quem a toca)[28]. Outras designações são "aqua vitae" (água de vida)[29], "aqua alba" (água branca)[30] a "aqua sicca" (água seca)[31]. Esta última designação é paradoxal, razão pela qual quero ressaltá-la como sendo característica do objeto designado. "Aqua septies distillata" (água sete vezes destilada) e "aqueum subtile" (sutilmente aquoso)[32] já indicam claramente o mercúrio filosófico e sua essência sublimada ("espiritual"). Muitos tratados designam o mercúrio simplesmente como água[33]. As designações "humidum album" (umidade branca)[34], "humiditas maximè permanens, incombustibilis et unctuosa" (umidade mais do que permanente, incombustível e untuosa)[35], "humiditas radicalis"[36] remetem à doutrina do "humidum radicale" (umidade radical); outras vezes se diz que o Mercurius é produzido pela umidade como um vapor (o que indica de novo sua natureza "espiritual")[37], ou então que

---

27. De ὕδωρ (água) e ἄργυρος (prata).

28. Por exemplo, em HOGHELANDE. *De alchemiae difficultatibus* (*Theatr. chem.*, 1602, I, p. 181).

29. Aquarium sapientum. In: *Musaeum hermeticum*, p. 84 e 93.

30. Cf. Op. cit. Portanto, também "lac virginis, nivis, terra alba foliata, magnesia etc." [leite de virgem, neve, terra branca folheada, magnésia].

31. HOGHELANDE. Op. cit., p. 181.

32. MYLIUS. *Philosophia reformata*, p. 176.

33. Por exemplo: Novum lumen. In: *Mus. herm.*, p. 581. • Tractatus aureus. Op. cit., p. 34. • Gloria mundi. Op. cit., p. 250. • KHUNRATH. *Von hylealischen Chaos*, p. 214. • Etc.

34. Rosarium philosophorum. In: *Artis auriferae*, II, p. 376.

35. Tractatus aureus. In: *Mus. herm.*, p. 39.

36. MYLIUS. Op. cit., p. 31.

37. Gloria mundi. Op. cit., p. 244.

Estudos alquímicos   221

ele reina sobre a água[38]. Nos textos gregos nós encontramos muitas vezes
o termo ὕδωρ θεῖον (água divina) que corresponde ao *hydrargyrum*[39]. O
Mercurius como substância arcana e tinctura de ouro é indicado pelo
nome de "aqua aurea", ou a designação da água como "Mercurii ca-
duceus" (bastão de Hermes)[40].

C. *Mercurius como fogo*

Muitos tratados designam o Mercurius simplesmente como fo-   256
go[41]. Ele é um fogo "elementar" (ignis elementaris)[42], ou "nosso fogo
natural e certíssimo" (noster naturalis ignis certissimus)[43], aludindo
assim à sua natureza "filosófica". A aqua mercurialis é até mesmo
considerada um fogo "divino"[44]. Este fogo produz um "forte vapor"
(vaporosus)[45]. O Mercurius é aliás o único fogo no processo completo[46]. É um fogo "invisível, que age em segredo"[47]. Um texto diz: o
"coração" de Mercurius encontra-se no polo Norte, e ele (Mercurius) seria como fogo (a luz do Norte!)[48]. O Mercurius é na realidade,
como explica outro texto, "o fogo universal e vibrante da luz natural

---

38. "Mercurius tenet aquam" (Aurora consurgens II. In: *Art. aurif.*, I, p. 189), este texto observa que a água é fogo (Op. cit., p. 212).

39. BERTHELOT. *Alch. grecs*, IV, VII, 2, p. 276.

40. VALENTINUS, Basilius. Practica. In: *Mus. herm.*, p. 404. • PHILALETHA. Metallorum metamorphosis. Op. cit., p. 771. • Introitus apertus. Op. cit., p. 654.

41. Aurora consurgens. In: *Art. aurif.*, I, p. 212. • DORNEO. Congeries Paracelsicae.
In: *Theatr. chem.*, 1602, I, p. 578. • MYLIUS. *Phil. ref.*, p. 245. • Etc.

42. Via veritatis. In: *Mus. herm.*, p. 200.

43. Tractatus aureus. In: *Mus. herm.*, p. 39.

44. Aquarium sapientum. Op. cit., p. 91.

45. Cf. Op. cit., p. 90.

46. "[...] nullus est ignis in toto opere nisi Mercurius" (nada é fogo em toda a obra a
não ser Mercurius) [Fons chemicae philosophiae. In: *Mus. herm.*, p. 803].

47. "[...] ignis... invisibilis, secretò agens" (fogo... invisível, atua em segredo) [PHI-
LALETHA. Metall. Metamorph. In: *Mus. herm.*, p. 766].

48. "In polo est Cor Mercurii, qui velut est Ignis, in quo requies est Domini sui, navi-
gans per mare hoc magnum" (No polo está o coração de Mercurius, que é como fogo,
e no qual seu Senhor descansa, quando atravessa este grande mar) [Introitus apertus.
In: *Mus. herm.*, p. 633]. Trata-se de um simbolismo um tanto obscuro!

que o espírito celeste traz dentro de si"[49]. Esta passagem é importante para o significado de Mercurius, na medida em que o conecta com o conceito da lumen naturae, aquela segunda fonte de conhecimento místico, ao lado da revelação sagrada das Escrituras. Com isto, reaparece o antigo papel de Hermes como deus da revelação. Apesar de que a *lumen naturae*, dada originalmente por Deus à criatura, não ser de natureza contrária ao divino, sua essência é considerada como algo de insondável. O *ignis mercurialis*, por outro lado, está em conexão com o fogo do inferno. No entanto, parece que os nossos filósofos não consideravam o inferno, ou melhor, o seu fogo, como absolutamente exterior ou contrário ao divino; concebiam-no, isto sim, como uma disposição interior para o divino, o que é compreensível se Deus for considerado como uma "coincidentia oppositorum"; em outras palavras, o conceito de um Deus que tudo abarca tem de incluir necessariamente o seu oposto. A coincidência, no entanto, não pode ser muito radical, porque senão Deus se anularia[50]. A ideia da coincidência dos opostos tem que ser completada ainda por seu contrário, a fim de alcançar o pleno paradoxo e, consequentemente, a validade psicológica.

257   O fogo mercurial encontra-se "no centro da terra", no ventre do dragão, em estado líquido. Benedito Fígulo exprime isto num verso:

> Visitar o centro da terra
> Será para ti o fogo no globo[51].

Num outro tratado podemos ler que este fogo é o "fogo secreto do inferno, o prodígio do mundo, a composição das forças superiores na inferior"[52]. Mercurius, a luz da natureza que se manifesta, também é o fogo do inferno, o qual, prodigiosamente, nada mais é do

---

49. "[...] universalis ac scintillans Luminis naturae Ignis est, qui Coelestem Spiritum in se habet" (o fogo universal e faiscante da luz da natureza, que o Espírito celeste tem em si) [Aquarium sap. In: *Mus. herm.*, p. 84].

50. Trata-se aqui de uma confrontação puramente psicológica, relacionada com concepções e afirmações humanas e não com o ser impenetrável.

51. *Rosarium novum olympicum*, I, p. 71. Este é o "domus ignis idem, Enoch" (a morada do próprio fogo, Enoch) (Op. cit.). Cf. tb. § 171, 186 e 203 deste volume.

52. "[...] ignis infernalis, secretus... mundi miraculum virtutum superiorum in inferioribus systema" (fogo secreto, infernal... maravilha do mundo, sistema das virtudes superiores e inferiores) [Introitus ap. In: *Mus. herm.*, p. 654].

Estudos alquímicos   223

que uma composição ou um sistema do superior, isto é, das forças celestes no inferior, ou seja, no âmbito ctônico deste mundo material
que, desde S. Paulo, é considerado como o domínio do diabo. O fogo
do inferno, a energia própria do mal aparece aqui nitidamente como a
correspondência oposta ao superior, espiritual e ao bem; de certa forma suas substâncias são idênticas em sua essência. Então não devemos
escandalizar-nos ao ler em outro tratado que o fogo mercurial é "aquilo em que o próprio Deus arde em amor divino"[53]. Não é um engano
sentir em tais observações esparsas o alento da mística mais pura.

O Mercurius não é afetado pelo fogo, pois tem a mesma nature-   258
za deste. Permanece inalterado no fogo "em sua substância total"[54], o
que é importante para o simbolismo da salamandra[55]. É supérfluo observar que Hg não se comporta desse modo, mas se evapora com o
calor, fato este que os alquimistas há muito conheciam.

D. Mercurius como espírito e alma

O conteúdo dos dois capítulos anteriores deveria deixar claro   259
que, se Mercurius fosse apenas compreendido como Hg, não necessi-
taria de quaisquer outras denominações. O fato porém de tal necessidade existir, conforme vimos nos dois exemplos já citados, indica indubitavelmente que uma designação simples e inequívoca não basta-
va de modo algum para designar aquilo que os alquimistas tinham em
vista ao referir-se ao Mercurius. Sem dúvida, já se tratava do metal
mercúrio, mas de um mercúrio muito especial, o "nosso" Mercurius,
algo que está por detrás ou dentro, algo úmido ou a essência ou princípio do mercúrio – o inapreensível, fascinante, irritante e fugidio,
inerente a uma projeção inconsciente. O mercúrio "filosófico" este
"servus fugitivus" (escravo fugitivo), ou então "cervus fugitivus"

---

53. "[...] in quo (igne) Deus ipse ardet amore divino" (em cujo (fogo) o próprio Deus
arde no amor divino) [Gloria mundi. Op. cit., p. 246].

54. "Ipsum enim est, quod ignem superat, et ab igne non superatur: sed in illo amicabi-
liter requiescit, eo gaudens" (É ele que supera o fogo e não é vencido por este, mas nele
descansa em amizade e se regozija) [GEBER. Summa perfectionis, cap. LXIII. In: *De
alchemia*, p. 139].

55. No tocante ao simbolismo da salamandra, cf. tb. JAFFÉ, A. *Bilder und Symbole aus
E.T.A. Hoffmanns Märchen "Der Goldne Topf"*, especialmente p. 542s.

(cervo fugitivo) é um conteúdo inconsciente pleno de significado, o que, tal como mostramos nos capítulos B e C, em poucas alusões, ameaça ramificar-se numa problemática psicológica abrangente. O conceito expande-se perigosamente e começamos a pressentir que estamos longe de alcançar o fim dessa expansão. Não queremos portanto estabelecer prematuramente um determinado sentido para o conceito, baseados nas poucas alusões já feitas. Em vez disso, vamos contentar-nos primeiramente com o fato de que o "mercúrio filosófico", tão caro aos alquimistas como substância arcana de transformação, representa evidentemente a projeção do inconsciente, que ocorre sempre que a inteligência investigadora se ocupa com autocrítica insuficiente de uma grandeza desconhecida.

260   Como já verificamos, a natureza "psíquica" de sua substância arcana não era ignorada pelos alquimistas. Estes a designavam diretamente por "espírito" e "alma". Mas como esses conceitos possuíam múltiplos significados – e isso de modo especial nos tempos mais remotos – temos de lidar com eles criteriosamente e com cautela, a fim de constatar com suficiente segurança o que os termos "spiritus e "anima" significam, no que se refere ao seu uso alquímico.

a) Mercurius como espírito do ar

261   Hermes, como deus originário do vento, e o Thot egípcio a ele correspondente, que "faz respirar"[56] as almas, são os modelos para o Mercurius alquímico em sua forma aérea. Os textos utilizam frequentemente o termo πνεῦμα e spiritus no sentido concreto originário de "ar em movimento". Assim, quando Mercurius é designado no *Rosarium philosophorum* (século XV)[57] por "spiritus aëreus" (espírito aéreo) e por "volans" (alado), isto mostra em primeiro lugar um estado de agregação gasosa, o mesmo acontecendo com a denominação de Hoghelande (século XVI) "totus aëreus et spiritualis" (totalmente aéreo e espiritual)[58]. A expressão poética "serenitas aërea" (se-

---

56. Esta qualidade de Mercurius é salientada em Aurora consurgens. In: *Art. aurif.*, I, p. 190: "Quinto mense... spiracula facit" (No quinto mês, ele faz (no feto) as vias respiratórias).

57. *Ros. Phil.* In: *Art. aurif.*, II, p. 252 e 271.

58. De alch. diff. In: *Theatr. chem.*, 1602, I, p. 183.

Estudos alquímicos

225

renidade aérea) no assim chamado *Ripley Scrowle*[59], significa algo semelhante, bem como a afirmação do mesmo autor de que Mercurius se transforma em vento[60]. Ele é a "lapis elevatus cum vento" (a pedra erguida pelo vento)[61]. A designação de "spirituale corpus" (corpo espiritual) não significa mais do que "ar"[62], bem como a denominação "spiritus visibilis..., tamem impalpabilis" (um espírito visível, porém impalpável)[63], quando se pensa na natureza vaporosa do Mercurius, já mencionada. Assim também "spiritus prae cunctis valde purus" (o mais puro de todos os espíritos)[64] significa apenas isso. Algo incerto é a designação "incombustibilis" (incombustível)[65], uma vez que ela é muito usada como sinônimo de "incorruptibilis" (incorruptível), significando então "eterno", conforme veremos adiante. O discípulo de Paracelso, Penotus (século XVI) ressalta simplesmente a corporalidade, ao dizer que Mercurius "nada mais é do que o espírito do mundo que se fez corpo na terra"[66]. Esta expressão mostra, como nenhuma outra, a contaminação de dois mundos separados, inconcebível ao pensamento moderno, a saber, a de espírito e matéria, pois *spiritus mundi* é também para o homem medieval "o espírito do mundo", que governa a natureza e não somente um gás penetrante. Encontramos a mesma dificuldade quando outro autor, Mylius, em sua *Philosophia reformata*, designa Mercurius por "media substantia" (substância média)[67], sinônimo evidente de seu conceito de "anima media natura" (alma como natureza intermédia), pois para ele Mercurius é "spiritus et anima corporum"[68] (espírito e alma dos corpos).

---

59. Século XVI, British Museum, Ms. Additional 10302.

60. RIPLEY. *Opera*, p. 35.

61. Tract. Aureus. In: *Mus. herm.*, p. 39.

62. Ros. phil. In: *Art. aurif.*, II, p. 282s.

63. VALENTINUS, Basilius. Practica. In: *Mus. herm.*, p. 404.

64. Introitus ap. Op. cit., p. 654.

65. Ros. phil. In: *Art. aurif.*, II, p. 252.

66. Século XVI. "Nihil aliud est quam spiritus mundi corporeus in ventre terrae factus" (Nada mais do que o espírito do mundo feito corpo no ventre da terra) [Additio. In: *Theatr. chem.*, 1602, I, p. 681].

67. P. 183.

68. P. 19 e 308 [reproduzido por analogia].

b. Mercurius como alma

262 "Alma" (anima) representa um conceito superior a "espírito" como ar ou gás. Também como "subtle body" (corpo sutil) ou "Hauchseele" (alma-alento), ela significa algo de imaterial ou "mais sutil" do que o ar. Além disso, sua qualidade essencial é a de vivificar e de ser viva. Por isso é apreciável sua representação como *princípio de vida*. O Mercurius é frequentemente designado por "anima" (e portanto é feminino como por exemplo "foemina" ou "virgo"), algo como "nostra anima"[69], em que o "nossa" não significa "nossa" psique mas indica a substância arcana, à semelhança de "aqua nostra, Mercurius noster, corpus nostrum" (nossa água, nosso Mercúrio, nosso corpo).

263 Anima aparece não raro ligada e equiparada a spiritus[70]. O espírito também tem a qualidade vital da alma; por isso, o Mercurius é chamado "spiritus vegetativus" (espírito da vida)[71] ou "spiritus seminalis" (espírito da semente)[72]. Encontramos uma designação singular numa obra falsificada do século XVIII, que deve reproduzir o livro secreto de Abraham le Juif, mencionado por Nicolas Flamel (século XIV): a saber, "spiritus Phytonis" (de φύτωρ gerar, φυτόν criatura, φύτωρ gerador, e píton, serpente délfica) escrito com Ω, o sinal da serpente[73]. Beirando fortemente o elemento material, temos a definição de Mercurius como a "força vivificadora", semelhante a uma cola que une o mundo, ocupando o ponto mediano entre espírito e corpo[74]. Esta concepção corresponde à definição do Mercurius em Mylius, como "anima media natura". Esta definição está a um passo da equiparação do Mercurius à "anima mundi" (alma do mundo)[75], tal como Avicena

---

69. Tract. Aureus. In: *Mus. herm.*, p. 39.

70. Por exemplo: MYLIUS. *Phil. ref.*, p. 308: "(Mercurius est) spiritus et anima corporis" (Mercurius é o espírito e a alma do corpo) [reproduzido por analogia]. Encontramos a mesma coisa em: VENTURA, Laurentius. In: *Theatr. chem.*, 1602, II, p. 332; e no Tractatus Micreris. In: *Theatr. chem.*, 1622, V, p. 104.

71. EGÍDIO DE VADIS. Dialogus inter naturam et filium philosophiae. In: *Theatr. chem.*, 1602, II, p. 119.

72. PHILALETHA. Metall. metamorph. In: *Mus. herm.*, p. 766.

73. ELEAZAR, Abraham. *Uraltes chymisches Werk*, p. 29s. A píton (serpente) é a "vida de todas as coisas" (p. 34).

74. HAPELIUS. Aphorismi Basiliani. In: *Theatr. chem.*, 1613, IV, p. 368, 3.

75. *Verus Hermes*.

Estudos alquímicos   227

(texto do século XII-XIII?) já o teria designado. "Este seria o espírito do Senhor que preencheria o círculo da terra e no início pairava sobre as águas (supernatarit). Chamam-no também o espírito da verdade, que é oculto ao mundo"[76]. Outro texto diz que Mercurius seria o "espírito supraceleste" (supracoelestis) ligado à luz (maritatus!), podendo com razão ser designado como "anima mundi"[77]. Tal como se depreende de uma série de textos, os alquimistas referem-se, com o seu conceito de *anima mundi*, à alma do mundo no *Timeu* de Platão, por um lado, mas, por outro, o Espírito Santo (*spiritus veritatis*), já presente na criação, que preenche o papel de φύτωρ em relação à fecundação das águas com germes de vida, tal como mais tarde, em nível superior, se daria a *obumbratio Mariae*[78]. Em outra passagem vimos que uma força vital habita o mercúrio não vulgar (*non vulgaris*), o qual voaria como a neve branca e consistente. Ele seria um certo espírito do mundo macrocósmico e microcósmico, do qual dependeria, em segundo lugar, depois da *anima rationalis*, a própria mobilidade e fluidez da natureza humana[79]. A neve indica o *Mercurius depuratus*, no estado de "albedo" (do alvor, ou seja, da pureza, isto é, da "espiritualidade"); aqui deparamos novamente com a identidade de espírito e matéria. É digna de nota a dualidade da alma, condicionada pela presença do Mercurius: por um lado, a alma racional (*anima rationalis*) e imortal dada por Deus Pai ao homem, distinguindo-o dos animais e, por outro, a alma da vida (mercurial), que, ao que tudo indica, está ligada à *inflatio* ou *inspiratio* do Espírito Santo: o fundamento psicológico dos dois tipos de fontes de iluminação.

c. Mercurius como espírito em sentido incorpóreo, metafísico

Em muitas passagens é incerto se *spiritus* (ou *esprit*, tal como   264
Berthelot traduziu do árabe) significa espírito no sentido abstrato[80]

_____

76. Aquarium Sap. In: *Mus. herm.*, p. 85.

77. STEEBUS. *Coelum Sephiroticum*, p. 33.

78. Op. cit., p. 39.

79. HAPELIUS. Op. cit., p. 368, 2.

80. Por exemplo, em DJABIR. In: BERTHELOT. *La Chimie au moyen âge*, III, p. 169 [Texto: alma em lugar de espírito]. • Ros. phil. In: *Art. aurif.*, II, p. 339. • HO-GHELANDE. De alch. diff. In: *Theatr. chem.*, 1602, I, p. 153 e 183.

da palavra. Isto ocorre com alguma certeza em Dorneo (século XVI), pois este diz que Mercurius possui em si mesmo a qualidade de um espírito incorruptível, semelhante à alma; por sua incorruptibilidade é designado *intellectualis* (pertencente portanto ao mundus intelligibilis!)[81]. Um texto denomina-o expressamente como spiritualis (espiritual) e *hyperphysicus*[82] (hiperfísíco) e outro texto diz ainda: "o espírito (de Mercurius) viria do céu"[83]. Laurentius Ventura poderia filiar-se ao "Livro das tetralogias" (*Platonis liber quartorum*) e portanto às linhas do pensamento neoplatônico da Escola de Harran, ao definir o espírito de Mercurius como "sibi omnino similis" (idêntico a si mesmo) e como "simplex" (simples)[84], pois esse livro harranítico declara a substância arcana como sendo "res simplex" (coisa simples), identificando-a com Deus[85].

265   A menção mais antiga ao πνεῦμα (espírito) mercurial, encontramo-la numa citação de Ostanes, de considerável antiguidade (datá-la antes de Cristo não é impossível!), a qual diz: "Vai às correntezas do Nilo e lá encontrarás uma pedra dotada de espírito"[86]. Mercurius é considerado por Zósimo como sendo incorpóreo (ἀσώματον)[87], e por outro autor como etérico (αἰθερῶδες πνεῦμα) e como tendo se "tornado razoável e sábio" (σώφρωι γενομένη)[88]. No antiquíssimo tratado sobre *Ísis a Hórus* (século I), a água divina é trazida por um anjo; logo, é manifestamente de origem celeste ou demoníaca, uma vez que o "anjo" (ἄγγελος) Amnaël é uma figura moralmente ambígua, como o texto denota[89]. O fato de que a substância arcana mercurial tem, segundo os alquimistas, uma relação (mais ou menos secreta) com a deusa do amor, era algo conhecido não só pelos antigos,

---

81. Philosophia chemical. In: *Theatr. chem.*, 1602, I, p. 474. O mesmo em RIPLEY. *Axiomata philosophica*, Op. cit., 1602, II, p. 139.

82. Tract. Aureus. In: *Mus. herm.*, p. 11. Esta citação é de Basilius Valentinus.

83. STEEBUS, Op. cit., p. 137.

84. *Theatr. chem.*, 1602, II, p. 263.

85. Op. cit., 1622, V, p. 145.

86. BERTHELOT. *Alch. grecs*, III, VI, 5, p. 129.

87. Op. cit., XXVI, 5, p. 194.

88. Op. cit., IV, VII, 2, p. 276.

89. Op. cit., I, XIII, 3, p. 29-32 [v. acerca disto § 97s. deste volume].

Estudos alquímicos   229

como também por autores recentes. No livro de Crates (um alexandrino que teria chegado até nós através dos árabes?), Afrodite aparece como um recipiente, cuja boca verte incessantemente mercúrio[90],
e o mistério básico da *Chymischen Hochzeit* de Rosencreutz[91] é sua
visita aos aposentos secretos da Vênus adormecida.

O significado de Mercurius como "espírito" e "alma" aponta incon-   266
testavelmente – apesar do dilema corpo-espírito – para o fato de que os
próprios alquimistas sentiam sua substância arcana como algo que hoje
denominamos *fenômeno psíquico*. Independentemente do que "espírito"
e "alma" possam ser, fenomenologicamente podemos considerá-los como configurações "psíquicas". Os alquimistas não se cansam de apontar
sempre de novo e ressaltar a natureza psíquica do seu Mercurius. Nossas
reflexões até aqui versaram sobre os sinônimos de Mercurius estatistica-
mente mais frequentes, a saber, água, fogo, espírito-alma, donde se pode
concluir que deve tratar-se de um fato psíquico, o qual possui, ou melhor,
reclama a particularidade de uma denominação antinômica. Água e fogo
são os opostos clássicos e só podem servir como definição de uma e mesma coisa, quando esta última reúne em si as propriedades contrárias da
água e do fogo. O psicologema "Mercurius" tem que ser constituído essencialmente de uma dupla natureza antinômica.

E. *Mercurius como natureza dupla*

Segundo a tradição de Hermes, Mercurius tem muitas faces: é   267
mutável e mistificador; "varius ille Mercurius" (esse inconstante Mercurius), diz Dorneo[92], e outro autor o denomina "versipellis" (aquele
que muda de forma como um trapaceiro)[93]. Geralmente é considerado
como dúplice (duplex)[94]. Diz-se que ele anda sobre o círculo da terra e
aprecia igualmente a companhia de bons e maus"[95]. É os "dois dra-

---

90. BERTHELOT. *Chimie au moyen age*, III, p. 63.

91. [Quinto dia, p. 78].

92. Congeries Paracelsicae chemicae. In: *Theatr. chem.*, 1602, I, p. 533.

93. VADIS, E. Dialogus. In: *Theatr. chem.*, 1602, II, p. 118.

94. Por exemplo: Aquarium Sap. In: *Mus. herm.*, p. 84. • TREVISO, B. De alchemia.
In: *Theatr. chem.*, 1602, I, p. 787. • MYLIUS. *Phil. ref.*, p. 176. • Etc.

95. Aurelia occulta. In: *Theatr. chem.*, 1613, IV, p. 574.

gões"[96], o "gêmeo" (geminis)[97], provindo de "duas naturezas"[98] ou "substâncias"[99]. É o "Gigas geminae substantiae" (gigante de substâncias gêmeas) e, à guisa de esclarecimento, o texto remete a *Mateus* 26[100]. Este capítulo contém a instituição da Eucaristia, tornando clara a analogia com Cristo. As duas substâncias de Mercurius são desiguais, ou melhor, opostas. Como o dragão, ele é "alado e aptero"[101]. Uma parábola o define do seguinte modo: "Sobre esta montanha está pousado um dragão, sempre vigilante, chamado παντόφθαλμος (coberto de olhos), pois os dois lados de seu corpo, a parte dianteira e a traseira são cobertas de olhos. Ao dormir, alguns olhos permanecem fechados e outros, abertos"[102]. Distingue-se o Mercurius "comum" do "filosófico"[103], ele é constituído de uma "substância terrestre, seca e de um líquido espesso, úmido"[104]. Nele há dois elementos passivos, isto é, terra e água e dois elementos ativos, isto é, ar e fogo[105]. Ele é bom e mau[106]. A *Aurelia occulta* faz sua descrição de um modo vívido[107]:

Eu sou o dragão impregnado de veneno, que está por toda parte e pode ser comprado por pouco dinheiro. Aquilo sobre o que repouso e que repousa sobre mim será encontrado em mim por aquele que fizer sua investigação segundo as regras da arte. Minha água e fogo destroem e reúnem; do meu corpo extrairás o leão verde e o vermelho. Mas se não tiveres um conhecimento exato de mim, teus cinco sentidos serão destruídos em meu fogo. Minhas narinas exalam um veneno que se expande cada vez mais e que já causou a morte de muitos. Por isso deves separar com arte o grosseiro do fino, se não quiseres conhecer a mais extrema pobreza. Eu te faço o dom das forças do masculino e do feminino

---

96. Brevis manuductio. In: *Mus. herm.*, p. 788.

97. VALENTINUS. Practica. In: *Mus. herm.*, p. 425.

98. MYLIUS. *Phil. ref.*, p. 18; e Exercitationes in Turbam. In: *Art. aurif.*, I, p. 159 e 161.

99. DORNEO. Duellum animi cum corpora. In: *Theatr. chem.*, 1602, I, p. 475.

100. Aquarium sap. In: *Mus. herm.*, p. 111.

101. FLAMELLUS. Summarium philosophicum. In: *Mus. herm.*, p. 172s.

102. Cf. visão da serpente de Inácio de Loyola e o tema da pluralidade de olhos, do qual tratei em *Der Geist der Psychologie*.

103. Tract. Aureus. In: *Mus. herm.*, p. 25.

104. Consilium coniugii. In: *Ars. chem.* [século XII-XIV, 1566], p. 59.

105. Ros. phil. In: *Art. aurif*, II, p. 208.

106. KHUNRATH. *Von hyl. Chaos*, p. 218.

107. *Theatr. chem.*, 1613, IV, p. 569.

Estudos alquímicos   231

e também as do céu e da terra. Os mistérios de minha arte devem ser manejados com coragem e grandeza de espírito, se quiseres superar-me pela força do fogo[108], pois muitos já causaram dano a seus bens e trabalho por essa falta. Sou o ovo da natureza, que só os sábios conhecem; eles criam a partir de mim, piedosa e humildemente, o microcosmo, preparado por Deus para o homem, por Deus, o Altíssimo. A maioria aspira em vão, pois a pouquíssimos é dado: que os afortunados façam bem aos pobres com meu tesouro e não prendam sua alma ao ouro perecível. Os filósofos me designam pelo nome de Mercurius; meu esposo é o "ouro filosófico"; eu sou o velho dragão que pode ser encontrado no mundo inteiro: pai e mãe, jovem e ancião, muito forte e fraco, morte e ressurreição, visível e invisível, duro e mole; desço à terra e subo ao céu, sou o mais alto e o mais baixo, o mais leve e o mais pesado; frequentemente, a ordem da natureza se inverte em mim no que se refere à cor, medida, ao peso e número; contenho a luz da natureza (*naturale lumen*); sou escuro e claro, provenho do céu e da terra; sou conhecido e ao mesmo tempo não tenho existência alguma[109]; graças aos raios do sol, todas as cores e metais brilham em mim. Sou o carbúnculo do sol, a terra pura e mais nobre através da qual podes transformar cobre, ferro, estanho e chumbo em ouro.

Devido à sua dupla natureza unificada, Mercurius é considerado   268
hermafrodita. Ora se diz que seu corpo é feminino e seu espírito masculino, ora o inverso. O *Rosarium philosophorum* por exemplo apresenta as duas versões[110]. Como "vulgaris" (vulgar) ele é um corpo masculino morto e como "nosso" Mercurius, ele é feminino, espiritual, vivo e vivificante[111]. Também é designado como esposo e esposa[112], ou como noiva e noivo, ou amada e amado[113]. As naturezas opostas do Mecurius são frequentemente chamadas Mercurius sensu strictiori (Mercurius no sentido estrito) e sulphur (enxofre), sendo que o primeiro é feminino, terra e Eva, e o segundo masculino, água e Adão[114]. Em Dorneo, ele é o "verdadeiro Adão hermafrodita"[115] e em Khunrath ele é gerado do sêmen do macrocosmo como elemento casto da matéria

---

108. No texto, eu li "vi" em lugar de "vim".

109. "[...] nihil omnino existens" (absolutamente nada do que existe). Este paradoxo lembra o correspondente *asat* (não sendo) hindu. Cf. *Khāndogya-Upanishad* [*Livros sagrados do Oriente*, I, p. 54 e 93].

110. *Art. aurif.*, II, p. 239 e 249.

111. Introitus ap. In: *Mus. herm.*, p. 653.

112. Gloria mundi. Op. cit., p. 250.

113. *Aurora consurgens*, I, cap. XII, Parábola VII [org. por Marie-Louise von Franz].

114. RULANDUS, *Lex. alch.*, p. 47.

115. De genealogia mineralium. In: *Theatr. chem.*, 1602, I, p. 578.

hermafrodita[116] (= caos, isto é, *prima materia*). Mylius denomina-o "monstro hermafrodita"[117]. Como Adão, ele é também simplesmente o microcosmo, ou o "coração do microcosmo"[118], ou ainda o microcosmo o tem "em si, onde também estão os quatro elementos e a quinta essência que chamam de céu"[119]. A designação "coelum" (céu) do Mercurius não provém do "firmamentum" (firmamento) de Paracelso, mas já se encontra em Johannes de Rupescissa (século XIV)[120]. Para Mercurius, a expressão "homo" é usada como sinônimo de "microcosmo", por exemplo, "o homem filosófico de sexo ambíguo" (ambigui sexus)[121]. Na antiquíssima *Dicta Belini* (Belinus, ou Balinus é uma corruptela de Apolônio de Tiana), ele é o homem que surge do rio"[122], referência provável à visão de Esdras[123]. No *Splendor Solis* (século XVI) encontramos uma ilustração que corresponde a isto[124]. Tal ideia poderia remontar ao mestre de sabedoria babilônica, Oannes. A designação de Mercurius como o "homem alto"[125] não contradiz essa ascendência. Os termos Adão e microcosmo encontram-se em muitos textos[126], mas o falsificador que se faz tomar por Abraham le Juif o chama sem mais nem menos de Adão Cadmão[127]. Como já expus em outra parte, esta incontestável continuação da doutrina gnóstica do

---

116. *Von hyl. Chaos* p. 62.

117. *Phil. ref*, p. 19.

118. HAPELIUS. Op. cit., p. 368.

119. MYLIUS. Op. cit., p. 5.

120. Quintessência = céu. RUPESCISSA. *La Vertu et la propriété de la quinte essence*, p. 15. O "minério dos filósofos" torna-se como o "céu", lê-se no Tractatus Micreris. In: *Theatr. Chem*, 1622, V, p. 112.

121. Khunrath, *Von hyl. Chaos* p. 195.

122. MANGETUS. *Bibliotheca chemica curiosa* I, p. 478 b.

123. KAUTZSCH. *Apokryphen und Pseudoepigraphen des Alten Testaments*, II, 4 Esdras 13, 25.51, p. 396 e 397.

124. TRISMOSIN. In:*Aureum vellus* Die vierte Gleichnus, p. 23.

125. RULANDUS. *Lex. alch*, p. 47.

126. Por exemplo: DEE. Monas hieroglyphica. In: *Theatr. chem.*, 1602, II, p. 222; e *Ros. phil* In:*Art. aurif*, II, p. 309.

127. ELEAZAR. *Uraltes chymisches Werk*, p. 51. Adão Cadmão significa "homem originário" [cf.*Mysterium coniunctionis* V].

Estudos alquímicos 233

anthropos na alquimia[128] me dispensa de abordar novamente aqui este aspecto particular do Mercurius[129]. Não obstante, tenho de salientar mais uma vez que a ideia do anthropos coincide com o conceito psicológico do si-mesmo. A doutrina do atmã e do purusha o comprova com clareza.

Outro aspecto da natureza polar de Mercurius é sua caracterização   269
como "senex" (ancião)[130] e como "puer" (criança)[131]. A figura de ancião no tocante a Hermes, arqueologicamente comprovada, o aproxima de Saturno, relação esta que desempenha um papel importante na alquimia[132]. Mercurius é realmente constituído pelos opostos mais extremos; por um lado, é indubitavelmente aparentado à divindade; por outro, é encontrado nas cloacas. O arabizante Rosinus (= Zósimo) chama-o de "terminus ani" (parte terminal do ânus)[133]. No *Grande Bundahisn* lê-se que o traseiro do Garodman é como "o inferno sobre a terra"[134].

F. Mercurius como unidade e trindade

Apesar da duplicidade evidente de Mercurius, sua unidade é   270
acentuada principalmente em sua forma de *lapis* (pedra). Ele é o "Um

---

128. Paracelso, um fenômeno espiritual [§ 165s. deste volume e *Psicologia e alquimia*, índice analítico, ver verbete].

129. Gayomard é também uma espécie de nume da vegetação, como Mercurius, e, do mesmo modo que este, fertiliza sua mãe, a Terra. O chão, onde sua vida chega ao termo, torna-se de ouro e os lugares em que seus membros se desfazem dão nascimento aos diversos metais. V. CHRISTENSEN. *Les Types du premier homme et du premier roi dans 1'histoire légendaire des Iraniens*, p. 26 e 29.

130. Em Valentinus, como "senex Draco": Practica. In: *Mus. herm.*, p. 425. *Verus Hermes*, p. 15, 16. Mercurius é também designado aqui com o nome gnóstico de "Paimãe".

131. De arte chemical. In: *Art. aurif*, I, p. 582. Como "regius puellus": Introitus ap. In: *Mus. herm.*, p. 658 e 655) etc.

132. Cf. § 274s. deste ensaio.

133. Ad Sarratantam episcopum. In: *Art. aurif.*, IV, p. 310. Aqui, ele é idêntico à *lapis Mercurius* e toma sua designação. O contexto manifesta-se contra a versão dos "anni" (anos). Quase em seguida a esta passagem "nascitur in duobus montibus" [ele nasceu entre dois montes] indica o Tractatus Aristotelis. In: *Theatr. chem.*, 1622, V, p. 880s., onde o ato da defecação é descrito [cf. § 182, nota 139 deste volume]. Cf. as ilustrações correspondentes no Cod. Rhenovacensis para *Aurora consurgens* II.

134. Cap. XXVII. REITZENSTEIN & SCHAEDER. *Studien zum antiken Synkretismus aus Iran und Griechenland*, p. 119.

no mundo inteiro"[135]. Em geral, a unidade é também uma trindade, numa clara alusão à Santíssima Trindade, apesar de que a trindade de Mercurius não tenha se originado do dogma cristão, sendo anterior a ele. As tríades já se encontram no tratado περὶ ἀρετῆς (*Sobre a arte*) de Zósimo[136]. Martial denomina Hermes "omnia solus et ter unus" (Tudo é só e triplicimente um)[137]. Em Monakris (Arcádia) venerava-se um Hermes tricéfalo. Há também um Mercurius gálico tricéfalo[138]. Este deus gálico também era um psicopompo. O caráter triádico de Mercurius o aparenta às divindades do mundo subterrâneo, como por exemplo Tifão τρισώματος (Tifão de três corpos), Hécate τρισώματος e τριπρόσωπος (Hécate de três corpos e de três faces)[139] e os τριτοπάτορες (ancestrais) com seus corpos de serpente. Os ancestrais são para Cícero[140] os três filhos de Zeus βασιλεύς, o "rex antiquissimus" (o rei antiquíssimo)[141]. São chamados "avós originários", deuses do vento[142], obviamente dentro da mesma lógica dos índios hopi, para os quais as serpentes "ctônicas" eram ao mesmo tempo relâmpagos celestes anunciadores da chuva. Khunrath chama o Mercurius de "triunus" (triuno)[143], e "ternarius" (ternário)[144]. Mylius representa-o como serpente tricéfala[145]. A "aquarium sapientum"

---

135. Ros. phil. In: *Art. aurif.*, II, p. 253.

136. BERTHELOT. *Alch. grecs.*, III, VI, 18, p. 136. "A mônada (natureza) da composição (conduz) a uma tríade indestrutível e novamente leva a tríade composta a uma tríade desfeita e cria o cosmos pela premeditação (προνοίᾳ) das causas criadoras originárias e do demiurgo da criação; e é por isto que este último também é chamado de τρισμέγιστος (três vezes grande), porquanto ele criou e concebeu a criação e o criado de modo triádico".

137. REITZENSTEIN. *Hellenistische Mysterienreligionen*, p. 14.

138. REINACH. *Cultes, Mythes et religions*, III, p. 160s.

139. SCHWEITZER. *Herakles*, p. 84s.

140. *De natura deorum*, 3, 21, 53.

141. Há também um Zeus *triops* (triplo).

142. ROSCHER (org.). *Lexicon der griech. und röm. Mythologie*, V, Colônia 1208 e 1209.

143. *Von byl. Chaos*, Biij V e p. 199.

144. Op. cit., p. 203.

145. *Phil. ref.*, p. 96.

Estudos alquímicos

(sabedoria aquariana) diz que ele é uma "essência triuna universal chamada Jeová[146]. Ele é ao mesmo tempo divino e humano"[147].

Destas considerações podemos concluir que Mercurius não só corresponde a Cristo, como também à divindade triuna em geral. A *Aurelia occulta* o chama de "Azoth", explicando este nome do seguinte modo: "Ele (Mercurius) é o A e O onipresente. Os filósofos o adornaram com o nome de Azoth, de A e Z latinos, do α e ω gregos e do aleph e tau dos hebreus, nomes estes que, somados, dão o seguinte:

$$A \left\{ \begin{array}{c} z \\ \omega \\ \text{ה} \end{array} \right\} \text{Azoth}"[148].$$

Este paralelismo deixa a desejar quanto à clareza. O comentarista anônimo do *Tractatus aureus* se exprime de modo inequívoco: todas as coisas procedem do "coelum philosophicum, infinita astrorum multitudine mirifice exornatum" (céu filosófico ornado maravilhosamente de uma multidão infinita de estrelas)[149]; é a palavra criadora corporificada, o logos de João, sem o qual "nada teria sido criado daquilo que foi criado". O autor diz textualmente: "a palavra da redenção é invisivelmente inerente a todas as coisas, mas isto não é manifesto nos corpos elementares e densos, se estes não forem reconduzidos à quinta essência celeste e astral. Assim pois, esta palavra de regeneração é aquela semente da promessa, ou o céu dos filósofos que brilha com grande nitidez nas luzes infinitas das estrelas"[150]. O Mer-

---

146. Esta designação particular significa o demiurgo, o jaldabaoth saturnino, que se relaciona com o "Deus dos judeus".

147. In: *Mus. herm.*, p. 112.

148. *Theatr. chem.*, 1613, IV, p. 575.

149. (com um céu filosófico adornado de maravilhosos e inúmeros astros). Op. cit., p. 696 [cit. da Bíblia: Jo 1,3 (Bíblia de Lutero)].

150. "[...] sic omnibus rebus Verbum regenerationis invisibiliter quidem inhaeret; quod tamen in elementaribus et crassis corporibus non manifestatur, nisi reducantur in essentiam quintam sive naturam coelestem et astralem. Hoc itaque regenerationis verbum, est semen istud pro missionis sive coelum philosophorum, infinitis astrorum luminibus nitidissimum" (a palavra da redenção é inerente de um modo invisível a todas as coisas, mas isto não é manifesto nos corpos elementares e densos, se estes não forem reconduzidos à quinta essência celeste e astral. Assim, pois, esta palavra de rege-

curius é o logos tornado mundo. A representação poderia estar indicando que, no fundo, ele é idêntico ao inconsciente coletivo, pois como tentei mostrar em meu ensaio *Sobre a natureza da psique*[151], o céu estrelado parece ser uma visualização da natureza peculiar do inconsciente. Como Mercurius é muitas vezes designado como "filius" (filho), sua qualidade de filho é inquestionável[152]. Ele se comporta como um irmão de Cristo e segundo filho de Deus; mas na ordem do tempo seria o mais velho e portanto o primogênito. Esta ideia remete às representações dos euquetas em Michael Psellus (1050)[153], segundo os quais o primeiro filho de Deus seria Satanael[154] e Cristo, o segundo[155]. De qualquer modo, Mercurius se comporta não apenas como a contraparte de Cristo (na medida em que é "filho"), mas também como contraparte da Trindade de um modo geral, na medida em que é interpretado como triunidade (ctônica). Segundo este modo de pensar, ele seria uma das metades da divindade. De fato, ele é a metade escura, ctônica, mas não simplesmente o mal, pois é chamado "bom e mau", ou um "sistema das forças superiores no inferior". Ele indica aquela dupla figura que parece estar atrás da figura do Cristo e do diabolus (diabo), ou seja, o Lúcifer enigmático que é ao mesmo tempo um atributo do diabo e de Cristo. No *Apocalipse* 22,16, Jesus diz acerca de si mesmo: "Ego sum radix et genus David, stella splendida et matutina" (Eu sou a raiz e descendência de David, a estrela esplêndida da manhã).

---

neração é aquela semente da promessa, ou o céu dos filósofos que brilha com grande nitidez nas luzes infinitas das estrelas) [*Tract.* aureus cum scholiis. In: *Theatr. chem.*, 1613, IV p. 697].

151. Cf. referências bibliográficas.

152. Cf., por exemplo: Ros phil. In: *Art. aurif.*, II, p. 248: "[...] filius... coloris coelici" (o filho... da cor celeste) [Apud *Secretum*, de Hali]. • KHUNRATH. *Von hyl. Chaos*: "filius macrocosmi", indistintamente; "unigenitus", p. 59. • PENOTUS. De medicamentis chemicis. In: *Theatr. chem.*, 1602, I, p. 681: "[...] filius hominis frutus et virginis" (filho do homem e fruto da virgem).

153. *De daemonibus* (trad. de Marsílio Ficino), fol. N V^vo.

154. Cf. o relato sobre os bogomilos, em EUTÍMIO ZIGADENOS. Panoplia dogmatica. In: MIGNE. *P.G.*, CXXX, col. 129s.

155. A filiação dupla do Filho já é anunciada pelos ebionitas de Epifânio: "São dois, eles afirmam, os filhos gerados por Deus, um deles (é) o Cristo, o outro, o diabo" (*Panarium*, XXX, 16, 2).

Estudos alquímicos

Uma particularidade de Mercurius, frequentemente assinalada, e 272
que sem dúvida o aproxima da divindade e em particular do primitivo Deus criador, é sua capacidade de gerar-se a si mesmo. No tratado
das *Alegorias sobre a turba* lê-se acerca de Mercurius: "A mãe deu-me
à luz e ela mesma é gerada por mim"[156]. Como o dragão uróboro, ele
engravida, gera, dá à luz, devora e mata a si mesmo e também "se
enaltece a si mesmo", como diz o *Rosarium*[157]; deste modo é parafraseado o mistério da morte sacrifical divina. Neste caso, como numa
série de alusões semelhantes, não se pode supor sem mais nem menos
que os alquimistas medievais tivessem consciência de suas conclusões
na medida em que nós a temos. Mas o homem e, através dele, o inconsciente, declara muitas coisas que não são necessariamente conscientes em todas as suas implicações. No entanto, apesar desta restri-
ção, não pretendo dar a impressão de que os alquimistas tenham sido
absolutamente inconscientes de seu pensamento. As situações acima
mostram suficientemente quão pouco era este o caso. Embora Mercurius seja considerado *trinus et unus* (trino e uno) em muitos textos,
isto impede que ele tenha uma participação intensa na *quaternidade*
da *lapis*, com a qual se identifica essencialmente. Ele exemplifica pois
o estranho dilema representado pelo problema do três e do quatro.
Trata-se do conhecido e enigmático *Axioma de Maria profetisa*. Há
um Hermes clássico tetracéfalo[158], assim como outro, tricéfalo. A
planta do templo sabeu de Mercurius era um triângulo dentro de um
retângulo.[159] Nos escólios do *Tractatus aureus*, o símbolo de Mercurius é um quadrado dentro de um triângulo e este é envolto por um
círculo (= a totalidade)[160].

---

156. In: *Art aurif.*, I, p. 151, Aenigma V. Nos *Contes del Graal* de Chretien de Troyes
encontramos igualmente esta afirmação acerca de Deus: "Ce doint icil glorïeus pere /
Qui de sa fille fist sa mere" (Este glorioso pai que de sua filha fez sua mãe) [HILKA.
Der Percevalroman, Z. 8299s., p. 372].

157. *Art. aurif.* II, p. 339: "[...] sublimatur per se" (que se sublima por si mesmo).

158. SCHWEITZER. *Herakles*, p. 84 [quadricéfalo – tricéfalo].

159. CHWOLSOHN. *Die Ssabier und der Ssabismus*, II, p. 367.

160. MANGETUS. *Bibl. chem. Curiosa*, I, p. 409 a.

G. As relações de *Mercurius* com a astrologia e com a doutrina dos arcontes

273   Uma das raízes da filosofia de Mercurius propriamente dita se encontra sem dúvida na antiga astrologia e na doutrina gnóstica dos arcontes e aions dela derivada. Entre Mercurius e o planeta Mercúrio há uma relação de identidade mística, devido a uma contaminação ou identidade espiritual. No primeiro caso, o mercúrio (Hg) é apenas o planeta Mercúrio, tal como aparece na Terra (assim como o ouro é simplesmente o Sol na Terra)[161]; no segundo caso, ele é o "espírito" do mercúrio (Hg), idêntico ao espírito do planeta correspondente. Ambos os espíritos, ou melhor, o citado espírito foi personificado e invocado, por exemplo, como auxiliador, ou conjurado magicamente para prestar serviço a modo de um paredros (*spiritus familiaris*). Dentro da tradição alquímica, dispomos ainda de orientações para os procedimentos mencionados no tratado harrânico *Clavis maioris sapientiae*, de Artephius[162], as quais coincidem com as descrições das invocações referidas por Dozy-de-Goeje[163]. Há também orientações para tais procedimentos no *Liber quartorum*[164]. Paralelamente a isto sabemos que Demócrito obteve do gênio do planeta Mercúrio o segredo dos hieróglifos[165]. O espírito Mercurius aparece neste contexto no papel de mistagogo, tal como no *Corpus hermeticum*, ou nos sonhos de Zósimo. Este mesmo papel é por ele desempenhado na importante visão onírica da *Aurelia occulta*, na qual ele aparece como anthropos com a coroa de estrelas[166]. Como pequeno astro na proxi-

---

161. MAIER. *De circulo physico quadrato*, p. 3.

162. In: *Theatr.chem.*, 1613, IV, p. 221s.

163. *Nouveaux documents pour l'étude de la religion des Harraniens*, p. 341.

164. In: *Theatr. chem.*, 1622, V, p. 114s.

165. BERTHELOT. *Alch. grecs*, Introduction, p. 236.

166. *Theatr. chem.*, 1613, IV, p. 579. Ele corresponde a "stella septemplex" (estrela de sete raios), que aparece no final da obra (Op. cit., p. 576: "[...] coquito, donec stella septemplex appareat, per sphaeram circumcursitando" etc. [deixe ferver até que apareça a estrela de sete raios, circunscrevendo a esfera]. Cf. a respeito da antiga representação cristã do Cristo como condutor do movimento circular das estrelas.

Estudos alquímicos

midade do Sol, ele é o filho do Sol e da Lua[167]. Mas inversamente ele também é o genitor de seus pais, Sol e Lua[168], ou, como observa o tratado de Wei po-Yang (cerca de 142 d.C.), o ouro obtém suas propriedades do Mercurius[169]. (Devido à contaminação, o mito astrológico também é sempre associado ao aspecto químico.) Graças à sua natureza meio feminina, Mercurius é frequentemente identificado com a Lua[170] e com Vênus[171]. Como sua própria *consors* (consorte) divina, ele se transforma com facilidade na deusa do amor, ou em seu papel próprio de Hermes ictifálico. É também designado como "virgo castissima" (virgem castíssima)[172]. A relação do mercúrio (Hg) com a Lua, isto é, com a prata, é evidente. Mercurius como στίλβων (cintilante ou brilhante), que aparece como Vênus no céu matutino ou vespertino, muito perto do Sol é, como a primeira, um φωσφόρος lúcifer, um portador de luz. Ele anuncia, como a estrela matutina, só que de um modo muito mais direto, a luz iminente.

Para bem interpretarmos Mercurius, é importantíssimo considerar sua relação com Saturno. Mercurius como ancião é idêntico a Sa-

274

---

167. Tabula smaragdina, Ros. phil. In: *Art. aurif.*, II, p. 253; e MYLIUS. *Phil. ref.*, p. 101.

168. Allegoriae super librum Turbae. In: *Art. aurif.*, I, p. 155: "origo Solis" (origem do Sol). VENTURA. De ratione conficiendi lapidis. In: *Theatr. chem.*, 1602, II, p. 337: "[...] oritur simul sol cum luna in ventre Mercurii" (o Sol nasce ao mesmo tempo que a Lua, no ventre de Mercúrio).

169. *An Ancient Chinese Treatise*, p. 241.

170. Epistola ad Hermannum. In: *Theatr. chem.*, 1622, V, p. 893; Gloria mundi. In: *Mus. herm.*, p. 224 e 244. Como substância arcana a magnésia é designada como "Luna plena" [lua cheia] em *Ros. phil.* (*Art. aurif.*, II, p. 231), e "succus lunariae" [suco da lua] (Op. cit., p. 211). Ele caiu da Lua. BERTHELOT. *Alch. grecs*. III, VI, 9, p. 133. O sinal de Mercurius é de ☽ no *Livro de Crates* (BERTHELOT. *La Chimie au moyen age*, III, p. 48). Nos papiros mágicos da Grécia, Hermes é chamado o "círculo da Lua" (PREISENDANZ. *Papyri Graecae magicae*, V, p. 401).

171. Visão do Crates: BERTHELOT. *La Chimie au moyen age*, III, p. 63. Como Adão e Vênus [sic!] no banho [VALENTINUS. Practica. In: *Mus herm.*, p. 425]. Na qualidade de sal de Vênus, leão verde e vermelho = Vênus [KHUNRATH. *Von hyl. Chaos*, p. 91 e 93]. Mercúrio corporal = Vênus [Ros phil. In: *Art. Aurif.*, II, p. 239]. A substância de Mercurius subsiste em Vênus [MYLIUS. *Phil. ref.*, p. 17]. Como sua mãe Vênus é a "matrix corrupta", ele é, como filho, o "puer leprosus" [Rosinus ad Sarratantam. In: *Art. aurif.*, I, p. 318]. No papiro mágico é mencionado que o dia de Afrodite é ligado a Hermes [PREISENDANZ. Op. cit., II, p. 120]. Os atributos de Vênus são idênticos aos de Mercúrio: irmã, noiva, ar, o verde, leão verde, fênix em Al-Iraqi [HOLMYARD (org.). *Kitāb al-'ilm al-muktasab*, p. 420].

172. Aurelia occulta. In: *Theatr. chem.*, 1613, IV, p. 546.

turno, assim como muitas vezes – e em especial para os antigos – a *prima materia* não era representada pelo mercúrio (Hg), mas pelo chumbo ligado a Saturno. No texto árabe da *Turba*[173], o mercúrio (Hg) é idêntico à "água da Lua e de Saturno". Saturno diz nos *Dicta Belini* (Ditos de Belini): "Meu espírito é a água que desata todos os membros hirtos de meus irmãos"[174]. Trata-se da "água eterna", que é justamente mercurial. Raimundo Lúlio observa que "um determinado óleo dourado é extraído do chumbo filosófico"[175]. Para Khunrath, Mercurius é o "sal" de Saturno[176], ou Saturno é simplesmente Mercurius. Saturno "colhe a água eterna"[177]. Como o primeiro, Saturno também é hermafrodita[178]. Saturno é "um ancião sobre a montanha; nele, as naturezas estão ligadas a seu complemento [a saber, os quatro elementos]... a tudo isso, em Saturno"[179]. O mesmo é afirmado acerca de Mercúrio. Saturno é o pai e a origem de Mercúrio; por isso, este último é chamado "Saturnia proles" (prole de Saturno)[180]. O mercúrio (Hg) provém do "coração de Saturno, ou é Saturno"[181], ou "uma água clara" extraída da planta satúrnia: "a água mais perfeita e a flor do mundo"[182]. Esta afirmação do cônego de Brindlington, Sir George Ripley, estabelece um nítido paralelo com a doutrina gnóstica de Cronos (Saturno), como uma "força da cor da água (ὑδατάχρους)", que tudo destrói, pois "água é destruição"[183].

---

173. RUSKA (org.). *Turba philosophorum*, p. 204, nota 5.

174. *Art. aurif.*, II, p. 379. Idem DORNEUS. *De transmutatione metallorum*, p. 640.

175. Apud MYLIUS. *Phil. ref.*, p. 302.

176. *Von hyl. Chaos*, p. 197.

177. Aenigma philosophorum. In: *Theatr. chem.*, 1613, IV, p. 520.

178. KHUNRATH. *Von hyl. Chaos*, p. 195.

179. "Rhasis Epistola". In: MAIER. *Simbola aureae mensae*, p. 211. Assim como Saturno reúne em si todos os metais, o mesmo ocorre com Mercúrio [Op. cit., p. 531].

180. MYLIUS. *Phil. ref.*, p. 305. "Saturn's Chyld". In: RIPLEY. "*Medulla*" [*Theatr. chem. Brit.*, 1652, p. 391].

181. PANTHEUS. *Ars transmutationis metallicae*, fol. 9rº.

182. RIPLAEUS. *Opera*, p. 317.

183. HIPÓLITO. *Elenchos*, V, 16, 2, p. 111.

Estudos alquímicos 241

Tal como o espírito planetário de Mercúrio, o espírito de Saturno   275
também é "muito adequado a esta obra"[184]. Como se sabe, uma das
formas nas quais Mercúrio se transforma no processo alquímico é na
do leão, ora verde, ora vermelho. Khunrath designa esta transformação como o modo de atrair o leão para fora da toca da montanha saturnina[185]. Na Antiguidade, a primeira associação do leão é com Saturno[186]. Ele é o "Leo de tribu Catholica"[187], (paráfrase de: "leo de tribu
Juda", uma alegoria de Cristo[188]!). Khunrath chama Saturno de "leão
verde e vermelho"[189]. No gnosticismo, Saturno é o arconte supremo, o
jaldabaoth de cabeça leonina[190] (em português: o "filho do caos"). Literalmente, o filho do caos, na linguagem alquímica, é Mercúrio[191].

A relação e identidade dele com Saturno é por isso importante,   276
porquanto este último não é apenas um *maleficus* (maléfico), mas o
próprio domicílio do diabo. Também como primeiro arconte e demiurgo, sua reputação não é das melhores no gnosticismo. Segundo
uma fonte cabalística, Belzebu é associado a ele[192]. O *Liber quartorum* o considera mau (*malus*)[193], e o próprio Mylius acrescenta:
quando se purifica o Mercurius, Lúcifer cai do céu[194]. Uma nota ma-
nuscrita da mesma época (começo do séc. XVII) à margem do termo
sulphur (o princípio masculino de Mercurius[195]) é assinalado em um

---

184. "Convenientior planetarum huic operi, est saturnus" [Liber Platonis quartorum.
In: *Theatr. chem.*, 1622, V, p. 142 e 153].

185. Op. cit., p. 93.

186. PRELLER. *Griechische Mythologie*, I, p. 43.

187. KHUNRATH. Op. cit., p. 93.

188. Cristo como leão em *Ancoratus* de Epifânio e como "filhote de leão" em
GREGÓRIO. *In septem Psalmos penitentiales expositio*, Salmo 5, 10 [MIGNE, P.L.
XXXIX, col. 609].

189. *Von hyl. Chaos*, p. 196.

190. Cf. para isso BOUSSET. *Hauptprobleme der Gnosis*, p. 10, 321, 352.

191. Em relação ao dia de Saturno como fim da obra da criação, v. § 301 desta pesquisa.

192. *Codex Parisiensis* 2419, fol. 277ʳ, apud REITZENSTEIN. *Poimandres*, p. 75.

193. *Theatr. chem.*, 1622, V, p. 155.

194. *Phil. ref.*, p. 18.

195. Sulphur é "ignis occultus in Mercurio" (fogo oculto no Mercúrio) [TREVISO, B.
De chemico miraculo. In: *Theatr. chem.*, 1602, I, p. 793]. Sulphur é idêntico ao Mercurius: "Mercuriale hoc sulphur Sulphureusque (☿)" (Sulfur é mercurial e o mercúrio
sulfúrico) [Brevis manuductio. In: *Mus. herm.*, p. 788].

de meus tratados como "diabolus" (diabo). Ainda que Mercurius não seja o próprio mal, pelo menos o contém, isto é, ele é moralmente indiferente, bom e mau, ou nas palavras de Khunrath, "beneficus cum bonis, maleficus cum malis"[196] (bom com os bons, mau com os maus). Seu ser, porém, só é parafraseado mais exatamente quando o concebemos como um *processo*, que tem início com o mal e termina com o bem. Um poema medíocre, porém ilustrativo, no *Verus Hermes,* de 1620, resume o processo do seguinte modo:

> Um nascimento frágil, um velho ancião, /
> Cujo apelido costuma ser Draco.
> Esse o motivo da minha prisão, /
> Que me fará nascer como Rei.
> ....
> A espada de fogo cruelmente me fere.
> A morte corrói-me ossos e carne.
> ....
> Alma / espírito / escapam de mim /
> Veneno de escuro odor / fealdade, horror.
> A um corvo negro eu me assemelho /
> Eis o prêmio de toda maldade.
> Deitado no pó do vale profundo /
> Para que três se tornem unidade.
> Ó alma / Ó espírito, não me abandonem /
> Quero ver novamente a luz do dia.
> Do meu íntimo vem o herói da Paz /
> Que o mundo inteiro deseja ver[197].

277   Neste poema, Mercurius descreve sua metamorfose que ao mesmo tempo significa a transformação mística do artifex (adepto)[198], pois não só a forma ou o símbolo de Mercurius, como também o que ocorre com Mercurius são projeções do inconsciente coletivo. Como se vê facilmente pelo que já foi dito, trata-se da projeção do processo de individuação, que transcorre a modo de um processo psíquico na-

---

196. Por isso deveríamos pedir a Deus que nos desse o "Spiritus Discretionis", reflete Khunrath, a fim de que Ele nos ensine a distinguir o bem do mal (*Hyl. Chaos*, p. 186).

197. Cf. p. 16s.

198. Cf. com minhas explanações em *Psicologia e alquimia* [v. o verbete no índice analítico] [OC, 13].

Estudos alquímicos 243

tural, mesmo sem a participação da consciência. No entanto, se esta
participa do processo com uma certa compreensão, o mesmo se dá
com todas as emoções de uma vivência religiosa ou de um processo de
iluminação. Desta experiência se origina a identificação do Mercurius
com a *sapientia* e com o Espírito Santo. Por isso, é bem provável que as
heresias – representadas pelos euquitas, paulicianos, bogomilos e cátaros em direção ao Paráclito, dando prosseguimento ao cristianismo
num sentido vizinho ao de seu fundador – encontraram na alquimia
sua continuação, de modo ora inconsciente, ora camuflado[199].

H. *Mercurius e o deus Hermes*

Já encontramos uma série de asserções alquímicas que mostram   278
de modo claro que o caráter do Hermes clássico reaparece fielmente
na versão mais tardia de Mercurius. Em parte isto se deve a uma re-
petição inconsciente, em parte a uma experiência espontânea novamente vivenciada, e enfim a uma referência consciente ao deus pagão. Assim, há um Michael Maier que indubitavelmente tem consciência de estar aludindo a um αδηγας (o Hermes que mostra o caminho), ao afirmar que em sua *peregrinatio* (viagem mística da alma)
encontrou uma estátua de Mercúrio, o qual indica o caminho do paraíso[200]; a um Hermes mistagogo, que põe nos lábios da Sibila de Eritreia as seguintes palavras (acerca de Mercúrio): "Ele fará de ti um es-
pectador dos mistérios de Deus (magnalium Dei) e dos segredos da
natureza"[201]. Mercurius, como "divinus ternarius" (ternário divino),
torna-se assim a fonte de revelação dos segredos divinos[202], ou então

---

199. Por exemplo, não seria impossível que a estranha designação dos alquimistas
como "les poures hommes evangelisans" (os pobres evangelistas) em Johannes de Rupescissa remontasse aos perfeitos e pobres de Cristo entre os cátaros [*La Vertu et la
propriété de la quinte essence*. Lyon, 1581, p. 31]. Jean de la Roquetaillade viveu aproximadamente em meados do século XIV. Ele criticava a Igreja e o clero [FERGUSON.
Biblioteca chemica, II, p. 305]. Os processos contra os cátaros estenderam-se até meados do século XIV.

200. *Symbola aureae mensae*, p. 592s.

201. Op. cit., p. 600.

202. DORNEO. De transmut. met. In: *Theatr. chem.*, 1602, I, p. 621.

sob a forma do ouro é concebido como a alma da substância arcana magnesia)[203], ou como fecundador da *arbor sapientiae* (árvore da sabedoria)[204]. Em um *epigramma Mercurio philosophico dicatum* (epigrama dedicado ao Mercúrio filosófico)[205], Mercurius é designado como mensageiro dos deuses, como hermeneuta (intérprete) e como o Thot egípcio. Sim, Michael Maier ousa relacioná-lo com o Hermes cilênio ao chamá-lo: "Arcadium hunc iuvenem infidum, nimiumque fugacem" (esse jovem infiel e demasiado leviano da Arcádia)[206]. Na Arcádia ficava o santuário de Cilênio, o Hermes ictifálico. Os escólios do *Tractatus aureus* chamam Mercúrio diretamente de "Cyllenius heros" (herói Cilênio)[207]. O "infidus nimiusque fugax" (o infiel e demasiadamente leviano) também poderia ser uma caracterização de Eros. De fato, Mercurius aparece na *Chymische Hochzeit* de Rosencreutz sob a forma de Cupido[208], que castiga a curiosidade do adepto Christian com sua flecha, por ocasião da visita da senhora Vênus, ferindo-o na mão. A flecha é o "telum passionis" (dardo da paixão) atribuído a Mercúrio[209]. Mercurius é um "sagittarius" (sagitário), isto é, alguém que "atira com o arco sem corda" e que "não pode ser encontrado em parte alguma da Terra"[210], devendo ser obviamente concebido como demônio. Segundo a tabela simbólica de Penotus[211], as ninfas lhe são subordinadas, o que lembra o deus pastor Pã. Sua lascívia torna-se explícita através de uma ilustração no *Tripus Sendi-*

---

203. KHUNRATH. *Hyl. Chaos*, p. 233.

204. RIPLAEUS. *Duodecim portarum*, p. 124s.

205. *Mus. herm.*, p. 738.

206. *Symbola aureae mensae*, p. 386.

207. Tract. aureus cum scholiis. In: *Theatr. chem.*, 1613, IV, p. 761.

208. Ele está simultaneamente presente sob a forma do menino (indicador do caminho) e do "filho antiquíssimo da mãe".

209. Na *Cantilena Ripley*, Opera.

210. Introitus ap. In: *Mus. herm.*, p. 653.

211. *Theatr. chem.*, 1602, II, p. 123.

Estudos alquímicos 245

vogianus[212], onde ele aparece num carro de triunfo puxado por um galo e uma galinha e atrás dele há um par de amantes nus e enlaçados. Podemos mencionar neste contexto as numerosas estampas de conjunções obscenas que as antigas edições conservavam frequentemente como algo de meramente pornográfico. Da mesma forma, a representação dos atos de excreção, inclusive o vômito, presentes nos manuscritos, pertencem a essa área do χϑάνιος (Hermes subterrâneo)[213]. Mercurius é também a "coabitação constante"[214], como na mais clara representação de Shiva-shakti do tantrismo. As relações da alquimia grega e árabe com a Índia não são improváveis. Reitzenstein[215] refere-se ao canto de padmanaba, extraído do livro popular turco dos quarenta vizires, que poderia remontar à época mogul. Mas nos primeiros séculos da era cristã já havia influências religiosas na Índia, no sul da Mesopotâmia e no segundo século a.c. havia mosteiros budistas na Pérsia. No templo real (cerca do século XV) de Padmanabhapura, em Travancore encontrei dois relevos representando um senex ictifálico alado, que não era de modo algum hindu. Numa das figuras, metade do corpo é representado na taça da Lua (pensa-se aqui espontaneamente no ancião ictifálico alado, perseguindo a mulher "azul" ou de "forma canina"[216], segundo a representação dos gnósticos de Hipólito). O cilênio também aparece em Hipólito[217], identificado por um lado ao logos e por outro lado ao perverso Korybas, ao falo e ao princípio demiúrgico de um modo geral[218]. A este

---

212. SENDIVOGIUS. *Tripus chemicus: Conversa de Mercurius*, p. 67.

213. Por exemplo, Codex Rhenoviensis, Zurique; e Codex Vossianus, Leyden.

214. Cf. *Símbolos da transformação* [OC, 5, § 306, 308 e 318, nota 16].

215. *Alchemistische Lehrschriften und Märchen bei den Arabern*, p. 77s.

216. κυανοειδῆ ou κυνοειδῆ HIPÓLITO. *Elenchos*, V, 20, 6, nota e 7, p. 122. Wendland (org.) utiliza a segunda versão. Os equivalentes desse estranho mitologema na alquimia confirmam as duas possibilidades: cão como logos, psicopompo e "filius canis coelici coloris" (filho do cão de cor azul celeste) = Mercurius.

217. *Elenchos*, V, 7, 29, p. 85.

218. No sincretismo da visão dos naassenos, aparece uma tentativa de capturar e expressar o paradoxo animicamente vivenciado do fundamento último, semelhante ao conceito de Mercurius. Restrinjo-me aqui a esta indicação.

Mercurius obscuro pertence o incesto mãe-filho[219], o qual poderia remontar historicamente a influências de mandeus. Nelas, Nabu (Mercurius) e Istar (Astarte) formam uma sizígia. Astarte é a deusa-mãe do amor em todo o Oriente Próximo, e é sempre contaminada pelo motivo do incesto. Nabu é o "falso Messias" castigado por sua perversidade e que o Sol mantém prisioneiro[220]. Não admira pois que os textos sempre lembrem de novo que Mercurius foi "in sterquilinio invenitur" (encontrado na latrina), acrescentando a seguinte observação irônica: "muitos remexeram a latrina, mas nada retiraram dela"[221].

279 O Mercurius obscuro deve ser compreendido como um estágio inicial, em que o nível mais baixo do começo deve ser apreendido como um símbolo do mais elevado e – de qualquer modo – o mais elevado é também símbolo do mais baixo: "Começo e fim se dão as mãos". É o uróboro, ἕν τὸ πᾶν (o um e tudo), a união dos opostos realizada durante o processo. Penotus comenta o processo:

Mercurius á gerado pela natureza como filho da natureza e como fruto do elemento líquido. Mas, assim como o Filho do Homem é gerado pelo filósofo e criado como fruto da Virgem, ele também deve elevar-se da terra e ser purificado de todo elemento terrestre. Depois, como um todo, ele ascende ao ar que é transformado em espírito. Assim se cumpre a palavra do filósofo: "ele ascende da terra ao céu e adquire a força do superior e do inferior e assim se despe da natureza terrestre e impura, revestindo a natureza celeste"[222].

280 Como Penotus se refere aqui à *Tabula smaragdina*, é preciso salientar que ele se desvia do espírito da *Tabula* num ponto essencial. Ele representa uma ascensão de Mercurius que corresponde inteiramente à transformação cristã do homem hílico em pneumático. Na *Tabula* lê-se em vez disto[223]: "Ele se eleva da terra ao céu e de novo desce à terra e adquire a força do superior e do inferior". Do mesmo modo lê-se: "Sua força é perfeita quando ela se volta para a terra". Não se trata aqui absolutamente de uma ascensão num só sentido em direção ao céu, mas ao contrário do caminho do Redentor – Cristo – o qual

---

219. Cf. *Psicologia e alquimia*. [OC, 13].
220. Cf. BOUSSET. *Hauptprobleme der Gnosis*, p. 43, 55 e 142.
221. Ros. Phil. In: *Art. aurif.*, II, p. 243.
222. De medicamentis chemicis. In: *Theatr. Chem.*, 1602, I, p. 681.
223. RUSKA (org.), p. 2 [aqui, na trad.de Jung].

Estudos alquímicos   247

vem do alto para baixo, e de novo se eleva, o *filius macrocosmi* inicia
sua trajetória embaixo, se eleva e volta de novo à terra, com as forças
unidas do superior e do inferior. Ele fez o movimento inverso e manifesta assim a sua natureza contrária ao Cristo e aos redentores gnósticos; no entanto, há um parentesco com a representação de Basílides
da terceira filiação. Mercurius tem a natureza circular do uróboro,
razão pela qual é simbolizado por um círculo simples (circulus simplex), cujo centro (punctum medium) ele também é[224].

Por isso ele pode afirmar acerca de si mesmo: "Unum ego sum et   281
multi in me" (Eu sou uno e ao mesmo tempo muitos em mim)[225]. O
mesmo tratado transfere o *centrum circuli* (centro do círculo) como
sendo a terra dentro do homem e o chama de "sal", ao qual Cristo se
referiu[226] ("Vós sois o sal da Terra")*.

I. O espírito mercurius como substância arcana

Como se diz geralmente, Mercurius é o *arcanum* (arcano)[227], a   282
prima materia[228], o "pai de todos os metais"[229], o caos originário, a
terra do paraíso, a "matéria sobre a qual a natureza já trabalhou, mas
deixou inacabada"[230]. Mas ele é também a última matéria, a meta de
sua própria transformação, a pedra[231], a tintura, o ouro filosófico, o

---

224. Tract. aureus cum scholiis. In: *Theatr. chem.*, 1613, IV, p. 690s.

225. *Aurelia occulta*, Op. cit., p. 575.

226. Op. cit., p. 555 [*Mt* 5,13].

* [O § 281 da edição anglo-americana, que corresponde ao nosso § 303, é mantido em
seu lugar original. Este número de parágrafo, portanto, foi eliminado.]

227. Tractatus aureus cum scholiis. In: *Theatr. chem.*, 1613, IV, p. 689.

228. MYLIUS. *Phil. ref.*, p. 179. • Tract. Aureus. In: *Mus. herm.*, p, 25. • TREVISO,
B. De chemico miraculo. In: *Theatr. chem.*, 1602, I, p. 787.

229. Exercit. in Turbam. In: *Art. aurif.*, I, p. 154.

230. Ros. phil. In: *Art. aurif.*, II, p. 231.

231. VENTURA. De ratione conficiendi lapidis. In: *Theatr. chem.*, 1602, II, p. 263:
"lapis benedictus". • DORNEO. De transmut. met. In: *Theatr. chem.*, 1602, I, p. 578:
"Igneus perfectusque Mercurius" (O mercúrio ígneo e perfeito). • Op. cit., p. 690:
"[...] lapis Adamicus fit ex Adamico Mercurio in Evena muliere" (tradução livre: A pedra adâmica surge do mercúrio adâmico em Eva mulher). • LÚLIO. Codicillus. In:
MANGETUS. *Bibl. chem. curiosa*, p. 875s. "[...] quaesitum bonum est lapis noster et
Mercurius" (o bem procurado é nossa pedra e Mercurius).

carbúnculo, o *homo philosophicus*, o segundo Adão, a analogia Christi (analogia de Cristo), o rei, a luz das luzes, o Deus terrestris, sim, a própria divindade, ou sua correspondência integral. Como já tratei dos sinônimos e significados da pedra em outro lugar, não pretendo entrar em particularidades a este respeito neste trabalho.

Além de *prima materia* como início inferior e *lapis* como meta suprema, Mercurius também é o processo entre ambos e o seu agente mediador. Ele é "começo, meio e fim da obra"[232]. Por isso, é designado como *mediator* (mediador)[233], *servator* (conservador) e *salvator* (salvador). É *mediator*, como Hermes. Como "medicina catholica" e "alexipharmakon", ele é o *servator mundi* (conservador do mundo). Por um lado, ele é o "salvator omnium imperfectorum corporum" (salvador de todos os corpos imperfeitos)[234]; por outro, o "typus... incarnationis Christi" (imagem... da encarnação de Cristo)[235], "unigenitus" (unigênito) e "consubstancialis parenti hermaphrodito" (consubstancial ὁμοούσιος, ao hermafrodita parental)[236], no macrocosmo (da natureza), de um modo geral, ele é sob todos os aspectos o que Cristo é no *mundus rationalis* (mundo racional) da revelação divina. Mas como diz a palavra: "Minha luz supera todas (as outras) luzes"[237], isto

---

232. Tract. aureus cum scholiis. In: *Theatr. chem.*, 1613, IV, p. 689.

233. Exercit. in Turbam. In: *Art. aurif.*, I, p. 170. • RIPLEY. *Chym. Schriften*, p. 31. • Tract. aureus cum scholiis. In: *Theatr. chem.*, l613, IV, p. 691: "mediator pacem faciens inter inimicos" (mediador que promove a paz entre inimigos).

234. Aquarium sap. In: *Mus. herm*, p. 111.

235. Op. cit., p. 118.

236. KHUNRATH. *Hyl. Chaos*, p. 59.

237. Septem tract. Hermet. In: *Ars chemica*, p. 22. Lê-se no *Ros. phil. (Art. aurif.* II, p. 381): "Ego illumino aërem lumine meo, et calefacio terram calore meo, genero et nutrio naturalia, plantas et lapides, et demo tenebras noctis cum potentia mea, et facio permanere dies seculi, et illumino omnia luminaria lumine meo, et etiam in quibus non est splendor et magnitudo: quae quidem omnia ex meo opere sunt, cum induor vestimentis meis: et qui quaerunt me, faciant pacem inter me et uxorem meam" (Eu ilumino o ar com minha luz e aqueço a terra com meu calor, eu gero e alimento as coisas naturais, as plantas e pedras, e eu expulso as trevas da noite com meu poder, e torno permanentes os dias do mundo e ilumino todas as luminárias com minha luz e também aqueles em que não há esplendor nem magnitude. Pois tudo isso é minha obra, quando me visto com minha roupagem. E que aqueles que me procuram possam promover a paz entre mim e minha esposa). Trata-se de uma citação dos *Dicta Bellini* (reproduzido em MANGETUS. *Bibl. chem. curiosa*, I, p. 478s., variações do texto). Mencionei a passagem por inteiro devido ao seu considerável interesse psicológico.

Estudos alquímicos 249

indica que a reivindicação de Mercurius vai mais longe, razão pela qual os alquimistas lhe deram a qualificação da triunidade[238], a fim de manifestar com isso sua plena correspondência a Deus. Como se sabe, em Dante, Satanás é tricéfalo e por isso uma trindade na unidade. Satanás é de fato correspondente a Deus, mas como oposição. Esta porém não é a concepção dos alquimistas; eles veem em Mercurius uma emanação harmônica do ser de Deus, ou sua criação. O fato de sempre se ressaltar a capacidade de autogeração, transformação, aniquilamento ou acasalamento consigo mesmo, está, por assim dizer, em contradição com a concepção de que ele é uma criatura. Por isso, o que foi afirmado acima só tem lógica quando Paracelso e Dorneo exprimem a ideia de que a prima materia é um "increatum" (incriado) e, portanto, um princípio coeterno a Deus. Esta negação da *creatio ex nihilo* (criação a partir do nada) coincide com o fato de que Deus (*Gênesis*, 1) encontrou o Tehom, aquele mundo materno de Tiamat, do qual Mercurius, seu filho, veio ao nosso encontro[239].

J. Sumário

a) Mercurius consiste em todos os opostos possíveis e imagináveis.   284
Ele é uma dualidade manifesta, sempre porém designada como unidade, se bem que suas oposições internas possam apartar-se dramaticamente em figuras diversas e aparentemente autônomas.

b) Ele é físico e espiritual.

c) Ele é o processo de transformação do plano físico, inferior, no plano superior e espiritual, e vice-versa.

d) Ele é o diabo, o salvador que indica o caminho, um "trickster" evasivo, a divindade tal como se configura na natureza materna.

e) Ele é a imagem especular de uma vivência mística do *artifex*, a qual coincide com a *opus alchymicum* (obra alquímica).

f) Enquanto vivência acima referida, ele representa, por um lado, o si-mesmo e, por outro, o processo de individuação e tam-

---

238. "Nam in Lapide sunt anima, corpus et spiritus, et tamen unus Lapis" (Pois na pedra estão alma, corpo e espírito, e no entanto é *uma* só Pedra) [Exercit. in Turbam IX. In: *Art. aurif.*, I, p. 170].

239. Cf. *Psicologia e alquimia* [OC, 12, § 26 e 430s.].

bém o inconsciente coletivo, devido ao caráter ilimitado de suas determinações[240].

285 A fabricação do ouro, aliás a investigação da natureza química era sem dúvida uma grande preocupação da alquimia. Parece porém que era ainda maior e mais apaixonante não a "exploração" (não parece lícito usar tal termo), mas a *vivência do inconsciente*. Não se entendeu durante muito tempo este lado da alquimia – a μυστικά (mística) – única e exclusivamente pela circunstância de que nada se sabia acerca da psicologia, em especial do inconsciente suprapessoal e coletivo. Enquanto ignorarmos completamente uma existência psíquica, ela aparecerá de forma projetada. Assim, o primeiro conhecimento das leis anímicas ou de sua regularidade se achava a princípio nas estrelas e, em seguida, na matéria desconhecida. Ambas estas áreas de conhecimento transformaram-se em ciências: da astrologia proveio a astronomia e da alquimia, a química. A relação singular entre a cronologia astronômica e o caráter, no entanto, só recentemente está começando a tomar a forma de algo que se assemelha a um empirismo científico. Os fatos psíquicos realmente importantes não podem ser constatados pelo metro, pela balança, proveta ou pelo microscópio. Eles são portanto (aparentemente) invisíveis ou, em outras palavras, devem ser constatados pelas próprias pessoas que possuem um sentido (interior) para os mesmos, tal como se deve mostrar as cores aos que veem, e não aos cegos.

286 É possível que o tesouro da projeção subjacente à alquimia seja ainda mais desconhecido. Além disso, ele tem uma grande desvantagem, que dificulta uma pesquisa mais acurada. Contrariamente às disposições astrológicas do caráter, as quais, quando são negativas, mostram-se desagradáveis ao indivíduo em questão, podendo no entanto ser um deleite para o vizinho, as projeções alquímicas representam conteúdos coletivos que estão em contraste constrangedor, isto é, numa relação de compensação com os nossos maiores valores e convicções racionais. São esses conteúdos que dão as estranhas respostas da alma natural às questões últimas e extremas da razão. Ao invés do espírito do progresso e da expectativa ansiosa de um futuro que liberte o homem do sofrimento presente, elas apontam para o ar-

---

240. Daí a designação de Mercurius como "mare nostrum".

Estudos alquímicos

caico, para a eterna oscilação aparentemente invariável e sem esperança, que torna este mundo em que acreditamos de um modo tão profundo numa fantasmagoria de cenários móveis. Elas (as projeções alquímicas) mostram como meta de redenção para nossa vida ativa e cheia de desejos um símbolo do inorgânico – a pedra que não vive por si mesma, mas apenas *existe* ou "vem a ser" e, nela, a vida acontece num jogo inexplicável e incalculável de oposições. A "alma", essa abstração incorpórea de nosso intelecto racional, ou o "espírito", essa metáfora bidimensional da nossa dialética filosófica, seca como a palha, aparecem (na projeção anímica) com uma plasticidade próxima do material, como corpos-alento quase tangíveis e se recusam a funcionar como componentes substituíveis da nossa consciência racional. A esperança de uma psicologia sem alma foi perdida e a ilusão de que o inconsciente acabe de ser descoberto desapareceu. Há praticamente dois mil anos ele já era conhecido de um modo peculiar. Mas não sucumbamos em nenhum momento à ilusão: assim como nunca conseguiremos separar as disposições de caráter da determinação do tempo astronômico, não conseguiremos do mesmo modo separar o Mercurius evasivo e insubmisso da autonomia da matéria. Algo do portador da projeção sempre adere à projeção e mesmo que tentemos integrar à nossa consciência o elemento reconhecidamente psíquico e que sejamos de alguma forma bem-sucedidos em nosso intento, integraremos juntamente com ele algo do universo e de sua materialidade, ou melhor, seremos assimilados pelo inorgânico, uma vez que o cosmos é infinitamente maior do que nós. "Transmutemini in vivos lapides philosophicos"[241], exclama um alquimista, sem saber quão infinitamente lento é o "vir a ser" de uma pedra, isto é, de um modo muito europeu, ele nem mesmo quer saber disto, pois se o soubesse perderia o fôlego. A pessoa para a qual a *lumen naturale* (luz da natureza) que emana das projeções da alquimia é um problema sério, concordará com o autor que fala da "immensae diuturnitas meditationis" (imensas e lentas meditações) exigidas pela obra. Nessas projeções a fenomenologia de um espírito "objetivo" vem ao nosso encontro, provindo de uma verdadeira "matrix" (matriz) da vivência anímica, cujo símbolo adequado é a matéria. Nunca e em parte alguma o homem dominou a matéria, a não ser que tenha observado atenta-

---

241. (Transformai-vos em pedras filosofais vivas.)

mente o seu comportamento e auscultado suas leis. Só na medida em que o faz, ele pode dominá-la em igual proporção. Dá-se o mesmo com este espírito que hoje denominamos o inconsciente: ele é rebelde como a matéria, enigmático e evasivo como ela e obedece a "leis" que geralmente nos parecem um "crimen laesae maiestatis humanae" (crime de lesa-majestade humana), por seu caráter inumano e supra-humano. Quando o homem se aplica à *opus* (obra) repete, como diziam os alquimistas, a obra da criação de Deus. Na realidade é uma vivência originária enfrentar o caos do mundo de Tiamat.

287   Tal como encontramos o psíquico na experiência direta e na matéria viva e em unidade com ela, assim Mercurius é o *argentum vivum* (prata viva). A discriminação consciente realiza e significa a intervenção que separa o corpo da alma e divide o espírito Mercurius do *hydrargyrum*, de certo modo "engarrafando-o" para usarmos a expressão do conto. Mas como alma e corpo são unidos no segredo da vida apesar de serem artificialmente separados, o spiritus mercurialis (espírito mercurial), mesmo banido no interior da garrafa, encontra-se nas raízes da árvore, sendo sua quintessência e nume vivos. Na linguagem dos *Upanixades*, ele é o atmã pessoal da árvore; isolado na garrafa corresponde ao eu e, com este, ao doloroso *principium individuationis* (princípio de individuação) (Shopenhauer), o qual, na linha da concepção hindu, conduz à ilusão da existência individual. Uma vez liberto do cativeiro, Mercurius tem o caráter do atmã suprapessoal. Assim, ele é o *spiritus vegetativus* (espírito vegetativo) uno de toda a criatura, o hiranyagarbha[242], germe de ouro, o si-mesmo suprapessoal representado pelo filius macrocosmi (filho do macrocosmo), a pedra una dos sábios (lapis est unus) (a pedra é una). O *Liber definitionum Rosini* cita uma passagem do "Malus Philosophus"[243], que procura formular a relação psicológica da *lapis* com a consciência humana: "Hic lapis est subtus te, quantum ad obedien-

---

242. Cf. *Maitrâyana-Brâhmana-Upanishad* (*Sacred books of the East* XV, 8, p. 311). Como spiritus vegetativus (espírito vegetativo) e alma coletiva, em *Vedânta-Sûtras* [Op. cit., XXXIV, p. 173 e XLVIII, p. 578].

243. O Tratado de Rosino (Risâmus = Zósimo) é de origem árabe. "Malus" pode ser uma corruptela de "Magus". Na lista do Fihrist de Ibn Al-Nadim (987) figuram, além das obras de Rimas (Zósimo), dois escritos de Magus, um dos quais se intitula "O livro do sábio Magus (?) acerca da arte" (RUSKA. *Turba*, p. 269s.).

Estudos alquímicos

253

tiam: suprà te, quo ad dominium: ergo à te, quantum ad scientiam: circa te, quantum ad aequales" (Esta pedra está abaixo de ti, no que diz respeito à obediência; acima de ti, no que concerne ao domínio; portanto [depende de ti] quanto à ciência; em torno de ti, quanto aos iguais [a ti])[244]. Aplicada ao si-mesmo, esta afirmação seria a seguinte: o si-mesmo, por um lado, te é submetido; por outro, te domina. Depende do teu esforço e do teu conhecimento, mas, na medida em que te transcende, também abrange todos aqueles que são iguais a ti, ou tem o mesmo modo de pensar. Esta última formulação parece referir-se à natureza coletiva do si-mesmo, que repousa no fato de o si-mesmo representar a essência da totalidade da personalidade humana. Portanto, pertence a isso, por definição, a participação no inconsciente coletivo, o qual, como a experiência parece provar, é idêntico a si mesmo por toda parte[245].

O encontro do estudante pobre com o espírito Mercurius banido no interior da garrafa descreve aquela aventura do espírito que ocorre ao homem cego e adormecido. Este motivo também fundamenta a história do pastor de porcos que subia na árvore do mundo[246], e que constitui o *leit-motiv* da alquimia. Isto significa o próprio processo de individuação que se prepara no inconsciente e aos poucos vai alcançando a consciência. O símbolo preferido desse processo na alquimia é a árvore, a "arbor philosophica" a qual provém da árvore do conhecimento do paraíso. Nos dois casos, trata-se de uma serpente demoníaca, ou seja, de um espírito maligno que instiga e convence o homem a obter o conhecimento. Não é de admirar-se que, nesse contexto, o espírito Mercurius tenha no mínimo uma ampla relação com o lado escuro. Em um de seus aspectos, ele próprio é a serpente demoníaca, lilith ou melusina, que vive em cima da árvore da filosofia secreta. Ao mesmo tempo porém ele (o espírito Mercurius) participa não só do Espírito Santo, segundo afirma a alquimia, mas é idên-

288

---

244. [Liber primus de lapidis interpretationibus. In: *Art. aurif.*, I, p. 310.]

245. Cf. a respeito *Tipos psicológicos*, Definições: v. v. "identidade" [e "si-mesmo"]; além disso, *Dois escritos sobre psicologia analítica*, § 400s., e *O segredo da flor de ouro*, § 77s. (deste volume).

246. Cf. a análise deste conto de fadas em: "A fenomenologia do espírito nos contos de fadas" [OC, 9/1].

tico a ele. Precisamos aceitar este paradoxo chocante, depois de haver travado conhecimento com o arquétipo ambivalente do espírito nas páginas precedentes. O nosso *Mercurius ambiguus* (Mercúrio ambíguo) simplesmente confirma a regra. Em todo caso, o paradoxo não é pior do que aquela ideia jocosa do Criador de animar o seu paraíso pacífico e inocente com a presença de uma serpente na árvore, uma serpente pelo visto bem perigosa, a qual "por acaso" se encontrava justamente na árvore em que se achavam as maçãs "proibidas".

289   É incontestável que tanto o conto relatado no início, como a alquimia, mostram o espírito Mercurius sob um aspecto principalmente desfavorável, o que desperta a atenção, uma vez que ele tem não só o aspecto positivo de uma relação com o Espírito Santo, mas, sob a forma da lapis (pedra), também com Cristo, e como *triunus* até mesmo com a Santíssima Trindade. Até parece que diante dessas relações, a obscuridade e dubiedade de Mercurius são sublinhadas, o que se opõe decididamente à suposição de que os alquimistas, com sua lapis (pedra) se referiam a Cristo. Se for este o caso, por que então a mudança da designação para *lapis philosophorum* (pedra filosofal)? A *lapis*, na melhor das hipóteses, é uma *correspondentia* ou *analogia Christi* (correspondência ou analogia com Cristo) na natureza física. O seu simbolismo e com ele o de Mercurius, que é a substancia da *lapis* (pedra), aponta para o si-mesmo, quando visto pelo enfoque psicológico, o que também acontece com a figura simbólica de Cristo[247]. Diante da pureza e do sentido inequívoco deste último, o Mercurius-Lapis se revela ambíguo, obscuro, paradoxal, e até mesmo pagão. Ele representa portanto uma parte da alma que, de qualquer modo, não é de formação cristã, e portanto não pode ser expressa pelo símbolo de "Christus". Muito pelo contrário, as explanações acima mostram que muita coisa aponta até para o diabo, o qual, como se sabe, se disfarça de vez em quando em anjo de luz. Com isto, formula-se na realidade um lado do si-mesmo, que fica à parte, vinculado à natureza e é inadequado ao espírito cristão. A *lapis* (pedra) representa tudo aquilo que é eliminado do modelo cristão. Mas como possui realidade viva, isto se expressa justamente no obscuro simbolismo hermético. O ser paradoxal de Mercurius descreve um aspecto im-

---

247. Para isto é preciso fazer um confronto com o ensaio Jung. *Interpretação psicológica do Dogma da Trindade* [OC, 11;2].

portante do si-mesmo, ou seja, o fato de que no fundo representa uma *complexio oppositorum* (complementação dos opostos) e nem poderia ser de outro modo em se tratando de uma totalidade. Como "deus terrestris" (deus terrestre), o Mercurius tem algo de um "deus absconditus" (deus oculto), que constitui uma parte essencial do si-mesmo psicológico, o qual não pode ser diferente de uma imagem de Deus (a não ser por credos indiscutíveis e impossíveis de serem provados). Muito embora eu tenha salientado a *lapis* como sendo um símbolo que une os opostos, não podemos presumir, a partir disto, que ela seja um símbolo mais completo do si-mesmo. Isto seria decididamente incorreto, pois na realidade ela representa uma imagem cuja forma e conteúdo são condicionados principalmente pelo inconsciente. Jamais vem ao nosso encontro nos textos que dela tratam, de uma forma completa e bem definida, mas temos de nos dar ao trabalho de colher cuidadosamente tudo o que nesses textos se encontra esparso, sob a forma de alusões acerca de muitos tipos de substâncias arcanas, sobre Mercurius, processo de transformação e o produto final do mesmo. Muito embora quase sempre seja a questão da *lapis* nesta ou naquela forma, não se realiza nenhum real *consensus omnium* (consenso geral) relativamente à sua figura. Quase todos os autores têm suas alegorias, sinônimos e metáforas especiais. Nisso se reconhece claramente que a pedra não era apenas um objeto de elaboração geral, mas representava por assim dizer um parto do inconsciente, o qual ultrapassa os limites da subjetividade de forma quase imperceptível, gerando o vago conceito geral da *lapis philosophorum* (pedra filosofal).

Em oposição a esta figura sempre mantida na semiobscuridade de doutrinas mais ou menos secretas, se encontra, do lado da consciência, o "Filho do Homem" e *salvator mundi* (salvador do mundo), dogmaticamente bem delineado, o Cristo, esse *sol novus* (novo sol), diante do qual os astros menores empalidecem. É a afirmação da luz do dia da consciência e, como tal, trinitário. Sua formulação é tão clara e definida em todos os aspectos, que tudo o que dele difere aparece de modo crescente não só como inferior, mas como objeto. Isto não é apenas uma consequência da própria doutrina de Cristo, como também da doutrina sobre ele, em particular da claridade cristalina de sua figura decorrente do dogma. Por causa disto, em todo o processo da história da salvação, que se inicia com a criação, jamais ocorreu uma tal tensão entre opostos, como a que se estabeleceu entre Cristo e o Anticristo ou Satanás, ou ainda, o anjo decaído. No tempo de Jó, encontramos ainda Satanás entre os filhos de Deus. Podemos ler no *Livro de Jó* l,6: "Um dia aconteceu que os filhos de Deus vieram postar-se diante de Deus e entre eles veio também Satanás". Esta cena de uma reunião de família celeste não deixa pressentir o ῞Υπαγε, σατανᾶ (Vade, Satana)[248] do Novo Testamento e do dragão acorrentado por mil anos no mundo inferior[249]. Aparentemente é como se a plenitude de luz, excessiva de um lado, tivesse gerado uma escuridão proporcionalmente mais negra, do outro lado. É compreensível também que com a expansão imensa da substância negra pareça como quase impossível a existência de um ente "sine maccula peccati" (sem mancha de pecado). Uma fé amorosa numa figura semelhante não consegue limpar a sua casa da negra imundície. Mas esta tem que se amontoar em alguma parte, e lá onde fica esse monturo até a natureza mais sadia e mais bela é empestiada pelo mau cheiro.

291   O equilíbrio do mundo originário está perturbado. Não é evidentemente minha intenção constatar isto em tom de crítica ou censura. Estou plenamente convencido, não apenas da lógica implacável, mas também da conveniência deste desenvolvimento. A separação mais aguda dos opostos tem o sentido equivalente ao da discriminação mais aguda e esta representa a conditio sine qua non de toda ampliação e intensificação da consciênicia. Coloca-se porém para a biologia humana a tarefa mais significativa, que é recompensada na mesma proporção com os mais altos prêmios, a saber, a reprodução ilimitada da espécie, a difusão e o desenvolvimento do poder. Do ponto de vista filogenético, a consciência pode ser camparada à respiração pulmonar e à circulação do sangue quente. O aumento da lucidez da consciência acarreta necessariamente o obscurecimento dos aspectos da alma menos claros e menos capazes de serem conscientizados, de modo que mais cedo ou mais tarde ocorre uma cisão no sistema psíquico; o que à primeira vista não é reconhecido aparecerá numa projeção da visão do mundo, ou seja, sob forma de uma cisão entre os

---

248. Mt 4,10.
249. Ap 20,2.

Figura I
A árvore está carregada de botões a de uma floração branca.
Nasce numa ilha e no fundo se vê o mar.

Figura II

A árvore ergue-se sobre o globo terrestre e lembra o baobá, cujas raízes fazem explodir o planetoide em que habita o "Pequeno Príncipe" de SAINT- EXUPÉRY. Analogia com a árvore do mundo de Ferécides, com a árvore xamânica e a representação do eixo do mundo.

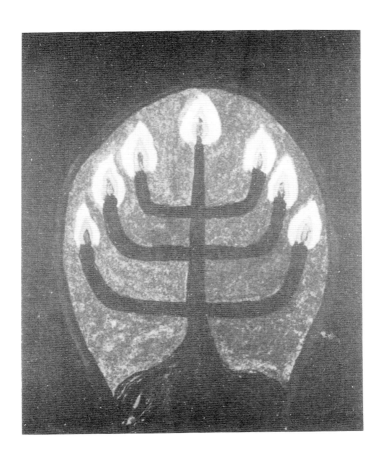

Figura III

Árvore abstrata, representada sob a forma do candelabro de sete braços e da árvore de Natal. As luzes ilustram a iluminação e o alargamento da consciência provocados pelo crescimento da árvore.

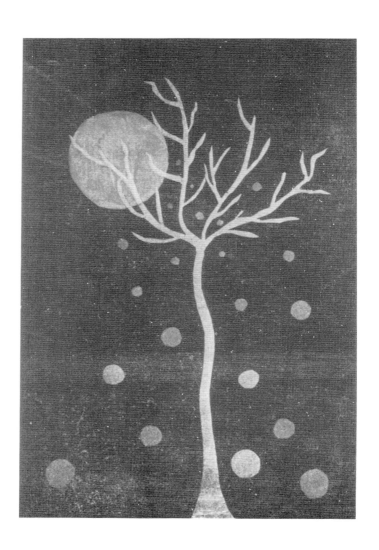

Figura IV
O desenho é composto de uma colagem de folhas de ouro. Analogia com a "arbor aurea" da alquimia e com a árvore do mundo. O sol se eleva do cume da árvore. Os globos de ouro são corpos celestes.

Figura V

A árvore cresce na água. Tem flores avermelhadas, mas também é de fogo que, embaixo, sobe da água e, no alto, dos ramos.

Figura VI

No original colorido, a árvore é de um vermelho vivo e cresce na água, para cima e para baixo.

Figura VII

A árvore cresce impetuosamente da profundidade para a luz, rompendo a crosta da terra.

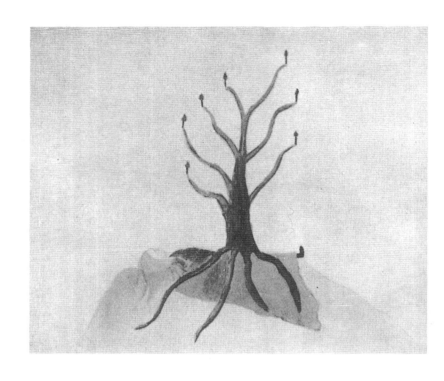

Figura VIII

A árvore que tem velas acesas em seus ramos nasce do corpo de uma mulher. Esta representa um sinônimo da terra e da água (mar) e traduz o pensamento de que a árvore é um processo que sai do inconsciente. Compare-se a esse respeito a origem da árvore mexicana do mundo no corpo da deusa Terra (LEWIS SPENCE, *The Gods of Mexico*, p. 58).

Figura IX

Dois dragões ameaçam um homem que se refugiou numa árvore. O entrelaçamento das raízes é extremamente acentuado, o que indica um estado de inquietação no inconsciente.

Figura X
A união dos opostos é aqui representada por duas árvores que crescem uma na outra. As raízes de ambas saem da água e são mantidas juntas por um anel. Os crocodilos são contrários e portanto opostos ameaçadores.

Figura XI

O crescimento vertical da árvore está em contraste com o movimento horizontal da serpente. Esta última enrosca-se em torno da árvore, que se tornará então a árvore do conhecimento do paraíso.

Figura XII

Assim como a árvore tem o sol em sua copa, a serpente, nas raízes, tem um halo luminoso. Isto significa uma união feliz de árvore e serpente.

Figura XIII

A árvore tem 4 + 1 ramos. O ramo central sustenta o sol, os outros quatro sustentam as estrelas. A árvore é oca no interior (tem uma porta!). O pássaro derrama lágrimas "porque ele esqueceu a chave".

Figura XIV

Esta imagem e a seguinte provêm de uma série que representa um "mito do herói". O herói é acompanhado de um "espírito familiar", dragão pequeno e coroado. A árvore cresce de um tesouro oculto ou em cima dele. O herói teria a intenção de apoderar-se do tesouro.

Figura XV
A árvore encerra o tesouro e, quando o herói o toca, uma chama salta da folha.

Figura XVI
Esta imagem provém de um estágio anterior de evolução da desenhista das figuras 14 e 15. Nas raízes da árvore há uma safira escondida.

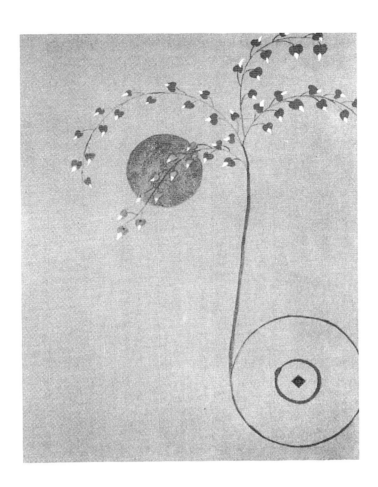

Figura XVII

Árvore em flor com um disco solar. Ela cresce a partir de um círculo mágico que cerca o uróboro, que contém a safira.

Figura XVIII
A árvore no espaço cósmico não pode ganhar altura. Ela é de novo atraída para a terra e nela cresce.

Figura XIX
O mesmo estado regressivo, associado no entanto a uma consciência ampliada. (A desenhista desta imagem não é a mesma do desenho 18.)

Figura XX
A árvore tem mais ou menos um caráter cósmico. Uma boneca de muitas cores acha-se escondida no tronco.

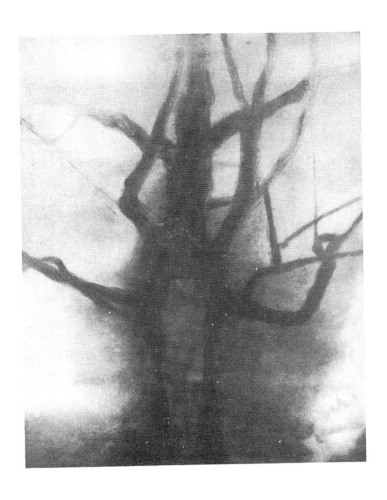

Figura XXI

O mesmo motivo do desenho 20, de outro autor. A forma adormecida é visível.
(Pintura a óleo)

Figura XXII
A figura adormecida na árvore acordou e sai pela metade do tronco. A serpente encontra-se na copa e se aproxima do ouvido da mulher desperta. O pássaro, o leão, o cordeiro e o porco completam este quadro paradisíaco.

Figura XXIII

A própria árvore toma uma forma humana e segura o sol. Pode-se ver ao fundo uma onda de sangue que se move ritmicamente em torno da ilha da metamorfose.

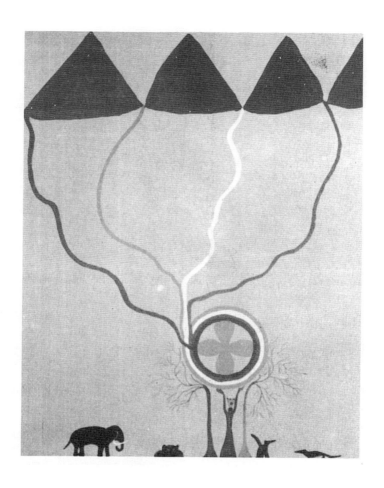

Figura XXIV
O mesmo motivo da desenhista das imagens 16 e 17. A árvore é substituída por uma forma feminina. Os animais fazem parte do quadro paradisíaco. O disco solar é aqui um símbolo do processo de individuação, uma quaternidade que é alimentada por quatro rios de várias cores, que provêm de quatro montanhas situadas no alto.

Figura XXV

A árvore é uma forma feminina enlaçada por uma serpente. Ela segura dois globos luminosos. Os pontos cardeais são designados por espigas de milho a por quatro animais: pássaro, tartaruga, leão e inseto.

Figura XXVI
A árvore é substituída em sua maior parte por uma forma feminina que, no espaço da raiz, assume a forma de cruz. Embaixo está a terra e em cima o arco-íris

Figura XXVII

Esta mata arcaica representa tempos imemoriais. A árvore cresce como o pistilo de uma flor (em seis camadas), tendo quatro folhas ao redor, encimadas por cabeças de gente. Na flor (iluminada) aparece o corpo de uma figura feminina.

Figura XXVIII

A árvore é substituída em grande parte por uma figura feminina. Pássaros volteiam em torno da copa que cresce a partir da cabeça (da mulher).

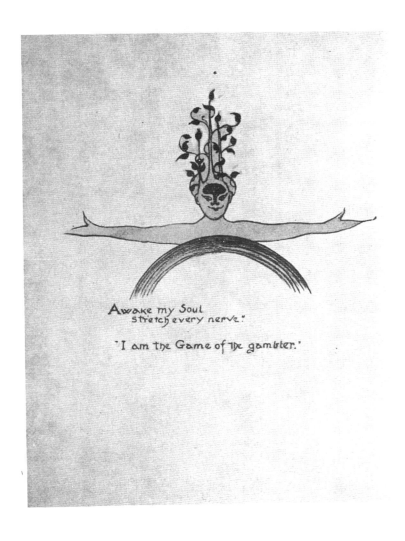

Figura XXIX

A mesma desenhista da figura 28. Aqui a árvore é substituída por um personagem masculino. Ele se eleva acima de um arco-íris.

Figura XXX

A mesma desenhista da figura 2. Uma árvore do mundo estilizada sobre um globo terrestre, cercado de uma fita dividida e multicolorida. O tronco é formado por uma figura demoníaca masculina sobre a qual um pássaro (?) desce da copa da árvore. Embaixo são sugeridos símbolos fálicos.

Figura XXXI

A árvore é ao mesmo tempo uma flor que contém uma figura masculina semelhante ao gnomo. A copa configura um mandala com um centro semelhante a uma flor, cercada por uma coroa (corona).

Figura XXXII

A árvore é representada como uma flor e representa a união de uma série de opostos. Embaixo, o cisne e o felino, depois "Eva" e "Adão" que ocultam o rosto, exprimindo pudor, depois o martim-pescador com o peixe e, do outro lado, uma serpente de três cabeças; depois, os quatro querubins de Ezequiel, com a Lua e o Sol; e então a flor luminosa com o adolescente coroado e finalmente, no alto, um pássaro com um ovo luminoso e uma serpente coroada, junto a duas mãos derramando a água de um cântaro.

Estudos alquímicos

poderes da luz e das trevas. A possibilidade dessa projeção pode ocorrer a qualquer momento, pela presença numerosa de restos arcaicos de demônios originários da luz e das trevas. Por isso o dualismo trazido pela tradição da antiga Pérsia provavelmente se aparenta de algum modo à tensão cristã dos opostos sem identificar-se com ela.

Não deveria haver dúvida alguma de que as consequências morais 292 do desenvolvimento cristão representam um progresso muito significativo em relação à religião legalista e arcaica de Israel. O cristianismo dos evangelhos sinóticos não significa à primeira vista muito mais do que discussões internas no âmbito do judaísmo, podendo com razão ser comparado à reforma bem anterior do budismo dentro do politeísmo hindu. As duas reformas, do ponto de vista psicológico, resultaram num tremendo fortalecimento da consciência. Isto é particularmente evidente no método maiêutico de Sakyamuni. Mas também os "lógia Jesu" (palavras de Jesus) manifestam claramente a mesma tendência, ainda que se descarte como apócrifo aquele lógion do *Evangelho de Lucas*, o qual representa a formulação mais acentuada desta espécie, como: "Homem, se sabes o que fazes és bem-aventurado; mas se não o sabes, és maldito e um transgressor da lei"[250]. Em todo caso, a parábola do administrador infiel (*Lucas* 16) não encontrou seu lugar entre os apócrifos, onde se ajustaria muito bem.

A ruptura no mundo metafísico alcança pouco a pouco a consci- 293 ência como uma cisão da alma humana, e o combate da luz contra as trevas desloca o seu campo de batalha para o interior da alma. Essa transposição não é inteiramente aceitável em si mesma; por isso Inácio de Loyola considerou necessário tornar esta luta compreensível para a alma, através dos *Exercitia spiritualia* (Exercícios espirituais) especiais – e isto de um modo muito drástico[251]. Tais esforços tinham porém um campo de aplicação muito limitado, por razões óbvias. E assim, estranhamente, no fim do século XIX, os *médicos* tiveram que intervir, a fim de pôr de novo em movimento o processo de tomada de consciência que havia estagnado. Do ponto de vista das ciências

---

250. Este lógion encontra-se no Codex Bezae em Lc 6,4 [HENNECKE. *Neutestamentliche Apokryphen*, p. 11].

251. *Exercitia spiritualia*, secunda hebdomada: De regno Christi, p. 75s.

da natureza, sem a suspeita de qualquer intenção religiosa, Freud levantou o véu com o qual o otimismo dos iluministas havia recoberto a escuridão abissal da natureza humana; e a partir daí, a psicoterapia não parou de um modo ou de outro de desvendar um extenso domínio da obscuridade anímica, a qual denominei "sombra" do homem. Mas esta tentativa da ciência moderna só conseguiu abrir os olhos de um pequeno círculo de pessoas. Em compensação, os acontecimentos históricos de nosso tempo pintaram com sangue e fogo o quadro da realidade psíquica do homem; um quadro indelével e uma lição de coisas que seria inesquecível se – é esta a grande questão – o homem, tal como é hoje, já possuísse a capacidade de consciência necessária para manter o mesmo passo veloz e furioso do demônio que nele habita, ou então renunciar a ele, dando rédeas soltas à sua força criativa, que está sendo desgastada na construção do poder material! Todas as medidas nesse sentido parecem infelizmente utopias exangues.

294 A figura do logos Christus elevou no homem a *anima rationalis* a um nível de importância isenta de perigo enquanto ela reconhece conscientemente que o κύριος, o Senhor dos espíritos, paira acima dele, que se submete a ele. A "razão" porém libertou-se e proclamou-se literalmente a soberana. Foi entronizada em Notre-Dame como *déesse raison* (deusa razão) nessa época, anunciando acontecimentos futuros. Nossa consciência não está mais encarcerada no *temenos* sagrado de imagens extramundanas e escatológicas. Pôde libertar-se delas, não através de uma força que fluísse de cima – tal o *lumen de lumine* – mas devido a um tremendo embate com a obscuridade, cujo poder aumentava na mesma medida em que a consciência se desprendia da escuridão, ascendendo para a luz. Segundo o princípio de complementaridade que permeia toda a natureza, qualquer desenvolvimento psíquico – seja individual ou coletivo – tem um *optimum* (ponto ótimo), o qual quando ultrapassado se transforma em seu oposto, segundo a lei da enantiodromia. Durante a ascensão até o nível crítico, já se notavam tendências compensatórias por parte do inconsciente, as quais, quando a consciência persiste em seu caminho, são recalcadas sob todos os aspectos. O ideal da espiritualização sempre tende a ver nos primeiros movimentos da obscuridade o engano diabólico. A razão tem que condenar tudo o que se lhe opõe ou se desvia de sua "lei", como algo insensato. Apesar de todas as provas

Estudos alquímicos 259

em contrário, a moral não pode aceitar sua capacidade de transformação, pois tudo o que não concorda com ela é inevitavelmente imoral, devendo portanto ser reprimido. Não é difícil imaginar a quantidade de energias que devem desaparecer no inconsciente devido ao primado da consciência.

De modo vacilante, como no sonho, a elucubração introspectiva de séculos foi compondo pouco a pouco a figura de Mercurius e assim criou um símbolo que, segundo todas as regras da ciência psicológica, se comporta compensatoriamente em relação a Cristo. Não deve usurpar-lhe o lugar; também não é idêntico a ele, caso contrário poderia substituí-lo. O símbolo surge, cumprindo a lei de complementaridade e através da mais sutil sintonia compensatória com a imagem de Cristo, tenta lançar a ponte sobre o abismo que separa os dois mundos anímicos. No *Fausto*, aparece como figura compensatória um *familiaris*, o qual, como seu nome indica, provém dos depósitos de lixo da magia medieval e não é um mensageiro divino sagaz, como se poderia esperar devido às predileções clássicas do autor. Isto prova, se é que o faz, o processo de cristificação da consciência de Goethe. O antagonista desta postura é sempre e em toda a parte o diabo. Como revelam minhas reflexões acima, o Mercurius escapa disto por um fio de cabelo, graças à circunstância de que ele desdenha entrar em oposição a algo à *tout prix*. Seu nome confere-lhe magicamente a possibilidade de manter-se fora da cisão apesar de sua ambiguidade e duplicidade, pois sendo um deus antigo e pagão, ainda possui a unidade natural, anterior à divisão; este último estado é impermeável à lógica e às contradições morais. Isto lhe confere invulnerabilidade e incorruptibilidade, qualidades tão necessárias para sanar o estado de deterioração do homem.

295

Se fizermos uma sinopse de todas as afirmações acerca do mercúrio alquímico e suas representações imagísticas, obteremos um paralelismo notável com o símbolo do si-mesmo, derivado de outras fontes às quais já me referi. Dificilmente podemos fugir à ideia de que a lapis (pedra) é uma expressão simbólica daquele complexo psicológico que defini como o si-mesmo. Isto redunda aparentemente numa contradição insolúvel, porque à primeira vista é difícil imaginar como o inconsciente poderia criar duas imagens completamente diferentes do mesmo conteúdo, ao qual ainda se atribuiria o caráter de

296

totalidade. Com certeza, os séculos trabalharam espiritualmente com essas duas figuras, razão pela qual poderíamos supor que ambas foram antropomorfizadas em grande medida, através do processo de assimilação. Para os que veem as duas figuras como invenções da razão, a contradição é rapidamente resolvida; ela não passa nesse caso de um reflexo espetacular do estado psíquico subjetivo: é o homem e sua sombra.

297   Esta solução simplista e evidente baseia-se infelizmente em premissas que não resistem à crítica. Tanto Cristo como o diabo têm seu fundamento em modelos arquetípicos e, por isso, jamais foram *inventados* e sim *vivenciados*. Sua existência é anterior a qualquer conhecimento[252] e a razão nada poderia fazer com eles, a não ser recebê-los e incorporá-los em sua visão de mundo da melhor maneira possível. Só um intelectualismo superficial pode negligenciar esta realidade fundamental. De fato, nós nos confrontamos com duas imagens diferentes do si-mesmo, as quais, segundo todas as aparências, já se apresentam como uma dualidade em sua forma originária. Esta não é inventada, é um fenômeno autônomo.

298   Na medida em que pensamos espontaneamente, a partir do ponto de vista da consciência, chegamos inevitavelmente à conclusão de que a causa dessa dualidade é única e exclusivamente a separação de consciente e inconsciente. Trata-se porém de uma questão da experiência de que há um funcionamento psíquico pré-consciente e seus fatores autônomos correspondentes, isto é, os arquétipos. Se conseguirmos aceitar o fato de que as vozes e delírios de um doente mental são autônomos, assim como as fobias e obsessões de um neurótico, cuja razão e vontade estão fora de controle e de que o eu não pode fabricar voluntariamente sonhos, mas apenas sonha o que deve, então podemos compreender que primeiro os deuses existiram, e depois apareceu a teologia. Sim, pelo visto devemos dar um passo além e supor que primeiro havia uma figura luminosa e outra sombria, e só depois uma clareza de consciência, a qual se destacava da noite com sua vaga cintilação estelar.

---

252. Isto provém evidentemente do tema mais amplo dos dois irmãos.

Estudos alquímicos   261

Quando Cristo e a forma obscura da natureza se tornam imagens   299
autônomas na experiência direta do indivíduo, somos obrigados a in-
verter a sequência causal racionalista e, em lugar de derivar tais formas de nossas premissas psíquicas, devemos derivar estas últimas daquelas formas. Mas isto seria esperar demais da compreensão moderna, o que no entanto não altera a consistência da hipótese. Sob este
ponto de vista, Cristo aparece como o arquétipo da consciência, e
Mercurius como o do inconsciente; tal como Cupido e Cilênio, Mercurius é o sedutor que expande o âmbito do mundo sensorial; ele é a
"benedicta viriditas" (bendito verdor) e as "multi flores" (profusão
de flores) da primavera juvenil, um deus enganador que suscita ilusões do qual se afirma com toda razão: "Invenitur in vena / Sanguine
plena"[253]. É simultaneamente um Hermes ctônico e um Eros, do
qual, após a conclusão da senda do mundo, surge a "lumen superans
omnia lumina" (a luz que supera todas as luzes), a "lux moderna" (luz
moderna), pois a *lapis* nada mais é do que a forma luminosa oculta na
matéria[254]. Neste sentido, há uma citação de Agostinho, *1Tessaloni-
censes* 5,5: "Omnes enim vos filii lucis estis, et filii diei: non sumus
noctis, neque tenebrarum" (Todos vós sois filhos da luz, e filhos do
dia: não pertencemos à noite, nem às trevas) e distingue também
duas espécies de conhecimento, isto é, uma "cognitio vespertina"
(conhecimento vespertino) e uma "cognitio matutina" (conhecimento matutino); o primeiro, corresponde à "scientia creaturae" (ciência
da criatura) e o segundo, à "scientia Creatoris" (ciência do Criador)[255]. Traduzindo "cognitio" por consciência, o pensamento de
Agostinho poderia sugerir o fato de que a consciência é exclusiva-

---

253. "Ele será achado na veia repleta de sangue".

254. Cf. para tanto o dito de Ostanes sobre a pedra do Nilo que tem um espírito [luz
que ultrapassa todas as luzes – nova luz].

255. "Quoniam scientia creaturae in comparatione scientiae Creatoris quodammodo
vesperascit: itemque lucescit et mane fit, cum et ipsa refertur ad laudem dilectionem-
que Creatoris; nec in noctem vergitur, ubi non Creator creaturae dilectione relinqui-
tur" (Pois o conhecimento da criatura, comparado com o conhecimento do Criador,
não é mais do que uma penumbra que declina e se torna manhã, quando a criatura é
impelida ao louvor e amor daquele que a criou; e nunca é transformada em noite, a
menos que o Criador seja abandonado pelo amor da criatura) [*De civitate Dei*, lib. XI,
cap. VIII, col. 445].

mente humana e natural, obscurecendo-se gradualmente como o anoitecer. Mas como a noite se transforma em manhã, da obscuridade surge uma nova luz, a *stella matutina* (estrela matutina), que é ao mesmo tempo a estrela vespertina Lúcifer, o portador de luz.

300 Mercurius não é de modo algum o diabo cristão; este último representa muito mais a "diabolização" de um Lúcifer, ou de um Mecurius. Mercurius é a forma primordial aludida de um modo sombrio, de um portador de luz, que jamais é a própria luz, mas um φωσφάρος, a *lumen naturae* (luz da natureza), a luz da Lua e das estrelas, que empalidecem com a nova luz da manhã. Agostinho pensa acerca desta luz, que ela não se volta para a noite, quando o criador não é abandonado pelo amor da criatura. Mas isto pertence justamente ao ciclo do dia e da noite. Hölderlin diz:

... e vergonhosamente
O nosso coração é arrebatado por um poder;
Pois cada ser celeste pede um sacrifício.
Mas se um deles for negligenciado,
nada de bom resulta[256].

301 Quando todas as luzes visíveis estiverem apagadas, encontramos, segundo as palavras de Yajnavalkya, o sábio, a luz do si-mesmo: "Então ele mesmo (atmã) servirá de luz, pois ele está sentado junto à luz do si-mesmo (a alma) e circula, faz seu trabalho e volta para casa"[257]. Assim, em Agostinho, o primeiro dia da criação começa com a "cognitio sui ipsius" (autoconhecimento)[258]. Essa "cognitio", se bem compreendida, não trata do conhecimento do eu, mas do si-mesmo, isto é, do fenômeno objetivo cujo sujeito é o eu[259]. Em

---

256. *Patmos*, vol. III: Poesias, p. 354.

257. DEUSSEN. *Die Geheimlehre des Veda*, p. 54.

258. *De civitate Dei*, Op. cit., col. 446: "Et hoc cum facit in cognitione sui ipsius dies unus est" (E quando ela (a criatura) alcança o autoconhecimento, isto é um dia). Talvez seja esta a fonte da estranha designação da lapis como "filius unius diei" (filho de um único dia).

259. "Cum nula scientia melior sit illa qua cognoscit homo semetipsum discutiamus cogitationes, locutiones atque opera nostra. Quid enim prodest nobis, si rerum omnium naturas subtiliter investigemus, efficaciter comprehendamus, et nosmetipsos non intelligamus?" (Não há conhecimento melhor do que aquele mediante o qual o ho-

Estudos alquímicos   263

concordância com *Gênesis* 1, os outros dias se seguem com o conhecimento do firmamento, da terra, do mar, das plantas, dos astros, dos
animais aquáticos e aéreos e finalmente dos animais da terra e "ipsius
hominis" (do próprio homem)[260]. Agostinho descreve como a *cognitio matutina* envelhece aos poucos, perdendo-se cada vez mais amplamente nas "dez mil coisas" e chega finalmente ao homem, o que
era de se esperar que ocorresse com o autoconhecimento. Mas se assim fosse, a alegoria de Agostinho perderia o sentido por contradizer
seus próprios termos. Um lapso tão grande não poderia ser atribuído
a um homem genial. Ele pensou verdadeiramente que o autoconhecimento é a "scientia Creatoris" (ciência do criador)[261], uma luz matutina que se revela após a noite na qual a consciência dormia envolvida

---

mem se conhece a si mesmo, permitindo-nos examinar pensamentos, palavras e obras.
Pois o que vale investigarmos cuidadosamente e compreender corretamente a natureza de todas as coisas, se não nos compreendermos a nós mesmos?) [*De spiritu et anima*,
cap. LI, col. 1.190s.] Este livro é um tratado tardio, falsamente atribuído a Agostinho.

260. "Quapropter ipsa creaturae cognitio in semetipsa vespera, in Deo erat mane:
quia plus videtur ipsa creatura in Deo quam in se ipsa videatur" (Seu conhecimento (da
criatura), em si mesmo, é um conhecimento vespertino, e em Deus amanhece (é manhã); pois a criatura vê em Deus mais claramente do que em si mesma) [*Dialogus quaestionum LXV*, quaest XXVI, col. 1.084]

261. O *Liber de spiritu et anima* atribui uma grande importância ao autoconhecimento, como sendo uma condição essencial para a união com Deus. Assim nele se lê: "Sunt
alii quaerentes Deum per exteriora, deserentes interiora sua, quibus Deus interior est"
(Há alguns que procuram Deus através das coisas exteriores, esquecendo o seu interi-
or, e no mais profundo, Deus está dentro deles) (LI, col. 1.199). "Redeamus ergo ad
nos, ut possimus ascendere ad nos... In primo ascendimus ab istis exterioribus et inferioribus ad nos. In secundo ascendimus ad cor altum... In tertio ascensu ascendimus ad
Deum" (Voltemo-nos para nós mesmos, que ascenderemos em relação a nós... Primeiro, subiremos a nós mesmos através das coisas exteriores e interiores. Em segundo lugar ascenderemos ao coração alto. Em terceiro lugar ascenderemos a Deus) (LII, op.
cit.,). Este programa algo temerário dificilmente se realizará no "contemptu nostri"
(desprezo de si mesmo), tal como diz o livro; pois a falta de respeito próprio castiga somente cachorros sem dono. O "cor altum" é o mandala dividido em quatro, a imago
Dei, ou o si-mesmo. O *Liber de spiritu et anima* encontra-se entre as correntes da tradição agostiniana. O próprio Agostinho diz: "Noli foras ire, in teipsum redi; in interiore
homine habitat veritas: et si tuam naturam mutabilem inveneris transcende et teipsum.
Sed memento cum te transcendis, ratiocinantem animam te transcendere" (Não saias
fora, entra em ti mesmo; no homem interior habita a verdade; e se não encontrares o
meio de mudar tua natureza, transcende-te a ti mesmo. Mas lembra-te que se te trans-
cendes a ti mesmo é na qualidade de uma alma dotada de razão) [*De vera religione*, 72,
col. 1.246].

na escuridão do inconsciente. O conhecimento originário, surgido da primeira luz, torna-se por fim e inevitavelmente a scientia hominis (ciência do homem), do homem que a tudo pergunta: "quem sabe e conhece tudo isso? – Ora, sou eu mesmo". Esta é a obscuridade iminente[262], da qual surge o sétimo dia, o dia do descanso: "Sed requies Dei requiem significat eorum qui requiescunt in Deo"[263] (O repouso de Deus porém significa o repouso daqueles que repousam em Deus). O sábado é pois o dia em que o homem volta à casa de Deus e de novo recebe a luz da cognitio matutina. Este dia não conhece noite[264]. Do ponto de vista do simbolismo histórico não é sem razão que Agostinho tinha em mente os nomes pagãos dos dias da semana. A escuridão crescente atinge no quinto e sexto dias, no dies Veneris (sexta-feira), o ponto culminante, para, no dia do velho Saturno, transformar-se em Lúcifer. O *dies Saturni* anuncia a luz, que aparece no domingo em todo o seu esplendor. Como mostramos acima, Mercurius tem um parentesco íntimo não apenas com Vênus mas principalmente com Saturno. Como Mercurius, ele é *iuvenis* (jovem) e como Saturno, *senex* (velho).

302   Parece-me que o Padre da Igreja apreendeu intuitivamente uma grande verdade, isto é, a de que toda a verdade espiritual se coisifica aos poucos, tornando-se matéria ou instrumento nas mãos do homem. Consequentemente, este escapa dificilmente ao conhecimento de que ele é um conhecedor e até um criador, ao qual são oferecidas possibilidades ilimitadas. No fundo tal homem é o alquimista e, em mais alto grau, o homem moderno. Um alquimista ainda podia orar "Horridas nostrae mentis purga tenebras"[265]. O homem moderno já

---

262. "Vespera fit, quando sol occidit. Occidit sol ab homine, id est lux illa justitiae, praesentia Dei" (A noite vem, quando o sol se põe. O sol se põe para os homens, quer dizer, a luz da justiça, a presença de Deus). Estas palavras são ditas por Agostinho em suas reflexões sobre "Vespere demorabitur fletus: et in matutinum exsultatio" (De noite demora-te nas lágrimas: e de manhã no júbilo) [Bíblia de Lutero, Sl 30,6] [*Enarrationes in Psalmos*, XXIX, II, 16, col. 201].

263. *De civitate Dei*, lib. XI, cap. VIII, col. 446. • *Dialogus quaestionum LXV*, quaest. XXVI, col. 1.084.

264. "[...] septimus iste dies non habet vesperam" (aquele sétimo dia não tem noite) [*Sermo IX de decem chordis*, 6, col. 78].

265. (Purifica as trevas horríveis de nosso entendimento.)

Estudos alquímico 265

está tão obscurecido que nada, além da luz de seu intelecto, ilumina seu mundo. "Occasus Christi, passio Christi"[266] (crepúsculo de Cristo, paixão de Cristo). Deve ser por isso que coisas tão estranhas acontecem na nossa louvada cultura, parecendo mais um fim de mundo do que um crepúsculo comum.

Mercurius, o deus ambíguo, vem como *lumen naturae* (luz da natureza), como *servator* e *salvator* em socorro daqueles cuja razão busca a luz suprema, jamais dada ao homem que não se confia exclusivamente à sua *cognitio vespertina*. Neste caso, a *lumen naturae* torna-se algo ilusório e o psicopompo se transforma num sedutor diabólico. Lúcifer, que poderia trazer a luz, torna-se o espírito da mentira, que em nossos tempos celebra as orgias mais incríveis, apoiado pela imprensa e pelo rádio, precipitando milhões e milhões de pessoas na perdição.

Hermes é um deus dos ladrões e impostores, mas também um deus da revelação, e deu seu nome à nossa filosofia antiga: a filosofia hermética. Numa visão retrospectiva da história, o momento em que o humanista Patrício propôs ao Papa Gregório XIV que substituísse Aristóteles pela filosofia hermética na doutrina da Igreja, foi psicologicamente da maior importância. Nele, dois mundos se tocaram, os quais no futuro – mas depois de que horríveis acontecimentos – ainda terão de unir-se. Naquele momento, era obviamente impossível. Será necessária uma diferenciação psicológica das concepções religiosas, e também das científicas, para que seja viável uma unificação, mesmo que relativa.

303

---

266. *Enarratio III in Psalmum CIII*, 21, col. 1660.

V

A árvore filosófica[*]

"Cinzenta, amigo, é toda teoria
E verde a áurea árvore da vida."
GOETHE, *Fausto*

1. Representações individuais do símbolo da árvore

Entre as formações arquetípicas do inconsciente é comum comparecer a imagem da árvore ou das plantas maravilhosas em geral. Quando se recorre ao desenho para representar tais figuras da fantasia obtém-se com frequência composições simétricas que em seu corte transversal constituem um *mandala*. Na medida em que este representa de um modo geral um *aspecto* do símbolo do si-mesmo, a árvore também significa um *aspecto* do si-mesmo, no que se refere ao fenômeno do crescimento. Não pretendo tratar aqui mais uma vez das condições em que tais representações ocorrem. Eu já disse no que concerne a isso todo o necessário no volume "Gestaltungen des Unbewussten"[1]. Todos os exemplos que mencionarei a seguir pro-

---

[*] Este artigo foi originalmente destinado à festa comemorativa dos setenta anos de meu amigo Gustav Senn, professor de Botânica na Universidade de Basileia. Como falecesse antes do seu jubileu, o ensaio foi publicado nos *Verhandlungen der Naturforschenden Gesellschaft Basel* (Sociedade de debates das pesquisas naturais de Basileia) (LVI/2, Basilia: 1945), p. 411-423. A versão aqui apresentada representa uma refundição e ampliação do texto original. [Este último faz parte de: *Von den Wurzeln des Bewusstseins. Studien über den Archetypus* (Raízes da consciência. Estudos sobre o arquétipo) (Psychologische Abhandlungen IX) Zurique: Rascher, 1954.]

[1]. [*Zur Empirie des Individuationsprozesses; Uber Mandalasymbolik, Mandalas*] (Estudo empírico do processo de individuação; Sobre o simbolismo do mandala; Mandalas).

Estudos alquímicos

267

vêm de séries de imagens, nas quais alguns de meus pacientes exprimiram graficamente suas experiências interiores.

Apesar da variedade do símbolo, há traços fundamentais característicos. No que segue, reproduzirei e discutirei em primeiro lugar as imagens individuais e depois, na segunda parte deste trabalho, tratarei da "árvore filosófica" da alquimia e suas relações históricas. O material é livre de ideias preconcebidas, porquanto em nenhum dos casos havia um conhecimento prévio da alquimia, nem do xamanismo. As imagens são produtos espontâneos da livre fantasia criadora, e seu único motivo consciente é o de exprimir a vivência que se produz quando os conteúdos inconscientes são recebidos pelo consciente, sem que este esteja desenraizado e sem que o inconsciente seja violentado. A maioria das figuras provém de pacientes que estavam em tratamento, mas algumas são de pessoas que não se achavam mais sob a influência terapêutica. Reafirmo expressamente que em tais casos evito cuidadosamente fazer predições que poderiam exercer uma ação sugestiva. Além disso, 19 das 31 figuras foram desenhadas numa época em que eu mesmo ainda não conhecia a alquimia e as 12 restantes são anteriores à publicação de meu livro sobre a alquimia.

305

Figura 1

A árvore ergue-se, solitária, numa ilha em meio ao mar. Sua altura é posta em relevo pelo fato de sua parte superior ser cortada pela borda do papel. Os botões e as pequenas flores brancas indicam a primavera, estação na qual a grande árvore, cuja idade ultrapassa muito a extensão da vida humana, acorda para uma nova vida. O fato da árvore ser única e sua posição centrada na imagem sugerem que se trata da árvore do mundo e do eixo do mundo, qualidades que pertencem por assim dizer universalmente ao símbolo da árvore. Deste modo se exprime o processo íntimo que mobiliza o autor da figura, fazendo adivinhar que a natureza desse processo nada tem a ver, no fundo, com a psicologia pessoal. A árvore representa muito mais um símbolo universal que se ergue estranho diante da consciência pessoal, admitindo-se que o autor não tenha utilizado conscientemente a árvore de Natal para ilustrar sua situação interior.

306

Figura 2

307   A estilização abstrata e a posição da árvore sobre o globo terrestre evidenciam o sentimento da solidão de uma existência espiritual. A simetria perfeita da copa mostra uma união correspondente dos contrários. Esta última é o motivo e a meta do processo de individuação. Na medida em que o autor de uma tal figura não se identifica com a árvore, nem é por ela assimilado[2], ele evita o perigo do isolamento autoerótico; no entanto, torna-se agudamente consciente de que seu eu pessoal se acha confrontado com um acontecimento que só pode ser apreendido simbolicamente e com o qual terá de explicar-se. Tal acontecimento é tão real e inegável como seu eu. Poderá negar e aniquilar esse confronto de muitas maneiras, mas com isso perde todo o valor que o símbolo representa. A compreensão ingenuamente curiosa gostaria naturalmente de obter uma explicação racional; se não encontrá-la imediatamente contentar-se-á com uma hipótese tão leviana quanto insuficiente, ou então abandonará o campo decepcionada. O homem acha muito difícil conviver com enigmas ou permitir que estes possam viver. Poder-se-ia pensar no entanto que, dado o caráter enigmático da existência em geral, um pouco mais ou um pouco menos de questões insolúveis não deveria ter tanta importância. Mas talvez o insuportável é que haja em nossa alma tantas coisas irracionais, inquietantes para a consciência em sua ilusão de segurança e clareza, pondo a seu alcance, além disso, o próprio enigma de sua existência.

Figura 3

308   Trata-se aqui de uma árvore luminosa, que ao mesmo tempo é um candelabro. A forma portanto é abstrata, indicando sua natureza espiritual. As extremidades de seus ramos são velas acesas, cuja luz ilumina a obscuridade de um espaço fechado: caverna ou abóbada. Assim se exprime por um lado a natureza secreta e oculta do processo e por outro sua função, que é a de iluminar a consciência.

---

2. Cf. *Aion* [OC, 9/2, § 45].

Estudos alquímicos   269

Figura 4

A árvore é concebida de modo realista, embora seja de ouro.   309
Encontra-se na situação do sono invernal, despida de folhas. Ela ergue-se no espaço cósmico e parece carregar um grande corpo de luz
dourada, sem dúvida o sol. O ouro indica que a autora desta figura,
mesmo não mantendo uma relação viva, consciente, com tal conteúdo, através de uma intuição sensível, sabe de seu grande valor.

Figura 5

A árvore é despida de folhas, mas suas pequenas flores averme-   310
lhadas indicam a estação primaveril. As extremidades dos galhos são
chamas; da água local de onde sai a árvore também irrompe o fogo. A
árvore é como uma espécie de fonte que jorra. O símbolo da fonte,
da fontina, é característica da alquimia. O eixo da fonte corresponde
à árvore e é muito usado nas gravuras, à maneira de uma fonte públi-
ca de cidade medieval. A união do fogo e da água em nossa figura exprime o pensamento da união dos opostos, que é a essência do processo de individuação. A figura pode ser estendida também à sentença alquímica: "Aqua nostra ignis est"[3].

Figura 6

A árvore é vermelha e parece um coral. Ela não se espelha na   311
água, mas cresce igualmente para baixo e para cima. As quatro montanhas ao fundo também não se espelham, mas têm por contrapartida cinco montanhas. Com isto é sugerido que o mundo inferior não
representa um mero reflexo do mundo superior, mas é um mundo
em si mesmo e por si mesmo e vice-versa. A árvore se ergue no meio,
entre duas paredes rochosas que estabelecem posições contrárias. As
quatro montanhas aparecem também na figura 24.

Figura 7

Através dos torrões da terra partida é mostrada a força irresistí-   312
vel com que o crescimento da árvore se processa. Com isto, o autor

---

3. "Nossa água é fogo".

da figura exprime sua experiência interior, processo análogo ocorrendo necessariamente e que nenhuma resistência poderia deter. Como os torrões representam ao mesmo tempo montanhas cobertas de neve, a árvore adquire um caráter cósmico, isto é, significa a árvore do mundo e o eixo do mundo.

Figura 8

313   A árvore é despida de folhas, mas tem pequenas chamas nas extremidades de seus ramos. Disso se depreende que se trata do motivo da árvore de Natal. Em lugar de sair da terra ou do mar, a árvore cresce no corpo de uma mulher. A desenhista é protestante e desconhece o simbolismo medieval de Maria (Maria = terra, maris stella).

Figura 9

314   A árvore é velha, poderosa, e se ergue sobre raízes entrelaçadas, que são sublinhadas de modo especial. À esquerda e à direita, dois dragões se aproximam. Em cima da árvore vê-se um homem que certamente procurou na copa um refúgio contra os dragões. Isto lembra o dragão que guarda o Jardim das Hespérides e de um modo geral a serpente guardiã do tesouro. A consciência do autor encontra-se numa situação algo precária, uma vez que seu recente progresso, isto é, uma certa segurança de sua consciência individual, arrisca ser novamente engolida pelo inconsciente. O entrelaçamento fortemente sublinhado exprime a inquietação do inconsciente, assim como os dragões gigantescos diante da insignificância do homem. A árvore não é ameaçada porque cresce independentemente da consciência humana. Ela representa um processo natural e portanto é perigoso perturbá-la de um modo ou de outro, pois ela é guardada por dragões. Devido ao fato de tratar-se de um processo natural e sempre presente, ela pode proporcionar ao homem uma proteção segura, contanto que este tenha a coragem de não temer os dragões e de subir na árvore.

Figura 10

315   Encontramos aqui de novo os dois dragões sob a forma de crocodilos. A árvore é abstrata e duplicada. Dela pendem frutos. Apesar de

Estudos alquímicos   271

sua duplicidade ela dá a impressão de ser uma única árvore. Este aspecto, e mais o anel que une as duas árvores, indica a união dos opostos que são, por outro lado, representados pelos dois dragões ou crocodilos. O Mercurius dos alquimistas é representado tanto pela árvore, como pelos dragões. Ele é claramente "duplex", principalmente masculino e feminino e por isso se unifica no hierosgamos das bodas alquímicas.

Figura 11

Ainda que árvore e serpente sejam, ambas, símbolos do Mercúrio, elas traduzem, devido à sua duplicidade, dois aspectos diferentes do mesmo. A árvore corresponde a um princípio estático, vegetativo, enquanto a serpente corresponde a um princípio dinâmico e animal. O primeiro seria a corporalidade ligada à terra e o último, à emocionalidade e à animação (animal!). Sem a alma o corpo está morto, e sem o corpo a alma é irreal. A união de ambos (corpo e alma), que parece evidente nesta figura, corresponderia, por um lado, a uma animação do corpo e, por outro, a uma realização da alma. De modo semelhante, a árvore do paraíso significa também a vida verdadeira que se prenuncia para os primeiros pais em sua condição pneumático-infantil (isto é, no estado do pleroma original). A reunião do Mercurius constitui um capítulo importante do processo alquímico.

316

Figura 12

Nesta figura árvore e serpente estão reunidas. A árvore tem folhas e o sol ergue-se sobre ela. As raízes assemelham-se a serpentes.

317

Figura 13

A árvore de desenho abstrato oculta um espaço oco que conduz a uma porta fechada. O ramo do centro, que parece carregar um corpo luminoso semelhante ao sol, tem um inegável caráter serpentino. O pássaro inocente que representa a compreensão do desenhista chora, pois se esqueceu de levar a chave para poder abrir a porta que levaria à árvore. Com certeza o pássaro percebeu algo de valioso (tesouro!) dentro dela.

318

272   Obra Completa – Vol. 13

Figura 14

319   A mesma desenhista faz diversas variantes do tema do tesouro; neste caso, sob a forma de uma lenda heroica: o herói descobre sob uma misteriosa abóbada um cofre selado, do qual cresce a árvore miraculosa. O dragão verde, como um cão que seguisse os passos do herói, corresponde ao "familiaris" dos alquimistas, à "serpens mercurialis" (serpente mercurial), ou ao "draco viridis" (dragão verde). Não é raro deparar com essas grandes tessituras míticas. Elas correspondem de algum modo às "parabolae" (parábolas) ou ensinamentos dos alquimistas.

Figura 15

320   A árvore não quer desfazer-se do tesouro, mas procura ocultar ainda mais o cofre. Ao aproximar-se e tocá-la, uma chama salta da árvore. Trata-se de uma árvore de fogo, como a dos alquimistas e a árvore do mundo de Simão, o mago.

Figura 16

321   Numerosos pássaros pousam numa árvore despida de folhas; eis um motivo que também se encontra na alquimia: a árvore da *Sapientia* é cercada de muitos pássaros esvoaçantes, da mesma forma que na *Pandora* de 1588, ou como a forma de Hermes Trismegisto cercada de pássaros, na *De chemia* de 1566. A árvore é representada como guardiã do tesouro. A pedra preciosa escondida em suas raízes lembra a garrafa que contém o espírito de Mercurius oculta nas raízes entrelaçadas do carvalho, tal como no conto de Grimm. A pedra é uma safira de cor azul escura, cuja conexão com o disco de safira visto por Ezequiel e que desempenhou um grande papel nas alegorias da Igreja é desconhecida pela desenhista. A virtude particular da safira é a de tornar seu portador casto, piedoso e constante. No campo da medicina tratava-se de um remédio para o coração: "Utimur et hodie Sapphiro in corde confortando"[4]; a pedra é chamada " flos saphiricus"[5].

---

4. RULANDUS. *Lexicon alchemiae*, v. v. [p. 422 – Emprega-se ainda hoje a safira para o fortalecimento do coração] [Cf. *Psicologia e alquimia*, figs. 128, 231.].

5. Epistola ad Hermannum. In: *Theatrum chemicum*, 1622, V, p. 899 [floração de safira].

Estudos alquímicos   273

Os pássaros, por serem alados, são, desde a Antiguidade, emblemas
ou símbolos do espírito e do pensamento. Os pássaros múltiplos da
figura em questão significam que os pensamentos da desenhista gi-
ram em torno do segredo da árvore, isto é, em torno do tesouro oculto nas raízes. A estrutura simbólica desta figura é no fundo a mesma
da parábola do tesouro escondido no campo, da pérola preciosa e do
grão de mostarda. Mas a alquimia não se relaciona com o reino de
Deus, mas com o "admirandum Maioris Mundi Mysterium"[6], o "ad-
mirável mistério do macrocosmo", e parece haver em nossa safira
algo de análogo.

Figura 17

Esta figura foi feita pela mesma autora de figura 16, mas num pe-   322
ríodo muito posterior; a mesma ideia reapareceu, mas de uma forma
diferenciada. A capacidade de representação mediante o desenho
também apresenta um notável progresso. O pensamento fundamental é o mesmo, porém os pássaros foram substituídos por flores em
forma de coração da árvore que se tornou viva. Seus quatro ramos
correspondem à forma quadrangular da safira, cuja "constância" é
ressaltada pelo "uróboro", hieróglifo da eternidade em Horapolo[7].
O dragão que se devora a si mesmo é considerado na alquimia como
o hermafrodita, uma vez que ele gera e dá à luz a si mesmo. A "flor de
safira" é portanto designada como "hermaphroditi flos saphiricus"
(flor safírica do hermafrodita). A constância e a duração não se exprimem apenas na idade da árvore, mas também na qualidade de seu
fruto, que é a pedra. Esta é, como o fruto, ao mesmo tempo semente
e, ainda que os alquimistas ressaltem reiteradamente a necessidade
da morte do grão de trigo na terra, a pedra, apesar de sua natureza de
semente, é "incorruptível" (incorruptibilis). Ela representa, como o
homem, um ser eterno e ao mesmo tempo sempre mortal.

---

6. Op. cit.
7. *Selecta hieroglyphica*, p. 7s.

Figura 18

323   Aqui é representada uma situação inicial, em que a árvore parece incapaz de elevar-se da terra, apesar de sua natureza cósmica. Trata-se de um desenvolvimento regressivo que provavelmente depende do fato seguinte: apesar da árvore ter uma tendência natural de afastar-se da terra em direção ao espaço cósmico, com seus fenômenos astronômicos e meteóricos, por isso mesmo é ameaçada de atingir um mundo estranho à terra, entrando em contato com coisas do além, que o homem natural teme, ele e sua razão sendo ligados à terra. Através do crescimento da árvore em altura não só é posta em perigo uma pretensa segurança terrestre, como também a indolência e a inércia morais e espirituais são perturbadas, uma vez que a árvore cresce em novos tempos e espaços, que exigem um importante trabalho de adaptação. Não se trata apenas de uma lamentável covardia, como também de uma angústia em boa parte legitimamente justificada, que aconselha cuidado diante de um futuro exigente, sem que se possa perceber suas expectativas ou conhecer os perigos resultantes de uma não-realização. É fácil portanto afastar, mediante racionalizações, a resistência e a aversão aparentemente infundadas e, com um gesto deliberado e eficiente, expulsá-las como um inseto incômodo. Disso decorre por exemplo a situação psíquica representada pela figura em questão: um crescimento ao contrário que se adentra à terra tida como segura, numa inquietação crescente. Nascem daí fantasias secundárias que, segundo as disposições individuais, se voltam para a sexualidade ou para a vontade de poder, ou para ambas. Chega-se assim, cedo ou tarde, à formação de sintomas neuróticos ou à quase inevitável tentação, que tanto perturba o médico assim como o paciente, de levar a sério essas fantasias como se fossem algo de significativo, deixando escapar a tarefa autêntica.

Figura 19

324   Esta figuração mostra-nos que a imagem 18 não é algo de único. No entanto, neste caso, não se trata mais de uma regressão inconsciente, mas de uma conscientização da mesma e por isso a árvore adquire uma cabeça humana. A figura não evidencia se esta espécie de dríade parecida com uma feiticeira procura agarrar-se à terra, ou se

Estudos alquímicos   275

desta se ergue contra a vontade. Isto corresponde plenamente à cisão
que se processa no estado consciente. No entanto, as árvores próxi-
mas que se erguem retas indicam que há (e isto é perceptível fora ou
dentro) exemplos de como devem crescer as árvores. A desenhista in-
terpretou a árvore como sendo uma feiticeira e o crescimento regressivo como a causa de efeitos mágicos de natureza nefasta.

Figura 20

A árvore ergue-se isolada e numa posição soberana sobre uma   325
montanha. Ela está coberta de folhas a abriga em seu tronco uma boneca, cuja capa é feita de manchas coloridas. A autora desta figura
lembra com isto o tema de Arlequim. O traje de bufão mostra que a
desenhista tem o sentimento de estar tratando com algo de excêntri-
co e irracional. Ela sabe que pensou em Picasso, cujo estilo é sugerido
pela capa de Arlequim. Tal associação tem um sentido mais profundo
e não é uma ligação superficial de ideias. É a mesma impressão que
desencadeou o desenvolvimento regressivo dos dois casos precedentes-
tes: trata-se efetivamente de um acontecimento que causa dificuldades nada negligenciáveis à compreensão moderna. Vi um bom número de pacientes exprimir claramente sua angústia frente a um desenvolvimento autônomo de certos conteúdos psíquicos. Em tais casos é
muito importante, do ponto de vista terapêutico, mostrar ao paciente a historicidade de suas experiências, que na aparência são únicas e
impossíveis de ser assimiladas. Quando um paciente começa a experimentar a sensação de que seu desenvolvimento interior é inelutável, pode acometê-lo o pânico de que deslizou irremediavelmente
para uma loucura não passível de compreensão. Ocorreu-me, mais
de uma vez, em tais casos, tirar por acaso da estante o livro de um velho alquimista e mostrar ao paciente a imagem da fantasia que o ater-
rorizava, sob a forma que tomara cerca de quatrocentos anos antes.
O efeito é apaziguante, pois o paciente vê que ele não se encontra de
modo algum só e num mundo estranho, mas que pertence à grande
caudal da humanidade histórica, que já vivenciou há muito e inúmeras vezes o que ele considera sua singularidade pessoal e patológica.
A boneca contém uma forma humana adormecida. Trata-se do homem que a modo de uma larva se transforma num novo ser.

276   Obra Completa — Vol. 13

Figura 21

326   A forma humana oculta no tronco mostra, por um lado, a identidade da árvore com o homem e se acha, por outro lado, frente à árvore na mesma relação da criança com sua mãe. Este último aspecto
coincide com o tradicional significado feminino e materno da árvore.

Figura 22

327   Aqui é representada uma etapa ulterior, em que a forma adormecida desperta, separa-se pela metade da árvore e se põe em relação
com o leão, isto é, com os animais em geral. Assim, pois, o "nascido
da árvore" é caracterizado não só como um ser natural, mas também
como homem primordial, saindo do chão, como αὐόχθονος, a modo
de uma árvore. A δενδρῖτις (ninfa das árvores) é neste caso uma Eva
que não foi tirada da costela de Adão, mas passou à existência por si
mesma, a partir da árvore. Este símbolo põe em evidência a unilatera-
lidada e a carência natural do homem excessivamente civilizado, mas
também, de modo especial, compensa o aparecimento secundário de
Eva, insinuado pelo mito bíblico.

Figura 23

328   A dríade (ninfa) segura o sol e é por isso uma forma plenamente
luminosa. A tira ondulada que se vê ao fundo é de cor vermelha, sangue vivo banhando o bosque da metamorfose. Dessa forma se indica
que o processo de transformação não é uma fantasia aérea, mas um
processo que alcança a esfera somática, ou nela tem sua origem.

Figura 24

329   Este desenho unifica diversos motivos das imagens anteriores,
acentuando especialmente o símbolo da luz ou do sol. A quaternidade é representada. Esta é cercada por quatro rios de cores diferentes.
Eles descem de quatro montanhas celestes, isto é, de montanhas "metafísicas" (como declara a desenhista). Já encontramos a alusão às
quatro montanhas na figura 6. Elas aparecem também no desenho de

Estudos alquímicos   277

um paciente masculino que citei em *Psicologia e alquimia*[8]. As quatro
espécies de líquidos são representadas no Codex Vossianus Leiden
29[9]. Em todos estes casos sou tão pouco responsável pelo número
quatro como por todas as quaternidades alquímicas, gnósticas e as
outras quaternidades míticas. Meus críticos parecem comicamente
inclinados à ideia de que eu teria uma predileção particular pelo número quatro e que portanto o encontro por toda parte. Se eles tivessem tido nas mãos, pelo menos uma vez, um tratado de alquimia...
(mas o esforço seria demasiado!). Como o assim chamado "espírito
científico" conta com 90% de preconceitos, normalmente é muito
demorada a percepção dos fatos.

O número quatro, assim como a quadratura do círculo, não se   330
deve ao acaso; por isso lembro um exemplo conhecido até por meus
críticos: o de que não há três ou cinco, mas exatamente quatro pontos cardeais. Que o número quatro possui além disso propriedades
matemáticas especiais é só o que pretendo indicar. A figura de que
tratamos sublinha de tal modo a quaternidade mediante o símbolo da
luz e a amplifica tanto, que se reconhece sem dificuldade o que pretende exprimir: trata-se por assim dizer da recepção da totalidade,
isto é, de uma compreensão intuitiva do si-mesmo.

Figura 25

A imagem diz respeito a uma etapa posterior ao processo em   331
questão, na qual a figura feminina não é mais apenas aquela que recebe ou segura o símbolo luminoso, o mandala, mas aparece incluída
neste último. A personalidade é afetada aqui em maior grau do que
na figura 24. Por isso aumenta o perigo da identificação com o
si-mesmo, perigo este que não deve ser subestimado. Toda pessoa
que passa por essa evolução sentirá pelo menos a tentação de unifi-
car-se com o si-mesmo, como termo de suas experiências e de seus esforços. Acerca deste fato há incidentes sugestivos. No caso que nos
ocupa, esta possibilidade se manifesta. Mas há na figura fatores que

---

8. [§ 217.]
9. Reproduzido em *Psicologia e alquimia*, fig. 140.

278   Obra Completa — Vol. 13

possibilitam uma distinção entre o eu e o si-mesmo: a autora do desenho é americana e sofreu a influência dos índios pueblo; daí as espigas de milho que caracterizam a figura feminina da deusa. Ela parece
encadeada à árvore pela serpente e forma pois um equivalente do
crucificado, que é de qualquer modo sacrificado à humanidade terrestre como si-mesmo, do mesmo modo que Prometeu encadeado ao
rochedo. O esforço do homem em direção à totalidade corresponde,
como no mito, ao sacrifício voluntário do si-mesmo, à ausência de liberdade e aos liames da existência terrestre. Apenas indico aqui tal
correspondência, sem desenvolvê-la.

332   Nesta figura comparecem tantos dados precisos do mito divino
que a consciência, a menos que esteja completamente cega (e neste
caso não há qualquer sinal disto), pode distinguir facilmente o eu do
si-mesmo. Nesta etapa é recomendável e importante que não se su-
cumba a nenhuma inflação, pois isto ocorre inevitavelmente com todas as suas consequências desagradáveis se, no momento em que o
si-mesmo se torna cognoscível, o indivíduo fechar-se para o seu conhecimento, identificando-se com ele. Se, com efeito, a identidade
com o si-mesmo, presente de um modo natural, se torna reconhecí-
vel, com isto é oferecida a possibilidade de livrar-se de um estado de
inconsciência. No entanto, se essa possibilidade não for vista e utilizada, o indivíduo não permanece no estado até então reinante, mas
pode ocorrer uma repressão junto com dissociação da personalidade.
O progresso no desenvolvimento que teria sido possível através do
conhecimento se transforma numa regressão. Este conhecimento,
devo sublinhar, não consiste apenas num ato intelectual, mas também, além deste, num ato moral, frente ao qual o aspecto do conhecimento pode até passar para o segundo plano. É este o motivo pelo
qual se observam as mesmas consequências quando alguém, movido
por motivos inferiores, que ele não confessa a si mesmo, busca escapar a uma tarefa que lhe é proposta pelo destino.

333   Eu gostaria ainda de chamar a atenção para uma outra particularidade da figura de que estamos tratando: a árvore não tem folhagem
e seus ramos podem perfeitamente ser raízes. Seu elemento vital se
acha concentrado no centro, na figura humana que representa sua
flor e seu fruto. Desta maneira, um homem que está enraizado em-

Estudos alquímicos   279

baixo e no alto pareceria uma árvore tanto na posição normal, como
na inversa. A meta não é o alto, mas o centro.

Figura 26

A imagem desenvolvida na figura precedente apresenta-se aqui   334
de modo algo diverso. Trata-se verdadeiramente da representação
mesma da ideia, pois a consciência da autora segue apenas um vago
sentimento, que pouco a pouco se esclarece no ato de desenhar. A
consciência seria de qualquer modo incapaz de formular num conceito claro o que será expresso. A estrutura da imagem é, como o desenho indica, um mandala quadripartite, com um centro impelido para
baixo, colocado sob os pés da figura. Esta última está de pé, na metade superior da figura, pertencendo portanto ao reino da luz. Isto corresponde a uma inversão da cruz cristã tradicional, cuja trave mais
longa é a inferior. Disto se pode concluir que o si-mesmo foi realizado como figura luminosa ideal, que representa uma inversão da cruz
cristã. O ponto central desta última é impelido para cima, através do
que se estabelece uma meta superior à tendência inconsciente para o
meio. A trave curta da cruz luminosa ergue-se da terra negra, e a forma humana segura na mão esquerda um peixe negro, oriundo da esfera escura. É característico o gesto tipo mudrâ[10], hesitante, da mão
direita: ela visa o peixe que provém da esquerda (do inconsciente). A
paciente é influenciada pela Índia (isto é, pela teosofia) e daí o mudrâ. O peixe tem um significado de soter (salvador), quer seja pensado em termos cristãos ou hindus (como peixe de Manu, ou como
avatar de Vishnu). Pode-se pensar com fundamento que a paciente
(cf. fig. 29) o tirou do *Bhagavadgîtâ*; neste podemos ler: "Entre os peixes, eu sou Makara"[11]. Este é um golfinho ou uma espécie de Leviatã,
que aparece no Svâdhishthâna-chacra. Este centro fica na região da
bexiga e é caracterizado, enquanto região da água, pelo peixe e pela
lua. Assim como os chacras da ioga tântrica, que equivalem provavelmente a antigas localizações da consciência, como por exemplo

---

10. Mudrâ (sânscrito) = gesto ritual ou mágico.

11. X, 42.

280　　　　Obra Completa — Vol. 13

Anâhata ao φρέν͙ς dos gregos[12], assim o Svâdhishthâna é o primeiro em data. Esta região corresponde ao símbolo do peixe, com seu nume originário. Isto lembra os "dias da criação", isto é, o tempo do aparecimento da consciência, quando a unidade original do ser estava quase intocada pela aurora da reflexão psíquica e quando o homem nadava como peixe no mar do inconsciente. Neste sentido, o peixe marca um restabelecimento do estado paradisíaco do pleroma ou, na linguagem do tantrismo tibetano, do estado de bardo[13].

335　　　　As plantas que ficam aos pés da forma humana mergulham suas raízes no ar. A árvore, isto é, a ninfa e as plantas são erguidas da terra ou, o que é mais provável, estão prestes a descer até a terra. É também o que indicaria o peixe, enquanto mensageiro da profundidade. Esta situação, segundo minha experiência, é desusada e talvez se deva à influência teosófica, pois a teosofia (ocidental) é caracterizada por uma impregnação da consciência mediante representações ideais e não pelo confronto com a sombra e com a obscuridade. Portanto, não se chega à claridade pela representação da luz, mas tornando consciente aquilo que é obscuro. Mas isto é desagradável e portanto impopular.

Figura 27

336　　　　Esta representação, ao contrário da precedente, é claramente ocidental, ainda que pertença ao arquétipo do nascimento divino a partir da árvore ou da flor de lótus. O mundo arcaico das plantas do período carbonífero torna claro o estado de espírito no qual a desenhista se encontrava, ao intuir o nascimento do si-mesmo. A forma humana que nasce da planta arcaica é a união e a quintessência das quatro cabeças à sua base, que correspondem à visão alquímica da "lapis ex IV elementis compositus"[14]. O sentimento suscitado pelo arquétipo empresta à experiência vivida o caráter do originário desde sempre existente. O número seis, que é o dos degraus do crescimento, parece ser puramente ocasional como tantos outros no domí-

---

12. Cf. para a doutrina dos chacras, AVALON. *The Serpent Power*; e para φρένͳς ONIANS. *The Origins of European Thought*, p.14s.

13. WENTZ, E. *Das tibetanische Totenbuch* (O livro tibetano dos mortos), p. 47s.

14. (Pedra tirada dos quatro elementos reunidos.)

Estudos alquímicos 281

nio da fantasia. Devemos lembrar-nos no entanto que o número seis (senarius) é considerado desde a Antiguidade como "aptissimus generationi" (extremamente apto para a geração)[15].

Figura 28

Esta representação é de autoria da mesma paciente da fig. 26. A forma feminina, portadora da coroa arborescente, encontra-se sentada, o que indica um deslocamento para baixo. A terra negra, que na fig. 26 se achava longe de seus pés, está agora junto de seu corpo como uma esfera negra, na região do manipura-chacra, que coincide com o plexo solar. (O paralelo alquímico disto é o *sol niger*, o sol negro[16].) Tal fato significa que o princípio obscuro (a sombra) foi integrado e que agora deverá ser sentido como uma espécie de centro no corpo. Possivelmente esta integração está ligada ao significado eucarístico do peixe: comer o peixe atua como uma *participation mystique* com Deus[17]. 337

A árvore é cercada por muitos pássaros que voam. Visto que o pássaro, enquanto ser do ar, é a imagem do pensamento alado, podemos concluir desta representação que à medida em que o centro se desloca para baixo, a figura humana se destaca do mundo dos pensamentos e consequentemente os pensamentos voltam à sua condição natural. Ser humano e pensamento eram antes idênticos, o que erguia o primeiro acima da terra, como se ele fosse um ser aéreo, e o segundo perdesse sua liberdade de voo, uma vez que devia, planando, sustentar todo o peso de um ser humano. 338

Figura 29

A mesma paciente. O processo de separação entre o mundo do pensamento e o da forma feminina prossegue. Com um certo tri- 339

---

15. FILO JUDEU. *De mundi opificio* [*Opera* I, p. 2].

16. Sinônimo de "caput corvi" (cabeça de corvo) e de "nigredo" (negrume). No estado de obscuridade domina (principatum tenet) "a anima media naturae" (a alma do mundo), que é aproximadamente o que eu designo por "inconsciente coletivo". Sobre o sol niger, cf. MYLIUS. *Philosophia reformata*, p. 19.

17. Cf. *Aion*, § 175s.

282   Obra Completa – Vol. 13

unfo apresenta-se um daimon[18] masculino, que por certo é acordado de repente (Awake my soul!): é o animus, a personificação do pensamento masculino (e de modo correlativo da masculinidade em geral) em uma mulher. O estado de suspensão que anteriormente era o dela se manifesta como um estado de possessão pelo animus que agora se liberta da mulher. É uma liberação para o seu consciente feminino e também para seu animus se tornarem distintos um do outro. A frase: "I am the game of the gambler" deve provir do *Bhagavadgîtâ*: "I am the game of dice"[19]. Assim falou Krishna acerca de si mesmo. A parte em que se encontram estas palavras começa com estes dizeres da divindade: "I am the self, O Gudâkesha! seated in the hearts of all beings. I am the beginning and the middle and the end also of all beings. I am Vishnu among the Âdityas[20], the beaming sun among the shining (bodies)".

340   Como Krishna é aqui representado pelo jogo de dados, Agni se apresenta a si mesmo numa passagem do Satapatha-Brâhmana do Yajur-Veda. Diz ele: "He (the Adhvaryu[21]) throws down the dice, with 'Hallowed by Svâhâ[22], strive ye with Sûrya's[23] rays for the middlemost place among brethren!' For that gaming-ground is the same as 'ample Agni', and those dice are his coals, thus it is him (Agni) he thereby pleases"[24].

---

18. Trata-se do δᾳίμων grego, e não do diabo cristão.

19. (Eu sou o jogo do jogador) X, 42 (Eu sou o jogo de dados) [*Sacred Books of the East*, VIII, p. 91]. Infelizmente não tive a oportunidade de interrogar a paciente sobre a origem desta frase. Sei, porém que ela conhecia o *Bhagavadgîtâ*.

20. Deuses solares. (Eu sou o si-mesmo, o Gudâkesha, que reina no coração de todas as coisas. Eu sou o princípio, o meio e também o fim de todas as criaturas. Eu sou Vishnu entre os Âdityas, o sol irradiante entre os [corpos] luminosos.)

21. O sacerdote que recita as orações do *Yajurveda*.

22. Svâhâ pertence às sílabas sagradas. É pronunciada por ocasião da recitação do *Veda* durante as tempestades, *Âpastamba*, I, 4, 12 [*Sacred Books of the East*, II, p. 45] e durante os sacrifícios aos deuses [Op. cit., p. 48].

23. Sûrya = Sol.

24. *Quarto Brâhmana*, 23 [*Sacred* Books, XLI, p. 112]. (Ele (o Adhvaryu) joga os dados 'consagrados de Svâhâ, luta com os raios do Sol pelo lugar de honra, o lugar central bem no meio dos irmãos!'. Então o espaço deste jogo é o mesmo que o do 'vasto Agni', e estes dados são os carvões com os quais (Agni) se regozija.)

Estudos alquímicos   283

Essas duas passagens colocam não somente o deus, mas também   341
a luz, isto é, o sol (Sûrya) e o fogo (Agni), em relação com o jogo de
dados. Nos hinos do *Atharva-Veda* lê-se também o seguinte: "(The
brilliancy) that is in the chariot, the dice, in the strength of the bull, in
the wind, Parganya[25], and in the fire of Varuna"[26] corresponde ao
que a psicologia primitiva designa como o "mana" e a psicologia do
inconsciente chama de "carga de libido" ou "valor emocional", ou
ainda "acentuação do sentimento". Do ponto de vista da intensidade
emocional que, para a consciência primitiva representa um fator decisivo, as coisas mais diversas como a chuva, a tempestade, o fogo, a
força do touro e o apaixonante jogo de dados podem ser idênticas.
Jogador e jogo coincidem na intensidade emocional.

Esta reflexão deveria esclarecer o caráter de nossa imagem que   342
exprime libertação, retomada de fôlego e alívio. A paciente experimenta este momento claramente como um nume divino. Como o
texto do *Bhagavadgîtâ* mostra, Krishna é o si-mesmo, com o qual,
neste caso, o animus se identifica. Esta identidade aparece de um
modo quase geral quando a sombra, isto é, o lado obscuro, não é suficientemente visto. Como todo arquétipo, o animus possui o duplo
rosto de Janus e além disso a limitação de ser um princípio apenas
masculino. Por conseguinte, ele não é adequado para representar a
totalidade do deus, isto é, do si-mesmo. Deve bastar-lhe ser um degrau prévio ou uma posição intermediária. De qualquer modo, as ge-
neralizações características da teosofia hindu ajudaram minha paciente a identificar, pelo menos provisoriamente, através de um cur-
to-circuito psicológico, o animus com a totalidade, colocando o primeiro no lugar desta última.

Figura 30

O mesmo motivo da figura 29 é aqui representado sob uma for-   343
ma mais diferenciada. A estilização da árvore sem folhas mostra uma
forte abstração, e também a figura masculina do gnomo revestido de

---

25. Deus da chuva.
26. *Sacred Books*, XLII, VI, 38, p. 116 [(O fulgor) que há no lance dos dados, na força
do touro, no vento parganya, e no fogo de varuna].

uma espécie de hábito de monge. Os braços estendidos frisam o equilíbrio dos dois lados e o motivo da cruz. A ambiguidade da imagem é realçada, por um lado, pelo pássaro[27] vindo do alto, que é ao mesmo tempo uma flor fantástica e, por outro lado, através de uma flecha, visivelmente pensada como sendo fálica, a qual irrompe das raízes entrelaçadas. Deste modo, a forma do daimon aparece como um equilíbrio entre a direita e a esquerda e também como uma união de intelecto e sexualidade; isto lembra o Mercurius duplex da alquimia, o qual, enquanto lapis, representa uma quaternidade (isto é, os quatro elementos). A fita em torno do globo lembra a fita mercurial, que eu interpretei em "Gestaltungen des Unbewussten"[28]. Lá, a própria desenhista a viu como mercúrio.

344   A ideia do Mercurius alquímico provém exclusivamente da psicologia masculina e a representa, isto é, a oposição característica para o homem entre *nous* e sexualidade, à qual falta o eros feminino. A forma do animus da figura em consideração é um fragmento de psicologia puramente masculina que, no decurso do processo de individuação, se destacou de uma psique feminina.

Figura 31

345   A desenhista é a mesma da imagem precedente. A árvore tornou-se aqui uma espécie de lótus em flor. O personagem que se assemelha a um gnomo sai desta última, lembrando o nascimento divino no lótus. São sensíveis aqui influências orientais, mas diferentes das que influenciaram a autora da figura 29. Não se trata mais de teosofia hindu apreendida e vivida artificialmente no Ocidente; a autora das imagens 30 e 31 nasceu no Oriente, e não se enfronhou conscientemente em estudos teosóficos. No entanto, a teosofia a impregna consideravelmente, a ponto de perturbar seu equilíbrio psíquico.

346   O progresso nesta imagem consiste em que o demônio efetua um recuo visível e a copa da árvore sofre por isso uma esplêndida transformação: aparecem folhas e flores e se forma uma *corona* (coroa)

---

27. Cf. para tanto a cegonha sobre a árvore (v. a frente § 415s.).
28. *Zur Empirie des Individuationsprozesses* (Estudo empírico do processo de individuação), comentário à imagem 3, § 545s.

Estudos alquímicos 285

em torno de um centro luminoso, semelhante a uma flor. Os alquimistas usavam a designação "corona" ou "diadema cordis tui"[29] e entendiam mediante isto um símbolo de plena realização. A coroa (corona) aparece aqui como o "coroamento" do processo representado pela árvore. Ela constitui um mandala, a "flor de ouro" da alquimia chinesa, a "flos saphyricus" da alquimia do Ocidente. Nesta imagem o animus não representa mais o si-mesmo, mas aquilo que se separa dele e o "transcende".

Figura 32

Ponho aqui esta representação de modo hesitante, pois, ao contrário de todas as outras, ela não é "pura", isto é, livre de todas as influências de coisas lidas e ouvidas. No caso dos materiais, pelo menos, ela foi contaminada. Ela não é, porém, menos autêntica, devido ao fato de ter sido feita espontaneamente, fornecendo uma expressão à experiência interior do mesmo modo que as demais e ainda com mais clareza e plasticidade, dispondo de representações adequadas. Esta imagem reúne uma quantidade de materiais simbólicos que não comentarei, porque já foram explicados em suas componentes essenciais, em parte na literatura especializada, em parte no presente estudo. Sua reunião como "árvore" ou planta é contudo original. Desejo simplesmente mostrar por este exemplo que influência exerce sobre as configurações desta espécie um certo conhecimento do simbolismo. 347

Gostaria de colocar à guisa de conclusão desta série de figuras um exemplo literário do simbolismo da árvore, manifestado espontaneamente. Um poeta francês que desconheço, Noël Pierre, descreveu, numa sequência de poemas, *Soleil Noir*, uma experiência autêntica do inconsciente. No Canto XXVI-XXVII a ávore comparece assim: 348

Uma multidão compacta se empurrava
das quatro direções. Eu me misturava a ela.
Notei que girávamos em espiral,
um turbilhão no funil nos aspirava.
No eixo, uma catapulta gigantesca
onde estavam pendurados os corações dos mortos,

---

29. (Diadema do teu coração.)

cada haste fora escolhida como residência
por um pequeno sábio que me observava piscando os olhos.

....

Até o fundo, onde as lagunas se estendem,
que quietude, no nó das coisas!
Sob a árvore da minha vida, o último rio
cerca uma ilha onde se erige
nas brumas um cubo de rocha cinzenta
uma fortaleza, a capital dos mundos[30].

349   As características desta descrição são as seguintes: 1. Centro universal da humanidade. 2. Rotação em espiral[31]. 3. Árvore de vida e morte. 4. Coração como centro de vida e de ser, em conexão com a árvore[32]. 5. A sabedoria da natureza sob a forma de anão. 6. Ilha, como lugar da árvore da vida. 7. Cubo = pedra filosofal = tesouro, sobre o qual a árvore cresce.

349a   Terminarei assim esta parte do meu trabalho, para descrever numa segunda parte o modo pelo qual o processo aqui figurado mediante exemplos de indivíduos modernos é representado em um material histórico.

2. Contribuições à história e interpretação do símbolo da árvore

A. *A árvore como imagem arquetípica*

350   Depois de ter apresentado, na primeira parte, exemplos de simbolismos modernos da árvore surgidos espontaneamente, eu gostaria de apresentar nesta segunda parte seu fundamento histórico, justificando assim o título deste trabalho: "A árvore filosófica". Se bem que

---

30. (Une foule compacte s'y pressait / Des quatre directions. Je m'y mêlais. / Je remarquais que nous roulions en spirale, / Un tourbillon dans l'entonnoir nous aspirait. / Dans l'axe, un catalpa gigantesque / Où pendaient les coeurs des morts, / A chaque fourche avait élu résidence / Un petit sage qui m'observait en clignotant.// Jusqu'au fond, où s'étalent les lagunes. / Quelle quiétude, au Noeud des Choses! / Sous l'arbre de ma Vie, le Dernier Fleuve / Entoure une Ile où s'érige / Dans les brumes un cube de roche grise / Une Forteresse, la Capitale des Mondes. – *Sol Negro*.)

31. Muitas vezes representada por uma serpente.

32. Cf. fig. 15 e o conto de Bata (v. § 401).

Estudos alquímicos 287

para os conhecedores da matéria seja claro que meus exemplos individuais não passam de casos particulares do simbolismo geral da árvore, universalmente difundido, a interpretação desses símbolos exige o conhecimento de seus antecedentes históricos imediatos. Como todos os símbolos arquetípicos, o da árvore também sofre com o tempo um certo desenvolvimento no tocante ao seu significado; este se distancia do sentido primitivo da árvore dos xamãs, se bem que certos traços essenciais são ao que parece imutáveis. A forma *psicoide* que fica à base de uma representação arquetípica mantém seu caráter em todos os níveis, mesmo sendo suscetível de variações empíricas infinitas. Ainda que a forma exterior da árvore tenha se transformado em múltiplos aspectos no decurso do tempo, a riqueza e a vida de um símbolo se exteriorizam mais ainda na variação de seu significado. Esse é o motivo pelo qual a fenomenologia do símbolo da árvore pertence antes de mais nada aos aspectos de sua significação. As associações mais frequentes no que diz respeito à árvore são: o crescimento, a vida, o desdobramento da forma sob o ponto de vista físico e espiritual, o desenvolvimento, o crescimento de baixo para cima e vice-versa, o aspecto materno (proteção, sombra, fronde, frutos comestíveis, fonte de vida, firmeza, duração, enraizamento e também impossibilidade de mudar de lugar), idade, personalidade[33] e finalmente morte e renascimento.

Estas caracterizações resultam de expressões de meus pacientes, que recolhi no decurso de muitos anos de experiência terapêutica. Mesmo o leigo que ler minha interpretação ficará admirado por tudo o que transparece nessas imagens de contos de fada, mitos e poesia. Sob este ponto de vista é espantoso constatar como é relativamente raro o fato de os indivíduos interrogados se reportarem a essas fontes. As razões disto podem ser as seguintes: 1. Geralmente se pensa pouco ou mesmo nada acerca das origens das imagens oníricas. 2. As

351

---

33. No sonho de Nabucodonosor, o próprio rei é representado por uma árvore. De acordo com representações muito primitivas, a árvore representa em concreto a vida do homem; assim, por exemplo, quando uma criança nasce é costume plantar-se uma árvore, cujo destino é idêntico ao do indivíduo ao qual ela está ligada: "Typus igitur nostrae conditionis fit arbor et speculum" (A árvore tornar-se-á a imagem e o espelho da nossa existência humana) [ALCIATI. *Emblemata cum commentariis*, p. 888b].

fontes foram esquecidas. 3. As fontes nunca foram conscientes; trata-se de novas criações arquetípicas.

352 Esta última possibilidade é muito menos rara do que se supõe: é, pelo contrário, tão comum que, para esclarecer as produções espontâneas do inconsciente, foi absolutamente necessário recorrer ao estudo comparativo dos símbolos. A concepção habitual de que os mitologemas[34] (isto é, motivos míticos) sempre seriam ligados à tradição mostrou-se insuficiente, uma vez que eles (os mitologemas) podem reaparecer em qualquer lugar, em qualquer momento e em qualquer indivíduo, independentemente de uma dada tradição. Uma imagem pode pois ser considerada arquetípica se puder estabelecer-se que ela existe numa forma e significação idênticas às dos documentos da história da humanidade. Quanto a isto devemos distinguir dois extremos: 1. A imagem é nítida, isto é, conscientemente ligada à tradição. 2. Ela é indubitavelmente autóctone, isto é, não há uma tradição possível e nem mesmo verossímil[35]. Entre estas duas possibilidades encontram-se todos os graus de mistura dos dois fatores.

353 Devido à natureza coletiva da imagem, é muitas vezes impossível determinar sua significação, devido à extensão desta última, a partir do material associativo de um indivíduo. Mas como esta determinação é de grande importância para os fins práticos da terapia, a necessidade de um estudo comparativo dos símbolos se impõe à psicologia médica[36]. Para tanto, o estudo deve remontar a épocas da história humana em que a formação de mitos se produzia sem dificuldade, isto é, onde nenhuma crítica do conhecimento ainda se exercia sobre as representações engendradas e onde, por conseguinte, estados de fato desconhecidos em si mesmos se exprimiram em formas de representação determinadas. A época desse gênero mais próxima de nós cronologicamente é a da filosofia natural da Idade Média, que atingiu seu apogeu no século XVII e cedeu progressivamente lugar à ciência

---

34. A metáfora também se refere a este fato.

35. Esta prova não é sempre fácil, pois a tradição tornou-se muitas vezes inconsciente, reaparecendo na memória sob a forma da criptomnésia.

36. Trata-se de uma atitude análoga àquela que institui comparações com a anatomia humana, com a diferença de que em psicologia as constatações comparativas não são apenas teóricas, mas têm uma significação prática imediata.

Estudos alquímicos   289

crítica no decurso do século XVIII. Ela alcançou seu desenvolvimento
mais importante na alquimia, isto é, na filosofia hermética. É nesta última que desembocaram como num reservatório os mitologemas mais
duráveis, isto é, os mais importantes da Antiguidade. Tratava-se principalmente – e isto é característico – de uma filosofia de médicos[37].

B. A árvore no tratado de iodocus greverus

Eu queria agora representar no que se segue o modo pelo qual a   354
fenomenologia da árvore se configura no contexto da época espiritual que precedeu imediatamente a nossa. Holmberg[38], que escreveu
um vasto estudo sobre a árvore da vida, diz que esta é "a maior criação legendária do gênero humano", o que significa que a árvore faz
parte desses mitologemas que ocupam uma posição central e que, devido ao fato de sua difusão universal, manifestam por toda parte a
maior riqueza de relações. Nos textos alquímicos da Idade Média, a
árvore aparece frequentemente e representa em geral o crescimento e
a transformação da substância misteriosa em "ouro filosófico" (ou
então a meta, qualquer que seja o nome que a designe). Lê-se no *Tratado de Pelágio*: Zósimo disse (falando do processo de transformação) que este é "como uma árvore cultivada, uma planta regada que
se putrefaz sob o efeito da abundância da água e que, crescendo graças à umidade e ao calor do ar, produz flores e dá frutos graças à
grande doçura e à qualidade (ποιᾴτητι) da natureza"[39].

Um exemplo típico disso é fornecido pelo tratado de Iodocus Gre-   355
verus, publicado pela primeira vez em Leiden, no ano de 1588[40]. A
opus completa é representada por esse autor como a semeadura e o
cultivo da árvore num jardim bem protegido, onde nada de estranho
deve penetrar. O solo, no qual se semeia, é feito de Mercúrio purificado; Saturno, Júpiter, Marte e Vênus formam o trono (ou os troncos)

---

37. Pode-se dizer com razão que a maioria dos alquimistas eram médicos e a química
era essencialmente uma φαρμακοποιία. O que se buscava não era apenas o "aurum
philosophicum" ou potável, mas também a medicina catholica, a panaceia e o
ἀλεξιφάρμακον (antídoto).

38. *Der Baum des Lebens*, p. 9.

39. BERTHELOT. *Alch. grecs*, IV, I, 12, p. 250-261.

40. O título da obra é: Secretum nobilissimum et verissimum venerabilis viri, domini
Iodoci Greveri presbyteri. In: *Theatr. chem.*, 1602, III, p. 783s.

da árvore, enquanto que o Sol e a Lua contêm as sementes[41]. Os nomes dos planetas quase designam os metais correspondentes. Pode-se ver pela observação restritiva do autor o que tais nomes significam: "Non enim in hoc opus ingreditur aurum vulgi, nec Mercurius vulgi, nec argentum vulgi, nec quidvis aliud vulgare, sed philosophorum" (Nesta obra não entra como ingrediente nem ouro vulgar, nem prata vulgar, nem qualquer outro corpo vulgar, mas [os metais etc.] dos filósofos.)[42] Os ingredientes da obra podem ser portanto não importa de que substância. Em qualquer caso, trata-se de *imaginações*, mesmo que se expressem exteriormente por matérias químicas. Os nomes dos planetas designam afinal de contas não só metais, mas também, como todo alquimista sabia, temperamentos (astrológicos) e assim, pois, fatores psíquicos. Estes consistem em disposições instintivas que determinam fantasias e desejos específicos e permitem, deste modo, discernir seu caráter. A cupidez como o motivo primeiro da arte régia é ainda discernível no "aurum non vulgi", se bem que se possa reconhecer justamente aqui a reviravolta da motivação e a transferência da meta para um plano diferente. Na parábola que conclui o Tratado, o velho sábio diz com propriedade ao adepto: "Depone, fili, mundanarum concupiscentiarum illecebras" (Abandona, meu filho, as seduções e desejos do mundo)[43]. Mesmo que na maioria das vezes, o processo alegado por um autor só mencione a meta da produção do ouro comum, o significado psíquico da operação empreendida se impõe ao adepto, apesar de sua atitude consciente, devido à nomenclatura simbólica que ele emprega. No tratado de Greverus, essa etapa foi ultrapassada e é admitido sem qualquer dúvida que a meta da opus "não é deste mundo". Consequentemente, o autor reconhece na "Conclusio" (conclusão) de seu trabalho sobre o "universus processus operis nostri"[44] que este é um "Donum namque Dei est, habens mysterium individuae unio-

---

41. Op. cit., p. 784. O texto diz: "Saturnus, Jupiter etc. sunt trunci", o que pode significar que há quatro troncos, ou que cada um dos troncos se compõe dos quatro. Michael Maier, que cita Greverus (*Symbola aureae mensae*, p. 269) não tinha muita certeza acerca disso, pois atribui ao autor a opinião de que Mercúrio é a raiz, Saturno etc., o tronco e os ramos, e o Sol e a Lua, os frutos da árvore. Maier compreende muito bem, segundo me parece, que os quatro são a clássica tetrasomia (cf. adiante).

42. GREVERUS. Op. cit., p. 785.

43. Op. cit., p. 808.

44. "O processo completo de nossa obra" [Op. cit., p. 809].

Estudos alquímicos   291

nis sanctae Trinitatis. O scientiam praeclarissimam, quae est theatrum
universae naturae, eiusque anatomia, astrologia terrestris[45], argumentum omnipotentiae Dei, testimonium resurrectionis mortuorum,
exemplum remissionis peccatorum, infallibile futuri iudicii experi-
mentum, et speculum aeternae beatitudinis!"[46]

Um leitor moderno deste hino de louvor não pode deixar de jul-   356
gá-lo exagerado e desproporcional, pois é difícil imaginar como, por
exemplo, a unidade da Santa Trindade pode estar contida na ciência
alquímica. Essas comparações entusiastas com os mistérios da religião já haviam chocado na Idade Média[47]. Não se trata de raridades,
elas se haviam tornado no séc. XVII temas principais de certos tratados que tiveram, é verdade, precursores no séc. XIII e XIV. Na minha opinião, elas não devem sempre ser compreendidas no sentido
de uma "captatio benevolentiae", nem de uma mistificação charlata-
nesca; pelo contrário, os autores tiveram uma intenção, instituin-
do-as. Eles discerniram claramente um paralelismo entre o processo
alquímico e as representações religiosas, relação esta que não nos parece logo evidente. Não é possível lançar uma ponte entre esses dois
domínios extremos em sua diferença, a não ser que tomemos em consideração o terceiro termo que lhes é comum: o "tertium comparatio-
nis" é o elemento *psicológico*. O alquimista ter-se-ia rebelado contra
a alegação de que suas representações da matéria química não pas-
sariam de fantasias, do mesmo modo que o metafísico hodierno julga
suas afirmações mais consistentes do que meros antropomorfismos.
Tal como o alquimista que não distinguia entre as coisas em si e por
si e as representações que ele delas formava, o metafísico ainda

---

45. A "anatomia" e a "astrologia terrestris" são conceitos específicos de Paracelso; seu
emprego significa, pois um *terminus a quo* para o surgimento do tratado de Greverus,
na segunda metade do século XVI.

46. [Op. cit.] "[...] é uma dádiva de Deus, que contém o segredo da unidade indivisível
da Santa Trindade. Ó sabedoria magnífica, que é o cenário de toda a natureza e sua estrutura, sem firmamento terrestre, prova da onipotência divina, sinal da ressurreição
dos mortos, exemplo do perdão dos pecados, uma prova irrefutável do julgamento
eterno e um espelho da eterna bem-aventurança!" Traduzi astrologia no sentido de Paracelso: o "firmamento" (no homem).

47. Cf. a recusa do impressor de Basileia, Conrad Waldkirch, de publicar a *Aurora
consurgens*, I. Cf. *Psicologia e alquimia* [§ 464]. A *Aurora* foi editada em tradução comentada por Marie-Louise von Franz, como o volume 3 do *Mysterium Coniunctionis*.

hoje crê que sua visão das coisas exprime validamente seu objeto metafísico. Evidentemente, nem um nem o outro prestaram atenção ao fato de que as concepções mais diversas sempre reinaram acerca de seus respectivos objetos. Conforme o caso, eles se contentavam, achando que o outro naturalmente estava enganado. À diferença dos metafísicos e em particular dos teólogos, os alquimistas não demonstraram tendência para a polêmica, mas se lamentavam em alta voz da obscuridade de um autor que lhes era incompreensível.

357   É evidente para todo homem razoável que num e noutro caso se trata de representações imaginativas, o que não quer absolutamente dizer que seu objeto desconhecido não exista. Pouco importa aquilo a que se referem as representações imaginativas; elas sempre são regidas pelas mesmas leis psíquicas, a saber, os *arquétipos*. Quanto a isso, os alquimistas o notaram à sua maneira, ao insistirem sobre o paralelismo entre suas concepções e as da religião: Greverus compara seu processo sintético com a Trindade. O arquétipo comum é, neste caso, o número três. Como discípulo de Paracelso, ele devia conhecer a tríade paracélsica fundamental: sulfur, sal e Mercúrio. (O sulfur pertence ao sol ou então o representa, e o sal tem a mesma relação com a Lua.) Ele não menciona no entanto síntese alguma deste gênero[48]. O Sol e a Lua fornecem as sementes que são semeadas na terra (= Mercúrio). Os quatro planetas restantes constituem o tronco. Os quatro que são reunidos num só indicam a tetrasomia da alquimia grega, onde eles representam os metais que correspondem aos planetas: chumbo, zinco, ferro e cobre[49]. Greverus, em seu processo de henosis (unificação, reunião), tal como Michael Maier[50] compreendeu muito bem, não tem mais por objeto as três substâncias paracélsicas fundamentais, mas a antiga tetrasomia, que ele compara em sua conclusão à "individua unio sanctae Trinitatis"[51]. A tríade Sol, Lua e Mercúrio é nela o ponto de partida; de certa forma é o material inicial, enquanto significa a semente da árvore e a terra na qual ela é se-

---

48. Ele menciona, no entanto "aurum, argentum et mercurius" como ingredientes iniciais que devem ser preparados, isto é, purificados, "ut vulgaria (fiant) physica" (!) (para que os metais vulgares se tornem físicos), expressão em que "physica" significa "non vulgi", isto é, simbólicos (Op. cit., p. 786).

49. BERTHELOT. *Les Origines de l'alchimie*, p. 59.

50. Cf. § 355, nota 41 deste tratado.

51. Op. cit., p. 909 (unidade indivisa da Santa Trindade).

Estudos alquímicos 293

meada. A isto ele denomina a "coniunctio triptativa". Aqui porém se trata de "coniunctio tetraptiva"[52], uma vez que os quatro se unem para formar a "individua unio" (união indivisível). Nós encontramos aqui um exemplo característico do dilema do três e do quatro que, como se sabe, desempenha um papel importante na alquimia, sob o nome de *Axioma de Maria Profetisa*[53].

C. A tetrassomia

Na tetrassomia trata-se da redução, isto é, da síntese de um quatérnio de opostos em uma unidade. Já os nomes dos planetas indicam dois benéficos (♃ e ♀) e dois nefastos (♄ e ♂); portanto, duas díades, tal como ocorre com frequência na quaternidade alquímica[54]. Zósimo formula de modo semelhante a maneira pela qual deve ser realizada a transformação necessária para a preparação da tintura: "Il vous faut une terre formée de deux corps et une eau formée de deux natures pour l'arroser. Lorsque l'eau a été mélangée à la terre..., il faut que le soleil agisse sur cette argile et la transforme en pierre. Cette pierre doit être brûlée et c'est la combustion qui fera sortir le secret de cette matière, c'est à dire, son esprit, lequel est la teinture[55] recherchée par les philosophes"[56]. Como o texto indica, a síntese consiste na reunião de uma

358

---

52. "Triptativa coniunctio: id est, trinitatis unio fit ex corpore, spiritu et anima... Sic ista trinitas in essentia est unitas: quia coaeternae simul sunt et coaequales. Tetraptiva coniunctio dicitur principiorum correctio" (Conjunção triptativa: isto é, a união da trindade é feita de corpo, espírito e alma... assim pois esta trindade é unidade em sua essência: pois (as partes) são juntas, iguais e coeternas. A conjunção quádrupla é chamada de aperfeiçoamento dos princípios). Ela é chamada "laudabilissima coniunctio" (a mais louvável das uniões), porquanto engendra a pedra pela união dos quatro elementos [Scala philosophorum. In *Art. aurif.*, II, p. 138].

53. *Psicologia e alquimia*, § 26 e 209.

54. "Et duo [sic] sunt terrae et duae acquae in nostro opere" (E há duas terras e duas águas na nossa obra) [Scala phil. Op. cit., p. 137].

55. Observar aqui que a tintura é um "veneno ígneo e de forma aérea", tal como é dito no Livro de Crates [BERTHELOT. *La Chimie au moyen âge*, p. 67].

56. Op. cit., p. 82 (É preciso uma terra formada de dois corpos e uma água formada de duas naturezas para regá-la. Quando a água foi misturada à terra, é preciso que o sol atue sobre essa argila e a transforme em pedra. Esta pedra deve ser queimada e é a combustão que fará sair o segredo desta matéria, isto é, seu espírito, o qual é a tintura procurada pelos filósofos).

dupla díade. Isto pode exprimir-se com especial clareza em uma outra forma arquetípica da mesma ideia, isto é, no esquema das bodas régias, cujo tipo é o do cross-cousin-marriage[57].

359   A *lapis* é composta geralmente da quaternidade dos elementos, ou seja, da octernidade dos elementos e das qualidades[58]. Do mesmo modo, o mercúrio sempre foi designado como "quadratus" (quadrado), substância arcana através de cuja transformação a *lapis* (ou a meta buscada, qualquer que seja seu nome) é realizada. Assim se diz na invocação ou conjuração feita a Hermes na philtrokatadesmos (filtro de amor) do Astrampsychus: "Teus nomes soam no céu... São os (nomes) nos quatro cantos do céu. Conheço também tuas formas, que são: no Oriente tens a forma de uma íbis, no Ocidente, a forma de um cinocéfalo, ao norte, a forma de uma serpente, mas ao sul tens a forma de um lobo. Tua planta é a vinha[59], que aqui é a oliva[60]. Conheço também tua madeira: é o ébano (ἐβεννίνου)" etc.[61]

360   Mercurius, o quádruplo, é também a árvore, ou seja, seu "spiritus vegetativus". O Hermes helenístico é, por um lado, um deus que abarca todas as coisas, tal como indicam os atributos acima mencionados, e por outro lado, enquanto Hermes Trismegisto, a principal autoridade dos alquimistas. As quatro formas de Hermes no helenismo egípcio são claramente derivações dos quatro filhos de Hórus. Já nos *Textos das pirâmides* (V e VI dinastias) encontra-se a menção de

---

57. Cf. a respeito: "Die Psychologie der Übertragung" ("Psicologia da transferência"), cap. II.

58. Frio-seco, seco-úmido.

59. "Vitis" (a vinha) é a árvore filosófica até a alquimia tardia. "Vindemia" (a vindima) designa a opus. Uma citação de Ostanes (relatada por Zósimo em BERTHELOT. *Alch. grecs*, III, VI, 5, p. 121-129) diz: Ἀπάθλιψον τὴν σταφυλήν (Espreme a uva). "[...] sanguis hominis, et succus uvae rubeus est ignis noster" (o sangue do homem e o suco vermelho da uva constituem nosso fogo). [HOGHELANDE. De alchemiae difficultatibus. In: *Theatr, chem.*, 1602, I, p. 202] "Uva Hermetis" = acqua permanens [RULANDUS. *Lex. alch.*, v. v. "uvae", p. 463]. Sobre a "vitis vera" v. a interpretação, em *Aurora consurgens* [*Art. aurif.*, I, p. 186]. "Vinum" é um sinônimo frequente de acqua permanens. Ἑρμῆς βοτρυχίτης = vinhateiro [BERTHELOT. *Alch. grecs.*, VI, V, 3, p. 404].

60. A oliva equivale à uva, por ser igualmente espremida e pelo fato de seu suco ser tão precioso como o da uva.

61. PREISENDANZ. *Papyri graecae magicae*, II, p. 45s.

Estudos alquímicos

um deus de quatro faces[62]. Estas referem-se às quatro direções do céu, isto é, o deus vê tudo. No capítulo CXII do *Livro dos mortos* aparece provavelmente o mesmo deus, como o carneiro de Mendes, dotado de quatro cabeças[63]. O Hórus originário, que representava a face do céu, tinha cabelos longos, que caíam sobre seu rosto. Estas mechas de cabelos estavam em relação com as quatro colunas de Shu que sustentava a lâmina quadrangular do céu. Mais tarde estabeleceu-se uma relação entre as quatro colunas e os quatro filhos de Hórus, que substituíram os antigos deuses das quatro direções do céu. Hapi correspondia ao norte, Tuamutef ao oriente, Amset ao sul e Qebhsennuf ao ocidente. Eles desempenham um grande papel no culto dos mortos, e montam guarda à vida do morto no mundo subterrâneo. Os dois braços do morto eram ligados a Hapi e a Tuamutef e suas duas pernas a Amset e a Qebhsennuf. Os quatro formam duas díades, tal como se depreende igualmente do *Livro dos mortos*[64]. A quaternidade geralmente é um *leitmotiv* do ritual funerário, quatro homens carregam o sarcófago com os quatro canopos, quatro animais são sacrificados a há quatro vasos ou instrumentos de cada espécie; as fórmulas e as preces são repetidas quatro vezes etc.[65] Vê-se claramente através disso que a quaternidade era especialmente para os mortos: os quatro filhos de Hórus deviam cuidar no sentido de que a quaternidade, isto é, a totalidade do morto, fosse assegurada. Hórus havia engendrado seus filhos com sua mãe Ísis. O tema do incesto, que passa para a tradição cristã e alcança até o fim da Idade Média, inicia-se pois na Alta Antiguidade do Egito. Uma imagem muitas vezes retomada mostra os filhos de Hórus de pé sobre um lótus, frente a seu avô Osíris; Mestha[66] tem cabeça humana, Hapi, uma cabeça de

---

62. Texto Pepi I: "Homage to thee, O thou who hast four faces which rest and look in turn upon what is in Kenset...!" (Louvado sejas, ó tu, que tens quatro faces ora para repousar, ora para olhar em torno, o que Kenset é!) [BUDGE. *The Gods of the Egyptians*, I, p. 85]. Kenset é o primeiro nomos (Gau) do Egito, o lugar da primeira catarata [Op. cit., II, p. 42].

63. Fig. Op. cit., II, p. 311.

64. (Eis que Hórus disse a Rá: "Dá-me dois irmãos divinos na cidade Pe e dois irmãos divinos na cidade Nekhen, que saíram de meu corpo") [Op. cit., I, p. 497 e 210].

65. Op. cit., I, p. 491.

66. Forma tardia de Amset.

296   Obra Completa — Vol. 13

macaco, Tuamutef, uma cabeça de chacal e Qebhsennuf, uma cabeça de aço.

361   A analogia com a visão de Ezequiel (1 a 10) salta aos olhos. Nesta última são os quatro querubins que deveriam ser considerados como figuras humanas. Cada querubim tem quatro faces, respectivamente a de um homem, de um leão, de um touro e de uma águia. Como no caso dos filhos de Hórus, uma quarta parte é humana e três quartas partes são animais, o que deve estar em conexão com a meta mágica da fórmula[67].

362   Correspondendo à tendência egípcia de multiplicar o quatro por quatro acima constatado, há na visão de Ezequiel 4 x 4 faces[68]. Além disso, a cada querubim é atribuída uma roda. As quatro rodas foram interpretadas em comentários posteriores como Merkabah, o "carro"[69], de acordo com *Ezequiel* 43,3, onde o próprio profeta compreende as rodas como sendo o carro. Em correspondência com as quatro colunas de Shu e com os quatro filhos de Hórus enquanto deuses dos pontos cardeais, que sustentam a lâmina do corpo celeste, há sobre a cabeça dos querubins "uma lâmina firme, brilhante como um cristal espantoso" (1,22). Em cima ficava o trono daquele que se assemelhava a um homem" (1,26), correspondendo a Osíris, o qual, auxiliado por Hórus e Seth (mais antigos), escalara o disco celeste.

363   As quatro asas dos querubins lembram os gênios femininos alados do sarcófago do faraó. Cada filho de Hórus tinha uma figura feminina correspondente, cuja função protetora era como a dos primeiros. Os querubins representam igualmente gênios protetores, como se depreende de *Ezequiel* 28,14.16[70]. O significado apotropaico da quaternidade revela-se aqui pelo fato de que *Ezequiel* (l. c., 9,4), por

---

67. A cabeça humana única significa o aspecto consciente, isto é, de uma função da psique individual. Hórus, enquanto Sol levante, é o iluminador; a visão de Ezequiel indica igualmente uma iluminação. A magia, pelo contrário, pressupõe sempre, para ser eficaz, o estado de *inconsciência*. Isto poderia esclarecer a ausência de rostos humanos.

68. Cf. o simbolismo do si-mesmo, cuja totalidade é caracterizada por quatro quaternidades [*Aion*, cap. XIV, 5].

69. Na Índia, os antigos pagodes são carros de pedra sobre os quais os deuses estão sentados. Em Dn 7,9, o ancião está sentado num trono (carro).

70. "Com um querubim protetor que te dei por companheiro" etc.

Estudos alquímicos   297

ordem do Senhor, deve traçar uma "cruz" na fronte dos justos, para
preservá-los do castigo. A cruz é manifestamente o sinal de Deus que
tem o atributo da quaternidade. A cruz caracteriza *seus* protegidos.
Enquanto atributo de Deus e em si mesma, a quaternidade e também
a cruz significam a *totalidade*. Paulino de Nola diz:

...qui cruce dispensa per quattuor extima ligni
quattuor adtingit dimensum partibus orbem,
ut trahat ad vitam populos ex omnibus oris.
Et quia morte crucis cunctis deus omnia Christus
extat in exortum vitae finemque malorum,
alpha crucem circumstat et ω, tribus utraque virgis
littera diversam trina ratione figuram
perficiens, quia perfectum est mens una, triplex vis[71].

No simbolismo espontâneo do inconsciente, a cruz, enquanto   364
quaternidade, está relacionada com o si-mesmo e, portanto, com a
totalidade do homem[72]. O sinal da cruz portanto é uma alusão ao efeito salutar da totalidade, ou da realização da totalidade.

Na visão de Deus, tal como ocorre a Daniel, também aparecem   365
quatro animais, sendo que o primeiro, cuja aparência é a de um leão,
"está de pé nas duas patas traseiras como se fosse um homem, e lhe
foi dado um coração de homem". O segundo animal se assemelha a
um urso, o terceiro, a uma pantera e o quarto a um animal de rapina,
com chifres e aparência monstruosa[73]. Só a postura singular do leão
lembra a quarta parte humana do tetramorfo. Mas os quatro animais
são rapaces, isto é, funções psíquicas que sucumbiram aos apetites,
perdendo seu caráter angélico e se tornaram demoníacas, no mau
sentido da palavra. Trata-se do aspecto negativo e destrutivo dos
quatro anjos de Deus, que formam seu contorno mais próximo, tal
como diz o *Livro de Henoc*. Trata-se de uma regressão, e não de uma

---

71. *Carmina*, XVIII versos 640s., p. 140 (graças à cruz que se estende em quatro braços, (Ele) atingiu as quatro partes do universo a fim de trazer à vida os povos de todos
os países. E porque Cristo, através da morte na cruz, tornou-se todas as coisas em todos, para que a vida surgisse e o mal tivesse um fim, o alfa e o ômega postos lado a lado
na cruz, cada letra formando uma figura composta de três traços, porque o perfeito é
um em sua tríplice força).

72. Cf. as minhas explanações em "O simbolismo do mandala".

73. Dn 7,4s.

questão de magia, mas da transformação de seres humanos, isto é, de alguns indivíduos poderosos em demônios. Segundo essas indicações, os quatro animais significam quatro reis da terra. Entretanto, a interpretação continua (7,18): "Aqueles que receberão o Reino são os santos do Altíssimo, e eles possuirão o Reino para sempre a por toda a eternidade". Esta interpretação surpreendente provém, como a inteligência atribuída ao leão, da aparição positiva dos quatro e se relaciona com um estado bem-aventurado e protegido do mundo, no qual quatro seres angélicos protetores exercem a autoridade no céu e quatro reis justos, sobre a terra, onde os santos possuem o Reino. Mas este estado está em vias de desaparecer, pois, no outro extremo da série dos quatro, o quarto animal tomou formas monstruosas; ele tem dez cornos do poder e representa um quarto reino que "devorará toda a terra", isto é, uma avidez monstruosa de poder reconduzirá a quarta parte humana à inconsciência. Infelizmente, trata-se de um fenômeno psicológico que pode ser observado muitas vezes no domínio intelectual e também no coletivo. Ele repetiu-se um número infinito de vezes na história da humanidade.

366   Além de Daniel e Henoc, a tetrassomia dos filhos de Deus penetra cedo no mundo cristão das representações. É aos autores dos três evangelhos sinóticos e a João, o único, que os símbolos dos querubins são atribuídos como emblemas. Os quatro evangelhos são de algum modo as colunas do trono de Cristo e o tetramorfo torna-se na Idade Média a cavalgadura da Igreja. Mas a especulação gnóstica interessou-se pela quaternidade de um modo todo especial. Tão vasto é este tema que não podemos tratá-lo aqui mais detalhadamente. Contentar-me-ei em atrair a atenção sobre a sinonímia de Cristo, do logos e de Hermes[74] e sobre a origem de Jesus ligada à "segunda tétrade"[75], entre os valentinianos. "Assim, em sua divisão quádrupla, nosso senhor conserva a forma da santa tetraktys e se compõe: 1. do espiritual, que provém de Achamoth; 2. do psíquico, que provém do criador do mundo; 3. do corpo preparado com uma arte inefável; 4. do divino, o salvador"[76].

---

74. HIPÓLITO. *Elenchos*, V, 7, 29, p. 85.
75. Op. cit., VI, 51, p. 183.
76. USENER. *Das Weihnachtsfest*, p. 149.

Estudos alquímicos   299

A tetrasomia alquímica e sua reunião na unidade tem pois uma   367
longa pré-história que precede a tetraktys pitagórica, até a Antiguidade egípcia. Segundo os dados, é fácil compreender que estamos em
presença do arquétipo de uma imagem da totalidade dividida em
quatro. As representações que disso decorrem são sempre de natureza central; elas caracterizam pois figuras divinas e transportam o caráter destas para as matérias misteriosas da alquimia.

Uma psicologia empírica não tem que especular sobre a significa-   368
ção metafísica possível deste arquétipo. Ela somente pode indicar
que nas produções psíquicas espontâneas, como sonhos, fantasias
etc., é o mesmo arquétipo que opera e que faz aparecer novamente,
de modo autóctone em princípio, as mesmas figuras, os mesmos significados, as mesmas apreciações. Todo homem que olhar sem preconceitos a série de imagens individuais da árvore acima apresentadas pode convencer-se da exatidão de minhas conclusões.

D. *Sobre a imagem da totalidade na alquimia*

Após esta incursão na história da quaternidade hermética, volte-   369
mos à indagação acerca das imagens alquímicas da totalidade que repousam sobre a tetrassomia.

Um dos arcanos mais frequentes e importantes é a chamada "aqua   370
permanens" a ὕδωρ θεῖον dos gregos. Esta constitui, segundo os testemunhos concordantes da antiga e nova alquimia, um aspecto do Mercurius, e Zósimo diz acerca desta "água divina", em seu fragmento
Περὶ τοῦ θείου ὕδατος: "Este é o grande e divino mistério, aquele que
é buscado. Com efeito, é o Todo (τοῦτο γάρ ἐστι τὸ πᾶν). O Todo
vem dele e mediante ele. Duas naturezas, uma essência (οὐσία). E a essência una atrai a una. E a una domina a una. Esta é a água de prata, o
homem-feminino que sempre foge... Ele não é dominado. É o Todo
em todos. Ele tem vida e espírito e é destrutivo (ἀναιρετικόν)"[77].

No que se refere ao significado central da "aqua permanens", re-   371
meto o leitor a meus trabalhos prévios[78]. A "água" é tanto o arcano
da alquimia quanto o "Mercurius", a "lapis", o "filius philosopho-

---

77. BERTHELOT. *Alch. grecs*, III, IX, ls., p. 143s.-146. Acerca do "destrutivo", v. acima a tintura venenosa.

78. *Psicologia e alquimia*, § 336s.

rum" etc. Ela é, do mesmo modo que eles, a imagem da totalidade e, como se depreende da citação de Zósimo, ela já o era na alquimia grega do século III d.c. Nosso texto é inequívoco a este respeito: a água é o Todo. Ela é a ἀργύριον ὕδωρ, isto é, *hydrargyrum*, o mercúrio, mas não a ὕδωρ ἀεικίνητον (a água que sempre se move), isto é, o mercúrio comum que a alquimia latina distingue enquanto "mercurius crudus", do "Mercurius non vulgi". Em Zósimo, como sabemos, o "mercúrio" é um πνεῦμᾳ (espírito)[79].

372   O "Todo" de Zósimo é um microcosmo, isto é, o todo ou a totalidade (τὸ πᾶν) no menor ponto material, e ele se encontra em todas as coisas animadas ou inanimadas. E, uma vez que a microcosmo é idêntico ao macrocosmo, o primeiro atrai o segundo, o que opera a realização de uma espécie de apokatastasis, um restabelecimento de tudo o que é isolado na totalidade originária. Deste modo, "cada grão de trigo e todo metal se torna ouro", como diz mestre Eckhart, e o pequeno indivíduo humano se torna o "grande homem", o "homo maximus" ou anthropos, isto é, o si-mesmo. A transmutação alquímica em ouro em seu sentido físico corresponde, em sentido moral, ao autoconhecimento, que significa uma reminiscência da totalidade do homem[80]. Assim, por exemplo, Olimpiodoro já dissera, citando o conselho de Zósimo a Teosebeia: "Repousa teu corpo e sossega tuas paixões e enquanto te voltas para ti mesmo, chamarás a ti o divino, e em verdade o divino, que está em toda parte[81], virá a ti. Se te conheceres a ti mesmo, conhecerás também o verdadeiro Deus único"[82]. Em concordância com isto, Hipólito diz em sua interpretação da doutrina cristã: "E estarás na sociedade de Deus, coherdeiro de Cris-

---

79. BERTHELOT. Op. cit., III, VI, 5, p. 129s. Cf. ainda "O espírito Mercurius", § 264s.

80. Ver a respeito minha exposição detalhada em *Aion*, § 250s.

81. O texto imediatamente anterior observa que "Deus está em toda parte" e "não nos lugares mínimos, como um demônio" (οὐκ ἐν τόπῳ ἐλαχίστῳ, ὡς τὸ δαιμόνιον). Assim é ressaltada a natureza ilimitada como caráter da divindade, em oposição à limitação (local) do demônio. O microcosmo seria assim compreendido sob o conceito de demônico e isto significaria psicologicamente que o eu, por seu extremo isolamento e por sua separação de Deus, seria candidato a demônio, pois o egocentrismo acentua sua independência em relação a Deus. Neste caso, com efeito, o dinamismo divino do si-mesmo, que é idêntico ao do todo (πᾶν), é colocado a serviço do eu, e este último é demonizado. Assim se explica a personalidade sugestiva e mágica desses personagens históricos que Jacob Burckhardt denominou "os grandes destruidores". Exempla sunt odiosa! (Os exemplos são odiosos!)

82. BERTHELOT. Op. cit., II, IV, 26, p. 90s. Olimpiodoro viveu no início do século V d.C.

Estudos alquímicos   301

to... Pois te tornaste Deus (γέγονας γὰρ θεός). Os sofrimentos que,
como homem, tiveste que suportar, tu os deste, uma vez que és homem, mas aquilo que provém da divindade, isso ordenou-te Deus
que o dês, porque foste tornado Deus (θεοποιηθῆς) e engendrado
(γεννηθείς) como imortal. É o "conhece-te a ti mesmo" (τὸ γνῶθι
σεαυτόν), isto é, o reconheceres o Deus que te fez. Pois conhecer-se a
si mesmo coincide com o fato simultâneo de ser conhecido por Deus,
por parte daquele que foi chamado por Ele"[83].

O tratado de Jodocus Greverus deu-me a ocasião de tocar as vas-   373
tas ramificações que o significado da árvore possui, e achei oportuno
colocar esses aspectos gerais antes de explanar a discussão da árvore
alquímica. Tal orientação geral visa ajudar o leitor a não perder de vista o conjunto, no inevitável emaranhado das opiniões e fantasias alquímicas. Infelizmente, a explanação não é facilitada pela citação de numerosos paralelos tirados de outros domínios da história do espírito.
Mas não poderíamos omiti-los, pois as concepções alquímicas provêm
em grande parte de pressupostos arquetípicos inconscientes, que fun-
damentam também representações de outros domínios do espírito.

E. Sobre a natureza e a origem da árvore filosófica

Em meu livro *Psicologia e alquimia* dediquei um capítulo espe-   374
cial à projeção dos conteúdos psíquicos (alucinações, visões etc.) e
portanto não há necessidade, neste contexto, de voltar à questão da
origem espontânea do símbolo da árvore filosófica entre os alquimistas. O adepto vê ramos e galhos dentro da retorta[84], onde sua árvore
cresce e floresce[85]. Ele é aconselhado a contemplar este crescimento,
isto é, a ajudá-lo por meio da imaginação ativa. A visão é "quaeren-

---

83. HIPÓLITO. *Elenchos*, X, 34, 4, p. 293.

84. "Cum corpus fuerit solutum, apparebunt aliquando rami duo, aliquando rami tres,
aliquando plures" (Quando o corpo for dissolvido, aparecerão ora dois ramos, ora três,
ora mais ainda...) [HOGHELANDE. De alch. diff. In: *Theatr. chem.*, 1602, I, p.165].

85. "[...] ut in vitro vescet in modum arboris", "in suo vitro fecit crescere in altum cum
floribus discoloratis" (a fim de que ele a nutra no (vaso de) vidro, à maneira de uma árvore", "e a faça crescer em sua retorta para o alto com flores de várias cores")
(RIPLAEUS. *Opera*, p. 86). "[...] arbor philosophica ramis suis floruit" (os ramos da
árvore filosófica florescem) [Introitus apertus. In: *Musaeum hermeticum*, p. 694].

da" (a ser buscada)[86]. A árvore é "preparada" como o sal[87]. A árvore cresce na água e também nela se putrefaz; é "queimada" ou "refresca-da"[88] com água. É designada carvalho[89], vinha[90] e mirto. Djabir ibn Hayyan diz acerca do mirto: "Deveis saber que o mirto é a folha e a haste: é a raiz sem ser uma raiz. É ao mesmo tempo uma raiz e um ramo. Quanto a ser uma raiz, sem dúvida o é, se a opusermos às folhas e aos frutos. Ela é separada do tronco e faz parte das raízes profundas". O mirto é "(o) que Maria[91] chama os degraus de ouro; Demócrito o chama de pássaro verde... Assim foi chamado por sua cor verde e porque é semelhante ao mirto, uma vez que conserva por muito tempo a sua cor verde, apesar das alternativas de frio a de calor"[92]. Ele tem sete ramos[93].

---

86. "Lilii auctor Senior dicit visionem eius (vasis) magis quaerendam quam scriptu-ram" (!) (Senior, o autor do 'Lilium' diz que a visão deve ser mais buscada do que a es-critura) [HOGHELANDE. Op. cit., p. 199]. Cf. tb. *Psicologia e alquimia*, § 357s.

87. Depois de uma descrição da praeparatio salis. "Sal et arbor fieri potest in humido commodoque aliquo loco" (Sal e árvore podem ser feitos em qualquer lugar úmido e cômodo) [Gloria mundi. In: *Mus. herm.*, p. 216].

88. RIPLAEUS. *Opera*, p. 39 e 46. • Tractatus aureus. In: *Mus. herm.*, p. 39.

89. RIPLAEUS. Op. cit., p. 46.

90. "Vitis arborea", em *Ripley Scrowle* (British Museum, Ms. Sloane 5025), "An igno-ratis quod tota divina pagina parabolicè procedit? Nam Christus filius Dei modum ser-vavit eundem et dixit: Ego sum Vitis vera" (Não sabeis que toda a divina Escritura pro-cede por parábolas? Pois Cristo, o Filho de Deus, usou o mesmo modo de falar e disse: Eu sou a verdadeira Vinha) [Aurora consurgens. In: *Art. Aurif.*, I, p. 186]. "Vitis sapi-entum" [Op. cit., p. 193; e Tract. Aureus. In: *Theatr. chem.*, 1613, IV, p. 695].

91. Trata-se de Maria, a profetisa, a judia.

92. "Sachez que le myrte c'est la feuille et la tige; c'est une racine sans être une racine. C'est à la fois une racine et une branche. Quant à être une racine, c'est une racine sans contredit, si on l'oppose aux feuilles et aux fruits. Elle est détachée du tronc et fait partie des racines profondes". O mirto é "ce que Marie appelle les échelons de l'or; que Democrite nomme l'oiseau vert... On l'a nommée ainsi à cause de sa couleur verte et parce qu'elle est pareille au myrte, en ce qu'elle conserve longtemps sa couleur ver-te, malgré les alternatives de froid et de chaleur". Alusão à "benedicta viriditas" (o ver-de abençoado) da alquimia latina. Isto concorda com a imortalidade e com a incorrup-tibilidade do fruto da árvore [Le Livre de la concentration. In: BERTHELOT. *Chimie au moyen age*, III, p. 214s.].

93. "Galenus dixit: De arbore philosophica quae septem ramos habet..." (Galeno falava da árvore filosófica que tem sete ramos) [Aurora consurgens. In: *Art. Aurif.*, I, p. 222].

Estudos alquímicos   303

Dorneo diz acerca da árvore: 375

Depois que a natureza plantou a raiz mineral da árvore no meio de sua
matriz, isto é, a pedra que deve produzir os metais, a pedra preciosa, o sal, o
alume, o vitríolo, a fonte de água salina, a doce, a fria ou a quente, a árvore
de coral ou marcassita[94] e colocou sua haste na terra, esta haste dividiu-se em
ramos distintos, cuja forma de substância, (isto é), a da haste e dos ramos, é
um líquido, não da natureza da água, nem do óleo, nem da úmida argila[95],
nem de uma mucosidade, e não se deve pensar em nada de diverso da madeira
nascida da terra e que, não sendo terra, provém dela. Os ramos se estendem
mesmo a tal ponto, que um é separado do outro por um intervalo de dois ou
três climas, e também por um grande número de regiões: da Alemanha até a
Hungria, e mesmo além. Deste modo, os ramos de diferentes árvores se ramificam em todo o globo terrestre, tal como no corpo humano as veias se estendem nos vários membros separados uns dos outros.

Os frutos desta árvore caem, a própria árvore morre e desaparece na
terra. Depois do que, segundo a condição natural, uma outra (árvore) já lá
está, nova[96].

Dorneo esboça neste texto uma imagem extraordinária do nasci-   376
mento, da expansão, da morte e do renascimento da árvore filosófica, cujos ramos que atravessam a terra são "veias" (*venae*), cortados
no entanto em lugares da crosta terrestre, afastados uns dos outros,
todos porém pertencendo à mesma árvore de um porte extraordinário, e da qual parece haver vários exemplares. A árvore é obviamente
imaginada segundo o sistema dos vasos sanguíneos. Em primeiro lugar, ela mesma consiste de um líquido semelhante ao sangue que, ao
derramar-se, morre, se coagula, isto é, endurece, como os frutos de
uma árvore[97]. É digno de nota que já na antiga tradição persa os me-

---

94. "Marcasita est materia metallica immatura" (Marcasita é matéria metálica imatura)
[RULANDUS. *Lex. alch.*, v. v., p. 318]. Quimicamente, é o nome genérico de diversas pi-
ritas [VON LIPPMANN. *Entstehung und Ausbreitung der Alchemie*, I e II, v. v. Markasit].

95. Lutum é o gipso ou a argila; esta última era usada, misturada com cabelos para ve-
dar as tampas dos recipientes [VON LIPPMANN. Op. cit., I, p. 663].

96. De genealogia mineralium. In: *Theatr. chem.*, 1602, p. 652s. A última frase diz o
seguinte: "[...] postmodum iuxta naturae conditionem adest alia recens" (scl. arbor).

97. "Momentanea fit ipsorum (scl. fructuum) coagulatio" [Momentaneamente se fez
com eles (os frutos) uma coagulação] (Op. cit., p. 652). Os "fructus" são "per extremi-
tates locustarum ab ultimae natura materiae protrusi" [Os frutos nascem a partir da
natureza da matéria última através das extremidades dos ramos]. "Locustae" são os re-
bentos da extremidade dos ramos [cf. RULANDUS. Op. cit., v. v., p. 307]. A forma lo-
custa dos manuscritos parece apoiar-se em "lucus" (bosque sagrado) [WALDE. *Lateinisches Wörterbuch*, p. 438].

tais eram relacionados com o sangue de Gayomard: o sangue do herói, correndo na terra, se transformava nos sete metais[98].

377   Dorneo acrescenta à descrição da árvore uma breve consideração que exponho ao leitor, uma vez que ela proporciona uma ideia significativa de um pensamento alquímico clássico em seu gênero. O autor escreve:

"Esta e outras semelhantes (isto é, a descrição da árvore) provêm da verdadeira 'física' e das fontes da verdadeira filosofia, das quais nascem, mediante a contemplação meditativa, obras admiráveis de Deus: o verdadeiro conhecimento do autor supremo e de seus poderes no entendimento e nos olhos espirituais dos filósofos, não menos claramente que a luz se manifesta a seus olhos carnais. Para eles (os olhos), o oculto se torna manifesto. Mas o satã grego semeou no campo filosófico da verdadeira sabedoria o joio[99] e suas falsas sementes: Aristóteles, Alberto, Avicena[100], Rasis[101] e esta espécie de homens, inimiga da luz de Deus e da luz da natureza, deturpou toda a sabedoria física, a partir do momento em que trocaram o nome de sofia pelo de filosofia"[102].

378   Dorneo é platônico e adversário fanático de Aristóteles e, como é fácil constatar, de todos os empiristas orientados para as ciências naturais. Sua posição corresponde em linhas essenciais àquela que Robert Fludd adota contra Johannes Kepler[103]. No fundo, trata-se da velha querela dos universais, da oposição entre realismo e nominalismo e que em nossa época científica quase se resolveu na direção nominalista. Enquanto que o ponto de vista das ciências naturais se esforça por explicar a natureza a partir dela mesma, à base de um empirismo cuidadoso, a filosofia hermética tem por meta uma descrição e explicação que englobam a psique, isto é, uma concepção totalizante da natureza. O empirista procura da melhor maneira possível esquecer seus princípios arquetípicos de explicação e seus pressupostos

---

98. Cf. § 268, nota, deste volume.

99. Lolium tremulentum I.

100. Ibn Sina (980-1037), médico e adversário da alquimia.

101. É também o assim chamado Razes ou Rhazes, Abu Bekr Muhammed Ben Zakeriya er-Râsi (* 850 ou 860, † 925), do Iraque, médico e alquimista. No Ocidente são conhecidos as "Brevia excerpta ex libro luminis luminum". In: LACINIUS. *Pretiosa margarita novella*, p. 167s.

102. *Theatr. Chem..*, 1602, I, p. 653.

103. Cf. PAULI. *Der Einfluss archetypischer Vorstellungen auf die Bildung naturwissenschaftlicher Theorien bei Kepler*, p. 147s.

Estudos alquímicos 305

psíquicos indispensáveis ao processo de conhecimento, recalcando-os em benefício de sua "objetividade científica". Mas a filosofia hermética, pelo contrário, considera os pressupostos psíquicos, isto é, os arquétipos, como sendo as componentes inelutáveis da imagem do mundo empírico. Ele ainda não foi absorvido pelo objeto a ponto de perder de vista a presença de seu pressuposto psíquico sensível sob a forma de ideias eternas, sentidas como reais. O empirista nominalista, pelo contrário, já tem a atitude moderna frente à psique e acha que esta pode e deve ser afastada como algo de "subjetivo", uma vez que seus conteúdos não são mais do que conceitos formulados ulteriormente – *flatus vocis*. Por isso ele espera poder criar uma imagem do mundo que seja em todos os sentidos independente do observador. Tal esperança só em parte foi realizada no decorrer da história, tal como foi provado pelos resultados das pesquisas da física moderna: finalmente, o observador não pode ser afastado, isto é, o pressuposto psíquico permanece atuante.

Ora, em Dorneo vê-se com toda clareza como o arquétipo da árvore, que encerra a ramificação dos galhos, dos vasos sanguíneos e dos filões metálicos, se projeta sobre os dados empíricos, engendrando uma visão quase totalitária que abarca o conjunto da natureza morta e viva, indo mais longe ainda, até o mundo "espiritual". O fanatismo com o qual Dorneo defende seu ponto de vista permite reconhecer que, torturado pela dúvida interior, ele combate como uma sentinela perdida. Nem ele nem Fludd puderam deter o curso das coisas, e atualmente observamos que são precisamente os representantes da pretensa objetividade a se defenderem, com uma afetividade semelhante, contra uma psicologia que põe em evidência o caráter inelutável da pressuposição psíquica.

379

F. A interpretação da árvore em Gerardo Dorneo

Após esta digressão que não foi de todo inútil, voltemos à interpretação da árvore em Dorneo. Em seu tratado *De transmutationibus metallorum*, ele escreve:

380

Somente devido à semelhança e não à substância, os filósofos compararam sua matéria a uma árvore de ouro de sete ramos porque pensam que ela contém os sete metais em sua semente e que (aqueles) nesta última permanecem escondidos; é por este motivo que qualificam a árvore como viva (vege-

306   Obra Completa — Vol. 13

tabilem). Depois, da mesma maneira pela qual as árvores naturais produzem
no tempo certo uma floração abundante, a matéria da pedra manifesta as
mais belas cores, no momento em que suas flores[104] se tornam visíveis[105]. Disseram também que o fruto de sua árvore se esforça por alcançar o céu, porque uma determinada matéria ou a ramificação de uma esponja[106], semelhante à terra (terra similitudine), se ergue da terra filosófica. Por isso achavam
que o ponto em torno do qual toda a arte (alquímica) gira se acha nas produções vivas da natureza (in vegetabilibus naturae) e não nos aspectos vivos da
matéria; além disso achavam que sua pedra continha alma, corpo e espírito,
como os seres vivos (vegetabilia). A partir de uma semelhança que não é muito distante, eles denominavam essa matéria leite de virgem e sangue abençoado de cor rosa, ainda que tal designação convenha somente aos profetas a filhos de Deus. Por este motivo, os sofistas supunham que a matéria filosófica
era composta de sangue animal ou humano[107].

381   Dorneo enumera então todas as substâncias com as quais o mal
aconselhados (frivolis nugis seducti) operaram, tais como a urina, o
leite, ovos, cabelos e todas as espécies de sais e metais. Estes "sofistas" tomam as designações simbólicas num sentido concreto e procuram estabelecer o magistério a partir dessas substâncias impróprias.
São evidentemente os químicos daqueles dias que, por um equívoco
concretista, manipulavam substâncias usuais, enquanto os filósofos
diziam que sua pedra era animada porque (ela), nas últimas operações,
graças à força desse nobre mistério ígneo, exsudava um líquido escuro
(obscurus) e vermelho, semelhante ao sangue, gota a gota, de sua matéria
e de seu vaso. Por este motivo, eles predisseram que nos últimos tempos
um homem puríssimo[108], pelo qual o mundo seria libertado, viria sobre a

───────────────────────────────

104. Cf. o despertar dos mortos no Hades, os quais crescem como flores na primavera.
Traktat des Komarius. In: BERTHELOT. *Alch. grecs*, IV, XX, 9, p. 281-293.

105. Alusão às "multi colores" da assim chamada cauda pavonis (cauda do pavão), fenômeno que anuncia, como a aurora, a consecução da meta.

106. "Spongia marina", a esponja do mar. O cogumelo é seu equivalente terrestre. A
esponja podia ouvir e era dotada de inteligência. Quando arrancada, derramava um
suco sangrento. Isso lembra o grito da mandrágora ao ser desenraizada ("[...] quando
evelluntur a suis locis, audietur et erit rumor magnus" [quando era arrancada do lugar
em que estava, podia-se ouvi-la e grande era o ruído que fazia] CALID. Liber secretorum. In: *Art. Aurif.*, I, p. 343). A planta marinha é essencial (cf. corallus).

107. [Congeries Paracelsicae Chemiae de transmutationibus metallorum. In: *Theatr.
Chem.*, 1602, I, p. 583.]

108. "Putissimus". Putus também pode significar "autêntico" ou "verídico". Argentum putum é "pura" prata. Putus em lugar de purus é significativo.

Estudos alquímicos 307

terra e deixaria gotejar seu sangue de cor rosa ou vermelho, mediante o qual resgataria o mundo de sua queda no pecado. De modo semelhante, o sangue de sua pedra liberta a seu modo os metais leprosos[109] e os homens das doenças contagiosas[110]. É por isso que eles disseram, não sem boas razões, que sua pedra é dotada de uma alma (animalem). Eis por que Mercurius fala o seguinte ao rei Calid: "Conhecer esse mistério só é permitido aos profetas de Deus"[111]; por esta razão a pedra é designada como sendo animada. Com efeito, é no sangue desta pedra que está escondida sua alma. Ela é igualmente produzida pela reunião do corpo, da alma e do espírito[112]. Por um motivo semelhante, eles a chamaram seu microcosmo, pois ela contém a semelhança (similitudinem) de todas as coisas deste mundo e dizem ainda por este motivo que ela é animada (animalem). Apareceram então ignorantes que creem ser a pedra tripla e escondida no tríplice gênero (genere), a saber, vegetal, animal e mineral e daí terem-na procurado nos minerais. Mas este ensinamento (sententia) está muito longe do ensinamento dos filósofos; estes constatam com efeito que sua pedra é uniformemente (uniformiter) vegetal, animal e mineral[113].

---

109. "Leprosa metalla" são metais impuros, óxidos e sais.

110. As doenças dos homens são semelhantes à lepra dos metais. O texto aqui traz o "liberabat", uma vez que se trata de uma predição do adepto, ainda não realizada.

111. A citação não é literal. Podemos ler em Calid [Liber secretorum. Op. cit., p. 325]: "Scias frater, quod hoc nostrum magisterium de lapide secreto et officium honoratum, est secretum secretorum Dei, quod celavit suo populo, nec voluit ullis revelare, nisi illis, qui fideliter tanquam filij meruerunt, et qui eius bonitatem et magnitudinem cognoverunt" (Sabe, irmão, que esse magistério da pedra secreta e esse dever honroso que é o nosso, constitui o segredo dos segredos de Deus, que ele ocultou a seu povo e não quis revelar a ninguém, salvo àqueles que o mereceram fielmente como filhos, e que conheceram sua bondade e sua grandeza). Dorneo vê, não sem razão, naquele que fala, Hermes (Trismegisto), que adverte depois: "[...] discipulus meus, Musa" [meu discípulo Moisés – Op. cit., p. 326]. Moisés, considerado como alquimista, era identificado com Musaios, o mestre de Orfeu.

112. Dorneo deve referir-se aqui a Calid, o qual diz (Op. cit., p.342): "Toma esta pedra, que não é uma pedra, e no entanto é da natureza da pedra. É também uma pedra, cuja substância fundamental é produzida no cume da montanha (in capite montium), e o filósofo quis dizer 'montanha' em lugar de 'ser vivo' (animalia)". A pedra se encontra de certo modo na cabeça de uma serpente ou de um dragão, ou então é ela mesma o "elemento cabeça", como em Zósimo. Montanha do mundo, eixo do mundo, árvore do mundo e "homo maximus" são sinônimos. Cf. para tanto HOLMBERG. Der Baum des Lebens, p. 20, 21 e 25.

113. [Theatr. Chem., 1602, I, p. 584s.]

308   Obra Completa — Vol. 13

382   Este texto notável focaliza a árvore sob uma forma metafórica de
           substância arcana que, enquanto ser vivo, cresce, floresce e dá frutos
           segundo sua própria lei como planta. Esta última é posta em paralelo
           com a esponja marinha que cresce na profundidade do mar e parece
           ter certas relações com a mandrágora (cf. nota anterior). Neste pon-
           to, Dorneo distingue os "vegetabilia naturae" dos que são ligados à
           matéria. Estes últimos, ele os têm claramente por organismos concre-
           tos, materiais. Quanto aos primeiros, é mais difícil discernir do que
           se trata. Uma esponja que sangra e uma mandrágora que grita quan-
           do é arrancada não são "vegetabilia materiae". Elas não se apresen-
           tam na ciência natural, isto é, na natureza tal como nós a conhece-
           mos, mas indubitavelmente têm o seu lugar nessa natureza platônica
           mais vasta, tal como Dorneo a compreende, isto é, numa natureza
           que contém "animalia" psíquicas, ou melhor, mitologemas, arquéti-
           pos. Tais são, com efeito, as mandrágoras e outras plantas semelhan-
           tes. De que modo Dorneo pensou concretamente coisas desse gêne-
           ro, isso permanece obscuro. De qualquer modo, a "pedra que não é
           pedra, nem da natureza da pedra", pertence a essa categoria.

           G. O sangue rosa e a rosa

383   O misterioso sangue "cor de rosa" (rosei coloris, rosaceus) apa-
           rece também em ourtros autores. Em Henrique Khunrath[114], o leão
           trazido para fora da montanha saturnina tem o "sangue cor de rosa".
           Esse leão, enquanto é "omnia; et vincens omnia" (todas as coisas e
           vencendo todas as coisas), corresponde ao πᾶν ou aos πάντα de Zó-
           simo, isto é, à totalidade. Um pouco depois, Khunrath menciona "o
           precioso sangue católico de cor rosa e a água etérica / que corre do
           lado azoticamente[115] aberto / com poder e arte do Filho único do gran-
           de mundo. / Por ele somente / e por nada mais / as coisas vegetais, / ani-
           mais e minerais são elevadas naturalmente e com arte pela ablução de
           suas impurezas / à mais alta perfeição natural"[116].

           ───────────────────────

           114. Confessio. In: *Von hylealischen Chaos*, p. 93 e 196.
           115. Cf. com o esclarecimento do Azoth em "O espírito Mercurius" [§ 271 deste volume].
           116. Op. cit., p. 276.

Estudos alquímicos   309

O "Filho do grande mundo" (*Filius macrocosmi*) constitui um e-   384
quivalente do "filius microcosmi, o Cristo[117], e seu sangue é a "quinta
essentia", a "tinctura" vermelha do "Verus rectusque duplex Mercurius, vel Gigas[118] geminae substantiae[119]... Deus à natura homo heros
etc. qui coelestem spiritum in se habet, qui omnia vivificat... Unicus
perfectusque Salvator omnium imperfectorum corporum et hominum est, verus coelestisque animae medicus... Triuna universalis essentia[120] quae Jehova appellatur"[121].

Não faltou quem sorrisse das irrupções hínicas dos alquimistas   385
(que não são raras), assim como das lamentáveis faltas de bom gosto e
dos voos fantásticos dos mesmos – o que me parece injusto. Trata-se
para eles de algo sério e não se poderá compreendê-los sem tomá-los
a sério, por difícil que isso possa parecer a nossos preconceitos. Os alquimistas não tiveram o propósito de fazer de sua pedra o salvador
do mundo, nem pretenderam envolvê-la em uma quantidade considerável de mitologia conhecida e desconhecida, tal como ocorre em
nossos sonhos. Eles encontravam essas propriedades em sua ideia de
um corpo resultante da reunião dos quatro elementos, unindo as
oposições mais agudas; eles mesmos se espantavam com essa descoberta, do mesmo modo que alguém, sonhando com algo de estranho

---

117. "Christus comparatur et unitur cum lapide terreno... eximius typus et viva Incarnationis Christi imago est" (Cristo é comparado e unido à pedra terrestre... esta é uma
figura excelente e uma imagem viva da encarnação de Cristo) [Aquarium sapientum.
In: *Mus. herm.*, p. 118].

118. Sl 18,6: "Exultavit ut gigans" [Bíblia de Lutero: "alegra-se como um herói"], texto que se refere a Cristo.

119. O texto corresponde a Mt 26. Alude claramente aos v. 26s., e em especial à instituição da Santa Ceia.

120. A "triuna essentia" não é totalmente segura como sendo do anônimo do *Aquarium Sapientum*. Ele escreve: Ela "é a partir do um, uma essência divina, depois, a partir
do dois, de Deus e do homem, isto é, de três pessoas e de quatro, isto é, de três pessoas
e de uma essência divina, como também de cinco, de três pessoas e de duas essências, a
saber, uma divina e outra humana" [*Mus. herm.*, p. 112]. O "filius macrocosmi" parece não ter-se preocupado com o dogma de um modo significativo.

121. Op. cit., p. 111s. "O verdadeiro e justo Mercurius, duplo ou gigante de dupla
substância... Deus, de natureza humana, herói etc., que tem em si mesmo o espírito celeste que unifica todas as coisas... Ele é verdadeiramente o único e perfeito salvador de
todos os corpos imperfeitos e de todos os homens, e o médico celeste da alma... Essência universal triúna, que se chama Jeová."

e impressionante, descobre por acaso um mitologema desconhecido, que corresponde exatamente ao tema de seu sonho. Não era pois de se espantar que atribuíssem à pedra, ou à tintura vermelha, que consideravam verdadeiramente realizáveis, as propriedades que haviam descoberto na ideia de um objeto desta espécie. Podemos pois compreender facilmente certa frase, característica do modo de pensar alquímico. Ela se encontra na mesma página que a citação feita acima. Ei-la: "Do mesmo modo, eu digo que esta pedra terrestre (terrenus) e (!) filosófica possui, com sua matéria, muitos nomes diversos, quase mil, ao que se diz, sendo por isso designada como miraculosa, assim como esses títulos e nomes mencionados acima, afora outros, podem com razão e até no grau mais elevado ser atribuídos ao Deus todo-poderoso e ao Bem Supremo". O autor não pensa de modo manifesto na possibilidade de ter transferido para a pedra os predicados da divindade, tal como nosso preconceito se sente inclinado a fazê-lo.

386   Este estado de fato indica que para os alquimistas a pedra não é nada menos que uma experiência religiosa originária que eles, como bons cristãos, tinham que confrontar e conciliar com sua fé. Foi assim que surgiu esse quiproquó, ao qual não se pode responder sem equívoco, de uma identidade ou de um paralelismo do "filius microcosmi", isto é, o Cristo, com o "filius macrocosmi", relacionado com a "lapis philosophorum" (pedra filosofal).

387   O paralelo Lapis-Christus foi provavelmente a ponte pela qual a mística da rosa penetrou na alquimia. Ela se mostra em primeiro lugar no título *Rosarium* e *Rosarius* (jardineiro das rosas), utilizado pelos tratados. O primeiro "Rosarium" (há uma série deles), publicado em 1550 é, em sua maior parte, atribuído a Arnaldo de Villanova. Trata-se de uma compilação, cujas partes constitutivas ainda não estão historicamente diferenciadas. Arnaldo viveu e atuou na segunda metade do séc. XIII. É-lhe atribuída, além do *Rosarius*, a autoria do *Rosarium cum figuris*. A rosa aqui representa o símbolo da relação entre os personagens régios. O leitor encontrará a este respeito mais detalhes no meu livro *A psicologia da transferência*, onde também estão reproduzidas as figuras do *Rosarium*.

388   O mesmo significado tem a rosa em Mectilde de Magdeburgo (O Senhor lhe disse): "Olha meu coração e vê!" Uma belíssima rosa de cinco pétalas cobria todo o seu peito e o Senhor disse: "Louva-me

Estudos alquímicos   311

nos meus cinco sentidos que são indicados por esta rosa". Tal como
Ele explicou depois, os cinco sentidos são os veículos do amor de
Cristo pelos seres humanos (por exemplo "per olfactum semper habet quandam amatoriam dilectionem erga hominem")[122] (pelo olfato
ele tem uma certa dileção pelo homem).

No domínio religioso a rosa comparece nas alegorias de Maria   389
como "hortus aromatum"[123] (jardim de aromas) e "hortus conclusus"[124]
(jardim fechado), enquanto "rosa mystica"[125]; no domínio profano,
ela é a bem-amada suprema, a rosa dos poetas, dos "fedeli d'amore" de
outrora. Assim como S. Bernardo vê Maria como o "medium terrae"[126] (o meio da terra), Rábano Mauro, como "civitas"[127] (cidade), o
abade Godofredo, como "castellum"[128] (castelo) e "domus divinae sapientiae"[129] (casa da sabedoria divina) e Alano da Ilha a alegoriza como
"acies castrorum"[130] (armada em formação de batalha), a rosa possui
também o significado de um mandala, tal como se vê claramente na
rosa celeste do "Paradiso" de Dante. A rosa, do mesmo modo que o lótus indiano que lhe corresponde, tem um significado marcadamente
feminino. Ela deve ser compreendida em Mectilde como uma projeção de seu próprio eros feminino em Cristo[131].

Parece que o "sangue rosa" do salvador alquímico[132] se origina   390
da mística da rosa que penetrou na alquimia e, sob a forma da tintura
vermelha, exprime a força salutar e totalizadora de um certo eros. O
singular concretismo do símbolo se explica pela ausência completa
de uma linguagem conceitual psicológica. Esse sangue deve ser con-

---

122. *Liber gratiae spiritualis visionum et revelationum*, fol. L. IIII.

123. ALANO DA ILHA. *Elucidatio in Cant. Cant.*, VI (MIGNE. *P.L.* CCX, col. 95).

124. Op. cit., col. 82.

125. *Ladainha lauretana* [SCHOTT (org.). *Missale*, p. (184) – Rosa mística].

126. *Sermo II In Festo Pentecostes* [MIGNE. *P.L.* CLXXXIII, col. 327].

127. *Allegoria in Sacram Scripturam* [MIGNE. *P.L.* CXII, col. 897].

128. *Homilia III in Dominicam I Adventus* [MIGNE. *P.L.* CLXXIV, col. 32].

129. *Homilia LXIII in Vigiliam Assumptionis* [Op. cit., col. 957].

130. *Elucidatio* [MIGNE. *P.L.* CCX, col. 91 e 94].

131. Cf. com o cap. "De osculo domini", onde aparece uma projeção semelhante [Op. cit., fol. I, IV[r]].

132. Isto é, do leão, que é posto em paralelo com o "leo de tribu Juda" (Cristo).

cebido, com Dorneo, como sendo de uma "vegetabile naturae" (natureza vegetal), em contraposição ao sangue comum que representa uma "vegetabile materiae" (matéria vegetal). Tal como diz Dorneo, a alma da pedra está escondida no sangue. Mas como a pedra representa a totalidade do homem[133], nosso autor, ao explicar a matéria arcana e suas exsudações sanguíneas, fala do "putissimus homo" (homem puríssimo), pois é dele que se trata. Ele é o arcano, e a pedra e seu paralelo ou prefiguração é o Cristo no Getsêmani[134]. Este homem "puríssimo" ou "autêntico" deve, do mesmo modo que o "argentum putum" (prata pura) ser exatamente o que ele é e nada mais; assim pois, um homem pura e simplesmente, que não é alterado por nenhuma influência e por nenhuma mistura. Tal homem só aparecerá na terra "in postremis temporibus" (nos últimos tempos), isto é, no futuro. Ele não poderá ser o Cristo, pois este, por seu sangue, já resgatou o mundo das consequências da queda original e nunca se ouviu dizer que seu sangue é de "cor rosa". Cristo é seguramente "purissimus homo", mas não "putissimus". Ele é homem mas ao mesmo tempo Deus; não é "pura" prata, mas ao mesrno tempo ouro, e portanto não é "putus". Não se trata aqui de modo algum de um Cristo futuro e "salvator microcosmi", mas de um "servatur cosmi" (conservador do cosmos) alquimista, da ideia ainda inconsciente de um homem total que deverá realizar o que o sacrifício de Cristo manifestamente deixou incompleto: livrar o mundo do mal. Como o Cristo, ele suará um sangue redentor, mas sendo de "vegetabili naturae" esse sangue é de "rosacei coloris" (de cor rosa), não sangue natural (comum), mas um sangue simbólico, uma substância anímica, ilustração de um certo eros que, sob o sinal da rosa una e torne completos o indivíduo e a multidão, sendo por conseguinte uma panaceia (medicina) e modo de preservação (alexipharmacum).

Estamos na segunda metade do séc. XVI, às vésperas da aparição dos rosacruzes, cuja divisa "Per crucem ad rosam" começa a brilhar. Goethe caracterizou de modo brilhante a tonalidade deste eros em

---

133. Cf. *Psicologia e alquimia* ["O paralelo lapis-Cristo"] e *Aion* ["Cristo, símbolo do si-mesmo"].

134. Lc 22,44: "Et factus est sudor eius sicut guttae sanguinis" [Bíblia de Zurique: E seu suor tornou-se gotas de sangue].

Estudos alquímicos   313

seus *Mistérios*. Manifestações dessa espécie, assim como o advento
da ideia e do sentimento da caritas cristã (ἀγάπη)[135], significam sempre um defeito social correspondente, que elas compensam. O que
era esta lacuna na Antiguidade, podemos reconhecer claramente com
o distanciamento do tempo; assim também, no decurso da Idade Média, com sua jurisdição cruel e incerta das condições feudais, os direitos do homem e a dignidade humana estavam em má situação. Poder-se-ia imaginar que, diante desse estado de coisas, o amor cristão
ao próximo estava justamente no devido lugar. Mas o que acontece
quando esse amor é cego e sem compreensão? Deste modo até mesmo um Torquemada pode ser explicado, pelo zelo de salvar as almas
humanas extraviadas. O amor por si só não serve para nada, se não é
dotado de inteligência. Para utilizar esta última, como é devido, im-
põe-se a necessidade de uma consciência ampliada e de um ponto de
vista elevado, a partir do qual se alarga o círculo do horizonte. Esta é
a razão pela qual o cristianismo não se contentou, em sua realidade
histórica, em exortar os homens ao amor ao próximo, mas preen-
cheu igualmente uma tarefa cultural e espiritual que não se poderia
subestimar. Desse modo, ele promoveu a educação do homem, levando-o a uma tomada de consciência e a uma responsabilidade maiores.
Sem dúvida, o amor é necessário para isso, mas um amor que se asso-
cie à intuição e à inteligência. A função desta última é iluminar seto-
res ainda obscuros, levando-os à consciência pela "compreensão", e
isto tanto exteriormente, no mundo ambiente, como interiormente,
no mundo da alma. Quanto mais o amor for cego, tanto mais será
instintivo, ameaçando ter consequências destruidoras, pois é um dinamismo que tem necessidade de forma e direção. Por este motivo, a
ele se associa um logos compensador, luz que ilumina as trevas. Um
homem inconsciente de si mesmo age instintivamente, sendo além
disso o joguete de todas as ilusões provenientes do fato de que tudo
aquilo que é inconsciente lhe parece vir do exterior, sob a forma de
projeções que faz sobre o próximo.

---

135. 1Cor 13,4s. [GOETHE. *Die Geheimnisse. Ein Fragment*].

H. *O estado de espírito do alquimista*

392   Os alquimistas parecem ter pressentido o estado de coisas acima mencionado; de qualquer modo eles se misturavam à sua *opus*. No século XIV eles já haviam descoberto que aquilo que procuravam não só lhes sugeria todas as substâncias secretas possíveis, todos os remédios ou todos os venenos, como também toda a espécie de seres vivos, de plantas e de animais, enfim um ser mítico desconhecido, um gnomo, um espírito da terra ou dos minerais, ou ainda uma espécie de homem-deus. Na primeira metade do século XIV, Petrus Bonus, de Ferrara, escrevia o seguinte numa carta citada por Rasis: "Graças a esta pedra vermelha, os filósofos ultrapassaram todos os demais e predisseram o futuro". "No entanto, eles não só profetizaram em geral, como também em particular. Dessa forma sabiam que o dia do julgamento e do fim do mundo deverá chegar, e a ressurreição dos mortos, na qual cada alma será reunida a seu corpo anterior e eles não se separarão mais por toda a eternidade; e então todo corpo glorificado e levado à incorruptibilidade e à luminosidade e a uma sutileza quase incrível, penetrará toda substância sólida[136], porque sua natureza será a do espírito tanto quanto a do corpo etc.". A partir desse pressuposto, Bonus passa depois ao arcano, do qual diz:

> Trata-se de uma natureza que, quando submetida à umidade ou ao fogo, aí sendo deixada durante várias noites, torna-se semelhante a um morto e tal coisa tem então necessidade do fogo até que o espírito desse corpo seja extraído e deixado a si mesmo durante noites, tal como um homem num túmulo, até desfazer-se em pó. Quando tudo isso ocorrer, Deus devolver-lhe-á sua alma e seu espírito e, depois que a doença for eliminada, esta coisa será fortificada e melhorada depois da incandescência (coruscationem), do mesmo modo que depois da ressurreição o homem se torna mais forte e mais jovem do que era no mundo... Eles (os filósofos) viram no alvorecer desta arte, isto é, na germinação e nascimento desta pedra, (o dia) do julgamento, o qual é mais miraculoso do que racional, uma vez que nele é realizada a reunião da alma a ser beatificada (beatificandae) com seu corpo de outrora, por intermédio do Espírito, assim como sua duração gloriosa na

---

136. Cit. da *Tabula smaragdina*: "Hic est totius fortitudinis fortitudo fortis, quia vincet omnem rem subtilem, omnemque solidam penetrabit" (Eis aqui a força forte de toda força, pois ela vencerá toda coisa sutil e penetrará em toda coisa sólida) [*De alchemia*, p. 363].

Estudos alquímicos   315

eternidade... Da mesma forma, os antigos filósofos dessa arte reconheceram
e constataram que uma virgem devia conceber e dar à luz porque, para eles, a
pedra concebe de si mesma, engravida de si mesma e dá à luz por si só... Tendo pois visto a concepção, a gravidez, o nascimento e a nutrição desta pedra
tão miraculosa, eles concluíram que uma mulher virgem devia conceber sem
homem, engravidar e dar à luz de um modo miraculoso, permanecendo virgem como antes". Tal como diz Alphidius: "Esta pedra é jogada pelos caminhos, elevada às nuvens, habita no ar, nutre-se nos rios e repousa no topo das
montanhas. Sua mãe é virgem, seu pai não conhece mulher"[137]. Além disso
eles sabiam "quod Deus fieri debeat homo die novissima hujus Artis, in qua
est operis complementum, generans et generatum fiunt omnino unum, et senex, et puer, et pater, et filius, fiunt omnino unum; ita quod omnia vetera fiunt nova"[138]. O próprio Deus "confiou esse magistério a seus filósofos e profetas, cujas almas ele reuniu em seu paraíso[139].

Como este texto mostra com clareza, Petrus Bonus descobre de   393
certo modo que a opus alquímica *antecipa* traço por traço o mito sagrado da geração, do nascimento e da ressurreição do Salvador, pois
é certo que as autoridades mais antigas da Arte, Hermes Trismegisto,
Moisés, Platão etc. conheciam há muito o processo e por isso anteci-
param profeticamente o fato da salvação em Cristo. Ele (Petrus Bonus) não propõe conscientemente de modo algum que a situação talvez pudesse ser invertida e que a alquimia teria haurido na tradição
da Igreja e depois assimilado suas operações à lenda sagrada. O grau
de sua inconsciência é mais do que simplesmente espantoso: é instrutivo, e esta extraordinária cegueira indica que deve haver um poderoso motivo que a criou. Mas não permaneceu com efeito nesta primeira e única profissão de fé. Os três séculos seguintes retomaram de
modo crescente esta concepção, e assim provocaram irritação. Bonus

---

137. Nada se sabe sobre Alphidius. É muitas vezes citado como um antigo autor que
deve pertencer aos séculos XII ou XIII de nossa era (cf. KOPP. *Die Alchemie*, II, p. 339
e 363).

138. "[...] que Deus deve tornar-se homem no último dia desta arte, quando a obra estiver terminada, quando o que engendra e o que é engendrado se tornam um só, de tal
modo que todas as coisas antigas se tornam novas."

139. MANGETUS. *Bibliotheca chemica curiosa*, p. 30. Alega-se como data de composição o ano 1330. Janus Lacinius, que publicou o tratado pela primeira vez (*Pretiosa
margarita novella*, 1546, fol. 1s.) diz que (fol. 71) Petrus Bonus "viveu na cidade de
Pola (Ístria), por volta do ano 1338". Acrescenta (fol 46ᵛ) que o mesmo teria sido contemporâneo (coetâneo) de Raimundo Lúlio (1235-1315?).

era um sábio escolástico e intelectualmente teria sido capaz – abstração feita de suas crenças religiosas – de reconhecer seu erro aparente.

Mas o que o levara de fato a essa concepção é que ele bebera de uma fonte mais antiga do que a tradição da Igreja: enquanto contemplava os fenômenos químicos que se desenrolavam durante a opus, afluíam à sua mente analogias e paralelos arquetípicos e mitológicos, como já ocorrera com os mais antigos alquimistas pagãos, e tal como se produz ainda agora, quando se dá livre curso à imaginação no exame a na exploração de certos produtos do inconsciente. Nessas circunstâncias aparecem na consciência formas de representação que só posteriormente mostram o paralelismo ou a identidade com os temas mitológicos, principalmente cristãos, analogias e equivalências que estaríamos longe de perceber à primeira vista. Foi o que ocorreu aos velhos adeptos que, devido à ignorância geral em matéria de química, iam de perplexidade em perplexidade: eram obrigados *nolens volens* a abandonar-se a representações numinosas que tentavam preencher o vazio obscuro de seu intelecto. Eles viam nessa profundidade o brilho alvorescente do processo pelo qual passavam, assim como o da meta. Desconhecendo as leis da natureza química, o comportamento desta última não suscitava qualquer contradição relativamente à sua concepção arquetípica. Ocasionalmente faziam descobertas químicas, o que não podia deixar de acontecer, mas o que achavam na verdade e os fascinava de modo duradouro e fecundo era nada mais nada menos do que a simbologia do processo de individuação.

394   Petrus Bonus foi quanto a isso um dos primeiros a reconhecer que os símbolos alquímicos, encontrados por vias totalmente diversas, concordavam de modo espantoso com os da história cristã da salvação. Em seus esforços para sondar o segredo da matéria, os adeptos tinham atingido sem saber o inconsciente, tornando-se portanto, sem ter consciência disso, os descobridores desse processo que, entre outros, está à base da simbologia cristã. No entanto, foram necessários mais de duzentos anos para que os mais ponderados dentre eles chegassem a ver claramente o que significava a pedra. A princípio hesitando, e através de alusões, depois com toda a clareza desejável, revelou-se a identidade da pedra com o homem, e mesmo com um fator situado no homem, mas colocado acima dele, o "quid" de Dorneo,

Estudos alquímicos 317

no qual podemos reconhecer com facilidade o si-mesmo, tal como demonstrei em outra parte[140].

Os alquimistas tentaram vários modos de confronto com o paralelo cristão. Não encontraram a solução para isso. Nem tal coisa seria possível enquanto seu vocabulário não se destacasse da projeção sobre a matéria e não se tornasse psicológico. Somente os séculos subsequentes, com o desenvolvimento das ciências da natureza, puderam libertar a matéria da projeção, eliminando esta última ao mesmo tempo que a alma. Ainda hoje esse processo de desenvolvimento da consciência não chegou a seu termo. Sem dúvida, não ocorre a ninguém atribuir propriedades mitológicas à matéria química. Esta forma de atividade projetiva tornou-se obsoleta. Ela limita-se agora às relações pessoais e sociais, às utopias sociológicas e políticas e a outras coisas do mesmo gênero. O restante da natureza nada tem a temer por parte das interpretações mitológicas; este não é o caso no tocante ao domínio do espírito e em particular àquele que é comumente designado com o nome de "metafísico". Lá volteiam ainda os mitologemas, pretendendo a verdade absoluta, e aqueles que os exprimem com uma certa solenidade acreditam ter feito com isso uma constatação válida, arrogando-se o mérito de não possuírem a modéstia requerida pela inteligência humana, a qual sabe que nada sabe, consciente de seus limites. E ainda mais: esses homens chegam a acreditar que o próprio Deus é ameaçado se houver alguém que ouse tomar suas projeções arquetípicas pelo que elas são, a saber, afirmações humanas, as quais nenhum espírito razoável supõe que não correspondam a nada. Mesmo as afirmações mais absurdas da alquimia também têm seu sentido mas, com raras exceções, não aquelas que os adeptos procuravam atribuir a seus símbolos, mas um sentido que só o futuro foi capaz de formular. Sempre que se trata de mitologemas é aconselhável admitir que eles significam mais do que aquilo que parecem exprimir. Da mesma forma que os sonhos não revelam ou não explicam com palavras encobertas o que já é conhecido, mas procuram caracterizar da melhor forma possível um estado de fato ainda inconsciente, assim também os mitos e os símbolos alquímicos não

395

---

140. Cf. *Aion*, cap. IVs.

são, por seu lado, alegorias evemeristas, que representam segredos artificiais. Pelo contrário, procuram traduzir segredos naturais na linguagem da consciência, tornando assim conhecida a verdade que pertence a todos. Pela tomada de consciência, o indivíduo humano se acha ameaçado de modo crescente, de particularização, de isolamento, o que representa por outro lado uma condição sine qua non da diferenciação da consciência. Quanto mais cresce esta ameaça, mais o perigo é compensado pela produção de símbolos coletivos, isto é, arquetípicos, que são comuns a todos.

396   Este fato se traduz geralmente pela existência de religiões nas quais a relação do indivíduo com Deus ou com os deuses impede que o homem perca o laço vital com as imagens reguladoras e os poderes instintivos do inconsciente. Isto vale apenas na medida em que as representações religiosas não perderam sua numinosidade, isto é, seu *poder de tomar posse* do indivíduo. Mas quando esta perda ocorre, ela não pode ser reparada por meios racionais. Nesta situação, as imagens originais compensatórias aparecem sob a forma de representações simbólicas, tal como a alquimia o fez abundantemente, ou como nossos sonhos modernos continuam a fazê-lo. A consciência do indivíduo, tanto dos alquimistas como dos homens modernos, reage do mesmo modo característico diante dessas manifestações: o alquimista, conforme seus pressupostos, reduz seus símbolos à matéria química que ele manipula, e o homem moderno às suas experiências pessoais, assim como o fez Freud em sua concepção do sonho. Um e outro aparentam saber a que coisas conhecidas o sentido de seu símbolo deve ser reduzido. O alquimista e o homem moderno têm igualmente razão, no sentido de que o primeiro sonha em sua linguagem de alquimista, ao passo que o segundo, no confinamento do próprio eu, se serve da problemática psicológica e de seu modo de expressão. O material de representações provém nos dois casos de conteúdos da consciência já existentes. O resultado desta redução é pouco satisfatório; tão pouco, efetivamente, que Freud já se vira obrigado a expandir tanto quanto possível as investigações em direção ao passado. Foi dessa forma que ele colidiu finalmente com uma representação extremamente numinosa que é o arquétipo do incesto. Assim, ele atingiu algo que corresponde de algum modo ao sentido da produção dos símbolos, à apercepção dessas imagens originais que pertencem a

Estudos alquímicos 319

todos, conduzindo por isso além do isolamento do indivíduo. A rigidez dogmática de Freud pode ser explicada pelo fato dele ter sucumbido à ação numinosa da imagem originária por ele descoberta. Mas se admitirmos com ele que o tema do incesto é a origem e o fundamento da problemática moderna e também da simbologia alquímica, nada teremos adiantado no tocante ao sentido do símbolo. Pelo contrário, chegaremos a um beco sem saída, obscuro, pois a toda a simbologia presente e futura só poderemos dar uma resposta: que ela provém do incesto original. Freud realmente assim pensava; ele me disse certo dia: "Não sei o que farão os neuróticos do futuro, quando for do saber comum o que significam seus símbolos".

O que significam os símbolos é infelizmente, ou então felizmente, mais do que se pode saber de início. Seu sentido é o de compensar uma situação mais ou menos inadequada, isto é, uma situação consciente que não preenche seu lugar e que eles então completariam num sentido de totalidade, se pudessem ser compreendidos[141]. Se os símbolos forem reduzidos, é impossível interpretar o seu sentido. Por esta razão, alguns alquimistas da época tardia e em particular do século XVI tinham horror a todas as matérias vulgares e as substituíam por substâncias "simbólicas" que deixavam transparecer a natureza do arquétipo. Isto não quer dizer que o adepto não operava mais no laboratório, mas que fixava com um olho o aspecto simbólico de suas transmutações. Isto corresponde exatamente à situação na psicologia moderna do inconsciente: os problemas pessoais não são deixados de lado (o próprio paciente cuida em geral que eles não sejam esquecidos), mas o médico mantém o olhar nos aspectos simbólicos, uma vez que a única coisa que leva o paciente além de si mesmo e de seu aprisionamento no eu é o que lhe trará a cura.

397

I. Diversos aspectos da árvore

O que significa a árvore para o alquimista não pode ser deduzido de uma interpretação isolada, nem de um texto em particular. Para atingir essa meta é necessário comparar um grande número de fon-

398

---

141. As imagens arquetípicas, sendo numinosas, têm uma certa ação, ainda que não sejam compreendidas intelectualmente.

tes. Por isso examinaremos outras citações no que concerne à árvore. Encontramos muitas vezes nas obras medievais gravuras que representam árvores. Reproduzi algumas em *Psicologia e alquimia*. O modelo é às vezes a árvore do paraíso, mas em lugar de maçãs, ela está carregada de frutos solares e lunares que dela pendem, como nas árvores[142] do tratado de Michael Maier, no *Musaeum hermeticum* (1678), ou então é uma espécie de árvore de Natal ornada com os sete planetas e cercada pelas alegorias das sete fases do processo. Sob a árvore estão, em lugar de Adão e Eva, Hermes Trismegisto já velho e um jovem adepto. Ao primeiro está associado o *rex Sol* montado num leão e acompanhado de um dragão que cospe fogo; ao segundo está associada a deusa lunar Diana sentada sobre a baleia, acompanhada de uma águia[143]. A árvore é frequentemente guarnecida de folhas, isto é, viva, mas muitas vezes abstrata, representando então – expressis verbis – o processo e suas fases[144].

399   No *Ripley Scrowle*, a serpente do paraíso reside no cume da árvore sob a forma de uma melusina – "desinit in (anguem) mulier formosa superne"[145] (uma bela mulher na parte superior, mas terminando em serpente) – tema que nada tem de bíblico, mas deriva de um motivo xamanístico arcaico: um homem, provavelmente o adepto, começa a subir numa árvore e encontra em seu caminho a melusina ou lilith, que desce do cume. A ascensão da árvore mágica tem o mesmo sentido que a viagem ao céu do xamã, e no decurso da qual este

---

142. De um "Symbolum Saturni" (MYLIUS. *Philosophia reformata*, p. 313): "Não longe desse lugar, fui conduzido a um prado, no qual havia um jardim singular, contendo diversas espécies de árvores dignas de serem vistas. Entre muitas, ele me mostrou sete, designando-as por seus nomes; entre elas havia duas impressionantes, mais altas do que as outras; uma delas tinha um fruto semelhante a um sol claríssimo e resplandecente, e suas folhas eram como o ouro, ao passo que a outra produzia frutos brancos como a neve, de um brilho mais claro que o dos lírios, e suas folhas eram de mercúrio. Netuno designou as árvores: a primeira, árvore do Sol e a segunda, árvore da Lua" [Tratado de Maier, que se chama *Subtilis allegoria super secreta chymiae* (Op. cit., p. 702)].

143. *Psicologia e alquimia*, fig. 188.

144. Op. cit., fig. 122 e 221.

145. Imagem do período helenístico tardio, representando Ísis. Mostra a bela deusa coroada de muralhas e tochas; a parte inferior termina por um "uraeus". "Anguis" (serpente) é minha adaptação em lugar de "piscis" [peixe].

Estudos alquímicos

encontra sua esposa celeste. No domínio cristão da Idade Média, a anima dos xamãs se transforma em uma lilith[146]que, segundo a tradição, seria a serpente do paraíso e a primeira mulher de Adão, com a qual ele teria engendrado os demônios. Nesta imagem se entrecruzam tradições primitivas e judeu-cristãs. Entre as imagens modernas e individuais correspondentes, jamais vi a representação da ascensão à árvore, só a encontrei como tema onírico. O motivo da subida e da descida se acha em geral, entre os modernos, ligado a uma montanha, ou a um edifício e, às vezes, a máquinas (elevador, avião).

O tema da árvore sem folhas e dessecada não é usual na alquimia, mas aparece na tradição judeu-cristã sob a forma da árvore do paraíso dessecada, depois da queda original. Uma antiga lenda inglesa[147] relata o que Set viu no paraíso: "No meio do paraíso jorrava uma fonte brilhante, de onde corriam quatro rios que regavam o mundo inteiro. Acima da fonte se erguia uma grande árvore com muitos galhos e ramos, mas parecia ser uma árvore velha, pois não tinha nem casca, nem folhas. Set reconheceu que se tratava da árvore da qual seus pais haviam comido o fruto e por isso se encontrava assim devastada. Olhando-a mais de perto, Set viu uma espécie de serpente nua e sem pele[148] enrolada em torno da árvore. Era a serpente que persuadira Eva a comer o fruto proibido". Quando Set lançou um segundo olhar ao local do paraíso, viu "que a árvore sofrera uma grande transformação. Agora apresentava casca e folhas e em seu cimo estava escondida uma criança recém-nascida, envolta em panos e que gemia por causa do pecado de Adão etc.", o que designa claramente o Cristo como segundo Adão. Esta figura se encontra na conhecida árvore genealógica, no cimo da árvore que sai do ventre de Adão.

400

---

146. A representação clássica provém da obra intitulada *Scrowle*, de Sir George Ripley, cônego de Bridlington, sem dúvida o mais importante dos alquimistas ingleses (1415-1490) [Cf. *Psicologia e alquimia*, fig. 257].

147. WÜNSCHE. *Die Sagen vom Lebensbaum und Lebenswasser*, p. 35s. WÜNSCHE apud HORSTMANN. *Sammlung altenglischer Legenden*, I, p.124s. O poema inglês antigo é de 1375.

148. A ausência de casca na árvore e a ausência de pele na serpente indicam a identidade de árvore e serpente.

401   A árvore cortada parece ser um tema alquímico. Pelo menos ela configura no frontispício da edição francesa de *Poliphile*, publicada em 1600, a contrapartida do leão de patas cortadas, cujo significado alquímico é atestado por sua presença na *Pandora* de 1588[149]. Blasius Vigenerus (1523-1569?), autor influenciado pela cabala, refere-se a uma "caudex arboris mortis" (tronco de uma árvore morta) que emite uma luz vermelha destruidora[150]. Árvore de morte é sinônimo de "sarcófago". Sem dúvida, é nesse sentido que se deve entender a estranha receita: "Accipe arborem et impone ei magnae aetatis hominem"[151]. Este tema remonta a um período muito recuado no tempo. Ele pode ser encontrado no canto egípcio de Bata, conservado num papiro da 19ª dinastia. O herói, nessa história, depõe sua "alma" no plano mais alto de uma acácia. Porém, quando a árvore é perfidamente abatida, é reencontrada sob a forma de uma semente. É assim que Bata, assassinado, recuperou a vida. Quando foi morto pela segunda vez sob a forma de um touro, duas árvores pérseas cresceram de seu sangue. Ao serem abatidas, por sua vez, uma centelha de sua madeira fecunda a rainha, que dá à luz um filho: é o próprio Bata, devolvido à vida, como faraó, isto é, como uma pessoa divina. A árvore desempenha aqui, como se vê, o papel de um instrumento de metamorfose[152]. O "caudex" de Vigenerus evoca a ideia da "árvore cortada" de *Poliphile* (1600)[153]. Esta imagem remonta a Cassiodoro, que

---

149. Fig. 4, em *Psicologia e alquimia*. Passagens correspondentes do texto em *Allegoriae super librum Turbae* [*Art. Aurif.*, I, p. 140 e 151]. Essas amputações nada têm a ver com o tema da castração, mas se relacionam com o desmembramento.

150. De igne et sale. In: *Theatr. chem.*, 1661, VI, p. 119.

151. Toma a árvore e coloca-a sobre um homem bem idoso. Citação de Hoghelande (*Theatr. chem.*, 1602, I, p. 162) tirada da *Turba* (século XI-XII), onde se lê no *Sermo* LVIII: "Accipe illam albam arborem, et aedifica ei domum circumdantem, rotundam, tenebrosam, rore circumdatam, et impone ei hominem magnae aetatis, centum annorum" etc. (Toma essa árvore branca, edifica em torno dela uma casa, redonda, escura, coberta de orvalho, e nela põe um homem de idade avançada, de cem anos) [RUSKA (org.), p. 161]. O "homem velho" se refere a Saturno = o chumbo como *prima materia*.

152. PETRIE. *Egyptian Tales, translated from the Papyri*, 2a. série, dinastias XVIII a XIX, p. 36s.

153. V. acima.

Estudos alquímicos

simboliza o Cristo como "arbor in passione succisa"[154] (árvore cortada da paixão).

A árvore é representada mais frequentemente carregada de flores e de frutos. O alquimista árabe Abu'l-Qasim Muhammad (século XIII) descreve suas flores de quatro espécies, de cor respectivamente vermelha, entre o branco e o preto, preta e finalmente entre o branco e o amarelo[155]. A cor quádrupla é uma alusão aos quatro elementos que se reúnem na obra alquímica. A quaternidade, enquanto símbolo da totalidade, significa que a obra tem por meta a produção de uma unidade que abarca todas as coisas. O tema da dupla quaternidade, a ogdôada, liga-se também à árvore do mundo, no contexto de representações dos xamãs: a árvore cósmica de oito galhos é plantada ao mesmo tempo que aparece o primeiro xamã (os oito galhos correspondem aos oito grandes deuses[156].)

A questão da árvore carregada de frutos é fartamente comentada na *Turba*[157]: Seus frutos são de uma espécie particular. Na *Visio Arislei* é afirmado: "...qualiter haec pretiosissima arbor plantatur, cuius fructus qui comedit, non esuriet unquam"[158]. Encontramos na *Turba*[159] um paralelo a este respeito: "Dico, quod ille senex de fructibus illius arboris comedere non cessat... quosque senex ille iuvenis fiat". Os frutos são comparados aqui com o panis vitae (pão da vida) em João 6,35, mas remetem também ao Livro de Henoc etíope, do fim do séc. II aC e onde se diz que os frutos da árvore ocidental servirão de alimento aos eleitos[160]. A indicação da morte e da renovação é cla-

402

403

---

154. Historia tripartita. In: MIGNE. *P.L.* LXX, col. 990. Paralelo ao pinheiro de Átis.

155. HOLMYARD (org.). *Kitab al-'ilm al-muktasab*, p. 23.

156. ELIADE. *Le Chamanisme*, p. 78 e 173.

157. RUSKA (org.). *Turba philosophorum*. p. 127, 147 e 162.

158. Cod. Berol. Qu. 584, fol. 21ᵛ (RUSKA, p. 324). Trad.: "[...] como é plantada esta árvore preciosíssima, de tal modo que aquele que comer de seus frutos nunca mais terá fome".

159. "Eu digo que esse velho não cessará de comer frutos desta árvore... até que se torne jovem" [RUSKA. *Sermo LVIII*, p. 161].

160. KAUTZSCH. *Apokryphen und Pseudoepigraphen des Alten Testaments*, II, p. 254. Através dos frutos das árvores do sol e da lua, pela preparação alquímica, obtém-se o "fructus immortalis, vitam habens et sanguinem" (o fruto imortal, que tem vida e sangue). "O sangue faz com que todas as árvores estéreis tenham frutos da mesma natureza que a maçã" [MYLIUS. *Philosophia reformata*, p. 314].

ra. Nem sempre é a partir dos frutos da árvore, mas sim a partir do "granum frumenti" (grão de trigo) que é "preparado" o alimento da imortalidade, tal como é dito na *Aurora consurgens:* "Ex his enim fructibus grani (huius) cibus vitae conficitur, qui de coelo descendit"[161]. Maná, hóstia e panaceia constituem aqui uma mistura insondável. A mesma ideia de um alimento espiritual maravilhoso é ainda citada na *Visão de Arisleu.* Nela é dito que Harforetus (Carpócrates), "discípulo de Pitágoras" e "autor do alimento" (nutrimenti auctor), veio ajudar Arisleu e seus companheiros, evidentemente com os frutos da árvore mencionados no *Codex Berolinensis* editado por Ruska[162]. No Livro de Henoc, o fruto da árvore da sabedoria é comparado à uva, o que deve ser considerado, uma vez que na Idade Média a árvore filosófica era geralmente designada como *vitis* (vinha), numa referência a João 15,1: "Ego sum vitis vera"[163] (Eu sou a verdadeira vinha). Os frutos e os grãos da árvore eram denominados sol e lua[164], o que indica serem sol e lua postos em correspondência com as duas árvores do paraíso[165]. Os frutos do sol e da lua remontam provavelmente ao *Deuteronômio* 33,13s: "...de pomis caeli et rore atque abysso subiacente, de pomis fructuum solis ac lunae, de vertice antiquorum montium, de pomis collium aeternorum"[166] (... dos frutos do céu, do orvalho e do abismo subjacente; dos frutos melhores do sol e da lua, do cimo das antigas montanhas, dos frutos das colinas eternas). Lourenço Ventura diz: "Dulce pomum est odorum, floridus hic

---

161. FRANZ (org.), Sétima Parábola, p. 122-123.

162. *Turba*, p. 324, e [Jung] *Psicologia e alquimia*, § 449.

163. Assim o *Ripley Scrowle* enquanto "vitis arborea", (vinha arborescente).

164. MAIER. *Symbola aureae mensae*, p. 269; e igualmente no *Secretum* de Iodocus Greverus [*Theatr. chem.*, 1602, III, p. 784]; e no *Summarium philosophicum* de Nicolaus Flamellus [*Mus. herm.*, p. 175]. Cf. também os esclarecimentos de John Pordage [*Sophia*, p. 10]: "Eu vi aqui os frutos e as ervas do paraíso / que meu homem eterno / devia comer de agora em diante e viver".

165. De modo semelhante à alquimia, essas árvores aparecem também no Romance de Alexandre, como "sacratissimae arbores Solis et Lunae, quae annuntiant vobis futura" (as sacratíssimas árvores do Sol a da Lua que vos anunciam o futuro) [HILKA. *Der altfranzösische Prosa-Alexander-Roman*, p.204].

166. A Vulgata tem naturalmente autoridade para os alquimistas. O texto original diz aqui (na Bíblia de Zurique): "[...] com os (frutos) melhores do alto céu / e da maré que está embaixo / os melhores produzidos pelo Sol / e os melhores gerados pela Lua, / com os melhores das montanhas originárias / e os melhores das colinas eternas".

Estudos alquímicos 325

pomulus" (Doce é esta macieira odorosa, esta maçãzinha de bela cor)[167] e Aristóteles Alquimista diz: "...collige fructus, quia fructus arboris seduxit nos in et per obscurum" (Colhe o fruto, pois o fruto da árvore nos seduziu na obscuridade e por ela)[168]. Esta prescrição equívoca alude claramente a um conhecimento que não estava nos melhores termos com a concepção do mundo em vigor.

Benedito Fígulo dá nome aos frutos: "Aureola Hesperidum   404
poma ab arbore benedicta philosophica decerpenda" (maçãs de ouro das Hespérides, que devem ser colhidas da árvore filosófica abençoada)[169], o que dá a entender que a árvore é a obra (opus) e o fruto, o resultado desta, isto é, tal como o ouro, do qual um velho mestre diz: "Aurum nostrum non est aurum vulgi" (Nosso ouro não é ouro vulgar)[170]. Uma frase de *Gloria mundi* projeta uma luz particular sobre o significado do fruto: "Recipito ignem, vel calcem vivam, qua de Philosophi loquuntur, quod in arboribus crescat, in quo (igne) Deus ipse ardet amore divino"[171] (Toma o fogo ou a cal viva de que falam os filósofos, porque cresce nas árvores (o fogo) no qual o próprio Deus arde de um fogo divino). A maçã de ouro das Hespérides representa o sol, o qual é também, por seu lado, o fruto da árvore filosófica. O próprio Deus permanece no ardor do sol e aparece como o fruto da árvore filosófica e, portanto, como o resultado da grande obra alquímica, cujo desenvolvimento é ilustrado pelo crescimento da árvore. Esta afirmação singular perde sua estranheza se nos lembrarmos de que a meta e o termo da "magnum opus" consistem na liberação da "anima mundi", o pneuma divino, criador do mundo, mantido "prisioneiro" na criação. Esta ideia vivifica aqui o arquétipo do "nascimento a partir da árvore", que conhecemos principalmente no âmbito das representações egípcias e mitraicas. É frequente entre os xamãs a representação de que o Senhor do mundo habita no cimo da árvore cósmica[172]; o modo pelo qual o cristianismo representa o Salvador no cume de sua árvore genealógica é uma espécie de representação paralela. Em relação à figura 27, na qual vemos uma cabeça de

---

167. De ratione conficiendi lapidis. In: *Theatr. chem.*, 1602, II, p. 274.

168. Tractatus. In: *Theatr. chem.*, 1622, V, p. 883.

169. *Paradisus aureolus hermeticus.*

170. SENIOR. *De chemia*, p. 92.

171. *Mus. herm.*, p. 246.

172. ELIADE. *Le Chamanisme*, p. 78s.

mulher emergindo das flores da árvore, poder-se-á talvez compará-la com a cabeça do relevo mitraico de Osterburken, que se acha "como um ovário na flor"[173].

405   A árvore ora parece pequena e nova, ora grande e antiga, a primeira algo assim como "grani triticei arbuscula"[174] (arbusto do trigo), a segunda como um carvalho[175], e mesmo como uma árvore cósmica em geral, porquanto o sol e a lua são seus frutos.

J. Localização e origem da árvore

406   Segundo Abu'l-Qasim a árvore filosófica geralmente cresce só, na terra ocidental, "sobre o mar", provavelmente numa ilha. A misteriosa planta lunar dos adeptos é em geral "ad modum arboris in mari plantata"[176] (plantada no mar a modo de uma árvore). Numa parábola[177] relatada por Mylius, a "arbor solaris et lunaris" (a árvore solar e lunar) ergue-se numa ilha marítima e provém da água maravilhosa que é extraída dos raios do sol e da lua pelo poder do ímã. Henrique Khunrath diz igualmente: "Desta pequena fonte de sal nasce a árvore do sol e da lua, a árvore de coral vermelho e branco de nosso mar"[178]. Sal e água (de mar) salgada têm, segundo Khunrath, entre outras, a significação de sofia materna, de sabedoria materna que aleita os "filii sapientiae", os filósofos. Abu'l-Qasim utilizava tanto a tradição persa (seu sobrenome Al-Iraqi o aproxima geograficamente também da Pérsia) e, em particular, da lenda relatada no *Bundehesh* de uma árvore que cresce no mar Vourukasha, ou da árvore da vida na fonte Ardvîçura Anahita[179].

---

173. CUMONT. *Textes et monuments figurés relatifs aux mystères de Mithra*, II, p. 350; e EISLER. *Weltenmantel und Himmelszelt*, II, p. 519.

174. "A plantinha do trigo" (Instructio de arbore Solari. In: *Theatr. chem.*, 1661, VI, p. 168).

175. Em Bernardo de Treviso [De chemico miraculo. In: *Theatr. chem.*, 1602, I, p. 800s., além de outras].

176. (Allegoriae super librum Turbae. In: *Art. Aurif.*, I, p. 141). Clara alusão à árvore das Hespérides situada numa ilha, onde se encontram também a fonte de ambrosia e o dragão. Um paralelo relativo a isto é o coral (Op. cit., p. 143) e *Psicologia e alquimia*, § 449 e fig. 186. No *Livre d'Heures du Duc de Berry*, o paraíso é representado como uma ilha redonda no mar.

177. *Philosophia reformata*, p. 313.

178. Em sua "Confessio" [*Hyl. Chaos*], p. 270.

179. Cf. também WINDISCHMANN. *Zoroastrische Studien*, p. 90 e 171.

Estudos alquímicos   327

A árvore (isto é, a planta maravilhosa) também se localiza nas   407
montanhas. Como as ideias do *Livro de Henoc* frequentemente servi-
ram de modelos, é preciso mencionar que nesta obra a árvore se ergue na terra do Ocidente sobre uma montanha[180]. Na *Practica Mariae
Prophetissae*[181], a planta maravilhosa é designada como "crescens super monticulis" (crescendo sobre pequenas montanhas). No tratado
árabe de Ostanes, lemos em *Kitâb el Foçoul*[182]: "... c'est un arbre qui
pousse sur les pics des montagnes". A relação da árvore com a montanha não é fortuita, mas repousa numa identidade simbólica original
muito difundida de uma a outra: ambas são meios de subir ao céu,
entre os xamãs[183]. Montanha e árvore são símbolos da personalidade, isto é, do si-mesmo, como já mostrei em outra parte. O Cristo,
por exemplo, é representado alegoricamente como montanha[184] e
como árvore[185]. A árvore ergueu-se às vezes num jardim, lembrança
evidente de *Gênesis* 1. Encontram-se também no "peculiaris hortus"
(jardim peculiar) da ilha bem-aventurada[186] as sete árvores dos planetas. Em Nicolas Flamel (1330-1418?) a "summe laudata arbor" (a árvore suprema e louvada) cresce no "hortus philosophorum"[187] (jardim dos filósofos).

---

180. [KAUTZSCH. Op. cit., II, p. 254]. Talvez se trate de uma lembrança dos santuários da Astarte semítica no alto das montanhas.

181. *Art. aurif.*, I, p. 321.

182. (É uma árvore que cresce no pico das montanhas). Tradução de Houdas em
BERTHELOT. *Chimie au moyen age*, III, p. 117.

183. ELIADE. *Le Chamanisme*, p. 244s.

184. Por exemplo, EPIFÂNIO. *Ancoratus* 40, p. 557. • AMBRÓSIO. *De interpelatio-
ne Job et David*, I, IV, 17 [In: MIGNE. *P.L.* XIV, col. 818]: "Mons exiguus et magnus"
[uma montanha diminuta e grande].

185. Por exemplo, GREGÓRIO MAGNO. *Moralia in Job*, XIX, 1 [In: MIGNE. *P.L.*
LXXVI, col. 97], como "arbor fructifera in cordibus nostris excolenda" [árvore frutífera que deve ser cultivada em nossos corações].

186. Na parábola "Symbolum Saturni" em MYLIUS. *Phil. ref.*, p. 313. De modo parecido, no "Hymnus de S. Paulo" em Teodoro Studites: "O beatissime, ex incunabulis
effloruisti plantae instar venustae, ex horto ascetico; tu adolevisti, onustus pomis Spiritus sancti exquisitissimis" (Ó beatíssimo, desde teu berço floresceste como uma planta graciosa no jardim ascético; espargiste perfume, carregado dos frutos mais preciosos do Espírito Santo) [PITRA. *Analecta sacra*, I, p. 337].

187. Summarium philosophicum. In: *Mus. Herm.*, p. 177.

Tal como já vimos, a árvore mantém uma relação especial com a água, água salgada ou água do mar, como se designa a "aqua permanens", que é propriamente o arcano dos adeptos. Ela é, como se sabe, o Mercurius, que não deve ser confundido com Hg, o "mercurius crudus" ou "vulgaris"[188]. O Mercurius é a própria árvore dos metais[189]. Ele é a materia prima[190], ou então esta se origina dele[191]. A água que, por um lado, faz a árvore crescer e que, por outro lado, a queima[192], é o Mercurius. O deus Hermes (Mercurius) "Cum ea (aqua) humectavit... suam arborem, cum suo vitro, fecitque crescere in altum flores"[193]. Menciono esta passagem porque nela a ideia sutil da alquimia espelha a ideia de que o artifex e seu arcano são idênticos. A água que, por um lado, faz a árvore crescer e, por outro, a queima, é o Mercurius, chamado "duplex" (duplo) pelo fato de reunir em si os opostos (ele é metal e no entanto é líquido). Por este motivo é chamado igualmente água e fogo. Enquanto seiva da árvore ele é fogo (cf. fig. 15), ou então a árvore é ao mesmo tempo aquosa e ígnea. O gnosticismo conhece a "grande árvore" de Simão o Mago que é feita πῦρ ὑπερουράνιον (fogo supraceleste). "É dele que toda carne se nutre." É uma árvore como a que apareceu em sonho a Nabucodonosor. Os ramos e as flores da árvore ardem, mas o fruto, quando plenamente desenvolvido e com sua forma própria, é colocado num celeiro (ἀποθήκη) e não no fogo[194]. Esta imagem coincide, por um lado,

---

188. V. meu estudo: "O espírito Mercurius" [Estudo IV deste volume].

189. FLAMELLUS Op. cit. In: *Mus. herm.*, p. 177 e 175.

190. "O espírito Mercurius", § 255s. [deste volume].

191. ABU'L-QASIM. Op. cit., p. 23.

192. Com a "humiditas maxime permanens" [umidade máxima e constante] é que a árvore de Hermes é queimada e reduzida a cinzas, como diz RIPLAEUS, Georgius. *Opera*, p. 39 (e p. 46): "Aqua ista habet intrinsecum ignem" (Essa água contém um fogo intrínseco) [MYLIUS. *Phil. ref.*, p. 314].

193. "Hermes regou a árvore com ela (água), e com seu vaso de vidro fez as flores crescerem no alto" [RIPLAEUS. Duodecim portarum axiomata philosophica. In: *Theatr. chem.*, 1602, II, p. 127 e *Opera*, p. 86].

194. HIPÓLITO. *Elenchos*, VI, 9, 8s., p. 137. Há passagens hindus paralelas e provas em COOMARASWAMY. *The Inverted Tree*, p. 16. Diz o autor: "[...] the Tree is a fiery pillar as seen from below, a solar pillar as from above, and a pneumatic pillar throughout; it is a Tree of Light" (A árvore é um pilar de fogo quando observada de baixo; um pilar de sol, quando observada de cima e um pilar espiritual quando observada completamente de cima a baixo; ela é uma árvore de luz). A alusão ao tema do pilar é digna de nota.

Estudos alquímicos

com outra, bem mais antiga, do πῦρ ἀεὶ ζῶον (fogo sempre vivo) de
Heráclito e, por outro, com o significado bem posterior do *Mercurius*
como fogo e como "spiritus vegetativus" que penetra e vivifica toda a
natureza, mas também a destrói por causa de sua natureza ígnea. O
fruto, "que não é lançado ao fogo" é naturalmente o homem que foi
provado, isto é, o homem pneumático, no sentido gnóstico. Um dos
sinônimos da pedra que significa o homem interior total é "frumen-
tum nostrum" (nosso trigo)[195].

A árvore aparece às vezes como metal[196], principalmente o
ouro[197]. A relação com os sete metais significa ao mesmo tempo uma
relação com os sete planetas, quando a árvore se transforma em árvore do mundo, cujos frutos brilhantes são as estrelas. Michael Maier
(1568-1622) atribui as partes da madeira a ☿, as (quatro) flores a ♄ ♃
♀ ♂, e os frutos ao ☉ e à ☾ [198]. A árvore de sete ramos (sete planetas) é
mencionada na *Aurora consurgens*[199] e identificada com a lunática ou
berissa[200] "cuius radix est terra metallica, stipes eius rubicundus quadam nigredine perfusus: folia eius similia folijs maioranae, et sunt 30.
secundùm aetatem lunae in crescentia at in decrescentia, flos eius ci-
trinus". Tal descrição permite reconhecer claramente que a árvore
simboliza o conjunto da obra. De acordo com isto diz Gerardo Dorneo: "Plantetur itaque arbor ex eis (planetis sive metallis), cuius radix
adscribatur Saturno, per quam varius ille Mercurius ac Venus trun-

---

195. Gloria mundi. In: *Mus. herm.*, p. 240.

196. Mercurius é designado como "arbor metallorum" (árvore dos metais). Para uma
compreensão mais profunda do símbolo, v. DORNEO. Congeries Paracelsicae. In:
Theatr. chem., 1602, I, p. 583.

197. "Arbor aurea". In: *Scriptum Alberti super arborem Aristotelis* [*Theatr. chem.*,
1602, II, p. 524]. • ABU'L-QASIM. Op. cit., p. 54. • Consilium coniugii. In: *Ars.
chem.*, p. 211.

198. *Symbola aureae mensae*, p. 269, com alusão a GREVERUS, Iodocus. Op. cit. In:
Theatr. chem. 1602, III, p. 784.

199. *Art. Aurif.*, I, p. 222 (cuja raiz é metálica e o tronco é vermelho mesclado com um
pouco de preto. Suas folhas, em número de trinta, são semelhantes às da majorana,
correspondendo à duração das fases da Lua, conforme ela cresce e decresce. Suas flores são amarelas).

200. Esta planta se refere em última instância à μῶλυ homérica, como provarei depois
[*Mysterium coniunctionis*, § 152]. V. a respeito o excelente resumo de Hugo Rahner,
Die seelenheilende Blume.

cum et ramos ascendentes , folia, floresque fructum ferentes Marti praebent"[201]. A relação com a árvore do mundo também é clara quando Dorneo diz que a "natura mineralem radicem arboris in centro suae matricis", a natureza plantou a raiz da árvore (dos minerais) no centro de sua matriz[202].

K. A *árvore invertida*

410 Muitas vezes a árvore é designada como "arbor inversa" (árvore invertida)[203]. Laurentius Ventura (século XVI) escreve: "...radices suarum minerarum sunt in aere, et summitates in terra. Et quando evelluntur à suis locis, auditur sonus terribilis, et sequitur timor magnus"[204]. A *Gloria mundi* menciona igualmente este dizer dos filósofos: "quod radix suorum mineralium in aere, et corumdem caput in terra siet"[205]. George Ripley diz que a árvore tem suas raízes no ar[206] e, em outro lugar, diz que ela se enraíza na "terra gloriosa", isto é, no mundo futuro transfigurado[207]. Evidentemente Ventura pensa na mandrágora mágica que lança um grito, quando, amarrada à cauda de um cão negro, é arrancada da terra.

411 Blasius Vigenerus escreve também que "um rabi, filho de Joseph Carnitolus", dizia: "O fundamento de toda estrutura inferior está fixado no alto e seu cume está aqui embaixo, como uma árvore inverti-

---

201. De tenebris contra naturam. In: *Theatr. chem.*, 1602, I, p. 533: "Então a árvore (dos planetas ou metais) deve ser plantada, suas raízes sujeitas a Saturno, o inconstante Mercurius e Vênus subam no tronco e nos galhos e a Marte sejam oferecidos folhas, flores e frutos", isto é, a Áries, cujo senhor é Marte, primeiro signo primaveril do zodíaco.

202. *De genealogia mineralium*, p. 652.

203. Já indicado no "Purgatório" de Dante, XXII, 131s.

204. De rat. conf. lap. In: *Theatr. Chem.*, 1602, II, p. 257. Afirmou-se isto acerca da mandrágora (Alraun): "[...] as raízes de sua matéria-prima ficam no ar e seu cume na terra. Quando ela é arrancada do lugar em que está, ouve-se um som terrível, e segue-se um grande medo".

205. "[...] porque a raiz de sua matéria-prima está no ar e seu cume na terra" [*Mus. herm.*, p. 240 e 270].

206. *Opera*, p. 270.

207. Op. cit., p. 279.

Estudos alquímicos

da"[208]. Vigenerus conhece muito bem a cabala e aqui compara a árvore filosófica à árvore dos Sefiroth, que representa de fato uma árvore mística do mundo. Esta árvore, segundo ele, também representa o homem. Ele propõe a ideia singular de que (o homem) seria implantado no paraíso pelas raízes dos cabelos, invocando o texto do *Cântico dos Cânticos* 7,5: "...comae capitis tui sicut purpura regis vincta[209] canalibus", que a Bíblia de Lutero traduz assim: "...os cabelos entrançados de tua cabeça são como a púrpura do rei". (Os "canales" são pequenos tubos, podendo representar ornamentos da cabeça[210].) Knorr von Rosenroth considera que a "grande árvore" representa Tiferet (graça), a noiva de Malcut (reino)[211]. A sefira superior Binah é designada como sendo "a raiz da árvore"[212]. É na Binah que a árvore da vida se enraíza. Quando ela fica no meio do jardim, é também chamada "linea media" (linha mediana). Justamente por esta linha mediana, espécie de tronco do sistema, que (a árvore da vida) faz descer a vida de Binah[213].

A ideia de que o homem é uma árvore invertida parece ter sido frequente na Idade Média. Lê-se nos comentários dos "Emblemata" do humanista Andreas Alciatus († 1550): "Inversam arborem stantem videri hominem placet Physicis, quod enim radix ibi, truncus et frondes, hic caput est et corpus reliquum cum brachijs et pedibus"[214]. Daqui parte uma linha que, além de Platão[215], vai até as representa-

412

---

208. "Rabbi Joseph Carnitoli filius... inquit: Fundamentum omnis structurae inferioris supra est affixium, et eius culmen hîc infra est sicut arbor inversa" [De igne et sale. In: *Theatr. chem.*, VI, p. 39]. Diz-se também no *Prodromus Rhodostauroticus* (fol. V[v]) que os antigos haviam chamado o homem de "erva invertida".

209. O texto do *Theatrum chemicum* diz erradamente "iuncta".

210. A tradução mais exata do texto antigo (Bíblia de Zurique 7,6) diz: "As tranças de tua cabeça são como a púrpura: / um Rei caiu prisioneiro em teus cachos".

211. *Cabbala denudata*, I, p. 165s.

212. Op. cit., p. 77.

213. Op. cit., p. 629.

214. (Agrada ao médico que o homem de pé pareça ser uma árvore invertida, pois o que nesta é raiz, tronco e ramos é (no homem) cabeça e o resto do corpo, inclusive braços e pés) [*Emblemata cum commentarijs*, p. 888b].

215. Cf. CHWOLSOHN. *Die Ssabier und der Ssabismus*, II, p. 373. Em Platão (*Timeu* 90 A) é apenas provável: ὡς ὄντας (ἡμᾶς) φυτὸν οὐκ ἔγγειον ἀλλ᾽ οὐράνιον (Visto

ções hindus. No *Bhagavadgîtâ*, a divindade declara que ela (a árvore) é "como o Himalaia entre as montanhas e como a asvattha entre as árvores". A asvattha (ficus religiosa) derrama do alto o soma, bebida da imortalidade[216]. Diz a divindade ainda no *Bhagavadgîtâ* (c. XV): "They say the inexhaustible Asvattha has (its) roots above, (its) branches below; the Khandas [livros, partes dos vedas] are its leaves. He who knows it knows the Vedas. Upwards and downwards extend its branches, which are enlarged by the qualities, and the sprouts of which are sensuous objects. And downwards to this human world are continued its roots which lead on to action"[217].

413   As ilustrações alquímicas que representam a opus como uma árvore e suas fases como folhas trazem à mente a ideia hindu da libertação pelo "saber", isto é, pela aquisição do conhecimento depositado no *Veda*. Na Índia, a árvore brota do alto para baixo; na alquimia, pelo contrário, ela cresce (pelo menos nas representações) de baixo para cima, se acreditarmos nas imagens da *Pretiosa Margarita Novella*[218] de 1546, analogamente à forma dos aspargos. O mesmo motivo se encontra num dos casos acima citados (fig. 27). O impulso impressionante dos tenros aspargos para o alto descreve com efeito nitidamente o crescimento interior dos conteúdos antes inconscientes, que passam para a consciência. Nos dois casos, tanto na psicologia oriental como na do Ocidente, trata-se de um processo vital e também de

---

que não somos plantas terrestres, mas celestes). Em VETTIUS, Valens. *Anthologiarum*, I, p. 330, 23. KERN (org.). *Orphic fragment*, n° 228a.: ψυχὴ δ᾽ ἀνϑρ᾽ ωποισι απ᾽ αἰϑέρος ἐρρίζωται (a alma do homem é enraizada a partir do éter).

216. *Khândogya-Upanishad*, VIII, 5, 3 (*Sacred Books of the East* I, p. 132). No *Satapatha-Brâhmana* [*Sacred Books of the East* XLIV, p. 317] lemos: ("Os nyagrodhas com taças - pois quando os deuses faziam o sacrifício, curvavam-se sobre essas taças com soma e ao tombarem criavam raízes: por isso os nyagrodhas [ficus indica], quando se inclinam [nyak] criam raízes [roha]). O asvattha é a sede dos deuses. *Hymns of the Atharvaveda*, I, V, 4 [*Sacred Books* XLII, p. 4]. Cf. a respeito COOMARASWAMY. *The Inverted Tree*, p.12s.

217. [Conta-se que há um asvattha (ficus religiosa) imperecível, raízes no alto, ramos em baixo; os khandas (livros, partes do Veda) são as folhas. Quem o conhece (o asvattha) conhece o Veda. Seus ramos se desenvolvem em altura e profundidade, os quais são ampliados pelas qualidades e seus brotos são os objetos dos sentidos. Embaixo suas raízes se ramificam no mundo humano e conduzem à ação] *Sacred Books*, VIII, cap. 111, p. 15.

218. LACINIUS. *Pretiosa margarita novella*, **V.

Estudos alquímicos 333

um processo de conhecimento ou de iluminação; pode-se sem dúvida apreendê-lo mediante uma compreensão intelectual, sem que no entanto se deva confundi-la com ele.

A árvore guardiã do tesouro se encontra no conto alquímico "O espírito na garrafa"; ela contém o tesouro que se manifesta no fruto; é, por conseguinte, o símbolo da obra da crisopeia, da "ars aurifera" em geral, segundo o princípio formulado por Hércules[219]: "Hoc autem magisterium ex una primum radice procedit, quae postmodum in plures res expanditur, et iterum ad unum revertitur"[220]. Georgius Riplaeus compara o artífice com Noé que cultivava a vinha[221]. Djabir emprega no mesmo sentido "o mirto místico"[222], e Hermes, a "vitis sapientum"[223] (a vinha dos sábios). Hoghelande diz: "Quidam fructus exeunt à perfectissima arbore primo vere et in exitus initio florent"[224]. Daí se deduz que a vida da árvore representa ao mesmo tempo a *opus*, a qual, como se sabe, coincide com as estações do ano[225]. Se os frutos aparecem na primavera e as flores no outono, isso deve estar relacionado com o tema da "arbor inversa" (árvore invertida) e da "*opus* contra naturam" (obra contra a natureza). As *Allegoriae sapientum supra librum Turbae* oferecem esta prescrição: "Item planta

414

---

219. O imperador Herakleios de Bizâncio (610-641).

220. "Esse magistério procede primeiro de *uma* só raiz que se expande depois em várias coisas, e depois volta a uma só" [MORIENUS. De transmutatione metallorum. In: *Art. Aurif.*, II, p. 25s.].

221. RIPLAEUS. *Opera*, p. 46.

222. BERTHELOT. *Chimie au moyen age*, III, p. 244s.

223. Apud HOGHELANDE. De alch. diff. In: *Theatr. chem.*, 1602, I, p.164. A "vindemia Hermetis (vindima de Hermes) remonta a uma citação de Ostanes relatada por Zósimo (BERTHELOT. *Alch. grecs*, III, VI, 5, p. 129-121).

224. "Certos frutos saem da árvore perfeitíssima no começo da primavera e florescem no começo do fim" (Op. cit., p. 164). Hoghelande (Op. cit.,) remete à *Turba* (*Sermo* LVIII), onde Balgus é interpelado: "Cur arborem dimisisti narrare, cuius fructum qui comedit , non esuriet unquam?" (Por que cessaste de falar da árvore, cujos frutos saciam para sempre a fome dos que os comem?) [RUSKA, p. 161].

225. A obra começa na primavera, quando há condições favoráveis. Cf. "Paracelso, um fenômeno espiritual" [§ 190s. deste volume] e onde o "elementum lapidis magnis abundat" (o elemento da pedra se apresenta em abundância) [De rat. conf. lap. In: *Theatr. chem.*, 1602, II, p. 287]. A relação da opus com o zodíaco é representada em *Psicologia e alquimia*, fig. 92.

hanc arborem super lapidem, ne ventorum cursus timeat, ut volatilia coeli veniant, et supra ramos eius gignant, inde enim sapientia surgit"[226]. Aqui a árvore também representa propriamente a estrutura e o arcano da opus (obra). Este segredo é o "tesouro dos tesouros", tão exaltado. Tal como a árvore dos metais, a árvore da contemplação possui sete ramos, como nos mostra um tratado intitulado *De arbore contemplationis*[227]. Esta árvore é uma palmeira de sete palmas e sobre cada palma pousa um pássaro: "pavo (ilegível), cignus, (h)arpia, filomena, hyrundo, fenix" (pavão (ilegível), cisne, harpia, rouxinol, andorinha, fênix); além deles, há flores para cada um: "viola, gladiola, lilium, rosa, crocus, solsequium, flos (...?)" (violeta, gladíolo, lírio, rosa, crocus, girassol, flos...?), todas com um significado moral. Essas representações são muito semelhantes às dos alquimistas. Estes contemplaram sua árvore na retorta, onde (segundo a *Chymischen Hochzeit*) ela (a árvore) é sustentada por um anjo.

L. Pássaro e serpente

415   Como já assinalamos, os pássaros mantêm uma relação especial com a árvore. O *Scriptum Alberti* diz que Alexandre, ao longo de sua grande viagem, teria descoberto certa árvore, cuja "viriditas gloriosa" (verdor glorioso) ficava *dentro dela*. No topo, havia uma cegonha, e Alexandre lá construiu um palácio de ouro "et posuit terminum itineribus suis idoneum"[228]. A árvore com o pássaro representa a obra e sua plenificação. O tema foi também figurado em imagens[229]. O fato de as folhas da árvore (a viriditas gloriosa) crescerem interiormente manifesta com clareza mais uma inversão "contra naturam" e ao mesmo tempo ilustra a introversão no estado contemplativo.

---

226. (Assim, planta esta árvore sobre uma pedra, a fim de que ela não tema o curso dos ventos, para que as aves do céu venham e criem seus filhotes sobre os ramos; é daí, com efeito, que jorra a sabedoria) [*Theatr. chem.*, V, p. 68].

227. MS. da Biblioteca da Universidade de Basileia (AX, 128b), que a Dra. Marie-Louise von Franz consultou para mim.

228. "[...] a ele pôs um termo conveniente às suas viagens" [*Theatr. chem.*, 1602, II, p. 527].

229. Por exemplo: REUSNER. *Pandora*, p. 225; e *Mus. herm.*, p.201.

Estudos alquímicos   335

Se não me engano é a partir da lenda do paraíso terrestre que a   416
serpente foi relacionada com a árvore. Tal relação é inicialmente de
ordem geral, uma vez que se trata do Mercúrio (serpens mercurialis!)
e, como "spiritus vegetativus" ctônico, sobe das raízes aos ramos; em
particular, representa o nume da árvore, aparecendo como melusina[230].
O "dragão mercurial" é a substância misteriosa que se transforma na árvore e constitui sua vida. Isso se depreende claramente do *Scriptum*
Alberti super arborem Aristotelis (escrito de Alberto sobre a árvore de
Aristóteles) acima citado. O texto comenta talvez um desenho que
não está infelizmente na edição de 1602. (Não consegui até agora lo-
calizá-lo em nenhum manuscrito.) O texto começa com a seguinte as-
serção: "Haec est figura caeli, quae sphaera caeli nuncupatur, quae
quidem sphaera continet in se octo nobilissimas figuras scilicet figuram primam, quae primus circulus appellatur, est circulus deitatis"
etc.[231]. Depreende-se desta descrição que se trata de círculos concên-
tricos, enumerados de fora para dentro. O primeiro círculo contém
"as palavras da divindade", isto é, a ordem divina do mundo; o segundo, o septenário dos planetas; o terceiro, os elementos "corruptí-
veis" (*corruptibilia*) e "criadores" (*generabilia*); o quarto, um dragão
furioso, que emana (*emanantem*) dos sete planetas; o quinto, "a cabeça e a morte" do dragão. A cabeça do dragão, que "vive por toda a
eternidade", é chamada "vita gloriosa" (no fundo, a vida dos
bem-aventurados) e "os anjos a servem". A "caput draconis" (cabeça
do dragão) é aqui identificada com Cristo, pois "angeli serviunt ei"
(os anjos o servem) se refere, se não me engano, a *Mateus* 4,11, passagem em que Cristo acaba de repelir satanás. Trata-se aqui do paralelo
lapis-Cristo, que expus detalhadamente em *Psicologia e alquimia*. No
entanto, se a cabeça do dragão é identificada com Cristo, a cauda do
dragão deve ser identificada com o Anticristo, isto é, com o diabo.
Segundo nosso texto, o corpo do dragão deve ser inteiramente absor-

---

230. Cf. minhas explanações em *Psicologia e alquimia* (índice v. v. "melusina"). Cf.
tb., de Aniela Jaffé, *Bilder und Symbole aus E.T.A. Hoffmanns "Der goldne Topf"*, no
que se refere ao capítulo "Die Erscheinung im Holunderbaurn - Serpentina", p. 300s.

231. "É a figura do céu, chamada esfera do céu, que contém em si na verdade as oito figuras mais nobres, a saber, a primeira figura, chamada primeiro círculo. É o círculo da
divindade" [*Theatr. chem.*, 1602, p. 524].

336　　　　　　　　　　　　　　　　　　　　Obra Completa – Vol. 13

vido pela cabeça, isto é, o diabo é integrado por Cristo. O dragão combatia de fato a imago Dei, mas pelo poder de Deus ela foi implantada no dragão e forma a sua cabeça: "...totum corpus sequitur caput, et ipsum caput odit corpus, et interficit ipsum incipiendo à cauda cum dentibus ipsum corrodere, quousque totum corpus intret in caput, et in eo permanet sempiterne"[232]. A sexta figura representa seis faces (facies) ou formas e dois animais que são cegonhas. As formas são presumivelmente humanas, pois uma delas, como diz o texto, se assemelha a um etíope[233]. A cegonha é, ao que parece, um "vas circulatorium" (um vaso circulatório) para a destilação circular como o "pelecanus"[234]. As seis faces representam fases de transformação e formam com os dois animais uma ogdôada, símbolo do processo de transformação. A sétima figura, de acordo com o texto, põe em relação as "verba divinitatis" (palavras divinas) e os sete planetas com a oitava figura que representa a árvore de ouro. É melhor silenciar acerca do conteúdo da sétima figura, diz o autor, pois é aqui que começa o grande mistério, o qual só pode ser revelado por Deus. É aqui que se encontra a pedra usada pelo rei em sua coroa. "As mulheres sábias a escondem, (mas) as virgens loucas a ostentam abertamente porque desejam ser despojadas." "Papas, sacerdotes e monges conscienciosos a maldizem porquanto isso lhes foi ordenado por leis divinas"[235].

417　　　　　A árvore de ouro da oitava figura fulgura "ad instar fulgoris" (como o raio). O "raio" tem na alquimia (como em Jacob Böhme) o significado de um repentino deslumbramento, de uma iluminação súbita[236]. Sobre a árvore se encontra uma cegonha. Enquanto as *duas* cegonhas da figura precedente representam os aparelhos de destila-

---

232. "[...] o corpo inteiro segue a cabeça e a cabeça odeia o corpo e o mata, começando por roê-lo com seus dentes, a partir da cauda, até o corpo inteiro entrar na cabeça, aí permanecendo eternamente" [*Theatr. chem.* Op. cit., p.526].

233. Cf. a este respeito FRANZ, M-L. von. *Die Passio Perpetuae*, p. 463s.

234. O vaso é da maior importância para a metamorfose alquímica. Remeto o leitor às minhas explanações em *Psicologia e alquimia*, v. v. "vas". A cegonha (ciconia ou storca) é uma retorta [Cf. fig. 8 deste volume] [RHENANUS. Solis e puteo emergentis, I, 22].

235. *Theatr. chem.* Op. cit., p. 526.

236. Cf. a respeito meus esclarecimentos em *Zur Empirie des Individuationsprozesses,* § 533s.

Estudos alquímicos   337

ção para duas transmutações de três etapas cada uma, a cegonha que
se encontra sobre a árvore de ouro tem um significado muito mais amplo. Desde a Antiguidade a cegonha é considerada como "pia avis"
(ave piedosa), tal como se vê também na tradição agádica, se bem que
o *Levítico* 11,19 a coloque entre os animais impuros[237]. Sua devoção é
devida a *Jeremias* 7,7: "Mesmo a cegonha no céu conhece seu tempo...
mas o meu povo não quer conhecer a ordem do Senhor". No Império
Romano, ela é uma alegoria da piedade, e na tradição cristã é uma alegoria do *Christus Judex* (Cristo Juiz), pelo fato de ela destruir as serpentes. Assim como a serpente ou o dragão representa o nume ctônico da
árvore, ela representa o princípio espiritual desta última e simboliza
também o anthropos[238]. Entre as precursoras da cegonha alquímica é
preciso sem dúvida colocar também a cegonha Adebar da mitologia
germânica, que traz de novo para a terra as almas dos defuntos reno-
vados na fonte da Hulda. Nos dois casos, a cegonha é ligada à metamorfose anímica[239]. A atribuição do *Scriptum* a Alberto Magno é demasiadamente improvável. O modo pelo qual essa obra comenta a
árvore filosófica deve remontar no máximo ao século XVI.

M. O *nume feminino da árvore*

Enquanto lugar de transformação e de renovação, a árvore ad-   418
quire um significado feminino e materno. Já vimos que o nume (divindade) da árvore (*Ripley Scrowle*) é uma melusina. Na *Pandora*, o
tronco da árvore é uma mulher nua coroada, com um archote em
cada mão. Sobre sua cabeça há uma águia na ramagem da árvore[240].
Nas representações helenísticas, Ísis tem o atributo de um archote e a
forma de uma melusina. Outros atributos são a vinha e a palmeira.
Leto e Maria[241] dão à luz debaixo de uma palmeira. Maya também
está à sombra materna da árvore sagrada quando Buda nasce. Nos
contos do antigo Egito, a árvore propicia o renascimento de Bata. Se-

---

237. GRÜNBAUM. *Jüdisch-deutsche Chrestomathie*, p. 174.
238. PICINELLUS, V. *Mundus symbolicus*, v. v. "ciconia", p. 281a.
239. WÜNSCHE. *Die Sagen vom Lebensbaum und Lebenswasser*, p. 85s.
240. REUSNER. Op. cit., p. 225. [Cf. a este respeito *Psicologia e alquimia*, fig. 231].
241. Sura XIX do *Corão* [p. 253].

gundo os hebreus, Adão foi criado a partir da "arboris vitae gleba" (terra da árvore da vida), denominada a "terra vermelha de Damasco"[242]. Segundo esta lenda, Adão mantém a mesma relação com a árvore da vida que apareceu ao mesmo tempo que ele, tal como Buda com a árvore de Bodhi.

419   A natureza feminina-materna da árvore manifesta-se também em sua relação com a sapientia (sabedoria). A árvore do conhecimento (*Gênesis* 2) é, no *Livro de Henoc*, a sabedoria, cujo fruto é semelhante à uva[243]. A doutrina dos barbeliotas, em Irineu, afirma que o Autogenes produziu finalmente o "hominem perfectum et verum" (homem perfeito e verdadeiro) que eles também denominam Adamas. Com este foi criado ao mesmo tempo o conhecimento perfeito a ele ligado. "Ex Anthropo autem et Gnosi natum lignum, quod et ipsum Gnosin vocant" (Do homem e do conhecimento nasceu a madeira [árvore] que eles também chamam de gnosis.)[244] Aqui encontramos ainda o mesmo liame entre o homem e a árvore, como no caso de Adão a Buda. Uma conexão semelhante se encontra nas *Acta Archelai*: "Illa autem arbor quae est in paradiso, ex qua agnoscitur bonum, ipse est Jesus et scientia eius quae est in mundo" (Essa árvore do paraíso, a partir da qual se reconhece o bem, é Jesus e sua ciência que está no mundo[245]). "Inde (id est ex arbore) enim sapientia surgit" (Pois é de lá [da árvore] que se ergue a sabedoria), dizem as *Allegoriae sapientum*[246].

420   A Alquimia possui representações semelhantes acerca da árvore. Já vimos que ela concebe o homem como "arbor inversa", visão que tem em comum com a cabala. No *Pirke R. Elieser* podemos ler: "R. Zehira ensina ao dizer: 'do fruto da árvore', mas não desta árvore, e sim do homem, que é semelhante a uma árvore" (qui similis est arbori)[247]. Na gnose de Justino, as árvores do jardim do Éden são anjos, e

---

242. STEEBUS. Coelum Sephiroticum, p. 49.

243. KAUTZSCH. *Apokryphen and Pseudoepigraphen des Alten Testaments*, II, p. 256 [32, 3].

244. *Contra omnes haereses*, I, 29, 3.

245. HEGEMONIUS. *Acta Archelai* [BEESON (org.)], p. 18, Z. 15s.

246. *Theatr. chem.*, V, p. 68.

247. GANZ. *Chronologia sacro-profana*. Esta contém as "Pirke vel capitula R. Elieser. Ex Haebraeo in Latinum translata per Guilielmum Henricum Vorstium". As Pirke remontam ao século VII-VIII d.C. Rabbi Elieser pertence ao século II.

Estudos alquímicos   339

a árvore da vida é o anjo Baruc, o terceiro dos anjos paternais; a árvore do conhecimento do bem a do mal é o terceiro dos anjos maternais, o Naas[248]. Esta divisão da alma da árvore em uma figura masculina e uma figura feminina corresponde ao Mercurius alquímico, enquanto princípio de vida da árvore, pois, como hermafrodita, ele é duplo[249]. A imagem de *Pandora* acima citada, onde o tronco é representado por uma imagem feminina, evoca Mercurius em seu papel feminino, ao qual pertence o caráter da sabedoria, assim como seu aspecto masculino, ilustrado pela imagem do senex (velho), ou ainda de Hermes Trismegisto.

N. *A árvore como pedra*

Assim como árvore e homem são símbolos centrais da alquimia,   421
a lapis (pedra) em seu duplo significado de *prima* e *ultima materia*
também o é. Tal como vimos, lê-se nas *Allegoriae*: "Item planta hanc arborem super lapidem, ne ventorum cursus timeat" etc. (planta esta árvore sobre a pedra, para que ela esteja protegida dos ventos). Parece haver aqui uma alusão a *Mateus* 7,26s., onde se trata da casa edificada sobre a areia e que desmoronou com a chuva e o ímpeto dos ventos. A pedra poderia pois significar em primeiro lugar o fundamento seguro que se encontra na verdadeira materia prima. O contexto porém alude ao sentido simbólico da pedra, como mostram as duas frases precedentes[250].

"A prima materia é uma aqua unctuosa (água oleosa) e é a pedra   422
filosófica, cujos ramos se multiplicam indefinidamente"[251]. Aqui, a

---

248. HIPÓLITO. *Elenchos*, V, 26, 6, p. 127. Naas, a serpente, é a *prima materia* dos naassenos, "substância úmida", como a água de Tales. Ela está à base de todas as coisas e contém tudo. Ela é o rio do Éden, que se divide em quatro fontes (Op. cit., V, 9, 13s., p. 100s.).

249. Cf. "O espírito Mercurius" [§ 268s. deste volume].

250. "Item accipe sapientiam vi intensissimam et ex ea vitam hauries aeternam, donec tuus (lapis) congeletur, ac tua pigredo exeat, tunc inde vita fit" (Por isso toma a sabedoria com uma força intensa, e dela colherás a vida eterna até que tua (pedra) se congele e desapareça tua preguiça; daí surge a vida) [*Theatr. chem.*, V, p. 68].

251. Em lugar de "rami infiniti multiplicantur" eu leio "infinite" [MYLIUS. *Philos. ref.*, p. 260].

própria pedra é entendida como árvore e como "substância úmida" (ὑγρὰ οὐσία dos gnósticos), mais precisamente como "água oleosa" (água e óleo não se misturam!). Ela representa a natureza dupla, isto é, contraditória do *Mercurius duplex*.

423 Comentando Senior, o *Consilium coniugii* também diz: "A pedra dos sábios provém dela mesma e se aperfeiçoa a si mesma. Ela é efetivamente a árvore cujos ramos, folhas, flores e frutos são dela, por ela a para ela e é ela por completo, ou o todo (tota vel totum) e nenhuma outra coisa"[252]. A árvore pois é idêntica à pedra e, como ela, um símbolo da totalidade. Henrique Khunrath diz: "É por ela mesma / a partir dela mesma / nela e por meio dela / que se realiza e prepara a pedra dos sábios. / Pois não é senão uma: como uma árvore (diz Senior), cujas raízes, o tronco, os galhos, os ramos, as folhas / as flores a os frutos / são por ela / a partir dela / para ela / e tudo isso provém de um só grão. Ela é tudo / nada de estranho a faz"[253].

424 No *Livro de Ostanes*, arábico, encontramos uma descrição da matéria secreta, isto é, da água sob diversas formas, primeiro como líquido branco, depois negro, depois vermelho e finalmente como um líquido inflamável ou ígneo, que se acende em (certas) pedras da Pérsia.

... c'est un arbre, qui pousse sur les pics des montagnes; c'est un jeune homme né en Egypte; c'est un prince sorti de 1'Andalousie, qui veut le tourment des chercheurs. Il a tué leurs chefs... Les savants sont impuissants à le combattre. Je ne vois contre lui d'autre arme que la résignation, d'autre destrier que la science, d'autre bouclier que 1'intelligence. Si le chercheur se trouve vis-à-vis de lui avec ces trois armes et qu'il le tue, il redeviendra vivant après sa mort, il perdra tout pouvoir contre lui et il donnera au chercheur la plus haute puissance, en sorte que celui-ci arrivera au but de ses désir[254].

---

252. In: *Ars chem.*, p. 160.

253. "Confessio". In: *Von hyl. Chaos*, p. 20s.

254. [...] é uma árvore que cresce nos picos das montanhas; é um jovem nascido no Egito; é um príncipe oriundo da Andaluzia, que atormenta os pesquisadores. Ele matou seus chefes... Os sábios são impotentes para combatê-lo. Não vejo outra arma contra ele a não ser a resignação, outra habilidade a não ser a ciência, outro escudo senão a inteligência. Se o pesquisador encontrar-se face a face com ele e, munido dessas três armas, matá-lo, ele recuperará a vida depois de sua morte, ele perderá todo poder contra ele, e o pesquisador receberá o mais alto poder, chegando assim à meta de seus desejos [BERTHELOT. *Chimie au moyen âge*, III, p. 117].

Estudos alquímicos   341

O capítulo no qual se encontra este texto começa por estas pala-   425
vras: "Le Sage a dit: Ce qu'il faut d'abord à l'étudiant, c'est qu'il con-
naisse la pierre, objet des aspirations des Anciens" (O sábio disse: O
que é preciso em primeiro lugar ao estudante é que ele conheça a pedra, objeto das aspirações dos antigos). A água, a árvore, o jovem
egípcio e o príncipe andaluz se relacionam com a pedra. A água, a árvore e o homem aparecem como sinônimos da pedra. O príncipe é
um símbolo importante que a bem dizer precisa ser explicado. Parece
com efeito que nele ressoa um tema arquetípico que já encontramos
na epopeia de *Gilgamesh*. Nesta, trata-se de Enkidu, homem ctônico,
sombra de Gilgamesh, criado pelos deuses instigados por Ishtar in-
sultada, a fim de perdê-lo (a Gilgamesh) – "il veut le tourment des
chercheurs" (ele quer atormentar os pesquisadores). Ele é inimigo e
matará seus "chefes", isto é, mestres e autoridades.

O tema da "lapis" inimiga é formulada textualmente do seguinte   426
modo nas *Allegoriae sapientum*: "... nisi lapis tuus fuerit inimicus ad
optatum non pervenies"[255] (se tua pedra não for uma inimiga, não
chegarás àquilo que desejas). Esta inimizade aparece de muitos modos na alquimia, quer sob a forma de um dragão venenoso ou cuspin-
do fogo, ou ainda sob a forma de leão. É preciso cortar as patas deste
último[256], ou matar o primeiro, se bem que ele se mata e se devora a si
mesmo, pois, segundo o axioma de Demócrito (o alquimista): "A natureza vence a natureza"[257].

A propósito da morte dos chefes, é impossível não evocar a ima-   427
gem impressionante de *Pandora*[258]: uma melusina trespassa com sua
lança o lado de Cristo. A melusina corresponde ao éden gnóstico e
representa o aspecto feminino de Mercurius, esse *nous* feminino
(o Naas dos naassenos) que, sob o aspecto de uma serpente, seduziu

---

255. *Theatr. chem.*, V, p. 67.

256. Imagem correspondente: [REUSNER.] *Pandora*, p. 227 [além disso *Psicologia e
alquimia*, fig. 4].

257. ἡ γὰρ φύσις τὴν φύσιν τέρπει καὶ ἡ φύσις τὴν φύσιν κρατεῖ καὶ ἡ φύσις τὴν
φύσιν νικᾷ (A natureza alegra-se com a natureza, a natureza domina a natureza, a natureza vence a natureza) [BERTHELOT. *Alch. grecs*, I, III, 12, p. 20].

258. P. 249. A imagem é reproduzida em "Paracelso, um fenômeno espiritual" [fig. 5
deste volume].

nossos primeiros pais no paraíso. Pode-se mencionar como passagem homóloga o texto de Aristóteles (alquimista) acima citado: "Colhe os frutos, pois o fruto da árvore nos levou à obscuridade e, através dela, nos seduziu"[259]. Esta indicação está em clara contradição com a Bíblia e com a autoridade da Igreja. É preciso admitir que o autor de uma tal frase se achava obrigatoriamente em oposição consciente com a tradição.

428 A relação com a *Epopeia de Gilgamesh* é interessante, dado que Ostanes é considerado um persa, contemporâneo de Alexandre Magno. No que diz respeito à inimizade (inicial) de Enkidu pelo príncipe andaluz e à pedra em geral, a analogia da lenda de Chadir[260] pode ser tomada como outro paralelo. Chadir, que é um enviado de Alá, assusta de início Moisés, por suas ações malfazejas. Como experiência visionária, ou então como um relato simbólico de natureza didática, esta lenda representa a relação de Moisés: por um lado, com sua sombra – o servidor Josué, filho de Nun, e, por outro lado, com o si-mesmo, Chadir[261]. Este último também é considerado como a pedra e como seu sinônimo. Psicologicamente, isto deve significar que o primeiro encontro com o si-mesmo pode apresentar todas as qualidades negativas que o caracterizam; em geral, o choque inesperado com o inconsciente[262]. O perigo consiste na possibilidade de uma inundação fatal pelo inconsciente, que nos piores casos é de natureza psicótica, isto é, na eventualidade da consciência não conseguir captar nem intelectual, nem moralmente, a irrupção dos conteúdos do inconsciente.

O. A periculosidade da arte

429 A *Aurora Consurgens* diz, em relação aos perigos que ameaçam o artifex (artista), que muitos deles, "os quais não compreendem as palavras dos sábios, pereceram devido à sua ignorância, por falta de dis-

---

259. Tractatus Aristotelis alchemystae ad Alexandrum. In: *Theatr. chem.*, V, p. 883.
260. *Corão*, Sura XVIII.
261. Cf. minha análise em "Sobre o renascimento" [§ 240s.].
262. Remeto às minhas explanações em *Aion* [§ 13s.].

Estudos alquímicos   343

cernimento espiritual"[263]. Theobald de Hoghelande considera que "a arte em sua totalidade é tida por difícil e perigosa, e quem não for imprudente deve evitá-la, pois é funesta"[264]. De modo semelhante, Egídio de Vadis também diz: "Eu silencio esta arte que induz ao erro a maioria das pessoas que nela trabalham, uma vez que poucas encontram (a meta), enquanto inúmeras são precipitadas por ela na perdição"[265]. O velho Haly diz: "Lapis noster est vita ei qui ipsum scit et eius factum: et qui nesciverit et non fecit, et non certificabitur[266] quando nascetur, aut putabit alium lapidem, iam paravit se morti"[267]. Não se trata aqui apenas do perigo do envenenamento[268] ou de ex-

---

263. "O quam multi non intelligunt dicta sapientum, hi perierunt propter eorum insipientiam, quia caruerunt intellectu spirituali" (Oh, quantos pereceram por falta de inteligência (para compreender) as palavras dos sábios, devido à sua ignorância, faltando-lhes o discernimento espiritual) [Aurora consurgens, I. In: RHENANUS. *Harmoniae imperscrutabilis chymo-philosophicae decades* (edição de M.-L. Von Franz, p.100-101)]. "Hoc est ergo magnum signum, in cuius investigatione nonnulli perierunt" (Este é um grande sinal e, investigando-o, alguns pereceram) [Rosarium philosophorum. In: *Art. aurif.*, II, p. 264.]. "Scitote sapientiae investigatores, quod huius artis fundamentum, propter quod multi perierunt, unum quidem esse omnibus naturis fortius et sublimius..." (Sabei, pesquisadores da sabedoria, que o fundamento desta arte pela qual muitos pereceram é algo mais poderoso e sublime que todas as outras naturezas...) [Turba philosophorum. In: *Art. aurif.*, I, p. 83].

264. De alch. diff. In: *Theatr. chem.*, 1602, I, p. 146.

265. Dialogus inter naturam et filium philosophorum. In: *Theatr. chem.*, 1602, II, p. 116s.

266. Certificare = assegurar, dar segurança [DU CANGE. *Glossarium*, v. v. "certificatio"].

267. "Nossa pedra é vida para aquele que a conhece e faz; e quem não a conhece e não a tiver feito e assegurado no momento de seu nascimento, ou então tiver pensado em outra pedra, tal pessoa já se preparou para a morte" [Citação de Haly em HOGHELANDE. Op. cit. In: *Theatr. chem.*, 1602, I, p. 204].

268. Este perigo era conhecido. A *Aurora consurgens* fala de "odores et vapores mali mentem laborantis inficientes" (odores e vapores maus, afetando a mente de quem trabalha) [Op. cit., p. 179]. Mas é especialmente o *espírito* do alquimista que corre perigo. "(Opus) propter igneos, sulphureosque quos secum adfert halitus, periculosissimus" ((A Obra) é perigosa por causa das exalações ígneas e sulfurosas que acarreta) [DEE. Monas hieroglyphica. In: *Theatr. chem.*, 1602, II, p. 222]. "(Aqua divina:) do plagam in faciem suam: id est, laesionem, quae edentatos facit, et multas infirmitates generat per fumum" (Eu (a água divina) dou um golpe em seu rosto: mediante uma lesão ele se torna desdentado e sofre muitas doenças provocadas pela fumaça) [Rosinus ad Sarratantam. In: *Art. aurif.*, I, p. 293]. Eles devem ter conhecido a intoxicação pelo mercúrio. "[...] a principio lapis est sicut toxicum mortificans" (No início a pedra é como um veneno mortal) [VENTURA. De rat. conf. lap. In: *Theatr. chem.*, 1602, II, p. 293].

plosões, observa também o mesmo autor. É fácil reconhecer o perigo de complicações psíquicas: "Cautus sit in diaboli illusionibus dignoscendis et praecavendis, qui se chemisticis operationibus saepius immiscet, ut operantes circa vana et inutilia detineat praetermissis naturae operibus"[269]. Ele fundamenta este perigo com uma citação de Alphidius: "Hic lapis a loco gloriosissimo sublimi maximi terroris procedit, qui multos sapientes neci dedit"[270]. Ele cita igualmente uma frase de Moisés: "Esta obra (a transformação) se realiza repentinamente como as nuvens que aparecem no céu", e acrescenta (numa citação de Micreris): "Quando vires subitamente este processo (opus) , sentir-te-ás estupefato, apavorado e trêmulo; por isso, opere com prudência"[271].

430   O *Liber Platonis quartorum* adverte também acerca do perigo por parte dos poderes demoníacos: "A uma certa hora da preparação, uma espécie de espírito trabalhará contra a obra, e a um outro momento esta ação contrária cessará"[272]. Olimpiodoro (século VI) se exprime com clareza: "E então o demônio Ofiúco introduz a negligência, entravando nossa pesquisa, coleando de todos os lados, de dentro e de fora, acarretando omissões, o medo, a insuficiência na preparação; outras vezes ele tentará, através dos fracassos em nossos empreendimentos e de danos, desviar-nos (da obra)"[273]. Ele adverte que o chumbo é possuído por um demônio que enlouquece as pessoas[274].

431   A pedra, ou a maravilha que o alquimista esperava ou vivia, deve ter sido uma questão extremamente numinosa. Assim se explica o temor sagrado (do alquimista) diante do segredo e da possibilidade de profaná-la. Diz Hoghelande: "Nomen lapidis patefacere, nemo potest sub animae suae condemnatione, quia coram Deo rationem red-

---

269. "Ele deve evitar cuidadosamente as ilusões que o diabo inspira, o qual se mistura muitas vezes às operações químicas, a fim de deter os que operam com coisas inúteis e vãs, ultrapassando a obra da natureza" [Theatr. Chem., 1602, I, p. 140].

270. "Esta pedra provém de um lugar elevado a glorioso, de grande terror, que já causou a morte de numerosos sábios" [Op. cit., p. 179].

271. Op. cit., p. 204.

272. *Theatr. chem.*, V, p. 141.

273. BERTHELOT. *Alch. grecs*, II, IV, 28 p. 92.

274. Op. cit., II, IV, 43 e 64 p. 104.

Estudos alquímicos 345

dere non posset"[275]. Esta convicção deve ser levada a sério. Seu trata-do *De alchemiae difficultatibus* revela que seu autor é um homem ho-nesto e sensato, bem diferente dos obscurantistas fanfarrões, e em particular dos tratados atribuídos a Lúlio. Só permanece obscuro qual dentre os "mille nomina" (mil nomes) da pedra ele não quer di-vulgar. A pedra é certamente o ponto crítico da alquimia, pois nunca foi realizada, motivo pelo qual ninguém seria capaz de dizer o que ela de fato é, verdadeiramente. Poderá ser portanto – o que para mim é verossímil – uma *vivência psíquica*, o que justificaria o medo tantas vezes manifestado de uma perturbação mental.

Wei Po-Yang, aparentemente o mais antigo dos alquimistas chi-neses de que temos notícia (século II d.C.) nos descreve de modo bem instrutivo as consequências perigosas de um erro na obra. Depois de resumir esta última em poucas palavras, ele descreve o "chên-jen", o homem verdadeiro e perfeito que é o começo e o fim da obra: "He is and he is not. He resembles a vast pool of water, suddenly sinking and suddenly floating" (Ele é e não é. Assemelha-se a uma grande ba-cia de água, ora afundando de repente e súbito emergindo). Nela, que parece uma substância material (análoga à "veritas" substancial de Dorneo[276]), misturam-se o quadrado, o redondo, o diâmetro e as dimensões "and restrain one another. Having been in existence befo-re the beginning of the heavens and the earth: lordly, lordly, high and revered"[277]. Encontramo-nos pois aqui em presença desta im-pressão, cujo caráter é numinoso e intensíssimo e que constatamos entre os alquimistas ocidentais.

432

O autor fala depois de um recinto murado, fechado de todos os lados e cujo interior se compõe de labirintos ligados uns aos outros: "The protection is so complete as to turn back all that is devilish and

433

---

275. "Ninguém pode dizer o nome da pedra sob pena de condenar sua alma, pois não poderia justificar-se perante Deus" [Op. cit., p. 179].

276. *Aion*, § 248s. e 261s.

277. *An Ancient Chinese Treatise on Alchemy*, p. 237s., cap. XIX: ("e eles mutuamen-te se restringem. Tendo existido antes do começo dos céus e da terra: soberano, alto a venerado. (Op. cit., p. 238) – A proteção é tão completa que ela afasta tudo o que é di-abólico e indesejável: preocupações são absurdas (cap. XX, p. 238). – A massa negra (massa confusa) conhecerá o desastre (cap. XXI, p. 238)).

undesirable" (A proteção é tão completa que desvia tudo o que é diabólico e indesejável). Em tal estado, é de desejar-se que o pensamento cesse (uma vez que ele só se move em caminhos batidos), "and worries are preposterous" (e os tormentos são absurdos). "O ch'i divino (essência etérica) preenche as quartas partes (os alojamentos da área interna) e *não pode ser retido*. Quem puder no entanto retê-lo prosperará e quem o perder, perecerá". Neste último caso, tratar-se-á do "falso método": ele se guiará em tudo segundo o curso das estrelas e ordenará sua vida segundo o curso do sol; em outras palavras, levará uma vida razoável segundo a concepção chinesa. Mas neste caso o Tao do yin (feminino) não será compreendido, o que em nossa terminologia significa que o inconsciente não se harmoniza com os princípios da ordem consciente (o inconsciente, no homem, tem o signo feminino!). Se, a partir desse momento, o adepto organiza sua vida, segundo as regras consideradas tradicionalmente como razoáveis, pôr-se-á em situação de perigo: "disaster will come to the black mass" (a massa negra será atingida por um desastre). A "massa negra" é a "massa confusa", o "caos" e a "nigredo" da alquimia ocidental. A prima materia é negra por fora e branca por dentro, tal como o chumbo. Ela é o chên-jen oculto na obscuridade, a totalidade do homem ameaçada pelas regras da vida racional e correta, o que significa que a individuação se acha obstruída ou então impelida através de falsos caminhos. O ch'i, a quintessência (o sangue rosa da alquimia europeia), não se deixa "reter", ou melhor, o si-mesmo urge por manifestar-se e ameaça sujeitar a consciência[278], o que acarreta sérias consequências. Tal perigo é especialmente grave para o adepto ocidental, pois sua educação histórica, que se efetua na e pela imitatio Christi, o leva diretamente a considerar como sendo sua missão exsudar a substância da alma, o sangue rosa, em analogia com o Cristo. Em outras palavras, ele sentir-se-á moralmente obrigado a realizar a exigência do si-mesmo, sem preocupar-se se o si-mesmo não exige demais dele. Parecer-lhe-á mesmo que seu Deus, e portanto seu princípio moral supremo, reclama dele esse "sacrifício de si". De fato, é um sacrifício de si, uma verdadeira ϑυσία que acorre, quando o homem cede sem resis-

---

278. Cf. a respeito *Aion*, § 45.

Estudos alquímicos 347

tência à pressão desse imperativo e se aniquila, pois então o si-mesmo também perde a partida, destruindo o homem que devia servir-lhe de vaso. Tal perigo aparece, como observa o mestre chinês com justeza, quando a ordem da vida consciente, regida por princípios tradicionais, morais e razoáveis, é aplicada num momento em que se trata de algo diferente da vida social, a saber, da integração do inconsciente e por conseguinte da individuação.

Wei Po-Yang oferece uma descrição drástica das consequências filosóficas e psíquicas: "Gases provocados por alimentos digeridos farão ruído nos intestinos e no estômago. A essência correta (ch'i) será exalada e a prejudicial, inalada. Os dias e noites decorrerão sem sono, lua após lua. O corpo se esgotará, tomando o aspecto da loucura... O pulso se acelerará e ferverá tão violentamente que roubará a paz do espírito e do corpo". Não se obterá qualquer resultado, mesmo que (segundo a moral consciente) "se eleve um templo, frequentando-o assiduamente e fazendo as oferendas de manhã e de tarde. Aparecerão objetos fantasmais, que despertarão o pasmo até durante o sonho. Pode-se cair na tentação de rejubilar-se com isso, imaginando que a longevidade está assegurada[279]. Mas de repente a morte ocorre antes do tempo". O autor acrescenta a moral: "Um erro insignificante conduz assim a uma grande infelicidade". A alquimia ocidental, com todo o seu discernimento, não chegou a tal profundidade. Nem por isso ela é menos consciente dos perigos sutis da obra, sabendo que certas exigências elevadas são propostas não só à inteligência como também às qualidades morais do adepto. Lê-se em Christian Rosencreutz, na passagem do convite ao casamento régio:

> Toma cuidado,
> Considera-te a ti mesmo,
> Se não te banhas frequentemente,
> O casamento poderá prejudicar-te.
> Sofrerá dano, quem for descuidado quanto a isto,
> Que se previna aquele que é demasiado leviano[280].

434

---

279. Estes são os sintomas típicos da inflação. Uma pessoa famosa me assegurava que teria uma longa vida, pelo menos cento e cinquenta anos. No ano seguinte morreu. A inflação neste caso é visível até para o leigo.

280. *Chymische Hochzeit*, p. 3.

435　　　Tal como se depreende dos acontecimentos que se seguem na *Chymischen Hochzeit*, não se trata apenas da transformação e da união do par real, mas também de uma individuação paralela do adepto. A união com a *sombra* e com a *anima* representa uma dificuldade que não deve ser tomada levianamente. A problemática dos opostos que então aparece conduz, uma vez que as questões colocadas não podem ter resposta, à constelação de conteúdos arquetípicos compensadores, isto é, às experiências numinosas. O que descobrimos tardiamente na psicologia complexa já fora há muito compreendido "symbolice" (simbolicamente) pela alquimia, apesar da limitação de seus meios intelectuais. Laurentius Ventura exprimiu em poucas palavras este conhecimento: "[Operis perfectio] Non est enim in potestate artificis, sed cui vult ipse Deus clementissimus largitur. Et in hoc puncto totum est periculum"[281]. Podemos notar a propósito que "clementíssimo" deve ser sem dúvida considerado como um eufemismo apotropaico.

P. Compreensão como meio de defesa

436　　　Após estas digressões acerca dos perigos que ameaçam o adepto, voltemos ao texto de Ostanes! Os adeptos sabem que não podem opor nenhuma resistência à lapis sob a forma do príncipe andaluz. A lapis parece inicialmente mais forte do que eles; o texto diz que eles têm só três "armas": em primeiro lugar, a "resignação", depois a "ciência" como corcel e o "entendimento" como escudo. Esta afirmação permite perceber que, de um lado, eles adotavam a política da *non-resistance* e, por outro, buscavam refúgio no saber e na inteligência ou compreensão. O poder superior da lapis é confirmado por esta sentença: "Philosophus non est Magister lapidis, sed potius minister"[282]. Trata-se pois manifestamente de uma submissão ao poder superior, mas com a reserva dos meios de compreensão que permiti-

---

281. A perfeição da obra "não está no poder do adepto, mas de Deus misericordioso, que a concede a quem Ele bem quiser. E neste ponto reside o grande perigo" [De rat. conf. lap. In: *Theatr. chem.*, 1602, II, p. 338].

282. "O filósofo não é o senhor da pedra, mas sim seu servidor" [Ros. phil. In: *Art. aurif.*, II, p. 356].

Estudos alquímicos 349

rão ao adepto matar finalmente o príncipe. Sem dúvida não é um engano admitir que os adeptos procuraram, apoiando-se no próprio saber, *compreender* esta força aparentemente invencível, para assim quebrar seu feitiço. Isto não é apenas um tema conhecido dos contos de fada (em Grimm, gênio mau!), mas também uma suposição muito primitiva segundo a qual aquele que adivinha o nome secreto obtém poder sobre aquele que o tem. Em psicoterapia, é um fato conhecido que frequentemente sintomas neuróticos, os quais pareciam inabordáveis, tornam-se inofensivos ao serem conscientizados e compreendidos (e também vividos) os conteúdos que constituíam seu fundamento. É compreensível que a energia que até então alimentava o sintoma tenha sido posta à disposição da consciência, o que se traduz pela intensificação do sentimento vital, assim como pela diminuição ou supressão das inibições inúteis e outras perturbações.

Se quisermos compreender nosso texto, devemos pensar em experiências desse gênero. Elas se apresentam sempre que conteúdos numinosos até então inconscientes vêm à consciência de um modo ou de outro, quer espontaneamente, quer pelo emprego de um método qualquer. Tal como nos textos mágicos, o nosso supõe que o poder do demônio conjurado passa integralmente para o adepto. Até a consciência moderna não pode resistir à tentação de pensar deste modo. Assim pois se admite de bom grado que, graças à compreensão, pode-se "acabar" completamente com os conteúdos psíquicos. Isto porém só vale numa certa medida em relação a conteúdos que só têm uma importância mínima. Complexos de representações numinosas podem ser levados a mudar de forma, mas seu conteúdo numinoso, o qual pode traduzir-se de muitas maneiras, não desaparece no sentido de tornar-se totalmente inoperante. Isto porque ele possui uma autonomia tal que, se reprimida ou sistematicamente ignorada, pode reaparecer com sinal negativo, isto é, com um valor destrutivo. O diabo, que o mágico imagina ter constrangido a servi-lo, vem finalmente buscá-lo, o que significa que de nada vale utilizar o demônio para seus próprios fins como "familiaris", mas que é preciso conservar presente ao espírito de um modo "religioso" a autonomia desta figura de múltiplas significações. É dela com efeito que emana a força que constela o destino e que exige a individuação. É por isso que os alquimistas não hesitaram em atribuir à sua pedra qualidades verda-

437

350   Obra Completa — Vol. 13

deiramente divinas, dela fazendo um microcosmo e um homem que
eles punham em paralelo com o Cristo – "et in hoc puncto totum est
periculum"[283] (e neste ponto está todo o perigo). Não se pode, nem
se deve, devido ao perigo de provocar sua própria destruição psíquica, tentar incluir à força esse nume no círculo limitado do domínio
humano, pois lá há mais do que a consciência humana e mais do que
a vontade que depende dela.

438   Se, ocasionalmente, o alquimista manifesta uma certa inclinação
para utilizar os símbolos produzidos pelo inconsciente, tais como nomes mágicos encantatórios, o homem moderno emprega da mesma
forma conceitos intelectuais com a meta contrária, isto é, no intuito de
aniquilar o inconsciente mediante a razão e o intelecto. De um modo
cômico, alguns de meus críticos acreditam que sou capaz de substituir
a alma viva por conceitos intelectuais. Não posso compreender como
não veem que há, na base de meus conceitos, fatos empíricos e que esses conceitos representam meros nomes para certos domínios da experiência. Eu compreenderia um tal desdém se eu tivesse negligenciado a
descrição das realidades às quais eu me refiro. Mas esses críticos esque-
cem sempre intencionalmente que eu falo de fatos e da alma real, longe de efetuar qualquer acrobacia conceitual e filosófica.

          Q. O tema do suplício

439   O texto árabe oferece-nos uma preciosa ideia da fenomenologia
do processo de individuação, tal como era vivido pelos alquimistas.
Particularmente interessante é a menção do suplício que a lapis infli-
gia ao artifex. Esse tema apresenta-se igualmente nos textos ocidentais, mas sob a forma inversa: o supliciado não é o alquimista, mas o
mercúrio, isto é, a lapis-árvore-príncipe. Tal inversão indica que o artífice imagina infligir um suplício, mas na verdade é ele o supliciado.
E o percebe mais tarde, é verdade, quando descobre à sua custa os perigos da obra. A visão de Zósimo constitui um exemplo característico
desse suplício projetado[284]. Na *Turba* podemos ler: "Tomai o velho

---

283. Cf. § 435, nota 281.
284. V. minhas explanações sobre isto neste volume.

Estudos alquímicos   351

espírito negro para destruí-lo e atormentai[285] com ele os corpos até que estes se transformem"[286]. Em outra passagem, um filósofo da assembleia responde: "É este o motivo pelo qual a substância atormentada (*cruciata res*), quando mergulhada no corpo, o transforma numa natureza imutável e indestrutível"[287]. No Sermão XVIII a resposta de Mundus é equívoca: "Qual é o número daqueles que estudam essas aplicações[288] e que descobrem que não são capazes de suportar os castigos (*poenas*)?[289] É esse o motivo pelo qual essas aplicações são diminuídas"[290].

A partir destas citações concluímos que o conceito de suplício   440
não é unívoco. No primeiro caso, os corpos (*corpora*), isto é, as matérias brutas a serem melhoradas, são "supliciadas"; no segundo caso, a substância supliciada é sem dúvida a substância arcana, designada na maior parte das vezes como "res" (coisa), e no terceiro caso são os próprios pesquisadores que não conseguem suportar os "suplícios". Esta estranha incerteza não é fortuita, mas possui, pelo contrário, motivos profundos.

Nos antigos textos, cronologicamente próximos da tradução da   441
Turba, encontram-se receitas cruéis, no estilo daquelas dos *papiros mágicos*[291], como por exemplo depenar um galo vivo[292], dessecar um homem sobre uma pedra ardente[293], cortar as mãos e os pés[294] etc. Aqui, o suplício é endereçado ao corpo. Outra versão pode ser encontrada em todo caso no antigo *Tractatus micreris*[295]. Aí é afirmado que assim como o Criador separa as almas dos corpos, julga-os e re-

---

285. "Diruite et cruciate" (Destruí e atormentai).

286. RUSKA (org.), p. 152 (o supradito é tradução de Jung).

287. Op. cit., p. 168.

288. Por "applicationes" (aplicações) devemos entender as matérias (arcanos), tais como a "gumma" (= aqua permanens).

289. Correspondendo às κολάσεις (penas) de Zósimo.

290. Op. cit., p. 127s.

291. Estripar um galo vivo [PREISENDANZ. *Pap. Graecae mag.*, I, p. 79].

292. Allegoriae sup. libr. Turbae. In: *Art. aurif.*, I , p. 140.

293. Op. cit., I, p. 139.

294. Visio Arislei. Op. cit., I, p. 151.

295. "Micreris" é sem dúvida uma corruptela de Mercurius na transliteração árabe.

compensa, "assim também devemos usar a adulação (*adulatione uti*)[296] em relação a essas almas e condená-las aos mais duros castigos (*poenis, marginale: laboribus*)". O interlocutor do diálogo exprime a dúvida de que seja possível atingir dessa forma as almas "tênues" (*tenues*) que não habitam mais seus corpos. Ao que o mestre responde: "Ela (*anima*) deve ser castigada (*puniri*) por meio do espírito mais sutil (*tenuissimo spirituali*), isto é, por meio da natureza ígnea que é semelhante a ela. Quando seu corpo é punido (*punitum est*), ela não o será (*puniretur*); o tormento (*cruciatus*) não a atingirá, pois ela é de uma natureza espiritual, na qual somente um espírito poderá tocar"[297].

442 Nesse caso, não é a matéria bruta que sofre o suplício mas, pelo contrário, sua alma (*anima*) que já lhe foi tirada e é esta que deverá ser submetida a um martírio espiritual. A "alma" corresponde em geral à substância arcana, seja a prima materia, seja o meio que serve para transformá-la. Petrus Bonus, o qual, como já dissemos, é um dos primeiros alquimistas da Idade Média e que desenvolveu pensamentos no âmbito de sua arte, diz: Como Geber experimentando dificuldades na aquisição da arte, "assim também nós caímos no estupor durante a longa duração da obscuridade (in stuporem adducti), e nos escondemos sob o manto do desespero. Enquanto voltávamos a nós mesmos, martirizados pelos tormentos de uma reflexão ilimitada em torno de nossos pensamentos, consideramos os corpos". Ele cita Avicena, que dizia ser absolutamente necessário "que esta operação, a solutio (solução) fosse descoberta por nós mesmos (*per nos ipsos*)". "Conhecíamos estas coisas *antes* da experiência (e isto) devido a uma reflexão longa e intensa, em todas as suas minúcias"[298].

443 Bonus transfere o suplício para o investigador, sublinhando seus esforços dolorosos de pensamento. Desse modo acerta no alvo, uma vez que as descobertas específicas e importantes da alquimia provêm da meditação dos fenômenos psíquicos dos adeptos, que projetavam suas configurações arquetípicas sobre a matéria química, dando as-

---

296. "Adulatio" é uma expressão que designa o jogo amoroso das bodas reais. Aqui ela serve para "fazer sair fora" as almas.

297. In: *Theatr. chem.*, V, p. 105.

298. LACINIUS. *Pret. marg. nov.*, fol. 45[v] [sublinhado por Jung].

Estudos alquímicos

sim a ilusão de possibilidades inauditas. Esta mesma presciência dos resultados é geralmente admitida, tal como Dorneo, por exemplo, ao dizer: "É impossível que um mortal compreenda a nossa arte, a menos que tenha sido iluminado pela luz divina"[299].

Sir George Ripley conhece também o suplício infligido à matéria: "Ignis contra Naturam debet excruciare corpora, ipse est draco violenter comburens, ut ignis inferni"[300]. Neste autor, a projeção do suplício infernal é completa, como em muitos outros. Somente entre autores do séculos XVI e XVII, a intuição de Petrus Bonus reapareceu. É assim que Dorneo (segunda metade do século XVI) esclareceu sem equívoco: "Unde Sophistae... ipsum Mercurium varijs torturis persecuti sunt, aliqui sublimationibus, coagulationibus, praecipitationibus, mercurialibus, aquis fortibus etc. quae omnes erroneae viae vitandae sunt"[301]. Entre os sofistas ele também coloca Geber e Alberto, "cognomento Magnus", como acrescenta ironicamente. Em sua *Physica Trismegisti* ele explica o "negrume" (melanosis, nigredo) desde a Antiguidade considerada como uma projeção, ao escrever: "(Hermes) dicit enim a te fugiet omnis obscuritas[302], non dicit a metallis. Per obscuritatem nihil aliud intelligitur quam tenebrae morborum et aegritudinum corporis atque mentis"[303].

Em muitas passagens da *Aurora consurgens* I encontramos uma expressão eloquente das mesmas experiências. No livro de Ostanes, os filósofos derramam lágrimas sobre a pedra, que está encerrada numa outra. Devido a isso, a pedra, banhada de lágrimas, perde seu

444

445

---

299. Physica Trismegisti. In: *Theatr. chem.*, 1602, I, p. 413.

300. "O fogo contra a natureza deve atormentar os corpos; ele é um dragão ardente, consumindo com violência, tal como o fogo do inferno" [Duodecim portarum. In: *Theatr. chem.*, 1602, II, p. 128].

301. "Por isso os sofistas... perseguiram o próprio Mercurius, submetendo-o a vários tormentos, alguns mediante sublimações, coagulações, precipitações, águas-fortes mercuriais etc., vias estas errôneas, que devem ser evitadas" [Congeries Paracelsicae. In: *Theatr. chem.*, 1602, I, p. 585].

302. *Tabula smaragdina* [RUSKA (org.), p. 2: "Ideo fugiat (fugiet) a te omnis obscuritas" (Toda obscuridade fugirá de ti). Mais adiante, *Theatr. chem.*, 1602, I, p. 433].

303. "Hermes diz 'toda obscuridade fugirá de ti'; ele não diz: 'dos metais'. Por obscuridade ele entende as trevas das doenças do corpo e do espírito" [Op. cit., p. 433].

negrume, tornando-se clara como uma pérola[304]. Eis uma citação de Graciano, tirada do *Rosarium philosophorum*: "In Alchimia est quoddam corpus nobile, ... in cuius principio erit miseria cum aceto, sed in fine gaudium cum laetitia"[305]. O *Consilium coniugii* identifica nigredo com melancolia[306]. Blasius Vigenerus diz acerca do chumbo saturnino: "O chumbo significa tormentos (*vexationes*) e tribulações, mediante as quais Deus nos aflige para conduzir-nos ao arrependimento (*resipiscentiam*)"[307]. Por aí se vê que este adepto tinha consciência da identidade do chumbo, sempre considerado como uma substância arcana, com o estado subjetivo da depressão. A prima materia personificada fala de um modo semelhante na *Aurelia occulta* de seu irmão Saturno, cujo espírito é "melancholica passione obrutus"[308] (acabrunhado pela paixão melancólica).

446   Em tais circunstâncias, quando o tema do suplício e da tristeza desempenham um grande papel, não é de se estranhar que a árvore seja igualmente ligada à cruz de Cristo. Esta analogia era favorecida pelo fato de que se considerava a madeira da cruz proveniente da árvore do paraíso[309]. Do mesmo modo, a quaternidade, que é o simbolo da cruz[310], contribuiu para reforçar essa analogia, uma vez que a árvore possui a qualidade da quaternidade pelo simples fato de representar o processo que reúne os quatro elementos. A quaternidade da árvore é anterior à era cristã. Ela já se encontra, por exemplo, na visão da árvore de Zaratustra, com seus quatro galhos de ouro, de prata, de aço e de ferro "misturado"[311]. Esta imagem ecoa nas representações alquímicas posteriores da "arbor metallorum" (árvore dos metais) que, por seu lado, era comparada à cruz de Cristo. Realiza-se

---

304. BERTHELOT. *Chimie au moyen age*, III, p.118.

305. "Na alquimia há certo corpo nobre... no início do qual estão a miséria e o vinagre, mas no fim, o júbilo e a alegria" [*Art. aurif.*, II, p. 278].

306. In: *Ars chem.*, p. 125s.

307. De igne et sale. In: *Theatr. chem.*, VI, p. 76.

308. *Theatr. chem.*, 1613, IV, p. 573.

309. ZÖCKLER. *Das Kreuz Christi*, p. 5; e especialmente BEOLD. *Die Schatzhöhle*, p. 35.

310. DEE. Monas hieroglyphica. In: *Theatr. chem.*, 1602, II, p. 219.

311. Cf. a este respeito REITZENSTEIN & SCHAEDER. *Studien zum antiken Synkretismus aus Iran and Griechenland*, p. 45.

Estudos alquímicos   355

na *Cantilena Riplaei* a renovação do rei com o auxilio da "arbor Christi"[312], que naturalmente significa a crucifixão. Em outra passagem é o par (régio), isto é, os opostos supremos que são crucificados, com a meta da união e do renascimento. Tal como Cristo disse, Ripley escreve: "si exaltatus fuero, omnia ad me traham. Ab eo tempore, quo partes sunt desponsatae, quae sunt crucifixae et exanimatae contumulantur simul mas et foemina et postea revivificantur spiritu vitae" (Quando eu for elevado acima da terra, atrairei todas as coisas a mim. A partir do momento em que as partes forem crucificadas e privadas de alma se desposarem, macho e fêmea serão enterrados juntos e reviverão em seguida, pelo espírito de vida[313]).

Também em Dorneo a árvore aparece como símbolo de trans-   447
formação numa passagem muito interessante sob o ponto de vista da psicologia religiosa em sua *Speculativa philosophia*: "(Deus) conclusit angelo gladium irae suae de manibus eripere, cuius loco tridentem hamum substituit aureum, gladio ad arborem suspenso: et sic mutata est ira Dei in amorem" etc.[314]. O Cristo, como logos, é a espada de dois gumes que representa então a cólera de Deus, no *Apocalipse* 1,16 ("gladius utraque parte acutus")*.

R. A relação do suplício com o problema da conjunção

No texto acima citado, o anzol se relaciona com Cristo, pois a   448
alegoria medieval representava Deus-Pai capturando o leviatã com a isca do crucificado. O tridente de ouro alude à Trindade. O ouro evoca a alquimia, do mesmo modo que a ideia da transformação de

---

312. *Opera*, p. 421s. Cf. tb. o carvalho no banho da renovação, em: TREVISO, Bernardo de. *Von der Hermetischen Philosophia*, 4ª parte. • *Theatr. chem.*, 1602, I, p. 800. • JUNG. *Mysterium Coniunctionis* I, § 72s.

313. *Opera*, p. 81.

314. Deus "decidiu tirar das mãos do anjo a espada da cólera, substituindo-a por um anzol de ouro em forma de tridente, após ter suspendido a espada na árvore: e assim, a cólera de Deus transformou-se em amor" [*Theatr. chem.*, 1602, I, p. 284].

* [Nossos § 456 e 457 correspondem na edição anglo-americana aos § 448 e 449. Disso resulta uma modificação dos algarismos dos parágrafos deste ponto até o final da seção R. Não pudemos consequentemente assumir este desvio do original - N.E.].

Deus é posta, nesta estranha alegoria, numa relação profunda com o mistério alquímico. A ideia de que Deus lança um anzol é de origem maniqueia: de fato, ele lançou o homem primordial como isca destinada a atrair os poderes das trevas, a fim de capturá-los. O homem primordial é designado como "psique" em Tito de Bostra, isto é, como ψυχὴ ἀπάντων (alma do mundo)[315]. Tal psique corresponde ao inconsciente coletivo que, enquanto *único*, é representado pelo *único* homem primordial.

449 Este complexo de representações tem um parentesco interno com as ideias acerca de sophia-achamoth, que encontramos em Irineu. Ele diz que a ἐνθύμησις (a reflexão, a meditação) da Sophia superior, separada dolorosamente (πάθει) do pleroma superior, mergulhou na sombra e nos espaços vazios, impelida pela necessidade. Fora da luz e do pleroma, ela tornou-se informe, amorfa como um aborto, porque ela não compreendia nada (isto é, ela se tornara inconsciente). Mas o Cristo, do alto, estendido na cruz, teve piedade dela, e por seu poder deu-lhe uma forma, que era suficiente para o seu ser, mas não para a consciência. Não se trata aqui apenas do homem primordial que nas trevas é utilizado como isca, mas sim da sabedoria, figura feminina, que impelida por uma necessidade interior e da ἐνθύμησις (reflexão, meditação), abandona o pleroma e sua luz para mergulhar nas trevas. Ela é parcialmente liberta da ausência de forma na qual caíra, pelo Cristo estendido na cruz, uma vez que ele lhe dá pelo menos uma existência formada para o ser, mas não para a consciência correspondente. "Depois de ter cumprido isto, ele voltou (para o pleroma), levando sua força (a de sophia) e a abandonou a fim de que, sofrendo a paixão (πάθος) que está ligada à separação do pleroma, ela aspire ao que há de melhor, uma vez que ela possuía um certo odor de imortalidade, nela deixado pelo Cristo e pelo Espírito Santo"[316].

450 Para estes gnósticos, não era apenas o homem primordial que se perdia nas trevas; aqui aparece uma diferenciação, uma vez que o lugar do homem primordial havia sido tomado de certo modo pela fi-

---

315. Cf. BOUSSET. *Hauptprobleme der Gnosis*, p. 178.
316. [*Adversus haereses*, I, 4, 1. – Traduzido por Jung.]

Estudos alquímicos   357

gura feminina da sabedoria (sophia achamoth). Desse modo, o elemento masculino se subtraía ao perigo de ser tragado e permanecia na luminosa esfera pneumática. Pelo contrário, o feminino, movido em parte por um ato de reflexão e em parte pela necessidade (κατ᾽ἀνάγκην), se punha em ligação com as trevas exteriores. O sofrimento que o acabrunhava consistia numa cadeia de emoções, como a tristeza, o medo, a consternação, a perplexidade, a nostalgia; ora ria, ora derramava lágrimas. E foi justamente desses "afetos" (διαθέσεις) que saiu toda a criação.

Este singular mito da criação é evidentemente "psicológico": ele   451
descreve, sob a forma de uma projeção cósmica, *a separação da anima feminina* de um consciente masculino orientado para o domínio espiritual e com tendência para o absolutismo, isto é, para uma vitória definitiva do espírito sobre o mundo sensível; isto, na filosofia pagã da época e também no gnosticismo. Esse desenvolvimento e essa diferenciação da consciência encontraram sua expressão literária nas *Metamorfoses* de Apuleio e particularmente em seu conto *Amor und Psyche*, tal como Erich Neumann mostrou na análise que fez deste último[317].

A situação emocional da Sophia perdida na inconsciência (ἀγνοία),   452
sua falta de direção e de forma e a possibilidade de sua perda completa descrevem do modo mais exato o caráter da anima de um homem que se identifica com sua razão e intelectualidade unilaterais. Ele se acha arriscado a dissociar-se de sua anima, perdendo assim completamente sua relação com o inconsciente compensador. Em tal caso, o inconsciente costuma produzir emoções desproporcionadas, tais como irritabilidade, falta de autodomínio, arrogância, sentimentos de inferioridade, humores, depressões, explosões de cólera e outros sintomas semelhantes, com a correspondente falta de autocrítica, perturbações de julgamento, enganos e desvarios.

A orientação espiritual perde em tais casos sua relação com a rea-   453
lidade. O espírito torna-se desconsiderado, pretensioso e tirânico. Quanto mais sua ideologia é inadequada, mais reclama ser considerada por todos e o indivíduo fica disposto a usar da força para chegar a

---

317. *Amor und Psyche. Ein Beitrag zur seelischen Entwicklung des Weiblichen.*

isso. Tal estado é um verdadeiro πάϑος, uma paixão da alma que, no entanto, não é percebida de início, devido à falta de introspecção; só pouco a pouco ela vem até o nível consciente como um vago mal-estar. Desse modo, a alma é incitada a voltar-se para o lado da percepção, constatando que algo não vai bem, e que se está sofrendo verdadeiramente por causa de alguma coisa. Este é o momento em que aparecem os sintomas corporais ou psíquicos que não podem mais ser expulsos da consciência. Em termos do mito, eis a expressão disto: o Cristo (enquanto princípio da espiritualidade masculina) reconhece o sofrimento da sophia (isto é, da psyche) e lhe dá forma, ou melhor, a existência (κατ᾽ οὐσίαν), mas a abandona depois a si mesma, para que ela sinta claramente seu tormento: a consciência masculina se contenta em perceber o sofrimento psíquico, mas não toma de nenhum modo consciência do motivo deste último, abandonando a alma à ἀγνοία, à inconsciência. Este fenômeno é típico e pode ser observado ainda hoje em todas as neuroses masculinas, e não só nelas, mas em todos os indivíduos considerados normais, que entram em conflito com o inconsciente, devido a uma certa unilateralidade (principalmente de ordem intelectual) e a uma certa cegueira psicológica.

454   Neste mito psicológico, o homem primordial (o Cristo) continua sempre como o meio de dominar a obscuridade, mas ele divide seu papel com um ser paralelo a ele, a sophia, e o Crucificado não aparece mais como uma isca fixada no anzol de Deus, mas sente "piedade" da metade feminina e informe, manifestando-se a ela como aquele "que está estendido na cruz". O texto grego utiliza aqui uma expressão vigorosa: ἐπεκταϑέντα, que sublinha de modo particular a distensão e o estiramento. É a imagem de um estado de tormento que ele coloca diante da sophia sofredora, de modo que eles possam reconhecer reciprocamente seus sofrimentos. No entanto, antes que ocorra este conhecimento, a espiritualidade masculina se retira de novo para seu reino de luz. Tal traço característico se encontra sempre em casos deste tipo: assim que a luz percebe a obscuridade e que se apresenta a possibilidade de uma *relação*, o *impulso de poder*, tanto do lado da luz como do lado da sombra, se manifesta e nada quer ceder de sua posição. O mundo da luz não quer atenuar sua claridade e o mundo obscuro não deseja abdicar de suas emoções cheias de delícias. Nem um, nem outro percebe que seu sofrimento é uma só e

Estudos alquímicos

mesma coisa, estando ligado ao processo de transformação da consciência. Neste processo, com efeito, uma unidade primordial está cindida em duas metades irreconciliáveis, que são o um e o outro. Não há consciência sem esta discriminação de princípio. Tal dualidade não pode ser eliminada imediatamente, sem que a consciência se extinga. No entanto, a totalidade original permanece como um desideratum: em nosso texto, como um valor absolutamente desejável – ὀρεχϑῇ τῶν διαφερόντων (ele se estende para o que difere); trata-se daquilo pelo que sophia aspira, mais do que o Cristo gnóstico. Assim, as coisas atualmente também se dispõem como a consciência racionalista e intelectual (embora dita espiritual) as deixou: mais tendentes à distinção do que à unificação em vista da totalidade. Por isso é o inconsciente que produz os *símbolos de totalidade*[318].

Estes símbolos são em sua maioria quaternários e se compõem de dois pares de opostos que se entrecruzam (por exemplo, direita-esquerda, alto-baixo). Esses quatro pontos determinam um círculo, o qual (fora o ponto) representa a imagem mais simples de Deus[319]. Esta reflexão deveria ser levada em consideração ao ressaltar-se que a cruz (διὰ τοῦ σταυροῦ ἐπεκταϑέντα) tanto como a árvore é o meio da conjunção. Daí o fato de Agostinho comparar a cruz ao leito nupcial. E nas lendas, o herói encontra sua noiva no cimo de uma grande árvore, do mesmo modo que o xamã nele encontra sua esposa celeste, bem como também o alquimista. A coniunctio é também um cimo da vida, do mesmo modo que a morte; por isso nosso texto menciona o "perfume da incorruptibilidade" (ὀσμὴ ἀφϑαρσίας). A anima configura por um lado a ponte que leva ao país do além, o das imagens primordiais vivas e eternas, e por outro lado enreda o homem através de sua emocionalidade no mundo ctônico e sua caducidade.

Depois destas observações voltemos a nosso ponto de partida, isto é, ao "gladius ad arborem suspensus"[320]. Esta singular "allegoria Chris-

455

456

---

318. Cf. esta passagem com *Psicologia e alquimia*, § 122s., e "Estudo empírico do processo de individuação".

319. "Deus est circulus, cuius centrum est ubique, cuius circumferentia vero nusquam" (Deus é o círculo, cujo centro está em toda parte, mas cuja circunferência não está em parte alguma). – Cf. a este respeito *Mysterium Coniunctionis* [OC, 14/1, § 40].

320. "Espada suspensa na árvore" [cf. anteriormente § 447].

ti" (alegoria de Cristo) nasceu certamente de uma analogia com a serpente suspensa na cruz. A "serpens in ligno suspensus" já é em Ambrósio um "typus Christi"[321], da mesma forma que o "anguis aëneus in cruce" o é para Alberto Magno[322]. O Cristo, enquanto logos, é sinônimo de naas, a serpente do "nous" entre os ofitas. O agathodaimon (o bom espírito) tinha a forma de uma serpente, e a serpente já era considerada por Filo como o animal "mais espiritual" ($\pi\nu\epsilon\upsilon\mu\alpha\tau\iota\kappa\acute{\omega}\tau\alpha\tau\sigma\nu$). No entanto, seu sangue frio e sua organização cerebral inferior não dão lugar à suposição de um desenvolvimento particular da consciência; pelo contrário, sua falta de relação com o homem e sua inconsciência evidente lhe imprimem o caráter de um ser estranho, temível e fascinante em face do ser humano; por isso, é um símbolo impressionante do inconsciente: por um lado, devido à sua instintividade fria e brutal e, por outro, porque representa a natureza sofiânica ou uma sabedoria natural, contida nos arquétipos. A natureza de logos do Cristo, representada pela serpente ctônica, é a sabedoria materna da Mãe de Deus, prefigurada na sapientia (sabedoria) do *Antigo Testamento*. Através deste símbolo, o Cristo é caracterizado como uma personificação do inconsciente em toda a sua amplitude, e dessa forma, pendurado na árvore como vítima (e "ferido pela lança", como Odin).

457   Psicologicamente, este sacrifício da serpente não pode ser compreendido a não ser como significando uma vitória sobre o inconsciente, por um lado e, por outro, como uma renúncia a um adeus doloroso a uma atitude ainda filial, inconscientemente dependente da mãe. Os alquimistas utilizaram o mesmo símbolo para representar[323] a transformação de Mercurius que, indubitavelmente personifica[324] o inconsciente. Nos sonhos modernos encontrei muitas vezes o mesmo tema: uma vez, como serpente crucificada (a relação com a parábola evangélica é evidente) e outra , como uma aranha negra suspensa

---

321. "A serpente suspensa no madeiro" [De XLII mansionibus filiorum Israel. In: MIGNE. *P.L.* XVII, col. 34].

322. "A serpente de bronze na cruz": Em seu hino à Mãe de Deus "Ave praeclara maris stella". Cf. DE GOURMONT. *Le Latin mystique*, p. 129s. [pormenores a respeito em *Psicologia e alquimia*, § 481].

323. "O espírito Mercurius" [§ 284s. deste volume].

324. Ilustração em ELEAZAR. *Uraltes chymisches Werck* [p. 26]. Falsificação do Rindenbuch de Flamel (cf. *Mysterium Coniunctionis* [OC, 14/2, § 257]).

Estudos alquímicos   361

numa estaca que se transformava em cruz e ainda, uma terceira vez,
como um corpo de mulher, nu e crucificado.

S. A árvore como ser humano

Tal como a visão de Zaratustra, o sonho de Nabucodonosor e o   458
relato de Bardesanes (154-222 d.c.) sobre o deus dos hindus[325] constituem protótipos implícitos da relação entre a "arbor philosophica"
e o ser humano. Convém acrescentar a antiga ideia rabínica de que a
árvore do paraíso era o homem[326]. Segundo ideias arcaicas, os homens provêm das árvores ou das plantas[327]. A árvore é de certo modo
uma metamorfose do homem, uma vez que, por um lado, ela provém
do homem primordial e, por outro, ela se torna homem[328]. As representações patrísticas do Cristo como árvore ou como vinha[329] natu-

---

325. STOBAEUS. *Anthologium*, I, 3 [I, p. 67s.]. Numa caverna há uma estátua com os
braços estendidos (como um crucificado); o material se assemelha à madeira; o lado
direito é masculino e o esquerdo, feminino. A estátua transpira e sangra.

326. GANZ. *Chronologia sacro-profana*, p. 47, cap. XXI: "Docet R. Zahira, dicens:
'ex fructu arboris' – non vero arboris huius, sed hominis, qui similis est arbori" (Rabi
Zahira ensina, dizendo: 'do fruto da árvore' – mas não desta árvore, mas do homem,
que é semelhante a uma árvore). – "As is a tree, just such is the Lord of Trees, so, inde-
ed is man" (Tal como é a árvore, assim como é o Senhor das Árvores, assim com efeito
é o homem) (Citação de COOMARASWAMY. *The Inverted Tree*, p. 28).

327. Segundo a tradição iraniana, os sete metais que se encontram na terra se escoam
fora do corpo do homem primordial Gayomard. Daí nasceu a planta Reivas, da qual
provieram Mahryay e Mahryanay, os primeiros seres humanos. Cf. a respeito de
Edda: Ask e Embla os primeiros homens [CHRISTENSEN. *Les types du Premier Homme et du Premier Roi dans l'histoire légendaire des Iraniens*, p. 35]. Nas ilhas Gilbert, os
homens e os deuses saem da árvore primordial.

328. Cf. CHRISTENSEN. Op. cit., p. 18; *Bundehesh*, 15, 1. O mesmo papel é desempenhado pelo cedro e pela árvore pérsea no conto egípcio de Bata. V. JACOBSOHN.
Die dogmatische Stellung des Königs in der Theologie der alten Ägypter, p. 13. É lamentável que esses fenômenos de metamorfose, de um grande interesse do ponto de vista
da psicologia religiosa, tenham sido suprimidos na tradução do conto de Bata, figuran-
do na grande coletânea de textos da Antiguidade Oriental, composta por James B.
Pritchard (*Ancient Near Eastern Texts*).

329. O Cristo como "arbor fructifera" (árvore frutífera) em GREGÓRIO. *Super Cantica Canticorum* [MIGNE. *P.L.* LXXVI, col. 97 e LXXIX, col. 495 etc.], como cepa da
vinha (Jo 15,1). O Tathâgata (Buda) é igualmente designado como "a tree of paradise"
(árvore do paraíso) [Buddha-Carita, de Avagosha, em *Sacred Books of the East*, XLIX,
p. 157].

ralmente exerceram uma grande influência quanto a essa ideia. Na *Pandora* a árvore, como já dissemos, é representada por uma forma feminina, o que corresponde plenamente aos desenhos individuais mencionados no início deste trabalho, que foram principalmente realizados por mulheres. Coloca-se aqui a questão de saber como deve ser interpretado este ser feminino com aspecto de árvore. Segundo os resultados de nossa pesquisa no tocante aos materiais históricos, a árvore deve ser concebida como o anthropos, isto é, como o si-mesmo. Tal interpretação é confirmada particularmente no simbolismo do *Scriptum Alberti* e é atestada pelo material das fantasias que acompanham os desenhos femininos individuais. A interpretação do nume feminino da árvore é portanto certa para a mulher, mas não para os alquimistas ou os humanistas[330]; para estes, a figura feminina da árvore representa uma projeção evidente da anima. A anima personifica a feminilidade do homem, mas não o si-mesmo. De um modo correspondente, a desenhista das figuras 29 e 30 representa o nume da árvore sob os traços do animus. Nos dois casos, o símbolo do sexo oposto recobre o verdadeiro si-mesmo. Trata-se do caso em que, seja a feminilidade do homem, isto é, a anima, seja a virilidade da mulher, isto é, o animus, ainda não se encontram suficientemente diferenciados e integrados à consciência; nesses casos, o si-mesmo existe apenas de modo potencial, sob a forma de intuição, mas não ainda de modo atual[331].

459   Na medida em que a árvore simboliza a opus e o processo de transformação "moral e fisicamente" (*tam ethice quam physice*), é igualmente óbvio que significa um *processo vital* de ordem geral. Sua identidade com Mercurius, o "spiritus vegetativus", confirma esta concepção. Uma vez que a árvore representada pela opus é um mistério de *vida, morte e renascimento*, esta interpretação cabe igualmente à "arbor philosophica" e, além disso, à qualidade da *sabedoria*, que dá uma preciosa indicação à psicologia. Já há muito tempo, a árvore

---

330. Remeto neste ponto a Ulysses Aldrovandus (1522-1605) e à sua interpretação do "Enigma Bolognese" [*Dendrologia*, I, p. 146]. Tenho uma breve apresentação e um trabalho sobre o "enigma de Bolonha" num escrito comemorativo em homenagem a Albert Oeri (1945) [cf. *Mysterium Coniunctionis* I, II/3].

331. [Cf. esta passagem com "Símbolos oníricos do processo de individuação", em *Psicologia e alquimia* II, § 44s.].

Estudos alquímicos   363

era considerada como o símbolo da gnose e da sabedoria. Assim pois
Irineu declara que, na visão dos barbeliotas, a árvore nascera do homem (isto é, do anthropos) e da gnose. Designavam a árvore também
com o nome de gnose[332]. Na gnose de Justino, Baruc, o anjo da revelação, é designado como τὸ ξύλον τῆς ζωῆς[333] (árvore da vida), que
lembra a árvore do Sol a da Lua, no romance de Alexandre[334]. Os aspectos cósmicos da árvore, como árvore do mundo, coluna e eixo do
mundo, já aparecem tanto entre os alquimistas, como no fundo das
fantasias modernas dos homens, porquanto se trata em grande medida do processo de individuação que não é mais projetado no cosmos.
Uma rara exceção a esta regra é o caso descrito por Nelken, acerca de
um doente esquizofrênico, no sistema cósmico do qual o "pai principal" do mundo trazia uma "árvore da vida" no peito. Esta árvore tinha bolas ou frutos vermelhos e brancos, que significavam mundos.
Em cima da árvore havia uma pomba e, mais alto ainda, uma águia.
Vermelho e branco são as cores alquímicas, o vermelho correspondendo ao Sol e o branco, à Lua. Como no *Scriptum Alberti* figura a
cegonha, aqui a pomba e a águia se mantêm no alto da árvore. O conhecimento dos modelos alquímicos, neste caso, é excluído[335].

A recapitulação sumária dos documentos acima deve ressaltar   460
que as produções espontâneas do inconsciente do homem moderno
descrevem o arquétipo da árvore de um modo que permite reconhecer claramente o paralelismo com sua forma histórica. Os únicos modelos conscientes, históricos que devem ser levados em consideração
num exame de minhas observações são a árvore bíblica do paraíso e
algo deste ou daquele conto. Lembro-me só de um caso em que o desenhista declarou espontaneamente que se apoiara de modo consciente na representação da árvore do paraíso. Em todos os casos, a
ideia que aparecia espontaneamente era pura e simplesmente a da árvore. Quando um ser feminino era posto em relação com a árvore,

---

332. *Adversus haereses*, I, 29, 3 [p. 82]. Uma ideia análoga é a árvore de fogo de Simão,
o Mago [HIPÓLITO. Elenchos, VI, 9, 8, p. 137].

333. HIPÓLITO. Op. cit., V, 26, 6, p. 127.

334. Cf. tb. o conto de Grimm, "O espírito na garrafa", que comentei no meu estudo
"O espírito Mercurius" [§ 239 deste volume].

335. NELKEN. *Analytische Beobachtungen über Phantasien eines Schizophrenen*, p. 541.

nenhuma das desenhistas tivera a ideia de ligar a figura feminina à serpente da árvore do conhecimento. As imagens mostram muito mais o parentesco com a antiga representação da ninfa da árvore do que com o modelo bíblico. Na tradição judaica, a serpente é interpretada como sendo Lilith. Há sem dúvida um forte preconceito a favor da hipótese de que certas formas de expressão nascem pelo fato de haver surgido no círculo cultural correspondente um modelo adequado. Se assim fosse, quase todos os casos desse gênero deveriam seguir, entre nós, o tipo da árvore do paraíso. Tal como vimos, as coisas não são assim. A imagem da ninfa da árvore, que há muito tempo não é vigente entre nós, ultrapassa o tipo da árvore do paraíso e de Natal; encontramos mesmo indicações da imagem obsoleta entre nós da árvore do mundo ou mesmo da "arbor inversa" que, certamente, apesar de ter passado da cabala para a alquimia, não desempenha papel algum em nosso círculo cultural. Pelo contrário, nossos materiais estão em harmonia com as concepções largamente difundidas e relativamente primitivas dos xamãs, no que diz respeito à esposa celeste[336] do xamã, equiparada à árvore. Esta última é uma projeção clássica da anima. Ela é considerada como a "ayami" (familiaris, espírito protetor) dos xamãs-ancestrais. Ela é também a mulher do xamã. Sua face é metade negra e metade vermelha. Muitas vezes ela aparece sob a forma de um tigre alado[337]. Spitteler compara a senhora Alma com o tigre[338]. A árvore representa com muita propriedade a vida da esposa celeste dos xamãs[339]. A árvore não tem com frequência um significado materno[340]. Entre os yakutes, uma árvore com oito ramos é o lugar de origem do primeiro homem. Este é nutrido por uma mulher que sai do tronco só com metade do corpo[341]. Este motivo também se encontra nos exemplos acima citados (fig. 22).

461 Assim como pode ser ligada a um ser feminino, a árvore também pode ser relacionada com a serpente, com o dragão e com outros ani-

---

336. ELIADE. *Le Chamanisme*, p. 81s., 138, 173, 310 e 312.

337. Op. cit., p. 80⁷.

338. *Prometheus und Epimetheus*, p. 25. O tigre simboliza na China o Yin feminino.

339. ELIADE. Op. cit., p. 83.

340. Op. cit., p. 118 e 173.

341. Op. cit., p. 247.

Estudos alquímicos

mais, como por exemplo yggdrasil[342]; a árvore persa gaokêrêna, no lago Vuruka[343], ou a árvore grega das hespérides, sem mencionar as árvores sagradas da Índia que ainda existem, à sombra das quais se elevam frequentemente dúzias de pedras, representando najas (serpentes)[344].

A árvore inversa desempenha um grande papel entre os xamanes da Sibéria oriental. Kagarow publicou a fotografia de uma árvore dessa espécie, chamada nakassä, do museu de Leningrado. As raízes significam sua cabeleira. No tronco, perto das raízes, há um rosto esculpido, indicando claramente que a árvore representa um homem[345]. Este, provavelmente, está em relação com o próprio xamã, ou com sua personalidade superior. Como se sabe, o xamã sobe na árvore mágica para alcançar o céu, isto é, o mundo superior, onde ele atinge sua verdadeira personalidade (o si-mesmo). Eliade, que apresentou uma notável descrição do xamanismo em seu conjunto, escreve: "O xamã esquimó sente a necessidade dessas viagens extáticas, pois é principalmente durante o transe que ele se torna verdadeiramente quem é: a experiência mística é-lhe necessária enquanto constitutiva de sua própria personalidade"[346]. Durante o êxtase ele costuma experimentar um estado no qual é "possuído" por seus familiares, seus espíritos auxiliares. Através dessa possessão ele toma posse de seus "organes mystiques" (órgãos místicos), que constituem de certo modo sua verdadeira e completa personalidade espiritual, como escreve Eliade[347]. Tal concepção confirma a conclusão psicológica do simbolismo xamânico, isto é, o fato de que se trata de uma re-

462

---

342. Yggdrasil significa o cavalo de Odin [Cf. NINCK. *Götter und Jenseitsglauben der Germanen*, p. 191: "a árvore recebe por isso o nome de yggdrasil, 'cavalo de Ygg', isto é, do terrível Odin"]. Sobre o significado materno deste último, cf. *Símbolos da transformação*, § 367s., e ilustração 150.

343. *Bundehesh* [cf. SPIEGEL. *Erânische Altertumskunde*, I, p. 465s. – Mais pormenores em *Símbolos da transformação*, índice analítico v. "Vourukasha"].

344. Por exemplo, diante do portão do forte de Seringapatam. Cf. especialmente FERGUSON. *Tree and Serpent Worship*.

345. KAGAROV. *Der umgekehrte Schamanenbaum*, p. 183s., e tábua II.

346. ELIADE. Op. cit., p. 265.

347. Op. cit., p. 297 ["organes mystiques, qui constituent en quelque sorte sa véritable et complète personnalité spirituelle" (p. 315)].

presentação projetada do processo de individuação. A mesma conclusão serve também para a alquimia, e, entre as fantasias modernas deste gênero, as declarações dos autores das imagens apresentadas provam que eles buscam mostrar um processo de desenvolvimento interior, independente da consciência e da vontade consciente. O processo consiste, na maioria das vezes, em unir uma dupla oposição, isto é, um embaixo (água, negrume, animal, serpente etc.) com um em cima (pássaro, luz, cabeça etc.), e uma esquerda (elemento feminino) com uma direita (elemento masculino). A reunião dos opostos, afinal, que desempenha na alquimia um papel tão grande e mesmo decisivo. Ele tem a mesma importância no processo psíquico desencadeado pela confrontação com o inconsciente; por isso, a escolha de símbolos análogos e mesmo idênticos nada tem de surpreendente.

T. Interpretação e integração do inconsciente

463   De muitos âmbitos e, infelizmente devo dizer, principalmente por parte de meus colegas médicos, não se compreendia em primeiro lugar o modo pelo qual se produzem as séries de fantasias por mim descritas e, em segundo lugar, por que eu me empenhava tanto em estudar comparativamente um simbolismo que lhes era estranho. Temo que neste caso toda espécie de preconceitos não controlados barrem o caminho da compreensão, e logo de início a hipótese arbitrária de que tanto as neuroses como os sonhos se formam a partir de lembranças e tendências recalcadas (de natureza infantil). Assim, pois, os conteúdos psíquicos seriam puramente pessoais ou, quando impessoais, proviriam do consciente coletivo.

464   Perturbações tanto psíquicas como somáticas constituem fenômenos extremamente complexos e portanto não passíveis de um esclarecimento satisfatório a partir de uma teoria puramente etiológica. Ao lado da causa primeira e do X da disposição individual convém igualmente levar em conta o aspecto final de sua conveniência biológica, a qual, no domínio psicológico, deve ser formulada como *sentido*. Nas perturbações psíquicas, a simples tomada de consciência das causas prováveis ou verdadeiras nem sempre basta; é preciso que se processe uma terapia para a integração de conteúdos dissociados na consciência, nem sempre pela repressão, que pode ser um fenôme-

Estudos alquímicos

no somente secundário. Usualmente as coisas se dão do seguinte modo: no decurso do desenvolvimento, em particular a partir da puberdade, conteúdos afetivos, tendências, impulsos ou fantasias reclamam suas exigências, em face de um consciente que por todos os motivos do mundo não quer ou não pode assimilá-los. Este reage pela repressão que toma diversas formas, a fim de livrar-se desses intrusos desagradáveis. A regra, neste caso, é que quanto mais o consciente adota uma atitude negativa, isto é, quanto mais ele resiste, desvaloriza as exigências e experimenta angústia, mais a expressão que reveste o conteúdo psíquico dissociado se torna desagradável, agressiva e terrível.

Toda forma de entendimento com a parte dissociada da alma é terapeuticamente eficiente. Tal efeito é *como* a descoberta verdadeira ou apenas provável das causas primeiras. Mesmo que se trate de uma suposição fantástica, ela tem pelo menos uma atuação curativa por sugestão, principalmente quando o próprio médico nela acredita e faz um esforço sério de compreensão. Se, pelo contrário, ele experimenta dúvidas acerca de sua teoria etiológica, suas probabilidades de êxito naufragam e ele é obrigado a encontrar pelo menos as razões reais capazes de persuadir um paciente dotado de inteligência e a si próprio. Se o médico é dotado de espírito crítico, esta tarefa pode tornar-se uma carga pesada e muitas vezes ele não conseguirá desembaraçar-se de suas dúvidas. Neste caso, o êxito terapêutico é posto em questão. É esta dificuldade que esclarece facilmente o fanatismo doutrinário da ortodoxia freudiana.

Explicarei estas reflexões através de um exemplo recentemente encontrado: um certo Senhor X, que não conheço, me escreveu, dizendo que lera o livro *Resposta a Jó*, de minha autoria, e que, além de interessá-lo, o emocionara. Resolveu emprestá-lo a seu amigo Y e este teve então o seguinte sonho: *Encontra-se de novo num campo de prisioneiros e vê uma águia imponente traçar círculos sobre o local, procurando sua presa. A situação é perigosa e angustiante; Y pensa no que deverá fazer para defender-se. Imagina que poderia levantar voo num avião, a fim de abater a ameaçadora ave de rapina.* X descreve Y como um intelectual de atitude racionalista, que ficara muito tempo deportado num campo de concentração. X e Y relacionam o sonho com a emoção desencadeada pela leitura do meu livro, terminada na véspera (do sonho). Y fez uma visita a X para consultá-lo acerca do sonho que tivera. X teve a impressão de que a águia que o espreitava no sonho tinha relação com ele (X), ao que Y retrucou que não the parecia isso, mas sim que a águia parecia relacionar-se com o autor do livro. X solicitava minha opinião sobre o assunto. É em geral um caso delicado pretender explicar sonhos acerca dos quais não se possui nenhum material de amplificação, além de não se conhecer o sonhador. Devemos contentar-nos nesses casos com algumas questões suscitadas pelos materiais existentes. Qual o motivo, por exemplo, que leva X a achar que a águia se relaciona com ele? Através da carta mencionada, fui levado a deduzir que X comunicou a seu amigo Y certos conhecimentos psicológicos, que o colocam mais ou menos no papel de um mentor, e assim é como se ele visse por cima das cartas de seu amigo. Em todo caso, ele joga com a ideia de que Y experimenta um sentimento penoso quando ele, o psicólogo, o espia. X se encontra deste modo numa situação análoga à do psicoterapeuta que graças à sua teoria sexual sabe de antemão o que se esconde atrás das neuroses e dos sonhos, e que do alto do observatório de um saber superior comunica ao paciente o sentimento de ter sido penetrado. Ele espera emergir nos sonhos de seus pacientes sob um disfarce qualquer, inventado pela autoridade mística da *censura*. Deste modo, X. supõe facilmente que ele é a águia.

Mas Y é de outra opinião. Ele não parece ter consciência de ter sido inspecionado ou descoberto por X, mas remonta evidentemente à fonte óbvia de seu sonho, a saber, meu livro que parece tê-lo impressionado um tanto. É por isso que ele vê no autor do livro, que desconhece, e que no caso sou eu, a águia. Pode-se concluir que ele se sentiu tocado em algum ponto, como quando alguém lê nas cartas, tendo-o reconhecido ou compreendido num ponto íntimo – tudo isto de um modo que não lhe é totalmente simpático. Ele não tomou consciência de tal sentimento, senão não o manifestaria no sonho.

Aqui duas interpretações se confrontam, e uma é tão arbitrária como a outra. O próprio sonho não fornece o menor argumento em favor de uma ou de outra. Poder-se-ia no máximo afirmar que Y sente um certo receio diante da perspicácia de seu amigo X e que dissimula isso atrás da máscara da águia, a fim de não ser obrigado a reconhecê-lo. Mas terá Y fabricado seu próprio sonho? Freud, por esta razão, supôs a existência de uma censura à qual são imputados esses

Estudos alquímicos 369

artifícios de transformação. Diante dessas hipóteses, meu ponto de vista é o seguinte: tal como a experiência o mostra, o sonho pode, se o quiser, chamar ousadamente pelo nome as coisas mais penosas e dolorosas, sem a menor consideração pelos sentimentos do sonhador. Se ele não o faz, não há no entanto razão suficiente para que ele queira dizer algo diferente do que aquilo que diz. Sou portanto da seguinte opinião: o sonho diz "águia", querendo significar precisamente águia. Por isso insisto justamente no aspecto dos sonhos que os fazem aparecer tão absurdos à nossa razão. Seria tão mais simples e razoável se a águia fosse simplesmente X.

Segundo meu ponto de vista, a interpretação terá que defrontar-se com o problema de o que a águia significa, independentemente de nossas fantasias pessoais. Eu aconselho ao sonhador que explore o que é a águia em si mesma e para ela mesma, e que significações gerais lhe são atribuídas. A solução do problema conduz imediatamente à história dos símbolos, e aqui deparamos com a razão concreta que me prende a esse domínio aparentemente tão afastado do consultório médico.

Quando o sonhador fez o inventário dos significados gerais da águia que só parcialmente lhe eram desconhecidos e novos (faltava-lhe examinar a relação do acontecimento da véspera no caso em questão, isto é, a leitura do meu livro, com o símbolo da águia). A questão poderia assim ser formulada: o que o tocou, a ponto de, a partir dessa impressão, ter saído a ficção de uma águia poderosa, capaz de capturar ou de ferir um homem adulto? A imagem de um pássaro de dimensões manifestamente gigantescas (isto é, míticas), que descreve círculos no alto do céu e observa a terra com seus olhos aos quais nada escapa, é efetivamente sugestiva em relação ao conteúdo de meu livro, uma vez que este trata do destino da representação de Deus.

No sonho, Y é reconduzido ao campo de prisioneiros, colocado sob o controle de um "olhar de águia". Isto constitui incontestavelmente uma situação temida que torna plausível uma tentativa de defesa enérgica. Em contraste com o pássaro que não é nada mais nada menos do que mítico, o sonhador quer utilizar uma invenção técnica altamente moderna, um avião a jato. A máquina é um dos grandes triunfos da ratio e do intelecto; ela é diametralmente oposta ao animal

470

471

472

mítico, cuja ameaça deve ser desviada mediante o intelecto racionalista. Mas que perigo ameaça no conteúdo de meu livro um tal tipo de personalidade? A resposta a esta questão não apresenta dificuldades ao constatarmos que Y é judeu. De qualquer modo, uma porta aqui se abre sobre um intrincado de problemas que conduzem a um domínio que ultrapassa o do ressentimento pessoal. Trata-se aqui daqueles princípios dominantes ou ideias diretrizes que governam nossa atitude diante da vida e do mundo; portanto, de uma *Weltanschauung* (cosmovisão) e de crenças que a experiência demonstra serem fenômenos psíquicos inelutáveis. Tão inelutáveis são que, quando velhos sistemas fracassam, outros se criam se novo.

473   As neuroses significam, como todas as doenças, uma adaptação diminuída, isto é, situações em que o homem por quaisquer dificuldades (fraquezas ou lacunas constitucionais, educação defeituosa, experiências desagradáveis, atitude subjetiva inapropriada etc.) tenta subtrair-se às dificuldades que a vida traz consigo, regredindo assim ao mundo da primeira infância. O inconsciente compensa essa regressão por símbolos que, quando compreendidos objetivamente, isto é, por meio do estudo comparado, chamam à vida essas representações universais que servem de fundamento a todos os sistemas dessa espécie que se desenvolveram naturalmente. Dessa forma pode realizar-se uma mudança de atitude que tempera a dissociação e lança uma ponte entre o homem tal como ele é e aquele que ele deveria ser.

474   No sonho que nos serviu de exemplo, trata-se de algo análogo: há em Y uma dissociação entre um consciente extremamente intelectual e racionalista e um fundo irracional do mesmo grau, recalcado com angústia. Esta aparece no sonho e deveria ser reconhecida como um estado de fato real, que faz parte da personalidade do sonhador, pois é absurdo afirmar que não se tem angústia sob o pretexto de desconhecer a sua causa. É isto o que geralmente acontece. Se admitíssimos a angústia, haveria a possibilidade de descobrir e compreender sua causa. No caso em questão, esta causa é representada de um modo impressionante pelo símbolo da águia.

475   Se admitirmos que a águia é uma imagem arcaica de Deus em face da qual o homem não se sente livre, pouco importa na prática se esse homem acredita ou não em Deus. O fato de que sua psique se dispõe a engendrar tais fenômenos deveria bastar-lhe e muito, pois

Estudos alquímicos 371

ele é tão incapaz de desembaraçar-se de sua psique como de seu corpo: ele não pode trocá-los por outros. Encontra-se na prisão de seu dado psicofísico e deve contar com isso, quer queira ou não. Naturalmente, é possível viver contra as exigências do corpo e arruinar sua saúde e, como se sabe, pode-se fazer o mesmo com a psique. Quem deseja viver deverá abster-se de tais artifícios e prestar atenção àquilo que o corpo e a alma desejam como necessário. A partir de um certo grau de consciência e de inteligência é impossível viver de maneira unilateral, mas o conjunto de instintos psicossomáticos, que entre os primitivos funcionam naturalmente, deve ser tomado conscientemente em consideração.

Assim como o corpo precisa ser nutrido, não com um alimento qualquer mas só com aquele que lhe convém, assim a psique tem necessidade do *sentido* de sua vida; e, além disso, não de um sentido qualquer, mas de imagens e ideias que lhe correspondam naturalmente, a saber, aquelas que lhe são suscitadas pelo inconsciente. O inconsciente libera de certo modo a forma arquetípica que é em si mesma vazia e irrepresentável. É a partir do inconsciente que ela é preenchida e tornada perceptível, por meio de um material de representações aparentado ou análogo. É por este motivo que as representações arquetípicas são sempre condicionadas individualmente, segundo lugar e tempo. 476

A integração do inconsciente provavelmente se cumpre de modo espontâneo só em casos raros. Em regra, é preciso um esforço especial para tornar acessível ao entendimento os conteúdos produzidos espontaneamente pelo inconsciente. Onde já existem representações gerais válidas, cuja ação é eficaz ou considerada como válida, o entendimento se guia por elas e a experiência nova que a elas se acrescenta é anexada ou subordinada ao sistema já existente. Um bom exemplo de tal processo nós o encontramos na biografia de nosso santo nacional, Nicolau de Flüe que, através de longas meditações e com o auxílio de um opúsculo de um místico alemão, conseguiu pouco a pouco assimilar sua terrível visão de Deus à Trindade. Ou então o sistema tradicional é compreendido de um modo novo, sob o ponto de vista das experiências feitas, o que é igualmente possível. 477

É compreensível que todos os afetos e ressentimentos pessoais participem na formação das imagens oníricas, podendo portanto ser 478 lidos através do sonho, e a terapia deve contentar-se com isso muitas vezes, principalmente no começo, uma vez que o paciente ache razoável que os sonhos se originem de sua psique pessoal. Ele teria dificuldade em compreender a abordagem prematura do aspecto coletivo de suas imagens oníricas. O próprio Freud tentou reduzir, como é sabido, o mitologema à psicologia pessoal, contradizendo sua própria constatação de que os sonhos contêm arcaísmos. É claro que estes últimos não são aquisições pessoais, mas pelo menos resíduos de uma psique coletiva anterior. Mas há um número considerável de pacientes que não só compreendem com felicidade o alcance geral de seus símbolos oníricos, como também sentem a eficácia terapêutica deste aspecto. Os grandes sistemas de cura psíquica, as religiões, consistem igualmente em temas míticos universalmente difundidos que, por sua origem e seu conteúdo, são de natureza coletiva e não pessoal. Com razão Levy-Bruhl designou-as com o nome de "représentations collectives". Certamente, a psique consciente é de natureza pessoal, mas ela está longe de constituir o todo. O fundamento psíquico da consciência, a psique propriamente dita, é inconsciente, e sua estrutura é, como a do corpo, universal, ao passo que os caracteres individuais não passam de variantes sem importância. É este o motivo pelo qual se torna difícil ou quase impossível para o olhar inexperimentado distinguir os traços individuais numa multidão de raça negra ou amarela.

479   Quando num sonho aparecem símbolos como o da águia que nada indica acerca de determinada pessoa, que motivos haveria para se supor que dissimulasse alguém? É muito mais provável, pelo contrário, que o sonho quer significar aquilo que diz. Por conseguinte, quando ele parece encobrir certa pessoa, há então manifestamente uma tendência a *não* pô-la em evidência, pois ela significa para o sonho um caminho falso ou um erro. Quando, por exemplo, como ocorre muitas vezes nos sonhos femininos, o médico é representado como cabeleireiro (porque ele "lava a cabeça"), o médico não é dissimulado, mas depreciado. É que a paciente tem a tendência a dar crédito a toda a autoridade, porque não quer ou não pode servir-se da própria cabeça. O médico não deve ter importância maior do que o cabeleireiro que cuida da cabeça de que ela se servirá.

Estudos alquímicos   373

Assim, quando os símbolos oníricos não são reduzidos a situa-   480
ções, coisas ou pessoas que o médico acredita conhecer antecipada-
mente, mas são concebidos como símbolos reais que indicam algo
que até então ficara desconhecido, todo o caráter da terapia analítica
se transforma: o inconsciente não é mais reduzido ao que é conhecido e consciente, redução esta imprópria para fazer cessar o que é precisamente a dissociação entre a consciência e o inconsciente, mas é
reconhecido como efetivamente inconsciente; o símbolo então não é
reduzido, mas amplificado mediante o contexto proporcionado pelo
sonhador e através da comparação com mitologemas análogos, de
modo que fosse possível reconhecer a intenção do inconsciente. Desse modo, ele pode ser integrado e a dissociação superada. A redução,
pelo contrário, afasta o inconsciente e reforça a unilateralidade da
consciência. É assim que a escola freudiana mais ortodoxa não prosseguiu a trilha colocada por seu mestre, em vista de uma exploração
mais aprofundada do inconsciente, mas se satisfez com a redução.

Como já disse acima, a confrontação com o inconsciente começa   481
na maioria das vezes com o inconsciente pessoal, isto é, com conteúdos adquiridos pessoalmente e que constituem a sombra ("moral") e
prossegue através dos símbolos arquetípicos, que representam o inconsciente coletivo. A confrontação tem por meta fazer cessar a dissociação. Para atingir esta meta terapêutica, a própria natureza, às vezes
com a ajuda e a arte do médico, provoca o choque e conflito dos opostos, sem os quais uma unificação não é possível. Isto não significa apenas uma tomada de consciência da oposição, mas também uma experiência de natureza peculiar, a saber, o *reconhecimento de um outro,*
de um estranho em mim mesmo, isto é, de um ser cuja vontade é diferente, objetivamente presente, entidade de natureza dificilmente compreensível. Os alquimistas a designaram, com espantosa justeza, com o
nome de Mercúrio. Este inclui, em seu conceito, o conjunto de manifestações tanto mitológicas como científicas, formuladas a seu respeito: ele é deus, gênio, pessoa, coisa e o que se oculta no mais íntimo do
ser humano, tanto psiquicamente como somaticamente. Ele é a fonte
de todos os opostos, ele é *duplex et utriusque capax*[348]. Este fator fugi-

_____
348. Duplo – capaz de ambiguidade.

tivo representa em cada um de seus traços o inconsciente, cujo confronto leva a uma concepção correta dos símbolos.

482   Confrontar-se com o inconsciente é, por um lado, um processo irracional de experiências vividas e, por outro, um fenômeno de conhecimento; devido a isso, a alquimia se compõe de duas partes essenciais: uma delas é a opus de laboratório, com todos os seus incidentes de natureza emocional e demoníaca; a outra é a "scientia" ou "theoria" que, por um lado, dispõe e dirige a obra e, por outro lado, interpreta e incorpora seus resultados. O conjunto desse processo, no qual atualmente vemos um desenvolvimento psicológico, foi designado pelo nome de "árvore filosófica", comparação "poética" que estabelece uma analogia não desprovida de justeza entre o fenômeno natural do crescimento da psique e aquele que concerne às plantas. Pareceu-me oportuno portanto apresentar em detalhe os fenômenos psíquicos que estão à base da alquimia, assim como da psicologia moderna do inconsciente. Assim fazendo, tenho consciência e espero ter tornado isto evidente ao meu leitor de que uma compreensão puramente intelectual não seria suficiente. Nós nos contentamos assim de adquirir certos conceitos verbais, mas passamos ao lado de seu verdadeiro conteúdo, que consiste na experiência viva e impressionante do processo feito sobre nós mesmos. Não devemos entregar-nos a nenhuma ilusão quanto a isto: nenhuma compreensão de palavras, nenhum artifício da sensibilidade podem substituir a experiência verdadeira. A alquimia perdeu sua substância vital própria no momento em que uma parte dos alquimistas emigrou do "laboratorium" para o "oratorium", enquanto outra parte emigrou deste último para o primeiro, uns para perder-se num misticismo cada vez mais vago, e os outros para descobrir a química. Lamentamos os primeiros e admiramos estes últimos, e ninguém indaga acerca do destino da alma que, nessa ocasião, submergiu e desapareceu por séculos.

Apêndices

Ilustrações

Referente ao *Comentário a "O segredo da flor de ouro"*

Quatro estádios da meditação. Desenhos tirados de Hui Ming Ging (edição alemã de 1929), p. 38-41.

[Os "exemplos de mandalas europeus", contidos na edição inglesa, foram publicados em grande parte no vol. 9/1 da Obra Completa, por Walter-Verlag, e por isso não entraram nesta edição.]

Referente a *Paracelso, um fenômeno espiritual*

I. Representação do filho ou rex sob a forma de hermafrodita: "Rosarium. Perfectionis ostensio". – *Rosarium philosophorum. Secunda pars Alchemiae* (1550), p. XIII^v.

II. *O livro da santa Trindade... e descrição do segredo da transformação dos metais*. Cod. Germ. 598 (1420), Staatsbibliothek, Munique.

III. Representação de uma refeição com peixe com uma imagem anexa do hermafrodita. – Miniatura de *Le Livre des ansienes estoires* (séc. XIII), Ms. Add. 15.268, fol. 242, British Museum, Londres.

IV. Representação do Spiritus Mercurialis e sua mutação na forma de um monstro. – Xilogravura em Nazari, G.B.: *Della Tramutatione metallica sogni tre* (1599).

V. Representação da melusina enquanto aqua permanens. – Xilogravura em Reusner, H.: *Pandora: Das ist die edlest Gab Gottes, oder der werde und heilsame Stein der Weysen* (1588), p. 249.

VI. Representação da anima como melusina. – Variante da *Ripley Scrowle* (1588), Ms. Sloane 5.025, British Museum, Londres.

VII. O filho do rei e Hermes na montanha. – Lambsprinck, *De lapide philosophico*, fig. XII, em *Museum hermeticum* (1678), p. 365.

VIII. Representação do pelicano (vaso alquimista). – Rhenanus, J., *Solis e puteo emergentis sive dissertationis chymotechnicae libri tres* (1613).

Referente a *A árvore filosófica*

Figuras 1-32: Desenhos e pinturas de pacientes sob análise. Coletânea do autor, exceto a figura 9: Gerhard Adler, *Studies in Analytical Psychology*, p. 12. Com autorização do Dr. G. Adler; figuras 22, 25, 27, 30 e 31 (desenho de bordado): C.G. Jung-Institut, Zurique.

Referências

A. Coletâneas de tratados alquímicos de diversos autores

ALCHEMIA, DE. Nürnberg 1541.

I   Gebri Arabis *summae perfectionis* metallorum, sive perfecti magisterii libri II [p. 20-205]

II   *Tabula smaragdina* Hermis Trismegisti [p. 363]

III Hortulanus: Super Tabulam smaragdinam *commentarius* [p. 364-373]

ALCHIMIA, DE, opuscula complura veterum philosophorum. Frankfurt 1550. Ver lista de ilustrações.

ARS CHEMICA, quod sit licita recte excercentibus, probationes doctissimorum iurisconsultorum. Estrasburgo 1566.

I   Septem tractatus seu capitula Hermetis Trismegisti, aurei [p. 7-31]: *Tractatus aureus*.

II   Hortulanus: *Commentariolus* in Tabulam smaragdinam [p. 33-47]

III *Consilium coniugii* de massa solis et lunae [p. 48-263]

ARTIS AURIFERAE, quam chemiam vocant etc. 2 vols. Basileia 1593.

Vol. I:

I   Allegoriae super librum Turbae [p. 139-145]

II   Aenigmata ex visione Arislei philosophi, et allegorijs sapientum [p. 146-154]: *Visio Arislei*

III   In Turbam philosophorum exercitationes [p. 154-182]

IV   *Aurora consurgens*: quae dicitur aurea hora [p. 185-246], somente a parte II

V   Rosinus [Zósimo] ad Sarratantam episcopum [p. 277-319]

VI Practica Mariae Prophetissae in artem alchimicam [p. 319-324]

VII Calid: Liber secretorum alchemiae [p. 325-351]

VIII Ignotus autor de secretis lapidis [p. 389-392]

IX Tractatus Avicennae [p. 405-437]

X Liber de arte chimica incerti authoris [p. 575-631]

Vol. II:

XI Morienus Romanus: Sermo de transmutatione metallorum [p. 7-54]

XII Scala philosophorum [p. 107-170]

XIII *Rosarium philosophorum* [p. 204-384].

XIV Arnaldus de Villanova: Flos florum ad Regem Aragonum [p. 470-488]

AUREUM VELLUS oder der Guldin Schatz und Kunstkammer (s.l.) 1600.

I [Trismosin:] Splendor solis [p. 8-93]

II Melchior, Cardeal e Bispo de Brixen: Ein Philosophisch Werck und Gesprech von dem Gelben und Roten Man [p. 299-337]

BIBLIOTHECA CHEMICA CURIOSA seu rerum ad alchemiam pertinentium thesaurus instructissimus. Ed. por Johannes Jacobus Mangetus, 2 vols. Genebra 1702.

Vol. I:

I Hermes Trismegisto: *Tractatus aureus* de lapidis physici secreto [p. 400-445]

II Dicta Belini [p. 478-479]

III Lullius: *Codicillus* seu vade mecum aut Cantilena [p. 880-911]

IV Braceschus: Lignum vitae [p. 911-938]

V Altus: *Mutus liber*, in quo tamen tota philosophia Hermetica, figuris hieroglyphicis depingitur [figuras à p. 938]

Vol. II:

VI Bonus: *Margarita pretiosa*, novella correctissima [p. 1-80]

VII Rosarium philosophorum [p. 87-119, outra redação p. 119-133]

VIII Sendivogius: *Parabola* seu enigma philosophicum [p. 474s]

Estudos alquímicos

MUSAEUM HERMETICUM reformatum et amplificatum. Frankfurt 1678.

I   *Tractatus aureus* de philosophorum lapide [p. 1-52]

II   Hydrolithus sophicus, seu *Aquarium sapientum* [p. 73-144]

III Flamellus: Tractatus brevis, sive Summarium philosophicum [p. 172-179]

IV Via veritatis unicae [p. 181-201]

V   *Gloria mundi* aliâs, Paradysi tabula [p. 203-304]

VI Lambsprinck: De lapide philosophico [p. 337-372]

VII Valentinus: Practica cum duodecim clavibus etc. De magno lapide antiquorum sapientum [p. 377-432]

VIII Norton(us): Tractatus chymicus dictus Crede mihi sive *Ordinale* [p. 433-532]

IX Sendivogius: Novum lumen chemicum, e naturae fonte et manuali experientia depromptum [p. 545-600]

X   Philalethes: *Introitus apertus* ad occlusum regis palatium [p. 647-699]

XI Maier: Subtilis allegoria super secreta chymiae [p. 701-740]

XII Philalethes: Metallorum metamorphosis [p. 741-774]

XIII Philalethes: Brevis manuductio ad rubinum coelestem [p. 775-798]

XIV Philalethes: Fons chemicae philosophiae [p. 799-814]

THEATRUM CHEMICUM, praecipuos selectorum auctorum tractatus... continens. Vols. I-III, Ursel 1602; vol. IV, Estrasburgo 1613; vol. V, 1622; vol. VI, 1661.

Vol. I:

I   Hoghelande: De alchemiae difficultatibus [p. 121-215]

II   Dorneus: *Speculativa philosophia*, gradus septem vel decem continens [p. 255-310]

III Dorneus: Physica genesis [p. 367-404]

IV Dorneus: Physica Hermetis Trismegisti [p. 405-437]

V   Dorneus: Physica Trithemij [p. 437-450]

VI Dorneus: Philosophia chemica [p. 472-517]

VII   Dorneus: De tenebris contra naturam et vita brevi [p. 518-535]

VIII   Dorneus: De duello animi cum corpore [p. 535-550]

IX   Dorneus: Congeries Paracelsicae chemiae de transmutationibus metallorum [p. 557-646]

X   Dorneus: De Genealogia mineralium ex Paracelso [p. 646-671]

XI   Penotus: De vera praeparatione et usu medicamentorum chemicorum [De medicamentis chemicis, p. 672-772]

XII   Bernardus Trevisanus: De secretissimo philosophorum opere chemico [De alchemia liber, p. 773-803]

Vol. II:

XIII   Aegidius de Vadis: Dialogus inter naturam et filium philosophiae [p. 95-123]

XIV   Penotus (alias B. à Porto Aquitanus): Philosophi artem potius occultare conati sunt quam patefacere... [Symboltabelle, p. 123]

XV   Riplaeus: Duodecim portarum axiomata philosophica [p. 124-139]

XVI   Dee: Monas hieroglyphica [p. 218-243]

XVII   Ventura: De ratione conficiendi lapidis [De lapide philosophico, p. 244-356]

XVIII Albertus Magnus: De alchemia [p. 485-527]

XIX   Albertus Magnus: Scriptum super arborem Aristotelis [p. 524-527]

Vol. III:

XX   Greverus: Secretum nobilissimum et verissimum [p. 783-810]

XXI   Melchiorius: Addam et processum sub forma missae [p. 853-860]

Vol. IV:

XXII   Artefius: Clavis maioris sapientiae [p. 221-240]

XXIII Happelius: Aphorismi Basiliani sive canones Hermetici [p. 368-371]

XXIV   Dialogus Mercurii, alchymistae, et naturae [p. 509-517]

XXV   Aenigma philosophorum sive symbolum Saturni [p. 518-524]

XXVI Aurelia occulta philosophorum [p. 525-576]

Estudos alquímicos 383

XXVII Hermes Trismegisto: *Tractatus aureus* de lapidis philosophici
secreto, cum scholiis [p. 672-797]

Vol. V:

XXVIII Allegoriae sapientum: supra librumTurbae [p. 64-100]

XXIX Tractatus Micreris suo discipulo Mirnefindo [p. 101-113]

XXX Platonis liber quartorum [p. 114-208]

XXXI Tractatus Aristotelis alchymistae ad Alexandrum Magnum, De
lapide philosophico [p. 880-892]

XXXII Epistola... ad Hermanum, De lapide philosophico [p. 893-900]

Vol. VI:

XXXIII Vigenerus (Blaise de Vigenère): Tractatus de igne et sale
[p. 1-139]

XXXIV Anonymus: Instructio patris ad filium de arbore solari
[p. 163-194]

XXXV Orthelius: Commentarius in Novum lumen chymicum Michaelis
Sendivogii [p. 397-458]

THEATRUM CHEMICUM britannicum... collected with Annotations by
Elias Ashmole. Londres 1652.

I Norton: The Ordinall of Alchimy [p. 1-106]

II Verses Belonging to an Emblematicall Scrowle: Supposed to be
invented by G. Ripley [p. 375-379]

III Ripley: Preface to "Medulla" [p. 389-392]

B. Bibliografia geral

ABRAHAM ELEAZAR (Abraão o judeu). *Uraltes chymisches Werk...* 2. ed.
Leipzig: [s.e.], 1760.

ABU'L-QASIM MUHAMMAD IBN AHAMAD AL-IRAQI. *Kitab al-'ilm
al-muktasab fi zira'at adh-dhahab* (Book of Knowledge acquired concerning
the Cultivation of Gold). Paris: [s.e.], 1923 [ERIC JOHN HOLMYARD
(trad. e org.)].

AGOSTINHO (S. Aurelius Augustinus). *Opera omnia*. Opera et studio mo-
nachorum ordinis S. Benedicti e congregatione S. Mauri. 11 vols. Paris:
[s.e.], 1836-1838.

384   Obra Completa — Vol. 13

_____. *Confessionum libri tredecim*. Tomo I (col. 133-410).

_____. *De civitate Dei contra paganos libri viginti-duo*. Tomo VII (volume todo).

_____. *De vera religione*. Tomo I (col. 1.205-1.268).

_____. *Dialogus quaestionum sexaginta quinque*. Tomo VI (col. 1.073-1.100).

_____. *Enarrationes in Psalmos*. Tomo IV/1 e 2. (Enarratio II in Psalmum XXIX, 1: col. 190-204; Enarratio III in Psalmum CIII, 2: col. 1.639-1.664)

_____. *Sermones ad populum*. (Sermo IX "De decem chordis", col. 71-92).

_____. *De spiritu et anima liber unus*. Tomo IV (col. 1.140-1.212; atribuído a Agostinho).

AGRICOLA, Gregório. *De animantibus subterraneis*. Basileia: [s.e.], 1549.

AGRIPPA DE NETTESHEYM, Henricus Cornelius. *De incertitudine et vanitate scientiarum*. Colônia: [s.e.], 1584.

_____. *De occulta philosophia libri tres*. Colônia: [s.e.], 1533.

ALANO DA ILHA. *Elucidatio in Cantica Canticorum*. Migue, P.L. CCX, col. 51-110.

ALBERTO MAGNO. *De mineralibus et rebus metallicis, in Opera omnia*. 38 vols., Paris: [s.e.], 1890-1899 (vol. V, p. 1-103) [AUGUSTE & EMILE BORGNET (org.)].

ALCIATI, Andrea. *Emblemata cum commentariis*. Pádua: [s.e.], 1661.

ALDROVANDUS, Ulysses (Ulisse Aldrovandi). *Dendrologiae naturalis scilicet arborum historiae libri*. Frankfurt: [s.e.], 1671.

AMBRÓSIO. *De interpellatione Job et David*. Migne, P.L. XIV, col. 798-850.

_____. De XLII mansionibus filiorum Israel. Migne, P.L., XVII, col. 9-40.

ÂNGELO SILÉSIO. *Des A'S' Cherubinischer Wandersmann*. Nach der Ausgabe letzter Hand von 1675. 2. ed., Jena: [s.e.], 1914 [WILHELM BÖLSCHE (org.)].

APASTAMBA. In: *Sacred Laws of the Aryas* (Sacred Books of the East II). Oxford: [s.e.], 1879.

Apocalipse de Elias. Cf. STEINDORFF.

Apokryphen, Die, und Pseudoepigraphen des Alten Testaments. 2 vols. (num só), Tübingen: [s.e.], 1900 [KAUTZSCH, E. (trad. e org.)].

Estudos alquímicos

(APULEIO). *Lucii Apulei Madaurensis Platonici philosophi opera.* Vol. I: Metamorphoseos sive De asino aureo. Altenburg: [s.e.], 1778. Edição alemã: Die Metamorphosen oder Der goldene Esel. Munique e Leipzig: [s.e.], 1909 [AUGUST RODE & HANNS FLOERKE (trad.)].

ASHVAGHOSHA. The Buddha-Karita. In: *Buddhist Mahâyâna Texts I* (Sacred Books of the East XLIX). Oxford: [s.e.], 1894.

Atharva-Veda, Hymns of the. (Sacred Books of the East XLII), Oxford: [s.e.], 1897 [MAURICE BLOOMFIELD (trad. e org.)].

Aurora consurgens. Ein dem Thomas von Aquin zugeschribenes Dokument der alchemistischen Gegensatzproblematik. [FRANZ, M-L von (org. e coment.). Terceira parte de JUNG, C.G. *Mysterium Coniunctionis.* (*Psychologische Abhandlungen* XII). Zurique: Rascher, 1950 (*Aurora I*)].

_____. Cf. tb. (A) *Artis Auriferae* I, V (somente II).

AVALON, Arthur (ed., pseudônimo de Sir John WOODROFFE). *The Serpent Power... Two works on Tantrik Yoga.* Londres: [s.e.], 1919 [traduzido do sânscrito].

BARING-GOULD, Sabine. *Curious Myths of the Middle Ages.* 2. ed., 2 vols. Londres, Oxford e Cambridge: [s.e.], 1867/1868.

BARNABÉ, carta de. In: *The Apostolic Fathers* (The Loeb Classical Library). 2 vols. Londres e Nova York: [s.e.], 1914 (vol. I, p. 340-409).

BAYNES, Charlotta A. *A Coptic Gnostic Treatise contained in the Codex Brucianus* – Bruce Ms. 96, Oxford, Cambridge: Bodleian Library, 1933.

BENOIT, Pierre. *L'Atlantide* (romance). Paris: [s.e.], 1919.

BERNARDO DE CLARAVAL. *Sermones de tempore.* Migne, P.L. CLXXXIII, col. 35-359.

BÉROALDE DE VERVILLE, François. *Le Tableau des riches inventions... qui sont représentées dans le Songe de Poliphile.* Paris: [s.e.], 1600.

_____. Cf. COLONNA.

_____. FIERZ-DAVID.

BERTHELOT, Marcellin. *La Chimie au moyen âge.* 3 vols. (Histoire des Sciences). Paris: [s.e.], 1893.

_____. *Collection des anciens alchimistes grecs.* Paris: [s.e.], 1887/1888.

_____. *Les origines de l'alchimie.* Paris: [s.e.], 1885.

BEZOLD, Carl (org.). *Me'arrath Gazze*. Die Schatzhöhle. Duas partes, Leipzig: [s.e.], 1883/1888.

(Bhagavad Gita). *The Song Celestial, or Bhagavad Gita*. Londres: [s.e.], 1930 [Sir EDWIN ARNOLD (trad.)].

BODENSTEIN, Adam von. "Onomasticon". In: *Dictionarium Theophrasti Paracelsi... a Gerardo Dorneo collectum*. Frankfurt: [s.e.], 1583.

BÖHME, Jacob. *Des gottseligen, hocherleuchteten J'B' Teutonici Philosophi alle Theosophischen Schriften*. 3 vols. Amsterdã: [s.e.], 1682:

_____. *Viertzig Fragen von der Seelen Verstand, Essentz, Wesen, Natur und Eigenschafft, was sie von Ewigkeit in Ewigkeit sey. Verfasset von Dr. Balthasar Walter, Liebhaber der grossen Geheimnüssen, und beantwortet durch J'B'*.

BONUS, Petrus. *Pretiosa margarita novella de thesauro ac pretiosissimo philosophorum lapide*. Veneza: [s.e.], 1546 [JANUS LACINIUS (org.)]. (cf. tb. (A) *Bibliotheca Chemica Curiosa*, VI).

BOUSSET, Wilhelm. *Hauptprobleme der Gnosis* (Forschungen zur Religion und Literatur des Alten und Neuen Testaments X). Göttingen: [s.e.], 1907.

Brahadâranyaka-Upanishad. Cf. DEUSSEN, Paul. *Die Geheimlehre*.

BUDGE, E.A. Wallis. *Amulets and Superstitions*. Londres: [s.e.], 1930.

_____. *The Book of the Dead*. Facsimiles of the Papyri of Hunefer, Anhai, Kerasher. Londres: [s.e.], 1899.

_____. *The Gods of the Egyptians*. 2 vols. Londres: [s.e.], 1904.

Bundahish. In: *Pahlavi Texts I* (Sacred Books of the East V). Oxford: [s.e.], 1880 [WEST, E.W. (org.)].

Canticum de creation. Cf. HORSTMANN.

CARTER, Iesse Benedictus. *Epitheta Deorum quae apud poetas latinos leguntur*.

CASSIODORO, Marco Aurélio. *Historia tripartita*. Migne, P.L. LXX, col. 879-1.214.

CESÁRIO DE HEISTERBACH. *Dialogus miraculorum*. Colônia, Bonn e Bruxelas: [s.e.], 1851 [JOSEPHUS STRANGE (org.)].

CHAUCER, Geoffrey. "The Canterbury Tales". In: *The Complete Works*. (Student's Cambridge Edition). Boston: [s.e.], 1933 [ROBINSON, F.N. (org.)].

Estudos alquímicos 387

CHRÉTIEN DE TROYES. Cf. HILKA.

CHRISTENSEN, Arthur. "Les Types du premier Homme et du premier Roi dans l'histoire légendaire der Iraniens". In: *Archives d'Etudes Orientales*. XIV. Estocolmo: [s.e.], 1917.

CHWOLSOHN, Daniel. *Die Ssabier und des Ssabismus*. 2 vols. Petersburgo: [s.e.], 1856.

CÍCERO, Marcus Tullius. "De natura deorum". In: *M. Tullii Ciceronis scripta quae manserunt omnia*. Parte IV, 2 vols., Leipzig: [s.e.], 1878 [MÜLLER, C.F.W. (org.)].

Códices e Manuscritos:

Basileia, Universitätsbibliothek. AX. 128b. Contém "De arbore contemplationis".

_____. manuscrito alquimista.

Berlim, Codex Berolinensis Latinus 532.

_____. Codex Berolinensis Latinus Q. 584.

Leiden, Universitätsbibliothek. Codex Vossianus Chemicus 520 (29), século XVI.

_____. Londres, Ms. Sloane 5.025. "Four Rolls Drawn in Lübeck" (*The Ripley Srowle*). 1588.

_____. Ms. Additional 15.268. "Le Livre des Ansienes Estoires", século XIII.

Munique, Staatsbibliothek. Codex Germanicus 598. "Das Buch der heiligen Dreifaltigkeit... und Beschreibung der Heimlichkeit von Veränderung der Metallen", 1420.

New Haven. Yale University Library. German Alchemical Ms. (Mellon Collection), 1600.

Paris. Bibliothèque Nationale, Ms. gr. 2.250.

_____. Ms. gr. 2.252.

_____. Ms. gr. 2.419.

_____. Bibliothèque Ste. Geneviève. Ms. 2.263-2.264. "Lapidis philosophorum nomina".

St. Gallen, Codex N. Vadiensis 390. Contém a "Turba philosophorum", século XV.

_____. Codex Germanicus alchemicus Vadiensis, século XVI.

Vaticano, Codex Vaticanus Latinus 7.286, século XVII.

Zurique, Zentralbibliothek. Codex Rhenoviensis 172 (do mosteiro de Rheinau). "Aurora consurgens", século XV.

COLONNA, Francesco. *Hypnerotomachia Poliphili...* Veneza: [s.e.], 1499.

_____. Cf. BÉROALDE DE VERVILLE.

_____. Cf. FIERZ-DAVID.

COOMARASWAMY, Ananda K. "The Inverted Tree". In: *Quarterly Journal of the Mythic Society* XXIX. Bangalore: [s.e.], 1938/1939, p. 111-149.

Corpus Hermeticum. Cf. SCOTT.

Corão. Bielefeld: [s.e.], 1857 [ULLMANN, L. (trad. palavra por palavra do árabe, com notas explicativas)].

CRAWLEY, Alfred Ernest. *The Idea of the Soul.* Londres: [s.e.], 1909.

CUMONT, Franz. *Textes et monuments figurés relatifs aux mystères de Mithra.* 2 vols. Bruxelas: [s.e.], 1896/1899.

De chemia. Cf. ZADITH SENIOR.

DEE, John. Cf. (A) *Theatrum chemicum*, II, XVI.

De simplicium medicamentorum facultatibus libri XI, Theodorico Gerardo interprete (col. 1.012-1.144).

DEURSEN, A(rie) van. *Der Heilbringer.* Eine ethnologische Studie über den Heilbringer bei den nordamerikanischen Indianern. Groningen, Den Haag, Batavia: [s.e.], 1931.

DEUSSEN, Paul. *Allgemeine Geschichte der Philosophie mit besonderer Berücksichtigung der Religionen.* 2. ed., 2 vols. Leipzig: [s.e.], 1906/1915.

DIETERICH, Albrecht. *Eine Mithrasliturgie.* 2. ed. Berlim: [s.e.], 1910.

DINAN, W. *Monumenta historica Celtica.* Londres: [s.e.], 1911.

DIOSCORIDES (Pedanius Dioscorides Anazarbeus). *De medica materia libri VI.* Lião: [s.e.], 1554.

Estudos alquímicos   389

DORNEO, Gerardo. *Theophrasti Paracelsi libri V De vita longa*. Frankfurt: [s.e.], 1583.

_____. Cf. (A) *Theatrum chemicum* I, II-X.

DOZY, Reinhart & DE GOEJE, M.J. "Nouveaux documents pour l'étude de la religion des Harraniens". In: *Actes du sixième congrès international des orientalistes, 1883*. Londres: [s.e.], 1885.

DU CANGE, Charles du Fresne. *Glossarium ad scriptores mediae et infimae latinitatis*. 6 vols. Paris: [s.e.], 1733-1736.

EISLER, Robert. *Weltenmantel und Himmelszelt*. Religionsgeschichtliche Untersuchungen zur Urgeschichte des antiken Weltbildes. 2 vols. Munique: [s.e.], 1910.

ELEAZAR, Abraham. Cf. ABRAHAM ELEAZAR.

ELIADE, Mircea. *Le Chamanisme et les techniques archaïques de l'extase* (Bibliothèque scientifique). Paris: Payot, 1951.

(ELIEZAR BEN HYRCANUS). *Pirkê de Rabbi Eliezer*. Londres e Nova York: [s.e.], 1916 [FRIEDLANDER, G. (trad. e org.)].

Encyclopaedia of Religion and Ethics. 13 vols. Edimburgo 1908/1926 [JAMES HASTINGS (org.)].

EPIFÂNIO. *Ancoratus* (vol. I, p. 1-149); *Panarium* (vol. I, p. 169–vol. III, p. 496). 3 vols. (Griechische christliche Schriftsteller). Leipzig: [s.e.], 1915/1933 [KARL HOLL (org.)].

Esdras, 4º livro de. Cf. *Apokryphen, Die, und Pseudoepigraphen*.

EUCHERIUS LUGDUNIENSIS (Euquério de Lião). *Liber formularum spiritalis intelligentiae* (De spiritalibus formulis). Migne, P.L., col. 727-772.

EUTÍMIO ZIGADENOS. *Panoplia dogmatica*. Migne, P.G.-L. CXXX (todo o volume).

EUTÍQUIO (de Alexandria). *Annales*. Migne, P.G.-L., CXI, col. 907-1.156.

EWANS-WENTZ, E.Y. Cf. *Tibetanische Totenbuch, Das*.

FERGUSON, John. *Bibliotheca chemica*. 2 vols. Glasgow: [s.e.], 1906.

FERGUSON, James. *Tree and Serpent Worship*. Londres: [s.e.], 1868.

FICINO, Marsílio. *De vita libri tres*. Basileia: [s.e.], 1549.

FIERZ-DAVID, Linda. *Der Liebestraum des Poliphilo*. Ein Beitrag zur Psychologie der Renaissance und der Moderne. Zurique: Rhein-Verlag, 1947.

FÍGULO, Benedito (Bento, o oleiro). *Paradisus aureolus hermeticus...* Frankfurt: [s.e.], 1608.

_____. *Rosarium novum olympicum et benedictum*. Basileia: [s.e.], 1608.

FILALETES, Irineu. Cf. (A) *Musaeum Hermeticum*, X, XII, XIII e XIV.

(FILO JUDEU ALEXANDRINO). *Ph'i A'i libellus de opificio mundi*. (Breslauer philologische Abhandlungen IV/4). Breslau: [s.e.], 1889 [LEOPOLDUS COHN (org.)].

FIRMICUS MATERNUS, Iulius. *Liber de errore profanarum religionum*. (Corpus scriptorum ecclesiasticorum Latinorum II, 7, 8). Viena: [s.e.], 1867 [HALM, K. (org.)].

_____. Cf. tb. Migne, P.L., XII, col. 918-1.050.

FLAMMEL, Nicholas. Cf (A) *Musaeum hermeticum*, III.

FRANZ, Marie-Louise von. "Die Passio Perpetuae". In: JUNG, C.G. *Aion*. Cf. lá.

_____. Cf. *Aurora consurgens*.

FRAZER, Sir James George. *The Golden Bough*. A Study in Magic and Religion. Parte I: The Magic Art, vols. 1 e 2. Parte IV: Adonis, Attis, Osiris, vols. 5 e 6. Londres: [s.e.] 1911 e 1907.

_____. *Totemism and Exogamy*. 4 vols. Londres: [s.e.], 1910.

FROBENIUS, Leo. *Das Zeitalter des Sonnengottes*. Berlim: [s.e.], 1904.

GALENO de Pérgamo (Pergamenus). "De simplicium medicamentorum facultatibus libri XI". In: *Epitome Galeni Pergameni operum* (col. 1.012-1.144). Estrasburgo: [s.e.], 1604.

GANZ, Rabbi David. *Chronologia sacro-profana*. Leiden: [s.e.], 1644.

GAUDÊNCIO. *Sermo* XIX. Migne, P.L., XX, col. 981-993.

GEBER (Arabs). Cf. (A) *Alchemia, De*, I.

(GESSNER, Conrad). *Epistolarum medicinalium C'i G'i, philosophi et medici Tigurini libri III*. Zurique: [s.e.], 1577.

Estudos alquímicos 391

GODOFREDO (Gottfried von Admont). *Homilia III in dominica I Adventus.* Migne, P.L., CLXXIV, col. 32-36.

_____. *Homilia LXIII in Vigiliam Assumptionis.* Migne, P.L., CLXXIV, col. 957-959.

GOETHE, Johann Wolfgand von. *Werke.* Vollständige Ausgabe letzter Hand. 31 vols. Stuttgart: Cotta, 1827/1834 (Die Geheimnisse. Ein Fragment. In: vol. XIII).

_____. *Faust.* Leipzig: Gesamtausgabe Insel, 1942.

GOURMONT, Rémy de. *Le Latin mystique.* Les poètes de l'antiphonaire et la symbolique au moyen âge. 2. ed. Paris: [s.e.], 1922.

GRAY, Ronald D. *Goethe the Alchemist.* A Study of Alchemical Symbolism in Goethe's Literary and Scientific Works. Cambridge: University Press, 1952.

GREGÓRIO (Gregório Magno, Papa). *In septem Psalmos penitentiales expositio.* Migne, P.L., LXIX, col. 549-658.

_____. *Moralia in Job.* Migne, P.L., LXXV, col. 509 a LXXVI, col. 782.

_____. *Super Cantica Canticorum expositio.* Migne, P.L. LXXIX, col. 471-548.

GRIMM, Jacob (Ludwig). *Deutsche Mythologie.* 3 vols. Gütersloh: [s.e.], 1876/1877 [ELARD HUGO MEYER (org.)].

GRIMM, Irmãos. *Kinder-und Hausmärchen.* Coletânea dos Irmãos Grimm. 2 vols. Jena: [s.e.], 1922.

GRÜNBAUM, Max. *Jüdisch-deutsche Chrestomathie.* Leipzig: [s.e.], 1882.

HAGGARD, Henry Rider. *She.* A History of Adventure. Londres: [s.e.], 1887 [e reedições].

HASTINGS, James. Cf. *Encyclopaedia of Religion and Ethics.*

HEGEMONIUS. *Acta Archelai.* (Die griechischen christlichen Schriftsteller der ersten drei Jahrhunderte). Leipzig [s.e.], 1906 [CHARLES HENRY BEESON (org.)].

HENOCH (Henoc). Cf. *Apokryphen, Die, und Pseudoepigraphen.*

HERMES TRISMEGISTO. Cf. (A) *Alchemia, De,* II; *Ars chemica,* I; *Bibliotheca chemica curiosa,* I; *Musaeum hermeticum,* I; *Theatrum chemicum,* XXVII

Hermetica. Cf. SCOTT.

HERMOLAUS BARBARUS. Cf. MAIER, Michael. *Symbola aureae mensae.*

(HILDEGARD VON BINGEN). "H's Brief an Mönch Wibert von Gembloux über ihre Visionen" (aus dem Jahre 1171). In: *Schriften der Heiligen H' von B'.* Leipzig: [s.e.], 1922 [seleção de transcrição de Johannes Bühler].

HILKA, Alfons. *Der altfranzösische Prosa-Alexander-Roman nach der Berliner Bilderhandschrift.* Halle: [s.e.], 1920.

_____ (org.). "Der Percevalroman (Li Contes del Graal). Von Christian von Troyes". In: *Sämtliche erhaltene Werke.* V. Halle: [s.e.], 1932 [WENDELIN FORSTER (org.)].

HIPÓLITO. *Elenchos* (= Refutatio omnium haeresium). (Die griechischen christlichen Schriftsteller der ersten drei Jahrhunderte). Leipzig: [s.e.], 1916 [PAUL WENDLAND (org.)].

HOGHELANDE, Theobaldus de. Cf. (A) *Theatrum chemicum* I, I.

HOLMBERG, Uno. "Der Baum des Lebens". In: *Annales Academiae Scientiarum Fenicae.* Série B/XVI. Helsinki: [s.e.], 1922/1923.

HOLMYARD, Eric John. Cf. ABU'L-QASIM.

HONÓRIO DE AUTUN. *Speculum de mysteriis ecclesiae.* Migne, P.L., CLXXII, col. 807-1.108.

HORÁCIO (Quintus Horatius Flaccus). *Werke.* 2 vols. Leipzig: [s.e.], 1899/1925 [KELLER, O. e HOLDER, A. (org.)].

HORUS APOLLO. *Selecta hieroglyphica, sive sacrae notae Aegyptiorum et insculptae imagines.* Roma: [s.e.], 1597.

HORSTMANN, Carl. *Sammlung altenglischer Legenden.* 2 vols. Heilbronn: [s.e.], 1878/1881 ("Canticum de creatione" no vol. I, p. 124-138).

HORTULANO. Cf. (A) *Alchemia, De,* III.

_____. Cf. (A) *Ars Chemica,* II.

Hymns of the Atharva-Veda. Cf. *Atharva-Veda.*

HYSLOP, James H. *Science and a Future Life.* Boston: [s.e.], 1905.

I Ging. Das Buch der Wandlungen. Jena: [s.e.], 1924 [RICHARD WILHELM (trad. e org.)].

Estudos alquímicos   393

INÁCIO DE LOYOLA. *Exercitia spiritualia cum versione literali ex au-
tographo Hispanico*. 2. ed. Roma: [s.e.], 1838 [JOANNES ROOTHAAN
(org.)].

Indianermärchen. Cf. *Märchen, Die, der Weltliteratur*.

IRINEU (de Lião). S. *Irenaei episcopi Lugdunensis contra omnes haereses libri quinque*. Oxford-Londres: [s.e.], 1702 (Dentro do livro é empregado o título usual "Adversus omnes haereses"). Em alemão: *Des heiligen I' fünf Bücher gegen die Häresien* (Bibliothek der Kirchenväter). Buch I-III. Kempten e
Munique: [s.e.], 1912.

JACOBSOHN, Helmut. *Die dogmatische Stellung des Königs in der Theologie der alten Ägypter* (Ägyptologische Forschungen VIII). Glückstadt: [s.e.],
1939.

JAFFÉ, Aniela. "Bilder und Symbole aus E.T.A. Hoffmanns Märchen 'Der
Goldne Topf'". In: JUNG, C.G. *Gestaltungen des Unbewussten*. Cf. lá.

JUNG, C.G. *Aion*. Untersuchungen zur Symbolgeschichte (Psychologische
Abhandlungen VIII). Zurique: Rascher, 1951 [Em port., *Aion* – Estudos sobre o simbolismo do si-mesmo. OC, 9/2. Petrópolis: Vozes, 2011].

_____. *Antwort auf Hiob*. Zurique: Rascher, 1952. Novas edições em
1953, 1961 e 1967 [Em port., *Escritos diversos*. OC, 11. Petrópolis: Vozes,
2011].

_____. *Gestaltungen des Unbewussten* (Psychologische Abhandlungen VII).
Zurique: Rascher, 1950 [Contribuições de Jung neste volume, bem como em
OC, 15, 1971].

_____. *Paracelsica*. Zwei Vorlesungen über den Arzt und Philosophen
Teophrastus. Zurique: Rascher, 1942 ["Paracelso, um fenômeno espiritual". In: OC, 13; "Paracelso como médico". In: OC, 15, 1971].

_____. *Psychologie und Alchemie* (Psychologische Abhandlungen V). Zuri-
que: Rascher, 1944. Nova edição revista 1952 [Em port., *Psicologia e alquimia*. OC, 12. Petrópolis: Vozes, 2011].

_____. *Psychologie und Religion*. Die Terry-Lectures, dadas na Universida-
de de Yale. Zurique: Rascher, 1940. Novas edições em 1942, 1947 e 1962.
Olten: StA Walter, 1971 [Em port., *Psicologia e religião*. OC, 11/1. Petrópolis: Vozes, 2011].

_____. *Die Psychologie der Übertragung*. Erläutert anhand einer alchemis-
tischen Bildserie, für Ärzte und praktische Psychologen. Zurique: Rascher,
1946 [Em port., *Ab-reação*. OC, 16/2. Petrópolis: Vozes, 2011].

_____. *Psychologische Typen*. Zurique: Rascher, 1921. Novas edições em 1925, 1930, 1937, 1940, 1942, 1947 e 1950 [Em port., *Tipos psicológicos*. OC, 6. Petrópolis: Vozes, 2011].

_____. Das Rätsel von Bologna. In: *Festschrift Albert Oeri*. Cf. lá. [Em port., "O enigma bolognese". In: OC, 14/1. Petrópolis: Vozes, 2011].

_____. *Symbole der Wandlung*. Analyse des Vorspiels zu einer Schizophrenie. Zurique: Rascher, 1952. Quarta edição reformulada de: Wandlungen und Symbole der Libido (1912). [Em port., *Símbolos da transformação*. OC, 5. Petrópolis: Vozes, 2011].

_____. *Symbolik des Geistes*. Studien über psychische Phänomenologie, mit einem Beitrag von Dr. phil. Riwkah Schärf (Psychologische Abhandlungen VI). Zurique: Rascher, 1953. [Contribuições de Jung neste volume bem como em OC, 11, 1963 e 1973, e OC, 13].

_____. *Theoretische Überlegungen zum Wesen des Psychischen*. Inicialmente como "Der Geist der Psychologie", em: *Eranos-Jahrbuch* 1946. Zurique: Rhein-Verlag, 1947. Reelaborado em: *Von den Wurzeln des Bewusstseins*. Cf. lá. [Em port., "Considerações teóricas sobre a natureza do psíquico". In: OC, 8. Petrópolis: Vozes, 2011].

_____. Versuch einer psychologischen Deutung des Trinitätsdogmas. In: *Symbolik des Geistes*. Cf. lá. [Em port., "Tentativa de uma interpretação psicológica do dogma da Trindade". In: OC, 11. Petrópolis: Vozes, 2011].

_____. *Von den Wurzeln des Bewusstseins*. Studien über den Archetypus (Psychologische Abhandlungen IX). Zurique: Rascher, 1954 [Três ensaios neste volume e os demais em OC, 11 e 13].

_____. Das Wandlungssymbol in der Messe. In: *Eranos-Jahrbuch* 1940/41. Zurique: Rhein-Verlag, 1942. Ampliado em: *Von den Wurzeln des Bewusstseins*. Cf. lá. [Em port., *O símbolo da transformação na missa*. OC, 11/3. Petrópolis: Vozes, 2011].

_____. Über die Archetypen des kollektiven Unbewussten. In: *Eranos-Jahrbuch* 1934. Zurique: Rhein-Verlag, 1935. Reelaborado em: *Von den Wurzeln des Bewusstseins*. Cf. lá [Em port., *Arquétipos e o inconsciente coletivo*. OC, 9/1. Petrópolis: Vozes, 2011].

_____. Über Mandalasymbolik. In: *Gestaltungen des Unbewussten*. Cf. lá [Em port., "O simbolismo da mandala". In: OC, 9/1. Petrópolis: Vozes, 2011].

Estudos alquímicos   395

_____. *Über die Psychologie der dementia praecox*. Ein Versuch. Halle: Carlo Marhold, 1907. [Em port. *Psicogênese das doenças mentais*. OC, 3. Petrópolis: Vozes, 2011].

_____. Über Wiedergeburt. In: *Gestaltungen des Unbewussten*. Cf. lá [Em port., "Sobre o renascimento". In: OC, 9/1. Petrópolis: Vozes, 2011].

_____. Zum Gedächtnis Richard Wilhelms. In: *Das Geheimnis der Goldenen Blüte*. Ein chinesisches Lebensbuch. Zurique: Rascher, 1938 [Em port. OC, 15. Petrópolis: Vozes, 2011. Em memória de Richard Wilhelm].

_____. Zur Empirie des Individuationsprozesses. In: *Gestaltungen des Unbewussten*. Cf. lá [Em port., "Estudo empírico no processo de individuação". In: OC, 9/1. Petrópolis: Vozes, 2011].

_____. Zur Phänomenologie des Geistes im Märchen. In: *Symbolik des Geistes*. Cf. lá [Em port., "A fenomenologia do espírito no conto de fadas". In: OC, 9/1. Petrópolis: Vozes, 2011].

_____. Zur Psychologie östlicher Meditation. In: *Symbolik des Geistes*. Cf. lá [Em port., "Considerações em torno da psicologia da meditação oriental". In: OC, 11. Petrópolis: Vozes, 2011].

_____. & PAULI, Wolfgang. *Naturerklärung und Psyche* (Studien aus dem C.G. Jung-Institut IV). Zurique: Rascher, 1952 [A contribuição de Jung está em OC, 8].

_____. Cf. *Tibetanische Totenbuch, Das*.

_____. Cf. WILHELM, Richard.

KAGAROW, Eugen. Der umgekehrte Schamanenbaum. In: *Archiv für Relionswissenschaft* XXVII. Leipzig e Berlim: [s.e.], [s.d.], p. 183-185.

KERN, Otto (org.). Cf. *Orphicorum fragmenta*.

KHUNRATH, Henrique. *Amphitheatrum sapientiae aeternae*. Hanau: [s.e.], 1609.

_____. *Von hylealischen, das ist, primaterialischen catholischen oder algemeinem natürlichen Chaos*. Magdeburgo: [s.e.], 1597.

KIRCHER, Atanásio. *Mundus subterraneus, in XII libros digestus*. Amsterdã: [s.e.], 1678.

KNORR VON ROSENROTH, Christian (org.). *Kabbala denudata seu Doctrina Hebraeorum*. 2 vols. Sulzbach e Frankfurt: [s.e.], 1677/1684.

KNUCHEL, Eduard Fritz. *Die Umwandlung in Kult, Magie und Rechtsbrauch* (Schriften der Schweizerischen Gesellschaft für Volkskunde 15). Basileia: [s.e.], 1919.

KOPP, Hermann. *Die Alchemie in älterer und neuerer Zeit.* 2 vols. Heidelberg: [s.e.], 1886.

KRICKEBERG, W. Cf. *Märchen, Die, der Weltliteratur.*

KINDT-KIEFER, Johann Jakob. *Untersuchung über die Fundamentalstruktur der staatlichen Ganzheit.* Diss. Universidade de Zurique. Berna: [s.e], 1940.

KRUEGER, Gustav. *Das Dogma von der Dreieinigkeit und Gottmenschheit in seiner geschichtlichen Entwicklung dargestellt* (Lebensfragen. Schriften und Reden, ed. por Heinrich Weinel). Tübingen: [s.e.], 1905.

LACINIUS, Janus. Cf. BONUS.

LAMBSPRINCK. Cf. (A) *Musaeum hermeticum*, VI.

LAZARELUS, Lodovicus. Cf. REITZENSTEIN, Richard. *Poimandres.*

LÉVY-BRUHL, Lucien. *Les Fonctions mentales dans les sociétés inférieures* (Travaux de l'année sociologique). 2. ed. Paris: [s.e.], 1912.

*Lexikon, Ausführliches, der griechischen und römischen Myth*ologie. 11 vols. Leipzig: [s.e.], 1884/1890 [ROSCHER, W.H. et al (org.)].

LIPPMANN, Edmund O. von. *Entstehung und Ausbreitung der Alchemie.* 3 vols. Berlim: [s.e.], 1919/1954.

LÚLIO, Raimundo. Cf. *Bibliotheca chemica curiosa* I, III.

MAIER, Michael(is). *De circulo physico, quadrato, hoc est Auro...* Oppenheim: [s.e.], 1616.

_____. *Secretioris naturae secretorum Scrutinium chymicum.* Frankfurt: [s.e.], 1687.

_____. *Symbola aureae mensae duodecim nationum.* Frankfurt: [s.e.], 1617.

_____. "Subtilis allegoria super secreta chymiae". Cf. (A) *Musaeum hermeticum*, XI.

MAITLAND, Edward. *Anna Kingsford, her Life, Letters, Diary, and Work.* 2 vols. Londres: [s.e.], 1896.

Estudos alquímicos   397

Maitrâyana-Brâhmana-Upanishad. Parte II. (Sacred Books of the East XV).
Oxford: [s.e.], 1900 [MAX MÜLLER, F. (trad.)].

MANGETUS, Jacobus Johannes. Cf. (A) *Bibliotheca chemica curiosa*.

Märchen, Die, der Weltliteratur. Jena: Eugen Diederichs. Volumes citados
[LEYEN, F. von der e ZAUNERT, P. (org.)]:

_____. *Indianermärchen aus Nordamerika*. 1924 [WALTER KRICKE-
BERG (org.)].

_____. *Märchen der Azteken, Inka, Maya und Muiska*. 1928 [WALTER
KRICKEBERG (org.)].

MARSÍLIO FICINO. Cf. FICINO.

MARTIAL (Marcus Valerius Martialis). *Epigrammata*. Leipzig: [s.e.], 1896
[WALTER GEBERT (org.)].

MATTHEWS, Washington. "The Mountain Chant". In: *Fifth Annual Report of the U.S. Bureau of American Ethnology*. Washington: [s.e.], 1887,
p. 379-467.

MEAD, G.R.S. *The Doctrine of the Subtle Body in Western Tradition*. An Ou-
tline of What the Philosophers Thought and Christians Taught on the Sub-
ject. Londres: [s.e.], 1919.

MECTILDE DE MAGDEBURGO. *Liber gratiae spiritualis*. Veneza: [s.e.],
1578.

MELCHIOR DE BRIXEN. Cf. (A) *Aureum vellus*, II.

MELCHIOR CIBINENSIS. Cf. (A) *Theatrum chemicum* III, XXI.

MICHELSPACHER, Stefan. *Cabala, speculum artis et naturae, in alchymia*.
Augsburgo: [s.e.], 1654.

MIGNE, Jacques Paul (org.). *Patrologiae cursus completus*: Patrologia Latina (P.L.). 221 vols. Paris: [s.e.], 1844/1864. Patrologia Graeca (P.G.). 166
vols. Paris: [s.e.], 1857/1866.

Missale Romanum. Das Messbuch der hl. Kirche, lateinisch und deutsch,
mit liturgischen Erklärungen. 19. ed. Friburgo na Brisgóvia: [s.e.], 1914
[ANSELM SCHOTT (org.)].

MORIENUS ROMANUS. Cf. (A) *Artis auriferae*, XI.

MYLIUS, Johann Daniel. *Phisolophia reformata continens libros binos*.
Frankfurt: [s.e.], 1622.

NAZARI, Giovanni Battista. *Della Tramutatione metallica sogni tre*. Brescia: [s.e.], 1599.

NELKEN, Jan. Analytische Beobachtungen über Phantasien eines Schizophrenen. In: *Jahrbuch für psychoanalytische und psychopathologische Forschungen* IV. Leipzig e Viena: [s.e.], 1912, p. 504-562.

NEUMANN, Erich. *Apuleius*: Amor und Psyche. Ein Beitrag zur seelischen Entwicklung des Weiblichen. Zurique: Rascher, 1952.

NIETZSCHE, Friedrich. *Also sprach Zarathustra*. Ein Buch für Alle und Keinen. Werke VI. Leipzig: [s.e.], 1901.

NINCK, Martin. *Wodan und germanischer Schicksalsglaube*. Jena: [s.e.], 1935.

NORTON, Thomas. Cf. (A) *Musaeum hermeticum*, VIII, e *Theatrum chemicum britannicum*, I.

OERI, Albert. Cf. *Festschrift für A'O' zum 21.9.1945*. Basileia: [s.e.], 1945.

ONIANS, Richard Broxton. *The Origins of European Thought about the Body, the Mind, the Soul, the World, Time, and Fate*. Cambridge: University Press, 1951.

Orphicorum fragmenta. Berlim: [s.e.], 1922 [OTTO KERN (org.)].

ORTHELIUS. Cf. (A) *Theatrum chemicum* VI, XXXV.

Pandora, das ist die edelst Gab Gottes... Basileia: [s.e.], 1588 [REUSNER, H. (org.)].

PANTHEUS. *Ars transmutationis metallicae*. Veneza: [s.e.], 1519.

Papyri Graecae magicae. Die griechischen Zauberpapyri. 2 vols. Berlim: [s.e.], 1928/1931 [KARL PREISENDANZ et al (trad. e org.)].

PARACELSO (Theophrastus Bombastus von Hohenheim). *Bücher und Schriften*. 2 vols. Basileia: [s.e.], 1589/1591 [HUSER, J. (org.)].

_____. *Sämtliche Werke*. 15 vols. Munique e Berlim: [s.e.], 1922/1935 [SUDHOFF, K. e MATTHIESEN, W. (org.)].

Textos citados neste volume:

_____. *Archidoxis magicae*. HUSER II, p. 544-573.

_____. *Astronomia magna*. SUDHOFF XII, p. 1-444.

_____. *Das Buch Meteorum*. HUSER II, p. 69-96.

Estudos alquímicos

_____. *Caput de morbis somnii*. SUDHOFF IX, p. 359-362.

_____. *De caducis*. SUDHOFF VIII, p. 263-308; HUSER I, p. 589-607.

_____. *De morbis amentium*. HUSER I, p. 486-506.

_____. *De natura rerum*. SUDHOFF XI, p. 309-403.

_____. *De nymphis*. SUDHOFF XIV, p. 115-151. Cf. tb. *Liber de nymphis...* (abaixo).

_____. *De pestilitate*. HUSER I, p. 326-356.

_____. *De podagricis*. HUSER I, p. 563-577.

_____. *De pygmaeis*. Cf. *Liber de nymphis...* (abaixo).

_____. *De religione perpetua*. SUDHOFF 2. parte I, p. 89-107.

_____. *De sanguine ultra mortem*. HUSER II, p. 267-271.

_____. *De tartaro: Fragmenta anatomiae*. SUDHOFF III, p. 461-476.

_____. *De vita longa*. SUDHOFF III, p. 247-292 (Edição avulsa por ADAM VON BODENSTEIN. Basileia: [s.e.], 1562 [?]). Cf. tb. DORNEUS.

_____. *Fragmenta*. SUDHOFF III, p. 292-380.

_____. *Fragmenta medica*. HUSER I, p. 131-169.

_____. *Labyrinthus medicorum errantium*. SUDHOFF XI, p. 161-221.

_____. *Liber Azoth*. HUSER II, p. 519-543.

_____. *Liber de nymphis, sylphis, pygmaeis, et salamandris, et de ceteris spiritibus*. HUSER II, p. 180-192.

_____. *Da Buch Paragranum*. Leipzig: [s.e.], 1903 [STRUNZ, F. (org.)].

_____. *Paramirum primum*. SUDHOFF I, p. 163-239.

_____. *Philosophia ad Athenienses*. HUSER II, p. 1-19.

_____. *Von der Astronomey*. HUSER I, p. 212-218.

_____. *Von den dreyen ersten essentiis*. HUSER I, p. 323-326.

_____. *Von erkantnus des Gestirns*. SUDHOFF XII, p. 495-498.

_____. Cf. BODENSTEIN.

_____. Cf. DORNEUS.

PAULI, Wolfgang. Der Einfluss archetypischer Vorstellungen auf die Bildung naturwissenschaftlicher Theorien bei Kepler. In JUNG & PAULI. *Naturerklärung und Psyche*. Cf. lá.

PAULINO (de Nola). *Poemata*. Migne P.L. LXI, col. 437-710.

(PAUSÂNIAS). *Pausaniae Graeciae descriptio*. 5 vols. Leipzig: [s.e.], 1822/1827 [SIEBELIS, C.S. (org.)].

PENOTUS. Cf. (A) *Theatrum chemicum* I, XI e II, XIV.

PERNETY. *Dictionnaire mytho-hermétique*. Paris: [s.e.], 1787.

_____. *Les Fables égyptiennes et grecques dévoilées et réduites au même principe, avec une explication des hiéroglyphes e de la Guerre de Troye*. 2 vols. Paris: [s.e.], 1758.

PETRIE, William Flinders. *Egyptian Tales, translated from the Papyri*. 2. série. Londres: [s.e.], 1895.

PICINELLUS (Picinelo) Philippus. *Mundus symbolicus*. Colônia: [s.e.], 1681.

PICO DELLA MIRANDOLA. *Opera omnia*. Basileia: [s.e.], 1557. Citados neste volume:

_____. *De arte cabalistica* (p. 733-900).

_____. *Heptaplus* (p. 11-62).

PIERRE, Noël. *Soleil noir*. Paris: [s.e.], 1952.

Pirkê de Rabbi Eliezer. Cf. ELIEZER BEN HYRCANUS.

PITRA, Giovanni Battista (org.). *Analecta sacra spicilegio Solesmensi praeparata*. 8 vols. Paris: [s.e.], 1876/1891.

PLATÃO (Pseudo). Cf. (A) *Theatrum chemicum*, V, XXX.

POMPÔNIO MELA. *De situ orbis*. Cf. DINAN.

PORDAGE, John. Ein gründlich philosophisch Sendschreiben vom rechten und wahren Steine der Weissheit. In: ROTH-SCHOLTZ, Friedrich. *Deutsches theatrum chemicum*. 3 vols. Nürnberg: [s.e.], 1728/1732 (vol. I, p. 557-596).

_____. *Sophia*: das ist/Die holdseelige ewige Jungfrau der göttlichen Weisheit... Amsterdã: [s.e.], 1699 [Tradução].

PREISENDANZ, Karl. Cf. *Papyri Graecae magicae*.

Estudos alquímicos 401

PRELLER, Ludwig. *Griechische Mythologie*. 2 vols. Leipzig: [s.e.], 1854.

PREUSCHEN, Erwin (org.). *Antilegomena*. Die Reste der ausserkanonischen und urchristlichen Überlieferungen. Giessen: [s.e.], 1901.

PRISCILIANO. (*Opera*) *P'i quae supersunt*. (Corpus scriptorum ecclesiasticorum Latinorum XVIII). Viena, Praga e Leipzig: [s.e.], 1889 [SCHEPSS, G. (org.)].

PRITCHARD, James B. (org.). *Ancient Near Eastern Texts Relating to the Old Testament*. Princeton: [s.e.], 1950.

Prodromus Rhodostauroticus, Parergi philosophici... [s. l.]: [s.e.], 1620 (Contém: Versus Hermes).

PSELLUS, Michael(is). *De daemonibus Iamblichus de mysteriis Aegyptiorum...* Veneza: [s.e.], 1497 [MARSILIO FICINO (org.)].

RÁBANO MAURO. *Allegoriae in Sacram Scripturam*. Migne P.L. CXII, col. 849-1.088.

RAHNER, Hugo. Die seelenheilende Blume. Moly und Mandragore in antiker und christlicher Symbolik. In: *Eranos-Jahrbuch 1944*. Zurique: Rhein-Verlag, 1945. Tb. in: *Griechische Mythen in christlicher Deutung. Gesammelte Aufsätze von H'R'*. Zurique: Rhein-Verlag, 1945.

REITZENSTEIN, Richard. *Alchemistische Lehrschriften und Märchen bei den Arabern* (Religionsgeschichtliche Lehrschriften und Vorarbeiten XIX/2). Giessen: [s.e.], 1923.

_____. *Poimandres*. Studien zur griechisch-ägyptischen und frühchristlichen Literatur. Leipzig: [s.e.], 1904.

_____. & SCHAEDER, H. *Studien zum antiken Synkretismus aus Iran und Griechenland* (Studien der Bibliothek Warburg VII). Berlin: [s.e.], 1926.

REUSNER, Hieronymus. Cf. *Pandora*.

RHENANUS, Johannes. *Solis e puteo emergentis sive dissertationis chymotechnicae libri tres*. Frankfurt: [s.e.], 1613.

RIPLAEUS, Georgius (Sir George Ripley). *Opera omnia chemica*. Kassel: [s.e.], 1649.

_____. *Chymische Schriften*. Erfurt; [s.e.], 1624.

_____. Cf. (A) *Theatrum chemicum* II, XV e *Theatrum chemicum Britannicum*, II e III.

ROSCHER, Wilhelm Heinrich. Cf. *Lexicon, Ausführliches.*

(ROSENCREUTZ, Christian). *Chymische Hochzeit Christiani R' anno 1459.* Nach der zu Strassburg bei Lazari Zetzners seel. Erben im Jahr 1616 erschienen Ausgabe originalgetreu neugedruckt. Berlim: [s.e.], 1913 [FERDINAND MAACK (org.)].

RULANDUS, Martinus. *Lexicon alchemiae sive dictionarium alchemisticum.* Frankfurt: [s.e.], 1612.

RUPESCISSA, Johannes de. *La Vertu et la propriété de la quintessence de toutes choses.* Lião: [s.e.], 1581.

RUSKA, Julius: *Tabula Smaragdina.* Ein Beitrag zur Geschichte der hermetischen Literatur. Heidelberg: [s.e.], 1926.

_____. *Turba philosophorum.* Ein Beitrag zur Geschichte der Alchemie (Quellen und Studien zur Geschichte der Naturwissenchaften und der Medizin I). Berlim: [s.e.], 1931.

SCALIGER, Joseph Justus. Animadversiones in Chronologia Eusebii. In: *Thesaurus temporum, Eusebii... chronicorum canonum... libri duo.* [s. l.]: [s.e.], 1606.

SCHEVILL, Margaret E. *Beautiful on the Earthe.* Santa Fé, Novo México: Hazel Dreis Editions, 1947.

SCHOPENHAUER, Arthur. Über die vierfache Wurzel des Satzes vom zureichenden Grunde. Eine philosophische Abhandlung. In: *Sämtliche Werke in 6 Bänden.* Vol. 3 [EDUARD GRISEBACH (org.)].

SCHREBER, Daniel Paul. *Denkwürdigkeiten eines Nervenkranken, nebst Nachträgen und einem Anhang.* Leipzig: [s.e.], 1903.

SCHWEITZER, Bernhard. *Herakles.* Tübingen: [s.e.], 1922.

SCOTT, Walter (org.). *Hermetica.* 4 vols. Oxford: [s.e.], 1924/1936.

SENDIVOGIUS, Michael. Cf. (A) *Theatrum chemicum* IV, XXIV; *Bibliotheca chemica curiosa,* II, VIII; *Musaeum hermeticum,* IX.

_____. *Tripus chemicus.* Estrasburgo: [s.e.], 1628.

SENIOR. Cf. ZADITH.

Shatapatha-Brâhmana. (Sacred Books of the East XII, XXVI, XLI, XLIII, XLIV). Oxford: [s.e.], 1882/1900 [JULIUS EGGELING (trad. e org.)].

SPENCE, Lewis. *The Gods of Mexico.* Londres: [s.e.], 1923.

Estudos alquímicos 403

SPENCER, Baldwin, & GILLEN, F.J. *The Northern Tribes of Central Australia*. Londres: [s.e.], 1904.

SPIEGEL, Friedrich. *Erânische Altertumskunde*. 3 vols. Leipzig: [s.e.], 1871/1878.

SPIELREIN, Sabine. Über den psychologischen Inhalt eines Falles von Schizophrenie (Dementia praecox). In: *Jahrbuch für psychoanalytische und psychopathologische Forschungen* III. Leipzig e Viena: [s.e.], 1912, p. 329-400.

SPITTELER, Carl. *Prometheus und Epimetheus*. Ein Gleichnis. Jena: [s.e.], 1923.

STEEB(IUS), Johann(es) Christoph(orus). *Coelum Sephiroticum Hebraeorum per portas intelligentiae Moysi revelatas...* Mainz: [s.e.], 1679.

STEINDORFF, Georg (org.). *Die Apokalypse des Elias* (Texte und Untersuchungen, N.S. 2: 3). Leipzig: [s.e.], 1899.

STEINEN, Karl von den. *Unter den Naturvölkern Zentral-Brasiliens*. Berlim: [s.e.], 1894.

STEVENSON, James. "Ceremonial of Hasjelti Dailjis and Mythical Sand Painting of the Navajo Indians". In: *Eighth Annual Report of the U.S. Bureau of American Ethnology 1886-87*. Washington: [s.e.], 1891, p. 229-285.

STOBAEUS, Johannes. *Anthologium*. 5 vols. Berlim: [s.e.], 1884/1912 [KURT WACHSMUTH & OTTO HENSE (org.)].

SZEBENY. Cf. MELCHIOR CIBINENSIS.

TABERNAEMONTANUS, Jacob Theodorus. *Kräuterbuch*. 2 vols. Offenbach: [s.e.], 1731.

Tabula Smaragdina. Cf. HERMES TRISMEGISTO e RUSKA.

TALBOT, Amaury. *In the Shadow of the Bush*. Londres: [s.e.], 1912.

Tibetanische Totenbuch, Das. Aus der englischen Fassung des Lam Kazi Dawa Samdup. Mit einem psychologischen Kommentar von C.G. Jung. Zurique e Leipzig: [s.e.], 1936. Novas edições em Olten: [s.e.], 1971, 1973, 1975, 1977, 1978 [EVANS-WENTZ, W.Y. (org.)].

TRISMOSIN, Salomon. Cf. (A) *Aureum vellus*, I.

Turba philosophorum. Cf. RUSKA.

USENER, Hermann. *Das Weihnachtsfest* (Religionsgeschichtliche Untersuchungen). 2. ed. Bonn: [s.e.], 1911.

VALENTINO, Basílio. Cf. (A) *Musaeum hermeticum*, VII.

VECERIUS, Conrad. Cf. BARING-GOULD.

Vedanta-Sutras. (Sacred Books of the East XXXIV, XXXVIII, XLVIII). Oxford: [s.e.], 1890/1904 [THIBAUT, G. (trad.)].

VENTURA, Laurentius. *De ratione conficiendi lapidis philosophici*. Basileia: [s.e.], 1571.

_____. Cf. (A) *Theatrum chemicum* II, XVII.

Verus Hermes. Cf. *Prodromus Rhodostauroticus*.

VETTIUS, Valente. *Anthologiarum libri*. Berlim: [s.e.], 1908 [WILHELM KROLL (org.)].

VIGENERUS, Blasius (Blaise de Vigenère). Cf. (A) *Theatrum chemicum*, VI, XXXIII.

WALDE, Alois. *Lateinisches etymologisches Wörterbuch* (Indogermanische Bibliothek 2/I). 2. ed. Heidelberg: [s.e.], 1910.

Wasserstein der Weysen, das ist, Ein chymisch Tractätlein. Franckfurt: [s.e.], 1619.

(WEI PO-YANG). An Ancient Chinese Treatise on Alchemy entitled Ts'an T'ung Ch'i, written by Wei Po-Yang about 142 A.D. In: *Isis* XVIII. Bruges: [s.e.], 1932, p. 210-289 [LU-CH'IANG WU & TENNEY L. DAVIS (trad.)].

WELLS, Herbert George. *Christa Alberta's Father*. Leipzig: Tauchnitz, 1926.

WILHELM, Richard & JUNG, C.G. *Das Geheimnis der Goldenen Blüte*. Ein chinesisches Lebensbuch. Mit einem europäischen Kommentar von C.G. Jung. Munique: Dornverlag, 1929. Nova edição Rascher, 1938. Reedições em 1939, 1944, 1948, 1957 e 1977 (A colaboração de Jung está neste volume). (Em port., *O segredo da flor de ouro*. Petrópolis: Vozes).

WINDISCHMANN, Friedrich. *Zoroastrische Studien*. Berlim: [s.e.], 1863.

WÜNSCHE, August. *Die Sagen von Lebensbaum und Lebenswasser* (Ex Oriente Lux). I/2, 3. Leipzig: [s.e.], 1905.

ZADITH SENIOR. Cf. (A) *Bibliotheca chemica curiosa*.

ZÖCKLER, Otto. *Das Kreuz Christi*. Religionshistorische und kirchlich-archäologische Untersuchungen. Zugleich ein Beitrag zur Philosophie der Geschichte. Gütersloh: [s.e.], 1875.

Índice onomástico

Abraham le Juif/A. E. 263, 268[127], 457[324]

Abu Bekr Muhammed Ben Zakeriya er-Rasi, v. Rhazes

Abu'l Qasim Muhammad Ibn Ahmad Al-Iraqi 173[103], 273[171], 402, 406, 408[191], 409[197]

Agostinho, S. 299s., 455

Agrícola 124[157]

Agripa de Nettesheim 148, 152, 164, 167, 193[187, 190], 223[246], 229, 234

Alano da Ilha 389[123], 389

Alberto, M. 158[33], 173[97], 377, 409[197], 415s., 417, 444, 456, 458s.

Alciati, A./A. 350[33], 412

Aldrovandus, U. 458[330]

Al-Iraqi, v. Abu'l Qasim

Alexandre Magno 415, 428

Alexander à Suchten 165

Alphidius 392, 429

Ambrósio 407[184], 456

Andreae, J.V., v. Rosencreutz

Ângelo, S. 151, 154

Apolônio de Tiana, Pseudo (cf. tb. *Dicta Belini*) 103, 161, 268

Apuleio 86[15], 228[255], 451

Arquelau (cf. tb. *Acta Archelai*) 158[33]

Arisleu (cf. tb. *Visio Arislei*) 403

Aristóteles 41, 149, 303, 377

Aristóteles alquimista 403, 427

Arnaldo de Villanova 103, 150, 158[33], 387

Artephius 273

Ashvagosha 458[329]

Avalon, A. 35[19], 334[12]

Avicena/Ibn Sina (cf. tb. *Tractatulus Avicennae*) 150, 263, 377, 442

Bardesanes 458

Baring-Gould, S. 218[239s.]

Basílides 280

Basílio, V., v. Valentino Basílio

Baynes, C.A. 212[230]

Beeson, C.H. (org.) 419[245]

Benoit, P. 131

Bernardo, S. 389

Bernardo de Treviso 267[94], 276[195], 282[228], 405[175], 446[312]

Béroalde de Verville, F. (cf. tb. *Poliphili Hypnerotomachia*) 187[157]

Berthelot, M. 86[1, 2, 6, 15], 88[21], 89[25], 96[52], 97[54, 60-62], 99[64], 101[76], 103[90], 104[95], 109[110], 117[149], 124[158s.], 125[167s.], 126[169-172], 127[174], 130[182], 131[186], 133[200], 139[217], 164[51], 168[57], 173[101, 105], 186[148], 187[160], 191[178s.], 198[198], 251[23], 254, 255[39], 264, 265[86-90], 270[136], 273[165, 170s.], 354[39], 357[49], 358[55], 359[59], 370[77], 371[79], 372[82], 374[92], 380[104], 407[182], 414[222s.], 426[257], 430[273s.], 431[275], 445[304]

Bezold, O. (org.) 446[309]

Bodenstein, A. 148, 149[17], 154, 169, 169[75], 170[77], 176[115], 190[172], 194, 199[201], 200[202], 201[204], 213, 234[258]

Böhme, J. 31, 417

Bonus, P. (cf. tb. Lacinius) 392s., 442

Bostra, T. 448

Bousset, W. 168[72], 275[190], 278[220], 448[315]

Braceschus, J. 176[114]

Budge, W. 31[12], 97[57], 104[94], 193[184], 360[62]

Burckhardt, J. 154, 372[81]

Carpócrates/Harforetus 403

Carter, I.B. 234[260]

Cesário de Heisterbach 114, 245

Cassiodoro, M.A. 401

Chaucer, G. 124

Chrétien de Troyes 272[156]

Christensen, A. 268[129], 458[327s.]

Christianos (Berthelot) 186

Chwolsohn, D. 86[4], 272[159], 412[215]

Cibinensis, v. Szebeny

Cícero, M.T. 270

Colonna, F. (cf. tb. *Poliphili Hypnerotomachia*) 228

Constantino, imperador 157

Coomaraswamy, A.K. 408[194], 412[216], 458[326]

Cornélio Agripa, v. Agripa de Nettesheim

Crafftheim, C. 154, 165

Crawley, A.E. 180[127]

Cumont, F. 404[173]

Dante Alighieri 176[114], 215, 283, 389, 410[203]

Davis, T.L. 161[45]

Dee, J. 193[184], 268[126], 429[268], 446[310]

Demócrito/Pseudo D. 89, 102, 102[82], 137, 184, 198, 273, 374, 426

Deursen, A. 132[189-192]

Deussen, P. 254[26], 301[257]

Dieterich, A. 91[36]

Dinan, W. (org.) 218[242]

Dioscórides 193[187, 190]

Dióscoro (Berthelot) 173[101]

Djabir ibn Hayyan 264[80], 374, 414

Dorneo, G. 95, 110, 115, 149[17], 158[37], 168[65], 170[77], 173[104], 176[114], 180, 186s., 190, 194, 201[208], 204, 207[222], 209, 210[228], 211[229], 213-236, 256[41], 264, 267s., 273[171], 278[202], 282[231], 283, 375s., 380-382, 390, 394, 409[196], 409, 432, 443s.

Dozy, R. e de Goeje, M.J. 273

Du Cange, Charles du Fresne 184[145], 429[266]

Egídio de Vadis 263[71], 267[93], 276

Eisler, R. 404[173]

Eleazar, v. Abraham le Juif

Eliade, M. 91[37], 132[198s.], 402[156], 404[172], 407[183], 460[336-341], 462

Elieser Ben Hyrcanus, R. 420[247]

Empédocles 242

Epifânio 116[147], 183, 231, 271[155], 275[188], 407[184]

Euquério de Lião 137[212]

Eulógio de Alexandria 243

Eurípides 91

Eutíquio 86[4]

Eutímio, Z. 271[154]

Evans-Wentz, W.Y. 37[21], 334[13]

Ferguson, J. 176[114], 277[199]

Fergusson, J. 461[344]

Ficino, M. 168, 170[76], 271[153]

Fígulo, B. 186, 257, 404

Estudos alquímicos

Filaleta/Filaletes, I. (*Mus. herm.*)
255[40], 256[47s.], 257[52], 261[64], 263[72],
267[96], 268[111], 269[131], 276[195],
278[210], 374[85]
Filo Judeu 168, 336[15], 456
Firmicus Maternus I. 91[38]
Flamel, Nicolas/Flamellus 263,
267[101], 403[164], 407, 457[324]
Fludd, R. 378s.
Franciscus Epimetheus,
pseudônimo de Reusner, H., cf. tb.
Franz, M.-L. 86[15], 90[31], 103[87],
126[173], 132[187], 186[149], 268[113],
356[47], 403[161], 414[227], 416[233], 429[263]
Frazer, Sir James George 92[40-42],
93[43], 128[177], 129[180], 241[3]
Freud, S./escola freudiana 48, 62,
108, 293, 396, 465, 478, 480
Frobenius, L. 133

Galeno 150, 171[79], 375[93]
Ganz, R.D. 458[326]
Gaudêncio 137[212]
Geber (arab.) 231, 254, 258[54], 442,
444
Geley, G. 76[37]
Gessner, C. 154, 165s.
Gillen, F.J., v. Spencer
Godofredo, A. 389
Goeje, M.J. de, v. Dozy, R.
Goethe, J.W. 5, 38[22], 90, 105[98],
120, 145, 154, 155[26], 159, 163,
171[82], 199[200], 210, 215, 220,
228[255], 295, 391
Gourmont, R. 456[322]
Gray, R.D. 90[32]
Gregório XIV, Papa, 303
Gregório Magno, São 275[188],
458[329]
Greverus, I. 354-357, 373, 403[164],
409[198]

Grimm, J. e W. 218[237], 239, 321,
459[334]
Grünbaum, M. 417[237]
Gu De 73

Haggard, H.R. 131[184]
Hapelius, N.N. 263[74, 79], 268[118]
Hapsberg, L.W. 169
Harforetus, v. Carpócrates
Hastings, J. 128[177]
Hegemonius 419[245]
Helia Artista 158[33]
Hennecke, E. (org.) 116[145], 292[250]
Herácleon, H. 116
Heráclio de Bizâncio, imperador
414
Heráclito 408
Hércules, v. Heráclio de Bizâncio
Hermolaus Barbarus 102
Hildegard von Bingen 42s.
Hilka, A. 272[156], 403[165]
Hinkle, B. 40[23]
Hipólito 101, 116[145], 182, 182[139],
184, 242[7], 274[183], 278, 366[74s.],
372, 408[194], 420[248], 459[332s.]
Hoghelande, T. 113[130], 139[217],
173[98, 102, 106], 255[28, 31], 261, 264[80],
359[59], 374[84, 86], 401[151], 414, 429,
429[267], 431
Hölderlin, F. 300
Holmberg, U. 354, 381[112]
Holmyard, E.J. (org.) 173[103],
273[171], 402[155]
Honório de Autun 116[145]
Horapollo, N. 322
Horácio 229[256]
Horstmann, C. 400[147]
Hortulano 90[31], 137[209], 175[112]
Huser, J. (org.) 146[2], 148[5s., 8, 10, 13s.],
149[18s.], 151[20], 156[28s.], 166, 168[62], 170[77]
Hyslop, J.H. 60[33]

Ibn Al-Nadim, 287[243]
Ibn Sina, v. Avicena
Inácio de Loyola 114, 201[208], 267[102], 293
Irineu (de Lião) 419, 449, 459

Jacobi, J. 195[194]
Jacobsohn, H. 97[58], 458[328]
Jaffé, A. 258[55], 416[230]
James, W. 60[33]
Jesus (cf. tb. Cristo) 80, 137, 201[208], 292, 366, 419
Jung, C.G. (cf. tb. médico e paciente, imagem do paciente)
- como motivo do sonho, 466s.
- *Aion* 101[69, 71], 107[100], 117[148], 126[170], 307[2], 337[17], 362[68], 372[80], 390[133], 394[140], 428[262], 432[276], 433[278]
- *Resposta a Jó* 466s.
- *O eu e o inconsciente* 58[31], 287[245]
- *As ideias de salvação na alquimia* (cf. tb. *Psicologia e alquimia*) 158[32], 173[94]
- *O espírito Mercurius* 127[175], 371[79], 383[114], 408[188, 190], 420[249], 457[323], 459[334]
- *O espírito da psicologia* 114[138], 267[102], 271
- *Configurações do inconsciente* 304, 343
- *Mandalas* 31[11], 304[1]
- *Mysterium coniunctionis* 110[117], 268[127], 356[47], 409[200], 446[312], 455[319], 457[324], 458[330]
- *Paracelso como fenômeno espiritual* 268[128], 414[225], 427[258]
- *Psicologia e alquimia* 86[5], 88[22], 89[30], 90, 95[47], 101[75], 107[100], 110[115], 126[171], 134[203, 205], 138[214], 158[32], 173[94], 180[130], 187[157, 160],

195[195], 204[211], 209[227], 212[230], 241[4s], 242[8], 268[128], 277[198], 278[219], 283[239], 305, 329, 356[47], 357[53], 371[78], 374, 390[133], 398, 399[146], 401[149], 403[162], 406[176], 414[225], 416, 416[234], 418[240], 426[256], 454[318], 456[322], 458[331]
- *Psicologia e religião* 122[154], 207[223]
- *Psicologia da transferência* 114[137], 194[193], 358[57], 387
- *Fundamentos psicológicos da crença nos espíritos* 200[203]
- *Tipos psicológicos* 31[10], 58[32], 122[153], 207[215], 287[245]
- *O enigma bolognese* 247[19], 458[330]
- *Símbolos da transformação* 91[37], 154[23], 168[71], 278[214], 461[342s].
- *Símbolos dos sonhos do processo de individuação* 187[160]
- *Considerações teóricas sobre a natureza do psíquico* 114[140]
- *Sobre os arquétipos do inconsciente coletivo* 218[243]
- *O simbolismo do mandala* 31[11], 304[1], 363[71]
- *Sobre a psicologia e psicopatologia dos fenômenos chamados ocultos* 31[16]
- *Sobre o renascimento* 428[261]
- *Tentativa de uma interpretação psicológica do Dogma da Trindade* 187[160], 289[247]
- *O símbolo da transformação na missa* 91[37], 93, 95[46], 107[100s.], 110[114, 120], 113
- *Estudo empírico do processo de individuação* 31[11, 13], 304[1], 343[28], 417[236], 454[318]
- *Sobre a fenomenologia do espírito nos contos de fada* 288[246]

- com R. Wilhelm: O *segredo da flor de ouro* (capítulo neste volume) 254, 287[245]
Justino mártir 137[212]

Kagarow, E. 462
Kant, I. 82
Kautzsch, E. (org.) 180[118], 183[142], 186[150], 215[235], 268[123], 403[160], 407[180], 419[243]
Kékulé von Stradonitz, A. 143
Kepler, J. 154, 378
Kern, O. (org.) 412[215]
Khunrath, H. 127, 162, 187[156], 255[33], 267[106], 268, 270, 274s., 278[203], 283[236], 383, 406, 423
Kindt-Kiefer, J.J. 207[216]
Kingsford, A. 40
Kircher, A. 124[157]
Klages, L. 7
Knorr von Rosenroth, C. 411
Knuchel, E.F. 36[20]
Komarios 89
Kopp, H. 392[137]
Krickeberg, W. 132[193-197]
Krüger, G. 243[11]

Lacinius, J. (org.) 89[26], 377[101], 392[139], 413[218], 442[298]
Lambsprinck 109[110], fig.VII
Laplace, P.S.M. 51
Laxinius, v. Lacinius, J.
Lazarelus, L. 236
Lévy-Bruhl, L. 66, 122[153], 478
Lilius 183[142]
Lippmann, E.O. 183[140], 375[94s.]
Lu Ch'Iang Wu 161[45]
Luís II, da Baviera 241
Lúlio, R. 158[33], 176[114], 231, 274, 282[231], 392[139], 431

Maier, M. 90[31], 95, 102[79], 104[96], 109[106, 110], 113, 181-184, 186,

197[197], 273[161], 274[179], 278, 355[41], 357, 398, 403[164], 409
Maitland, E. 40
Mangetus, J.J. (org.) (cf. tb. *Bibliotheca chemica curiosa*) 161[42], 176[114], 268[122], 272[160], 282[231], 283[237], 392[139]
Martial (Marcus Valerius Martialis) 270
Matthews, W. 31[15]
Mead, G.R.S. 137[213]
Mectilde de Magdeburgo 388s.
Meier, C.A. 143[220]
Melchior de Brixen, v. *Aureum vellus*
Melchior Cibinensis, v. Szebeny
Melchior von Hermannstadt, v. Szebeny
Mestre Eckhart 20, 75, 148[7], 372
Michelspacher, S. 241[5]
Migne, J.P. (ed.) 271[154], 275[188], 389[123, 126-130], 401[154], 407[184s.], 456[321], 458[329]
Morienus, R. 158[33], 414[220]
Mylius, J.D. 95, 113s., 161[45], 163[49], 173[99s.], 188, 255[32, 36], 256[41], 261, 263, 267[94, 98], 268, 270, 273[167, 171], 274[175, 180], 276, 282[228], 337[16], 398[142], 403[160], 406, 407[186], 408[192], 422[251]

Nabucodonosor 14, 350[33], 408, 458
Nazari, G.B. 88[23]
Nelken, J. 459
Neumann, E. 451
Newton, Sir Isaac 90
Nietzsche, F. 77, 131, 154, 163
Nicolau de Flüe 477

Ninck, M. 461[342]
Nola, v. Paulino de
Norton, T. (cf. tb. *Theatrum chem.*
Brit.) 245[15], 250[22]

Olimpiodoro 97, 109[110], 139[217], 164[51], 173[105], 251[23], 372, 372[82], 430
Onians, R.B. 334[12]
Oporin(us), J. 154s., 169
Orthelius, v. *Theatrum chemicum*
Ostanes 104[95], 191, 265, 299[254], 359[59], 407, 414[223], 424, 428, 436, 439, 445

Pantheus 274[181]
Paracelso (Theophrastus Bombastus von Hohenheim) 145-238, 268, 283, 355[45s.], 357
- *Anatomiae liber primus* 168[67s.]
- *Apokalypsis Hermetis* 166
- *Archidoxis magicae* 156[30]
- *Argumentum... Von der himmlischen Wirkung* 148[11]
- *Astronomia magna* 168[60]
- *Das Buch Pragranum/Liber Paragranum* 146, 158, 168, 218[241], 234[258]
- *Das buch der philosophei des himlischen firmaments* 148[10]
- *Caput de morbis somnii* 148[6]
- *De caducis* 146[2], 151[20]
- *De incertitudine et vanitate scientiarum* 152
- *De morbis amentium* 156[29]
- *De morbis somnii* 148[9]
- *De natura rerum* 158[35]
- *De nymphis* 148[15], 180
- *De pygmaeis*, v. *De nymphis*
- *De pestilitate* 148[10], 156[28], 201[206]
- *De podagricis liber* 148[6, 14], 167[56]
- *De religione perpetua* 167[56]
- *De vita longa* 158[37], 169-193, 197, 199[201], 201[207s.], 205[212], 213s., 220[244]
- *Fragmenta anatomiae* 193[188]
- *Fragmenta medica* 148[8], 171[79]
- *Fragmentarische Ausarbeitungen zu Anatomie und Physiologie* 168[69]
- *Labyrinthus medicorum* 148[4, 10, 13]
- *Liber Azoth* 161[40], 174[111], 180[118, 122-126], 201[205], 211[229]
- *Liber de nymphis, sylphis, pygmaeis et salamandris*, v. *De nymphis*
- *Liber Paragranum*, v. *Das Buch P.*
- *Liber de sanguine* 180
- *Paramirum de quinque entibus morborum* 148, 148[12], 156[29]
- *Philosophia ad Athenienses* 180[120]
- *Philosophia sagax* 149
- *Von den dreyen ersten essentiis* 168[66]
- *Von erkantnus des gestirns* 148[3]
- *Von der himmlischen Wirkung*, v. *Argumentum...*
Parmênides 102
Patrício 303
Pauli, W. 378[103]
Paulino de Nola 363
Paulo, São (cf. tb. *Bíblia*) 41, 77, 190[168], 257
Pausânias 129[178]
Penotus 261, 271[152], 278, 280
Pernety, A.J. 176[114], 203[209]
Petasios 97, 139[217], 251
Petrie, W.F. 401[152]
Picasso, P. 325
Picinellus, P. 193[186], 417[238]
Pico della Mirandola, G. 167s., 168[64], 171[87], 209[226]
Pierre, N. 348
Piper, L. 60

Pitágoras, pitagórico 367, 403

Pitra, J.-B. (org.) 98[63], 407[186]

Platão 39, 102, 173, 263, 393, 412

- Pseudo, v. *Liber quartorum*

Polifilo (cf. tb. *Poliphili Hypnerotomachia*) 176[114]

Pompônio, M. 218

Pordage, J. 194[193], 403[164]

Preisendanz, K. 162[46s.], 198[199], 273[170s.], 359[61], 441[291]

Preller, L. 91[35], 275[186]

Preuschen, E. (org.) 137[212]

Prisciliano 134

Pritchard, J.B. 458[328]

Psellus, M. 271

Rábano M. 389

Rahner, H. 409[200]

Rasis, v. Rhazes

Raimundo, v. Lúlio

Razes, v. Rhazes

Raziel 171[87]

Reinach, S. 270[138]

Reitzenstein, R. 97[53], 236[263], 252, 270[137], 276[192], 278

- e Schaeder, H. 119[152], 269[134], 446[311]

Reusner, J. 180[129s.], 321, 401, 415[229], 418, 420, 427, 458, fig. V

Rhazes/Razes/Rasi, 150, 176[114], 377, 392

Rhenanus, J. 416[234], 429[263], fig. VIII

Rimas, v. Zósimo

Ripley, Sir George/Riplaeus (cf. tb. *Ripley-Scrowle*) 110[117], 261[60], 264[81], 274, 278[204, 209], 283[233], 374[85, 88-90], 403[163], 408[192s.], 410, 414, 444, 446

Romano, São 98[63]

Roquetaillade, Jean de la, v. Rupescissa

Roscher, W.H. 176[114], 270[142]

Rosencreutz, C. (Andreae, J.V) 120, 228, 265, 278, 414, 434

Rosinus, v. Zósimo

Rulandus, M. 102, 103[86], 170[78], 171[79, 83-85], 173[91s.], 174[110], 176, 180[129], 190[168, 172], 193, 193[183], 194, 206s., 215, 268[114, 125], 321[4], 359[59], 375[94], 376[97]

Rupescissa, J. 117, 158[33], 173[98], 185[146], 268, 277[199]

Ruska, J. 88[23], 101s., 109[110], 137[209, 212], 139[216s.], 173[102], 175[112], 188, 274, 280[223], 287[243], 401[151], 403, 414[224], 439s., 444[302]

Saint-Exupéry, Antoine de (quadro 2), fig. 2

Saxo Grammaticus 129

Scaliger, J.J. 171[87]

Schaeder, H., v. Reitzenstein, R.

Schevill, M. 130[183]

Schmieder, K.C. 252

Schopenhauer, A. 111, 207[216], 244, 287

Schreber, D.P. 53[28]

Schweitzer, B. 270[139], 272[158]

Scott, W. (org.) 97[53], 104[92]

Sendivogius, M. 88[23], 278[212]

Senior, v. Zadith

Sidgwick, Mrs. Henry 60[33]

Silvestre II, Papa 107[102]

Simão, o mago 320, 408

Sinésio 173[101]

Sócrates 103

Spence, L. 107[100], fig. 8

Spencer, Sir Walter R. e Gillen F.J. 128[176]

Spiegel, F. 461[343]

Spielrein, S. 91[37]
Spitteler, C. 209, 460
Steebus, C. 102, 109[109], 188[161-164], 263[77s.], 264[83], 418[242]
Steindorff, G. (org.) 93, 133[201]
Steinen, Karl von den 253
Stevenson, J. 31[15]
Stirner, M. (pseudônimo de Kaspar Schmidt) 154
Stobaeus, J. 458[325]
Strunz, F. (org.) 146[1], 158[36], 168[62s., 65], 218[241], 234[258]
Sudhoff, K. (org.) 148[3, 5, 6, 9s., 11, 15], 149[18], 156[30], 158[35], 161[40], 167[56], 168[60s., 66-69], 169[73, 75], 170[77], 171[79s.], 174[109, 111], 176[117], 180[118-126], 190[168, 170, 174, 176s.], 193[185, 187s., 190], 199[201], 200[202], 201[204-208], 205[212], 207[224], 211[229], 220[244], 222[245]
Szebeny, N.M. (Cibinensis) 158, 195

Tabernaemontanus, J.T. 171[79], 190[173], 193[190]
Talbot, A. 247
Tales 420[248]
Tertuliano 81
Teodoro, S. 407[186]
Tomás de Aquino 158
Torquemada, T. 391
Treviso, B., v. Bernardo
Trismosin, S. 89[26], 123[156], 268[124]

Urstisius (org.) 218[240]
Usener, H. 366[76]

Valentino, v. valentinianos
Valentino, B. 255[40], 261[63], 264[82], 267[97], 269[130], 273[171]
Vecerius, C. 218
Ventura, L. 113, 263[70], 264, 273[168], 282[231], 403, 410, 429[268], 435
Vettius, V. 412[215]
Vigenerus, B. 401, 411, 445

Walde, A. 376[97]
Waldkirch, C. 158, 356[47]
Wei Po-Yang 161[45], 273, 432
Wells, H.G. 53[28]
Wendland, P. (org.) 278[216]
Wilhelm, R. (cf. tb. Jung, C.G. – R. Wilhelm) 1, 10, 28, 57s., 74[36], 254
Windischmann, F. 406[179]
Wünsche, A. 400[147], 417[239]

Zadith, S. 109[106], 321, 404[170], 423
Zöckler, O. 446[309]
Zósimo de Panópolis 85-144, 168, 265, 269, 270, 273, 287[243], 354, 358, 359[59], 370, 372, 381[112], 383, 414[223], 439

Índice analítico

Aarão 167
Acabamento, aperfeiçoamento 346, 415
Acácias, v. árvore
Acamoth (cf. tb. sofia) 366
Acasalamento 283
Aço 119, 446
Açor 360
Acta Archelai, v. Hegemonius
Adamas 419
Adão 106, 107[104], 148[6], 168s., 171[87], 173, 209[226], 273[171], 418s
- Cadmão 168, 268
- e Eva, 110[113], 126, 180, 268, 316, 327, 398s., 427, fig. V e fig. 32
- místico 173
- na alquimia 203, 282[231]
- regeneração de 182
- *secundus*/segundo 106, 209[226], 282, 400
Adebar, cegonha 417
Adech (termo de Paracelso) 168, 201, 202s., 209, 214, 220s., 226
Adhvaryu 340
Aditya 339
"Aenigma Bononiense" 247[19]
Aenigma philosophorum (*Theatr. chem.*) 274[177]
Afetividade 108, 379
Afeto (cf. tb. emoção, sentimento) 12, 17, 48, 58, 60, 66, 75, 108, 450, 466, 478

Afrodite (cf. tb. Vênus) 225s., 265, 273
- ourania 234
Agape/ἀγάπη (cf. tb. amor) 391
Agathodaimon 86, 89[24], 97[59]
Agnata fides (cf. tb. fé) 207
Agni 340
ἀγνοία
Água (cf. tb. aqua) 35, 86s., 89, 95[49], 97, 109, 111, 117, 137[209s.], 139, 142, 173, 178, 181, 186s., 191, 198, 200, 210, 214, 220, 223, 225, 241, 245, 255, 263, 266s., 274, 311, 334, 358, 370, 374, 383, 406, 422, 462, fig. 5, 6, 8, 10, 32
- de fogo 117[148], 310, 408[192], 424
- divina 97, 102, 109[106], 135, 137, 139, 142
- do batismo, cf. lá
- dos filósofos 88[23], 113, 139
- e espírito 135
- *Mercurius* como cf. lá
- simbolismo da, 134-138
Águia 228, 246, 361, 398, 418, 459, 467s.
Ahura Mazda 119
Alá 428
Alabastro 86s.
Albedo 89, 263
Alcheringa (tempo) 130[181]
Alef 271
Alegoria 88, 121, 158

- e símbolo 395
Além, o 323, 455
Alexandre, romance de 403[165], 459
Alexipharmacon/ἀλεξιφάρμακον,
133, 137, 170, 283, 353[37], 390
Alfa e ômega (A e Ω) 271, 363[71]
Alimento espiritual 403
Allegoriae sapientum (*Theatr. chem.*) 419, 421, 426
Allegoriae super librum Turbae (*Art. aurif.*) 101, 112[123], 139[216], 244[12], 272, 273[168], 401[149], 406[176], 414, 441[292]
Alma (cf. tb. psique) 7s., 18, 27, 36, 48, 58, 71, 82, 93, 103, 110, 114, 117[151], 126, 133, 137[209], 144, 150, 157, 163, 171[82], 175, 180, 182[136], 193, 195, 198s., 200s., 210, 216, 222, 226, 244, 250, 262s, 266, 278[218], 283[238], 286, 289, 291, 301, 316, 390s., 401, 412[215], 431, 433, 437s., 482
- coletiva 287[242]
- criação da 113
- da vida 264
- do corpo cf. lá
- do mundo (cf. tb. anima mundi) 102, 157, 166, 263, 337[16], 448
- dos antepassados cf. lá
- dos mortos cf. lá
- dotado de 181, 316, 381
- e corpo 202s., 283[238], 287, 357[52], 392
- e espírito cf. lá
- parte da 465
Alma-alento 262
Alma-po 57
Alquimia, alquímico 29, 86[15], 89s., 95, 98s., 103[86], 104s., 110, 114s., 122s., 126s., 134s., 139s., 143, 145, 151, 154s., 157-158, 160s., 165s., 168[67], 169, 171, 173, 175,

181, 182[139], 185, 187[160], 193[184], 209s., 222, 234s., 237, 239[1], 241, 245, 250s., 260, 268[120], 269, 273, 278, 278[216], 285s., 288, 296, 305s., 316, 329, 336, 343s., 353, 355s., 360, 369-373, 377, 380, 386, 393, 408, 414, 420s., 426, 432s., 442, 446s., 459s., 481
- antiga 138
- arábica 278
- chinesa 161[45], 252s., 346, 432s.
- e mitologia 393
- e natureza 198
- elementos gnósticos na 268
- filosófica 162, 171[79, 82], 184, 198, 220, 231, 236, 380s., 385
- grega/pagã 128, 252s., 278, 357, 371, 393
- latina (cf. tb. Harran) 254, 371, 375
- linguagem da 138, 171[82], 203, 231, 275, 395
- medieval 132, 139[216], 158, 163, 360
- processo/opus/mistério 35, 86, 88, 91, 111, 137, 158, 163, 171, 173, 176[114], 190, 193, 195, 203, 209, 212, 220s., 231-236, 245, 250, 255, 275, 283s., 286, 316, 354, 358[54], 359[59], 381, 392s., 398, 404, 409, 413s., 429-435, 439, 446, 459, 482
- quaternidade na (cf. tb. lá), 358
- salvador na 390
- simbolismo/alegorias 106, 117, 128, 140, 396, 400s., 448s.
- textos/tratados 85-87, 88, 92, 97, 122s, 136s., 139[216], 169s., 184, 241, 254, 329, 354s., 356, 439
Alquimista(s) "filósofo(s)" 85, 88, 90, 120, 139, 143, 154[24], 158, 167s., 173, 177, 183s., 191[178],

195, 199, 205, 209, 219, 231,
243, 250s., 256s., 263, 265s., 267,
272, 283, 302, 322s., 346, 353[37],
355s., 374, 381, 385, 392-397,
414, 431, 437s., 455s., 458s., 481
Altar 86, 91, 96
Alucinação 47, 52, 248, 374
Alúmen 375, 380[106]
Amarelo v. cores
Ambra 193[190], 234
Ambrosia 406[176]
Amnael 99, 109, 265
Amor/caritas/ἀγάπη 176[114], 214,
234, 391
- ao próximo/amor proximi 207,
230, 234, 391
- deusa do v. Afrodite
- divino 257, 388, 404[171], 447
- feitiço de v. feitiço
- jogo do 441[296]
Amset 360
Amuletos 154, 156
Amygdalos 116[145]
Anachmus (termo de Paracelso)
193, 207
Anâhata 334
Anão (cf. tb. gnomo) 349, 392
Anatomia terrestris 355
Anatomia 353[36]
Ancião/muito velho 267, 269, 274,
278[208], 278, 301, 392[138], 398,
401[151], 403, 420
Anel fig. 10
Aniadus (termo de Paracelso)
190s., 200s., 202s., 207, 214, 227,
235
Anima 57-63, 114, 126, 131, 137,
168[67], 171[82], 180, 200, 216,
223[246], 260s., 316, 399, 435, 453,
fig. VI
- aquina 89
- arquétipo da, cf. lá

- da matéria 187[157]
- definição da 58
- do homem 452, 458
- feminina 451
- media natura 89, 261, 263, 337[16]
- mundi (cf. tb. alma do mundo),
89, 163[50], 173, 245, 263, 404
- possessão da 223[246]
- projeção da 458, 460
- rationalis 263, 294
Animação, inspiração 181, 316,
381
Animal (qualidade da lapis) 203,
381
- princípio animal 316, 381
Animal 86[15], 102, 128, 148, 195,
301, 327, 365, 392, 456, 461, fig.
24, 25
- de rapina 365
- homem e 11, 66, 263, 361, 365
Animismo, animista 247
Animus 57-63, 206, 339
- arquétipo do cf. lá
- como consciência cf. lá
- como espírito cf. lá
- da mulher 458
Anjo 50, 97s., 107, 110, 127, 148,
167[56], 180[118], 209[226], 215[235], 226s.,
241[5], 265, 289, 365, 414s, 420,
459
- decaído (cf. tb. Lúcifer, satanás),
290
Antepassados (cf. tb. espírito), 130
- alma dos 128
Anthos/anthera 160
Anthropos, 133, 168, 173, 209s.,
215, 220, 252, 268, 273, 372,
417, 458
- Cristo como, cf. lá
- foteinós/ἄνϑρωπος φωτεινόλ,
168
- Teós/ϑεός ἄνϑρωπος, 182

Anticristo 290, 416
Antiguidade 168, 194, 198, 391
Antimessias 93, 133
Antimimos 139[217]
Antimônio 183
Antropomorfismo 296, 356
Ânus 269
Anzol 447[314], 448, 454
Âpastamba 340[22]
Apocalipse de Elias 93, 133
Apocalipse, apocalíptico (cf. tb.
Bíblia – Apocalipse) 225
Apocalipse v. Bíblia
Apócrifos, não canônicos, v. Bíblia
Apokatastasis 372
Apotropaísmo, força apotropaica 36
Aqua
- alba 255
- argenti/água de prata 95, 370
- áurea 255
- divina/ὕδωρ θεῖον, 89, 255, 265,
370, 429[268]
- mercurialis 176[114], 256
- nostra 98, 103[85], 262, 310
- permanens, eterna 89s., 101,
103[86], 104[96], 113, 168[67], 187[157],
274, 359[59], 370, 408, 439[288]
- pura 187[157]
- septies distillata 255
- sicca 255
- unctuosa 255, 422
- vitae, 104[96] 255
Aquarium sapientum (Musaeum
herm.) 255[29], 256[44, 45, 49], 263[76],
267[94, 100], 270, 283[234s.], 384[117, 120]
Aquastro (termo de Paracelso)
172-175, 178, 201, 204, 210
Aqueum subtile 255
Ar 190[172], 201, 245, 261, 267,
273[171], 279, 283[237], 335s., 358[55],
392, 410
Aranha 457

Arbor
- aurea v. árvore de ouro
- filosófica 119, 288, 458, fig. I
- inversa v. árvore invertida
- metallorum 446
- sapientiae 278
Arcádia 278
Arcaico 76[37], 292, 336, 475, fig.
27
Arcaísmos 478
Arcano, arcanum, substância
arcana, remédio arcano 95s., 101,
107, 110[113], 113, 125[166], 136,
137[212], 138[215], 139[216], 158, 171,
171[79], 181-184, 190, 193[190], 194,
201[208], 214, 231, 251, 255, 259,
262, 264s., 273[170], 278, 282s.,
289, 354, 359, 370, 382, 390,
392, 408, 414, 424, 439[288], 440,
445
- doutrina do 148[16], 157s.,
159-164
- terminologia do (cf. tb. linguagem
dos alquimistas) 169, 231
Archai 31, 208
Arco-íris fig. 26, 29
Arconte(s) 129[179], 273-277
Ardvîçura Anahita 406
Ares (termo de Paracelso) 171[89],
173, 176-178, 202, 216
- (figura mitológica) (cf. tb. Marte)
176[114]
Areté/ἀρετή 86
Argentum
- putum (cf. tb. prata) 381[108], 390
- vivum 103[85], 104[96], 142[219], 168[67],
171[79], 255, 357[48]
Ariano, arianismo 165
Áries v. zodíaco
Arizona 130
Arlequim 325
Aromatika 193[190]

Estudos alquímicos

Arquétipo, arquetípico 90[33], 111,
174[109], 207, 210, 231, 298, 304,
342, 351, 357, 373, 378, 382,
393s., 425, 435, 443, 456, 476,
481
- Cristo como, cf. lá
- da anima (cf. tb. lá) 58, 218
- da árvore cf. lá
- da totalidade (cf. tb. lá) 367s.
- do *animus* (cf. tb. lá) 342
- do espírito 288
- do incesto (cf. tb. lá) 396
- do nascimento divino 336
- do si-mesmo (cf. tb. lá) 115
- do velho sábio 218
Arqueu 168, 176
Arran, pedra de 129
Ars aurifera v. ourivesaria
Ars chemica (cf. tb. Bibliografia A)
109[105], 110[111], 112[123], 114[141],
117[150], 125[165], 137[209], 142[219],
163[50], 188[166], 267[104], 283[237],
409[197], 423[252], 445[306]
Arte (cf. tb. processo alquimista)
86, 97, 113
- régia v. alquimia
Artifex/operator (cf. tb. alquimista,
processo) 117, 212, 277, 284, 408,
414, 429, 439
Artis auriferae... (cf. tb. Bibliografia
A), 86[6], 89[25, 27], 90[31], 97[56], 101[68],
103[85, 88, 89], 104[96], 109[110], 112[123],
113[127], 124[160s.], 125[163, 166], 137[209],
139[216], 158[31, 34], 161[42-44], 162[47],
173[107], 183[142], 255[34, 38], 256[41],
261[56s., 62, 65], 264[80], 267[98, 105], 268[110, 126], 269[131, 133], 270[135], 271[152],
272[156s.], 273[167s., 170s.], 274[174], 278[221],
282[229s.], 283[233, 237s.], 287[244], 357[52],
359[59], 374[90, 93], 380[106], 401[149],
406[176], 407[181], 409[199], 414[220],
429[263m 268], 436[282], 441[292], 445[305]

Arunquiltha 128
Árvore 88[23], 119, 228, 239-242,
243, 247-249, 287, 398-405, 439,
455, fig. 1-32
- acácias 401
- alquimista v. filosófica
- asvattha/ficus religiosa 412
- baobá fig. 2
- bodhi 418
- carvalho 239, 245, 247, 250,
321, 374, 405, 446[312]
- cedro 458[328]
- como imagem arquetípica
350-353, 379, 404, 460
- como mãe 460
- como planta (cf. tb. lá) 347
- como substância arcana 382
- da contemplação (cf. tb. lá) 414
- da morte/dos mortos 349, 401
- da sabedoria (cf. tb. a. da
sapientia) 403, 419
- *da sapientia* (cf. tb. lá) 321
- da vida/*arbor vitae* 110, 348s.,
350[33], 354, 406, 411, 418, 460
- das hespérides 314, 404, 406[176],
461
- de corais 375, 406
- de fogo 320
- de lua 398[142], 403[160], 459
- de luz 308
- de Natal 306, 313, 398, 460, fig. 3
- de ouro/arbor aurea 380, 417,
fig. 4
- de Simão, o mago 408, 459[332]
- do bem e do mal 420
- do conhecimento v. a. do paraíso
- do mundo/cósmica 288, 306,
311, 320, 381[112], 402, 405, 409s.,
459s., fig. 2, 4, 8, 30
- do paraíso 173, 180, 241[4], 247,
288, 316, 398s., 419, 446, 458,
460, fig. 11

- dos xamãs 350, fig. 2
- e Cristo cf. lá
- e pedra 421-428
- e pessoa cf. lá
- filosófica 304-482
- apresentação histórica da 374-379, 399s.
- frutífera (cf. tb. fruta) 203, 403, 407[185], 458[329]
- gaokêrêna 461
- genealógica 400, 404
- invertida/arbor inversa 410-414, 420, 462
- lisa 359
- mágica 399, 462
- milagrosa 319
- nakassa 462
- niagrodha/*ficus* indica 412[216]
- ninfa cf. lá
- noiva sobre 455
- oji 247
- origem da 406-409
- palmeira 414, 418
- pérsea 401, 458[328]
- pinheiro 401[154]
- raiz da cf. lá
- sefiroth 411
- sem casca 400
- sem folhas/morta 321, 333, 343, 400
- simbolismo da 288, 304-349a, 450-482
- solar 398[142], 403[160], 459
- subir alto na 399, 462, fig. 9, 11
- tronco da 462
-- a crisálida no (cf. tb. lá), fig. 20 e 21
-- a mulher como/no (cf. tb. ninfa) 325, 327, 331s., 337, 418, 420, 458, 461, fig. 22-28
-- o homem como/no, fig. 29-31
- videira, v. vinho

-- yggdrasil 461
Asa, alado 101, 190[175], 278, 363, 460
Asat 267[109]
Ascari (nativo da Nigéria) 247
Ask e Embla 458[327]
Assimilação 12, 48s, 55, 223[246], 296, 307, 464, 477
Associação 325, 350, 353
Assombração, fantasma 57, 66, 174, 180, 186, 195, 216
Assunção cf subida ao céu
Astarte (cf. tb. Ishtar) 226, 278, 407[180]
Astecas 92
Aster/ἀστήρ (cf. tb. estrela) 160
Astrampsico 359, 361
Astro, estrela 99[66], 106, 148, 160, 168, 176, 186, 271, 273, 301, 409
Astrologia (cf. tb. horóscopo, Mercúrio) 49, 125, 151, 154, 160, 193, 273-277, 285, 355, 408s.
- greco-egípcia 193[184]
Astrologia *terrestris* 355
Astronomia 154, 285s., 323
Astrum (termo de Paracelso) 160, 163, 173
Asvattha/*ficus* religiosa v. árvore
Atenas 92, 129[179]
Athanar, fig. V
Atharva-Veda v. *Veda(s)*
Ática 92
Átis 92, 401[154]
Atmã 210, 268, 287, 301
Aurea hora (Art. aurif.) 158
Aurelia occulta (Theatr. chem.), 95, 106, 110[113], 243, 267, 271, 273, 273[172], 281[225s], 445
Aureum vellus (cf. tb. Bibliografia A) 89[26], 123[156], 268[124]
Aurora consurgens (Art. aurif.) 90[31], 103, 113, 126, 158[31], 186, 255[38],

Estudos alquímicos

256[41], 261[56], 268[113], 269[133], 356[47], 359[59], 374[90, 93], 403, 409, 429, 429[268], 445

Aurum
- *non vulgi* 203, 355, 357[48], 404
- *nostrum* 404
- *philosophicum* 353[37], 355
- *potabile* 212, 353[37]
- *vitreum* v. vaso de ouro
Austrália 129, 130[181]
Autossacrifício v. Cristo
Autoapresentação 334
Autochthonos/αὐτόχϑονος 327
Autoconhecimento 39, 126, 301, 372
Autoerotismo 307
Autofecundação 104
Autógeno 419
Autonomia 12, 48s, 55s, 61, 75, 437
Autoridade 479
Avatâra 334
Avião (motivo de sonho) 399, 471
Avidez, cobiça 193[186], 355, 365
Ayami 460
Azoth 271, 383
Azul v. cores

Baleia 180, 193[190], 398
Bálsamo (cf. tb. embalsamamento) 170s, 188
Baobá v. árvore
Barbeliotas v. gnose barbelo
Bardo Tödol (o livro tibetano dos mortos) 37, 47, 50
- estado 334
Barro v. terra – matéria
Baruc, anjo 420, 459
Basuto, os 133
Batismo 89, 96s, 104, 137[209], 207
- de fogo 126

Beati Thomae Aurea hora, v. *Harmoniae imperscrutabilis...*
Bebida-soma, v. bebida da imortalidade
Belém 92[39]
Belzebu 180, 276
Bem e o mal (cf. tb. árvore do bem), 175, 228[254], 244, 249, 257, 267, 271, 276
Benedictio fontis 89, 97, 104, 111
Benzeno, ciclo de 143
Berissa (planta) 409
Beya e Gabricus 124s.
Bezoar 193[190]
Bhagavadgîtâ 334, 339, 342, 412
Bíblia (livros canônicos na ordem tradicional) 93s., 137[208], 327, 374[90], 403[166], 427
-- Antigo Testamento 456
-- *Cântico dos Cânticos 411*
-- *Daniel 14, 168, 362[69]*, 366
-- *Deuteronômio/5 Moisés, 403*
-- *Ezequiel* 190[168], 361s.
-- *Gênesis/1 Moisés* 102, 104, 107, 171[87], 283, 301, 407, 419
-- *Isaías* 182[137]
-- *Jeremias* 417
-- *Jó* 290
-- *Levítico/3 Moisés* 417
-- *Salmos* 181[131], 182[133-136,138], 183[141], 301[262], 384[118]
-- Novo Testamento
-- *Evangelhos* 89[28], 292, 366
-- *Mateus* 55[29], 141, 267, 290[248], 384[119], 416, 421
-- *Lucas* 141, 190[168], 292, 390[134]
-- *João* 116[145], 134, 136, 137[212], 271[149], 366, 403s.
-- Epístolas de Paulo 77s.
-- *1Coríntios* 141, 391[135]
-- *Epístola aos hebreus* 110[119]
-- *Gálatas* 77s.

-- *Romanos* 77[39]
-- *1Tessalonicenses* 299
-- *Apocalipse* 94, 225[248], 226[250], 227[251], 235, 245[14, 18], 247[21], 271, 290[249], 447
- Apócrifos não canônicos do AT
-- *4º livro de Esdras* 168, 183[142], 268
-- *O livro de Henoc* 168, 180[118], 186[150], 215[235], 366, 403, 407, 419
- Apócrifos do NT
-- *Epístola de Barnabé* 116
-- *Logion a Lucas* (Codex Bezae) 292
Bibliotheca chemica curiosa (cf. tb. Bibliogr. A) 88[23], 113[125], 161[42], 176[114], 268[122], 282[231], 283[237], 392[139]
Binah 411
Biologia, biológico 291, 464
Birseck 129
Bobo, tolo 325
Bogomilos 271[154], 277
Boi 92, 228
Bola 337, 459, fig. 4, 25
Bolha, bexiga 334
Bororos v. índios
Branco v. cores
Brilho, 341
Bruxa, bruxaria 156, 180, 324
Buda (cf. tb. Tathâgata) 292, 418s
Budismo, budista 47, 63, 244, 278, 292
- mahayana 47
- tibetano 31
Bull v. touro
Bundahisn/Bundehesh 269, 406, 458[328], 461[343]
Burgäschi, lago de 129
Burma 129
Burro 228[255]
Bythos 116[146]

Cabala, cabalístico 152, 158, 167s., 171[87], 209[226], 276, 401, 411, 420, 460
Cabeça (cf. tb. tricéfalo) 86, 93, 99, 107, 113, 117, 121, 139[216], 324, 336, 360, 381[112], 404, 410, 416, 462, 479, fig. 28
Cabelereiro 479
Cabelo 122. 381, 411, 462
Cachorro 97[56], 120, 125, 278[216], 319, 410
Cadmão v. Adão Cadmão
Cagastrum, cagástrico (termo de Paracelso) 160s., 174, 201s.
Calcutá 128[177]
Calid v. Kalid
Caminho 28, 46-63, 86, 174
Campo de concentração/campo de prisioneiros 466, 472
Candelabro de sete braços, fig. 3
Caos 104, 111, 157, 171[82], 176[114], 268, 275, 282, 286, 433
Capricórnio, carneiro 360
Caput v. cabeça
Caráter 355
Carbono 336
Carga emocional 341
Caritas v. amor
Carne 86s., 111, 122, 126s., 133, 408
Carro 362
- de fogo 206
- de triunfo 278
Carta de Aristóteles (*Theatrum chem.*) 160, 182[139], 269[133]
Carvalho v. árvore
Casamento, núpcias (cf. tb. *coniunctio, hieros gamos*, quatérnio de matrimônio) 198, 216, 225
- celeste (cf. tb. hieros gamos) 199
- do cordeiro 225
- místico 193

Estudos alquímicos

- químico (cf. tb. Rosencreutz, Christian) 157, 161, 171, 234, 315
- régio 358, 434, 441[296]
Castigo 86, 93, 139
- do inferno 94
Castração 401[149]
Cátaros 277
Catolicismo, católico 234
Cauda pavonis 190[169], 192[180], 380[105]
Cavalo 461[342]
Cedro v. árvore
Cego, cegueira 241
Cegonha 343[27], 415, 417, 459
Celtas, os, céltico 154, 218
Censura na psicanálise 467
Centro (cf. tb. meio) 36, 173, 185-189, 201, 229, 243, 334, 337, 346, 349, fig. 31
Cereal 97[56]
Cervo 259, 461[342]
Cervus fugitivus, v. cervo
Céu
- alegórico 28[7], 28, 31[14], 57, 64, 168, 174, 190[172], 201[207], 209[226], 256s., 268, 271, 276, 359, 380, 384[121]
- ascensão ao (cf. tb. Cristo) 132, 206
-- Mariae/Assumptio 127, 180
- astronômico 273s.
- como lugar supracelestial 109, 176, 188, 190, 263
- corpos celestes (cf. tb. Lua, Sol) 160, fig. IV
- cósmico/firmamento 95, 114, 117, 173, 186, 268, 301, 359, 416
- e terra/celeste-terrestre 86, 137, 187, 193, 198, 267, 270, 280, 365, 412[215], 432
- metafísico 264, 329

- mitológico 130, 132, 360, 362, 399
- subida ao/descida do 137, 137[212], 175, 187, 267, 280
Ch'i 433
Chacal 360
Chacra, sistema do 334
- manipura 337
- svâdhishthâna 334
Chadir 428
Chama/flammula (cf. tb. fogo) 193, 216, 310, 320, fig. 15
Chave 318, fig. 13
Chên-jen 432
Chermes v. púrpura
Cheyri 171, 190, 193, 234[258]
Chifre, chifrudo 365
China, chinês (cf. tb. alquimia chinesa) 1s., 7, 10, 13s., 25, 28, 31[14], 37, 47, 58, 65, 69, 92, 460[338]
Chrysopoee, v. alquimia, fabricação de ouro
Chumbo 35, 86s., 93, 97s., 119, 139[217], 164[51], 251, 267, 274, 357, 401[151], 430, 433, 445
Churinga 128, 132[111], 132
Chuva 130, 137[210], 341
- Deus da, 341[25]
Chymische Hochzeit, v. Rosencreutz, Christian
Ciclo da vida/nascimento e morte 104, 135, 139
Ciconia, v. cegonha
Cidade eterna (cf. tb. Maria-alegorias) 212
Ciência, científico 121, 141, 145, 148s., 163, 194, 196, 293, 378, 383, 395, 481s.
Ciência/scientia 47, 163, 303, 355, 378, 424, 482
Cila e Caribde 181
Cinnabre, Méridien du 86[15]

Circe 131
Circulação 38, 113[125]
Círculo 31, 47, 111, 187, 193[184], 198, 272, 273[170], 280, 416, 455
- mágico 31, 36
- movimento do 31-45
Circumambulatio 38
Cisne, fig. 32
Citas 92
Coabitação (cf. tb. casamento) 278
Cobre 87, 119, 228, 267, 357
Cobus, v. dados
Codex Bezae (cf. tb. Bíblia – Apócrifos) 292[250]
Códices e manuscritos
- Basel Univ. bibl. AX 128b. De arbore contemplationis: 414[227]
-- Alchymistisches Ms. 180[129]
- Berlim. Codex Berolinensis Latinus Q. 584: 403[158], 403
- Leiden. Univ. bibl. Codex Vossianus 520(29): 110[116], 278[213], 329
- Londres. British Mus. Add. 15268: fig. III
-- Ms. Sloane 5025 (cf. tb. Ripley Scrowle) 374[90], fig. VI
- Munique. Staatsbibl. Codex Germanicus 598: 180[129s.], fig. II
- Paris. Bibl. Nat. Ms. gr. 2250: 191[179]
-- Ms. gr. 2252: 87[19]
-- Ms. gr. 2419: 276[192]
-- Bibl. Ste-Geneviève Ms. 2263-64: 203[209]
- St. Gallen. Ms. 390/Vadiana/séc. XV: 101[71]
-- Codex Germanicus alchemicus Vadiensis. séc. XVI: 180[129]
- Vaticano. Codex Vaticanus Latinus 7286: 110[115]

- Zurique. ZB Codex Rhenovacensis 172: 180[129], 186[149], 269[133], 278[213]
Coelho, lebre 241[5]
Coelum, v. céu
Coincidentia oppositorum, v. opostos
Cólera, ira, ira de Deus, 57, 110, 447, 452
Coletivo (cf. tb. inconsciente) 226, 294, 353, 365, 395, 478
Colômbia, colombiano 132
Combustão, cremação, queima 86, 91, 163[50], 173[93], 392, 408
Compensação 286, 294, 396, 435, 452, 473
- biológica 90
Complementaridade 294
Completitude, perfeição (cf. tb. totalidade, pessoa perfeita) 157, 214, 363[71]
Complexio oppositorum (cf. tb. opostos) 289
Complexo 47
- autônomo 75
- de mãe cf. lá
- psicológico 296
Comunhão 193s.
Conflito 148, 155, 453
Coniunctio (cf. tb. conjunção) 157, 176[114], 190, 193[184], 198, 223, 226, 455, fig. V
- animae cum corpore, fig. VI
- do sol e da lua 171[86], 198
- oppositorum (cf. tb. opostos – união) 187[157]
- sponsi et sponsae (cf. tb. hieros gamos) 124
- sulphur e mercurius 176[114]
- supercoelestis 190
- tetraptiva 357
- triptativa 357

Estudos alquímicos 423

Conjunção (astrol.) (cf. tb. *coniunctio*) 104[96], 110, 190-193, 278, 448-457

Consciência, consciente 7, 12, 15s., 28s., 33s., 43s., 46-56, 59, 62, 64-71, 76s., 84, 88, 90, 97, 107s., 112, 114[140], 118s., 121s., 126, 141, 153, 187[155, 157], 207, 210, 215, 221, 229, 238, 244, 248, 277, 286s., 290s., 293s., 301, 307, 314, 324, 332, 391, 395s., 413, 433s., 449s., 454, 458, 462s., 475s., fig. 3, 19
- coletiva 463
- conteúdos da cf. lá
- e inconsciente 13s., 30, 67, 76, 223, 480
- pessoal 306
- pré 210
- primitiva 341
- psicologia da, v. psicologia
- tomar 83, 111, 187[155], 293, 324, 391, 395, 454

Conscientização 30, 335, 436, 464, 481

Consideratio 201[208]

Consilium coniugii (Ars chemica) 109[105], 110, 112[123], 114[141], 117, 125, 137[209], 142[219], 163[50], 188, 267[104], 409[197], 423, 445

Contemplação 46, 393, 415

Contemplatio 201[208]

Conteúdo(s) 63s., 88, 108
- afetivo 464
- arquetípico 435
- capazes de consciência 11
- coletivos 286
- da consciência 55, 58, 207, 396
- dissociados 464
- do inconsciente, 48s, 70, 108,

122, 241, 248, 259, 296, 305, 413, 428, 437, 477
- numinosos 437
- projetados 195
- psíquicos 47, 55, 121, 248, 325, 374, 378, 436, 463
- reprimidos 51
- subjetivos 253

Conto de fadas, motivo de 132, 239-251, 351, 436, 455, 460, 471
- *Amor e Psique*, v. Apuleio
- Bata 349[32], 401, 418
- do espírito na garrafa 239, 243-246, 250, 287, 321, 414, 459[334]
- Rumpelstilzchen 436

Coração
- alegórico 28, 33, 57, 64, 174, 188, 201s., 268, 348
- anatômico 57, 91s., 201s., 321

Coral, v. árvore

Corão 418[241], 428[260]

Cordeiro 225, fig. 22

Coreia, dança de São Vito, v. cura Vitistae

Cores 46, 54, 86[15], 101, 190, 267, 329, 380
- amarelo 33, 86, 123, 161[45], 171[79], 402, 409[199]
- azul 278[216]
- branco 57, 86, 106, 123[156], 141, 168, 255, 263, 398[142], 402, 406, 424, 433, 459
- dourado 274
- preto (cf. tb. nigredo) 123[156], 141, 334, 337, 402, 409, 424, 433, 439, 457, 460
- púrpura 33, 79, 184, 411
- rosa 380, 383-391, 433
- verde 106, 129, 132, 267, 273[171], 275, 319, 374, fig. 14

- vermelho 86, 103, 124, 128, 188, 267, 273[171], 275, 311, 328, 359[59], 381, 392, 402, 406, 409, 418, 424, 459, fig. 5 e 6
Coroa, coroado 106, 346, 399[145], 416, fig. 14, 32
Corpo (cf. tb. *corpus*, carne) 11, 68, 76[37], 76, 86, 89, 101, 122, 125, 132, 134s., 142, 157, 170, 178, 185, 190, 197[197], 201, 205, 242, 245, 261, 283[238], 316, 339, 358, 372, 374[84], 384[121], 439s., 445[305]
- de Cristo, cf. lá
-- alma 357[52], 380, 392, 475
-- espírito, cf. lá
- diamantino 28, 68, 76- do corpo/"alma dos corpos" 57, 173, 262
- e alma, cf. lá
- espiritual 47
- imortal 29
- místico 142[219]
- penumático 77
Corpo-alento (cf. tb. subtle body) 76, 286
Corpus
- astrale 160, 188, 205, 207[218]
- coeleste/corpos celestes 173, 194
- *glorificationis* 166, 205
- *lucidum* 188
- *mysticum* 137[213], 142, 168[67]
- *nostrum* 262
Corpus Hermeticum 97, 104, 254, 273
Corvo 123[156], 246, 276, 337[16]
Cosmos, cósmico (cf. tb. árvore cósmica, macrocosmos, universo) 86, 168, 270[136], 286, 309, 323, 451, 459, fig. 18, 20
Cozinhar, ferver 86, 89, 91, 101
Cratera (cf. tb. vaso) 97

Crates, v. *Livro de C.*
Creatio ex nihilo 248, 283
Crescimento, 35, 304, 323, 350, 482, fig. 3
Criação (cf. tb. *creatio ex nihilo*), 168, 244, 263, 270[136], 275[191], 283, 290, 301, 451
- dia da, 301
Criador, criativo 207[218], 238, 416
Criança, v. recém-nascido
Criptomnésia 352[35]
Crisálida 325, fig. 20, 21
Cristal 132, 362
cristianismo, cristão 7, 25, 31, 50, 69, 71, 73, 79s., 91, 120, 147s., 155s., 164, 184, 187[160], 193s., 198, 225s., 230s., 238, 244s., 277, 280, 289, 292, 295, 334, 360, 366, 386s., 391, 393, 399, 404, 417
Cristo 31, 91, 92[39], 106, 111[121], 127, 137[212], 148[4], 148, 163, 168[57], 171[87], 281, 295, 299, 366, 372, 384[118], 390, 392, 416, 427, 433, 449
- alegorias de 456, fig. V
- como Adão, fig. V
- como *anthropos* 210
- como arquétipo 297
- como filho de Deus 137[209], 149, 162, 165, 244, 271, 374[90]
- como filho do homem 77, 127, 137[209], 201[208], 271[152], 290
- como *filius microcosmi* 384, 386
-- *philosophorum* 162, 165
- como homem 165
- como homem-Deus 162s., 390
- como *lapis* 127, 134, 158, 162, 384[117], 386, 390[133], 416, 437
- como leão (alegoria) 275
- como *logos* 110, 294, 366, 447, 456

- como montanha 407
- como pelicano 116
- como sacrifício/autossacrifício 244, 272, 331, 390, 433, 456s.
- como salvador/salvator mundi 162s., 196, 290, 390
- como videira cf. lá
- como/e árvore 243, 401, 407, 446, 458
- corpo de 116, 127, 174s., 366
- cruz/crucificado 331, 363[71], 446s., 454
- divindade de 127, 165
- dos gnósticos 454
- e Mercúrio/Hermes 267, 271, 280s., 289, 366
- e o si-mesmo 289, 297, 390[133]
- encarnação de 392[138]
- feito carne/encarnação de 137[209, 212], 283, 384[117]
- historicidade de 80
- humanidade de 137[212]
- interno 41, 127
- iudex 417
- menino 132, 400
- no Getsêmani 390
- paixão de 139[216]
- palavras de 292
- regente das estrelas 273[166]
- símbolo 80
- subida ao céu de 137[212]
Crocodilo 104[94], 315, fig. 10
Crono 101, 274
Cross-cousin-marriage, v. quatérnio de matrimônio
Cruz (cf. tb. Cristo) 31, 334, 343, 363, 446, 454, fig. 26, 31
- mulher na 457
Ctônico (cf. tb. terra, Hermes Ctônio), 57, 257, 270s., 278, 416, 425, 455, fig. I
Culpa, 244

Culto 55, 158
- instrumento de 128
Cupido (cf. tb. eros) 110, 278, 299
Cura Vitistae 156[29]
Cura, curativo (cf. tb. médico, saúde) 129, 158, 171, 218, 390, 397
- arte da (cf. tb. médico) 146, 152, 218
- erva 193
- força de/método (cf. tb. terapia), 158, 250
- meio de (cf. tb. Alexipharmakon, remédio, medicina, panaceia) 133, 137, 160[38], 187, 190, 197[197], 202, 211[229], 321, 392
Cuspir, cuspe 86, 128

Dados/cubos 341, 348
- jogo de v. jogo
Daemogorgon, Daimorgon, Demorgon (chamados Marte) 176[114]
Daimon/demônio, demoníaco 55s., 59, 139[217], 154, 162, 164, 198, 209, 218, 246s., 250s., 265, 278, 288, 291s., 339, 365, 372[81], 399, 430, 437, 482, fig. 30
Dança 32, 143
De alchimia (cf. tb. Bibliogr. A) 175[112], 183[143], 258[54], 392[136]
De arbore contemplationis, v. Códices e manuscritos
De arte chimica (Art. aurif.) 137[209], 269[131]
De chemia, v. Zadith Senior
De igne et sale, v. Vigenerus, Blasius
De lapide philosophico (Mus. herm.), v. Lambsprinck
Dea natura 130
Decálogo 230

Decapitação 95
Deésse raison 294
Defecação 182[139], 269[133], 278
Delfim 334
Delfos 263
Demência 139[217], 164[51], 430, 434
Demiurgo 270[136, 146], 276, 278
Demonologia 62
Dendritis/δενδρῖτις, v. ninfa
Depressão, v. melancolia
Depuratio, v. purificação
Desenho 31, 304-349a, 458
- de pacientes, cf. lá
Desmembramento 86, 89, 91, 109
Destilação/distillatio 173, 185-189, 416s., fig. I, VIII
Destino, fatalidade 18, 25s., 60, 129, 217, 238, 332, 350[33], 437, 482
Deucalião e Pirra 132
Deus, deuses, divino 12, 28, 40, 47, 49s., 66, 74s., 78, 82, 110, 117[151], 127, 130, 135, 137, 146, 148s., 155, 162, 176[114], 186, 193, 195, 198, 209[226], 245, 247, 250, 256, 267s., 270, 282s., 298, 301, 337, 372, 384[121], 402, 404, 425, 431, 433, 445, 448, 458, 477, 481
- absconditus 127, 138s., 289
- com quatro rostos 360
- como círculo 455[319]
- como substância arcana 264, 283
- contradição em 178
- criador 163, 168, 244, 248, 271, 286, 288, 299[255], 300, 366, 377, 460
- da revelação 219, 303
- e homem 53, 103, 126, 149s., 155, 163, 193, 209[226], 263, 301[259-261], 302, 384[120], 396, 475
- e natureza 186
- filho de, v. Cristo

- filhos de (cf. tb. satã) 290, 366, 380
- homem-Deus, v. Cristo como homem-Deus
- imagem de/simulacrum Dei/representação de 188, 289, 455, 471
- in homine 127
- mãe de, v. Maria Virgem
- mensageiros dos 278, 295
- onipotência de 355
- oposição a 283
- Pai 243, 263
- palavra de 148, 209[226], 242[7]
- procurador de 142
- reino de 137[211], 141, 321, 365
- sopro de 174
- terrenus/terrestris 203, 282, 289
- transformação de 448
Deusa 331
Deuteronômio, v. Bíblia
Dharmakaya 50
Dia e noite 38, 57, 283[237], 300
Diabo, demônio 3, 48, 110, 119, 139[217], 148[5s.], 148, 163, 180, 209, 228[254], 246, 250, 257, 271, 276, 284, 289, 295, 300, 339, 416, 429[269], 437
Diabolus 271
Díade, v. dualidade
Diana 398
Dicta Belini (Art. aurif.) 161, 274
- (Bibl. chem. cur.) 268, 283[237]
- (Theatr. chem.) 244[12]
Dilaceração 86, 91, 111
Dioniso 91
Direito-esquerdo 455, 458[325], 462
Direitos humanos 391
Disposição 11
Dissociação (cf. tb. divisão) 108, 332, 474, 480
Distúrbio, perturbação

Estudos alquímicos

- psicogênico cf. lá
- psíquico 209, 436, 464
- somático 464
Divino, o/divindade 86, 193, 195, 372
Divino-humano 270
Divisão (cf. tb. dissociação, esquizofrenia) 51, 55, 293
- em quatro 89, 109, 111, 301[261], 334
Divisibilidade por quatro 168[66], 207, 215, 366
Divisio 89[30]
Doença 148, 154, 156, 171, 195, 218, 381, 392, 444, 473
- cura da, cf. lá
Doente mental, doença mental 31, 42[24], 49, 155[27], 187, 298
Doente, o 132
Dogma, dogmático 120, 245, 270, 290
- da Assunção de Nossa Senhora 127
- da Imaculada Conceição 127
Domus
- sapientiae 212
- thesaurorum 114
"Double personnalité" 49
Doutrina secreta 170, 210, 236
Draco Mercurialis, v. Mercúrio – dragão
Dragão/draco 33, 86, 86[15], 104, 109, 109[110], 111, 118, 168[67], 246, 257, 267, 272, 276, 290, 314s., 381[112], 398, 406[176]
Druidas 154
Dschang Scheng Schu, v. O segredo da flor de ouro
Dualidade/díades 40, 226, 263, 284, 297, 358
Dualismo 291
Duende 124
Durdales 195

Ebenbaum, v. árvore
Ebionita 271[155]
Ecclesia, v. Igreja
Eclipse 104[96]
Edda 458[327]
Edem 427
Éden, v. paraíso
Edochinum (termo de Paracelso) 168[65], 201s.
Egito, egípcio 31, 97s., 104, 107, 178, 261, 278, 360s., 367, 401, 404, 424s.
Eixo (cf. tb. mundo, eixo do) 348
Elemento(s) 86[6], 86, 89, 109, 111, 122, 125s., 148, 160[38], 165, 168, 171s., 176, 186s., 188, 198, 206s., 215, 242, 256, 267, 274, 336, 343, 357[52], 359, 385, 402, 446
- em Paracelso 204
Elevador (motivo de sonho) 399
Elias 171[82], 171, 190[168], 206
Elixir vitae, v. vida, elixir da
Em cima/embaixo 455, 462, fig. 6
Emanação 215, 283
Embalsamamento 86
Embrião 76
Emoção, emocionalidade (cf. tb. sentimento) 7, 60, 68, 146, 202, 316, 341, 450, 455
Empírico, empirismo (cf. tb. psicologia empírica) 285, 350, 378s., 438, 482
Enantiodromia 294
Encarnação (cf. tb. Cristo feito carne) 46[27]
Enkidu 425, 428
Ennoia 97
Enos 171[87]
Enteléquia 41
Enthymesis/ἐνθύμησις 449

Enxofre/*sulphur* (cf. tb. *coniunctio sulphur* e *mercurius*) 97, 171[82], 171, 177, 268, 276, 356, 429[268]
Éon 273
Epigramma Mercurio philosophico dicatum (*Mus. herm.*) 278
Epimeteu 126, 460[338]
Episola ad Hermannum (*Theatr. chem.*) 273[170], 321[5s]
Epístola aos Coríntios, v. Bíblia
Epístola aos Gálatas, v. Bíblia
Epístola aos hebreus, v. Bíblia
Epístola aos romanos, v. Bíblia
Epístola aos tessalonicenses, v. Bíblia
Epístola de Barnabé, v. apócrifos
Epístolas de Paulo, v. Bíblia
Epopeia de Gilgamesch 425, 428
Equidiano 180[129]
Eros 7, 60, 194, 278, 299, 344, 389
Escalpo 86, 92s., 116[145]
Escatologia 294
Escola freudiana, v. Freud, Sigmund (índice de pessoas)
Escolástica 393
Escorpião 170
Escuridão, escuro, obscuro (v. tb. trevas) 7, 34, 166, 197, 283[237], 289, 335, 337[16], 342, 403, 427, 433, 442, 454
Esfera, esférico 160[38], 245, 273[166]
Espaço (cf. tb. tempo e espaço) 205
Espada/*gladius* 86s., 89, 106, 109s., 276, 447, 456
Espiral 348
Espírito Santo, v. espírito
Espírito serviçal, v. *familiaris*
Espírito, espiritual 7, 45, 57, 64, 76[37], 86, 97s., 102, 119, 127, 133, 148, 163, 171[82], 172, 206s., 210, 214, 223, 238, 246, 247-249, 261,

265s., 280, 286, 307, 321, 379, 384[121], 395, 418, 429[268], 441s., 449s.
- arquétipo do, cf. lá
- como *animus* 206
- como fantasma, cf. lá
- como nous/νοῦς, cf. lá
- de ajuda, v. familiaris
- de Deus/pneuma de Deus 150s., 171[82], 263, 404
- Deus como 137
- do mundo (cf. tb. spiritus mundi) 198, 261
- dos antepassados 51, 128
- dos mortos 241[3]
- e alma 146, 176[114], 259-266, 283[238], 366, fig. VII
- e corpo 86, 103, 137[209], 176[114], 262s., 268, 283[238], 357[52], 392, 434
- e matéria 175, 261, 263
- e natureza 228-230
- e vida, cf. lá
- mau, 244, 247, 288
- na alquimia 137[213], 162, 439
- na pedra 133
- pneuma/πνεῦμα (cf. tb. homem, ser humano) 86, 101, 116, 261, 265, 299[254], 316, 450
- Santo 102, 104[93], 119, 136, 142, 148, 166, 194, 197, 243s., 263, 277, 289, 407[186], 449
- serviçal, v. *familiaris*
Espíritos, reino dos (cf. tb. fantasma) 200
Esquilo 461[342]
Esquizofrenia 46, 48, 91[37], 141, 459
Essentia 384[120]
- *ignea* 177
- quinta (cf. tb. quinta essentia), 115
- triuna 384
Estações do ano (cf. tb. primavera) 207, 414

Estanho 267, 357

Estoicos 113

Estrela (cf. tb. astro, planetas) 86, 114, 132, 176[114], 190[172], 198, 224[247], 285s., 300, 433, fig. 13
- matutina 273, 299
- vespertina 299

Eetsánatlehi 130

Éter 102, 198, 265

Eternidade, eterno 133, 176[114], 186, 193, 223, 286, 322, 357[52], 392, 416

Etnologia 1

Eu 48, 67, 76, 151, 210, 221, 223[246], 287, 298s., 307, 332, 372[81], 396
- personalidade do 307

Eucaristia, ceia (cf. tb. comunhão) 196, 207, 267, 337, 384[119]

Euforion (em *Fausto*) 216

Euquetas 271, 277

Europa, europeu/Ocidente 1-9, 16, 25, 54, 66, 129

Eva 282[231]
- Adão e, v. lá

Evangelho de João, v. *Bíblia*

Evangelho de Lucas, v. *Bíblia*

Evangelho de Mateus, v. *Bíblia*

Evangelhos, v. *Bíblia*

Evangelista(s) 31, 228[254]

Exercitationes in Turbam (*Art. aurif.*) 86[6], 89[25], 109[110], 282[229], 283[233, 238], 429[263]

Exercitia spiritualia, v. Inácio de Loyola (índice de pessoas)

Existência 331

Exorcismo 198

Experiência, v. empírico

Êxtase 3, 47, 58, 462

Extractio animae 95

Ezequiel (v. tb. *Bíblia*) 321, fig. 32

Falcão 399[145] 418

Falo, fálico (cf. tb. Hermes itifálico) 278, 343, fig. 30

Familiaris/espírito serviçal 219, 250, 273, 295, 319, 437, 460, 462, fig. 14

Fantasia 20, 31, 36, 63, 176, 193, 207, 215,220, 240, 253, 286, 304, 323s., 336, 355, 368, 393, 458, 462s., 470

Fantasma 57, 434

Faraó 363, 401

Farmacognosia 157

Farmacopeia/φαρμακοποιία 157, 353[37]

Fascinosum 207

Fausto 1 e 2, v. Goethe (índice de pessoas)

Fausto 154, 163, 220, 295

Fé, crença 4, 47, 69, 137, 146, 195, 197, 207, 215, 289, 386, 393, 472
- confissão de 234, 244
- e conhecimento 149, 238

Fecundação 268[129], 278, 401

Feitiço, feiticeiro 66, 154, 156, 199, 243, 250, 295, 410, 438
- de amor 359, 361
- de sangue 110[113]
- fórmulas 9, 155[26], 199

Fênix 273[171]

Fenômenos psíquicos subliminares 180

Feréquides fig. 2

Ferro/sideral 119, 176[114], 188, 267, 357, 446

Ferrugem 173, 176[114]

Fertilidade, magias de 92, 132[191]

Fides, v. fé

Fígado 57

Fihrist, v. Ibn Al-Nadim (índice de pessoas)

Filho (cf. tb. Cristo) 132, 203, 271
- e mãe 147, 278[208], 278, 456s.
Filho do homem, v. Cristo
Filiação divina 78
Filius
- canis 278[216]
- macrocosmi (cf. tb. lapis) 127,
203, 271[152], 280, 287, 384, 386
- microcosmi (cf. tb. Cristo) 127,
384, 386
- *philosophorum* 157, 161s., 165,
168, 177, 187, 207[223], 371
- regius 181-184, fig. III, VII
- *sapientiae* 157, 162, 177, 184
- *unicus/unigenitus*, v. monogenes
Filogenética 291
Filosofia, filosófico 127, 131, 145,
149, 155, 158[37], 165, 207[219], 212,
223, 377, 438
- alquimista 254[26], 377
- chinesa 1, 9, 59, 69, 74[36]
- da natureza (cf. tb. spagyrus) 104,
196, 252, 353
- de Paracelso 160, 171[82]
- dos médicos 353
- hermética 171[82], 303, 353, 378
- indiana 178
- oriental 1, 9, 74
- pagã 451
"Filósofos", v. alquimistas
Firmamento, v. céu
Física 377
- moderna 378
Físico-psíquico 76[37], 121, 185,
284, 350, 372, 459, 481
Fisiologia 200, 434
Flecha, 343
Flor 31s., 86, 106, 173, 193, 343,
355[41], 380, 402, 404, 408[192], 409,
414, fig. 1, 5, 27, 31, 32
Flores (na alquimia) 160
Flos saphyricus 346

Fobia 54, 298
Fogo 34, 46, 86, 89, 94, 97,
103[85s], 104[96], 110, 113, 141,
163[50], 173, 176s., 184s., 198,
266s., 276[195], 341, 358[55], 359[59],
392, 398, 404[171], 408, 429[268], fig. 5
- do inferno 256s.
- espírito do 200
- Mercurius como, cf. lá
- tormento do 173, 183, 441
Fôlego/respiração 41, 76[37]
Fonte, 86, 89[28], 112, 137[212], 217,
400, 406, 420[248]
- de vida, viva 112, 137[209], 203,
350
Fonte, poço, cisterna 123, 137[209],
137, 310
Força, 47, 102
Fragmentação, despedaçamento
97, 111, 116[145], 121, 401[149]
φρένες 334
Frígios 116[145]
Fruto(a) (cf. tb. árvore) 315, 322,
333, 355[41], 374, 374[92], 375, 380,
398s., 407[186], 409, 414, 419, 427,
458[326], 459
Fulminatio 190[168]
Funções psíquicas 8, 62, 208, 215,
223[246], 361[67], 365
- intuir 207
- pensar 207
- sentir 207
- ter sensação 207
φύτωρ 263
φῶς 168[57]

Gabricus, v. Beya e
Galateia 220
Gália, gaulês 270
Galinha/pullus (cf. tb. galo) 188
Galo/galinha 278, 441
Game, v. jogo

Estudos alquímicos

Gamonymus (termo de Paracelso) 198

Gaokêrêna, v. árvore

Garodman 269

Garrafa, v. vaso

Gato, fig. 32

Gayomard 168, 268[129], 376, 458[327]

Gêmeos 130s, 267, 384[121]

Geminus, v. gêmeos

Gênesis, v. *Bíblia*

Genitais 180

Geomancia 154

Geração, procriação 69, 132, 263, 272, 336, 392[138]

- auto 272, 283, 322, 392

Germinante, germe de vida 113, 186, 186[153], 188, 263

Getsêmani, v. Cristo no

Gigante 384, 384[121]

Gigas, v. gigante

Gilgamesch 425

Globo, v. terra, planeta

Gloria mundi (*Mus. herm.*) 122[155], 255[33, 37], 257[53], 268[112], 273[170], 374[87], 404, 408[195], 410

Gnomo, 343, fig. VI, 31

Gnose, gnóstico, gnosticismo 31, 85, 110, 134, 168[66], 168, 184, 231, 242[7], 252, 268, 273, 275s., 278, 329, 365, 408, 419s, 427, 449, 454, 459

- Barbelo 168[66], 419, 459

- Justino 420, 459

- valentiniana, v. valentinianos

Graça 80, 142, 234

Grão de mostarda 321

Grão de trigo/frumentum 322, 372, 403, 405[174], 408

Gravidez/fecundação 132, 204, 263, 272, 392

Gregos 178, 334

- papiros mágicos gregos, v. papiro

Greif 86[15]

Gretchen (em *Fausto*) 220

Grinalda 346

Grosser Pariser Zauberpapyrus (v. tb. papiro) 198

"Grupo Imperator" 60

Gruta, caverna 92[39], 182[139], 275, 308, 458[325]

Guarini (termo de Paracelso) 200

Gudakesha 339[20]

Gui 57

Hades (cf. tb. submundo) 103, 191, 380[104]

Hamadrias (cf. tb. árvore-ninfa) 247[19]

Hapi 360

Harmonia 86

Harmoniae imperscrutabilis... 90[31]

Harran, escola de, harranitas 107[101s], 184[144], 254, 264, 273

Hebreus (cf. tb. judaísmo) 271

Hécate 270

Helena (em *Fausto*) 215

Helenismo, helênico 134, 138

Helios, v. Sol (mitologia)

Henoc 168[65], 171[82], 171, 173, 186, 190[168], 203, 257[51]

- diano (termo de Paracelso) 168[65], 173[91], 177, 190, 201[208], 203, 207

Hera 91

Héracles 131

Herege, heresiologia 134, 231, 236, 277

Hermafrodita 157, 171, 173, 176[114], 203, 268, 274, 283, 322, 420, fig. I, II, III e V

Hermeneuta 278

Hermes (cf. tb. Mercurius, vas Hermetis) 86[4], 157, 239, 245, 250,

256, 261, 267, 269, 273[171],
278-281, 283, 303, 359, 408
- bastão de/caduceu 255
- Botriquites/βοτρυχίτης 359[59]
- como dirigente, condutor/ὁδηγᾳς
278
- Ctônio/χϑᾴνιος 278, 299
- e Mercurius, cf. lá
- itifálico 273, 278
- Mistagogo, cf. lá
- Psicopompo 106
- Silênio 110, 278, 299
- sinal de/símbolo de Mercúrio
245, 272
- tetracéfalo 272
- tricéfalo 270, 272
- Trismegisto/τρισμέγιστος 102,
158[33], 188, 218, 270[136], 321,
360, 366, 381[111], 393, 398, 420,
444
-- mistério de 239
- vinha dos sábios 414
- vindima de 414[223]
Hermes Trismegistos/literatura
hermética (cf. tb. Tractatus aureus)
137[209], 158, 161, 184
Herói
- da cultura 132
Herói/heros 130, 319, 384, 384[121],
fig. 14, 15
Hespéride, v. árvore
Hieróglifos 273
Hieros gamos/Hierosgamos (cf. tb.
matrimônio, casamento) 157, 198,
223-227, 315
- de Marte e Vênus 176[114], 228
Hierurgo/ἱερουργᾳς, v. sacerdote
Himalaia 412
Hinduísmo 292
Hiranyagarbha (cf. tb. ouro, germe
de) 287
Histeria 48

História
- da humanidade 353
Homem, masculino 14, 57, 97,
108, 130[182], 276, 342, 451
- e mulher, masculino-feminino
58s., 105, 127, 131, 174, 268,
339, 433, 446, 458[325], 458, 462
- feminino, o (cf. tb. hermafrodita)
370
Homem, pessoa, ser humano 41,
83s, 86, 126, 128, 148, 164[51], 168,
171[87], 224[247], 281, 294, 301, 314,
326, 333, 384[121], 390, 411
- as naturezas do 200-205, 244,
263
- astral 168, 203, 207[218]
- celeste 168
- colérico 176[114]
- como microcosmos 122, 188,
201, 203, 244, 437
- criação do 97[56], 113, 209[226], 325,
417
- criador (cf. tb. artifex) 302
- culto 327
- de carne/σᾴριᾳς 126
- de luz 138[214], 168
- demoníaco 365
- e animal cf. lá
- e árvore 420, 458-462
- e cosmos/macrocosmos 125
- e Deus cf. lá
- e lapis 394, 425, 437
- e natureza 163, 195
- eterno 223-227, 403[164]
- grande, v. homo maximus,
interior
- hílico 280
- imagem de Deus 160[38]
- interior/elevado 116[145s], 118,
126, 134, 141, 173, 185, 187,
190, 194, 199, 203, 207, 221, 408
- mortal/natural 203, 207

Estudos alquímicos

- natural 229, 244, 323
- no processo alquímico 176[114], 177, 190, 203, 215, 220, 286, 392
- perfeito 39, 419, 432
- pneumático/espiritual 69, 126, 168[57], 187, 194, 280, 408
- primeiro (cf. tb. Adão, Ask, Mahryay) 460
- primitivo, primordial 116[146], 130, 165-168, 173, 201[208], 203, 207, 212, 227, 268[127], 327, 449s, 458, fig. V
- super 163
- superior (cf. tb. *homo altus*) 81, 173, 268
- tornar-se (cf. tb. Cristo) 80
Homens de metal 86, 119, 124, 246
Homenzinho de cera 156
Homo
- altus 203
- maior 185, 220, 226
- maximus 168[65], 206-209, 220, 372, 381[112]
- *philosophicus* 282
Homunculus 86, 93, 111, 118, 134, 158, 175, 195, 246
Hopi, v. índios
Hormanuthi 99
Horóscopo (cf. tb. astrologia) 154, 167[56]
Hortus, v. jardim
- *aromatum*, v. Maria-alegorias
- *conclusus*, v. Maria-alegorias
Hórus 31, 99, 360
- filhos de 31, 360
Hóstia 403
Hulda, poço de 417
Humanidade 137[209], 331, 349
Humanista 458
Humidum
- album 255

- radicale 89, 101, 103[86], 114, 173, 188, 255, 259
Hun 57
Hydrargyrum/ὕδωρ ἀργύριον (cf. tb. mercúrio) 255, 287, 371, 408
Hygra/ὑγρά
Hyle/ὕλη

I Ching 6, 9, 13
Iacutas os, 460
Íbis 359
Idade Média, medieval (cf. tb. alquimia medieval) 7, 25, 31, 141, 196, 356, 391, 399, 412
Idade, a 350
Idaeus (termo de Paracelso) 168
Idechtrum (termo de Paracelso)
Ideia(s) 49, 321, 338, 378, 476
Identidade 122, 287[245], 326, 342, 394
Identificação 307, 331, 342, 452
Ides/ideus (termo de Paracelso) 168
Ignis (cf. tb. fogo) 187[157], 310, 444
- *mercurialis*, v. Mercurius, fogo
Igreja como instituição, eclesiástico 25, 120, 127, 148, 151, 195, 198, 210, 231-236, 277[199], 321, 365, 393, 427
Ilha 130, 306, 348, fig. 1, 23
- de Gilbert, 458[327]
Iliastro, iliaster/yliastrum (termo de Paracelso) 160, 161[40], 168, 170-171, 173s., 176, 185, 190, 201s.
- variações de nome do 171[82]
Illuminatio (cf. tb. iluminação) 112, 148
Iloch (termo de Paracelso) 190
Iluminação (cf. tb. illuminatio) 112, 263, 277, 361[67], 413, 417
Ilusão (cf. tb. megalomania) 47, 251

Imagem (cf. tb. desenhos de
pacientes) 75, 476
- primitiva (cf. tb. arquétipo) 13s.,
396, 455
Imaginação/imaginatio 12, 173,
193, 195, 201, 204, 207, 214,
216, 220, 224[247], 355
- ativa 86[10], 201[208], 374
Imago 58
- Dei 301[261], 416
Imitação de Cristo, v. Imitatio
Christi
Imitatio Christi 80
Imortalidade, imortal 68, 130,
133, 171[82], 203, 207, 214, 232,
263, 374[92], 403, 449
- bebida da 412
Impulso, instinto 12, 108, 176[114],
355, 391, 456
Incesto (cf. tb. arquétipo do) 278,
360, 396
Inconsciência 66, 118, 131, 155,
163, 210, 271, 332, 361[67], 393,
452, 456
Inconsciente, o 11, 34, 44, 46, 48,
57s., 62, 65, 70, 76, 82, 89s., 111,
117, 122, 131, 134, 141, 153,
155, 175, 180, 183, 187[157], 200,
210-220, 223[246], 225, 229, 231,
241, 244, 248, 253, 259, 271,
285, 294, 301, 304, 314, 324,
332, 348, 352, 364, 373, 391,
393s., 428, 433, 438, 448, 460,
462, 463-482, fig. VI, 8, 9
- coletivo 11, 44, 46, 218, 253,
271, 277, 284, 287, 337[16], 448,
481
-- definição do 11
- como função compensadora 229
- conteúdos do, cf. lá
- e consciência, cf. lá
- pessoal 478

- psicologia do, cf. lá
Incorpóreo/ἀσώματον 265
Incubação 139
Índia, indiano 129, 168, 218, 254,
278, 287, 334, 342, 362[69], 408[194],
413s., 458, 461[344], fig. VII
Índios
- bororo 253
- hopi 270
- iroqueses 132
- natchez 132
- navajo 130
- norte-americanos 218
- pueblo 31, 331
- shuswap 93[43]
- sioux 132
- taospueblo 132
- de thompson 93[43]
- wichita 132
Individuação, processo de 44, 140,
171, 176, 215-222, 241, 244, 247,
277, 284, 287, 307, 310, 344,
393, 433, 437s., 459, 462, fig. 24
Indivíduo, individual 226, 294,
353, 365, 395
Infantil (cf. tb. lembrança) 473
Inferno, 127, 256, 269, 444
Inflatio/inflação 263, 332, 434[279]
Inibição 436
Iniciação 91[37], 121
Iniciado 86[15], 95, 106
Inimigo 425
Inseto, fig. 25
Inspiratio 263
Instinto 4, 7, 13, 19, 67s., 229,
396, 475
- atrofia do 13, 15
Instructio de arbore solari (Theatr.
chem.) 405[174]
Integração 433, 458, 463-482
Intelecto/compreensão 86, 161[40],
436-438, 472, 477s., 482

Estudos alquímicos

Intelectual 7, 51, 343, 413, 438, 453, 472
Inteligência 8, 434, 475
Interpretação
- psicológica 88-90
- do sonho, cf. lá
- simbólica 87, 88-90
Intestinos 128
Introitus apertus, v. Filaleta, Irineu
Introspecção 208, 453
Introversão 415
Intuição (cf. tb. funções psíquicas), 7, 309, 458
Invocação 273
Ioga 3, 56, 63, 76[37], 201[208]
- budista 51
- chinesa 16, 46, 69
- kundalini, indiana 35
- tântrica 334
Íon 86, 106, 109, 111
Irã (cf. tb. Pérsia) 168, 458[327]
Irmã 273[171]
Irmão, par de irmãos (cf. tb. Hórus, filhos de) 132, 203, 297[252], 360[64]
Iroqueses, v. índios
Irracional, o 325, 474, 482
Isaías, v. *Bíblia*
Ishtar/Istar (cf. tb. Astarte) 278, 425
Ísis e Hórus (Berthelot) 97, 107, 265
Ísis 99, 107, 360, 399[145]
Isolamento/solidão 220, 325
Israel 292
Istar, v. Ishtar
Itifálico (cf. tb. Hermes itifálico, falo) 278

Jaldabaoth 270[146], 275
Jardim (cf. tb. paraíso) 389[124], 398[142], 407, 441

Jaspe, cidade de 33, 79
Javali 217
Jeová 270, 384
Jeremias, v. *Bíblia*
Jerusalém celeste 245
Jesahach/jesihach/jesinach (termo de Paracelso) 205
Jó (cf. tb. *Bíblia*) 290
Jogo 341
Jonas, profeta 180
Jônio 86[4]
Jordão 98[63]
Joshua ben Nûn (figura legendária) 428
Jovem/*iuvenis* 267, 269, 278[208], 392[138], 398, 403, fig. 32
Judaísmo, judeu (cf. tb. hebreus) 292, 399, 460, 472
- cristão 107
Juízo, último/grande/último dia 133, 137[209], 355, 392, 392[138]
Jûnân ben Merqûlius (filho de Mercúrio) 86[4]
Júpiter 190[168], 355
Juventude 193

Ka 132
Kalid/Calid 103[85], 380[106], 381, 381[111s.]
Kenset, v. Egito
Khandogya – Upanixade, cf. lá
Komarios, tratado de (Berthelot) 103, 125, 130[182], 191, 193, 380[104]
Korybas 278
Krates, v. *Livro de K.*
Krishna 340

Labirinto 433
Labor sophiae 210
Lacônia 129
Ladainha lauretana 389[125]
Ladanum 193[190], 234

Lapis (cf. tb. pedra) 89, 101, 112s., 115, 126s., 133, 137[213], 177, 207[223], 209, 214[233], 261, 272, 282[231], 283, 287s., 296, 301[258], 336, 357[52], 359, 371, 380s., 408, 414, 421-428, 429, 436, 439, fig. V
- *aethereus* 137
- como *filius unius diei* 301[258]
- Cristo como, cf. lá
- e homem, cf. lá
- Lydius 94
- *philosophorum* 94, 123, 133, 158, 162, 203, 242, 287, 289, 349, 385, 423
-- designação/definição da 203
Laudanum (termo de Paracelso) 193
Leão 97[56], 182, 228, 246, 267, 273[171], 275, 327, 361, 365, 383, 390[132], 398, 401, 426, fig. 22, 25
Lei 81, 286, 292
Leite 381
Lembrança infantil 463
Leto 418
Leucádia 129
Leviatã 334, 448
Levítico, v. *Bíblia*
Liber de arte chimica, v. *De arte chimica*
Liber definitionum Rosini 287
Liber quartorum / Platonis liber quartorum (*Theatr. chem.*) 113, 114[136], 117, 173[108], 264, 273, 275[184], 276, 430
Liberdade 153
Libertação (cf. tb. salvação) 332, 342, 390
Lilit 247[19], 288, 399, 460
Linguagem/neologismos de Paracelso 155, 160, 171[82], 205, 231, 242
- secreta (cf. tb. alquimia) 194

Livre d'heures du Duc de Berry 406[176]
Livro de Daniel, v. *Bíblia*
Livro de El-Habîb (Berthelot) 89[25], 109[110], 117
Livro de Henoc, v. *Bíblia* – apócrifos
Livro de Crates (Berthelot) 88[21], 126, 265, 273[170s], 358[55]
Livro dos mortos
- egípcio 360
- tibetano, v. Bardo Tödol
Lobo 176[114], 176, 359
Locus, v. espaço
Logos 59, 110, 116[145], 271, 278, 391
- Cristo como, cf. lá
- Mercurius como, cf. lá
- spermatikós 59
Longino, fig. V
Lótus 336, 345, 360, 389
Loucura, maluquice (cf. tb. ilusão), 325
Lua (cf. tb. Luna, Sol e Lua) 64, 95[49], 101[74], 104[96], 114, 174, 186[153], 193[184], 198, 273, 278, 300, 334, 357, 409
- árvore da, cf. lá
- cheia 273[170]
- deusa 398
- planta 406
Lúcifer 271, 276, 300s.
Lumen naturae, v. natureza
Luna (cf. tb. Lua) 113, 157, 186, 273[170], fig. V
Lunática (planta) 409
Luz/φῶs 20, 28[7], 28, 31[14], 35s., 40, 46s., 50, 64, 86, 98[63], 102, 106, 112, 126, 141, 161s., 168, 188, 198, 203, 256, 263, 282, 289, 301, 318, 331, 334, 241, 401, 449, 462, fig. 3, 7, 8, 25, 27, 32

- da natureza, cf. lá
- e escuridão/trevas 38, 161, 291, 299, 308, 335, 454
- o que traz α/φοσφαρος 273, 300
- símbolo da 187[155]

Macaco 359s.
Macrocosmos 125, 162,188, 203, 263, 268, 283, 321, 372
Madeira 359, 375, 419
Mãe, materno 131, 267, 283, 326, 350, 460
- como pessoa 147
- complexo de 131
- e criança 326
- e filho, cf. lá
- Ecclesia/Igreja 147, 153
- execução da 132, 139[216]
- imagem da 147
- mitológica 132, 278
- natureza da 148, 153, 184
Magia, mágico (cf. tb. árvore) 36, 44, 120, 129, 151-156, 161[40], 164, 238, 250, 273, 295, 324, 361, 365, 372[81], 437
- palavra mágica 155s.
Magnale, v. primavera
Magnésia 255[30], 273[170], 278
Mago (cf. tb. magia) 287[243]
Mahryay e Mahryanay 458[327]
Maia 418
Maior homo, v. homo maior
Maitrâyana-Brâhmana-Upanixade,
v. Upanixade
Makara 334
Mal, o (cf. tb. bem e mal) 183, 201[208], 234, 244, 257, 271, 276, 363[71], 390
Malcut 411
Maleficus 209, 276
Malum, v. mal, o
Mana 128, 341

Mandala 31s., 45, 127, 301[261], 304, 331, 334, 346, 389, fig. 31
Mandeísmo 278
Mandrágora 382, 410[204], 410
Manhã (nome da lapis) 203
Mani, maniqueísmo 92, 134, 448
Manipûra-chacra, v. chacra
Maná 403
Mântica e magia 154
Manu 334
Manuscrito alquimista, v. códices
Mar 33, 64, 122, 130, 173, 181, 241, 301, 306, 313, 334, 382, 406s., fig. VI, 1, 8
- esponja/spongia marina 380
Marcassita 375
Mare nostrum 183, 284[240]
Maria, a judia/"soror Moisis"/M.
profetisa 113, 374
- axioma de 187[160], 204, 272, 357, fig. I
Maria, Virgem (cf. tb. subida ao céu, Assunção) 137[209], 174, 180, 193, 263, 271[152], 279, 313, 418, 456
- alegorias 313
- como maris stella 313, 456[322]
Mársias 92
Marte, astrológico 176[114], 193, 355, 409
- medicina (cf. tb. Ares – conceito de Paracelso) 176[114]
- mitológico (cf. tb. Ares – mit.), 125, 176[114]
Massa confusa 433
Mata, floresta 239-242, 247, fig. 27
- demônio da 246
Matança (cf. tb. mortificação) 89, 109[110], 116[145], 427
Mater gloriosa 228[255]

- natura, v. mãe natureza
Materia medica 158
- prima, v. *prima materia*
matéria 88, 117, 173, 175, 202, 210, 286, 382, 395
- primitiva 163
Materialidade 125s., 138, 139[216], 160, 165, 173, 176[114], 183, 229, 268, 282, 286, 356, 380, 390
Material de caso (cf. tb. médico, paciente) 305
Matriarcado 130s.
Matrimônio, bodas (cf. tb. coniunctio) 157, 176[114]
Maya 56, 126
Mediador 131, 283
Medicamento, remédio (cf. tb. medicina, panaceia) 113[124], 129, 145, 155, 158s., 170, 180[129], 187, 190, 193, 203, 218, 321, 353[37], 390, 403
- químico 158, 237
Medicina 113, 193[191], 390
- *catholica* 133, 283, 353[37]
Médico 10, 14, 146s., 149s., 154s., 158, 194s., 236s., 293, 412[214], 470
- e paciente (cf. tb. psicoterapia) 10, 14s., 33, 54s., 65s., 69s., 155s., 164, 304s., 323s., 396s., 463s., 479
Meditação/meditatio 47, 172, 201[208], 286, 443, 477
Médium, fenômenos mediúnicos 49, 60[33]
Medo 323, 431, 464, 474
Mefisto, Mefistófeles 110, 120, 171[82], 250
Megalítico, v. pedra, idade
Megalomania 14
Meia-noite, v. Sol
Meio/ponto central (cf. tb. centro) 31-45, 47 (fig. 4), 186, 280, 333, 338, 349

Mel 190[171]
Melancolia/melancholia capitis, depressão 133, 190, 209, 445, 452
Melanésia 129
Melchior, Cardeal de Brixen: Gespräch von dem Gelben und Roten Mann (*Aureum vellus*), 123[156]
Melissa 190, 193
Melotésias 122
Melquisedec 171[87]
Melusina 173, 175, 177, 179-180, 195, 200, 214, 215-222, 225, 247[19], 288, 399, 416, 418, 427, fig. V, VI
- lenda da 217, 223[246]
Mens (cf. tb. espírito) 137[213]
Mercúrio (cf. tb. Hermes, Mercurius) 113, 161, 274, 282[231]
- planeta 273, 275
Mercurius 86[4], 88[23], 101, 103[86], 110, 120, 127, 157, 168[67], 171[82], 180, 218, 239[1], 244[12], 246, 247[19], 250, 261, 265, 287, 296, 315, 344, 355[41], 357, 360, 371, 381, 408s., 457, 459, 481
- como "a pessoa alta" 268
- como Adão Cadmão, cf. lá
- como água 255, 370
- como alma 259-266
- como arquétipo inconsciente 299
- como dirigente/ὁδηγᾳs/mistagogo, 241[5], 273, 278
- como dragão/draco *mercurialis*/cobra (cf. tb. serpens mercur.) 416
- como figura de luz 299
- como fogo 256-258, 408
- como hermafrodita 268
- como homo 268

- como *lapis* 269[133], 270, 289, 299, 343, 439
- como logos 271
- como mare nostrum, cf. lá
- como mercúrio 255, 259, 355, 371
- como saturno (cf. tb. lá), 274s.
- como *sulfur* 276
- como terra 357
- como unidade e trindade 270-272
- duplex/natureza dupla de 104[96], 267-269, 295, 315s., 343, 384, 384[121], 408, 422, 427, 481
- e a doutrina dos arcontes 273-277
- e astrologia 273-277
- e Cristo, cf. lá
- e Hermes 278-281, 299, 408
- e Vênus 273
- espírito de 239-303, 321
- feminino, v. duplex M.
- no sentido metafísico 264-266
- noster 262, 268
- philosophicus/filosófico 255s, 259, 267
- psicopompo 270
- quadratus (cf. tb. quadratura) 359
- tricéfalo/triuno/ternário 270, 289
- *vulgaris/crudus* 268, 408
mercúrio (metal) 97[56], 119, 142[219], 157, 176[114], 254[26], 255, 259, 265, 273s., 343, 355, 371, 398[142], 429[268]
- sistema indiano de 254
Meridiano, v. Sol
Merkabah 362
Mesopotâmia 278
Mestha, v. amset
Metade homem-metade animal 218
Metafísica 73s., 82, 356, 368, 395
Metal, minério 86, 89, 95, 101, 119s., 124, 133, 173[91], 176[114],
183[140], 196, 246, 250, 267, 268[120, 129], 274[179], 282, 355, 372, 375, 379, 392, 408s., 414, 444, 458[327]
Metassomatose 101
Metatron 168
Meteoro 323
Método 4, 19, 86
- alquímico 29
México 107[100], fig. 8
- Velho 132
Microcosmos 109, 123, 162, 171, 188, 263, 267, 372, 372[81], 381, 390
Milagre, maravilha 121, 431
- árvore cf. lá
- planta 407
Milho 331, fig. 25
Mineral/mineralia 102, 125[163], 137[209], 171[79], 242, 381, 383
Mirto 374, 414
Missa 158, 195
Missale Romanum 89[28], 104[93], 389[125]
Mistagogo 106, 278, fig. VII
Mistério 131, 137[209], 139, 162, 194-196, 234, 265, 272, 370, 381, 459
- da natureza 195
Mistérios 86, 99, 106, 138, 180, 228[255], 246, 278, 356
- dionisíacos 91
Mística 42, 104, 116, 122, 138[215], 140, 145, 158, 171[82], 184, 257, 273, 278, 284, 389s., 462, 467, 477
- viagem, v. lá
Misticismo 482
Mito, mítico 11, 178, 247, 319, 329, 351, 395, 454, 471, 478
- da criação 451
- dos heróis 319, fig. 14

Mitologema 90[33], 199, 352, 382, 395, 478
Mitologia, mitológico 61, 195, 252, 331, 385, 393, 481
- germânica 417
Mitra 128, 404
- relevo de Osterburken 404
Moisés (cf. tb. *Bíblia*) 148[6], 167, 381[111], 393, 428
Moly/μῶλυ 409[200]
Mônada 109, 270[136]
Monakris 270
Monge 343
Monogenes, *filius unicus* 137, 212[230], 212, 271[152], 283
Monólito 112
Monoteísmo 51
Monstro 104[95], 130, 173, 268, 365
Montanha 241[5], 274, 312, 325, 329, 381[112], 383, 392, 399, 407, 412, 424, fig. VII, 24
Moral, 228[254], 230, 247, 294, 323, 332, 372, 433, 459
Morcego, fig. II
Morgana 225
Mortal/transitoriedade (cf. tb. imortalidade) 322, 455
Morte 69, 76[37], 105, 135, 137[211], 139, 184, 198, 201, 203, 214, 220, 267, 350, 376, 403, 416, 434
- depois da 56, 76[37], 424
- vida e, cf. lá
Mortificação 86[5], 89[25], 106, 109[110]
Morto(s), os 50, 89, 191, 348, 360
- alma dos 417
- culto/ritual 360
- ressurreição dos 103, 132, 355, 380[104], 392
Mudança (cf. tb. Transformação) 86[5], 86, 88[23], 89[24], 101, 103, 111, 118, 121, 131, 139, 171[82], 180,

183, 185, 193, 194-196, 199, 215, 220, 251, 275, 277, 280, 283s., 289, 294, 328, 354, 359, 401, 416, 429, 435, 447, 457, fig. 23
Mudrâ 334
Mulher, feminino 7, 57s., 126, 268, 313, 326, 337, 344, 351, 389, 418-420, 433, 449, 458, fig. 8
Multiplicidade, 226
- de olhos 114, 116[145], 242[7], 267
Múmia (corpo embalsamado) 170
Múmia (remédio), 170, 190
mundo 75, 109, 150, 199, 215, 220
- a terra como, cf. lá
- alma do, cf. lá
- ambiente 223[246], 391
- árvore do, cf. lá
- criação do, cf. lá
- criador do, cf. Deus como criador
- dos sentidos 451
- eixo do 306, 312, 381[112], fig. 2
- espírito do, cf. lá
- fim do (cf. tb. escatologia) 392
- matéria do 127
- montanha do, cf. lá
- todo, v. universo
- visão do 297, 472
Mundo-Tiamat 283, 286
Mundus archetypus 210
- *intelligibilis* 264
- *rationalis* 283
Musaeum hermeticum (cf. tb. Bibliogr. A) 109[107, 110], 122[155], 139[217], 255[29, 33, 35, 40], 256[42s., 46-49], 257[52], 261[61, 63], 262[69], 263[72, 76], 264[82], 267[94-109], 268[111], 269[130s.], 270[147], 273[170s.], 276[195], 278[205, 210], 374[85, 87], 384[117, 120s.], 398, 403[164], 404[171], 407[187], 408[189, 195], 410[205], 415[229], fig. VII

Musaios 381[111]
Musgo/muscus 193, 234
Mutus liber (*Bibl. chem. cur.*) 241[5]

Naas, v. serpente
Naassenos, os 182, 278[218], 420[248], 427
Nabu 278
Nakassa, v. árvore
Nascimento, gerar 69, 105, 130, 201, 204, 268, 272, 322, 336, 345, 350[33], 393, 418
- da árvore 404
Natchez, v. índios
Natura abscondita 126
Natureza 86, 119, 148, 171, 176[114], 196, 199, 238, 244s, 261, 267, 278s, 289, 314, 355, 375, 378s, 380, 408s, 426, 481
- como qualidade, propriedade (cf. tb. pessoa, as naturezas da) 86[6], 101, 109, 125, 392, 441
- como transformação 198
- deusa, v. Dea Natura
- e arte 195[196]
- e espírito, cf. lá
- e homem, cf. lá
- e psique 196
- essência da 327
- fora da/sobrenatural 201
- luz da/*lumen naturae* 145-168, 197, 200, 208, 229, 234, 256, 267, 286, 300, 303
- mãe (cf. tb. Dea Natura) 284
- platônica 382
- poderes da 154
Naturezas (cf. tb. elementos) 101, 125, 358, 370, 390, 429[263]
Navajo, v. índios
Necromancia 154
Nekhen 360[64]
Neologismo, v. linguagem

Neoplatonismo 168, 168[67], 264
Netuno (cf. tb. Saturno) 398[142]
Neurose, neurótico 12, 14, 16, 51, 66, 75, 90, 298, 323, 396, 436, 453, 463, 473
- compulsiva 48, 54
Neve 255[30], 263
Nicodemos 136
- conversa com, v. *Bíblia, Evangelho de João*
Nigéria 247
Nigredo/melanose 89, 201[208], 337[16], 433, 444
Nikotheos 101
Nilo (cf. tb. Egito) 97, 132, 265, 299[254]
Ninfa 178, 195, 278
- árvore-/δενδρῖτις (cf. tb. hamadryas) 324, 335, 460
Nirdvandva 15
Noé 414
Noite (cf. tb. dia e noite) 13, 38, 300
Noiva, noivo 129, 268, 273[171], 411, 455
Nome secreto 436
Nomes dos dias da semana 301
Nominalismo 378
Norte, v. pontos cardeais
Nostoch (termo de Paracelso) 190, 193
Nous/voῦς 96, 138, 344, 427, 456
Novum lumen (*Mus. herm.*) 255[33]
Nudez 81
Numen/numinoso, o 268[129], 287, 334, 342, 393, 396, 416, 418-420, 431s., 435s., 458
Números, simbolismo dos 187[160], 267
- 1/*unus* (cf. tb. uno, o) 187, 243, 272, fig. I, 13

- 2 (v. tb. dualidade, par) 41, 110, 187, 267-269, 314s., 358, 384[120], 416, 455
- 3 (cf. tb. tríade, trindade) 86, 98[63], 101, 127, 176[114], 187, 204, 228, 243, 272, 330, 357, 363[71], 384[120], 417, fig. I, 32
- 4 (cf. tb. elementos, quaternidade, tetraktys, quadratura) 31, 45, 86[6], 86, 101, 111, 125, 127, 130, 168, 171[79], 173, 186s., 206, 212, 215, 272, 311, 322, 330, 336, 348, 355[41], 357, 384[120], 400, 420[248], 455, fig. 13, 24, 25, 27, 32
- 5 46, 130, 311, 329, 384[120], 388
- 6 117, 336, 416, fig. 27
- 7 86, 101, 163, 186, 255, 273[166], 374, 380, 398, 407, 414, 458[327]
- 8 (cf. tb. ogdôada), 359, 402, 416, 460
- 9 187, 218
- 10 365
- 14 97
- 15 86
- 16 362
- 25 46
- 40 278
Nuvem 57, 64, 392
Nyagrodha/ficus indica, v. árvore
Nymphidida (termo de Paracelso) 200, 214

O segredo da flor de ouro, v. Jung, C.G. – Wilhelm, R.
Objetividade 378s.
Objeto (cf. tb. sujeito) 122, 378
Obscurantismo 431
Obscurantistas 246
Obsessão 298
Oceano 101
Ocidente, v. Europa, pontos cardeais

Odin 457, 461[342]
Ofitos 456
Ofiúco 430
Ogdôada 187, 402, 416
Oji, v. árvore
Óleo 375, 422
Olho(s) 28, 31, 37, 86, 93, 114, 141, 267, 377, 471
- vendados 241
Olimpo 54
Oliva 359
Ômega, elemento 95, 101
Ônfale 131
Ópio 193[191]
Opostos, antinomia 7, 15, 30, 39, 76[37], 98, 256s., 266, 269, 284, 289, 344, 408, 422, 455, 481, fig. 11
- coincidência dos/coincidentia oppositorum 256
- separação dos, 291, fig. 10
- tensão dos 147, 154, 290s., 481
- união dos (cf. tb. coniunctio oppositorum) 31, 131, 198, 279, 307, 310, 315, 343s., 385, 435, 446, 455, 462, 481, fig. 10, 12, 32
Opus
- alchymicum, v. alquimia
- divinum 158, 196
Oração 360
Ordem dos jesuítas 28
Orestes 129
Orfeu 381[111]
Orgiasmo 91
Oriente, oriental (cf. tb. pontos cardeais) 1-9, 16, 31, 50, 55, 63, 69, 72, 80, 83, 203, 345, 413, 433
Origem 101, 132
Orvalho 98[63], 110, 114, 137, 190[171], 401[151]
Osíris 97, 360
Ossos 86, 122

Ouro, de ouro (cf. tb. *aurum*, árvore, cores) 33s., 86s., 95, 103, 107, 119, 133, 137[209], 157, 171, 171[79], 186, 190[168], 193, 246, 250, 267, 268[129], 273, 278, 282, 309, 355, 372, 374, 390, 398[142], 404, 409, 415, 447, fig. 4
- água 126[172]
- época de 205
- fazer/arte do/ars aurifera 76[37], 99, 121, 158, 196, 212, 252, 285, 355, 372, 385, 414
- filosófico 282
- flor de 33, 76, 79, 346, fig. I
- germe de 287
- ourives 252
- tintura de, cá lá
- vaso de 245
Ovo 89, 89[25], 109, 115, 188, 267, 381, fig. 32
- do mundo 109

Pã 278
Pâ-ra-da 254[26]
Paciente(s) (cf. tb. médico e paciente) 478
- desenhos de 304-349a, 367, fig. 1-32
Pacífico 132
Padmanaba 278
Padmanabhapura, templo de 278
Paganismo, pagão 148s., 156s., 194, 198, 238, 246, 250, 278, 295, 301
Pagoyum (termo de Paracelso) 148, 150, 157, 195
Pai 203, 267
- Deus 137[209]
- e filho 168, 217, 392[138]
- mãe 269[130]
Paixões 372
Paleolítico, v. pedra, idade da

Palma, v. árvore
Panaceia (cf. tb. remédio) 133, 137
Pandora 126
Pandora, v. Reusner, Jerônimo
Pânico 325
Panis vitae 403
Pantera 365
Papiro, textos em papiro 162, 184, 199, 219, 273[170s.], 401, 441
Par, 110, 435, 446
- dos primeiros homens (cf. tb. homem primitivo) 458[327]
Paráclito 277
Paraíso/éden (cf. tb. árvore do paraíso, serpente do paraíso) 110, 168[57], 173, 180, 186, 193, 200, 212, 278, 282, 288, 334, 392, 400, 403[164], 406[176], 410, 416, fig. 22, 24
Parapsicologia 58, 76[37]
Paredros/πάρεδρος 162[46], 219, 273, fig. VI
Parganya 341
Participation mystique 65, 70, 78, 122, 253, 337
Pássaro, ave 148, 188, 250, 318, 338, 343, 374, 415-417, 462, 472, fig. 13, 22, 25, 28, 30, 32
Patagônia 92
Pater mirabilis 203
Patologia 141, 325
Putrefação/putrefactio 109[110], 170[77], 374
Patrística 458
Paulicianos (hereges) 277
Pecado
- original/primeiro pecado 244, 381, 390, 400
- perdão do 355
Pedra (cf. tb. lapis) 86s., 89s., 112, 113[124], 115, 122, 125, 133, 137[209], 141, 154[24], 163[50], 176[114], 182[139],

222, 261, 265, 282, 283[237s.], 286,
289, 299[254], 322, 358, 375, 380s,
385s., 392, 394, 416, 437, 441,
445
- de Arran, cf. lá
- de fogo 132
- de toque 94
- do juramento 129
- dos sábios, v. Lapis
philosophorum
- e árvore, cf. lá
- idade da, megalítica 132
-- paleolítica 132
- naja 461
- nascimento da 128, 132
- preciosa 129, 132, 234[258], 321,
375
- redonda 129
- simbolismo da 126-133
Peixe 101, 175, 218, 241, 334s.,
399[145], fig. 32
Pele 93
Pelicano filosófico (cf. tb. Cristo)
115, fig. I, VIII
Pelicanus 185
Pensar, v. função, ideia
Peregrinatio 278
Peregrinus microcosmus (termo de
Paracelso) 190
Pérola 171, 321
Pérsea, v. árvore
Pérsia, persa (cf. tb. Irã) 278, 291,
424, 461
Persona 223[246]
Personalidade 15, 19, 24, 31, 36,
47, 55, 58, 120, 221, 241, 287,
331, 350, 407, 462, 472
Personificação 49, 55, 58, 61, 107,
121-125, 135, 147, 157, 162, 175,
176[114], 216, 273, 339, 445, 457s.
Peru 132

Pesadelo 180
Pharmakon athanasias/φάρμακον
ἀθανᾳσίᾳs (cf. tb. panaceia) 137,
193
Philosophia chemica (*Theatr.
chem.*) 264[81]
Philtrokatadesmos, v. feitiço de
amor
Physis 138
Pia avis (cf. tb. cegonha) 417
Pilar, coluna 360, 362, 366, 408[194]
- do mundo 459
Pinheiro, v. árvore
Pirke R. Elieser, 420
Pitágoras, tetraktys de, cf. lá
Píton 263
Planetas (cf. tb. Terra, Mercúrio,
Saturno, Vênus) 160, 176[114], 186,
273, 355, 357, 398, 407s., 416,
433
- espírito dos, fig. VI
Planta 33, 66, 86, 102, 195, 241,
283[237], 301, 304, 335, 382, 392,
407[186], 409[200], 458, 482
- reivas 458[327]
Platonis liber quartorum, v. *Liber
quartorum*
Pleroma, pleromático 116[146], 316,
334, 449
Plexo solar 54, 337
Pneuma, v. espírito
Pneumáticos, os 116[145]
Poder (cf. tb. impulso) 133, 323,
365
Poesia 351
Poimandres 96
Poliphili, Hypnerotomachia 176[114],
187[157], 193s., 215, 228, 401
Politeísmo 70, 292
Pomambra (termo de Paracelso)
193
Pomba 119, 123[156], 459

Estudos alquímicos

Ponderatio 201[208]
Ponto 187s.
Pontos cardeais 31, 207, 358s., 362, fig. 25
Porco, fig. 22
Pornografia 278
Possessão 48, 53, 251, 462
Practica Mariae (*Art. aurif.*) (cf. tb. Maria, a judia) 113, 407
Prajapati 168
Prata (cf. tb. *aqua argenti, argentum*) 86, 99, 119, 137[209], 157, 190[168], 255[27], 273, 355, 381[108], 390, 446
Prazer 57
Presságio 175
Pretiosa margarita novella, v. *Bonus*, *Petrus* (índice de pessoas)
Preto, v. cores
Prima materia 86[5], 89, 97, 115, 122, 125[164], 139[217], 157, 171[82], 173, 175, 183, 209, 253, 268, 274, 282, 401[151], 408, 421, 433, 445, fig. VII
Primavera 190-193, 199, 215, 226, 299, 306, 310, 414[225]
Primeiros pais, v. Adão, Eva
Primitivo, o 5, 12, 48, 66, 76[37], 76, 247, 350[33], 475
Príncipe andaluz 424s, 436, 439
Principium individuationis, v. individuação
- mundi 103
Prodromus Rhodostauroticus 411[208]
Profecia, predição (cf. tb. presságio, profeta) 148
Profeta, profecia, 86[3], 380, 392s.
Projeção 36, 49, 58, 66, 76, 88, 117, 121s., 140, 143, 173, 195, 209, 216, 248, 253, 259, 277, 285, 291, 374, 379, 389, 391, 395, 439, 444, 451, 459, 462

Prometeu 126, 331, 460[338]
Pronoia/προνοία 270
Propagação da espécie, reprodução 69, 128
Protestantismo, protestante 71, 81
Protoplasto 168, 203
Prototoma 168
Psicogênico, distúrbio, perturbação 48, 195
Psicoide, fenômeno 350
Psicologia, psicológico 5, 12, 30, 59, 68, 73, 76[37], 82, 85, 111, 117, 134, 140s., 153, 171[82], 185, 187[155], 195, 197, 201[208], 203, 207, 220, 229, 242s., 247, 253, 256, 263, 268, 283[237], 285, 287, 289, 294, 303, 306, 341, 353[36], 357, 365, 372[81], 379, 390, 395, 428, 451, 457, 459, 462, 467, 482
- analítica 480
- antiga 122
- científica 63
- clínica 353
- complexa 134, 435
- da alquimia 125
- da consciência 90
- da religião, cf. lá
- do inconsciente 120, 237, 341, 397, 482
- empírica 237, 368
- moderna 10-26, 122, 144, 213, 253, 396, 482
- oriental 413
- pessoal 478
- prática 253
- primitiva 122, 341
- sem alma 286
Psicologismo 73
Psicólogo (cf. tb. médico e paciente) 47, 58, 68, 79, 90, 253, 467

Psicopompo (cf. tb. Hermes) 106,
171[82], 278[216], 303
Psicose, psicótico 48, 428
- de massa 52
Psicossomática 475
Psicoterapia 10, 66, 71, 90, 108,
237, 253, 293, 305, 325, 353,
436, 465, 478s.
Psique (cf. tb. alma) 11, 51, 59, 62,
121, 196, 248s., 262, 361[67], 378,
448, 453, 476
- coletiva 478
- crescimento da 482
- feminina 344
- masculina 344
Psiquiatra, psiquiatria 10, 48, 155
Psíquico, o 7, 12, 20, 477, 57, 61,
68, 76[37], 88, 107, 111, 117, 121,
127, 137[213], 139[217], 154, 173, 180,
195, 200, 202, 208, 216, 229, 253,
260, 266, 277, 285, 291, 299, 323,
334, 355, 368, 378, 431, 434, 443,
462s., 472, 478, 481
- conteúdo, cf. lá
Puberdade 464
Pueblo, cf. índios
Puer, v. jovem
Purâna(s)
- upa- 254[26]
-- maheshvara 254[26]
Purificação, limpeza/depuratio
172s., 176[114], 177, 185, 187, 190,
357[48]
Púrpura, v. cores
Purusha 168, 210, 268

Qebhsennuf 360
Quadrado, quadrilátero 272, 322,
360, 432
Quadratura 360s., 402s., 446
- do círculo 115, 127, 212, 330
Quadratus 359

Qualidades 122, 359
Quaternário 187[156], 207
Quaternidade 127, 206-209, 212,
234, 272, 330, 343, 357, 363,
402, 446, fig. 24
Quatérnio 362[68]
- de
matrimônio/cross-cousin-marriage
358
- dos opostos 358
Quenose (kenosis), processo de
357
Querubim 117, 361s., fig. 32
Quest 143
Quetzalcoatl 132
Quimera 176[114]
Química, químico (cf. tb. alquimia)
88, 121, 144, 154, 158, 196, 237,
242, 252s., 273, 285, 353[37], 355s.,
381, 393, 443, 482
Quinta essentia/quintessência 148,
166, 171, 187, 203, 207[223], 209,
215, 226

Ra 360, 360[64]
Rabo do pavão, v. cauda pavonis
Raiz/ῥιζώματα 242s., 247, 287,
314s., 333, 343, 355[41], 374, 409,
412[216], 414[220], 416, 423, 462, fig.
2, 9, 12, 16, 18, 19, 26
Raposa 241[5]
Razão, racionalismo, juízo 12, 31,
54, 59, 126, 229, 263, 286, 294,
298, 395, 438, 452, 454, 472s.
Realidade 75
Realismo 378
Recém-nascido 241[3], 400
Recinto sagrado, v. temenos
Redondo, esférico 39s., 87, 95,
97s., 109, 112, 114, 117, 157,
245, 406[176], 432
Redução 396, 480

Reflexos 229

Regressão 323, 365, 473, fig. 19

Rei 107[100], 110, 203, 276, 282, 350[33], 365, 416, 446

Rei-Deus 132

Relâmpago, raio 190, 270, 417

Religião, religioso 49s., 68s., 77s., 143, 146, 155, 198, 207, 277, 303, 356, 386, 393, 396, 478

- história da 1, 252
- oriental 1s., 70, 79
- primitiva 1
- psicologia da 458[328]

Religio medica 161

Renascimento 89[28], 92, 97, 104[93], 135, 137[211], 198, 267, 350, 376, 403, 418, 446

Représentation collective 478

Repressão, reprimido 17, 48, 51, 62, 69, 108, 332, 378, 464, 474

Respiração pelos pulmões 291

Ressentimento 472, 478

Ressurreição 86, 89, 97, 103, 137[209], 393

- corpo ressuscitado 127, 205

Retângulo 272

Revelação 145-168, 197, 256, 278, 283, 459

Reverberatio 201[208]

Rio, v. torrente

Ripley Scrowle 247[19], 261, 374[90], 399, 399[146], 418, fig. VI

Riqueza 133, 246

Rito 81, 89, 107[100]

Rocha, pedra 122, 331

Roda 31, 38, 362

Rodésia 45

Roma, época romana 141

Rosa 228[255], 383-391

Rosacruzes, os 391

Rosarium cum figuris, v. Arnaldo de Villanova (índice de pessoas)

Rosarium philosophorum (Art. aurif.) 89[27], 90[31], 97[56], 103[85], 113, 161[42, 44], 162[47], 173[107], 180[129], 183[142], 190[175], 255[34], 261, 264[80], 267[105], 268[126], 270[135], 271[152], 272, 273[167, 170s.], 278[221], 282[230, 237], 387, 429[263], 436[282], 445, fig. I, II

Rosarium philosophorum (De alchimia) 183[143]

Rosarius, v. Arnaldo de Villanova (índice de pessoas)

Rosinus ad Sarratantam (Art. aurif.) 125[163], 269[133], 273[171], 429[268]

Rosto(s) 37, 360

Rotação 349, fig. VIII

Rotundidade 95, 188

Sábado santo 89[28], 104

Sabedoria (cf. tb. árvore da sabedoria, labor sophiae, sofia) 31, 102, 113, 168, 187, 207, 211, 222, 377, 406, 414[226], 419, 449, 456, 459

Sabeus 86[4], 272

Sábio, o (cf. tb. arquétipo do sábio) 46, 176[114], 222, 267, 347, 355

Sacerdote/ἱερουργός 86, 89, 91, 106, 111, 132, 340[21], 416

- de Ísis 228[255]
- ἱεροφάντης (cf. tb. profeta) 86[3]

Sacramento 158[31], 193s, 207, 231-236

Sacrifício 91-120, 121, 331, 340[22], 412[216], 434

- auto (cf. tb. Cristo) 137
- de animais 66, 91, 360
- de cobras 456
- de Cristo, cf. lá

- sacerdote do 86[3]
Sakyamuni, v. Buda
Sal (cf. tb. bálsamo) 170, 171[82], 176[114], 183[140], 274, 281, 357, 374, 381, 406
Salamanca 154
salamandra 173, 177, 200, 258
saldini (termo de Paracelso) 200
Salomão 167
Saltério, v. *Bíblia*
Salvação, redenção 127, 137[209], 142, 168, 180s., 183, 196, 227, 228[255], 252, 381, 390, 413
- história da (cf. tb. Cristo) 290, 392
Salvador (cf. tb. Cristo) 162, 171[87], 280, 284, 366, 384[121], 404
Salvator (cf. tb. Cristo salvador) 203, 283, 303
Sangue 86, 93, 103[86], 110[113], 111[1221], 122, 180, 328, 359[59], 376, 379s, 383-391, 403[160], 433, fig. 23
- quente 291
Santo(s) 50, 133, 225, 365
Safira 234, 322, fig. 16, 17
Sapientia (cf. tb. árvore da sabedoria, Maria – alegorias) 162, 168, 277, 419, 456
Sarx/σάρξ 126
Satã, satanás 107[104], 148[6], 176[114], 283, 290, 377, 416
Satanael 271
Satúrnia, planta 274
Saturno 88[23], 101[74], 110, 161, 163[50], 164[51], 166, 175, 176[114], 190, 209, 269, 270[146], 274, 301, 355, 383, 401[151], 409, 445
- dia de, 275[191], 301
Saúde 133
Scaiolae (termo de Paracelso) 174, 193[189], 206s., 212s., 220s.

Scala philosophorum (*Art. aurif.*) 357[52], 358[54]
Schêli 29
Schen 57s.
Scientia 162
- *hominis* 301
Scriptum Alberti, v. Alberto Magno (índice de pessoas)
Sefirot, sefira, v. árvore
Segredo, mistério 28, 86[3], 90, 99[67], 100, 107, 113, 125, 127, 131, 136, 138, 166, 175, 186s., 214, 236, 241, 247, 278, 287, 321, 355, 381[111], 394, 414, 416, 431
semente 101, 171[82, 87], 186, 263, 268, 271, 322, 355, 357, 380, 401, 403
Sena, ilha/Senae 218
Senex (cf. tb. ancião) 278, 301
- Draco 269[130]
Sentido(s) 28, 363[71], 396, 464, 476
- órgãos dos 188, 267, 388
- percepção pelos 207
Sentimento (cf. tb. afeto, emoção) 1, 77s
Sentir (cf. tb. função, sentimento) 207
Sentir, v. função
Separatio 89, 109[110]
Septem tractatus... Hermetis, v. *Tractarus aureus* (*Ars chem.*)
Ser, ente/οὐσία 166, 176, 243, 334, 370, 449
Sereia 180[118], 218
Seringapatam 461[344]
Serpens mercurialis 89, 109, 176[114], 180, 218, 246, 319, 416
Serpente, cobra, 102, 104[96], 110, 114, 118, 121, 137, 175, 180, 182[139], 218s., 270, 314, 331, 349[31], 359, 381[112], 399[145], 400[148],

415-417, 457, 461, fig. I, 12, 22, 25, 32
- agathodaimon 137, 456
- crucificada 457
- ctônica 456
- de Moisés 137
- délfica 263
- do nous/dos ofitas 456
- do paraíso 247, 288, 399, 416, 427, 460
- Mercurius, v. *serpens mercurialis*
- naas 420, 427, 456
- naja 461
- símbolo da 263
- Soter 137
- uróboro, cf. lá
- venenosa 170
- visão da 267[102]
Servator 203, 283, 303, 390
Servus/espírito serviçal 218
- *fugitivus* 259
Seth 171[87], 362, 400
Sexo 39
Sexualidade 48, 323, 343
Shakti 126, 278
Shatapatha-Brâhmana 218, 340, 412[216]
Shiva 254[26], 278
Shu 360, 362
Shuswap, v. índios
Si-mesmo (cf. tb. arquétipo do) 67, 115, 131, 134, 173, 177, 189, 210, 226, 241, 247, 268, 284, 287, 287[245], 289, 296, 301, 301[261], 304, 331, 339[20], 342, 362[68], 364, 372, 372[81], 394, 407, 428, 433, 458, 462
- Cristo como, cf. lá
- símbolo do 304, 331
- tornar-se 243
Sibila Eritreia 278
Silênio, v. Hermes

Simbolismo 35, 83, 90, 110, 126-138, 200, 231, 241, 289, 321, 364, 393, 458, 463
- alquímico, cf. lá
- hermético 289
- xamanista, cf. lá
Símbolo, simbólico 11, 26, 31, 44, 73, 81, 93, 110, 127s., 134, 140, 173, 228[254], 229, 278s., 286, 289, 355, 357[48], 381, 390, 394, 396, 407, 438, 455, 462, 473, 481
- definição de 199
- e alegoria, cf. lá
- estudo comparado do 352, 473
- história do 470
- sentido do 396s.
Simetria 304, 307
Simulacrum Dei, v. imagem de Deus
Sincretismo helenista 134, 138, 278[218]
Sing 37, 59s.
Sing-hui 28[8]
- ming 34, 37, 60
sinótico (cf. tb. *Bíblia*-evangelhos) 292, 366
sintoma(s) 54, 436
- corporais 453
- neuróticos 436
- psíquicos 453
Sioux, v. índios
Sirena (termo de Paracelso) 180, 218
Sistemas parciais 47, 55, 61
Sizígia 278
Sociedade 13
Sofia (cf. tb. sabedoria) 234, 377, 406, 449s.
- achamoth 449s.
Sofistas 380, 444

Sofrimento, tortura, tormento, dor/πάϑος 86, 89, 93, 106, 139, 439-447, 448-457

Sohar 168

Sol (cf. tb. coniunctio) 157, 186, 190, fig. IV
- niger 337
- novus 290
- rex 398

Sol/ἥλιος 38, 87, 88[23], 95, 101[74], 104[96], 107, 118, 157, 186[153], 187s., 193[184], 201, 267, 273, 278, 301[262], 309, 317, 328, 341, 357, 361[67], 405, 433, fig. 4, 12, 13, 17, 13, 24
- astrológico 176[114]
- da meia-noite 86[15]
- deus 107[100]
- e Lua 110, 130, 273, 355, 357, 398, 403, 459, fig. 32
- mitológico/Hélios 95
- roda do 45
- zênite do/do meio-dia 86[15], 95, 99, 107

Solificatio 106

Soma/somático/σῶμᾳ (cf. tb. corpo) 126, 137, 328, 481

Sombra (conceito psicológico) 293, 296, 335, 337, 342, 350, 425, 435, 481

Sonambulismo 31[16], 37, 48

Sonho(s) 88, 90, 106, 119, 121, 127, 135, 139, 143, 148, 215, 273, 298, 351, 368, 395, 434, 463, 478s.
- dia anterior ao 471
- e alquimia 385, 396
- e mitologia 385, 395, 478
- enviado por Deus 139
- intepretação dos 93, 143, 241, 466s., 479
-- amplificação na 467, 480

-- subjetiva 88
- isolado 466, 474
- lugar no 241
- moderno 456
- motivo do 400
- simbolismo do 90, 479
- visão no, cf. lá

Sono, o que dorme, sonhador 86, 139, 148[6], 241, 309, 325

Soter (cf. tb. salvador) 334

Spagirica foetura 187

Spagyrus 148, 171[79], 187

Speculatio 207, 215

Speculativa philosophia 110

Speculum veritatis (Codex Vatic.) 110

Sperma mundi (cf. tb. semente) 173

Spiritus (cf. tb. espírito) 101, 103, 185, 260s., 264
- aquae 173
- Mercurii (cf. tb. Mercurius) 164[51], 168[67], 171, 187[157], 188, 250, 287
- mundi (cf. tb. espírito do mundo) 261
- Phytonis 263
- seminalis 263
- vegetativus 243, 250, 263, 287, 360, 408, 416, 459
- vitae, 160, 168[67]

Spiritus Sanctus, v. Espírito Santo

Splendido liquori 109

Splendor solis (Aureum vellus) 95, 268

Stella matutina (cf. tb. estrela) 299

Subida e descida (cf. tb. céu) 399

Submundo, ou mundo inferior (cf. tb. Hades) 104, 246, 290, 311, 360
- deuses do 270

Subterrâneo (cf. tb. ctônico) 154, 278

Subtle body 69, 137[213], 262
Sujeito-objeto, subjetivo-objetivo 66, 249, 253, 378, 473
Sul, v. pontos cardeais
Sulcus primigenius 36
Sulphur, v. enxofre
Superstição 2, 76[37], 156, 195
Supraconsciência 229
Sûrya 340
Svadhisthâna-chakra, v. chacra
Svâhâ 340

Tabu 81, 128
Tabula smaragdina 137[209, 212], 175, 273[167], 280, 392[136]
Taça (cf. tb. vaso) 86, 91, 95s.
Tai I Gin Hua Dsung Dschï, v. *Das Geheimnis der Goldenen Blüte (O segredo da flor de ouro)*
Talismã 154
Tantrismo (cf. tb. ioga) 278
- tibetano 334
Tao 20[3], 27-30, 37, 59, 80, 433
Taospueblo, v. índios
Tapas 39
Tartaruga 132, fig. 25
Tathâgata (Buda) 458[329]
Taurus, v. zodíaco
Técnica 163
Tehom 283
Telepatia 174[110], 175
Temenos/recinto sagrado 36
Temperamentos (astr.) 355
Templo 86s., 112, 114, 118, 241[5]
Templum 32
Tempo 205
- e espaço 205
- mogul 278
- primitivo 130[181], fig. 27
Teofania 98[63]
Teologia 127, 171[82], 298, 356
Teoqualo 107[100]

Teoria 482
- sexual (cf. tb. Freud) 467
Teosebeia 137[211]
Teosofia 3, 334, 342s.
Terapia, v. psicoterapia
Tereniabin (termo de Paracelso) 190, 193
Teriomorfo 228[254]
Ternarius 187[156], 270, 278
Terra, terreno 197s., 281, 323s., 331, fig. V, 8
- chão 242, 245, 268[129], 269, 313, 323, 334s.
- como elemento 198, 242, 267s., 283[237]
- cósmica 122, 245, 301
- crosta da, superfície da, fig. 7
- ctônica 7, 261
- e céu, cf. lá
- enquanto matéria 255[30], 267, 358, 380, 385, 417
- enquanto mundo 132, 257, 400
- espírito da 154, 176[114], 392
- enquanto planeta/globo 176[114], 186, 257, 273, 307, 343, 363[71], 375, fig. 2, 26, 30
- mãe 268[129]
- mitológica/deusa-terra 130, fig. 8
- torrão/campo 312, 322s., 357s., 410s., 458[327]
Tesouro 247, 314, 320s., 349, 414, fig. 14, 15
- guarda do 414
Tetraktys 31, 367
Tetramorfo 366
Tetras 366
Tetrassomia 355[41], 357, 358-368
Texto de *Edfu* 97
Textos das pirâmides 360
Tezcatlipocâ 107[100]
Tau (letra) 271

Theatrum chemicum (cf. tb.
Bibliogr. A) 95[50s.], 106[99], 110[113, 118],
113[129-131, 133s.], 115[142s.], 117[151],
125[164], 139[217], 158[31], 160[38], 173[98],
104, 108, 182[139], 186[151s., 187154, 158s.],
193[184], 195[195], 243[9], 244[12], 251[24],
255[28], 256[41], 261[58, 66], 263[70s., 74, 79],
264[80s., 84s.], 267[92-95, 107], 268[115, 120],
126, 269[133], 271[148, 150, 152], 273[162, 164],
166, 168, 170, 172, 274[177], 275[184], 276[193],
195, 278[202, 207, 211], 279[222], 280[224],
282[227s., 231], 283[232s.], 321[5s.], 355[40],
359[59], 374[84, 90], 375[96], 377[102],
380[107], 381[113], 401[150s.], 403[164, 167s.],
405[174s.], 408[193], 409[196-198, 201],
410[204], 411[208s.], 414[225s.], 415[228],
416[231s., 235], 419[246], 421[250], 426[255],
427[259], 429[264s., 267-269], 430[272],
435[281], 441[297], 443[299], 444[301s.],
445[307s.], 446[310, 312], 447[314]

Theatrum chemicum Britannicum
(cf. tb. Bibliogr. A) 245[15], 274[180]

Thompson, v. índios

Thot 126, 278

Tibetanisches Totenbuch, v. *Bardo Tödol*

Tifão 97, 99, 270

Tiferet 411

Tigre 460

Timeu, v. Platão

Tintura (vermelha) 122, 133, 196,
203, 250, 255, 282, 358, 370[77],
384, 390

Tipologia psicológica 111

Titã(s) 91

Todo, v. universo

Tormento, suplício 94, 444

Tortura 106

Torrente/rio 122, 186, 212, 329,
348, 392, 400, 420[248], fig. 24

Totalidade (cf. tb. arquétipo da t.)
112, 127, 134, 173, 207s., 223,

272, 287, 296, 330, 342, 360,
363, 369-373, 383, 390, 402, 408,
423, 433, 454

Totêmico, ancestral 128

Touro (cf. tb. zodíaco) 341, 361,
401

Toxcatl, festa 107[100]

Toxina 48

Tractatulus Avicennae (*Art. aurif.*)
104[96], 254

Tractatus aureus (*Ars chem.*) 173[93],
184, 283[237]

Tractatus aureus (*Mus. herm.*)
255[33, 35], 256[43], 261[61], 262[69], 264[82],
267[103], 282[228], 374[88]

Tractatus aureus cum scholiis
(*Theatr. chem.*) 115, 271s., 278,
280[224], 282[227], 283[232s.], 374[90],
403[168]

Tractatus aureus Hermetis (*Bibl. chem. cur.*) 113, 161, 180[129]

Tractatus Micreris (*Theatr. chem.*)
263[70], 268[120], 441

Tradição, tradicional 149, 352,
393, 427, 478
- rabínica 107[104], 458

Transe 462

Transformação (cf. tb. mudança)
14, 86, 89, 91, 101, 117, 127,
132, 139, 196, 214, 218, 277,
328, 354, 469

Transitus 133

Transmutação 158, 372, 417

Trarames (termo de Paracelso)
174, 195

Tratamento, v. psicoterapia

Travancore 278

Tremendum 247

Trevas (cf. tb. escuridão) 86, 106,
141, 161, 183, 187, 190[168], 449s.
- luz das 197-199
- poder das 448

Estudos alquímicos

Tríade 127, 176[114], 228[254], 270-272, 283, 357, fig. II
Triângulo 228, 272
Tricéfalo (cf. tb. Mercurius) 176[114], 270, 283
Trickster, figura do 251, 284
Tridente 447s.
Trindade 127, 137[209], 271, 283, 289, 357[51s.], 477
Trindade, trinitário 50, 127, 176[114], 187[160], 228[254], 234, 270s., 289, 355s.
Triunus, v. *essentia*
Trono 362[69], 362s
Trovão 86
Tuamutef 360
Túmulo, sepultura 228
Turba philosophorum, v. Ruska, Julius (índice onomástico)
Turquesa (cf. tb. pedra preciosa) 130

Uitzilopochtli 107[100]
Unicórnio 134
Unidade, união, o uno 33s., 185-189, 209[226], 215, 226, 270-272, 279, 283, 356s., 367s., 402, 449
Universais, querela dos 378
Universo (cf. tb. cosmos) 86, 114, 122, 163, 242[7], 245, 372, 372[81]
Upanixades 287
- *Khândogya* 267[109], 412[216]
- *Maitrâyana-Brâhmana* 287[242]
Ureu (cf. tb. serpente) 399[145]
Urina 381
Uróboro/οὐροβόρος 104, 109[110], 111, 120, 137, 168[67], 279, 322, fig. 17
Urso 365
Urvashi e Pururavas, saga de 218
Útero 97, 162

Utopia 293, 395
Uva 359, 403, 419

Valentinianos (cf. tb. Valentino) 366
Vapor 255s., 261
- *terrae* 173
Varuna 341
Vas (cf. tb. vaso) 109, 113
- cerebri 113
- Hermetis 97, 113, 117, 245
- *naturale* 113
- *pellicanicum* 115
Vaso/jarro (cf. tb. taça) 96s., 109, 113s., 122, 243-246, 287, 374[85], 381, 416[234], fig. V, VII, VIII, 32
Veda(s) 340[22], 412
- *Atharva* 341, 412[216]
- *Yajur* 340
Vedânta-Sûtras 287[242]
Vegetabilia 380s., 390s.
Vegetação 268[129]
Velho, o (cf. tb. ancião) 86, 401[151]
Veneno/envenenamento 267, 276, 358[55], 392, 429
Vento 116[145], 198, 261, 341, 414[226], 421[250]
- deus do 261, 270
Vênus (cf. tb. Afrodite) 234, 265
- armata 234
- astrológica 193[184], 193, 214, 224, 234
- de Chipre 228[253]
- dia de/dies Veneris 301
- e Mercurius, cf. lá
- magistra 234
- mitológica 125, 176[114], 193[190], 225s., 228[255], 234, 273[171], 278
- planeta 273, 355, 409
Verba divinitatis 416
Verde, v. cores
Vermelho, v. cores

Verus Hermes 110[112], 263[75], 269[130], 276
"Vesícula germinal" 33
Via veritatis (*Mus. herm.*) 256[42]
Viagem mística/viagem ao céu 278, 399, 462
Vício 55
Vida 7, 28, 33s., 68, 76[37], 76, 103, 171[82], 214, 316, 333, 350, 363[71], 421[250], 429
- água da, v. *aqua vitae*
- árvore da, v. árvore
- decurso da 216
- definição da 170
- e espírito 370
- e morte 455
-- e renascimento 459
- elixir da 76[37], 170, 203, 212
- espírito da 175
- eterna 137, 207[222], 421[250]
- força da 93, 193, 200, 263
- longa/*vita longa* 171, 176[114], 177, 185, 190, 193, 201, 204, 207[222], 214, 235, 434
- princípio da 171, 243, 262, 420
- processo da 413, 459
- substância da 172
Vidro 245, 250
Vinagre 103, 113
Vinha verdadeira/*vitis* 359[59], 374[90], 403, 414, 458
Vinho/*vinum*, vindemia 359[59]
Viola (*petrae lutea*) 234
Virgem, virginal 132, 162, 392, 416
- leite de 255[30], 380
- Maria, cf. lá
- serpente 180
Virgo/v. *castissima* 218, 262, 273
Viriditas
- *benedicta* 374[92]
- gloriosa 415

Virtude 86[1], 93
Visão (cf. tb. Zósimo de Panópolis) 42, 85-144, 180, 183[142], 204, 215, 245, 273, 374, 439, 446, 458, 477
Visão de Esdras, v. *Bíblia* – apócrifos
Vishnu 334, 339
Visio Arislei (*Art. aurif.*) 86[6], 88[21, 23], 124[161], 403, 441[294]
Vita
- aerea 201
- cosmografica 205
- gloriosa 416
- longa, v. vida longa
Vitis, v. videira
Vitríolo 375
Vitrum, v. vidro
Voar, capacidade de 132
Vomitus 278
vontade 13s., 31, 44, 48, 66, 298
Vourukasha, mar/lago, 406, 461
Vulgata, v. *Bíblia*

Wasserstein der Weysen 138[215], 139[216], 141
Wichita, v. índios
Wotan 246, 250
Wu wei 20

Xamanismo (cf. tb. árvore) 91[37], 132, 305, 399, 402, 404, 407, 462
- noiva celeste no 455, 460

Yajnavalkya 301
Yajur-Veda, v. *Veda(s)*
Yang 13, 57
-- yin, 13, 37
Yggdrasil, v. árvore
Yin (cf. tb. yang) 7, 13, 57, 460[338]
Yolkaíestsan 130

Zaratustra (cf. tb. Nietzsche, F.)
119, 163, 446, 458
Zeus 54, 129
- βασιλεύς 270
- triops 270[141]

Zodíaco 160[38], 414[225]
- Ariete/Áries 193, 203, 409[201]
- Capricórnio 176[114]
- Taurus/Touro 193[184]

Conecte-se conosco:

 facebook.com/editoravozes

 @editoravozes

 @editora_vozes

 youtube.com/editoravozes

 +55 24 2233-9033

www.vozes.com.br

Conheça nossas lojas:

www.livrariavozes.com.br

Belo Horizonte – Brasília – Campinas – Cuiabá – Curitiba
Fortaleza – Juiz de Fora – Petrópolis – Recife – São Paulo

  Vozes de Bolso

EDITORA VOZES LTDA.
Rua Frei Luís, 100 – Centro – Cep 25689-900 – Petrópolis, RJ
Tel.: (24) 2233-9000 – E-mail: vendas@vozes.com.br